1522

Bruno Preisendörfer

Als Deutschland noch nicht Deutschland war

Reise in die Goethezeit

Kiepenheuer & Witsch

Verlag Kiepenheuer & Witsch, FSC® N001512

3. Auflage 2017

Verlag Galiani Berlin
© 2015, 2017, Verlag Kiepenheuer & Witsch, Köln
Alle Rechte vorbehalten. Kein Teil des Werkes darf in irgendeiner Form
(durch Fotografie, Mikrofilm oder ein anderes Verfahren) ohne schriftliche
Genehmigung des Verlages reproduziert oder unter Verwendung
elektronischer Systeme verarbeitet, vervielfältigt oder verbreitet werden.
Umschlaggestaltung: Rudolf Linn, Köln, nach dem Originalumschlag
von Manja Hellpap und Lisa Neuhalfen, Berlin
Lektorat: Wolfgang Hörner
Gesetzt aus der Adobe Caslon
Satz: Buch-Werkstatt GmbH, Bad Aibling
Druck und Bindung: CPI books GmbH, Leck
ISBN 978-3-462-04957-2

Für Più

WAGNER: Verzeiht! es ist ein groß Ergetzen,
Sich in den Geist der Zeiten zu versetzen

FAUST: Mein Freund, die Zeiten der Vergangenheit
Sind uns ein Buch mit sieben Siegeln;
Was ihr den Geist der Zeiten heißt,
Das ist im Grund der Herren eigner Geist,
In dem die Zeiten sich bespiegeln.

Johann Wolfgang von Goethe, Faust. Eine Tragödie

Inhalt

Einleitung 13

1. *Aus der Chaoszeit*
   Reisewarnung 17 – Neues und Altes 21 –
   Reisevorbereitungen 25 – Deutschland und der Lauf
   der Welt 31 – Ankunft in Weimar 42

2. *Unterwegs*
   Wege um Weimar 57 – ›Kunststraßen‹ 58 – Die Post 63 –
   Ratschläge für Reisende 67 – Kutschen und Katastrophen 71 –
   Schifffahrt 75 – Schiffsklagen 79 – Exkurs über das Reisen als
   Mode 81

3. *Stadtleben*
   Blick von außen 87 – Am Tor und im Wirtshaus 92 –
   Die große und die kleine Stadt 96 – Salonbesuche 100 –
   Bei Hofe 106 – Im Theater 112 – Oper und
   Konzert 118 – Gang über den Markt 122 – Abgebrochener
   Stadtbummel 126 – An der Universität 128 –
   Werkstattbesichtigungen 134 – Ortstermin im Armenhaus 143 –
   Gang zum Richtplatz 148 – Blick ins Getto 161 – Landleute
   kommen in die Stadt 166 – Städter fahren aufs Land 168

4. *Auf dem platten Land*
   Besuch aus der Stadt 175 – Die Landbevölkerung 178 –
   Die Obrigkeit 183 – In der Dorfschule 189 – Leibeigenschaft
   und Fronarbeit 194 – Vom Pflügen 204 – Über den roten
   Klee 205 – Agrarökonomie 207

5. *Der Alltag*

Tagesabläufe 215 – Briefe über Betten 219 – Haushalt
und Häuslichkeit 223 – Das Gesinde 229 – Vom
Licht 240 – Vom Wasser 246 – Vom Feuer 253 – Blitze und
Blitzableiter 256 – Vom Heizen 261 – Exkurs über Holz,
Kohle, Eisen und Schnaps 265

6. *Essen und Trinken*

Wer isst warum wann was mit wem und womit 271 – Kurzer Blick
in die Küche 278 – Brot und Butter 281 – Die Kartoffel 284 –
Fleisch und Geflügel 288 – Gemüse und Obst 290 – Bier,
Branntwein, Wein 293 – Etwas über Tabak 295 – Eine Prise
Salz 299 – Vom Zucker 300 – Kaffee und Tee 303 – ›Colonial-
Waaren‹ und ihre Ersatzstoffe 305 – Exkurs über Kochbücher
(mit Rezepten für ein historisches Menü) 308

7. *Kleider und Leute*

Wer trägt wann was und warum 315 – Beantwortung der
Frage: Was ist Mode? 319 – Leinen und Baumwolle 323 –
Samt und Seide 325 – Westen und Taillen wandern nach oben,
die Hosen nach unten 327 – Der Zopf wandert nach vorn 328 –
Von Haar und Haut 330 – Bänder und Hauben 332 – Knopf und
Kragen 334 – Über Unterwäsche 335 – Kritik der Schnürbrust,
Lob der Muttermilch 336 – Kleines Mode-Lexikon von
Andrienne bis Zopf 339

8. *Sexualität*

Lust und *Lucinde* 345 – Prostitution 349 – Der Kampf gegen
die ›Selbstbefleckung‹ 353 – ›Sodomie‹ und ›Knabenliebe‹ 357 –
›Nothzucht‹ 361 – Zeugung, Schwangerschaft, Geburt 363 –
Ein Denkmal für die Gretchen: über ›Kindermord‹ 369

9. *Ehe und Familie*

Liebe oder Konvenienz 379 – Vier Hochzeiten 388 –
Gattin und Gatte 390 – Ein Absatz über Schwiegermütter 393 –
Kindersegen, Kinderfluch 394

10. Gesundheit, Krankheit, Tod

Wunderheiler und Tablettenkrämer, Ärzte und Apotheker 401 –
Vom Hospital zum Krankenhaus 408 – Die Pocken und die
Impfung 411 – Aderlass 416 – Zahnweh 419 – Zipperlein 421 –
Hirnforschung 422 – Besuch im ›Tollhaus‹ 425 – Todesfälle 430 –
Bestattungen 434

Abflug 439

Anhang

Zitatnachweise 444
Quellen- und Literaturverzeichnis 457
Die Goethezeit in Zahlen 481
Danksagung 500
Bildrechtenachweis 500
Personenregister 501

Einleitung

In welche Zeit würden Sie reisen, wenn Sie einmal im Leben die Chance bekämen, aus der Haut der Gegenwart zu fahren für eine Tour in die Vergangenheit? Wem möchten Sie dort gern begegnen – und wem lieber nicht? Welche Abenteuer möchten Sie als historischer Tourist erleben, wenn Sie wüssten, dass Sie unbeschadet in die Gegenwart zurückkehren? Leider (und Gott sei Dank) sind solche Fahrten nicht möglich – es sei denn, als ›armchair traveller‹, wie die Briten über Leute sagen, die behaglich im Sessel reisen mit einem Buch in der Hand. Auch *Die Zeitmaschine* von H. G. Wells beginnt in einem Kaminzimmer. Die Maschine ist ein Gebilde aus Metall und Elfenbein, dessen Form und Größe Wells ausgerechnet mit einem Wecker vergleicht. Das Ding hat zwei Hebel, einen für die Fahrt in die Vergangenheit, einen für die in die Zukunft. Am Ende des Romans verschwindet der Zeitreisende, ob in der Vergangenheit oder in der Zukunft, bleibt unklar.

Das Reiseziel dieses Buches ist genauer bestimmt. Es führt in die Jahre um 1800, in eine Epoche, die in der deutschen Kulturgeschichtsschreibung gewöhnlich ›Goethezeit‹ genannt wird. Heinrich Heine, ein kritischer Bewunderer Goethes, sprach von der ›Kunstperiode‹, die an Goethes Wiege begonnen und an Goethes Grab geendet habe. Den Namen einer Kunstperiode zur Bezeichnung einer ganzen historischen Epoche auszuweiten, war eine Idee des von der politischen Macht lange ferngehaltenen deutschen Bildungsbürgertums, das sich halb frustriert, halb erleichtert ins Kulturelle zurückgezogen hatte, ins Reich des Geistes (und manchmal der Gespenster). Doch soll hier die Angemessenheit des Begriffs nicht diskutiert werden. Auch nicht, ob die in jeder Hinsicht und in aller Welt höchst turbulenten Jahrzehnte vor und nach 1800 mit einem Personennamen aus dem Adresskalender eines thüringischen

Residenzstädtchens angemessen charakterisiert sind. Goethe selbst jedenfalls wusste nicht, dass er in der ›Goethezeit‹ lebte, mochte er gegen Ende seines Lebens sich selbst noch so historisch geworden sein. Vermutlich wäre er halb geschmeichelt, halb amüsiert gewesen, dass nachfolgende Generationen seinen Namen zur Geschichtsepoche überdehnten. Er hätte den Kopf darüber geschüttelt, aber bestimmt nicht so heftig, dass dabei sein Lorbeerkranz heruntergefallen wäre.

Dieses Buch soll als Zeitreiseführer die Epoche Goethes nicht systematisch erfassbar, sondern erzählerisch erfahrbar machen. Dabei werden Publizisten und Schriftsteller in den Zeitzeugenstand* gerufen, um Auskunft zu geben über das kulturelle, politische, wirtschaftliche, soziale und auch banale Leben, über Kleines und Großes, über Alltagsbegebnisse und historische Ereignisse.

---

* Zum Realitätsstatus fiktionaler Texte siehe die Bemerkung am Anfang der Zitatnachweise.

1. Aus der Chaoszeit

Reisewarnung – Neues und Altes –
Reisevorbereitungen – Deutschland und der Lauf
der Welt – Ankunft in Weimar

Reisewarnung

Wenn das Auswärtige Amt für den Schutz seiner Bürgerinnen und Bürger nicht nur beim Besuch ferner Länder zu sorgen hätte, sondern auch beim Besuch vergangener Zeiten, müsste es für die Jahrzehnte um 1800 eine Reisewarnung aussprechen. Nicht nur wegen der Brutalität, des Lärms, des Gestanks und der anderen Beschwernisse des Alltags, sondern vor allem wegen der großen Krisen. In einer Zeitspanne, nicht länger als ein Menschenleben, wurden das deutsche Kleinstaatensystem, das europäische System der Mächte und das globale Weltsystem verändert. Es wurden Kriege geführt mit einem unvorstellbaren Einsatz an Menschen, Material und ›Menschenmaterial‹, um es im Sprachgebrauch der Militärs auszudrücken. Des Weiteren kam es zu wissenschaftlichen Entdeckungen und technischen Entwicklungen in einem Innovationstakt wie in keiner Epoche zuvor.

Die ›Goethezeit‹ war Chaoszeit, gefährlich, unberechenbar, unheimlich. Sie hatte wenig von der Behaglichkeit, die dem greisen Geheimrat in seinem Haus am Frauenplan so wichtig war. Überall wankte die Ordnung, alles ging drunter und drüber in Weimar, in Deutschland, in Europa und auf der ganzen »Pomeranze«, wie Lichtenberg die Weltkugel nannte. Kolonien wurden Staaten, Könige verloren den Kopf, Imperatoren zerrten im Zeitraffer das historische Lehrstück vom Aufstieg und Fall über die Bühne der Geschichte.

Als in den späten Zwanziger- und frühen Dreißigerjahren des 19. Jahrhunderts der alte Herr im Arbeitszimmer die Hände auf den Rücken legte und herumwandernd einem Sekretär aus seinem Leben diktierte oder dem jungen Eckermann seine Meinungen erklärte, stand ihm die Unvergleichlichkeit seiner zeitgeschichtlichen Situation klar vor Augen. Er übertrieb nicht, als er sagte, dass er »zu einer Zeit geboren wurde, wo die größten Weltbegebenheiten an die Tagesordnung kamen und sich durch mein langes Leben fortsetzten, so dass ich vom siebenjährigen Krieg, sodann von der Trennung Amerikas von England, ferner von der französischen Revolution und endlich von der ganzen Napoleonischen Zeit bis zum Untergang des Helden und den folgenden Ereignissen lebendiger Zeuge war.«

Johann Wolfgang Goethe kam 1749 in der reichen, aber behäbigen Handelsstadt Frankfurt am Main zur Welt. Patrizier wie Goethes Vater und Großvater gingen ihren Geschäften nach, und gelegentlich richtete man die Krönung eines Kaisers aus, wenn die Kurfürsten des jahrhundertealten Heiligen Römischen Reichs Deutscher Nation einen neuen gewählt hatten. Die Stadt selbst hatte mittelalterlichen Charme, wie man sagen mag, solange man diesen ›Charme‹ nicht mit eigener Nase in den Gassen riechen muss. Die Welt schien in Ordnung und hörte für die Mehrzahl der Bewohner bald hinter der Stadtmauer auf. Das Leben floss langsamer dahin als der Main.

Als Johann Wolfgang von Goethe 1832 in Weimar starb, hatte sich alles geändert, nicht nur sein eigener Name, der durch die Nobilitierung drei Buchstaben länger geworden war. Das Heilige Römische Reich gab es nicht mehr, seit 1806 der letzte Kaiser die Krone vom Haupt genommen hatte, erzwungen von Napoleon. Das Ancien Régime in Frankreich war nach der Revolution von 1789 der ›neuen Zeit‹ gewichen, und in den deutschen Ländern vollzog sich nach den Wirren der Revolutionskriege auf den Wegen der Reform ein ähnlicher Prozess, auch wenn durch Metternichs Restauration nach Napoleons Sturz die Uhr dieser neuen Zeit zurückgedreht wurde.

Doch waren dies nur die Haupt- und Staatsaktionen der Geschichte. Auf Neben- und Hinterbühnen spielten sich zahllose andere Dramen ab, auch Possen, Rühr- und Lehrstücke und elende Tragödien. Der Hunger (nicht der Preußenkönig) führte in den deutschen Provinzen die Kartoffel ein – obgleich in den Städten bis gegen Ende des Jahrhunderts das Brot Hauptnahrungsmittel gewöhnlicher Leute blieb; die Pocken erzwangen in Europa die Impfung – obgleich das Impfen mit Menschenpocken bis zum Übergang zur Kuhpockenimpfung ebenso Teil des Problems wie der Lösung war. Zucker und Baumwolle, ›Chocolade‹, ›Thee‹ und ›Coffee‹ kamen über die Meere. In den Kolonien schufteten auf Plantagen die Sklaven, auf den Rittergütern der deutschen Kleinstaaten die Leibeigenen, in den Manufakturen die Weber, Spinner und ihre Kinder. »Wie der Mensch mit dem Menschen verfährt«, höhnt Arthur Schopenhauer mit der Bitternis seiner Mitleidsphilosophie, »zeigt z. B. die Negersklaverei, deren Endzweck Zucker und Kaffee ist. Aber man braucht nicht so weit zu gehen: im Alter von fünf Jahren eintreten in die Garnspinnerei oder sonstige Fabrik und von dem an erst zehn, dann zwölf, endlich vierzehn Stunden täglich darin sitzen und dieselbe mechanische Arbeit verrichten heißt das Vergnügen, Atem zu holen, teuer erkaufen.«

Das Gewerbe breitete sich aus, der Handel wuchs, in den Häfen schaukelten schwer beladen die Schiffe. Städte wie Hamburg oder Bremen prosperierten, andere wie Aachen oder Nürnberg erlebten einen Niedergang. Bürgerliche Kaufleute wurden märchenhaft reich, uralte Adelsgeschlechter verarmten. Entwurzelte Kleinbauern wurden zu Tagelöhnern, heruntergekommene selbstständige Handwerker zu Manufakturarbeitern, geschäftstüchtige Bürger zu Fabrikanten – und gelegentlich ein Kleinbauernkind zum Landpastor oder gar zum Schriftsteller. Philosophische Denksysteme stellten Glaubensdogmen infrage, Empirie ersetzte die Buchgelehrsamkeit, wissenschaftliche Methoden mündeten in technische Fertigkeiten. Das Wissen wurde zur Macht, und die Macht förderte und forderte das Wissen. Die Kommunikation zwischen den Schichten vertiefte sich, auch wenn Goethe in den *Wahlverwandtschaften* den Landjunker Eduard in aristokratischem Dünkel bemerken lässt: »Ich mag mit Bürgern und Bauern nichts zu tun haben, wenn ich ihnen nicht geradezu befehlen kann«. Gleichwohl debattierten in gelehrten Gesellschaften aristokratische und bürgerliche Herren miteinander, und in den Salons der kultivierten Damen von Hamburg, Berlin oder Weimar traf die bürgerliche Bildungselite mit der traditionellen aristokratischen Oberschicht zusammen.

Der rasch wachsende publizistische Markt verstetigte die Kommunikation, die den Gedankenaustausch (den der Gefühle mitunter auch) von persönlichen Begegnungen unabhängig machte und gewissermaßen frei flottieren ließ. Die lateinisch abgefassten Bücher über Gott wurden von deutsch geschriebenen Büchern über die Welt verdrängt. Die Zahl der Zeitschriften, Zeitungen und Broschüren nahm beständig zu. Die Messkataloge mit den Neuerscheinungen in Frankfurt, Leipzig oder Wien wurden jedes Jahr dicker, obgleich um 1800 in Wien immer noch weniger Bücher gedruckt wurden als in – Kalkutta, der rund hundert Jahre zuvor von der englischen East India Company gegründeten bengalischen Stadt.

Die Vielfalt begeisterte, aber sie verwirrte auch und erzeugte Überdruss. Schriftsteller schrieben Bücher über die ›Bücherseuche‹, viel Tinte wurde vergossen, um das ›tintenklecksende Säculum‹ lächerlich zu machen. Die Zelebritäten der Literatur fürchteten, der höhere Geist einer schmalen Kennerschaft werde vom schlechten Geschmack des breiten Publikums erdrückt. Die ›Empfindsamkeit‹ war auf dem Weg ihrer literarischen Konventionalisierung zur ›Empfindeley‹ verkommen, die Aufklärung selbst schien abgestanden – Aufkläricht eben statt der frischen Ideen von einst, saturiertes Mittelmaß statt Feuer des Gedankens. Die *Vernünfftigen Gedancken von der Menschen Thun und Lassen* des großen Aufklärers Christian Wolff galten drei Generationen nach ihrem Erscheinen dem jungen Heine als »Runkelrübenvernunft«, und Jean Paul lässt kurz nach der Wende zum 19. Jahrhundert seinen Luftschiffer Giannozzo über die Leute spotten, auf die er von oben herabsieht: »Himmel! es waren aufgeklärte Achtzehnjahrhunderter – sie standen ganz für Friedrich II., für die gemäßigte Freiheit und gute Erholungs-Lektüre und einen gemäßigten Deismus – und eine gemäßigte Philosophie – sie erklärten sich sehr gern gegen Geistererscheinungen, Schwärmerei und Extreme.« Schon anderthalb Jahrzehnte vorher hieß es in Wielands *Teutschem Merkur,* kaum war im Dezember 1784 Kants Aufsatz *Was ist Aufklärung?* erschienen: »Das Wort Aufklärung fängt jetzt allmählich an, so wie die Wörter Genie, Kraft, gutes Herz, Empfindsamkeit und andre in üblen Ruf zu kommen.«

Die Moden, die geistigen und schöngeistigen eingeschlossen, schienen einander immer schneller abzuwechseln, die neuesten Kenntnisse schon die eigene Veraltung zu erwarten. Die Beständigkeit von Wahrheiten und die Dauerhaftigkeit der Erkenntnisse ließ sich nicht mehr kommandieren. Goethes befehlsgewohnter Eduard klagt ironisch-selbstironisch über das, was wir heute ›lebenslanges Lernen‹ zu nennen gelernt haben: »Es ist schlimm genug […], dass man jetzt nichts mehr für sein ganzes Leben lernen kann. Unsre Vorfahren hielten sich an den Unterricht, den sie in ihrer Jugend empfangen; wir aber müssen jetzt alle fünf Jahre umlernen, wenn wir nicht ganz aus der Mode kommen wollen.«

Neues und Altes

Inmitten der Veränderungen und im Rücken des Neuen hielt sich das Alte. Es wurden Nachttöpfe aus den Fenstern gekippt (in Weimar ab 1774 erst nach 23 Uhr erlaubt), und das Wasser für den täglichen Bedarf schleppten Mägde in Krügen von den Marktbrunnen in die Küchen, wobei es sich bei den idyllischen ›Krügen‹ in Wahrheit um Kannen und Eimer handelte, schwer wie die Arbeit des Gesindes. In vielen Städten und fast überall auf dem Land waren die Häuser mit Stroh oder Schindeln gedeckt statt mit Ziegeln. Zwischen den Häusern standen die Scheunen, in den Straßen streunte das Vieh. Trotz aller Wissenschaft ließen die Ärzte ihre Patienten zur Ader, wann immer sie nicht weiterwussten, was häufig vorkam, und die Hirten hielten es mit ihren Kühen genauso. Wandernde Bader legten in den Hinterzimmern der Wirtshäuser, in denen sie logierten, ihre chirurgischen Instrumente aus. Wunderheiler zogen über die Dörfer, Hochstapler schmarotzten in Palästen, Goldmacher weckten bei aufgeklärten Fürsten (sogar bei Friedrich II.) die falschesten Hoffnungen, spiritistische Frömmler schmeichelten sich bei unaufgeklärten ein (bei Friedrichs Nachfolger Friedrich Wilhelm II.). Den Aristokraten, die sich vom Licht der Aufklärung geblendet fühlten, verrückten Geisterseher in verdunkelten Salons die Tische und Köpfe.

Cagliostro war erst der berühmteste, dann der berüchtigtste unter ihnen. Die deutsch-baltische Gräfin Elisa von der Recke glaubte 1779 an seine übernatürlichen Kräfte und verfasste 1787 eine Entlarvungsschrift. Aber ihre Kritik der Schwärmerei blieb schwärmerisch und ihre Rehabilitierung der Vernunft unvernünftig. Kurz vor der Französischen Revolution hielt sie den »Zauberritter« für das Haupt einer jesuitischen Verschwörung und nach der Revolution diese Verschwörung für die Ursache des Umsturzes.

Cagliostro starb in einem vatikanischen Gefängnis, nicht weil er ein Hexenmeister, sondern weil er keiner war, bloß ein magischer Betrüger. Die letzte ›Hexe‹ in Deutschland, die Dienstmagd Anna Maria Schwegelin, wurde 1775 – nein, nicht verbrannt, sondern zur Enthauptung verurteilt: wegen eines Teufelspakts (den sie gestanden) und eines Schadenzaubers (den sie nicht gestanden hatte). Die Hinrichtung wurde nicht vollzogen, Schwegelin starb 1781 im Stockhaus des Stifts Kempten. Heute hat sie dort einen Brunnen als Denkmal. Ein Jahr nach ihrem Tod wurde in der Schweizer Stadt Glarus die Magd Anne Göldin nach einem Hexenprozess wegen Giftmischerei enthauptet. Der rabiate Publizist Wilhelm Ludwig Wekhrlin hat dafür gesorgt, dass aus dem Justizmord ein Justizskandal wurde. Die Göldin hat seit 2007 ein Museum in Mollis, im August 2008 wurde sie offiziell rehabilitiert.

Nach dem Tod der beiden armen Annen schwirrten die Hexen weiter auf Besenstielen umher oder trieben in der Walpurgisnacht ihr Unwesen – nicht nur auf dem Blocksberg in Goethes *Faust,* auch auf den Gipfeln des Erzgebirges rund um eine viel frequentierte böhmische Kurstadt, wie Elisa von der Recke 1795 notierte: »Gestern abend ist hier sehr viel und bis lange in die Nacht hinein geschossen worden. So bewillkommnet der Aberglaube in Karlsbad den 1. Mai, um an diesem vorgeblichen Versammlungstage der Hexen diese Mißgeburten des Wahns durch das Donnern des Geschützes aus der Gegend zu vertreiben!« In Wahrheit, und auf dem Brocken, waren die Gespenster nur noch ein Schatten – von einem selbst. Heinrich Zschokke erklärte sie als ganz natürliche Erscheinung: Brockengespenster »treten nur dann vor das erstaunte Auge, wenn man auf einer schroffen Felswand über einem Abgrund steht und ein dichter, feuchter Nebel aus der Tiefe steigt, auf welchen der Schatten der Person fallen kann, in deren Rücken die Sonne leuchtet.«

Reckes verächtliche Bemerkung lässt darauf schließen, dass die Erzgebirgsrituale mehr waren als nostalgische Vergnügungen in ›gotischer‹ Tradition. Trotz der natürlichen Erklärungen blieben magische Vorstellungen in vielen Gegenden, auch Herzgegenden, lebendig. Die aufgeklärte Obrigkeit rügte Dorfprediger, die den Aberglauben schürten oder wie Pfarrer Johann Joseph Gaßner 1774 in Meersburg den Teufel austrieben, bis Kaiser Joseph II. das Treiben unterband. Gaßners Schriften wurden übrigens in Kempten gedruckt. Heute hat er in Meersburg eine Skulptur als Schandmal. Der aufgeklärte bayerische Landpfarrer Franz Xaver Geiger wiederum wanderte ins Gefängnis, weil er in seiner lehrhaften *Schönen Lebensgeschichte des guten und vernünftigen Bauersmanns Wendelinus* von 1790 die Existenz von Hexen bestritten hatte.

Auch auf vielen anderen Gebieten schlugen sich die Menschen der neuen Zeit mit den ewigen alten Problemen herum. In Hungerjahren machten Scharen von Bettlern, die nicht immer von Räubern zu unterscheiden waren, die Landstraßen unsicher. Die Regierungen bauten Arbeits-, Zucht-, Waisen- und Invalidenhäuser und verpachteten die dort eingerichteten Manufakturen an Privatunternehmer. Zugleich lebten die überkommenen Strafrituale fort, das Stehlen wurde nicht nur angeprangert, sondern der Dieb oft genug wie eh und je leibhaftig an den Pranger gestellt. Und draußen vor den Stadtmauern verwesten an den Galgen die Leichen der Gehängten, als herrschte weiter das Mittelalter.

Und immer noch wurden Zöpfe geflochten, mochten im übertragenen Sinn auch viele schon abgeschnitten sein. Für die Zulassung zur Hoftafel brauchte man gleichwohl weiter den Adelstitel, sonst hatte man, wie Goethe bis zur Nobilitierung, an einer Nebentafel Platz zu nehmen, an der nicht der Fürst, sondern der Hofmarschall den Vorsitz führte. Beim Ball zeigte der Mann von Welt selbst in der Provinz bestrumpfte Waden unter einer bis zu den Knien reichenden bestickten Weste. Die höheren Damen erhöhten auch ihr Hinterteil und trugen »cul de Paris«, den »Unterziehsteiß«, wie Jean Paul das Po-Kissen wohlberechnet unerzogen nannte, ließen die Frisuren in den Himmel wachsen und montierten auf ihre Hüften Fischbeingestelle für Reifröcke, die so kostbar ausladend waren, dass sie nur seitwärts durch die Türen passten. Nach dem Ball ließ sich das bei seiner Toilette so tapfere ›schwache Geschlecht‹ in einer Portechaise nach Hause tragen, damit die Pantöffelchen an den Füßchen in den verwinkelten Gassen nicht von Schlamm und Kot beschmutzt wurden. Für die Herrn standen Mietlakeien mit Lampen bereit, um heimzuleuchten.

Waren in den kleinen Residenzstädten die Straßen für die großen Equipagen zu verwinkelt, so waren die Wege zwischen den Städten zu weit und abseits der Postrouten schockierend schlecht. Es schien leichter, bei Sturm über den Ozean zu fahren als bei Regen mit dem Pferdewagen von Weimar nach Erfurt oder Jena. Adele Schopenhauer war nicht die Einzige, die bei einer dieser irrsinnigen Überlandfahrten aus der Kutsche stürzte.

So fremd die dingliche Seite dieser Epoche wirken mag, in der mit Tinte und Feder (wenn auch schon mit welchen aus Stahl) geschrieben wurde, in der Kerzen so kostbar waren, dass Schlossdiener die Stümpfe stahlen, um sie an Arme-Leute-Kundschaft zu verkaufen, und in der elektrischer Strom noch nichts in Bewegung setzte außer die Beine geköpfter Frösche bei galvanischen Experimenten – so fern uns das alles ist, so nah sind wir den Menschen der Goethezeit in Gedanken und Gefühlen. An ihren rationalen Erwägungen und seelischen Erschütterungen, an ihren Leidenschaften und Interessen, an ihren Empfindlichkeiten und an ihrer Empfindsamkeit, an ihrer List und Hinterlist, ihrem Bewusstsein und Selbstbewusstsein können wir ohne Weiteres Anteil nehmen, können urteilen und verurteilen, mitleiden und mitlachen. Auf dieser Ebene braucht die Vernunft keine Kommentare und das Herz keine Fußnoten. Die überlieferten Lebenszeugnisse in Tagebüchern, Autobiografien und Briefen sind wie die Ränkespiele auf der Bühne oder die Intrigen im Roman ohne Weiteres zu verstehen, sobald es ums Menschliche geht.

Aus der Chaos-Epoche, die wir ›Goethezeit‹ nennen, gingen die geschichtlichen Voraussetzungen unserer eigenen Gegenwart hervor, und die Menschen, die diese Voraussetzungen schufen oder Zeuge ihrer Entstehung waren, sind in geistiger, seelischer und sogar körperlicher Hinsicht mit uns viel näher verwandt als etwa ein Warlord der Renaissance, ein Mönch des Mittelalters oder ein antiker Sklavenhalter. Nur wenig übertrieben ausgedrückt: Reisende in die Zeit um 1800 treffen bei der Ankunft auf ihresgleichen.

Reisevorbereitungen

Die Warnungen lassen sich ignorieren, Zeitreisen sind nicht gefährlicher als gewöhnliche Reisebeschreibungen, selbst wenn man fürs travelling den armchair verlässt wie die sanfte Ottilie in Goethes *Wahlverwandtschaften:* »Sie sprang in den Kahn und ruderte sich bis mitten in den See: dann zog sie eine Reisebeschreibung hervor, ließ sich von den bewegten Wellen schaukeln, las, träumte sich in die Fremde.« Ihr stößt bei dieser Lektüre nichts zu – wohl aber dem Säugling, der ihr anvertraut ist. Er fällt aus dem Kahn, und sie kann ihn nicht retten, weil sie wegen des aufgeschlagenen Buchs die Hand nicht gleich frei hat. Wenn Lesen gefährlich ist, wie harmlose Leute meinen, liegt das nicht am Gelesenen.

Man stelle sich vor, das Tor zur Vergangenheit wäre eine Art Sicherheitsportal ähnlich dem an unseren Flughäfen. Es würde anfangen zu piepen, wenn etwas nicht in die bereiste Epoche passt. Man käme erst durch die historische Schleuse, nachdem man alles Zeitfremde abgelegt hätte. Nichts, aber auch gar nichts dürfte man mitnehmen, völlig entblößt stünde man da. Weniger wegen der Mode als wegen des Materials, aus dem sie gemacht ist, ganz abgesehen von all unseren elektronischen Bild-, Text- und Sprechmaschinen. Vieles, was wir im Kopf haben, passt recht gut in die Goethezeit, aber alles, was wir am Körper tragen, müssen wir zurücklassen.

Dann stehen wir am 7. November 1775 morgens um fünf splitterfasernackt, aber wenigstens unsichtbar in Weimar vor dem Haus eines Kammergerichtspräsidenten namens von Kalb und sehen zu, wie Goethes Kutsche über das Pflaster rollt. Bei anderer Gelegenheit sitzen wir zwischen dem Berliner Aufklärer Anton Büsching und seiner Frau in der Kutsche. Das ist immerhin besser, als 1773 während eines Achttageritts von Berlin nach Danzig hinter dem Kupferstecher Daniel Chodowiecki auf dem Pferd zu hocken. Mit Büschings reisen wir für fünf Tage ins märkische Reckahn, um die philanthropische Reformschule des Landjunkers Eberhard von Rochow kennenzulernen. Ohne Rücksicht auf unsere von aller Gegenwart entkleideten Verfassung werden wir unter die Bauernkinder in die Bänke gesteckt. Ein Versuch, unsere Namen ins Holz zu ritzen, wäre vergeblich, nachträgliches Einschreiben in die Vergangenheit kann die Geschichte nicht dulden. Dafür könnten wir ohne Weiteres den Sprung von der Landschule an die Universität machen, in die Vorlesungen berühmter Philosophen: vor 1800 von Professor Kant in Königsberg, um 1800 von Professor Fichte in Jena und Erlangen, nach 1800 von Professor Hegel in Berlin. Weil wir unsichtbar sind, müssen wir kein Hörgeld bezahlen wie die anderen Studenten (Studentinnen gab es kaum), und falls wir, was sehr wahrscheinlich ist, die Ausführungen der Herren nicht sofort und ganz verstehen, können wir das Gehörte nach der Rückkehr in die Gegenwart in modernen kommentierten Werkausgaben nachlesen.

Etwaige Verständnisschwierigkeiten müssen uns nicht peinlich sein, es ging den Zeitgenossen ebenso, etwa Georg Ludwig Spalding (nicht zu verwechseln mit seinem Vater Johann Joachim). Henriette Herz erzählt in ihren Erinnerungen:»Ich begegnete eines Tages Professor Spalding, dem Philologen. ›Ach‹, rief er mir schon in der Entfernung einiger Schritte entgegen, ›morgen steht mir ein saueres Diner bevor! Im Laufe desselben soll ich ein Werk, das ich nicht ganz verstehe, in eine Sprache übertragen, die mir nicht geläufig ist.‹ Und es ergab sich, dass er zu Frau von Stael eingeladen war, um ihr beim Diner so nebenher ein philosophisches Werk Fichtes in französischer Sprache beizubringen.«

Aber Zeitreisende lernen nicht nur den philosophischen Zeitgeist kennen, sondern erleben auch handfeste Abenteuer, überstehen mit dem jungen Eichendorff einen Schiffsunfall auf der Oder, blicken am Berliner Gendarmenmarkt zu E.T.A. Hoffmanns Eckfenster hinauf, traurig darüber, dass oben der Gespensterschreiber im Sterben liegt, gequält von blutenden Wunden auf dem Rücken. Oder wir sehen zu, wie Georg Lichtenberg in Göttingen seinerseits durchs Fernglas der Beerdigung von Gottfried August Bürger zusieht.

Vielleicht stehlen wir uns auch in den Anatomiesaal von Jena, wo die Selbstmörderinnen obduziert werden, die in Weimar in die Ilm gegangen sind. Auf abgelegenen Rittergütern schauen wir fronenden Dreschern zu und beobachten, wie sie jeden Abend heimlich eine Handvoll Körner in ihren Hosentaschen vom Herrenhof schmuggeln, um sich für die erzwungene Arbeit wenigstens symbolisch zu entschädigen. In heruntergekommenen Dörfern blicken wir durch offen stehende Türen in Stuben, in denen halb verhungerte Familien an Webstühlen, die ihnen nicht gehören, aus Garnen, die ihnen nicht gehören, Stoffe herstellen, die ihnen nicht gehören. In Berlin begegnen wir einer Äpfelfrau auf dem Hackeschen Markt, einem Wacholdersaftverkäufer vor der Oper, einer Brezelverkäuferin vor dem Schloss: »Kauffen sie nicht schöne Spandosche Zimtpretzeln?«

An einem Tag begleiten wir unbemerkt eine Gräfin, die nicht einmal in der Lage ist, sich ohne die Hilfe ihrer Zofe anzuziehen, den nächsten Tag verbringen wir mit dieser Zofe, die nur besitzt, was sie auf dem Leib trägt, und außer sich gerät vor Dankbarkeit, wenn die Herrin ihr ein buntes Band schenkt. In der einen Stunde langweilen wir uns bei einem prunkvollen Souper in einer Residenzstadt, in einer anderen löffeln wir in einer verrußten Bauernkate Hirsebrei aus einer Holzschüssel. Im einem Augenblick sind wir unter den Straßenräubern, die Knüppel schwingend eine Kutsche überfallen, im nächsten unter den Reisenden, die hoffen, dass sie mit dem Leben und ohne Blessur davonkommen – und vielleicht auch, ohne die Goldstücke einzubüßen, die man sich unter die Achsel gesteckt oder, noch sicherer, ins Mieder genäht hat.

Dem Zeitreisenden kann im Unterschied zu den Zeitgenossen nichts passieren, was immer auch – geschehen ist. Zum Glück sind Touristen der Vergangenheit für Zeitgenossen unsichtbar, zum Unglück ist die Geschichte ein Geschehen, in das niemand mehr eingreifen kann. Nichts ist wiedergutzumachen, alles nur besser zu verstehen.

Dennoch schadet es nicht, zur Einstimmung gewisse Vorbereitungen zu treffen. Man könnte sich beispielsweise zum Ersatz für die Zahnbürste, die das historische Sicherheitsportal nicht passieren durfte, ein Läppchen zurechtschneiden und Zahnpulver aus geriebener Kohle oder aus verbranntem und zerbröseltem Brotteig in eine Emailledose füllen, deren Deckel ein Medaillonporträt des Alten Fritz trägt. Es zeigt ihn in der letzten Lebensphase, mit spitzem Zopf, spitzer Nase und eingefallenen Wangen. Er hat alle Zähne verloren und kann die Flöte nicht mehr blasen.

Die Tabatiere könnte aber auch das Merkpulver eines erzgebirgischen Apothekers trocken halten, damit man später alles gut erinnert, was man auf der Zeitreise erlebt:»Dieses wohl appretierte Extra feine Hirn und Fluß Pulver des Tags 2 bis 3 mahl geschnupft ist gut vor den Schwindel und Flüsen, stärket das Gedächtnis.« Wenn man weder dem erzgebirgischen Pulver noch dem eigenen Gedächtnis traut, sollte man genug Federn bereitlegen, um alles aufzuschreiben, am besten Düsseldorfer Schreibfedern, wie Philipp Andreas Nemnich in seinem *Tagebuch einer der Industrie gewidmeten Reise* 1809 rät:.»Sie empfehlen sich durch vollkommene Klarheit, Zahnlosigkeit und Härte.« Jedes Bündel dieser Federn enthält 25 Stück. Sie »werden zu je 8 und 8 Bündel, d.i. 200 Stück, in Papier und mit vorgedruckten Nummern als Waare angeboten. Die Nummern zeigen die Qualität.« In der Tabatiere könnte man statt des Merkpulvers Sauerkleesalz aufbewahren, um die ›Dintenflecke‹ aus der Wäsche zu reiben.

Um während der Reise zu wissen, wie spät es ist, käme eine Taschenuhr infrage, vielleicht eine aus der 1765 von Friedrich II. in Berlin gegründeten Königlichen Uhrenmanufaktur. Man sollte nur gut auf sie achtgeben, besonders in den Menschenmengen bei öffentlichen Hinrichtungen. Nirgends wird mehr gestohlen als unter dem Galgen. Eine klappbare Taschensonnenuhr aus Holz wäre sicherer, wenn auch weniger praktisch, weil nur im Freien und am Tage benutzbar. Hilfreicher, aber auch umständlicher wäre eine der »Reise-Pendul-Uhren« des Weimarer Hofmechanikus Jacob Auch: »mit der ganzen Vorrichtung zum Arretiren, Einpacken und Aufstellen; in Mahagony-Gehäuse und Coffer von Eichenholz«.

Für Fußmärsche ist ein versteifter Felltornister empfehlenswert (er muss ja nicht gleich mit einem Dachskopf verziert sein wie der vom Syrakuswanderer Seume), für weite Kutschfahrten mit großem Gepäck eine eisenbeschlagene Holzkiste, für Herren erweitert durch einen Deckelaufsatz aus Blech, der aussieht wie ein Ofenrohr, aber für den (noch nicht klappbaren) Zylinder bestimmt ist, für Damen ergänzt durch (mindestens) eine Hutschachtel, deren Umfang nur wenig geringer ist als der Radumfang der Kutsche, mit der sie transportiert wird.

Zur Orientierung hilfreich wäre in Weimar Karl Gräbners

*Handbuch für Einheimische und Fremde: Die Großherzogliche Haupt=
und Residenz=Stadt Weimar, nach ihrer Geschichte und ihren gegenwärtigen gesammten Verhältnissen dargestellt;* zur Orientierung in
Deutschland Vollrath Hoffmanns *Handbuch der Vaterlandskunde
für alle Stände.* Zur Orientierung in der Welt kann man sich an ein
Kompendium von Theophil Ehrmann halten, mit allem über alles für
alle: *Allgemeines historisch-statistisch-geographisches Handlungs-, Post-
und Zeitungs-Lexikon für Geschäftsmänner, Handelsleute, Reisende und
Zeitungsleser: enthaltend in alphabetischer Ordnung eine genaue, planmäßig vollständige, historische, statistische und topographische Beschreibung aller Erdtheile, Länder, Staaten, Inseln, Bezirke, Gebiete, Herrschaften, Völker, Meere, Seen, Flüsse, Wälder, Berge, Städte, Vestungen,
Schlösser, Stifter, Seehäfen, Handelsplätze, Fabrikörter, Gesundbrunnen
und Bäder, Poststazionen, Flekken und überhaupt aller, in irgend einer
Hinsicht bemerkenswerter Ortschaften und Gegenden der Erde.*

Ebenso wichtig wie gewisse Grundkenntnisse sind gewisse Geld-
stücke – auch das ein Sachverhalt, den wir mit den Leuten der Goethezeit gemeinsam haben, obwohl es heute in ganz Europa nicht so
viele verschiedene Währungen gibt wie damals in drei deutschen
Herzogtümern. Jedenfalls war der zeitgenössische Reisende gut beraten, immer ein paar Groschen griffbereit zu halten, ›gute Groschen‹ wenn möglich, kurrent in allen deutschen Gegenden. Man
benötigte sie, wenn man zu spät vor der Stadt ankam und die Tore
schon verschlossen waren, um nach Entrichtung eines ›Sperrgeldes‹
doch noch eingelassen zu werden. Man brauchte sie aber auch, wenn
die Tore offen waren, um die Torwächter zu beschwichtigen, damit sie das Gepäck nicht so aufreizend umständlich kontrollierten
aus Verdruss übers Nicht-Bestochenwerden. Den armen Blumenmädchen, die in den Straßen Passanten ihre Sträuße aufdrängten,
drückte man die Münze lieber in die Hand – falls man nicht schon
bei der Fahrt über die Dörfer zu viele davon den Kindern zuge-
worfen hatte, die den Durchreisenden Sträuße in die Kutschen zu
werfen pflegten und dafür Entgelt erwarteten. Dem Kutscher selbst
rechtzeitig ein ›Trinckgeld‹ auszuhändigen war ebenso ratsam, denn
wer gut schmiert, fährt gut, wie es (nicht nur über die Achsen) hieß.
Ohne Schmiergeld betrank sich der Kutscher an der nächsten Poststation womöglich auf eigene Kosten, was nicht nur unangenehm,

sondern wirklich gefährlich werden konnte, besonders nach Einbruch der Dunkelheit und bei unerfahrenen Pferden, die den Weg noch nicht allein wussten.

Nach glücklicher Ankunft im Gasthof brauchte auch der Bediente sein Groschengeld, sonst ließ er womöglich den ›Eichenholzcoffer‹ mit Auchs Pendul-Uhr fallen. Außerdem konnte man sich dann bei ihm erkundigen, wo in der Stadt die berühmten Leute wohnten, und ihn mit Visitenkarten zu ihnen schicken. War man selbst eine Berühmtheit, hatte beim Verteilen der Visitenkarten besondere Sorgfalt zu walten. Karl Ludwig Fernow berichtet in einem Brief an Karl August Böttiger über einen Besuch des russischen Zaren Alexander bei seiner Schwester, der Großfürstin Maria Pawlowna, im November 1805 in Weimar: »Was die Visitenkarten betrifft, so hat der Kaiser nicht nur allen Geheimenräten, sondern sogar den Hofdamen samt und sonders welche senden lassen, und es ist allerdings eine ehrende Aufmerksamkeit, dass auch eine auf des Kaisers ausdrücklichen Befehl an Wieland hat gesendet werden müssen, obgleich er weder Geheimerrat noch Hofdame ist. Es ist aber falsch, dass bloß Wieland und nicht auch Goethe dergleichen erhalten haben sollte.«

Hatte der Hotelbediente keine Zeit (oder keine Lust), sich um das Verteilen der Visitenkarten zu kümmern, musste man einen Laufdiener nehmen. Der kostete extra und erwartete ein Trinkgeld obendrein. Oder man mietete gleich einen ›Lohnlakei‹, wie es zum Beispiel ein anderer russischer Reisender, der junge Nikolai Karamsin, in Berlin gehalten hat. Über die Kosten gibt er keine Auskunft, aber aus Nicolais Berlinbeschreibung hätte er wissen können: »Ein Lohnlakei bekommt, polizeilich festgelegt, 12. Gr. pro Tag.« Am 6. Juli 1789 (acht Tage vor dem Sturm auf die Bastille) berichtet Karamsin von folgender Szene:»›Führe mich zu Moritz‹, sagte ich heute morgen zu meinem Lohnbedienten. – ›Wer ist das, Moritz?‹ – ›Wer das ist? Philipp Moritz, der Schriftsteller, der Philosoph, der Pädagog, der Psycholog.‹ – ›Warten Sie, warten Sie. Sie sagen zuviel auf einmal; man muss ihn im Adreßkalender unter irgendeinem Titel suchen; er ist also (indem er ein Buch aus der Tasche zog), er ist also ein Philosoph, wie Sie sagen? Wir wollen sehen …‹« Der Bediente stößt im Berliner Adressbuch auf keine Philosophenrubrik, aber nachdem Karamsin vorgeschlagen hat, er möge unter den Professoren nachsehen, ist die Anschrift schnell gefunden.

Der Autor dieses Zeitreiseführers übrigens würde den aufgesuchten Zelebritäten vorher nicht auf die Nase binden, dass er hinterher über sie schreiben will. Sonst könnte es ihm gehen wie Karamsin bei Wieland in Weimar. Eine Woche nach dem Sturm auf die Bastille, von der man in Weimar noch nichts wusste, wurde Karamsin nach zwei vergeblichen Versuchen erneut bei Wieland vorstellig (morgens um acht!), sah sich endlich empfangen und fragte: »Was fürchten Sie denn von mir?« Wieland antwortete: »Es ist jetzt in Deutschland Mode geworden, zu reisen und dann seine Reise zu beschreiben. Dergleichen Reisebeschreiber, deren Anzahl nicht gering ist, ziehen von Stadt zu Stadt und suchen mit berühmten Leuten nur deswegen zu sprechen, um das, was sie von ihnen hören, drucken zu lassen.«

Man fühlt sich beinahe ertappt. Doch geht es hier weniger um die Berühmtheiten als um normale Leute und weniger um die Literatur als ums Leben, das kleine und große Leben mit seinen Freuden, Leiden und Eitelkeiten (was hätte Wieland gesagt, wenn ihn keiner mehr aufgesucht hätte?), mit all dem, was Leute tun müssen oder nicht lassen können, je nachdem, in welche Rollen sie hineinfinden, in welchen Charakteren sie festwachsen oder aus welchen Verhältnissen sie ausbrechen.

Deutschland und der Lauf der Welt

Anfang der 1790er-Jahre erschien eine Art *Animal Farm* des europäischen Staatensystems: Darin wird das Land Brum-Brum von einem Löwen regiert, Kakerlak von einer schönen Hyäne, Mimi von einer Truthenne. Das dreibändige Werk hieß *Die Regenten des Thierreichs* und stammte aus der Feder von Johann Friedrich Albrecht. Im Löwen von Brum-Brum ist leicht Friedrich II. von Preußen zu erkennen, der 1786 gestorben war. Mit der Truthenne von Mimi ist Maria Theresia von Österreich gemeint, gestorben 1780, mit der schönen Hyäne Katharina II. von Russland, die zum Zeitpunkt der

Veröffentlichung noch lebte (sie starb 1796). Auch Ludwig XVI. lebte noch. Bei Albrecht posiert er als Strauß, und tatsächlich steckte der französische König den Kopf so lange in den Sand, bis er ihn verlor (am 21. Januar 1793). Seine Anerkennung der neuen Machtverhältnisse kam zu spät, seine Flucht war tölpelhaft vorbereitet und misslang. Ludwigs Schicksal erschreckte auch in Deutschland, besonders natürlich Menschen, die selbst eine Krone (und darunter den Kopf) zu verlieren hatten.

Die Territorien der zahlreichen deutschen Landesherren bezeichnete *Thierreich*-Erfinder Albrecht als »Mischmasch«. Das klingt so grob satirisch wie seine übrige Nomenklatur, entsprach jedoch den sogenannten ›gewachsenen‹ politischen Verhältnissen. Das knapp tausendjährige *Heilige Römische Reich Deutscher Nation* bestand aus rund dreihundert Territorien, von Kurfürstentümern und Großherzogtümern bis zu Mini-Grafschaften; von Erzbistümern bis zu Prälaturen mit derart winziger Fläche, dass die Würdenträger sie fast mit ihren Schärpen hätten bedecken können oder »oft kaum so groß«, wie Anselmus Rabiosus alias Wilhelm Ludwig Wekhrlin über die schwäbischen Verhältnisse schreibt, »dass ihr Erdkreis die Tabatiere des Regenten ausfüllt«. Der Publizist Johann Kaspar Riesbeck konstatiert in seinen fingierten *Briefen eines reisenden Franzosen:* »Unter allen Kreisen des deutschen Reiches ist der schwäbische am meisten zerstückt. Er zählt nicht mehr als 4 geistliche und 13 weltliche Fürstentümer, 19 unmittelbare Prälaturen und Abteien, 26 Graf- und Herrschaften und 31 freie Reichsstädte.«

Insgesamt gab es von diesen Städten über vier Dutzend. Die größte hatte 150 000 Einwohner (Hamburg), die kleinsten blieben unter 500 (Kempten, Offenburg, Ravensburg, Schweinfurt). Hinzu kamen die Grund-, Guts- und Lehensherren, all die Barone und Ritter, die faktisch souverän über ihre Dörfer und über die ›schollengebundenen‹ (westlich der Elbe) oder leibeigenen Bauern (östlich der Elbe) herrschten. Bis hinab auf die Kreise herrschte vielfältiges Durcheinander. Der Kreis Teltow zum Beispiel bestand nach der Beschreibung Büschings in seiner *Reise nach Reckahn* Mitte der 1770er-Jahre aus einem »Hauptkreis«, einem »Aemter Kreis« und der »Herrschaft Wusterhausen und Teupitz, welche […] dem Prinzen von Preußen [Friedrich Wilhelm] gehört.« Der »Hauptkreis begreifet [...] das Königliche Amt Cöpenick mit seinem Zugehör; Unterschiedene Königl. Vorwerke und Dörfer, welche unter den Aemtern Mühlenhoff im Niederbarnimschen, Saarmund im Zauchischen, Potsdam und Spandau im Havelländischen Kreise stehen; fünf Aemter des Prinzen von Preußen, nemlich Gallun, Groß-Machenow, Rotzis, Selchow und Waltersdorf. Die kleine adeliche Stadt Teltow, 41 adeliche Dörfer, ein Dorf und Vorwerk, welches dem Magistrat zu Mittenwalde, 3 Dörfer, welche dem Magistrat zu Berlin, und 2 Dörfer, welche der Domkirche in Berlin gehören.«

In anderen Teilen Deutschlands ging es ebenfalls bunt zu, bunt wie eine aus Flecken zusammengenähte Harlekinsjacke. Ein halbes Jahrhundert nach Büsching zählt Carl Julius Weber in seinen Reisebriefen die sechs Kreise des Großherzogtum Badens auf, und über den sechsten, den »Main- und Tauberkreis«, heißt es: »Leider! besteht fast der ganze letztere Kreis aus standesherrlichen Besitzungen der Fürsten und Grafen von Leiningen, Löwenstein, von der Leyen [...] und einer Menge grundherrlicher Güter. Baden zählt acht Standesherren und einundachtzig Grundherrn mit etwa neunzig Quadrat-Meilen und 300 000 Seelen!«

Die französische Schriftstellerin Madame de Stael fasste die politische Geografie des Reichs in ihrem Deutschlandbuch 1810 so zusammen: »Es gibt nur wenig Hauptpunkte, in denen die Gesamtheit der deutschen Nation übereinstimmt, denn die Unterschiede sind in diesem Lande so groß, dass man nicht weiß, wie man so verschiedene Religionen, Regierungsformen, klimatische Verhältnisse und selbst Völkerstämme unter ein und denselben Gesichtspunkt bringen soll. Das südliche Deutschland ist in vielen Beziehungen ganz anders als das nördliche, die Handelsstädte ähneln in keiner Hinsicht den Universitätsstädten [allerdings gab es Städte, die wie Leipzig beides waren], und die Kleinstaaten unterscheiden sich merklich von den beiden großen Monarchien, Preußen und Österreich.«

Die territoriale Zerstückelung Deutschlands mit seiner politischen, rechtlichen, ökonomischen, sozialen und kulturellen Unübersichtlichkeit ist von vielen beklagt worden, am wenigsten von alteingesessenen Aristokraten, am meisten von neu aufstrebenden Kaufleuten. Deren Geschäfte litten unter den verschiedenen Wäh-

rungen, den zahllosen Zöllen, den vielfältigen Steuern und Stapel-
gebühren sowie den Brücken-, Chaussee- und Torgeldern; vor allem
aber unter den wechselnden Gewohnheiten, die oft gewohnheits-
mäßiger Willkür ähnelten. Das trieb die Korruption hervor und
beförderte den Schmuggel, vom ›offiziell‹ durch Bestechung gesicherten Gütertransport durch die Stadttore bis zum nachts über die
Stadtmauer geworfenen Kaffeesack, von dem eine der psychosozial-
pathologischen Geschichten im *Magazin für Erfahrungsseelenkunde*
von Karl Philipp Moritz berichtet.

Die Unübersichtlichkeit hatte sich so ausgeweitet, dass mit dem
wiederum durch Bestechungsdiplomatie zustande gekommenen
»Reichsdeputationshauptschluss« 1803 in Regensburg 112 Reichs-
stände aufgehoben werden konnten, ohne dass die deutsche Vielfalt
darunter besonders litt. »Wir kommen nicht einmal zu einem rechten Nationalfluche«, hatte der Osnabrücker Regierungsbeamte Justus Möser schon Jahrzehnte zuvor in den *Patriotischen Phantasien*
geschrieben, »jede Provinz flucht und schimpft anders«. Osnabrück
war mit 8100 Quadratkilometern eines der deutschen Mimimal-
territorien, wobei schon das ›deutsch‹ problematisch war. Das Bistum musste, eine weitere Besonderheit, nach seiner Verfassung
abwechselnd von einem katholischen und einem evangelischen Landesherrn regiert werden. Nach dem Tod des katholischen Bischofs
1761 war ein Nachfolger aus dem Haus Braunschweig-Lüneburg
an der Reihe, das dem englischen König Georg III. unterstand, der
gleichzeitig Herzog von Braunschweig-Lüneburg war und dem
Haus Hannover entstammte. Die deutsche Unübersichtlichkeit
wurde durch die in ganz Europa quer zu den staatlichen Territorien
liegenden Familienverbindungen des Hochadels, einschließlich der
dadurch hervorgerufenen Erbstreitigkeiten (und Erbfolgekriege),
weiter verstärkt.

Was den ›Nationalfluch‹ angeht, machte später Carl Julius Weber einen Einigungsversuch: »Schwerenoth«. Oder »Sakerment«.
Und schon gab er auf: »Im Ganzen aber flucht doch jede Provinz
wieder anders. In Schwaben ist Potz Blitz einheimisch, in Baiern
Sauschwanz, in Oesterreich Talk, Schlankerl, in Franken Quad, in
Preußen Gott straf mir« (mit korrekt verkehrtem Dativ). Immerhin
nennt Weber wenigstens ein Nationalspiel: das Kegeln; eine Natio-

nalkrankheit: die philosophische ›Systemsucht‹; eine ›Nationalthor-heit‹: die ›Titelsucht‹. Die Mode hingegen »richtet sich, da wir zu keinem Nationalkleide gelangen konnten, leider! immer noch nach Paris oder London – Diplomaten, Stutzer und Kaufmannsdiener ti-schen sie zuerst auf, dann verliert sie sich in die kleinen Landstädt-chen und Handwerksburschenwelt, während in der höhern Welt wieder neue Thorheiten an der Tages-Ordnung sind.« Selbst beim Kaffee war man sich nicht einig. In den 1780er- und 1790er-Jahren konkurrierten unter der Bezeichnung ›Teutscher Caffee‹ Ersatzkaf-fees aus Zichorienwurzeln, Rübenschnitzeln und Eicheln.

Es gab kaum Stael'sche ›Hauptpunkte‹ der Übereinstimmung in Deutschland: keine Hauptstadt, kein Machtzentrum, keinen Natio-nalfluch, keinen gemeinsamen Kopf, kein gemeinsames Herz. Aber immerhin einen Nabel. Der reisende Überflieger Jonas Ludwig Heß schrieb in seinen *Durchflügen*, wo er lag: »Der fränkische Kreis ist der Nabel des deutschen Reichs, und von ihm aus muß die Theilungs-linie zwischen den nördlichen und südlichen Germanien gezogen werden, welcher, so viel ich von der Sache weiß, bisher weder Mit-tel- noch Endpunkt angewiesen ist.«

Trotz des vielfältigen Spottes über die politische Vielfalt fand sie auch ihre kulturellen Verteidiger, nicht nur bei den Nostalgikern des Mittelalters. Wieland in Weimar zum Beispiel, der Autor des *Aga-thon* (1766), verglich den ›Aggregatzustand‹ der deutschen Nation mit dem des alten Griechenland und veredelte die politische, orga-nisatorische und verfassungsrechtliche Rückständigkeit ins Antike. Carl Julius Weber zog ebenfalls den Vergleich mit Griechenland, allerdings ohne Veredelung: »Wir sind schon vertheilt geboren, wie die Griechen!«

Goethe stimmte Wieland zu, und zusammen mit Schiller defi-nierte er Deutschland als Kulturnation in bewusster Abgrenzung zu einer Nationalstaatlichkeit, die auf politischer und wirtschaftlicher Macht beruhte. Gleichwohl klagte der um seine Tantiemen fürch-tende Dichter, die deutsche ›Vielländerei‹ erleichtere den Raub-druck.

Allerdings verunmöglichte sie zugleich eine zentrale Zen-surbehörde, was der »Wohltat der Preßfreiheit« zugute kam, wie Walter Scott in seinem *Leben Napoleons* über die deutsche Zersplitterung bemerkte – und wie Madame de Stael spürte, deren Deutschlandbuch von der napoleonischen Zensur sofort verboten wurde. Durch de Staels Sympathie für die deutsche Kultur klang ihre Ablehnung der französischen Politik, ganz ähnlich, wie einst Tacitus die Germanen idealisiert hatte, um den Sittenverfall in Rom zu geißeln.

Adelbert von Chamisso zitierte Scotts Betonung des Zusammenhangs zwischen staatlicher Zersplitterung und publizistischer Freiheit in seinem Bericht einer Erdumseglung und fügte hinzu: »Was er von Deutschland sagt, gilt von der Welt.« Der Hintergrund dieser Bemerkung wird deutlich durch Chamissos Hinweis auf »London, das nächst und abwechselnd mit Paris die Geschichte für die übrige Welt macht und verkündigt«.

London und Paris waren die bevölkerungsreichsten Städte Europas*. England und Frankreich waren die wichtigsten Mächte einer Welt, die nach den europäischen Eroberungen um 1500 zwischen 1750 und 1830, also nahezu passgenau in der Lebenszeit Goethes, die zweite Phase einer Art ursprünglichen Globalisierung durchlief. Es »schießen die Schiffe als Weberschiffchen hin und her und weben Weltteile und Inseln aneinander«, heißt es bei Jean Paul aus der Heimatperspektive des *Feldpredigers Schmelzle* auf einer »Reise nach Flätz«. Die Beobachtung ist, wie oft bei Jean Paul, sachhaltiger, als die ›humoristische‹ Formulierung vermuten lässt. Dass die Schiffe des Welthandels mit Weberschiffchen assoziiert werden, hat mit dem internationalen Baumwollhandel und den nationalen Textilindustrien zu tun. Die Schiffe transportierten in Indien hergestellte und zum Re-Export nach England eingeführte, später in England selbst hergestellte Baumwolltextilien an die westafrikanische Küste, tauschten die Ware gegen Sklaven, brachten die Sklaven nach Amerika und kehrten beladen mit Baumwolle zurück. Bei anderen Welthandelsverbindungen ging es um das Geschäft mit den »Colonial-Waaren« Zucker, Tee, Kaffee, Pfeffer und Tabak. An diesen Geschäften hatten Spanien, Portugal oder die holländische Ostindien-Kompanie ihren Anteil. Gleichwohl konnten nur Frankreich und England Weltmachtansprüche stellen. Friedrich Schiller

---

* Nähere Angaben im Anhang unter »Länder und Leute in Zahlen«.

hatte, jedenfalls diesbezüglich, ganz recht, wenn er 1801 in einem universalgeschichtlichen Gelegenheitsgedicht reimte: »Das Jahrhundert ist im Sturm geschieden, / Und das neue öffnet sich mit Mord. // Und das Band der Länder ist gehoben, / Und die alten Formen stürzen ein; / Nicht das Weltmeer hemmt des Krieges Toben, / Nicht der Nilgott und der alte Rhein. // Zwo gewaltge Nationen ringen / Um der Welt alleinigen Besitz, / Aller Länder Freiheit zu verschlingen, / Schwingen sie den Dreizack und den Blitz.«

Gemessen am globalen Einfluss der ›neptunischen‹ Seemacht England und der kanonendonnernden Landmacht Frankreich war jedes deutsche Kurfürstentum eine lokale Größe, in politischer wie ökonomischer Hinsicht. »Unsere Kaufmannssöhne«, klagte Justus Möser und meinte damit nicht nur die von Osnabrück, »spazieren nach Bremen und Hamburg. Nach Cadix, nach Lissabon, nach Smyrna, nach Aleppo, nach Kairo sollten sie gehen, sich um dasjenige bekümmern, was dort mit Vorteil abgesetzt werden kann, sich dort Bekannte und Assoziierte erwerben und dann handeln.« Man hatte wenig Einfluss auf internationale Geschäfte, sondern unterlag ihm vielmehr selbst, etwa hinsichtlich der Bedeutung der europäischen Silbereinfuhren für die Produktpreise in den Reichsprovinzen. Ein Kaufmann aus Breslau schrieb 1774: »Man meldete uns schon im Januar, dass ein Teil der spanischen Flotte aus Havanna angekommen wäre; dass der Rest derselben erwartet würde, und dass sie zusammen 38 Mill. Piasters an Bord hätten. Dieser Umstand wirkte mächtig auf unsere Leinwandmanufakturen im Gebirge.« Auch von den Schweizer Bergen hallte das Echo der Welt. »Der ganze nun allenthalben durch Geldinteresse eng verbundene Erdball stosset gegen das Befriedigende der eingeschränkten Geniessungen«, stellte der Pädagoge Johann Heinrich Pestalozzi 1782 in seinem *Schweizerblatt* fest, Bauer wie Bürger seien »an Ost- und Westindien, an Amerika und Asia angebunden.« Philipp Andreas Nemnich schreibt 1809 im Tagebuch seiner ›industriellen Reise‹ durch Deutschland über die Flachsweber in den Dörfern um Göttingen: »Die flächsenen Linnen sendet der inländische Kaufmann größtentheils nach Bremen, einiges auch nach Hamburg. Von da geht die Waare entweder über Cadiz oder direkte nach Westindien und dem spanischen Amerika.«

Die ›Globalisierung‹ jener Jahre warf selbst in abgelegenen preußisch-polnischen Kleinstädten ihre Bilder an die Wand. Karl Friedrich Klöden berichtet, wie er als Halbwüchsiger Ende der 1790er-Jahre in Friedland die ›Laubhütte‹ eines Juden aus der Nachbarschaft ausmalte: »ich hatte Cooks Seereisen gelesen, […] außerdem entzündeten die damals durch die Zeitungen veröffentlichten ersten Berichte Alexanders v. Humboldt von seiner Reise in Südamerika durch ihre lebhaften Schilderungen meine Einbildungskraft, und so komponierte ich denn die Landung der Engländer auf Otaheiti […], denen ich Momente aus Humboldts Reisen hinzufügte. Obgleich ich mich damit nicht wenig quälte, so wurden es doch herzlich schlechte Bilder, gemalt mit Kienruß, Fernambukabsud, Ockerfarben, Gänsegalle und was sich sonst Färbendes darbot.« Der Sohn eines Berliner Unteroffiziers, der in einer Kleinstadt des zwischen Preußen und Russland aufgeteilten Polen das kümmerliche Amt eines Toreinnehmers versieht, schmückt die Hütte eines jüdischen Nachbarn in dürftigsten dörflichen Farben mit der Landung der Weltmacht England auf der Südseeinsel Tahiti. Mochten die Bilder auch »herzlich schlecht« gewesen sein, schöner war die bizarre Dimension der globalen Welt nicht zu illustrieren.

Das gerühmte und gefürchtete Preußen, von Friedrich zur ›mitteleuropäischen Großmacht‹ emporgekämpft, zählte im internationalen Vergleich bloß als Provinz, die eine andere (Schlesien) in drei Kriegen an sich gerissen und festgehalten, und als mittleres Königreich, das ein anderes (Polen) zwischen sich und Russland aufgeteilt hatte. Am globalen Geschäft hatte Preußen nur wenig Anteil. 1750 war eine »Asiatische Handelskompanie« mit vier Schiffen gegründet worden. Das Flaggschiff »König von Preußen« konnte man nicht selbst bauen, sondern beauftragte eine englische Werft. Drei Jahre nach der »Asiatischen« folgte die »Bengalische Kompanie«. Der Siebenjährige Krieg unterbrach den Handel bald wieder. Die nach dem Krieg gegründete »Levantische Kompanie« machte 1769 Pleite. Die 1772 von Friedrich in Stettin etablierte »Preußische Seehandlung« konzentrierte sich auf den innereuropäischen Handel, wandelte sich im frühen 19. Jahrhundert zur preußischen Staatsbank und erweiterte sich allmählich zu einem Mittelding zwischen Industrieunternehmen und Industrialisierungsbehörde. Die Förderung der Dampfschifffahrt auf Spree, Havel und Elbe trat an die Stelle des Handels über die Ozeane.

Der Konkurrenzkampf zwischen England und Frankreich um die Welt ist jedoch selbst nur ein Aspekt der Geschichte, eben der europäische, genauer gesagt: der nordwesteuropäische. Aus globaler Perspektive handelte es sich um einen zwei Jahrhunderte dauernden Prozess des ökonomischen Niedergangs des ostasiatischen Weltsystems um China und des Aufschwungs des euroamerikanischen Weltsystems um England. Um 1800 kreuzte sich die absteigende mit der aufsteigenden Linie, jedenfalls was die statistisch rekonstruierbaren ökonomischen Daten angeht. Zu Beginn des 19. Jahrhunderts setzte sich eine Entwicklungsdynamik durch, die zur globalen Dominanz des ›Westens‹ führte.»Wie kam also Europa zu seiner Kultur und zu dem Range, der ihm damit vor andern Völkern gebühret?«, fragte Herder in seinen *Ideen zur Philosophie der Geschichte der Menscheit.* Eine Frage, die von ›Welthistorikern‹ und ›Globalgeschichtlern‹ immer noch gestellt und noch immer nicht beantwortet ist. Nur Europas Vorzugsrang würde heute nicht mehr mit der gleichen naiven Überheblichkeit reklamiert. Carl Julius Weber hat das vorhergesagt:»Wir sprechen von einem europäischen Staatensystem, künftige Geschlechter werden von einem Weltstaatensystem sprechen«. Der ›Geschichtsphilosoph‹ Herder indessen brachte es in seinem Eckchen hinter der Weimarer Stadtkirche fertig, von China als von einem Land zu sprechen, das »im östlichen Winkel Asiens unter dem Gebirge liegt«.

Die Welt war weit, Weimar ließ sich in einer Viertelstunde durchqueren. Hier verlor man keine Provinzen, allenfalls silberne Löffel: »Es ist heute Morgen ein silberner Teelöffel mit Wasser auf die Straße geschüttet worden; wer ihn gekauft oder gefunden hat, wird gebeten, ihn gegen eine kleine Vergütung abzuliefern.« Diese Anzeige stand am 29. September 1805 im *Weimarischen Wochenblatt.* Teelöffel braucht man nur, wenn man Tee hat; und Tee bekommt man nur, wenn Schiffe um die Welt fahren.»Selbst in den alltäglichen Verrichtungen des bürgerlichen Lebens können wir es nicht vermeiden, die Schuldner vergangener Jahrhunderte zu werden; die ungleichartigsten Perioden der Menschheit steuern zu unserer Kultur, wie die entlegensten Weltteile zu unserm Luxus. Die Kleider, die wir tragen, die

Würze an unsern Speisen und der Preis, um den wir sie kaufen, viele unsrer kräftigsten Heilmittel und ebenso viele neue Werkzeuge unsers Verderbens – setzen sie nicht einen Kolumbus voraus, der Amerika entdeckte, einen Vasco da Gama, der die Spitze von Afrika umschiffte?« So erklärte Schiller Ende Mai 1789 den herbeigeströmten Studenten bei seiner Jenaer Antrittsvorlesung über das Studium der Universalgeschichte, wie die Behaglichkeit daheim mit den Weltverhältnissen und der Weltgeschichte zusammenhing.

Der forsche Optimismus dieser Vorlesung hielt sich so wenig wie ihr kulturelles Überlegenheitsgefühl. Die Freiheit, so schien es, ist nicht von dieser Welt. Aus Schillers ›Jahrhundertgedicht‹ von 1801: »In des Herzens heilig stille Räume / Musst du fliehen aus des Lebens Drang, / Freiheit ist nur in dem Reich der Träume, / Und das Schöne blüht nur im Gesang.«

Um »aus des Lebens Drang« in »des Herzens heilig stille Räume« zu fliehen, war Weimar nicht der schlechteste Ort, obwohl die Weltgeschichte in Gestalt plündernder französischer Soldaten 1806 über die Stadt hereinbrach. In dieser ›historischen Stunde‹ handelte Goethes Bettgefährtin, Hausmagd und Kindesmutter Christiane Vulpius so umsichtig, dass Goethe die Verbindung gegen alle gesellschaftlichen Widerstände, auch die von Schiller und dessen aufgebrachter Gattin, endlich ›legitimierte‹. Nach der ›Völkerschlacht‹ 1813 ritt Napoleon nicht mehr als »Weltgeist zu Pferde« durch die Stadt – diese Rolle hatte ihm Hegel in Jena auf den Leib philosophiert –, sondern machte sich auf gespenstische Weise in einer Kutsche davon.

Immerhin hatte Napoleon nach der preußischen Niederlage von 1806 dem Weimarer Herzog Würde und Land gelassen, obwohl Carl August als Offizier in preußischen Diensten auf so viel Rücksicht nicht rechnen konnte. Wie bei Goethe war es auch beim Herzog die Frau des Hauses, die rettete, was zu retten war. Die burschikose Christiane brachte randalierende französische Soldaten zur Räson, die mutige Louise trat dem ›Empereur‹ selbst mit Erfolg entgegen. Carl August durfte sich weiter Herzog nennen. Nach dem Zusammenbruch des Systems Napoleon wurde Sachsen-Weimar-Eisenach auf dem Wiener Kongress 1815 zum Großherzogtum und Carl August zur »Königlichen Hoheit« aufgewertet.

Wenn man es genau nimmt, obwohl das nicht einmal die Zeitgenossen wollten oder konnten, war Sachsen-Weimar-Eisenach de iure noch gar kein Herzogtum, als Louise es verstand, Napoleon zu beeindrucken. Sachsen-Weimar und Sachsen-Eisenach waren zwei Fürstentümer, vereint unter einer Landesherrschaft. Deshalb durfte Carl August den Herzogtitel führen. Die Fürstentümer wurden juristisch jedoch erst im Dezember 1806 zum Herzogtum – mit dem Beitritt zum Rheinbund, der von Napoleon abhing.

Die Fürstentümer Weimar und Eisenach hatten jeweils eigenständige Behördensysteme mit Regierung (Gerichtswesen, Verwaltung), Oberkonsistorium (Kirche, Schulwesen) und Kammer (Finanzverwaltung). Bis zur »Konstitution der vereinigten Landschaft der Herzoglichen Weimarischen und Eisenachischen Lande mit Einschluss der Jenaischen Landesportion« im Jahr 1809 waren nicht einmal die Grundsteuern einheitlich. Zudem gab es in jedem Fürstentum landständische Vertretungen: die Rittergüter, die Städte und die Universität Jena. Die Verwaltung der Universität musste nicht nur mit der Universität selbst, sondern auch zwischen Weimar und Eisenach abgestimmt werden, weil das Amt Jena zu Eisenach gehörte. Auch im Landtag der Verfassung von 1816 hatte die Universität einen eigenen Sitz, neben jeweils zehn Sitzen für die Ritter, zehn für das Bürgertum und, erstmals, zehn für die (landbesitzenden) Bauern.

Die landesherrlichen Verhältnisse in Thüringen entsprachen in ihrer kleinformatigen Mannigfaltigkeit der Situation im ganzen Deutschen Reich. So gehörte die Stadt Erfurt zu Kurmainz und wurde 1803 preußisch. Erfurt war wichtig für Weimar, aber auch lästig. Zum Beispiel machten die Erfurter Schuster während der Weimarer Jahrmärkte den eingesessenen Handwerkern Konkurrenz. Und nach der Revolution von 1789 trieben die neunhundert französischen Emigranten in Erfurt die Lebensmittelpreise auch in Weimar in die Höhe.

Neben Sachsen-Weimar-Eisenach gab es noch Sachsen-Gotha-Altenburg und Sachsen-Coburg-Saalfeld (aus beiden ging 1826 Sachsen-Coburg-Gotha hervor). Hinzu kamen Sachsen-Hildburghausen und Sachsen-Meiningen. Doch damit ist die Sach- und Machtlage immer noch nicht vollends geklärt. Das Dorf Lichtenhain etwa lag zwar auf dem Gebiet von Sachsen-Weimar, gehörte aber zu Sachsen-Meiningen. Es erweiterte dessen gewaltiges Staatsgebiet (elf Quadratmeilen*) und fügte den 50 000 Einwohnern ein paar weitere Seelen hinzu.

Sachsen-Weimar-Eisenach war der Riese unter den Zwergen, wenn auch gewissermaßen nur ›zweitriesig‹ nach Sachsen-Gotha, jedenfalls bis zur Gebiets- und Einwohnerverdoppelung auf dem Wiener Kongress. Bis dahin hatte Sachsen-Gotha-Altenburg so viel Einwohner mehr als Weimar-Eisenach, als Sachsen-Meiningen überhaupt zählte. Auch Weimar selbst konnte sich mit Gotha nicht messen, weder was die Zahl der Einwohner (um 1800 Weimar 7500, Gotha 11 000) noch die fürstliche Pracht noch den bürgerlichen Reichtum anging. Das größte und schönste Haus in Weimar hatte Justin Bertuch. Das Dach war mit Ziegeln gedeckt, nicht mit Schindeln wie die Dächer der meisten anderen Häuser, für deren Dachstühle Ziegel zu schwer gewesen wären. Der umtriebige Bertuch war Verleger, Autor, Unternehmer und Finanzberater. Er war seit 1782 Teilhaber an Wielands *Teutschem Merkur*, gründete 1786 das erfolgreiche *Journal des Luxus und der Moden*, machte sich schriftstellerisch Gedanken um die »ausländischen Colonial-Waaren«** und unterhielt eine ›Fabrique‹ für Kunstblumen. Die Zahl der dort beschäftigten zehn Näherinnen verhielt sich zu den 140 Arbeiterinnen einer in Berlin betriebenen Kunstblumenfabrik fast wie die Einwohnerzahl Weimars zu der Berlins. Eines von Bertuchs Nähmädchen war Christiane Vulpius, bis Goethe sie 1788 in sein Haus holte.

Ankunft in Weimar

»Die Stadt Weimar an sich selbst ist nicht schön«, gibt Karl Gräbner in seinem Handbuch von 1830 unumwunden zu und macht nur einen matten Versuch, dieses Urteil einzuschränken: »doch hat sie

---

* Zu den Maßen, vielfältig wie die deutschen Verhältnisse, die Zusammenstellung im Anhang.
** Siehe den entsprechenden Abschnitt in »Essen und Trinken«.

einzelne schöne Straßen und Gebäude«. Nicht einmal die hat drei Jahrzehnte früher Friedrich Albrecht Klebe, ebenfalls Beschreiber der »berühmten Residenzstadt Weimar«, vorgefunden. »Krumme Straßen durchziehen sie nach allen Richtungen, und die Häuser, welche meistens nur zwei, selten drei Stockwerke haben, zeugen von dem Alter dieses Orts. [...] Die öffentlichen Plätze sind nicht besser als die Marktplätze mancher kleinen Landstadt. Der Markt ist ein sehr unregelmäßiges Viereck, das sich durch nichts auszeichnet. [...] Am Ende der vier Hauptstraßen, die nach dem Topfmarkt führen, sind zu beiden Seiten hohe Steine angebracht, an welche starke Ketten befestigt sind, die des Sonntags während der Predigt in der Hauptkirche [also der Stadtkirche] quer vor die Straßen gezogen werden, so dass kein Fuhrwerk über den Topfmarkt fahren kann. Im Winter werden die Straßen abends durch Laternen erleuchtet.« Die ersten davon waren in den 1750ern aufgestellt worden und brannten mit Fischtran. Dass Weimar kein heißes Pflaster war, aber ein lautes blieb, bewiesen noch im Jahr 1823 die ›Polizeisoldaten‹, die während einer Erkrankung von Großherzogin Louise im April am Schloss aufgestellt wurden, damit die Kutschen und Karren schön langsam vorüberfuhren und nicht so viel Krach machten mit ihren beschlagenen Rädern. Jedenfalls wirkte die Stadt nur von Weitem idyllisch: »Die Lage von Weimar hat sehr viel Angenehmes. Es liegt in einer lachenden fruchtbaren Gegend, die sich hier und da in reizende Hügel erhebt, welche mit Gebüschen bedeckt, oder als Felder angebaut sind. Auf der Seite nach Erfurt, rechts von der Chaussé, erhebt sich allmählich der hohe Ettersberg, auf dem man eine weite Aussicht genießt. Die Stadt selbst erstreckt sich etwas abhängig nach dem romantischen Thal zu, welches die Ilm durchfließt.«

Weimar war nicht nur keine repräsentative oder elegante, es war eine abgebrannte Stadt – im übertragenen wie im Wortsinn: Die Kassen waren leer, das Schloss lag in Trümmern. Die Sanierung der herzoglichen Privatschatulle hatte kurz vor Goethes Ankunft Justin Bertuch übernommen, Goethe selbst musste 1782 kommissarisch die Leitung der staatlichen Finanzverwaltung übernehmen. Das Schloss war bereits anderthalb Jahre vor Goethes Ankunft durch ein vermutlich in der Küche ausgebrochenes Feuer zerstört worden. Es sollte fast dreißig Jahre dauern (und statt der geplanten 130 000 Taler fast 700 000 kosten), bis der Palast wieder bezogen werden konnte.

Aber schließlich dauerte es auch über ein halbes Jahrhundert, von Goethes Ankunft gerechnet, bis 1830 die Lotte vollständig eingehaust war, jene schönfärberisch oder eher schönriecherisch als ›Bach‹ bezeichnete Kloake, die nur mit Schrittsteinen überdeckt durch die Gassen floss. Die »wasserreichen, versehenen, wohlverteilten Kanäle«, von denen Goethe bei seinem Lob der Kleinstadt in *Hermann und Dorothea* später schwärmte, hatte er in Weimar nicht vorgefunden.

Immerhin legte man Ende der 1770er-Jahre einen Park an, untersagte 1779 das Aufhängen von Wäsche an der Stadtkirche, an der seit drei Jahren Herder predigte, noch nicht durch Sperrketten vom Straßenlärm geschützt. Im Januar 1780 eröffnete ein Komödienhaus. In den folgenden Jahren wurde die Straßenbeleuchtung erweitert und die Chaussee nach Erfurt und Jena ausgebaut. Gegen Ende des Jahrzehnts, als in Paris das Volk die Bastille stürmte, beschloss die Obrigkeit von Weimar, das nächtliche Klettern über die Stadtmauer mit einem Bußgeld von sechs Talern zu belegen. Und in dem Jahr, in dem man in Paris den König köpfte, untersagte man in Weimar das Auskippen der Nachttöpfe auf die Straße auch für die Zeit nach 23 Uhr. Im großen Berlin wurden unterdessen die Töpfe zur Spree getragen, wie Georg Friedrich Rebmann auf seiner *Kosmopolitischen Wanderung* kurz vor dem »abscheulichen Königsmord« beobachtete: »Nach zehn Uhr kommen alte hässliche Weiber und gießen links und rechts mit gellendem Geplätscher die Unreinigkeiten von 167 000 Menschen in die Spree, die, zumal in den Kanälen, einer Mistpfütze gleicht.«

Im Jahr der Weimarer Nachttopf-Reform bekam Goethe einen Leineweber zum Nachbarn am Frauenplan. Das Schlagen der Webstühle machte ihm zu schaffen beim Schaffen, doch konnte er nicht mehr dagegen tun, als in sein »liebes Gärtgen vorm Thore an der Ilm« zu flüchten. Später kam noch der Krach der Kegelbahnen in einem nahe gelegenen Wirtshaus dazu. Goethe schimpfte: »Wenn aber an Feierabenden und Sonn- und Festtagen der Müßiggang mehr Getöse macht, als die sämtlichen tätigen Leute zusammen in ihren Arbeitsstunden, so wird man um so ungeduldiger, als den

Liebhabern solcher nutzlosen Übungen außer der Stadt die herrlichsten Bahnen reichlich geöffnet sind«.

Wieland litt gleichfalls unter dem Lärm der Nachbarschaft, verlor darüber aber nicht seinen Humor, wenn man der Schilderung Karl August Böttigers glauben will, dessen Notizen über das Alltagsleben der Genies auf heute noch reizvolle Weise zwischen Klatsch und Mikrosoziologie schwanken. Böttiger protokollierte im November 1794, wie Wieland seine Schlafkammer schilderte, »wo er auf der einen Seite das Hungergeschrei von 6 Schweinen, die nur höchstkärglich gefüttert werden, und auf der andern das Stampfen der Pferde im Stalle des benachbarten Gasthofes die ganze Nacht durch hört. Jetzt sey er daran gewohnt, u. mache ihm dieß thierische Conzert, zu dem noch das Enten- und Hahnengeschrei beym Anbruch des Morgens käme, so gar Vergnügen.«

Mögen auch nicht überall Schweine gegrunzt, Pferde gestampft und Hähne gekräht haben – die Städte waren laut. Von frühmorgens bis spät in der Nacht läuteten Glocken, Räder ratterten über das Pflaster, Torwächter rasselten mit den Schlüsseln, Postillione stießen vor Gasthäusern ins Horn, Nachtwächter trompeteten in den Straßen und ›Türner‹ auf den Wehrgängen der Stadtmauern. In Lessings *Minna von Barnhelm* klagt die Kammerzofe Franziska: »Wer kann denn in den verzweifelten großen Städten schlafen? Die Karossen, die Nachtwächter, die Trommeln, die Katzen, die Korporals – das hört nicht auf zu rasseln, zu schreien, zu wirbeln, zu mauen, zu fluchen«. Am Weihnachtsmorgen des Jahres 1772 schreibt Goethe in einem Brief aus Frankfurt: »Der Türner hat schon geblasen, ich wachte darüber auf. […] Der Türner hat sich wieder zu mir gekehrt, der Nordwind bringt mir seine Melodie, als blies er vor meinem Fenster.« Im Sommer 1801 klagt Goethe, keineswegs abgehärtet von schlagenden Webstühlen und polternden Kegeln, sondern immer noch zartbesaitet wie Franziska, während eines Aufenthaltes in Göttingen über Horn blasende Nachtwächter. Die Störung seines Schlafs in Göttingen wird ihn über die Alltagsärgernisse in Weimar nicht hinweggetröstet haben. Vielleicht hätte er nach Wien in die Kärntnerstraße ziehen sollen. Riesbeck konnte sich nicht genug wundern über »den dicken Schwarm der Eingeborenen, der sich in unglaublicher Stille durch die Straßen drängt. […] wenn die Kutschen nicht etwas Lärm machten, so verspürte man [...] in dieser Hauptstraße bei eingeschlossenen Fenstern nichts davon, dass man in einer großen Stadt ist.«

In Weimar blieb wie überall die Kluft zwischen dem »Geist der Goethezeit«, um es mit dem Titel eines vormals berühmten Werks über die Epoche zu sagen, und der Gewöhnlichkeit des Lebens unüberwindlich. In den *Briefen eines in Deutschland reisenden Deutschen* von Carl Julius Weber heißt es noch 1828: »Wenn irgend eine Stadt der Imagination Streiche spielt, so ist es Weimar. Sein Ruf geht vor ihm her wie vor großen Männern, und man findet ein kleines, totes, schlecht gebautes, recht widriges Städtchen«.

Als Goethe in der Nacht des 7. November 1775 im Landauer seines gerade erst volljährig gewordenen künftigen Chefs auf das Städtchen zurollte, konnte er nicht wissen, dass er sich dort für sein ganzes weiteres Leben – festfahren würde, von der italienischen Eskapade 1786–88, dem Feldzug nach Frankreich 1792 und zahlreichen Kurreisen vor allem nach Karlsbad abgesehen. Vielleicht hat Goethe sich in des Herzogs Kutsche Zukunftsgedanken gemacht, vielleicht auch nur ein Nickerchen. Jedenfalls waren die sonst von Reisenden beim Anfahren oder auch Anlaufen einer Stadt zuerst erblickten Kirchtürme in der Dunkelheit nicht zu sehen – anders als für Jean Pauls Feldprediger Schmelzle im Morgenrot vor der fiktiven Mini-Residenzstadt Flätz: »Ich sah scharf und weich nach den Turmspitzen; ich glaube, daß jeder Mensch, der in einer Stadt etwas Entscheidendes zu suchen hat, und dem sie entweder ein Richtplatz seiner Hoffnungen oder deren Ankerplatz, entweder Schlacht- oder Zuckerfeld wird, sein Auge am ersten und längsten auf die Türme der Stadt als auf die Zeigefinger und Züngelchen seiner Zukunftswaage heftet«.

Goethe hätte die Zeigefinger und Züngelchen der Zukunftswaage mit ihrer allerliebsten Alliteration für eine dieser pudeligen Jean Paul'schen Wortkapriolen gehalten. Er selbst spannte rhetorisch die Rosse an: »Wie von unsichtbaren Geistern gepeitscht, gehen die Sonnenpferde der Zeit mit unsers Schicksals leichtem Wagen durch, und uns bleibt nichts, als mutig gefaßt, die Zügel festzuhalten, und bald rechts, bald links, vom Steine hier, vom Sturze da, die Räder abzulenken. Wohin es geht, wer weiß es? Erinnert er sich doch kaum, woher er kam.« Mit diesem Selbstzitat aus dem *Egmont* lässt Goethe seine Autobiographie *Dichtung und Wahrheit* enden. Das Buch hört auf, wo im Leben Goethes Weimarer Zukunft begann: In Heidelberg war er, unterwegs nach Italien, von einem Boten der Stafettenpost eingeholt worden, der ihm einen gesiegelten Brief mit der Nachricht überbrachte, dass in Frankfurt nun endlich der in Straßburg neu gefertigte herzogliche Landauer bereitstand, den Goethe vor seinem Aufbruch nach Italien viele Tage vergebens erwartet hatte und der ihn nun doch nach Weimar bringen sollte.

Beim Diktieren des Schlusssatzes von *Dichtung und Wahrheit* wusste Goethe, wohin es damals gegangen war: in ein großes Dichterdasein und zugleich in ein kleinstaatsmännisches, mitunter auch kleinkariertes Regierungs- und Verwaltungsleben. Goethe »ist also jetzt [Juli 1782] Wirkl. geh. Rat, Kammerpräs., Präsident des Kriegscollegii, Aufseher des Bauwesens bis zum Wegbau hinunter, Direktor des Bergwerks dabei auch directeur des plaisirs, Hofpoet, Verfasser von schönen Festivitäten, Hofopern, Ballets, Redoutenaufzügen, Inscriptionen, Kunstwerken etc. [...] kurz das fac totum des Weimarschen u. so Gott will, bald der maior domus sämtl. Ernestinischen Häuser, bei denen er zur Anbetung umherzieht.« Diese sarkastische, um nicht zu sagen gehässige Beschreibung stammt von Johann Gottfried Herder, der an den Belastungen durch sein Weimarer Kirchenamt litt: »die Kirchenmauer, die gerade vor mir steht, scheint mir unaufhörlich die wahre Bastille«. Nur elf Monate nach Goethe, am 1. Oktober 1776 spätabends, war er in der Kutsche vor sein »verschnitzeltes« Haus neben der Stadtkirche gerollt, in der er bis zu seinem Lebensende predigen und nach seinem Tod am 18. Dezember 1803 auch begraben werden sollte. Zu Beginn seiner Weimarer Laufbahn hatten ihn Rang und Fülle der Aufgaben, die an diejenige des wegen Vieltuerei geschmähten Goethes denken lässt, noch mit Stolz erfüllt: »Ich bin also jetzt in Weimar nicht Prediger so schlechtweg [...], sondern Oberhofprediger, Oberkonsistorial- und Kirchenrat, Generalsuperintendent, Pastor Primarius und zehn Dinge mehr, eben so lange Namen. Hoffe mich aber mit der Zeit recht gut zu stehen und zu finden, der Autorschaft, will's Gott, abzusterben und dem Herrn in lebendigen Menschen zu leben, brav zu schaffen und in sieben Fächern umherzuwählen.«

Herder und Goethe waren nicht die Einzigen, die sich nach Weimar locken ließen. Wieland war schon im September 1772 von der Universitätsstadt Erfurt in die Residenzstadt Weimar gezogen. Auch er äußerte sich recht unzufrieden:»Bis ich so reich bin, mir ein kleines Bauerngütchen zu kauffen, wohin ich mich flüchten kan, wenn ich fühle, daß die Hofluft meine Seele krank zu machen anfängt, werd' ich nie völlig froh seyn. Die Luft, worinn ich athme, ist meinem Herzen nicht homogen.« Das ›Gütchen‹ konnte er sich erst 1798 kaufen, mit dem Erlös der seit 1794 bei Göschen in Leipzig erscheinenden Werkausgabe. An dieser Ausgabe arbeitete ab Oktober 1797 auch Johann Gottfried Seume mit, bis er sich, frustriert vom Korrekturlesen, auf und davon machte, um seinen Dachstornister nach Syrakus zu tragen. Wieland musste Gut Oßmannstedt bereits 1803 wieder verkaufen, es ging ihm damit wie Goethe, der an einem von ihm erworbenen Gutshof ebenfalls erst seine Freude und dann Verdruss und Verlust hatte.

Die übrigen Genies, die es außer Wieland, Goethe und Herder nach Weimar zog, kamen erst gar nicht in die Verlegenheit, sich Güter kaufen zu können. Schon gar nicht der Dramendichter Jakob Michael Reinhold Lenz, Goethes Jugendfreund aus Sturm-und-Drang-Tagen, der Anfang April 1776, also noch vor Herder, nach Weimar kam. Er logierte im Gasthof *Erbprinz*, den es heute noch gibt, aber nur dem Namen nach, denn das Gebäude wurde bei den alliierten Bombenangriffen auf Weimar im Februar und März 1945 zerstört. Lenz musste die Stadt im Dezember 1776 wieder verlassen. Worin die von ihm begangene und von Goethe notierte »Eseley« bestand, ist bis heute nicht geklärt. Vielleicht hatte er sich mit einem Spottgedicht auf den Hof unmöglich gemacht. Schon eine Unvorsichtigkeit konnte in der bei diesen Dingen durchaus nicht liberalen Hofgesellschaft zum heftig missbilligten Übergriff werden, ein direkter Angriff war unverzeihlich. Der innere Kreis des Hofes und das bürgerliche Establishment der Stadt bestanden aus nicht mehr als neunzig (männlichen) Personen, zusammen mit den Gemahlinnen also rund hundertachtzig Menschen. Hinzu kamen noch einmal genauso viel Hofbedienstete, die beim Klatsch die Hand vor den Mund, den Mund selber aber sicher nicht hielten. Bei derart überschaubaren Verhältnissen macht ein abfälliges Wort oder sonst ein Fauxpas schnell die Runde. Lenz bekam das zu spüren. Auch später schaffte er es nicht, irgendwo irgendwie Fuß zu fassen, und ging langsam zugrunde. Am 4. Juni 1792 wurde er in einer Moskauer Straße tot aufgefunden.

Friedrich Maximilian Klinger, neben Goethe und Lenz ein weiterer Star des Sturm und Drang, kam gut zwei Monate nach Lenz in Weimar an. Sein Leben steht dem von Lenz gegenüber wie der Aufstieg ins Establishment der niedergehenden Elendsexistenz eines im Wahnsinn endenden Genies. Klinger machte in russischen Diensten Karriere, bis er 1816 im Zuge der europäischen Restauration nach dem Wiener Kongress entlassen wurde. Er starb betagt und geachtet im damals russisch verwalteten estnischen Dorpat (heute Tartu).

Ein gutes Jahrzehnt später tauchte Friedrich Schiller in Weimar auf. Er blieb, aus Dresden kommend, von Juli 1787 bis Mai 1788 und ließ sich im Dezember 1799 endgültig in der Stadt nieder. Die knapp fünfeinhalb Jahre bis zu seinem Tod sind der Zeitkern dessen, was man als ›Weimarer Klassik‹ zu bezeichnen gewohnt ist. »Alles wiederholt sich nur im Leben, / Ewig jung ist nur die Phantasie, / Was sich nie und nirgends hat begeben, / Das allein veraltet nie!« (Schiller, *An die Freunde*).

Viele Berühmtheiten, und noch mehr, die es werden wollten, pilgerten über die Jahre und Jahrzehnte nach Weimar, die meisten nicht, um zu bleiben, sondern um ihren Weg zu finden, im günstigen Fall gestärkt von den aufmunternden Worten einer der Zelebritäten und, als nach dem Tod Herders (1803), Schillers (1805) und Wielands (1813) nur noch der alte Mann vom Frauenplan übrig war, eben Goethes.

Einer, der geblieben ist, war Johann Daniel Falk, Sohn eines Danziger Perückenmachers und aus der Werkstatt seines Vaters zur Universität Halle entlaufen. Nach ersten Erfolgen als literarischer Satiriker übersiedelte er von Wieland ermutigt 1797 nach Weimar, wo er sich als freier Schriftsteller etablierte. In seinen kurz nach Goethes Tod veröffentlichten Erinnerungen *Goethe aus näherm persönlichen Umgange dargestellt* schrieb die Spottdrossel von einst, die vom Leben schwer geprüft zum Dompfaff frommer Traktate geworden war, mit einem Anhauch der früheren Ironie: »Alle Genies aus Osten und Westen strömten zu dem neuen Musensitze herbei und glaubten sämtlich, dort gleich Goethe, Herder und Wieland eine Freistatt zu finden. Bertuch [...], der damals Schatzmeister beim Herzoge war, sprach später mit Vergnügen von einer eigenen Rubrik in seinen Rechnungen, die er damals besonders anlegen musste, und die fast nichts als Hosen, Westen, Strümpfe und Schuhe für deutsche Genies enthielt, welche, schlecht mit diesen Artikeln versehen, zu Weimars Toren einwanderten.«

Auch Jean Paul gehörte zu diesen Einwanderern, und wie er gewandert ist: in drei Tagesmärschen knapp 130 Kilometer von Hof nach Weimar. Er kam am 10. Juni 1796 und ging am 3. Juli schon wieder. Caroline Herder, die ihn mochte, lobte ihn dafür:»Er ist noch zu rechter Zeit weggegangen. Hier sind wenig Herzen, die ihn ganz verstehn.« Jean Paul kehrte im Oktober 1798 trotzdem zurück und blieb bis September 1800.

Erst gegen Ende der»Goetheschen Kunstperiode« traf der Erfinder dieses Begriffs in Weimar ein. Heinrich Heine besuchte Goethe im Oktober 1824 und beging dabei den unverzeihlichen Fehler, dem Meister, der noch immer am *Faust* hantierte und bis zu seinem Lebensende weiter daran hantieren sollte, von eigenen Plänen für ein Faust-Drama zu erzählen. Goethe hatte gerade erst den Ärger über eine im Jahr zuvor veröffentlichte *Fortsetzung des ›Faust‹ von Goethe. Der Tragödie zweiter Teil* aus fremder, unberufener Feder überwunden und reagierte frostig auf die Pläne des ihm ohnehin nur halb willkommenen jungen Dichters. Heine wiederum entsetzte sich über die persönliche Erscheinung des Alten:»Über Göthes Aussehen erschrak ich bis in tiefster Seele, das Gesicht gelb und mumienhaft, der zahnlose Mund in ängstlicher Bewegung, die ganze Gestalt ein Bild menschlicher Hinfälligkeit.« Armer Heine! Als er dem halb verehrten, halb verabscheuten Greis ins Gesicht blickte, konnte er nicht ahnen, was Zeitreisende wissen: Acht lange, schmerzhafte Jahre sollte er in seiner ›Matratzengruft‹, wie er sein Pariser Krankenzimmer nennen würde, auf den Tod warten und seinerseits Besucher entsetzen. Am 14. Januar 1848 schrieb Friedrich Engels an Karl Marx:»Heine ist am Kaputtgehen. Vor 14 Tagen war ich bei ihm, da lag er im Bett und hatte einen Nervenanfall gehabt. Gestern war er auf, aber höchst elend. Er kann keine drei Schritt mehr gehen, er schleicht, an den Mauern sich stützend, vom Fauteuil bis ans Bett und vice versa.«

Wie sehr das Gesehene vom Sehenden abhängt, zeigt der Vergleich von Heines Schilderung des Goetheschen Gesichtes mit derjenigen Johann Peter Eckermanns, der Goethe ein gutes Jahr zuvor zum ersten Mal begegnet war:»Wir saßen lang beisammen, in ruhiger liebevoller Stimmung. Ich drückte seine Kniee, ich vergaß das Reden über seinem Anblick, ich konnte mich an ihm nicht satt sehen. Das Gesicht so kräftig und braun und voller Falten und jede Falte voller Ausdruck.«

Der nicht un-, aber auch nicht überbegabte und von Bewunderung durchströmte Eckermann war der perfekte Adjutant. Goethe nahm sich vor, ihn zum Pfleger und Nachlassverwalter seines Werkes zu ›bilden‹. Damit ihm der junge Mann nicht wieder entwischte, machte ihm ›der Alte‹ Weimar schmackhaft,»bleiben Sie bei uns, und nicht bloß diesen Winter, wählen Sie Weimar zu Ihrem Wohnort. Es gehen von dort die Tore und Straßen nach allen Enden der Welt.« Das war übertrieben, die Postroute zwischen den Messestädten Frankfurt am Main und Leipzig etwa lief an Weimar vorbei. Immerhin waren seit etlichen Jahren wenigstens die Chausseen nach Erfurt und Jena in Schuss. Goethe wusste, dass es übertrieben war, und Eckermann wusste es auch:»Wenn ich nur dich habe und haben kann, dachte ich, so wird mir alles Übrige recht sein.«

Heine kannte Eckermanns Schilderungen. Im November 1851 schrieb der ›kaputtgehende‹ Dichter in einem Brief:»Ich habe vor einiger Zeit wieder Eckermanns Gespräche mit Göthe gelesen und ein wahrhaft pommadiges, besänftigendes Vergnügen daran gefunden.«

Ein spezieller Fall von Weimar-Einwanderung ist der von Johanna Schopenhauer. Die in Danzig geborene Hamburger Kaufmannswitwe zog mit ihrer neunjährigen Tochter Adele Ende September 1806 von Hamburg nach Weimar. Der achtzehnjährige Sohn Arthur blieb einstweilen in Hamburg, ging im Mai 1807 nach Gotha und übersiedelte im Dezember 1807 ebenfalls nach Weimar, bis er sich im Oktober 1809 nach Göttingen aufmachte. Die neue Phase in Johannas persönlichem Lebenslauf fiel auf höchst dramatische Weise mit einem neuen historischen Abschnitt zusammen.

Nach der Schlacht bei Jena und Auerstedt am 14. Oktober 1806 wurde die Stadt erst von französischen Soldaten geplündert und nach deren Abzug von verwundeten preußischen und sächsischen Soldaten überflutet. Johanna hatte Glück im Unglück, ihr Haushalt erlitt keine größeren Schäden, und weil sie den Standesgenossinnen, denen es schlimmer ergangen war, mit ihrer Hilfe beisprang, gelang es der Außenstehenden, sehr viel schneller in die tonangebenden ›Gesellschaftskreise‹ aufgenommen zu werden, als sie ohne kriegerisches Chaos hätte erwarten können. Sie begann ihre Salonabende mit Tee und Butterbroten, wie sie ihrem Sohn in einem Brief erzählte, und zündete für die Besucher nicht mehr Wachslichter als für sich allein an.

Die Liste der berühmten Weimarwallfahrer und -einwanderer ist nicht vollständig. Es fehlen zum Beispiel Willibald Alexis oder Franz Grillparzer oder Bettina von Arnim, geborene Brentano, die im Spätsommer 1811 mit ihrem frisch angetrauten Ehemann Achim in Weimar auftauchte und sich am 13. September mit Goethes Christiane in die Haare kriegte – wortwörtlich und handgreiflich. Die kampferprobte Christiane, die 1806 mit den ins Haus dringenden französischen Soldaten fertiggeworden war und seitdem an Leibesstärke noch gewonnen hatte, dürfte der zwanzig Jahre jüngeren Bettina, mochte die auch über die schärfere Zunge verfügen, kaum eine Chance gelassen haben. Bettinas Zunge rächte sich, der Klatsch kolportierte die Rache (»es wäre eine Blutwurst toll geworden und hätte sie gebissen«), und Goethe verbot Bettina das Haus.

Neben den berühmten Besuchern von und Einwanderern nach Weimar gab es auch berühmte Auswanderer. Christoph Wilhelm Hufeland, zeitweise Goethes Hausarzt, ging 1793 als Professor nach Jena und 1801 als Direktor der Charité und Königlicher Leibarzt nach Berlin. Karl August Böttiger brachte sich 1804 vor Goethes Feindschaft nach Dresden in Sicherheit.

August von Kotzebue wiederum, 1761 in Weimar geboren, hätte sich gern in seiner Geburtsstadt etabliert. Der später in ganz Europa ungeheuer beliebte, in Deutschland auch ungeheuer gehasste Bühnenautor – er wurde im März 1819 von einem Jenaer Burschenschaftsstudenten in Mannheim erstochen – hatte in Jena Jura studiert und wollte danach Kriegssekretär in Weimar werden. Aber

Die Weiber nach der Mode verhinderten die Ernennung. Kotzebue hatte sich das insofern selbst zuzuschreiben, als eben er es war, der diese Residenzposse geschrieben hatte, nicht einmal die unantastbare Herzoginmutter Anna Amalia verschonend, bei der noch dazu sein Vater in Dienst gewesen war. Kotzebue verließ Weimar, wie eine weibliche Figur in seinem Stück *Die deutschen Kleinstädter* das durch dieses Stück sprichwörtlich gewordene Krähwinkel verließ. Vielleicht ging ihm dabei durch den Kopf, was er in seinem Stück die Figur auf einen schmutzigen Zettel schreiben ließ: »Sämtlichen Einwohnern von Krähwinkel empfehle ich mein Andenken«.

Die Weimarer Gesellschaft ist die Person Kotzebues losgeworden, aber das Weimarer Publikum wollte von seinen Stücken nicht lassen. Goethe, seit 1791 Intendant des Hoftheaters, nahm Rücksicht auf die Unterhaltungsbedürfnisse der Theaterbesucher und auf die Unterhaltsbedürfnisse der Theaterkasse. 87 Kotzebue-Stücke wurden während seiner Intendanz aufgeführt, von insgesamt 4136 Spielabenden gab es an 638 Abenden einen Kotzebue, statistisch gerechnet also mindestens einmal die Woche. Gründlicher kann sich ein verschmähter Sohn an seiner Vaterstadt nicht rächen. Und die Mutter gab es schließlich auch noch. Einem anonymen Bericht von 1799 zufolge nahm sie »den lebhaftesten Anteil an dem theatralischen Ruhme ihres Sohnes. Bei Aufführung eines Stückes von demselben bewachet sie die öffentliche Aufmerksamkeit und antwortet der daher oder dorther lispelnden Kritik. Einmal, bei Gelegenheit der Vorstellung von *Menschenhass und Reue* [seinem wohl berühmtesten Stück], als mir diese Nemesis unbekannt im Rücken saß, ergriff mich ihr rächerischer Arm, da ich eben meinen Nachbar leise nach der Uhr fragen wollte, und riss mich Erstaunten mit Gewalt von dem Ohre desselben.«

Das Gefallen an Kotzebues Rührstücken war keine Weimarer Krähwinkelei. Wenn der Geschmack des Publikums in der thüringischen Residenzstadt provinziell war, dann war er das auf Weltniveau: In Berlin und Wien, in Paris und Petersburg, in Boston und Madrid wurde Kotzebue gespielt. Wie seine Stücke über die Bühnen der Welt wanderten, so reiste er selbst auf der Bühne der Welt umher, schrieb viel, erlebte viel, verdiente viel und zeugte viel. In drei Ehen wurden ihm siebzehn Kinder geboren.

Sein zweiter Sohn, Otto von Kotzebue, war Kapitän des Schiffes, mit dem Adelbert von Chamisso von August 1815 bis Oktober 1818 die Welt umsegelte. Die Reise finanzierte der russische Graf Romanzow mit privaten Mitteln. Ziel war das Erkunden der Nordwestpassage – und das Entdecken neuer Routen für den Pelzhandel. Der Botaniker Chamisso interessierte sich mehr für Pflanzen zum Trocknen als für Tiere, denen man auf der einen Seite des Globus das Fell über die Ohren zog, um es auf der anderen zu verkaufen. Beim Erforschen einer Südseeinsel kam er sich vor wie in dem von ihm nie besuchten Goethe'schen Gartenhaus an der Ilm: »Wir durchwandelten nun fröhlich den Wald und durchforschten die Insel. Wir lasen alle Spuren der Menschen auf, folgten ihren gebahnten Wegen, sahen uns in den verlassenen Hütten um, die ihnen zum Obdach gedient. Ich möchte das Gefühl vergleichen mit dem, das wir in der Wohnung eines uns persönlich unbekannten, teuren Menschen haben würden; so hätte ich Goethes Landhaus betreten, mich in seinem Arbeitszimmer umgesehen.«

2. Unterwegs

Wege um Weimar – ›Kunststraßen‹ – Die Post –
Ratschläge für Reisende – Kutschen und Katastrophen –
Die Schifffahrt – Schiffsklagen

Exkurs über das Reisen als Mode

»In 36 Stunden nach Berlin gefahren«

Wege um Weimar

In Weimar war die Welt weit weg und kam erst allmählich näher, obwohl Goethe am 19. Januar 1779 auf Anweisung des Herzogs die »Direction des hiesigen Land-Straßen-Baus« übernahm und ab 1782 der Chausseebau forciert wurde. Aber selbst die Verbindung von Teilstücken zog sich über Jahre hin. Die »zerstreuten vor alters chaussee-mäßig gefertigten Flecke der Straße von Weimar nach Jena«, meldete Goethe in seinem Tätigkeitsbericht vom Juni 1786, sind »nach und nach zusammen gehängt worden, und es wird in einigen Jahren solche gänzlich vollendet werden können«.

An Weimar vorbei lief die einzige durchgängig und ganzjährig befahrbare Westostverbindung zwischen den Messestädten Frankfurt am Main und Leipzig. Die Nord-Süd-Verbindung durch die alte ›Kupferstraße‹ tangierte die Provinzresidenz an der Ilm ebenfalls nicht. Die Botenfrauen, die zu Fuß zwischen Weimar und Jena pendelten, legten mit fünfzig Pfund Last auf dem Rücken fünf Kilometer in der Stunde zurück.

Ein halbes Jahrhundert nach Goethes Übernahme der Straßenbaudirektion war der Tod immer noch schneller als ein Lebenszeichen aus der Ferne. Am 7. November 1830 erwähnte Goethe in seinem Tagebuch, ein Brief seines Sohnes August sei aus Rom gekommen, am 10. November notierte er, man habe ihm mitgeteilt, August sei in der Nacht vom 26. auf den 27. Oktober in Rom gestorben.

Am 25. Februar 1832 wiederum hielt Goethe es für erwähnenswert, dass Doris Zelter, die unverheiratete Tochter seines Freundes Carl Friedrich Zelter, die sich zur Sortierung des Briefwechsels zwischen beiden in Weimar aufgehalten hatte, »in 36 Stunden nach Berlin gefahren war« – eine ungewöhnlich rasche Reise. Die Entfernung zwischen zwei Poststationen, an denen die Pferde gewechselt wurden, betrug im Schnitt etwa 25 Kilometer. Bei einer Geschwindigkeit von sieben bis zwölf Kilometern pro Stunde, abhängig vom Geländeprofil, konnte die Fahrt von einer Station zur nächsten zwischen drei und fünf Stunden dauern. Wenn diese Angaben auf dem Papier nachgerechnet nicht zusammenpassen, hat das damit zu tun, dass die tatsächlichen Straßenverhältnisse immer wieder Stockungen mit sich brachten oder Umfahrungen und andere zeitraubende Manöver erzwangen. An den Poststationen selbst waren Aufenthalte bis zu zwei Stunden nicht selten, und so wurden pro Tag in der Regel höchstens 75 bis 100 Kilometer zurückgelegt. Goethe war es dennoch gelungen, mit Doris Zelters Hilfe dem Tod zuvorzukommen. Die Briefe waren geordnet, als er am 22. März 1832 starb, Zelter folgte am 15. Mai.

»Nur ist der Raum
in der Mitte für 2 Wagen etwas eng«
›Kunststraßen‹

Die Kunststraße war eine Erfindung von Campe, jedenfalls dem Namen nach. Die *Encyclopaedie* von Krünitz definierte: »Kunst=Straße, ein neues Wort, wodurch Hr. Campe auf eine glückliche Art Chaussee (Landstraßen=Damm) übersetzt hat.« Die Chaussee ist ein »mehr oder weniger nach Art der alten Heer=Straßen der Römer angelegter, mit kleingemachten Steinen belegter, in der Mitte etwas erhabnerer und an den beyden Seiten unmerklich abschüssiger Weg«, und zwar ein solcher, der »durch ein ganzes Land sich erstreckt, oder auch aus einem Lande in das andere geht, gemeiniglich auf Kosten des Landes unterhalten wird, und worauf jedermann zu reisen und zu wandeln nicht nur Erlaubniß hat, sondern sie vielmehr mit zollbaren Gütern befahren muß, indem die benachbarten Wege verbothen sind«.

Wie in Goethes *Hermann und Dorothea* der in den Gassen herumliegende Unrat auf eine übel regierte Stadt hinweist[*], so ist im Krünitz die Vernachlässigung der Straßen das Zeichen einer falschen Regierung des Landes: »Schlecht beschaffene Land=Straßen [...] sind allemahl ein sicheres Kennzeichen einer noch sehr fehlerhaften Landes=Polizey; und man kann mit Grunde davon urtheilen, daß die Regierung für das gemeinschaftliche Beste nicht die gehörige Aufmerksamkeit hat.« Infrastrukturelles Desinteresse richtet Schaden an, nicht nur am Image des Landesherrn, sondern auch an der Wirtschaft des Landes selbst. Die Ausführlichkeit, mit der das Lexikon dieses Problem zu Papier brachte, entsprach der Zähigkeit des Problems in der Wirklichkeit. »Man nehme nur einen Weg von 8 bis 10 Meilen lang; ist derselbe in gutem Stande, so wird er gerade eine Tage=Reise ausmachen, da er im Gegentheil in schlechtem Zustande zwey und mehr Tage erfordert. Dieses verursachet: 1. daß ein Reisender einen Tag mehr zur Reise nöthig hat, welcher ihm zu andern Verrichtungen abgeht und unnütz wird. [...] 2. Das Fuhrwerk leidet auf solchen Wegen ausserordentlich. Das Zug=Vieh wird abgetrieben, und vor der Zeit unbrauchbar gemacht, und die Reisenden kommen in Gefahr, in der sie manchmahl ihre Gesundheit, und wohl gar ihr Leben einbüßen. 3. Die Waren, welche zugeführt werden, sie mögen sonst in so gutem Zustande seyn, als sie wollen, leiden durch die vielen Stöße und starken Erschütterungen, die das Fuhrwerk erdulden muß, und sie laufen Gefahr, den größten Beschädigungen ausgesetzt, in den Morast geworfen, und wohl gar gänzlich verdorben zu werden [...] 4. Dasselbe Elend drohet dem Handels=Manne und Reisenden bey der Rückreise auf dem schlechten Wege. [...] 5. Da man auf einer Reise, wozu bey gutem Wege nur ein Tag nöthig seyn würde, bey schlechtem Wege wohl zwey Tage zubringt, folglich einen ganzen Tag die Zehrungs= und Futter=Kosten umsonst und ohne allen Nutzen verwenden muß, so zieht solches den höhern Preis des Fuhr=Lohnes, dieser aber einen höhern Preis der Kaufmanns=Güter, zum Schaden des Handels, nach sich. 6. Durch die schlimmen Wege leiden viele, die etwas erhalten sollen, und darauf warten müssen, und ihr Unglück kann desto trauri-

---

[*] Siehe den Abschnitt über »Die große und die kleine Stadt« im nächsten Kapitel.

gere Folgen haben, je nothwendiger und unentbehrlicher ihnen das Erwartete ist. Wird dadurch die Zufuhre der Lebens=Mittel nach einem Orte aufgehalten und verhindert, so erfolgt in demselben gewiß theure Zeit, wo nicht gar Hungers=Noth. Wenn die Waren lange ausbleiben, so verliert oft der Kaufmann die Gelegenheit zu ihrem Absatz, und muß sie mit Verlust losschlagen. Die Ware selbst kann leicht in Ansehung ihrer Güte verderben; sie schlägt im Preise auf, und wenn sie der Käufer nur um etwas weniges theurer bezahlen muß, so wird er auch um dieses wenige ärmer. Beym Handel geht dieses so weit, daß es den nachtheiligsten Einfluß auf die mehresten Nahrungs=Arten im ganzen State hat; denn geht die Ware aus dem Reiche, so werden sich die benachbarten Kaufleute damit nicht abgeben wollen, weil sie ihrer sichern, guten und zeitigen Ankunft nicht gewiß sind, und ihre Hoffnung zum Verkauf zweifelhaft ist, sie werden sich also eher anderwärts, wo sie bessern Kauf haben, damit versehen. […] 7. Die Unannehmlichkeit und die nachtheiligen Folgen der Reisen auf unwegsamen Land=Straßen, schrecken Ausländer, die sonst durch einen Stat reisen möchten, davon ab […] Dadurch verliert der Landes=Herr an seinen Wege=Zollen, und seinen Unterthanen entgeht der Verdienst, den ihnen der Fremde geben würde. Aus diesem Grunde haben auch ganz kleine Staten Ursache, ihre Vorsorge auf die guten Wege zu richten.«

Nach diesem langen (und immer noch gekürzt zitierten) Lob der Straßen fragt der Artikel nach den Ursachen, warum sie dennoch fast überall in Deutschland in schlechtem Zustand sind oder ganz fehlen. Neunzehn Gründe werden aufgezählt: von den hohen Baukosten über den Mangel an Steinen, den Widerwillen der Bauern und Landarbeiter gegen das Fronen, die Skepsis der lokalen Herrschaften bis hin zum Futterneid unter benachbarten Gemeinden, die sich über die Beteiligung an den Bau- und Unterhaltungskosten so wenig einigen können wie über ihre Anteile an den zu erwartenden Einnahmen. Außerdem hatten ganz kleine Herren Angst, die Reisenden würden in den Wirtshäusern der Miniaturstaaten nicht mehr übernachten und kein Geld im Land lassen, wenn sie auf gut ausgebauten Wegen die winzigen Territorien rasch durchfahren könnten.

Der Krünitz-Artikel weiß jedoch auch auszuzeichnen, etwa die vier Hauptstraßen Österreichs als die besten Europas. Sie gehen »von Wien aus, in alle vier Welt=Gegenden der oestreichischen Staten. Die von Wien nach Triest erstreckt sich auf 60 Meilen; und ungeachtet diese Heer=Straße durch Steyermark, Kärnthen, Krain etc. und mithin durch sehr gebirgige Länder geht, so hat man doch auf derselben niemahls einen Berg zu paßiren. Die zweyte erstreckt sich von Wien nach Linz in Ober=Oestreich, auf 24 Meilen. Die dritte geht von Wien über Iglau nach Prag, in einer Weite von 44 Meilen; und die vierte läuft von Wien nach Preßburg und Ungarn. Diese Land=Straßen sind allemahl von einem Orte zum andern, den sie berühren, in gerader Linie geführt. Die Land Straße selbst ist zwey Ruthen breit, dergestalt, daß zwey Wägen einander sehr bequem ausweichen können.«

Über den baulichen Zustand dieser Straßen heißt es: »Nachdem man zuförderst den Grund dieser Land=Straßen geebnet hat, hat man beyde Seiten der Land=Straße mit einem Mauerwerke eingefaßt; zwischen diesem Mauerwerke hat man Bruchsteine von 9 bis 12 Zoll Höhe und Breite, und 3 bis 4 Zoll Dicke, dergestalt auf die scharfe Kante an einander gesetzt, daß sie einen festen und dauerhaften Grund der Land=Straßen ausmachen. Die kleinen Zwischenräume zwischen diesen Steinen hat man mit Grand ausgefüllet, und beydes fest eingerammet. Alsdann hat man auf diesen also gelegten steinernen Grund, 2 Zoll hoch groben Kies, in der Größe von Hasel=Nüssen, und kleiner, und auf diesen Kies 1½ Zoll hoch Sand gebracht. Dieses dient die erschrecklichen Stöße und Schläge zu vermeiden, welche der große Fehler unserer bisherigen gepflasterten Stein=Wege gewesen sind. Uebrigens ist die Land=Straße in der Mitte etwas erhohet, und auf beyden Seiten etwas abschüssig, damit das Regen=Wasser auf die zu beyden Seiten der Straße befindlichen, fast 4 Fuß breiten, und ungefähr 3 Fuß tiefen Gräben ablaufen kann.«

Auch für regelmäßige Wartung ist gesorgt: »Zur Unterhaltung ist die kluge Anstalt getroffen, daß durch eigens dazu angenommene Wege=Knechte die Chaussee täglich begangen wird, die Wagen=Geleise mit einem Rechen wieder eben gemacht, die Löcher mit den von den Unterthanen herbey geführten Steinen ausgefüllet, und alle Fehler von den Wege=Begängern in jedem angewiesenen Bezirke augenblicklich ausgebessert werden.«

Straßen wie diese waren überaus selten. Nicht einmal die sehr gut ausgebaute Verbindung zwischen Frankfurt und Mainz reichte an sie heran – dort kamen zwei Fuhrwerke eben nicht aneinander vorbei, wie es in Riesbecks Reisebuch heißt: »Bis auf eine Stunde von Frankfurt ist sie schnurgerade, hochgewölbt, wohlgepflastert und zu beiden Seiten dicht mit hohen Steinen besetzt, welche die Fußgänger gegen die Wagen und Pferde sicher setzen. Nur ist der Raum in der Mitte für 2 Wagen etwas zu eng.« Die Transportkapazität allerdings war beeindruckend: »Ich sah auf dieser Straße Güterwagen, die in der Ferne wie große Häuser aussahen; 16 bis 18 der stärksten Pferde vorgespannt hatten und, wie mich die Fuhrleute versicherten, gegen 140 bis 150 Zentner geladen hatten.«

Abgesehen von solchen Musterbildern und Meisterwerken waren um 1800 in Deutschland die Verbindungen zwischen Stadt und Stadt, schon gar die zwischen Stadt und Dorf selten und schlecht. Zwar wurden die ersten hessischen Chausseen in den 1720ern, die ersten badischen in den 1730ern gebaut, und Krünitz zufolge sind auch die kurpfälzischen Straßen passabel. Aber von einer Verkehrsinfrastruktur, die ein Minimum an Vernetzung innerhalb der wirtschaftsrelevanten Hauptregionen und eine wenigstens rudimentäre Erschließung abgelegener Gebiete voraussetzt, konnte nicht gesprochen werden. Preußen hatte im Todesjahr Friedrichs II. 1786 keine einzige Kunststraße, die diesen Namen im Campe'schen Sinn verdiente. Manchmal blieben die Frachtwagen buchstäblich im Sand stecken, wie Johann August Ephraim Goeze in *Eine kleine Reisebeschreibung zum Vergnügen der Jugend* 1784 erzählt: »Da traf ich auf der Straße […] Frachtwagen an, die 18 bis 20 Pferde vorhatten, und doch nicht von der Stelle kamen. Die Pferde waren wie mit weißem Schaum bedeckt. Denn wenn es heiß und trocken ist, so steht der Sand nicht. Und dann ist übel fahren, weil der lose Sand immer wieder um die Räder zufällt.« Selbst zwischen Berlin und Potsdam wurde erst 1799 eine Chaussee gebaut. Noch 1823 beklagte Varnhagen von Ense den »Mangel an Kunststraßen« zwischen Berlin und Hamburg, 1827 notierte er in Nürnberg, »Baiern ist von Sachsen und Preußen wie abgeschnitten«. Und doch ging es langsam schneller mit dem Fahren. Ab 1821 sorgte beispielsweise die Expressstraße zwischen Koblenz – Köln – Düsseldorf dafür, dass ›die Post abging‹ – mit einer Durchschnittsgeschwindigkeit von 15 Kilometern die Stunde.

»Täglich, nur Mittwochs nicht«

Die Post

Den Postkunden stand die Entdeckung der Geschwindigkeit erst noch bevor, ob sie nun selbst auf Achse waren oder etwas versenden ließen, ob sie ›Extrapost‹ oder ›ordinaire Post‹ nahmen oder einen reitenden Boten schickten. Über die Fahrt mit der ›ordinairen Post‹ von Gotha nach Frankfurt am Main berichtet Nikolai Karamsin: »Fast auf jeder Station mußte ich übernachten [...] oder wenigstens mehrere Stunden warten. Überall waren die Wege äußerst schlecht, so dass wir nur immer im Schritte fahren mussten, und selbst das Pflaster in den kleinen Städten und Flecken war so elend, dass man nur mit Mühe durchkommen konnte.«

Je näher der ungeduldige junge Russe der Reichsstadt Frankfurt kam, desto schneller wird er vorangekommen sein. Riesbeck zählte die Kunststraße zwischen Frankfurt und Mainz zu den besten in Deutschland, und die Qualität der Straßen hatte direkte Auswirkungen auf die Reisequalität. Die Post im Frankfurter Raum lobte auch Reichards *Passagier:* Die »Darmstädter ist gut bedient, sehr bequem«. Nur scheint es dermaßen gemächlich gegangen zu sein beim Fahren, dass man in der Kutsche kaum schneller vorankam als zu Fuß. So jedenfalls spottet Ludwig Börne noch 1821 in seiner *Monographie der deutschen Postschnecke:* »Wir kamen um halb sechs Uhr abends in Darmstadt an. Dies war gewiß gut gefahren; denn erst um zwölf Uhr hatten wir Frankfurt verlassen, und mich, der ich in ebensoviel Zeit den Weg zu Fuß mache, pflegen gute Freunde einen guten Fußgänger zu nennen.«

Wenigstens waren die Verbindungen zwischen Frankfurt und den Nachbarstädten regelmäßig, wie Reichard vermerkt: Die »gut bediente« Darmstädter Post »fährt zweymal die Woche, und in der Meßzeit täg-

lich. Eben so geht täglich um 12 Uhr eine Journalière nach Mainz ab
und langt um 4 Uhr daselbst an. […] Auch fährt vom 1sten Mai bis
1sten Oktober eine dergleichen Diligence zwischen Frankfurt und
Wisbaden.« Eine Journalière wird bei Krünitz definiert als »eine Post,
welche alle Tage nach einem gewissen Orte abgeht […] Dergleichen ist
z. B. in der Mittelmark, zwischen Berlin und Potsdam angelegt«.

Diese tägliche Verbindung war 1754 vom preußischen General-
postmeister eingerichtet worden und blieb über Jahrzehnte für alle
Leute, die keine Pferde im Stall und keine Kutschen in der Remise
hatten, das wichtigste Verkehrsmittel zwischen den beiden Städten.
Der *Passagier,* das »Reisehandbuch für Jedermann von Kriegsrath
Reichard«, meldete noch 1811: »Täglich, nur Mittwochs nicht, fährt
früh und Mittags in 4 – 5 St. die Journalière von Potsdam nach Berlin; es ist ein bequemer Reisewagen auf sieben Personen.« Aber was
geschieht, wenn acht fahren wollen? Wer zuerst kommt, fährt zuerst,
»denn die Postbedienten«, das verrät 1803 eine anonyme Broschüre
über *Die Postgeheimnisse,* »richten sich hierbei nach der Regel der
Mahlmüller, welche sagt: wer zuerst kömmt, der mahlt zuerst, und
sie können von dieser Ordnung nicht absehen, weil sie sonst andern
mitreisenden Passagieren Unrecht thun und diese sich solches nicht
gefallen lassen, sondern sich dagegen beschweren würden«.

Überhaupt war es nicht ganz so einfach, wie es im Lexikon stand,
wenn in Wirklichkeit die Post abging. Das sollten Zeitreisende sich
vor Augen halten, bevor sie zwischen dem Berliner Aufklärer Anton Friedrich Büsching und seiner Frau in der Kutsche Platz nehmen, die im Juni 1775 nach Reckahn fährt, dem Mustergut Friedrich Eberhard von Rochows. In der Beschreibung dieser Reise gibt
Büsching nähere Auskunft: »Man kann von Berlin nach Potsdam
entweder mit der ordentlichen Post, oder täglich zweymal mit der
Journalière, oder mit Extra-Post, oder mit Fuhrleuten reisen. Vier
Extra-Postpferde kosten ordentlicher Weise 5 Thaler 8 Gr. und die
Königl. Meile (welchen Titul die Franzosen erfunden haben) 1 Thaler 11 Gr. also überhaupt 6 Thaler 19 Gr. ohne Wagenmeister- und
Postillons-Geld. Diese beyden letzten Artikel müßen doppelt be-
zahlt werden, weil zu Zehlendorf, auf dem halben Wege, ein Post-
wechsel ist.«

Obwohl die Post umständlich und teuer war, auch wenn man

nicht selbst reiste, sondern Briefe schickte, brachte sie die Menschen näher zusammen, erleichterte Geschäfte, hob die Kultur. Ernst Ludwig Posselt schrieb 1785 im *Wissenschaftlichen Magazin für Aufklärung:* »Ohne Postwesen wäre unsere Weltkunde voll Gebrechen, aller kaufmännische und literarische Kommerz beinahe unmöglich, und die Kreise der Freundschaft, dieses beste Stück der Menschheit, auf den engen Bezirk unserer körperlichen Gegenwart eingeschränkt.«

Briefe können die ›körperliche Gegenwart‹ aber nicht vollständig ersetzen, am wenigsten bei der Liebe, auch bei der väterlichen Liebe nicht. Das ist der Ungeduld anzumerken, mit der Freiherr von Knigge im August 1789 seiner Tochter Philippine schreibt, dass sie schreiben soll: »Du weißt, dass die fahrenden Posten langsam gehen, und ich habe Dir bestimmt befohlen, *mir wöchentlich zweymal,* mit der reitenden Post Nachricht von Dir zu geben. Es ist Deine Pflicht, Dich genau zu erkundigen, wann diese reitende Post abgeht, und da Du nun einmal weißt, wie es mit den Briefen zuweilen getrieben wird, sie allenfalls selbst auf die Post zu bringen, oder wenigstens genau Acht zu geben, dass die Magd aus dem Hause gehe, und wenn man diese gewonnen haben sollte, Dich einmal persönlich auf der Post zu erkundigen, ob und wann sie den Brief abgeliefert habe?«

Offenbar hat die Tochter ihre nicht geschriebenen Briefe als bei der Post verloren gegangen gemeldet, und der die kindliche Ausrede durchschauende Vater gibt Anweisung, wie sie es künftig mit der Post zu halten und wie sie die Magd zu kontrollieren habe, damit der Vater seinerseits die Kontrolle über die Tochter behalten konnte, wenigstens soweit das brieflich möglich war.

Der Kommunikationsrhythmus vieler Briefwechsel wurde vom Verkehrsrhythmus der Post bestimmt, ob beim Austausch von Manuskripten, Korrekturfahnen, Belegexemplaren und Rechnungen zwischen Autoren und ihren Verlegern, bei Liebeskorrespondenzen oder Freundschaftsbriefen. Der Freundschaftskult in der zweiten Hälfte des 18. Jahrhunderts wäre, ›eingeschränkt auf die körperliche Gegenwart‹, ohne die Briefe und die Postillone, die sie hin und her zu befördern hatten, wohl gar nicht zustande gekommen. Unerachtet der langen Transportzeiten (um 1800 brauchte ein Brief von Frankfurt am Main nach Berlin neun Tage) und der hohen Transportkosten

(1790 betrugen die Bruttoeinnahmen der Post in Preußen eine Million Taler) breitete sich ein immer dichter werdendes Verbindungsnetz aus Tinte über Deutschland und Europa aus. Ob franko bezahlt wurde (vom Absender), porto (vom Empfänger) oder halb frankiert (hälftig von beiden), war auszuhandeln. Und man »thut wohl«, heißt es in den *Postgeheimnissen*, »wenn man das Wort: franco immer unten linker Hand in die Ecke der Adresse schreibt, weil es gewöhnlich daselbst steht und also da vornehmlich gesucht wird und am leichtesten in die Augen fällt. Man hat viele Beispiele, daß, wenn Absender das franco an einen andern Ort des Couverts und undeutlich schreiben, so daß es von dem Postofficianten nicht bemerkt wurde, sondern derselbe den Brief porto absandte, darüber mit den Empfängern bittere Verdrüßlichkeiten entstanden, wenn diese Porto bezahlen sollten.«

Das alles war zu regeln und zu verwalten, wenn es zuverlässig funktionieren sollte, und das Regeln und Verwalten musste wiederum beaufsichtigt und mit staatlichen Verordnungen abgesichert werden. Die Post ist »eine Policeyanstalt zur Bequemlichkeit des Publici und Beförderung der Commercien und Gewerbe«, definierte der Kameralist Johann Heinrich Gottlob von Justi 1760, »wodurch Briefe, Waren und Personen gegen ein gewisses Postgeld mit abgewechselten Pferden schleunig und sicher fortgeschafft werden«.

In vielen deutschen Ländern war diese ›Policeyanstalt‹ ein Monopol der Familie Thurn und Taxis, seit Lamoral von Taxis 1615 vom Kaiser in das erbliche Reichs-Generalpostmeisteramt eingesetzt worden war. Dieses Monopol war nicht flächendeckend, zumal etliche Landesfürsten begriffen hatten, dass sich mit der Post viel Geld verdienen ließ, und dieses Geschäft gegen Entschädigungen der einst damit privilegierten Familie an sich zogen. Als das Heilige Römische Reich 1806 zu bestehen aufhörte, endete auch dessen Generalpostmeisteramt. Die Thurn und Taxis betrieben die Post als privatwirtschaftliches Unternehmen auf Lehensbasis weiter. Nach dem Wiener Kongress 1815 erhielten sie in mehreren kleinen Ländern die Belehnung mit dem Postwesen, darunter auch in den sächsischen Kleinstaaten und in Sachsen-Weimar. Am 30. Januar 1817 erwähnt Goethe in seinem Tagebuch die Einsetzung des Fürsten Karl Alexander Joseph Fürst von Thurn und Taxis als Erbland-Postmeister. Unter dem gleichen Datum gibt der Weimarer Gerichtsdiener Gesky die Szene detailliert wieder: »Item nachmittags halb zwei Uhr wurde auf dem Schlosse dem Fürst von Thurn und Taxis gehuldigt als Erbland-Postmeister, dem die fahrende und reitende Post verkauft wurde auf ewige Zeiten für sich und seine Nachkommen. An des Fürsten Stelle erschien der Herr Geh. Rat [also Goethe] und Generalpostdirektor. Es war ein Thron gebaut, auf welchem Seine Königl. Hoheit der Erbgroßherzog saß.« Für Fürst Karl Alexander dauerte die Ewigkeit gut zehn Jahre. Am 16. August 1827 notiert Gesky: »Nach dem Ableben des durchlauchtigsten Fürsten von Thurn und Taxis wurde der [!] neue Fürst als Erbland-Postmeister von den hiesigen Postoffizianten gehuldigt, desgleichen auch die Briefträger, welche angeloben mussten.«

Trotz des rituellen Überschusses, den man erkennen mag, wenn Postbedienstete ihrem fürstlichen Chef huldigten wie sonst nur die Stände dem fürstlichen Souverän, war und blieb die Post bei ihren Kunden eine viel geschmähte Einrichtung. Aber vielleicht »giebt man sich nicht überall Mühe genug, die Einrichtungen, welche [...] bei dem Postwesen gemacht sind, und wodurch dessen Betrieb und Bestand erhalten wird, kennen zu lernen. Dagegen hört man fast täglich Klagen und Beschwerden über das Postwesen«. Das konstatiert die Broschüre über die *Postgeheimnisse* und verspricht in ihrem Untertitel, dem abzuhelfen mit Auskünften über die

»Regeln, welche man beim Reisen und bei
Versendungen mit der Post beobachten muss,
um Verdruß und Verlust zu vermeiden«

Ratschläge für Reisende

Wer in der ›Weltgeschichte‹ herumkutschiert, macht Erfahrungen, setzt sich aber auch Fährnissen aus. Auf einer Zeitreise kann das amüsant sein, für die Straßenabenteuer der Wirklichkeit aber brauchte man starke Nerven. Unterwegs war man nicht nur stunden- oder tagelang den Mitreisenden, ihren Körperaromen, Mundwerkzeugen und Tabakspfeifen ausgeliefert, sondern auch den Kutschern und ihren durstigen Kehlen; den Wagenmeistern, von denen die Kutschen beladen und die Achsen geschmiert wurden und die selbst ein wenig geschmiert werden wollten; den Stallknechten auf den Landstationen, die die Wechselpferde, die für die Weiterfahrt bereitstehen sollten, erst vom Acker holen mussten; den Schirrmeistern, die beim Ein- und Ausspannen der Pferde für die zwischen den Stationen pendelnden Postkutschen sehr umständlich zu Werke gehen konnten, wenn ihnen nicht ein Zusatzgroschen das Handwerk erleichterte, und die außerdem eine Neigung zu den beim nächtlichen Pferdewechsel unbeaufsichtigten Weinflaschen in der Bagage hatten. Carl Friedrich Zelter verrät dazu einen Trick, simpel, aber offenbar wirksam: »Da ich weiß, dass auf den Postwagen von Schirrmeistern und ihren Genossen gern die Flaschen der Reisenden salutiert werden, so wurden Etiketten am Halse der Flaschen befestigt mit der Aufschrift ›Latwerge‹.«

Des Weiteren war man angewiesen auf die Kofferschieber, die das Recht hatten, gegen Bezahlung das Gepäck zur Poststation zu bringen, auch wenn man das lieber selbst erledigen oder von seinem eigenen Bedienten besorgen lassen wollte; auf die Gastwirte und Stationsvorsteher, die Geld nur in der Landeswährung nahmen und wohlbekannte Münzen aus dem Nachbarstädtchen so lange in den Händen drehten, bis Aufgeld erlegt wurde. So forderte die deutsche Zersplitterung noch bei den banalsten Alltagsgeschäften ihren Preis. Freiherr von Knigge rät, beim Wechseln stets auf der Hut zu sein: »In Deutschland hat man mehr als in andern Ländern Ursache, wegen des sehr verschiedenen Münzfußes sich beim Geldwechseln in acht zu nehmen, und es ist etwas sehr Gewöhnliches, dass schelmische Gastwirte den Fremden dabei hintergehen oder ihm auf Gold Münze herausgeben, die er auf der nächsten Post nicht brauchen kann.«

In den Wirtshäusern war man außerdem Blutsaugern ausgeliefert. Von den dortigen Betten, falls es solche überhaupt gab, und den Strohsäcken hing es ab, ob man vor lauter Notwehr gegen Flöhe und Wanzen in der Nacht ein Auge zutat. Und selbst das Wohlwollen der Magd hatte man nötig, denn von ihr hing es ab, ob einem am nächsten Morgen das Frühstück rechtzeitig bereitgestellt wurde oder so spät, dass man kaum einen Bissen hinunterbrachte, bevor das Horn des Postillions zum Einsteigen mahnte.

Mit all diesen Menschen musste man auskommen, wollte man seine Reise überstehen, ohne den Kopf zu verlieren und den Beutel mit Geld dazu. Dieses Auskommenmüssen und Aushaltenkönnen war die erste, allgemeinste und wichtigste Regel. »Deutsche Posthalter«, warnt Knigge, »Wagenmeister und Postknechte pflegen in dem Ruf einer ausgezeichneten Grobheit zu sein. Es kommt aber alles auf die Art an, wie man mit ihnen umgeht, und ein ernsthaftes, von einer gewissen Würde begleitetes Betragen und, wo es anzubringen ist, ein freundliches Wort, das wird bei diesen Leuten selten ohne gute Wirkung bleiben.«

Die Hauptschwierigkeit im Verhältnis zwischen den Reisenden und dem Personal rührte daher, dass es sich um ein Machtverhältnis handelte, und zwar um eines, das die gewohnten Abhängigkeiten umkehrte. Die Bedienten und Subalternen, die nahezu rechtlos der Willkür ihrer eigenen Herren unterstanden, konnten sich an fremden Herren schadlos halten. Postreisende gehörten meist den höheren Schichten an. Die armen Teufel gingen zu Fuß, mit ihnen Scharen wandernder Gesellen und einzelne Bürgersöhne, die auf den Straßen das Abenteuer suchten (und blutige Köpfe fanden). Hin und wieder begegnete man einem Schriftsteller, der für die Literatur aus dem Alltagsleben lief, mitunter wie Seume über alle Berge bis nach Syrakus. Bei den Reisenden mit der Post indessen konnte das Dienstpersonal voraussetzen, dass es sich um Leute handelte, die finanziell und sozial deutlich höhergestellt waren als man selbst. Aber die alltagspraktische Abhängigkeit der ›Höhergestellten‹ von denen, die ›den Service machten‹, war auf Reisen viel direkter sichtbar als zu Hause. Umgekehrt hing das Postpersonal sozial und rechtlich eben nicht wie das Hauspersonal von der Herrschaft ab. So konnten die gesellschaftlich Unterlegenen und sozial Unterdrückten die reisenden ›Bessergestellten‹ ohne große Furcht vor den Folgen als eine Art Beute betrachten, als Leute, denen bei jeder sich bietenden Gelegenheit etwas abzuluchsen oder abzunörgeln oder abzuzwingen war. Die sonst Ohnmächtigen hatten die Oberhand, und denen, die gewöhnlich das Sagen hatten, blieb nichts als resigniertes Klagen, das in den zahllosen Reiseberichten denn auch vielstimmig ertönt.

Neben dem richtigen Umgang mit reisenden Mitmenschen und

mit der vielfältigen Fauna des Post- und Wirtshauspersonals ist zu beachten: Man sollte den Sitz über der Achse meiden,»wo man die Stöße des Wagens am heftigsten empfindet. Die besten Stellen werden gewöhnlich in der Mitte seyn«, raten *Die Postgeheimnisse*. Außerdem empfiehlt es sich, nicht allein auf der Bank zu sitzen, sondern zwischen anderen Reisenden, die dann als ›Füllsteine‹ fungieren, wie Jean Paul es in *Dr. Katzenbergers Badereise* nennt, und verhindern, dass man ohne festen Halt auf der Bank beim Fahren hin und her geschleudert wird. Zeitreisende können diese Funktion für andere nicht erfüllen, sollten aber den eigenen Steiß, wie wiederum Jean Paul es ausdrücken würde, gut abfedern. Das Mitführen von Kissen kann jedenfalls nicht schaden, vor allem bei den »preußischen sogenannten Postkaleschen«, von denen Karamsin schreibt: »Sie sind nichts weiter als lange Fuhrwagen mit zwei Sitzen [gemeint sind Sitzbänke], ohne Riemen und Federn. Ich wählte einen Platz auf dem vordersten Sitze, den ich mit meinen Kissen polsterte.«

Wenn es regnet, sollte man kein Fuhrwerk ohne Verdeck besteigen. Bei gutem Wetter indessen hat der freie Himmel über den Köpfen seine Vorteile, denn die »verfluchten Postchaisen«, zürnt Zelter, »sind so niedrig, dass, wenn sie oben ein Loch hätten, man sich bequem in der Welt umsehen könnte.«

Hat der Reisewagen kein Verdeck, hat der Reisende ohne Loch freie Sicht. Er sollte aber vor lauter Wald die Bäume nicht übersehen, sonst kann es ihm gehen wie Karamsin: »Der Weg zur sächsischen Grenze geht nämlich fast immer durch Wald, und da der Postwagen sehr hoch und unbedeckt ist, so müssen sich die darauf Sitzenden ohne Unterlass niederducken, um nicht den Kopf an einem Baume zu lassen. Ich schlummerte des Abends und bekam von einem weit herausstehenden Aste eine solche Ohrfeige, dass mir die Funken aus den Augen sprangen.«

Im Winter wird man besonders dankbar für ein Verdeck sein, sich den Realitäten beugen und den Kopf einziehen. Ein an Hals und Ärmeln knöpfbarer Reisemantel ist zu empfehlen. Außerdem sollte man darauf achten, dass für die Fußwärme genug Stroh auf dem Kutschboden liegt. Knigge empfiehlt zudem, »bei kaltem Wetter« hin und wieder »ein wenig Weinessig« zu trinken. An die musikalische Seite des Reisens wiederum müssen wir uns gewöhnen. Zwar sitzen uns keine Teenager mit zu laut gestellten Kopfhörern gegenüber, doch spielt eine andere Musik. Börne erwähnt zum Beispiel die »Jammertonarten« der sächsischen Post: »Bald klimperte das Wagenfenster in seiner Fuge, bald rasselte die Kette des Hemmschuhes, bald ächzte der lederne Sitz unter dem grausamen Drucke seiner sechs Tyrannen.« Alles in allem, mögen wir ›ordinaire Post‹ fahren oder ›Extrapost‹ und in diesem wie in jenem Fall sämtliche Ratschläge befolgen, werden wir feststellen: Eine Kutsche bleibt doch immer eine Kutsche, ein »Ungeheuer«, eine »Martermaschine«. Diese Titel verlieh ihr Adelbert von Chamisso. Er überstand unter schwierigen Bedingungen eine Weltumseglung, aber vor Fahrten mit der heimischen Post graute ihm.

»*Der Kopf ist zerschmettert*«

Kutschen und Katastrophen

Zwei Jahre, bevor Chamisso im August 1815 in Kopenhagen an Bord des (nicht der!) russischen *Rurik* ging, um unter dem Kommando Otto von Kotzebues um die Welt zu segeln, verbrachte er einen Sommer in Kunersdorf im Oderbruch und schrieb *Peter Schlemihls wundersame Geschichte*. Fertige Passagen schickte er in Fortsetzungen an Julius Eduard Hitzig für dessen Kinder zum Vorlesen. Während Chamisso im idyllischen Kunersdorf mit der Feder in der Hand von verkauften Schatten und Siebenmeilenstiefeln träumte, reiste E. T. A. Hoffmann mit seiner »Frau am 20. Mai in der frohsten Stimmung nach Leipzig mit der Postkutsche ab, nicht ahnend, dass das schrecklichste Ereignis meines Lebens mir drohte«. So heißt es in einem Brief, den Hoffmann am 1. Dezember 1813 an Hitzig schrieb, mit dem er, wie mit Chamisso, befreundet war. Dann folgt die ausführliche Schilderung eines Postkutschenunfalls: »Auf der ersten Station, nur zweihundert Schritte vor Meißen, als Postillon und Schirrmeister abgestiegen waren und hinter dem Wagen her gingen, wurde ein wildes junges Pferd, das vorne angespannt, scheu,

lenkte nach dem Graben und riß den mit Geldtonnen, Kaufmanns-
gütern und 12 Passagieren schwer beladenen Wagen herum, dass er
mit der größten Gewalt umstürzte. Ich wurde über meine Frau weg-
geschleudert, und mit einer leichten Quetschung davongekommen
hatte ich Besinnung und Kraft, meine Frau aus den Kisten und Kasten herauszureißen – aber welch ein Anblick! Sie war leblos, und das
Blut strömte aus dem Kopfe, so dass man nichts vom Gesicht sah –
ich trug sie fort auf einen Rasen«. Mit einem Taschentuch reinigte
er ihr Gesicht. »Der Kopf ist zerschmettert, mußt ich denken, aber
zu meiner Freude sah ich gleich, dass es nur eine wiewohl äußerst
bedeutende Stirnwunde von 2 bis 2½ Zoll Länge war. Meine arme
Frau erholte sich aus der Ohnmacht, und ich konnte sie bis zu einem ganz nahe vor der Stadt gelegenen Hause bringen, wo wir äußerst gutmütige Leute fanden, die uns mit etwas Wein erquickten.
Endlich kam die bestellte Portechaise aus Meißen, und meine Frau
wurde unter dem Zulauf des Volkes in den Gasthof gebracht, wo ein
recht geschickter Chirurgus gleich den ersten Verband unternahm.
[…] Erst den zweiten Tag erklärten Arzt und Chirurg meine Frau
außer Lebensgefahr, indem keine edle Teile verletzt, und erlaubten
am 4. Tage die behutsame Weiterreise.« Eine andere Passagierin war
bei dem Unglück ums Leben gekommen.

Immer wieder kam es zu solchen Unfällen, sei es, weil ein Pferd
durchging, der Kutscher eingeschlafen war oder ein überladenes
Gefährt aus der Spur geriet und umkippte, wie es am 20. Juli 1816
Goethe nicht weit von Weimar passierte. Goethe blieb unverletzt,
entschloss sich aber zum Abbruch der geplanten Kur-Reise nach
Baden-Baden.

Manchmal gab es handgreifliche Auseinandersetzungen über die
Vorfahrt, wenn sture Kutscher einander nicht ausweichen wollten.
Der junge Eichendorff berichtet in seinem Tagebuch unter dem
17. Oktober 1803 über einen Ausflug mit einem Pfarrer: »Auf der
Landstraße nemlich begegnete uns eine Art von Fuhrmann. Der
Herr Pfarrer befahl daher seinem Kutscher, das halbe Gleiß auszu-
weichen, da aber der Fuhrmann nicht ein Gleiches thun wollte, so
fuhren wir natürlicherweise so ineinander, daß die beyderseitigen
Achsen krachten und seufsten.«

Die ›eingefahrenen Gleiße‹, auch ›Spuren‹ genannt, lösten wahre

Hasstiraden aus. Sie zerstörten die Straßen, erschwerten das Fortkommen und ließen Wagen umkippen oder kollidieren. Sogar der leidenschaftliche Fußgänger Seume widmet sich dem Problem mit Inbrunst, ausgerechnet in einem Buch, das von einem »Spaziergang« zu erzählen vorgibt, einem von Leipzig über die Alpen den italienischen Stiefel hinunter bis nach Syrakus (und über Paris zurück): »Es ist mathematisch zu beweisen, dass die Gewohnheit des Spurfahrens, zumal der schweren Wagen, die beste, festeste Chaussee in kurzer Zeit durchaus verderben muss. Ist einmal der Einschnitt gemacht, so mag man schlagen und ausfüllen und klopfen und rammeln, so viel man will, man gewinnt nie wieder die vorige Festigkeit«. Im Bericht von seiner ›nordischen‹ Reise über Russland und Skandinavien um die Ostsee, während der er selbst meistens in der Kutsche saß, bricht es aus ihm heraus: »Wenn ich es je dahin bringen könnte, dass niemand Spur führe, dass man die hartnäckigen Spurfahrer endlich ins Zuchthaus steckte, so würde ich glauben, ich hätte eine Ehrensäule verdient.«

Die Spuren und entgegenkommende Gefährte waren nicht die einzigen Reiserisiken. Es konnte passieren, dass einem bewaffnete Räuber den Weg versperrten. Karamsin berichtet erschrocken von einem Überfall auf die Post zwischen Oranienburg und Berlin: »Der Postillon und der Schirrmeister sind dabei getötet und einige tausend Taler sind gestohlen worden.« Bandenmäßige Straßenräuberei gehörte in wirtschaftlichen Krisenjahren zu den nachgerade staatsgefährdenden Problemen. Jedenfalls wurde sie von den Gesetzgebern so behandelt (selbst Friedrichs ›Abschaffung‹ der Folter galt anfänglich ausdrücklich nicht für Straßenräuber) und von den Gerichten mit entsprechendem Nachdruck verfolgt. Diese Form der sozialen Delinquenz wurde insofern als besonders bedrohlich empfunden, als sie sich eben mit einer außerstaatlichen sozialen Organisation der Delinquenten verband. Allerdings war der Zusammenhalt dieser Banden meistens vorübergehend, und ihre Räuberei einschließlich des Terrorisierens der Landbevölkerung rechtfertigten so gut wie nie die sozialromantische Verklärung nach dem Modell Robin Hood oder à la ›Wirtshaus im Spessart‹.

Im Vergleich mit einem Raubüberfall wirkt ein Streit um die Vorfahrt doch eher harmlos, obwohl er leicht zu Rangstreitigkeiten ausartete. Eichendorff erzählt, wie der Pfarrer im Zorn dem ›gegnerischen‹ Fuhrmann den Stock über den Rücken zog, der Gegenwehr nicht wagen durfte, sondern nur fluchend abziehen konnte. Der Rücksichtslosigkeit fürstlicher Equipagen, der Arroganz selbst kutschierender Herrschaften auf prächtigen Phaetons und dem fuchtelnden Pfarrer in der Chaise entsprach beim ›gemeinen Mann‹ die Sturheit der Fuhrleute, die Langsamkeit der Lohnkutscher, die Grobheit der Postillione und die Impertinenz livrierter Lakaien, die aus Dienstpflicht herrischer als ihre Herren sein zu müssen glaubten.

Kutschen waren nicht einfach Fortbewegungsmittel, sondern Statussymbole. Man musste nicht geradezu märchenhaft reich dafür sein, aber selbst im Märchen sind sie ein Symbol des Reichtums. In *Der Teufel und seine Großmutter* macht der Seelenhändler mit drei Brüdern das übliche Geschäft: ewige Verdammnis gegen endliches Wohlleben auf der Erde, dies aber verlockend genug, wie der Teufel verspricht: »ihr könnt dann wie große Herren leben, Pferde halten und in Wagen fahren«. Goethe hatte sich 1775 nur einem Herzog verpflichtet, erst 1799 kam er zu Pferd und Wagen. Der Stall war unter seinem Arbeitszimmer im Haus am Frauenplan, die Remise für die Kutsche und einen Schlitten befand sich daneben.

Von der Anzahl der Equipagen auf den Straßen ließ sich direkt auf die Anzahl vermögender Familien in der Stadt schließen. Der Dichter Leopold Friedrich Goeckingk staunte 1778 über Halberstadt: Die Stadt sei ein »lebhafter Ort […] weil hier Landeskollegien des Fürstentums, viele Stifter und Edelleute, folglich viele Familien sind, die nichts zu tun haben, als Besuche zu geben und zu nehmen, oder kurz, ihr Geld zu verzehren. Ich erinnere mich nicht, an irgndeinem Ort von gleicher Größe, wo keine Residenz war, so viele Equipagen gesehen zu haben«.

Schifffahrt

Im Wasser kann man nicht stecken bleiben wie im Sand. Eberhard von Rochow, in der Nähe von dessen Gut Reckahn Johann August Goeze die zwanzig vor einem festgefahrenen Frachtwagen schäumenden Pferde beobachtet hatte, schrieb im *Kinderfreund:* »Durch die Schifffahrt haben sich die Menschen auf der Erde kennen gelernt. Sie handeln, das heißt, sie vertauschen ihren Überfluß gegeneinander und bezahlen entweder mit Waaren oder mit Geld. Die Waaren, welche oft sehr schwer sind, werden in Schiffen auch bequemer und wohlfeiler als auf Wagen fortgebracht. Denn ein großes Schiff kann mehr fortschaffen als tausend Wagen, jeder mit vier Pferden bespannt.«

Die Schiffbarmachung der Flüsse und deren Verbindung untereinander durch Kanäle waren ähnlich langfristige, oft generationenübergreifende Projekte wie das Trockenlegen der Sümpfe und das Roden der Wälder. Die Oder war mit der Spree schon seit den Zeiten des Großen Kurfürsten über einen Kanal verbunden, Friedrich der Große ließ zwischen der Oder und der Elbe den Plauer und den Finower Kanal bauen, zwischen Weichsel und Oder den Bromberger Kanal. Auch in den übrigen deutschen Ländern wurden im Laufe des 18. Jahrhunderts die Flüsse zu Wasserstraßen ausgebaut, allerdings noch nicht ›begradigt‹, und untereinander mit Kanälen vernetzt. Sogar Nord- und Ostsee wurden von 1777 bis 1784 über den Eiderkanal miteinander verbunden. Ende der 1820er-Jahre fasste Carl Julius Weber die Situation in Deutschland so zusammen: »Unser wichtigster Handel ist der Rheinhandel, dann kommt Elbe-, Weser- und Donauhandel. An der ersten deutschen Handelstraße sind zwei Hauptorte der Natur nach, Cöln für den Unterrhein, und Frankfurt für den Oberrhein; jene für Holland und England, diese mehr für Frankreich und Schweiz. […] Die zweite Handelstraße ist die Weser, und Bremen der natürliche Stapelplatz. Die dritte ist die Elbestraße mit Hamburg.«

Die Wasserwege waren wichtig für den Handel, die Wasserreisen hatten aber auch ihre pittoresken Seiten. Weber schrieb, »ich liebe

Wasserreisen schon darum, weil das Schiff sich so sanft durch die Welt drehet, als die Erde um ihre Axe. Es waren von Frankfurt aus vierzehn Züge, d. h. jedesmal ein Hauptschiff von sechs bis achthundert Zentnern Fracht, an welches kleinere angehängt waren. [...] Es mochten ungefähr sechzig Menschen auf dieser Flotille seyn. Männer, Weiber, Mädchen und Kinder, und der Abend, wo man Anker warf, kochte, sang und ruhte, brachte viel Feuer in das bisherige holländische Stillleben!«

Auf und an den großen Flüssen gehörte regelmäßiger Personen- und Warentransport zum Alltag. In Frankfurt gab es um 1810 drei täglich pendelnde Marktschiffe: das Offenbacher, das Hanauer und das Mainzer. Dass Frankfurt am Main als Handelsstadt um vieles bedeutender war als Mainz, das doch immerhin am Zusammenfluss zweier wichtiger ›Verkehrsströme‹ lag, Main und Rhein, hatte für Joachim Heinrich Campe, den Anhänger der Französischen Revolution, mit der Freiheit zu tun. Vier Jahre vor dem Sturm auf die Bastille schrieb er: »Freiheit, Freiheit ist die Seele der Handlung! Wo diese fehlt, da stocken die Säfte des Staatskörpers.« Am Stocken dieser Säfte waren nicht zuletzt die Zollstationen schuld, die wie die Schlagbäume an den Landesgrenzen das Fortkommen verlangsamten und verteuerten. Um 1800 gab es auf dem Main zwischen Bamberg und Mainz 33 Zollstationen, auf der Elbe von Hamburg nach Magdeburg 14, auf dem Rhein von Straßburg bis zur holländischen Grenze 32 Stationen. »Nichts stellt die Verfassung des Deutschen Reiches in ein besseres Licht«, schrieb Riesbeck, »als die Beschiffung des Rheins. Jeder Fürst, so weit sein Gebiet am Ufer des Flusses reicht, betrachtet die vorübergehenden Schiffe als Fahrzeuge fremder Nationen, und belegt sie ohne allen Unterschied mit fast unerzwinglichen [unerschwinglichen] Zöllen.«

Die Landesherren achteten auch darauf, dass den Zollstationen an den Flüssen nicht durch Chausseen gewissermaßen das Wasser abgegraben wurde. Krünitz zählt als dritte seiner neunzehn Ursachen für das schlechte Straßennetz in Deutschland auf, »daß fast nirgends gegen die Ströhme eine Chaussee angetroffen wird, aus Furcht, daß der Zoll und Handel auf dem Wasser dabey leiden möchte«. Auch der König von Preußen hielt die Hand auf, so weit sein Arm nach Westen reichte, allerdings aus dem umgekehrten

Grund, denn er verfügte über eine Straße in Flussnähe. Riesbeck erzählt: »Ich wollte von Köln auf dem Rhein nach Holland fahren und versprach mir viel Vergnügen von dieser Wasserreise; der König von Preußen verdarb mir aber die Freude. Er lässt niemanden zu Wasser durch das Klevische passieren, damit seine verpachteten Landposten nicht darunter leiden. Auf der Grenze muß man Post nehmen, oder wenn man einen eignen Wagen oder eine Mietkutsche hat, der Post doch gewisse Abgaben entrichten.«

Wer mit Schiffen fahren will, muss welche bauen. Das geschah manchmal auf recht grobe und behelfsmäßige Weise, etwa wenn das Schiff mitsamt Ladung am Bestimmungshafen verkauft wurde oder auch das Holz, das es transportierte, zusammen mit dem, aus dem es selbst bestand. Bei den Rheinschiffen war das freilich nicht der Fall. Nemnich berichtet: »In und um Lohr am Main, nahe am Spessart, wird ein beträchtlicher Schiffbau getrieben. Die größten Rheinschiffe, wie auch die Mainzer Brückenschiffe werden da gebaut. Dieselbe Gegend vertreibt nach Holland große Quantitäten von Schiffbauholz. Faßholz und Faßreifen gehen von hier nach den Rheingegenden.«

Aber wie kommt ein Schiff den Rhein hinauf? Christian Constantin Erich Hüpeden aus St. Goar gibt in seinem Aufsatz *Vom Rheinhandel* (1782) die Antwort: Man bediente »sich bei der Bergfahrt bis Speyer der Pferde zum Vorspann, von denen gemeiniglich 10–12 eine Ladung von 3000 Ztr. zu ziehen pflegten. Von Speyer an traten mit einigen Ausnahmen Menschen an die Stelle, deren alsdann oft 80–90 die Arbeit von 10 oder 12 Pferden verrichteten.« Unter solchen Bedingungen konnte eine Fahrt flussaufwärts zehnmal so lange dauern wie eine Fahrt flussab. Für die Talfahrt von Straßburg nach Mainz etwa brauchte man drei bis vier Tage, für die Bergfahrt dagegen einen ganzen Monat.

Eine detaillierte Schilderung des Schiffziehens durch Pferde gibt Riesbeck am Beispiel der Donau: »Das Seil ist an dem Vorderteil des Schiffes befestigt und wird von 15 bis 18 der stärksten Pferde auf dem Rand des Ufers fortgeschleppt. Es rasiert alles kleine Gesträuch, das ihm in den Weg kommt, und wenn das Hindernis etwas zu groß ist, so müssen 1 bis 3 Kerls dasselbe mit Hebeln lüften. Das Schiff wird in seinem Schneckengang alle Augenblicke aufgehalten, und oft müssen in einem Raum von einigen hundert Schritten die Pferde mehrmals ausgespannt werden. [...] Weil die Fahrt den Strom hinauf noch nicht sehr gewöhnlich ist, so fehlt es von Stationen zu Stationen an Mietpferden, und die Schiffleute sind gezwungen, alle Pferde für die ganze Reise mitzunehmen«. Das Schiffsziehen auf der Donau wurde teilweise durch Sträflinge besorgt. Der aufgeklärte Reformer Joseph II. von Österreich ›begnadigte‹ zum Tode Verurteilte zu dieser Arbeit. Aufklärung wird erbarmungslos, wenn die Vernunft sich zum nackten Nutzenkalkül radikalisiert. Diderot hatte vorgeschlagen, zum Tode verurteilte Straftäter zwischen der Hinrichtung und der Vivisektion im Dienste der Wissenschaft wählen zu lassen. Die moralische Rechtfertigung dieser Alternative sah Diderot darin, dass bei der Hinrichtung der Tod gewiss sei, bei der Vivisektion der Delinquent freigelassen würde, falls er das Experiment überlebte. Wenn einer der bedeutendsten Philosophen der europäischen Aufklärung solche Vorschläge machen konnte, müssen wir uns über die aufklärerische Schiffsziehreform eines Fürsten nicht wundern. Und doch fährt dem Zeitreisenden beim Anblick der Schiffszieher am Ufer der Donau der Schreck in die Glieder: die Schreie der Aufseher, die verzerrten Gesichter der Männer an den Seilen, der sich unendlich langsam von der Stelle bewegende hölzerne Koloss in der Mitte des Flusses.»Ein von Menschen gezogenes Donauschiff«, schreibt Jonas Ludwig von Heß in seinen *Durchflügen*,»ist ein so scheussliches Schauspiel, dass selbst ein mit dem Rädern so eben fertig gewordener Henkersknecht davor die Augen zudrücken würde.«

Erst die aufkommende Dampfschifffahrt machte dem ein Ende. 1829 wurde die Donaudampfschifffahrtsgesellschaft gegründet, berühmt wegen ihrer das Wortungetüm noch mehr verlängernden Kapitänsmützen. Auch »auf dem Rhein geht das Dampfboot«, schrieb Weber, »zwischen Coblenz und Cöln und bald andre noch bis Mainz und Straßburg.« Die Verbindung zwischen Köln und Mainz mit Dampfbooten wurde 1824 eingerichtet. Im Jahr zuvor hatte Heine kunstvoll verträumt noch einem »Märchen aus alten Zeiten« nachgedichtet:»Dem Schiffer im kleinen Schiffe/Ergreift es mit wildem Weh;/Er schaut nicht die Felsenriffe,/Er schaut nur hinauf in die Höh./Ich glaube, die Wellen verschlingen/Am Ende Schiffer und Kahn; / Und das hat mit ihrem Singen / Die Lorelei getan.« Drei Jahre nach der Inbetriebnahme des Dampfbootes befuhren bereits 18 000 Passagiere den ›Vater Rhein‹, weitere zehn Jahre später waren es an die 150 000. Sie konnten die ›romantische‹ Aussicht nun ohne Gefahr des Untergangs genießen. Den Gesang der Lorelei haben sie wegen der Dampfmaschinen nicht mehr gehört.

»Nach der Arche Noah gebaut«
Schiffsklagen

Das Reisen mit der Kutsche war unbequem, umständlich und gefährlich. Aber auch eine Fahrt mit dem Schiff konnte recht abenteuerlich werden, von gewöhnlichen Unregelmäßigkeiten ganz abgesehen. Knigge hatte auch für den Umgang mit Schiffen einen Rat parat: »Wenn man Wasserreisen auf Strömen macht oder Hausrat auf diese Weise fortbringen läßt, so baue man nie auf die Versprechungen der Schiffer in Ansehung der Zeit, binnen welcher sie an Ort und Stelle sein wollen. Sie halten sich mehrenteils unterwegens auf, um noch mehr Fracht zu ihrem Profit aufzunehmen oder Schleichhandel zu treiben.« Riesbeck geht mehr ins Detail, obwohl man es so genau vielleicht gar nicht wissen will: »Unser Schiff war nach dem Riß der Arche Noahs gebaut, ohne Fenster, durchaus verdeckt, und Menschen, Waren, Tiere und Ungeziefer ohne Unterschied durcheinander eingepackt. Was eine Art von Kajüte vorstellen sollte, war der Vorderteil. Eine hohe Lage Zuckerkisten bildete die hintere Wand, und auf einer Seite war eine kleine Öffnung angebracht, die man ein Fenster nannte [...] Mitten in dem Schiff, der Länge nach, war zur Seite auf dem Verdeck eine andre Öffnung gemacht; [...] Man mußte über das ziemlich abhängige und bei einem Regen sehr schlüpfrige Verdeck mit etwas Lebensgefahr in diese Öffnung hinabsteigen, um seine Notdurft zu verrichten.« Immerhin ist es Riesbeck gelungen, die Fahrt unbeschadet zu überstehen.

Ein richtiges Abenteuer erlebte der junge Joseph von Eichendorff auf der Oder. Am 9. November 1809 schiffen wir uns in Breslau mit ihm ein:»Um 12 Uhr endlich bei heiterem Himmel und hohem Wasser lichtete unsere Flotte, die aus 4 mit Steinkohlen beladnen Schiffen bestand und wovon unser Schiff voraus segelte.« Schon am nächsten Tag kommt es beinahe zur Katastrophe an einem»Wehr, das nur an Einer Stelle zu paßiren ist, auf welche Stelle zu die Schiffe an Striken müßen langsam hinunter gelaßen werden. Als aber eben die Knechte unser Schiff so hinunter ließen, riß das Seil, an dem sie es hielten, entzwey. [...] Der Schiffer lief, wie rasend, auf dem Schiffe auf und ab. [...] Ich warf nun schnell meinen Mantel ab, und da das Schiff hinten so eben an eine Mühle stieß, umklammerte ich schnell einen Balken und schwang mich so auch ans Land. Unterdeß hatten die am Ufer wieder ein Seil erwischt, wir bestiegen wieder unser Schiff und gleiteten nun glücklich über das Wehr hinweg.«

Nach dem überstandenen Abenteuer sind wir dankbar für das Wiedereinkehren der Bordroutine:»Früh bei Tagesanbruch wurden die Anker gelichtet. Darauf wurde troknes Brodt und Schnapps, die letzere Hälfte unserer Reise aber eine Brodtsuppe gefrühstükt. Darauf gieng ich auf die Wache, d.h. ich sezte mich auf dem vorderen Theile des Schiffes, an den umgelegten Mast gelehnt, wo ich, trotz der schneidenden Waßerkälte mehrere Stunden verweilte [...] Um 12 oder 1 Uhr verzehrten wir in der Cajutte ein Mittagmahl, [...] das aus einer Schüßel Rindsuppe voll Kartoffeln, einem Stück Rindfleisch mit Kartoffeln und Brodt bestand. [...] Nach Tische wurde wieder auf dem Verdecke geraucht, dann in der Cajutte [...] Lombre oder Piquette gespielt, gelesen [...], Tagebuch geschrieben etc. Unser Abendessen bestand aus trocknem Brodt (erst später bekamen wir Butter), Kartoffeln mit Salz. Am späten Abend besuchten die Schiffer einander manchmal, es wurde mit Steinkohlen zum Ersticken eingeheizt und andere dergleichen fast unerträgliche Geschichten.«

Exkurs über das Reisen als Mode

»Das Wandern ist des Müllers Lust« heißt es am Anfang des Gedichtzyklus *Die schöne Müllerin,* und am Schluss liegt der unglück-
lich verliebte Wanderbursche ertrunken im Bach, im »blauen krys-
tallenen Kämmerlein«. In einem anderen Gedicht des Romantikers
Wilhelm Müller, es trägt den Titel *Auf der Landstraße* und ent-
stammt dem Zyklus *Wanderlieder eines rheinischen Handwerksburschen,* wundert sich der Geselle, der wandert, weil er von Berufs
wegen wandern muss, weshalb sich die Leute immerzu rastlos herumtreiben: »Was suchen doch die Menschen all'/Zu Roß und auch
zu Fuß?« Die Frage ist heute noch unbeantwortet.

In der zweiten Hälfte des 18. Jahrhunderts brachen junge Leute –
das heißt: junge Männer, denn eine Frau konnte unmöglich alleine
reisen – scharenweise auf, um den Sinn des Lebens oder sich selbst
oder die Schönheit des Daseins zu suchen. Mancher fand das eine
oder andere in Italien, dem Sehnsuchtsland, in dem die Zitronen
blühten, gefällige Mädchen nicht viel kosteten und in edler Einfalt
und stiller Größe überall antike Ruinen für die moderne humanisti-
sche Bildung herumstanden. Italien – das war Arkadien für Körper,
Seele und Geist.

Es brachte aber auch Gefahr für Leib und Leben mit sich. Man
konnte auf dem Weg nach Syrakus von Halsabschneidern überfallen
werden, wie es Seume passierte, sich bei den Dirnen von Venedig venerische Krankenheiten holen, was Seume zu vermeiden wusste, auf
römischem Pflaster vom Pferd fallen und den Arm brechen wie Karl
Philipp Moritz, in Venedig beim Einhandeln von Rohseide plötzlich erkranken und binnen weniger Tage dahinsiechen wie der erste
Mann von Lessings späterer Frau. Oder man quälte sich wie Lessing selbst als Reisebegleiter eines blasierten Erbprinzen, der aus
seinem Provinzfürstentum aufbrach, um während einer Kavalierstour ein wenig Weltläufigkeit zu erwerben. Oder man erreichte Italien gar nicht, wie es Laurence Sterne erging, trotz des Titels seines
im Deutschland der ›Empfindsamkeit‹ Epoche machenden Berich-
tes *Eine empfindsame Reise durch Frankreich und Italien.* Oder man
wurde in Triest wegen der Reisebörse von einem Stricher geradezu

abgeschlachtet wie der Altertumsforscher Johann Joachim Winckelmann, der die Wendung von der edlen Einfalt und der stillen Größe der antiken Kunst geprägt hatte.

Italien war nicht das einzige Reiseziel. Moritz trieb sich zu Fuß in England herum, Seume umfuhr in der Kutsche die Ostsee und Chamisso auf einem Schiff die ganze Welt. Alle drei haben darüber geschrieben, wenn man auch nicht sagen kann, dass sie nur deshalb aufgebrochen sind. Vor allem aber hat man, wohin man auch geht oder fährt, sich selbst stets mit dabei im mentalen Gepäck. »Und doch bleibt der Mensch immer im Engen, er mag noch so sehr im Weiten sein« heißt es gleich auf der ersten Seite der *Reisen eines Deutschen in England* von Moritz.

Gleichwohl war der Zug in die Ferne in jenen Jahrzehnten modisch, seit Laurence Sternes *Sentimental Journey* auch sentimental – und zwar oft genug mit dem abfälligen Beiklang, den das Wort ursprünglich nicht hatte, bis das Gefühl zum Reflex zusammenschnurrte und die Empfindung zur ›Empfindeley‹ verkümmerte.

Wollte man gegen diesen Zug einer den damaligen Buchmarkt überschwemmenden Reiseliteratur eifern, könnte man ihn ›Erfahrungskitsch‹ nennen. Nicht immer haben die Autoren mit eigenen Augen gesehen, wovon sie ihrer Leserschaft berichteten; nicht immer haben die Autoren das, was sie doch mit eigenen Augen gesehen haben, auch mit eigenem Verstand begriffen; und häufig brachten die armchair travellers im Lesekabinett zwar genug Neugier und Interesse für das sogenannte ›Exotische‹ auf oder für hübsche Anekdoten, nicht jedoch für den Straßenstaub der Wirklichkeit, die Läuse in fremden Betten und die lieblose Einsamkeit im Herzen des Wanderers, von der Müllers Gedichte sprechen und die sich bereits in Schuberts Vertonungen verflüchtigte. In der späteren Gesangsvereinskunst ging die Wandereinsamkeit vollends im Chorgefühl verloren.

Wandern tut weh – das ist die Wahrheit, und Reisen ist eine Tortur. Noch dazu eine vergebliche, wenn man fährt oder gefahren wird, denn Seume zufolge erfährt nichts, wer fährt. Dem heutigen Reisenden in Hochgeschwindigkeitszügen mag der Blick aus einem Kutschenfenster gemächlich vorkommen, die Zeitgenossen erlebten das anders. Karl Friedrich Klischnig, Reisebegleiter und zeitweiliger Lebensgefährte von Karl Philipp Moritz, erinnerte sich an eine Kutschfahrt durch die »herrlichen Gegenden der Rheinpfalz. Jammerschade nur, daß wir sie aus unserm Wagen nicht so genießen konnten, als wenn wir sie zu Fuß durchwandert hätten. Schnell flogen sie unsern Blicken vorüber, und die unaufhörliche Abwechslung reizender Szenen ließ uns nicht einmal Zeit, uns des Anblicks der schönsten romantischen Aussichten zu freuen. Es war im eigentlichsten Verstande ein *Durchflug* durch dieses gesegnete Land.« *Durchflüge* hatte denn auch Jonas Ludwig Heß seine Reisebücher genannt. Beim Fahren sieht man nicht viel, weil man zu viel sieht. Zu Fuß wiederum kommt man nicht weit, oder man braucht Zeit und lange Weile, um auf diesem Weg den eigenen Horizont wirklich zu – überschreiten.

Das Reisefieber trieb, wie jede kulturelle Mode, diejenigen, die ihr hinterherlaufen zu müssen glaubten, in eine Nachahmerei, die mit umso größerer (und gröberer) Geste die eigene Originalität darzustellen bemüht war, je weniger diese gelebt wurde. Wie die von bürgerlichen Kritikern geschmähte aristokratische Kavalierstour konventionalisierte nun auch das abenteuernde Herumstreunen mit gut gefülltem Beutel, und es waren so viele Berühmtheiten inkognito unterwegs, dass mancher in den Wirtshäusern für eine solche gehalten wurde, der es gar nicht war.

Goethe allerdings ging es einmal umgekehrt. Während einer Harzreise im Dezember 1777* suchte er in Wernigerode einen gleichaltrigen Mann auf, der ihm, veranlasst durch die Lektüre des *Werther,* zwei drängende (und aufdringliche) Briefe geschrieben hatte. Die Briefe waren fordernd gewesen und auch überfordernd, denn Goethe wurde als noch frische Berühmtheit doch schon arg beansprucht von Bittstellern und Ratsuchern aller Art. Er hatte die Briefe unbeantwortet gelassen und trat nun ihrem Schreiber persönlich, aber inkognito gegenüber. Die bizarre Begegnung, die auf Goethes Seite etwas von einer Versuchsanordnung hat, führte dazu, dass Goethe dem enttäuschten Briefschreiber unerkannt erklärte,

---

* In der mehr als vier Jahrzehnte später entstandenen *Campagne in Frankreich* erzählt Goethe die Geschichte abweichend von seinen Tagebucheintragungen während der Harzreise und datiert sie auf 1776.

wer Goethe ist. Und sie führte zu einem Gedicht, zur *Harzreise im Winter:* »Leicht ist's, folgen dem Wagen,/Den Fortuna führt,/Wie der gemächliche Troß/Auf gebesserten Wegen/Hinter des Fürsten Einzug.//Aber abseits, wer ist's?/Ins Gebüsch verliert sich sein Pfad,/Hinter ihm schlagen/Die Sträucher zusammen,/Das Gras steht wieder auf,/Die Öde verschlingt ihn.«

Welch zugleich ergreifende wie hart zupackende Metapher für die Lebenswege derer, die nicht zu den ›Götterlieblingen‹ zählen wie Goethe sich selbst. In der gewöhnlichen Reiseliteratur indessen ging es nicht um Lebenswege, sondern um Abstecher aus dem Alltag. Die Erzählungen davon füllten die Regale der Leserinnen und Leser, die Kassen der Verlagsbuchhändler und manchmal sogar die der Autoren. Für Moritz August von Thümmels zwischen 1791 und 1805 in zehn Bänden erscheinende *Reise in die mittäglichen Provinzen von Frankreich* zahlte ihr Verleger Joachim Göschen 5000 Taler Honorar, mehr als für die *Gesammelten Werke* Goethes und Klopstocks zusammen. Thümmel war einer der meistgelesenen deutschen Schriftsteller seiner Zeit, doch hat sein Ruhm diese Zeit nicht überlebt. Der Text besteht aus fingierten Briefen an den Leser – das heißt: vor allem an die Leserin, denn diese Art Literatur wurde von Frauen zu Bestsellern gemacht: »O könnte ich diesen Goldtropfen so glänzend zu Dir hinrollen, als er jetzt aus der Glühpfanne des Herzens geflossen ist, damit Du Dich in seiner Oberfläche spiegeln könntest.« Mit dem Lesen ist es wie mit dem Reisen: Man begegnet häufig bloß sich selbst.

3. Stadtleben

Blick von außen – Am Tor und im Wirtshaus –
Die große und die kleine Stadt – Salonbesuche –
Bei Hofe – Im Theater – Oper und Konzert –
Gang über den Markt – Abgebrochener Stadtbummel –
An der Universität – Werkstattbesichtigungen –
Ortstermin im Armenhaus – Gang zum Richtplatz –
Blick ins Getto – Landleute kommen in die Stadt –
Städter fahren aufs Land

»In der Ferne prangt der Ort
mit seinen dreizehn Kirchenthürmen«

Blick von außen

Die Menschen der Goethezeit lebten in überwältigender Mehrheit auf dem Land. Noch um die Mitte des 19. Jahrhunderts kamen in Bayern auf 100 Stadt- 578 Landbewohner, in Baden und Hessen-Darmstadt war das Verhältnis 100 zu 560, in Württemberg 100 zu 400, in Sachsen 100 zu 196. Zudem waren die meisten dieser Städte kaum mehr als bessere Dörfer. Die Bezeichnung ›Stadt‹ gab Auskunft über die Rechtsstellung des Gemeinwesens, nicht über seine Größe. Einer Zählung vom Dezember 1849 zufolge hatten von den 142 Städten in Sachsen 41 weniger als 2000 Einwohner, nur drei hatten über 15 000 Einwohner: Chemnitz (30 753), Leipzig (62 374), Dresden (knapp 94 092). In Preußen gab es 56 Städte unter 1000 Einwohnern. Die deutschen ›Stadtverhältnisse‹ in den 1820ern werden in Carl Julius Webers Reisebriefen so zusammengefasst: »Wir haben keine Stadt, die sich mit London, Paris und Petersburg messen dürfte, keine Hauptstadt, die der Mittelpunkt alles Schönen und Großen, und der Centralpunkt der Nation und ihrer Bildung wäre – tant mieux! Wir haben nur drei Städte, die über hunderttausend Seelen zählen, dafür aber Mittelstädte in Menge, wie sie keine andere Nationa aufzuweisen hat. Wien, Berlin und Hamburg sind unsere ersten Städte […] Berlin, München, Dresden, Mannheim, Düsseldorf, Potsdam, Cassel, Carlsruhe sind schöne, regelmäßige Städte – Wien zeichnet sich durch kaiserliche Pracht und Reichthum, durch schöne Naturumgebungen und Leben aus, wie das kleine Stuttgart – Prag, Breslau, Cöln, Aachen, Nürnberg, Augsburg, Lübek durch ehrwürdiges Alterthum. Berühmt sind durch romantische malerische Lage Dresden, Mainz, Coblenz, Heidelberg,

Salzburg, Innspruck, Freyburg. Durch Handel und Leben Frankfurt, Hamburg, Leipzig, Triest neben tausend kleinen Fabrik- und Gewerbstädten. Und wo hätte das Ausland ein Göttingen? Wo die zahllosen großen reinlichen Dörfer, die anderwärts für Städte gelten würden?«

Um 1800 war das, was man im Unterschied zur ›Urbanität‹ der Städte ihre ›Ruralität‹ nennen könnte, noch deutlicher ausgeprägt als in der Mitte des 19. Jahrhunderts, nicht nur in der Statistik, sondern im Alltag. Goethes Eckermann erzählt in der Einleitung der *Gespräche* von seiner Kindheit in »Winsen an der Luhe, einem Städtchen zwischen Lüneburg und Hamburg, auf der Grenze des Marsch- und Heidelandes«. Sein Vater war der Inhaber »eines kleinen Handels«, das heißt, er zog als Hausierer »mit einem leichten hölzernen Schränkchen auf dem Rücken« über die Dörfer. Die Mutter spann Wolle und nähte Mützen. Er selbst verlebte im Frühling »lange Tage im Hüten der Kühe. Während des Sommers war ich tätig in Bestellung unseres Ackers, auch schleppte ich für das Bedürfnis des Herdes aus der kaum eine Stunde entfernten Waldung trockenes Holz herbei. Zur Zeit der Korn-Ernte sah man mich wochenlang in den Feldern mit Ährenlesen beschäftigt, und später, wenn die Herbstwinde die Bäume schüttelten, sammlete ich Eicheln, die ich metzenweise an wohlhabendere Einwohner, um ihre Gänse damit zu füttern, verkaufte.« Der Duktus des Berichts hält sich ganz an den Goethes (als dessen »Papagei« Eckermann von Heine verhöhnt wird), doch an der Wahrheit des Berichteten braucht nicht gezweifelt zu werden.

Die kleinen und mittleren Städte lagen hübsch in der Landschaft. Sie waren mit ihren Kirch-, Schloss- und Wehrtürmen von Weitem zu erkennen und beim Näherkommen mit einem Blick zu überschauen – und leicht mit Kanonen zu beschießen. Das bewies die preußische Artillerie im Juli 1760 während der Belagerung der kursächsischen Residenzstadt Dresden. Von der Kanonade wurde die Kreuzkirche zerstört. Bei der Frauenkirche »zeigte sich's aber«, schrieb Georg Friedrich Rebmann 1795 in *Wanderungen und Kreuzzüge durch einen Teil Deutschlands*, »dass alle feindliche Bomben, ohne mehr als einige Risse in der Kuppel zu verursachen, absprangen«. So steht es auch schon gut zwanzig Jahre früher im musikalischen Reisebericht des Engländers Charles Burney: »Die Bomben konnten in der preußischen Belagerung dieser Kirche nichts anhaben, weil sie von der kugelförmigen Kuppel alle herabrollten«. Die Stadt selbst aber, bedauert Burney, »hat im vorigen Kriege so viel gelitten, dass ein Fremder kaum die berühmte Hauptstadt von Sachsen zu sehen glaubt, selbst wenn er sie von der vorteilhaftesten Seite […] betrachtet. Ihre meist himmelansteigenden Türme sind umgestürzt, und nur ein paar von allen den prächtigen Gebäuden, welche die Stadt verschönerten, sind stehengeblieben, daher […] die Einwohner damit beschäftigt sind, das Beschädigte wiederherzustellen.«

Offenbar mit Erfolg, denn 1795 zeigte Dresden sich Rebmann wieder von seiner schönsten Seite – trotz fehlender Türme: »Der Anblick Dresdens von der Seite Meißens ist reizender als von allen anderen. Gerade die schönste, obgleich schmälste Seite der Stadt fällt dem Reisenden zwischen ehrwürdigen Alleen in die Augen. Da man hier drei Türme nebeneinander erblickt, so merkt man den Mangel nicht, den Dresden an ihnen hat.«

Das Turmprofil einer Stadt, ihre ›Skyline‹, wenn man es so ausdrücken will, war das von Weitem sichtbare Versprechen ihrer Bedeutung – ein nicht immer eingelöstes. Der jugendliche Held im *Anton Reiser,* dem »psychologischen Roman«, mit dem Karl Philipp Moritz berühmt wurde, ist froh, als er dem verhassten Hannover am Ende des dritten Teils des Romans den Rücken kehren kann: »Da er aber nun die Stadt mit ihren grünbepflanzten Wällen im Rücken hatte, und die Häuser, wie er zurückblickte, sich immer dichter zusammendrängten, so wurde ihm leichter, und immer leichter, bis endlich die vier Türme, welche den bisherigen Schauplatz aller seiner Kränkungen und Bekümmernisse bezeichneten, ihm aus dem Gesichte schwanden.«

In München kommt es vor allem auf zwei Türme an, wie Carl Julius Weber meint: Die Stadt »nimmt sich auf der Höhe von Griesing noch am besten aus, und doch – ohne die beiden Thürme der Frauenkirche?« Beim Anblick des turmbewehrten Nürnberg kommt er ins Schwärmen: Es »liegt vor mir in seiner alterthümlichen Schöne. Hamburg, Lübek, Bremen, Augsburg und selbst Frankfurt haben alle noch etwas Alterthümliches, aber Nürnberg am meisten. Seine vielen Thürme, wenn es auch gleich keine 365 sind, die alte Burg auf der Höhe, die rothen Mauern mit den 4 malerischen runden Riesenthürmen an den Thoren füllen die Phantasie mit Bildern der Fehden- und Faustrechtszeiten.«

Zwei Türme oder drei oder vier oder 365: Ein kompakteres Bild als München, Dresden, Hannover oder Nürnberg bot die Stadt Potsdam. Rebmann erwähnt in den *Kosmopolitischen Wanderungen* von 1793 seine Freude, »als sich plötzlich, wie ein Blick in einen optischen Kasten, die schöne labende Aussicht von Potsdam vor mir öffnete«.

Der plötzliche Blick auf eine Stadt konnte aber auch das Herz beschweren, wie es dem mit hochfliegenden Ideen über Berg und Tal fußwandernden Heß beim Heraustreten aus einem Tannenwald mit Goslar erging: »Nach einigen Minuten sah ich eine gethürmte, mit schwarzen Schindeln gedeckte, gleichsam in Trauer gehüllte Stadt vor mir liegen, lang hingedehnt, mit einer Mauer umfasst, die den ganzen Anblick dem eines geräumigen, mit Leichensteinen angefüllten Kirchhofs ähnlich machte.«

Beim Anblick von Eisenach fiel ihm gar eine Schädelstätte ein: »Wenn man Eisenach von weitem in seiner ganzen Kalkweiße, im Hintergrunde von Bergen durchgraut, liegen sieht, so kann man sich des Gedankens an eine wohl angefüllte, ausgebleichte Schindgrube nicht erwehren; so ähnlich sieht die unförmliche Masse von weißen Häusern und Thürmen den hingeworfenen, entfleischten Schädeln, Rückgraten und Knochen. [...] Der Anblick des alten modrigen Goslar erregte ganz andere Empfindungen in mir, als der von Eisenach. Ein altes runzlichtes Mütterchen ist nicht schön, sie erweckt aber nicht den Ekel, wie eine krank geschminkte Dame, der die Kreide fingerdick auf der Stirne liegt.«

Mühlhausen machte besser Figur. »Die Figur ist rund. Sie ist mit einer Mauer umgeben, mit sieben Thoren durchschnitten, die mit Graben und Wällen nach alter Art bevestigt sind. [...] Das Ganze macht eine ziemlich heitere Mine. In der Ferne prangt der Ort mit seinen dreizehn Kirchenthürmen weit her.«

Die hässlichste Stadt jener Zeit scheint übrigens Gelnhausen gewesen zu sein, jedenfalls für Philipp Andreas Nemnich, der trotz (oder wegen) des heute so bewunderten ›mittelalterlichen Kerns‹

meinte, es sei »schwerlich eine hässlichere Stadt in der ganzen Welt zu finden«.

Nicht nur eine Kleinstadt im Tal, an einem Berghang oder an einer Flussbiegung, selbst eine Großstadt wie Berlin war noch ›von außen‹ zu betrachten. Büsching konnte auf seiner Reise nach Reckahn im Jahr 1775 sogar Qualitätsunterschiede zwischen den verschiedenen Ansichten machen und notieren, vor welchem der Tore »die Stadt von außen nicht so gut in die Augen« fällt.

Die Vorstädte, die es vor manchem Tor gab, blieben in ihren Dimensionen bis zur Industrialisierung begrenzt und wucherten nirgends zu übervölkerten Elendsvierteln aus wie während des Mietskasernenbaus in der zweiten Hälfte des 19. Jahrhunderts. Die städtische Armut zeigte sich noch nicht in Massen, sondern in Gruppen. August Friedrich Julius Knüppeln, der Friedrich sehr, aber Berlin gar nicht mochte, erhob 1784 die *Stimme eines Kosmopoliten in der Wüsten:* »Überhaupt hat Berlin für einen Fremden, der vom Hamburger, Schlesischen und Cottbuser Tor hereinkommt, ein klägliches Aussehen, denn man findet elende gestützte Häuser, wüste unbebaute Plätze, große Misthaufen vor den Thüren, und die Bewohner tragen das Zeichen der äußersten Dürftigkeit auf ihrer Stirn. Das gilt auch von der Köpenicker Vorstadt und der Linienstraße, wo man traurige Gruppen des menschlichen Elends antrifft.«

Die Städter mussten sich kaum vor übermäßigem Zustrom aus dem Land fürchten, von Hungerjahren wie Anfang der 1770er abgesehen, als besitzlose Knechte, Tagelöhner, Mägde, entwurzelte Bauern und verwaiste oder auf Betteltour geschickte Kinder nach Berlin strömten. Für weniger dramatische Zeiten vertraten viele Ökonomen und Statistiker, darunter auch Büsching, die Meinung, dass nicht die Stadt das Land, sondern das Land die Stadt zu fürchten habe: »So wenig London vortheilhaft für England, und Paris für Frankreich ist: eben so wenig ist Berlin vortheilhaft für die Mark Brandenburg. Es scheinet zwar als wenn ganze Länder und Staaten von ihren großen und volkreichen Städten lebeten: allein es scheinet nur so, und in der Tat entkräften die großen Hauptstädte alle ihre Länder. Sie sind für dieselben die Quellen der schädlichen Modesucht, und der verderblichen Schwelgerey, mit ihren fürchterlichen

Folgen. Sie ziehen den größten Theil des Vermögens der Länder und Staaten an sich, und saugen dieselben dadurch aus.«

Gegen Ende des ersten Drittels des 19. Jahrhunderts hatte sich die Situation im Vergleich zu Büschings Zeiten so geändert, dass im Bürgertum die Angst vor einer Invasion der Schmutzigen, Ärmlichen und Gefährlichen aufkam. 1827 warnte der Berliner Arzt Carl Eduard Thümmel angesichts der Zustände im sogenannten ›Vogtland‹, einer wuchernden Brettersiedlung im Norden der Stadt, hervorgegangen aus in den 1750ern ursprünglich für sächsische Bauleute errichteten Unterkünften, dass »der verderbliche Inhalt dieser, unsere Mauern bedrohenden Gebäude sich nicht auch so zerstörend über unsere Städte verbreite, wie einst ein ähnlicher Inhalt des Trojanischen Pferdes Verheerung und Zerstörung über die nur zu sorgenfreie Stadt brachte.«

Vor Beginn der Industrialisierung gab es an den Rändern der Städte Fischteiche, Gemüsegärten, Streuobstwiesen, Landhäuslein und Scheunen, gelegentlich auch notdürftig zusammengezimmerte Unterkünfte von Armen, die man innerhalb der Mauern nicht dulden mochte. Aber die Städte selbst waren noch immer kompakte Gebilde mit gemauerter Kontur, in die man nicht allmählich hineingelangte, in einer endlosen Diffusion durch die Peripherie, sondern die man buchstäblich betrat – durchs Tor.

»Dies kommt in die Polizei«
Am Tor und im Wirtshaus

Der in sich ruhenden Geborgenheit, mit der die deutschen Städte vor dem Entstehen der Massenquartiere die Reisenden zu erwarten schienen, entsprach das ›policeyliche‹ Schwellenritual, das den Übertritt von außen nach innen amtlich machte. Am 18. Juni 1789 notierte Karamsin über die Ankunft in Königsberg: »Am Tore schrieb man unsere Namen auf, und der Visitator begleitete uns nach dem Quartier, um unsere Sachen zu untersuchen. Dies kostete wieder einige Groschen.« Am 30. Juni 1789 heißt es über die

Ankunft in Berlin: »Am Tore wurden wir angehalten. Ein Sergeant kam an den Postwagen und fragte: ›Wer sind Sie? Woher kommen Sie? Was führt Sie nach Berlin? Wo werden Sie wohnen? Werden Sie lange hierbleiben? Wohin reisen Sie von hier aus?‹ Auf alle diese Fragen mußt ich antworten.« Wie würden wohl Zeitreisende diese Fragen beantworten? Wir sind Touristen. Wir kommen aus der Zukunft. Wir wollen uns in Berlin nur ein wenig umsehen. Wir wohnen in einer chambre garnie. Wir werden nur ein Kapitel lang bleiben. Dann fahren wir aufs Land.

Auch an den Potsdamer Toren waren Befragungen üblich. Büsching fuhr auf seiner Reise nach Reckahn deshalb sogar um die Stadt herum, »denn wenn man gleich nichts mit sich führet, wonach den Verordnungen gemäß gefragt werden kann, so ist es doch nicht angenehm, wenn man von den Visitatoren auch nur etwas aufgehalten wird«.

Charles Burney hatte in Berlin eine solche Visitation durchzustehen, er musste hinein in die Stadt und konnte nicht außen um sie herum: »Ich hoffte, man würde mich ganz ruhig nach meinem Gasthofe fahren lassen, weil man an dem ersten preußischen Grenzorte, Treuenbrietzen, alle meine Sachen durchsucht und mir einen Passagierzettel mitgegeben […] Mein Passagierzettel half mir nichts; ich musste dreiviertel Stunden vorm Tore am Schlagbaum warten, ehe ich einen Soldaten zum Hüten bekam; dieser setzte sich alsdann mit geschultertem Gewehre und dem Bajonett auf der Flinte zu mir auf den Wagen und führte mich gleich einem Gefangenen durch die Hauptstraßen der Stadt nach dem Packhofe. Hier musste ich über zwo Stunden unter freiem Himmel […] zubringen und meinen Koffer und Schreibkästchen […] emsig untersuchen lassen«. Wie angenehm war es dagegen doch in Hamburg: »In diese Stadt kommt man, ohne examiniert oder von Akzisebedienten belästigt zu werden. Der Reisende wird an dem Tore bloß um seinen Namen und Stand befragt.«

Auch für Karamsin war mit den Auskünften am Tor die Sache nicht erledigt: »Kaum hatte ich mich in meinem Zimmer niedergesetzt, um Tee zu trinken, als Herr Blum [der Gastwirt] mit einem Papiere erschien. ›Sie müssen dies beantworten‹, sagte er. Ich fand hier dieselben Fragen, die man am Tore gestellt hatte, nur um eine vermehrt, nämlich: zu welchem Tore ich hereingekommen sei. Diese Fragen waren gedruckt, und ich musste unter jede die Antwort schreiben. ›Dies kommt in die Polizei‹, sagte Herr Blum, ›und dort untersucht man, ob Sie am Tore dasselbe gesagt haben, was hier niedergeschrieben ist. Alsdann setzt man Sie in die Zeitungen.‹« Karamsin könnte sich vor dem Herrn Blum so gefühlt haben wie Minna von Barnhelm und ihre Zofe Franziska in Lessings Lustspiel vor dem zudringlichen Gastwirt:»Wir Wirte sind angewiesen, keinen Fremden, wes Standes und Geschlechts er auch sei, vierundzwanzig Stunden zu behausen, ohne seinen Namen, Heimat, Charakter, hiesige Geschäfte, vermutliche Dauer des Aufenthalts, und so weiter, gehörigen Orts schriftlich einzureichen.« Dann beginnt ein recht nachdrückliches Verhör. Denn »die Polizei will alles, alles wissen; und besonders Geheimnisse«. Schon vorher hatte er versichert: »Unsere Polizei ist sehr exakt«. Was wiederum Franziska, die er gerade als Kammerfrau ins Protokoll geschrieben hat, zu der Bemerkung veranlasst:»Nun, Herr Wirt, so setzen Sie anstatt Kammerfrau, Kammerjungfer. – Ich höre, die Polizei ist sehr exakt; es möchte ein Missverständnis geben, welches mir bei meinem Aufgebote einmal Händel machen könnte.« Dann lässt sie weitere Auskünfte folgen, dem Wirt gewissermaßen aus ihrem Leben diktierend, bis der übereifrige Frager, erschöpft vom übereifrigen Antworten der schlauen Franziska, die Feder sinken lässt.

Wenigstens war das Gasthaus, in dem die beiden abgestiegen sind, nicht anrüchig. Lessing hätte sein bürgerliches Lustspiel, an dessen Ende die adlige Minna standesgemäß einen adligen Major bekommt, während Jungfer Franziska nicht minder standesgemäß »Frau Wachtmeisterin« wird, schlecht in einem Bordell über die Bühne bringen können. Im wirklichen Leben war es gleichwohl geraten, nicht übereilt gleich »die erste beste« Unterkunft zu nehmen wie Georg Friedrich Rebmann auf einer seiner *Kosmopolitischen Wanderungen:* »Unter der unendlichen Menge chambres garnies, die an der Post, als dem Schwarzen Brett von Berlin, ausgeboten werden, wählt ich mir gleich nach meiner Ankunft die erste beste und beschloss, um ja recht sicher zu gehen, sie gleich zu mieten [...]. Nun zog ich ein und war wie aus den Wolken gefallen, als ich zwei Porträts Friedrichs des Großen, davon das eine die Fragmente eines ehemaligen Küchenfensters bedeckte, einen Schrank, der bei jedem Schritt donnerte, weil ihm zwei Füße fehlten, einen ähnlichen Tisch und ein paar Pagoden auf dem Ofen erblickte, die man für Frösche oder für Heiligenbilder ansehen konnte.« Außerdem musste er feststellen, »dass neben, oben und unter mir nichts als Freudenmädchen wohnten«.*

Vom Ausfüllen eines Meldezettels ist in diesem Etablissement nicht die Rede, obwohl es an anderer Stelle heißt: »Die Besitzer der Gasthöfe und, wenn du dir ein Zimmer mietest, die Eigentümer oder Vermieter des Hauses sind angewiesen, binnen vierundzwanzig Stunden dem Polizeikommissär des Viertels einen Zettel zu überbringen, auf welchem des Fremden Name, der Ort, von welchem er herkommt, und die Zeit und Ursache seines Aufenthalts angegeben ist, und sobald dieses geschehen ist, so bekümmert sich die Polizei, solange keine Klage entsteht, nicht im geringsten mehr um dich.« Man könne sogar mit »einer Schellenkappe umherwandeln«, nur sei es nicht mehr wie noch zu Friedrichs Zeiten möglich, »über den König selbst nach Herzenslust zu schimpfen«, weil man sich damit jakobinischer Gesinnung verdächtig mache. Die Kopfkontrolle lehnt der »Kosmopolit« ab, die Torkontrollen verteidigt er: »Das genaue Examen am Tor ist in einer so großen Stadt unumgänglich nötig, aber es geschieht mit Höflichkeit und ist etwas umständlich, aber nichts weniger als unbescheiden.«

Das gilt umso mehr für Reisen von Land zu Land. Reichards *Passagier* vermerkt in der Auflage von 1811 für Reisen nach »Paris, die Hauptstadt des großen Kayserreichs« und »in diesem Augenblick die Hauptstadt des europäischen Continents«: In Straßburg, Mainz und Koblenz »wird dem Reisenden am Thore sein erster Paß abgenommen und ihm gesagt, zu welcher Zeit er sich auf der Präfektur wegen eines neuen zu melden habe. Er bringt hernach in den Bureaux, welche nur von 9 bis 3 Uhr geöffnet sind, einige sehr unangenehme Stunden zu, wird noch einmal beschaut, nach französischem Maaße gemessen und erhält einen neuen Paß […] Da man auf den neuen Paß sowohl als in das Protocollbuch seinen Namen schreiben muß, so wird die Uebersendung durch den Lohnlakayen nur in

---

* Siehe den Abschnitt »Prostitution« im Kapitel über Sexualität.

dringenden Fällen angenommen, in welchen ein Subaltern des Präfekten sich in den Gasthof begiebt.«

Aber was geschieht, wenn man in eine Stadt gelangt, ohne ein Tor zu passieren? Jean Pauls Luftschiffer Giannozzo, der nicht in der Kutsche ankam, sondern im Ballon, gerät in arge Verlegenheit, als es um den Abgleich zwischen den Angaben im Gasthaus und jenen am Tor geht. Er muss sich »abends mit dem Wirt überwerfen, der durchaus wissen und nachher notifizieren wollte, zu welchem Tore ich einpassiert sei, weil man den Torzettel mit seinem Nachtzettel konfrontiere«.

Was schließlich die von Karamsin erwähnte Veröffentlichung der Namen der An- und Abreisenden betrifft, so war sie vielerorts üblich. In den Kurstädten nahmen die Gäste das dankbar hin, schließlich erfuhren sie auf diese Weise pünktlich und zuverlässig, welche interessanten Menschen neu an- und wo sie untergekommen waren und wem man zur Kontaktanbahnung eine Visitenkarte ins Logis schicken konnte. Hausierer, Betteljungen oder entlaufene Schüler und Studenten standen natürlich nicht in der Zeitung. Sie schlichen möglichst unbemerkt in die Stadt wie der Titelheld des *Anton Reiser* von Karl Philipp Moritz: »Als er an das Stadttor kam, schlug er sich vorher den Staub von den Schuhen, brachte sein Haar in Ordnung, nahm eine kleine Gerte in die Hand, mit der er im Gehen spielte, und schlenderte auf die Weise langsam über die Brücke, auf der er zuweilen stehen blieb, als ob er jemanden erwartete; [...] Keine Schildwache fragte ihn, und er wanderte mit den Einwohnern der Stadt, die auch von ihren Spaziergängen zurückkehrten, in die Tore von Hildesheim.«

»Denn wer die Städte gesehen«

Die große und die kleine Stadt

Wie sich die äußere Lage der Stadt schon von Weitem mit einem Blick erfassen ließ, offenbarte sich ihr innerer Zustand bereits beim ersten Eindruck. »Hier bin ich nun angekommen«, heißt es bei Rebmann, »in der großen Stadt Berlin, diesem Schauplatz menschlicher Pracht und menschlichen Elends, diesem Vereinigungspunkt, wo äußerster Reichtum und äußerste Armut durcheinander und nebeneinander sichtlich sind und wo linker Hand in der vergoldeten Karosse der Herr im Galakleid besorgt ist, eine halbe Million mit Geschmack zu vergeuden, während rechter Hand dicht an ihm ein armes Mütterchen das letzte Jäckchen um einige Groschen ins Pfandhaus trägt, um sich einige Dreier zu einem Bissen trocknen Brotes zu erwerben.« Die »goldene Karosse« und das »letzte Jäckchen« sind Klischees, keine Beobachtungen. Gleichwohl veranschaulichen sie die unerhörte Kluft zwischen Arm und Reich, zwischen dem »Herrn im Galakleid« und dem »armen Mütterchen«, mögen auch »Mütterchen« nicht immer arm und Arme nicht immer Mütterchen sein. Rebmann wägt das Leben auf der einen gegen jenes auf der anderen Seite: »Wenn man in großen Städten, zumal in solchen, wo der Hof den Mittelpunkt ausmacht, die Summe der Pracht, des Glanzes, der Größe, des Erhabenen mit der Summe des Elends, des Drucks, der Armut, kurz der Summe des Glücks mit der Summe des Unglücks und Jammers der Menschheit vergleicht, so wird zuverlässig die erste von der letztern weit überwogen.«

In kleinen Städten ist der Kontrast zwischen Pracht und Elend weniger spektakulär, doch sind auch hier die Grade des Wohlstands deutlich sichtbar: »Wie man, das Städtchen betretend, die Obrigkeiten beurteilt./Denn wo die Türme verfallen und Mauern, wo in den Gräben/Unrat sich häufet und Unrat auf allen Gassen herumliegt,/Wo der Stein aus der Fuge sich rückt und nicht wieder gesetzt wird,/Wo der Balken verfault und das Haus vergeblich die neue/Unterstützung erwartet: der Ort ist übel regieret./Denn wo nicht immer von oben die Ordnung und Reinlichkeit wirket,/Da gewöhnet sich leicht der Bürger zu schmutzigem Saumsal,/Wie der Bettler sich auch an lumpige Kleider gewöhnet./Darum hab ich gewünscht, es solle sich Hermann auf Reisen/Bald begeben, und sehn zum wenigsten Straßburg und Frankfurt,/Und das freundliche Mannheim, das gleich und heiter gebaut ist./Denn wer die Städte gesehn, die großen und reinlichen, ruht nicht,/Künftig die Vaterstadt selbst, so klein sie auch sei, zu verzieren.«

Das legt Goethe im Versepos *Hermann und Dorothea* dem Vater

Hermanns, einem nicht unvermögenden Gastwirt mit Braurecht, in den Mund. Obwohl so »das Landstädtchen nicht in seinen politischen Verhältnissen erscheint«, wie Hegel später in einer Vorlesung anmerkt, spricht sich hier der Biedersinn aus, das mentale Habit des situierten Bürgers, der seine mit Fleiß und Sparsamkeit erworbene kleinstädtische Wohlhabenheit dankbar genießt: »Heil dem Bürger des kleinen Städtchens, der ländlich Gewerb mit Bürgergewerbe gepaaret!«

In Wirklichkeit lagen Dichtung und Wahrheit auseinander. Das Landstädtchen erscheint so nicht nur nicht in seinen politischen, sondern auch nicht in seinen ökonomischen Verhältnissen. Ein prosaischerer Zeitgenosse schrieb 1803 über Königsberg: »In kleinen Städten ist es gemeinhin schwer, bestimmt anzugeben, wie weit das Handwerk seinen Mann nähre. Zu den mehresten Häusern gehört Acker und Braugerechtigkeit. Der Bürger ist Landwirth, Brauer und Handwerker zugleich, und weil er Alles nur gelegentlich ist, gemeinhin in Allem ein Stümper.«

Für Goethe war der Ackerbürger kein unprofessioneller Stümper, sondern eine Art Lebenskünstler des gehegten und gepflegten mittleren Maßes: »Auf ihm liegt nicht der Druck, der ängstlich den Landmann beschränket;/Ihn verwirrt nicht die Sorge der vielbegehrenden Städter,/Die dem Reicheren stets und dem Höheren, wenig vermögend,/Nachzustreben gewohnt sind, besonders die Weiber und Mädchen.« Das hier im Vorbeigehen mit einem Versfußtritt bedachte weibliche Mode- und Rangbewusstsein, jene auch von Büsching beklagte großstädtische ›Modesucht‹, hat die Männer die Hände ringen (und regen) lassen. Sie waren der Geschlechtsmoral der Zeit gehorchend zuständig für die Finanzierung eines standesgemäßen Lebens. Außer der Verantwortung, wie die patriarchalische Hausvatermacht über die Familie rechtfertigend umschrieben wurde, trugen sie eben auch die Bürde der Versorgung. In einer Kleinstadt wog diese Bürde deutlich weniger als in einer Stadt mit Residenz, in der ein Hof den Ton angab und die Bürgermädchen die Bänder an den Kleidern der Prinzessinnen zählten. In reichen Handelsstädten wiederum konnte der ›Aufwand‹ des Ehe- und Familienlebens sogar betuchten jungen Herrn die Heiratslust verderben – »man wundert sich oft bis zum Staunen, dass eine so große Menge von mannbaren, schönen und selbst bemittelten Mädchen daselbst nicht zur Ehe gesucht und verheirathet wird.« Das liege daran, erklärt Martin Ehlers in seinen *Betrachtungen über die Sittlichkeit der Vergnügungen* von 1779, »dass ein junger Mann, auch wenn er Mittel mit der Frau bekömmt, doch noch mit gutem Grunde fürchten muß, die Last des nach der Mode erforderlichen Aufwandes nicht ertragen zu können.«[*]

Eine Residenzstadt trieb auch dann die Statusansprüche empor, wenn sie kleiner war als die Nachbarstädte. Hess vergleicht in den *Durchflügen* die Residenzstadt Meiningen (ihm zufolge 3800 Einwohner) mit der Reichsstadt Nordhausen (»höchstens 9000 Menschen«): »Vielleicht ist in einer ganzen Dekade nicht so viel Puder und Pomade in Nordhausen verbraucht, als in einem Jahre das nicht um die Hälfte so menschenreiche Meiningen weggezehrt hat. Dieselbe Proportion würde sich bei leichten Seidenzeugen, Bändern, Flor und ähnlichen Artikeln des Flitterstaats ergeben.«

Mit Weimar verhielt es sich nicht anders. Das betraf keineswegs nur Luxusartikel. Es waren auch »Wohnungen, Handwerker und Tagelöhner theuer«, wie Gräbner in seinem Führer hervorhob. Dass die ›theueren‹ Tagelöhner ihrerseits unter dem residenzstädtischen Preisniveau litten, erwähnt Gräbner nicht. Dagegen hatte Büsching die Frage nach den Lebenshaltungskosten der großstädtischen Unterschicht gestellt – und beantwortet: Die »Last der theuren Preise des Holzes, der Wohnung, u.a.m. fällt nicht sowohl auf diejenigen, welche die Manufacturen unterhalten, als vielmehr auf die Arbeiter, welche sich selbst in wohlfeilen Jahren nur kümmerlich durchhelfen, zumahl wenn sie Familien haben«.

Im Vergleich zu einer Hauptstadt wie Berlin war das Leben in dem Residenzstädtchen Weimar aber immer noch günstig. Das brachte auch Schiller unter dauerndem familiärem Versorgungsdruck in Anschlag, als er 1804 nach Berlin reiste, um die Chancen und Risiken einer Übersiedlung zu erkunden: »Es ist aber kostbar, in Berlin zu leben«, schrieb er in einem Brief, »ohne Equipage ist es für mich ganz und gar nicht möglich, weil jeder Besuch oder Ausgang eine kleine Reise ist. Auch sind andere Artikel sehr theuer […]

---

[*] Siehe das Kapitel über Ehe und Familie.

In einer großen Stadt kann man sich weniger behelfen als in einer kleinen.«

Preisrelationen sind eine Frage der Lebensperspektive. Einer reichen Kaufmannswitwe wie Johanna Schopenhauer zum Beispiel, die schon während ihrer Ehe in Danzig und Hamburg ein großes Haus geführt hatte, erschien das Leben in Weimar wohltuend günstig. Im Mai 1806 schrieb sie von einem Sondierungsbesuch in der Stadt an ihren Sohn Arthur: »Der Umgang scheint mir sehr angenehm, und gar nicht kostspielig, mit wenig Mühe und noch weniger Kosten wird es mir leicht werden, wenigstens einmal in der Woche die ersten Köpfe in Weimar, und vielleicht in Deutschland, um meinen Teetisch zu versammeln und im ganzen ein sehr angenehmes Leben zu führen.«

»Zwieback und Butterbrot«
Salonbesuche

Gewöhnlich kam Goethe um sieben zu Johanna Schopenhauers »Thé litteraire«. Er brachte eine Handlaterne für den Rückweg mit, um sich nicht von einem Bedienten heimleuchten lassen zu müssen. Seine von der ›guten Gesellschaft‹ geschnittene Christiane hatte er bei der Neuangekommenen eingeführt. Johanna sah das pragmatisch und meinte, wenn Goethe der Vulpius seinen Namen gegeben habe, dann könne sie ihr wohl eine Tasse Tee geben. Ohne die Tolerierung Christianes wäre Goethe nicht gekommen, und wenn er nicht gekommen wäre, hätte Johanna die Butterbrote, die an den Abenden gereicht wurden, nicht schmieren zu lassen brauchen, weil dann auch kein anderer der Weimarer Granden sich hätte blicken lassen. Ein offenes Haus für die zweite und dritte Riege aber war Johannas Sache nicht. Für einen Besuch bei ihr kann man sich dennoch einem der Nachrangigen anvertrauen, Friedrich Wilhelm Riemer, Goethes langjährigem Mitarbeiter: »Ich führe Sie in die Wohnung vom ehemaligen Dr. Herder.« Dankbar nehmen wir das Angebot an. Wir befinden uns im November 1806, Herder ist vor drei Jahren gestorben. Der brave Riemer, Goethe stets zu Diensten, kann nicht ahnen, dass er Generationen später von einem anderen deutschen Schriftsteller in ein wenig schmeichelhaftes Porträt gebannt werden wird, als Schwadroneur über Genie und Größe in Thomas Manns *Lotte in Weimar*. Trotzdem lassen wir uns den Salon von Johanna Schopenhauer gern von ihm zeigen. »Die unterste Etage, bestehend aus drei kleinen Zimmern en suite, ist äußerst nett und geschmackvoll meublirt. Warme Teppiche bedecken den Fußboden, seidne Vorhänge zieren die Fenster, große Spiegel den Fensterraum und schöne Mahagonimeubeln das Ganze. […] Das mittelste Zimmer ist das Entreezimmer, das eine rechts das Theezimmer, das andre links neben dem mittleren, um sich zu ergehen. Sie treten ein und finden eine Versammlung von Männern zunächst und dann um den Theetisch die Damen […]. Man nimmt Thee, auch Zwieback und Butterbrot, man schwatzt von novis, politischen und literarischen; man zeichnet, man spielt Clavier und singt. Um 6 Uhr geht man hin, um oder nach 8 schleicht man sich wieder fort.« Das wiederholte sich jeden Donnerstag und jeden Sonntag.

Zeitgleich zur Etablierung von Johannas Salon in Weimar löste sich in Berlin der Salon Rahel Levis auf. Riemer schrieb seinen Bericht am 27. November 1806. Auf den Tag genau einen Monat vor Riemers Brief, am 27. Oktober, war Napoleon durchs Brandenburger Tor geritten, und die Weltgeschichte hatte den Liebesgeschichten im berühmtesten Salon der Zeit ein Ende gemacht.

Andere Salons bestanden weiter oder entstanden neu. Ein anonymer Zeitgenosse berichtet 1811 in Bertuchs *Journal des Luxus und der Moden:* »Unsere sonstigen großen Assembléen haben sich jetzt in die sogenannten großen Thee's aufgelöst. Man kommt von 7 bis 10 Uhr zusammen. Es wird gespielt, gesungen, conversirt. Viele unserer ersten Häuser haben solche Gesellschaften zweimal die Woche«. Ein anderer, ebenfalls anonym bleibender Zeitgenosse schreibt im *Journal* über die Wintersaison 1814/15 in München: »Die langen Abende suchte man bestens auszufüllen: es bildeten sich wieder die kleinen Privatzirkel, wo Scherz und Pfänderspiel mit mehr oder weniger Witz abwechselt, und manchmal auch mit der Guitarre dazwischen geklimpert wird.« Oder es wurde vorgelesen, doch sicher weniger weihevoll wie von Goethe im Salon Johannas; oder die Tochter des Hauses gab ein Liedchen zum besten, ›accompagniert‹ von einem jungen Kavalier am ›Clavier‹.

In Goethes winterlichem »Mittwochskränzchen« von 1801 traf man sich nach dem Theater. Es wurde gelacht – aber nicht zu laut, über Literatur diskutiert – aber niemals über Politik; oder es wurde um Pfänder gespielt. Ob Goethe das damals beliebte Blinde-Kuh-Spiel, das Gelegenheit zu geschenkten und geraubten Küssen gab, geduldet hat? Immerhin ließ sich gelegentlich auch der Herzog blicken. Carl August war mit ›geraubten Küssen‹, um es zurückhaltend auszudrücken, während seiner ›Sturm-und-Drang-Zeit‹ in den ersten Jahren der Regentschaft nicht zimperlich gewesen. Aber da war es um Landmädchen gegangen. Jedenfalls schreibt der am Kränzchen teilnehmende Schiller in einem Brief von Wein und Gesang und lässt das ›Weib‹ unerwähnt: »Wir suchen uns hier aufs beste durch den Winter hindurch zu helfen. Goethe hat eine Anzahl harmonierender Freunde zu einem Klub oder Kränzchen vereinigt, das alle vierzehn Tage zusammenkommt und soupiert. Es geht recht vergnügt dabei zu, obgleich die Gäste zum Teil sehr heterogen sind, denn der Herzog selbst und die fürstlichen Kinder werden auch eingeladen. Wir lassen uns nicht stören, es wird fleißig gesungen und pokuliert.«

Nach der Schließung von Rahels erstem Salon eröffnete sie ihren zweiten erst 1819, als seit nunmehr fünf Jahren verheiratete Varnhagen: »Mit der Geselligkeit geht es dabei seinen Gang. Ich habe mir in meiner Angegriffenheit nur die Menschen abzuhalten. Sie haben es gut bei mir. Sie finden sich, erstlich. Werden geschmeichelt, bewirthet, gepflegt, nicht persönlich widersprochen, umgangen, können nach dem Theater kommen, finden Gespräch, auch wenn sie uns allein treffen, die neuesten Bücher, immer willige Erfrischung.«

Das klingt eher routiniert als inspiriert. Schon damals war früher alles besser. »Seit das Wort Salon statt unseres guten deutschen Wortes Gesellschaftszimmer sich bei uns einbürgerte«, meinte Henriette Herz, auch eine Gastgeberin mit Nimbus, »hat das Letztere aufgehört, ein neutraler Boden zu sein. Man mag auch heute noch zusammenkommen um einander zu erheitern, sich geistig zu fördern, der Erfolg widerspricht der Absicht, und an Stelle der erwärmenden, leuchtenden, oft freilich auch nur blendenden Geistesblitze, welche das Gesellschaftszimmer durchzuckten, höre ich in dem Salon oft nur ein dumpfes Donnergrollen.« Die Diskussionen waren ernst geworden und der Streit erbittert. Die heiteren Gedankentänze der mädchenhaften Frühzeit der Salons hatten sich verflüchtigt und die Gastgeberinnen ihre Macht über die zu Gast Gebetenen verloren:»Die Frauen herrschen nicht mehr in der Gesellschaft«, klagt die Herz,»die Interessen der Männer drehen sich in derselben nicht mehr um sie, – da steckt der Fehler.« Aus einem ähnlichen Grund war Johanna Schopenhauer darauf bedacht gewesen, ihren streit- oder freundlicher formuliert: disputiersüchtigen Sohn möglichst fernzuhalten, damit er ihr, die doch selbst im Mittelpunkt des Kreises stehen wollte, nicht das Gesellschaftsspiel verdarb und die Butter vom Brot nahm. Mit dem Salon öffnete die gebildete bürgerliche Frau im Rahmen privater Gastgeberinnenschaft einen halb öffentlichen Raum und entfaltete dort eine Wirksamkeit, die ihr in öffentlichen Ämtern und Würden verschlossen war.

Allerdings konnte wie bei jedem Krieg auch beim ›Krieg der Geschlechter‹ bereits gewonnenes Terrain wieder verloren werden. Für die 1811 in Berlin gegründete »Teutsche Tischgesellschaft«, zu der Fichte, Arnim, Brentano, Chamisso und Clausewitz gehörten, wurde von vornherein die Regel aufgestellt:»Gesang ist willkommen, Frauen können nicht zugelassen werden«. Franzosen auch nicht. Die bald folgende Namenserweiterung zu »Christlich-Teutsche Tischgesellschaft« zeigte demonstrativ: Juden unerwünscht. Die besinnungslose Besinnung auf ›teutsche Mannesehre‹ mit ihrer nationalfetischistischen Verengung und ihrem juvenilen Patriarchalischtun ignorierte alles, was an ›bürgerlicher Verbesserung der Juden‹ und ›bürgerlicher Verbesserung der Weiber‹ bis dahin erreicht worden war.

Auch die langjährige Institution der Berliner »Mittwochsgesellschaft« war eine männliche Veranstaltung, doch durften neben Franzosen auch Frauen und Juden teilnehmen. Henriette Herz erwähnt, dass ihr Mann, der jüdische Arzt Marcus Herz,»hier wissenschaftliche Abhandlungen aus verschiedenen Fächern« verlas. Er tat es damit anderen Koryphäen gleich. Doch scheint nicht jeder Vortrag ein Höhepunkt gewesen zu sein:»Freilich musste man auch in dieser Gesellschaft hinsichts der geistigen Kost bisweilen genügsam sein; immer aber hinsichts der leiblichen, denn man aß nach dem Lesen ungemein schlecht. Und dies bei einigen Talglichtern, die kaum mehr als einen Dämmerschein über einen Saal lang und schmal wie ein Darm verbreiten.«

In Berlin waren Salon und bürgerliche Abendgesellschaft notorisch. E.T.A. Hoffmann langweilte sich in beiden und ging lieber in die Weinstube Lutter & Wegener am Gendarmenmarkt, um sich vor Publikum zu betrinken. Von einem entfernten Tisch aus sehen wir Zeitreisende zu, wie der Dichter seinen Bischoff trinkt, einen kalten Punsch aus gezuckertem Rotwein mit Pomeranzenschalen, und vor sich hin träumt. Er blickt zu uns herüber und kneift die Augen zusammen. Kann der Schriftsteller, den manche ›Gespensterhoffmann‹ nennen, uns etwa von den zeitgenössischen Zechern unterscheiden? Er hat wieder einmal zu viel getrunken, würden seine Tischnachbarn sagen, wollte er sie auf uns aufmerksam machen. Und vermutlich glaubt er auch selbst, dass er Gespenster sieht, Gespenster aus der Zukunft.

Andere berühmte Autoren blieben zu Hause und empfingen Gäste, doch ohne ein offenes Haus zu führen, wenn darunter mit Henriette Herz zu verstehen ist, »daß Freunde und Eingeführte auch ungeladen gastlichen Empfangs sicher sind«. Nur eine Ausnahme weiß sie in Berlin zu rühmen: »Es war dies Moses Mendelssohn. Das Haus dieses trefflichen Mannes, dessen Einkünfte als Disponent in einer Seidenwaarenhandlung im Verein mit dem Ertrage seiner schriftstellerischen Arbeiten immer noch wenig bedeutend waren und welchem die Sorge für sechs Kinder oblag, war dennoch ein offenes. […] Ich wußte, als genaue Freundin der Töchter, daß die würdige Hausfrau die Rosinen und Mandeln […] in einem bestimmten Verhältnis je nach der Zahl der Gäste in die Präsentirteller hineinzählte, bevor sie in das Gesellschaftszimmer gebracht wurden.«

Die weiblich geführte Geselligkeit in privaten Räumen war eine soziale Errungenschaft des Bürgertums unter den Bedingungen der politischen Vorherrschaft des Adels. Hier konnten Menschen vorübergehend in einem kommunikativen Schutzraum aufeinandertreffen, die im Interessenkampf des Alltags und bei den Machtkämpfen im Staat wie Feuer und Wasser waren – oder wie Fett und Wasser. So drückt es Jean Paul im Januar 1801 in einem Brief aus Berlin an seine Weimarer Freundin Caroline Herder aus: »Der Adel vermengt sich hier mit dem Bürger, nicht wie Fett mit Wasser, auf welchem dieses immer oben schwimt und äugelt, sondern sie sind innig vereinigt wie diese durch Laugensalz, woraus Saife entsteht. Gelehrte, Juden, Offiziere, Geheime Räte, Edelleute, kurz alles, was sich an andern Orten (Weimar ausgenommen) die Hälse bricht, fället einander um diese und lebt wenigstens freundlich an Thee- und Esstischen beisammen«.

Am Hof galt das Zeremoniell, im ›Gesellschaftszimmer‹ und im Salon sollte die Zerstreuung herrschen. Die bürgerliche ›Natürlichkeit‹ verhielt sich zur Etikette am Hof wie der englische zum barocken Garten, doch war es ratsam, beim Betreten des englischen Gartens wie des bürgerlichen Salons daran zu denken, dass diese ›Natürlichkeit‹ nichts Gewachsenes, sondern etwas Gemachtes war. Die Anstandsnorm am Teetisch zeigte sich weniger tyrannisch als die ›Etiquette‹ an der Hoftafel, gleichwohl war die scheinbar freie Kommunikation codiert. Deshalb schnitt E.T.A. Hoffmann gelangweilt Grimassen und floh vor der gezwungenen Ungezwungenheit ins Gasthaus.

Langeweile wird bei organisierter Kurzweil schnell zur Pein. Der repräsentative Hofprunk kann sie nicht verhindern, die Intimität der Einfachheit aber auch nicht. Über die bürgerliche Geselligkeit der adligen Elisa von der Recke, deren Salon der Weltherumtreiber und literarische Haudegen Michael Kosmeli als ›Seelen-Bordell‹ verhöhnt hatte, spottete später Henriette Herz: »in Dresden lebte sie sehr einfach, wenngleich Abends zum Thee jeder bei ihr Eingeführte auch ungeladen Zutritt hatte. Aber ebenfalls ungeladen fand sich auch sehr oft dort die Langeweile ein«.

Bei Hofe

Elisa musste bescheiden leben, aber sonst ging es in der kursächsischen Residenzstadt Dresden pompöser zu als in Berlin. Man braucht sich nur mit Henriette und Humor unter die Schaulustigen zu mischen:»Ich stand dort an einem Sonntage [...] nach der Musik in der katholischen Kirche in einem Gange, welcher nach den Gemächern der Kurfürstlichen Familie führte, und daher von dieser auf dem Rückwege von der Kirche passirt werden mußte. Mit gespreizten Schritten und wichtigen Mienen gingen Kammerherren und andere Hofdienerschaft in Erwartung der hohen Herrschaften in dem Gange auf und ab [...] Sobald aber der Zug der Herrschaften ankam, welchem diese Herren voranschritten, wurden sie bis zur Lächerlichkeit ernst und gemessen. Diesen selbst eröffneten zwei riesige gemästete Gardisten, Kammertürken genannt. Es wurden nämlich stets zwei der größten Leute aus der Garde ausgesucht, die vermittelst ihnen in Menge gereichter sehr nahrhafter Speisen fettgemacht wurden, während man sie zugleich auf das möglichst kleinste Maaß körperlicher Bewegung beschränkte, und denen, wenn sie den erforderlichen vorschriftsmäßigen Umfang erreicht hatten um als respectable Kammertürken figurieren zu können, das türkische Costüm angethan ward. Ihnen folgten zunächst nun jene Kammerherren, dann kamen die Fürstlichkeiten in geordnetem Zuge, Hofpersonal beider Geschlechter beschloß. – Die Gemessenheit der Schritte, die Steifheit der Haltung, der Stolz in jeder kleinsten Geberde, die geschmacklose altmodige Toilette der Damen versetzten mich um Jahrhunderte zurück.«

Rebmann hat die Starrheit der altbarocken Dresdner Machtrituale bestätigt:»Das Hofreglement bestimmt dem Kurfürsten, wann er speisen, wann er Ball schlagen, wann er L'hombre spielen und wann er auf die Jagd gehen muß. Dies wird so genau beobachtet, dass es (außerordentliche Besuche fremder Großen abgerechnet) eben nicht schwer sein müßte, auf ein ganzes Jahr vorauszubestimmen, was im nächsten Jahr zu jeder Stunde bei Hofe vorgehen werde oder nicht.« Die fürstliche Macht bedrückt die Untertanen, aber sie liegt auch dem Fürst schwer auf den Schultern.

Elisa von der Recke hätte Rebmanns Beschreibung und Herzens Urteil wohl zugestimmt, obwohl die baltendeutsche Aristokratin, immerhin die Schwester der regierenden Herzogin von Kurland, weder den Sarkasmus des Schriftstellers noch die karikierende Schärfe der selbstbewussten Bürgerin aufbrachte und – ihrer sozialen Position und ihrem persönlichen Naturell gemäß – mit blaublütigem Heroismus die blauen Flecken des Zeremoniells erlitt. Während eines Berlinaufenthaltes im September 1791 notierte sie: »Cour bei der Prinzessin von Oranien. Die Versammlung war so groß, die Einrichtung so schlecht, dass wieder Rippenstöße empfangen […] wurden. Die gute Prinzessin hatte kaum so viel Platz, dass sie sich durchdrängen und jedem ein paar Worte sagen konnte.« Allerdings kann man annehmen, dass die sehr früh zwangsverheiratete, rasch geschiedene, alleinerziehende Elisa, gewohnt, ihre Frau zu stehen, kampferprobt genug war, um ihrerseits die Ellbogen zu gebrauchen, wenn es nötig wurde. Die gerade gekürzt zitierte Passage lautet denn auch vollständig so, »dass wieder Rippenstöße empfangen und ausgeteilt wurden.«

Wenige Wochen nach diesem Tagebucheintrag wird sie über einen herzoglichen Ball böse: »langweilig und stinkend! Gleich beim Eintritt ins Haus roch man das alte Öl, welches zur Illumination des Hauses und zur Erleuchtung der Treppe gebraucht war. Der mit Firniß überstrichne Fußboden, an welchem man im Gehen anklebte, gab allen Zimmern einen unangenehmen Geruch, und an der Tafel beschwerte manches Gericht die Nase.«

An einem anderen Tag notiert sie resignierend: »auf Befehl der verwitweten Königin [gemeint ist die Witwe Friedrichs II.] werde ich meinen Körper heute in einen großen Reifrock hinein zwingen, und meine Seele wird an Spieltischen sich langweilen.« Für die einen war das Spielen eine Leidenschaft, für andere eine Qual und für Jean Paul die »Nachtarbeit der Großen«. Elisa erfüllte ihre Pflicht und sinnierte, »daß Automate, ohne daß die Gesellschaft es bemerken würde, an Hof geschickt werden können«. Aristokraten sind auch Menschen, und so mancher mit Zugang zum Hof, der den Bürgerlichen in der Regel verschlossen blieb, wäre gern fortgeblieben oder hätte ersatzweise eine Maschine geschickt, um nicht selbst zur Marionette der höfischen Choreografie zu werden.

Die kalte Jahreszeit war die ›heiße Phase‹ der höfischen Repräsentation mit Tanz- und Maskenbällen. Jean Paul spricht im *Hesperus* vom Winter als den »sausenden Butterwochen der Städte und Höfe«. Dann hatte sich selbst ein ›Philosophenkönig‹ in der Hauptstadt sehen zu lassen. Der englische Musikreisende Charles Burney: »Der König residiert sehr selten zu Berlin, ausgenommen in der Karnevalszeit, welche gemeiniglich in der Mitte des Dezembers ihren Anfang nimmt und sich mit dem Januar endigt.«

In Weimar fanden die Redouten, Tanzfeste unter Masken, ebenfalls in den Wintermonaten statt. Die »Redouten-Ordnung« legte den Verlauf bis hin zur Abfolge der Tänze fest und dekretierte: »Der Livree und den Dienstmägden wird der Zutritt in Masken nicht gestattet«. Für das Personal galt Maskenverbot beim Service, für alle Übrigen galt Maskenzwang beim Vergnügen. Nur Zeitreisende sind unsichtbar und dürfen sich ohne Verbot und Zwang unter die Leute mischen, können zwischen Küche, Keller und Tanzsaal pendeln, ihre Nasen in Kochtöpfe stecken oder hinter den Fächer eines errötenden Mädchens, das auf seinen ersten Tanz wartet.

Wer zur Gesellschaft gehörte, durfte im Tanzsaal nicht Gesicht zeigen. So ermöglichte der Zwang ein ›zwangloses‹ Aufeinandertreffen von Adeligen und Stadtbürgern. »Der Livree und den Dienstmägden« war selbstverständlich nicht nur die Maske während des Dienstes, sondern auch die Teilnahme unter der Maske verboten, ebenso wie dem übrigen ›gemeinen Volk‹. Wer dazu gehörte, hätte sich auch maskiert kaum in den Saal schmuggeln können. Eine Maske verdeckt nicht den Stallgeruch. Im ganzen Auftreten, erst recht beim Tanz, verrät sich der ›niedere Stand‹.

Es gab sogar Jahre, in denen der Magd der Zutritt nicht nur unter der Maske, sondern auch *als* Maske verboten war. Der Weimarer Hofbediente Franz David Gesky vermerkte am 18. Februar 1810 in seinem Tagebuch: »War Redoute auf dem Stadthause, wobei aber folgende Masken als Bauer und Bauernmagd, Fuhrleute […] verboten wurden. Ein jeder sollte in einer anständigen Charakter Maske [!] erscheinen.«

Der Ausdruck ›Charaktermaske‹ ist aufschlussreich und verrät mehr, als Gesky in seiner Dienersorge um die Anständigkeit der Herrschaft zu erkennen vermag. Varnhagen von Ense notiert im Januar 1820: »Bei den Maskenbällen geht es schlimm her; die jungen Offiziere haben neulich gegen 14 Personen aus dem Saale hinausgeschafft, die ihnen aus irgendeinem Grunde nicht gefielen, besonders mehrere wegen weißer Strümpfe; es sollen mehrere Duelle deshalb bevorstehen«. Auf dem Ball störten sich die Offiziere neben weiß bestrumpften Männerbeinen auch an einer jungen Fürstin »in Mannskleidern«, von der sie glaubten, oder vorgaben zu glauben, »ein leichtes Mädchen in dieser Maske entdeckt zu haben, drängten sie, kniffen sie, und ängstigten sie so sehr und lange, dass sie sich hinsetzte und weinte, und niemals wieder solchen Ort zu besuchen beteuerte; [...] einige behaupteten, sie sei gleich anfangs von mehreren ihrer Verfolger recht gut erkannt worden«.

Die jungen Offiziere konnten unter der Maske gewissermaßen ›die Maske fallen lassen‹ und ihr Mütchen an der Fürstin kühlen. Überhaupt verbirgt bei Hofleuten die Maske nicht nur das Gesicht, sondern das Herz. Mensch und Maske sind untrennbar miteinander verwachsen. Das Gesicht ist auch und besonders dann zu wahren, wenn man am Hof – zu Hause ist. »Die Kronprinzessin hat einen Friseur aus der Stadt«, kolportiert der über alles Bescheid wissende Varnhagen von Ense, »der in seinen Redensarten noch nicht höfisch gewöhnt, zuweilen Anstoß gibt. Er bedient sich gern eines familiären ›Wir‹, z.B. ›wollen wir nicht diese Locke nach der Seite wenden, was setzen wir heute auf?‹ u.s.w. Der Kronprinz, beim Frisieren neulich zugegen, hörte das, und fuhr ihn heftig an: ›Mit wem spricht Er denn?‹« Varnhagen hat Verständnis für den Prinzen: »Die Sache ist nur bemerkenswert, weil die Königin Marie Antoinette von Frankreich zuerst diese Neuerung einführte, einen Friseur [...] aus der Stadt zu haben, woraus viel Unschickliches und sogar Gehässiges entstand.« Man holt für die Haare einen Figaro aus der Stadt, schon hat man den Henker am Hals. Die ›Österreicherin‹, wie das Pariser Volk die eingeheiratete Tochter Maria Theresias gehässig nannte, wurde einige Monate nach ihrem Mann, Ludwig XVI., im Oktober 1793 enthauptet.

Niemand kommt heraus aus der Standesrolle, nicht auf dem Schafott, nicht am Frisiertisch, nicht im Schlafgemach. Selbst wenn man aus der Rolle gefallen ist, fällt man wieder in sie zurück. Auch die empfindsame Elisa konnte nach der Rückkehr vom Hof zwar aus dem Reifrock steigen, nicht aber aus ihrer ›Sozialisation‹: Zum Auskleiden brauchte sie eine Zofe.

Die bürgerliche Kritik am Hof und seinen ›Schranzen‹ (das Lexikon von Krünitz definiert:»eine verächtliche Benennung eines auf niedrige Art seinem Herren schmeichelnden Hofmannes«) ist bei aller moralischen Inbrunst vom nicht minder inbrünstigen sozialen Interesse motiviert. Die eigenen Ambitionen werden als ›höhere‹ dem ›leeren Pomp‹ des Adels entgegengesetzt. Warum gibt es dennoch das Verlangen nach Zugang zum Hof? Die Antwort ist kein großes Geheimnis, auch sie steht im Lexikon:»So lange Monarchen in der Welt sind […] haben sich die Menschen alle Mühe gegeben, zu den Ehrenstellen […] zu gelangen. […] Wir suchen uns demnach über andere beständig zu erheben, und in solche Umstände zu setzen, daß uns unsere Nebenmenschen, unserer Beschaffenheit nach, nothwendig diejenige Ehre zugestehen müßten, die wir verlangen. Wir können diesen Zweck nicht füglicher erreichen, als wenn wir einige Gewalt über sie in Händen haben. Die Furcht, daß wir ihnen schaden können, wird sie gewiß zu den äußerlichen Kennzeichen der Ehre antreiben; und wer weiß nicht, daß die meisten Menschen hierin den Grund der Ehre setzen, die sie suchen?«

Der wohlhabende Bürger strebt ›hinauf‹ in die Adelsgesellschaft, erst durch Reichtum, dann durch die Nobilitierung und schließlich durch das Nach-oben-Heiraten der Töchter. Die»meisten jungen Adeligen ohne Vermögen suchen reiche Bürgermädchen zu erheiraten«, weiß Varnhagen vom Hörensagen,»solcher Beispiele soll es außerordentlich viele geben«. Gleichwohl bleibt aus der Perspektive der alten Adelsfamilien der Bürger ein Parvenü, selbst wenn man die Tochter des Emporkömmlings heiratet oder wenn dem Ritter vom reich gewordenen Kaufmann der Gutsbesitz unter dem Hintern weggekauft wird.

Wo der Aufstieg über den Reichtum zu Macht und Ehre nicht oder noch nicht gelingt, zieht der Bürger mit seinem Geld die aristokratischen Konsumgewohnheiten durch Nachahmung zu sich ›hinab‹, jedenfalls in seiner Freizeit: im offenen Haus, das er führt; in der Meißener Suppenschüssel mit Goldrand, die er von livrierten

Lakaien auftragen lässt; in der Geschmackserziehung der Töchter, die er an den (am besten aristokratischen) Mann bringen will.

Gegen aristokratische ›Verderbtheit‹, Luxus und Pracht schrieben viele bürgerliche Publizisten ihre Federn stumpf. Sie verteidigten die ›natürlichen Genüsse‹, die ›echten Freuden‹ so ausdauernd (und ausufernd), dass man fragen kann, warum die angebliche ›Natürlichkeit‹ so viel Kunstfleiß eigentlich nötig hat. Justus Möser brach sogar eine Tintenlanze für den *Tanz als Volksbelustigung:* »O mein lieber Junge! Lobe und tadle mir doch die Freuden der Menschen nicht [...]. Zudem suchst du die Freuden da auf, wo sie niemand findet, am Hofe und in der sogenannten guten Gesellschaft, wo jedermann isst und trinkt, spielt und tanzt, lieset und arbeitet – aber alles zum Zeitvertreib. [...] Dem Landmann und den Bürgern musst du in seinen Reihen und in seinen Lustbarkeiten folgen, wenn du Freuden kennenlernen und beurteilen willst. [...] Warum gehst du dafür nicht in die Schneiderschenke und siehst, wie die Leute, die vier Wochen mit untergeschlagenen Beinen auf den Tischen gesessen haben, ihre Glieder geradedehnen? [...] In der Arbeit hatten sie ihren Sklavengang und schienen nur Maschinen zu sein. Aber jetzt fühlen sie ihr Dasein und freuen sich dessen.«

Bei Hofe dagegen ist der Mensch selbst beim Vergnügen kaum vom Automaten zu unterscheiden, wie Elisa anmerkte. Es hatte alles wie am Schnürchen zu gehen, wie an den Schnüren eines Marionettentheaters: »Wenn Se. Majestät mit dem Hofe nach Berlin kommt, so hat jeder Tag in der Woche, der Sonnabend als Ruhetag ausgenommen, seine bestimmte Lustbarkeit nach folgender Ordnung: Sonntags ist großes Konzert bei der Königin. Montags Oper. Dienstags Redoute oder Maskerade im Opernhause. Mittwochs französische Komödie auf dem Hoftheater. Donnerstags Courtag bei der verwitweten Prinzessin und freitags wieder Oper.« So schildert Burney die Repräsentationsarbeit während einer Sechstagewoche, Sonnabend Ruhetag.

Der kleinste Hof konnte größte Persönlichkeiten an menschlicher Entfaltung hindern. Goethe wusste das bei gelegentlichem Davonlaufen auszuhalten. Er hätte niemals vom »Sklavenschiff des Hofes« gesprochen wie Jean Paul im *Hesperus*, aber ein Brief an Schiller von Anfang September 1794 enthält doch den Stoßseufzer eines

Mannes, der zwar nicht an die Ruder-, aber an die Regierungsbank gekettet ist: »Nächste Woche geht der Hof nach Eisenach, und ich werde vierzehn Tage so allein und unabhängig sein, als ich sobald nicht wieder vor mir sehe.«

Im Theater

Das Theater war die bürgerliche Leidenschaft schlechthin. Im letzten Drittel des 18. Jahrhunderts ergriff sie die Herzen der jungen Leute beiderlei Geschlechts – jedenfalls solange der persönliche Bildungsroman noch nicht abgeschlossen war durch Berufseintritt (bei den Männern) und Eheschließung. Auf den Brettern tobten und weinten sich die jugendlichen Ideale aus, denen man sein Erwachsenenleben dann lieber doch nicht weihte. Man machte es wie Wilhelm Meister und wurde vernünftig, nachdem die Hörner abgestoßen waren. Nur Menschen mit unausgeheilten Identitätsschäden, wie dem theaterbesessenen Karl Philipp Moritz zum Beispiel, fiel es schwer, die Idealitäten hübsch auf der Bühne zu lassen und nach der Vorstellung erbaut, doch nicht erschüttert ins gewöhnliche Leben zurückzukehren. Die absichtliche Vermischung und versehentliche Verwechslung von Kunst und Leben war ein Geniestreich des Sturm und Drang gewesen, aber wer diesen Geniestreich überleben und nicht wie Lenz in der Gosse enden wollte, achtete darauf, es mit dem Wahnsinn beim Genie nicht zu weit zu treiben.

Auf die wenigen wilden Jahre des jungen Theaters folgten viele Jahrzehnte disziplinierter Bühnenarbeit. Auf die kurze Phase des Bürgererschreckens folgte die lange Epoche der Kunstautonomie, in der die Kunst das Leben und das Leben die Kunst in Ruhe ließ. Moritz wurde zu einem der einflussreichsten Begründer dieses Konzepts. Es gelang ihm, sich mit dieser allgemeinen ästhetischen Theorie aus seiner besonderen persönlichen Psychologie herauszuarbeiten.

Aber im bildungsbürgerlichen Kanon hat sich das Autonomiekonzept erst lange nach dem Tod seines Propagandisten Moritz und seiner Protagonisten Goethe und Schiller durch-, man könnte (und müsste) auch sagen: festgesetzt. Was heute unangefochten als ›Weimarer Klassik‹ im Zentrum steht, war aus der Perspektive der Zeitgenossen Peripherie. Bei Iffland und Kotzebue spielte die Musik, nicht bei Goethe und Schiller. Im Mannheimer Nationaltheater, das durch Schillers *Räuber* berühmt geworden war, wurden in den knapp drei Jahrzehnten von 1781 bis 1808 von Iffland 37 Stücke an 476 Abenden und von Kotzebue 115 Stücke an 1728 Abenden gegeben, *Die Räuber* indessen ganze fünfzehn Mal. In Dresden stand es im vergleichbaren Zeitraum beim Doppel zwischen Iffland/ Kotzebue und Goethe/Schiller 477:58. Wie es sonst im Deutschen Schauspielhaus zu Dresden zuging, beschreibt Rebmann: »Auch in den Logen des Adels ist es Sitte, laut zu sprechen und die Zuhörer zu stören. Dem Dresdner Publikum fällt diese Unart kaum mehr auf, und wenn es den Herren mit Kometen am Rock einmal einfallen sollte, nach venezianischer Sitte den Plebejern auf den Kopf zu speien, so zweifle ich, ob jemand sich dawider auflehnen würde. Jeder, der nicht zu den beiden privilegierten Kasten des Adels und des Militärs gehört, scheint hier bloß geduldet zu sein. Beifall oder Mißfallen an den Tag zu legen ist nicht Sitte, und die Zuschauer gleichen Marionetten, welche sich in allen Stücken nach dem Kurfürsten richten. Steht dieser auf, so zieht er das ganze Publikum in die Höhe; setzt er sich nieder, so setzt sich alles.«

Im Dresdener Prunktheater hatte man womöglich die Spucke der Edlen zu fürchten, in der Elendsbude von Nürnberg musste man auf der Hut sein, oder besser einen aufhaben, wegen gewisser anderer, noch unedlerer Säfte: Das »Haus scheint ursprünglich zu einer Chaisenremise bestimmt gewesen zu sein, und es ist eine wahre Qual, in dieser gefährlichen, dumpfigen Hütte, wo du noch überdies in der ersten Loge in Gefahr bist, von den – nicht allzuedlen Abflüssen der Galerien ersäuft zu werden, ein paar Stunden auszuhalten.« Carl Julius Weber bestätigt noch 1826: »Das Gebäude war eine Scheuer, und auch jetzt in verbesserter Gestalt ist es nicht viel besser, wenn gleich außen Templum geschrieben steht.«

Überhaupt kann Theater sehr ungesund sein: für die Fantasie, wie die Ästhetiker meinten, besorgt um die Gültigkeit der aristotelischen Regelpoetik; für die Seele, wie sich Moralisten bekümmerten, besorgt um die Sittlichkeit des Publikums; für die Leiber, wie der Arzt Johann Peter Frank im *System einer vollständigen medicinischen Polizey* fürchtete. Er warnte vor den Ausdünstungen nasser oder unsauberer Kleider und »im Magen beschwerter, erhitzter Personen«, bemängelte das »stinkende Öl, das in großen Schauspielhäusern gebrannt wird« und forderte stattdessen Wachskerzen für die Beleuchtung, eine bessere Belüftung der Säle und eine ›policeyliche‹ Festlegung der Höchstzahl an Zuschauern pro Vorstellung.

Der Spielplan der Wirklichkeit in den deutschen Theatern umfasste das ganze soziale Repertoire seiner Besucher, von aristokratischer Hoffart bis plebejischer Rüpelei. Die alte aufklärerische Volkserziehungsbühne war das Resultat einer Ästhetik des Zeigefingers gewesen, das neuere deutsche Nationaltheatertum blieb eine Kopfgeburt. Die Schaubühne wurde zwar in großartigen Aufsätzen von Schiller als moralische Anstalt betrachtet, aber von den Intendanten selten als solche betrieben. Sogar in Weimar, wo neben dem Hof auch die Honoratioren ein gewisses Vergnügen hatten am Ruf ihrer Kleinstadt als neuem Athen an der Ilm, gingen die Leute ins Theater, um sich zu amüsieren, um mit Tränen den Staub des Alltags vom Gemüt zu waschen oder um ein Stündchen Beschaulichkeit zu genießen. Manche kamen auch nur, um zu sehen und gesehen zu werden.

Goethe tat gelegentlich so, als könne er sehen, ohne gesehen zu werden. Im Juli 1802 schrieb er aus Lauchstädt an Schiller: »Auch ein eigenes Experiment mache ich auf unsere Gesellschaft selbst, indem ich mich unter so vielen Fremden auch als ein Fremder in das Schauspielhaus setze.« Gleichwohl hatte er seinen Auftritt, wie Christiane mit Genugtuung berichtet: »Schon seit drei Wochen bin ich mit dem Geheimrat und August in Lauchstädt [..] Das Theater ist hier sehr schön geworden; es können tausend Menschen zusehen. Im ersten Stück, das mit einem kleinen Vorspiel vom Geheimen Rat anfing, [...] waren achthundert Menschen. Wir waren auf dem Balkon in einer sehr schönen Loge, und wie das Vorspiel zu Ende war, so ruften die [Hallenser] Studenten: Es lebe der größte Meister der Kunst, Goethe! Er hatte sich ganz hinten hin gesetzt; aber er stand auf, und er mußte vor und sich bedanken.«

Offenbar stimmte das Lauchstädter Publikum überein, was

durchaus nicht überall der Fall war. Der junge Joseph von Eichendorff beschrieb in dem Tagebuch, das er während seiner Breslauer Internatszeit führte, unter dem 29. Februar 1804 einen Theatertumult, ausgelöst vom Für und Wider um ein Singspiel mit dem Titel *Der Marktschreyer:* »Das gesamte Publikum verlangte den Marktschreyer. Unmittelbar darauf kam hingegen ein Schwarm Offiziere hereingestürzt wohl angethan mit Pfeiffen, in der Absicht, den Marktschreyer auszupfeiffen; welches sie auch, anstatt zu Ende des Stükes, wieder alle Billigkeit, gleich in der ersten Scene auf eine so betäubende Art ausführten, daß der Vorhang augenbliklich fallen mußte. Das übrige Publicum aber, welches doch ausdrücklich den Marktschreyer verlangt hatte und sich nun um sein Geld geprellt sah, war darüber so aufgebracht, daß man aus den Logen auf die Offiziere dumme Jungen herabrief, vom 4 Groschen Platz aber eine Menge Volks, mit Scheidten etc. bewaffnet, herunterströmte, um die Herren Offiziers einmal recht herzlich durchzuwalken. Durch die überall herzulauffenden Wachen wurde jedoch noch Tod- und Mordschlag verhütet. Auch im Parterre kam es zwischen den Offizieren und Civilisten so zu Händeln, daß ein Offizier gegen einen lutherischen Studenten, der ihn nebst mehreren anderen aus dem Parterre werfen wollte, den Degen zog. Die Folge war, daß 8 Offiziere arretirt wurden, von Berlin aber in den Zeitungen alles Pfeiffen und Poltern bey Arretirung verboten wurde.«

Die erste Szene, die im Zuschauerraum mit Hauen und Stechen endet, beginnt auf der Bühne mit einer Bühne, vor der Marktschreier Gabel die Trommel rührt für den Quacksalber* Knallerballer und dessen Wundermittel: »Herbey, was Kopf und Beine hat, / Jung, alt, groß, klein, / Dick, stark, grob, fein, / Gesund, krank, reich, / Arm, mager, bleich, / Herbey, was Kopf und Beine hat, / Herbey, und lacht euch alle satt.« Den Komponisten des Singspiels nennt Eichendorff übrigens nicht. Es handelte sich um Franz Xaver Süßmayer, als Komponist heute vergessen und selbst musikgeschichtlich Interessierten nur noch bekannt als intimer Reisebegleiter Constanze Mozarts bei deren Aufenthalten in den Kurorten bei Wien und

---

* Über in der Wirklichkeit umherziehende Budenärzte mit hanswurstigem Begleitprogramm siehe das Gesundheitskapitel.

als kompilierender ›Vollender‹ des *Requiems* des 1791 gestorbenen Wolfgang Amadeus. Auch er lebte nicht mehr, als im Theater von Breslau das Sattlachen auf der Bühne von einer Schlägerei im Zuschauerraum beendet wurde. Zum Glück verhinderten die »herzulauffenden Wachen« Schlimmeres.

Das Aufstellen solcher Wachen hatte bereits Jahrzehnte zuvor der Kameralist Freiherr von Bielfeld in seinem *Lehrbegriff der Staatskunst* empfohlen. Die Zensur der Stücke müsse »einem Hofmanne oder sonst ansehnlichem Staatsbedienten« übertragen werden, aber der ordentliche Verlauf des Theaterabends sei Sache der Polizei: »Die Schauspiele müssen nicht nur mit Schildwachten besetzet werden, die im Namen des Landesherrn alle Unordnungen und Lärmen verhüten: sondern die Policey läßt auch alle äußerlichen Zugänge des Schauplatzes erleuchten, und der Verwirrung und dem Lärmen der Kutschen zuvorkommen.«

Wie es 1804 im Breslauer Theater zu Auseinandersetzungen zwischen schlesischen Studenten und preußischen Offizieren gekommen war, kam es 1807 in einem Berliner Marionettentheater zu Auseinandersetzungen zwischen preußischen Zuschauern und französischen Offizieren, die in der besetzten Stadt das Sagen hatten. Es wurde *Faust* gegeben, dieses urdeutsche Stück. Da spielte es im Zuschauerraum keine Rolle, ob auf der Bühne Menschen oder Marionetten die Rollen spielten. Henriette Herz wohnte »in Begleitung Varnhagens der Vorstellung des ›Faust‹ bei, für uns die bedeutungsvolle alte deutsche Sage, […] für die Franzosen Puppenkomödie mit Hanswurst, und daher von ihnen nach Belieben durch laute Unterhaltung, Lachen, ja sogar, o Gräuel, durch bessere oder schlechtere Witze unterbrochen […] Darob unterließen wir denn nicht gebührend ergrimmt zu sein, ich, versteht sich, still in mich hinein, mein Begleiter seinem Aerger durch wiederholtes lautes ›Silence!‹-Rufen Luft machend. Damit begann denn, wenn auch nicht die Stille doch die Ernsthaftigkeit der Franzosen. Zu meinem nicht geringen Schreck rief ein französischer Offizier während des nächsten Zwischenactes Varnhagen bei Seite, und man wechselte Karten oder gab sich gegenseitig seinen Namen an. Andere Offiziere aber folgten uns noch beim Nachhausegehen, und gaben durch wenig angenehme Reden kund, wie sehr sie sich beleidigt fühlten«. Zum

Glück kam es nicht zum Duell, weil die Sekundanten beider Seiten vernünftig genug waren, das kämpferische Kasperltheater um deutsche gegen französische Ehre mit wechselseitigen Erklärungen derselben unblutig über die Bühne zu bringen.

In dem von August Wilhelm Iffland geleiteten Königlichen Schauspielhaus am Berliner Gendarmenmarkt gab es keine derart groben Händel. Der Spielbetrieb im neuen Gebäude, errichtet nach einem Entwurf von Carl Gotthard Langhans, dem Architekten des 1793 fertig gestellten Brandenburger Tors, begann 1802. Nur fünfzehn Jahre später, am 29. Juli 1817, brannte das Gebäude nieder. Diesem ›Schauspiel‹ hat E. T. A. Hoffmann aus seiner Wohnung am Gendarmenmarkt zugesehen.*

Das Theater verfügte über 2000 Plätze, und mitunter war der Bedarf des Theaters nach Zuschauern größer als der Bedarf der Zuschauer nach Theater. Iffland schaltete die private Konkurrenz aus und erwirkte bei den Behörden, dass das Aufführen von Komödien in gemieteten Sälen untersagt wurde. Schon 1799 war im *Berlinischen Archiv der Zeit und ihres Geschmacks* ein Artikel *Über Privatbühnen* erschienen, in dem die Zweitklassigen von der Bühne auf die Ränge verwiesen wurden: »Allen Domestiken, Haarkräuslern, Schneidern und Kunstarbeitern der zweiten Klasse sollte von Obrigkeits wegen aufs strengste verboten werden, eine Privatbühne zu errichten, denn das Beginnen raubt dem Staat nützliche Arbeiter und Bürger, und bereichert die Bühne mit Müßiggängern und Stümpern.«

Iffland war kein Stümper. Er hatte viel Mühe mit Goethe-Stücken und viel Erfolg mit Stücken von sich und Kotzebue. Schiller war drittrangig, jedenfalls bezüglich der Aufführungshäufigkeit. Dieser beachtliche dritte Platz verdankte sich der beliebten *Jungfrau von Orleans*. Das Stück bescherte Schiller in Berlin, was Goethe in Lauchstädt erlebt hatte: stehende Ovationen. Der Herzog musste dem Weimarer Klassiker das Gehalt erhöhen, um zu verhindern, dass die Kunst nach Brot ging und Schiller nach Berlin.

Trotz der erfolgreichen *Jungfrau* und trotz der Iffland- und Kotzebue-Serien war ein so großes Haus wie das am Gendarmen-

---

* Siehe den Abschnitt »Vom Feuer« im Kapitel über den Alltag.

markt mit Sprechtheater allein nicht zu füllen. Opern, Ballette und Singspiele machten beinahe die Hälfte des Spielplanes aus. Die berühmteste Tänzerin des preußischen Balletts lebte zu diesem Zeitpunkt nicht mehr: Barbara Campanini, genannt Barbarina, seit 1789 Gräfin Campanini, war 1799 auf einem ihrer Güter gestorben. Ihre Karriere hatte fünfzig Jahre zuvor ihr Ende gefunden, im Geburtsjahr Goethes. Mithin gehören ihre Liebesabenteuer nicht in die hier bereiste Epoche – leider. Sogar König Friedrich soll in diese Abenteuer verwickelt und in die Abenteurerin verliebt gewesen sein. Auch der Alte Fritz war einmal jung. 1745 hängte er die Tänzerin, gemalt von Antoine Pesne, in sein Arbeitszimmer im Berliner Schloss. Sie wirft hüpfend die Arme in die Luft, in einer Hand eine flache Trommel mit Schellen. Wie mag sich der König unter ihren Kohleaugen gefühlt haben, den Kopf über seine Kabinettsordres gebeugt? Die Feder kratzt übers Papier, in der Erinnerung rasseln die Schellen.

»Kurze Suspension alles Geräusches im Saale«

Oper und Konzert

Etliche Jahre vor der Inbetriebnahme des Neubaus am Gendarmenmarkt beschrieb der musikalische Reisende Charles Burney sein Berliner Opernerlebnis: »Da der König alle Kosten der Oper trägt, so wird für den Eingang nichts bezahlt und wird jedermann, der nur anständig gekleidet ist, frei ins Parterre eingelassen. Die erste Logenreihe ist für die königliche Familie und den hohen Adel; die Reihen, welche mit dem Parterre eben sind, wie auch die zweiten und dritten Ranglogen sind für die Staatsminister, für die fremden Gesandten und andre adelige Personen am Hofe bestimmt […] Die Vorstellung beginnt des Abends um sechs Uhr. Der König mit den Prinzen und seinem Gefolge nimmt seinen Platz im Parkett, dichte hinterm Orchester; die Königin, die Prinzessinnen und die vornehmsten Hofdamen sitzen in den großen Logen. Bei Ihro Majestät Kommen und Weggehen lassen sich zwei Chöre Trompeten und Pauken hören, welche an beiden Seiten des Orchesters in der obersten Logenreihe gestellt sind.« Die Musik wird, trotz der Zulassung eines bürgerlichen Publikums, noch immer höfisch zelebriert – jedenfalls in den Residenzstädten. In den Handelsstädten herrschte ein anderer Ton, wenn man einem Bericht aus Carl Friedrich Cramers *Magazin der Musik* von Mitte der 1780er über Hamburg Glauben schenken darf:»Musicgönner giebts hier keinen einzigen; [...] Liebhaber der Musik genug, aber gerade eben nicht unter dem reichen Theile der Einwohner. Kaufleute haben mehr zu thun, als brodlose Künste zu erwärmen. [...] Es sind einige Conzerte hier, aber nicht öffentliche, nicht von solcher Bedeutung, wie in Berlin, Leipzig oder zu Wien; auch erhalten sie sich mühsam durch Subscription, die nie so hoch steigt, dass nur mittelmäßige Sängerinnen oder Sänger dabey gehalten werden können. [...] Dazu kommt, dass im Sommer alles, was beau monde heißt, auf den Gärten lebt, im Winter aber der Clubs, Assemblées, Lotteries, Piqueniques, Bälle und Schmausereyen so viele und festgesezte sind, daß ein Concert nur mit unsäglicher Mühe einige freye Stunden ausfindig macht, wo es sich einschleichen kann.«

Zum ersten Mal in ihrer Geschichte bewegte sich die Musik zwischen Mäzenatentum und Markt, zwischen dem Herrendienst des alten Handwerkskünstlertums mit seiner lakaienhaften Abhängigkeit einerseits und dem Nachfrage suchenden ästhetischen Angebot als Handelsware andererseits. Auf jeder der beiden Seiten prägte der ›Kunstwerker‹ eine spezifische deformation professionelle aus, der dann die entsprechende Kritik auf dem Fuße folgte. Rebmann rügt die»80 000-Taler-Opern« des Dresdner Hofes und spottet zugleich über die Groschenkonzerte fürs Volk:»Alle Wochen ist gewöhnlich dort einmal Konzert, wo die Entrée in einem oder zwei Groschen besteht und wo sich, nach Beschaffenheit des Orts und der Umstände, ehrbare und auch zuweilen unehrbare Frauen und Mädchen einzufinden pflegen, die Tabaksrauch nicht übel nehmen.«

Wie die Musik klingt, hängt davon ab, wo die Musik spielt. Die bürgerliche Hausmusik hört sich anders an als ein Hofkonzert. Aber wie sich im bürgerlichen Salon das Dilettieren im Duett mit höchster Aufmerksamkeit verbinden kann, so sind die aristokratischen Kenner keineswegs immer ganz Ohr. Auch Hofmusik war Hintergrundmusik, nicht nur als Tafelmusik beim Souper, die Immanuel Kant in seiner *Anthropologie* so verächtlich fand: »Eine Tafelmusik bei einem festlichen Schmause großer Herren ist das geschmackloseste Unding, was die Schwelgerei immer ausgesonnen haben mag.« Im *Journal des Luxus und der Moden* berichtet ein anonymer Ohrenzeuge über ein Hofkonzert: »Ich war einmal mit einem Freunde, der ein trefflicher Zeichner und warmer Liebhaber der Musik ist, in einem brillanten Hof-Concerte, wo eben ein paar große Virtuosen ein Quadro höchst deliciös vortrugen. Wir wagten kaum zu athmen, und man hätte sollen glauben, daß diese Himmels-Musik wenigstens eine kurze Suspension alles Geräusches im Saale würde verursacht haben, allein die Herren und Damen unterhielten einander so geschwätzig, die Spiel-Tische und Marquen-Schachteln klapperten so lieblich [...], daß endlich meinem Freunde die Geduld riß. Bey Gott! fieng er mit einem grimmigen Blicke, den er wie einen Blitz über den Saal hinschleuderte, zu mir an, wenn ich einmal einen Concert Saal zeichne, so zeichne ich alle Menschen drinn ohne, und den einzigen Virtuosen, der vor der Assemblee spielt mit langen Ohren!«

Die äußeren Umstände der Darbietung veränderten die inneren Formen der Musik und mit ihnen die Konventionen des Könnens. Ein Großmeister wie Haydn war noch genug Handwerker, um Sinfonien im Dutzend herstellen zu können. Bei Beethoven waren es ›nur‹ noch neun Geniestreiche. Zugleich veränderten sich die Ansprüche, die das Publikum an seine Musikanten hatte und die Musikanten ans Publikum. Außerdem traten Komponieren und Interpretieren mehr und mehr auseinander und verfestigten sich in getrennten Berufsrollen. Und es entwickelte sich ein Starsystem, dessen Wunderkinder, Diven und Heroen sowohl einem vom Hof geladenen aristokratischen als auch einem selbst zahlenden bürgerlichen Publikum zur Verfügung standen.

Auf der Seite des Publikums wiederum war eine gewisse materielle Saturiertheit Voraussetzung des Kunstgenusses. Wer nicht gut isst, hört schlecht: »Wenn die Harmonien des Bratenwenders mehr Anziehendes für uns haben als die göttlichen Modulationen einer Mara, Todi oder Allegranti, so ist es nicht Zeit, ein Konzert zu besuchen.« Bei den drei von Rebmann erwähnten Damen handelte es sich um Gertrud Elisabeth Mara, Luisa Rosa de Aguiar Todi und Maddalena Allegranti. Während die Tänzerin Barbarina mit beiden Beinen fest auf der Bühne eines Fürsten – tanzte, bis sie 1749 wegen ihrer von Friedrich abgelehnten Heirat in Ungnade fiel, standen die Sängerinnen gewissermaßen mit einem Bein vor den Kulissen der höfischen Repräsentation und mit dem anderen auf dem Marktplatz. Die Lebensspannen aller drei sind nahezu zeitgleich mit jener Goethes, ihre Lebensläufe jedoch ungleich abenteuerlicher. Die Mara, 1749 bis 1833, wurde einmal vom sehr jungen Goethe bedichtet und dann noch einmal vom sehr alten. Dazwischen hatte sie Engagements in England, eine Berufung an die Königliche Oper in Berlin (bis auch sie wegen einer Friedrich nicht genehmen Heirat in Ungnade fiel), Auftritte in Dresden, München, Wien und Paris. Dort kam es zum Sängerinnenduell mit der Todi, 1753 bis 1833, deren Karriere noch beeindruckender war mit Engagements und Gastspielen überall in Europa von Paris bis Petersburg, von Venedig bis Madrid. Die Allegranti wiederum, 1754 bis 1829, begann ihre Laufbahn in Venedig, setzte sie am Mannheimer Hof fort, berühmt für seine Musik und seine Musiker, und trat in Dresden und London auf.

Alle drei Sängerinnen wurden für ihre überwältigenden Stimmen mit ebenso überwältigenden Gagen honoriert. Dennoch schaffte es keine von ihnen, das mit der Stimme verdiente Geld in ein stabiles Vermögen zu verwandeln, wie es der Barbarina gelungen war, erst mit ihren Beinen, dann mit ihren Landgütern.

Die sogenannte ›Welt der Musik‹ bestand aber nicht nur aus Glamour, Leidenschaft und Starallüren, aus Professionalität und höchster Könnerschaft, aus routinierten Ausdauerleistungen in etablierten ›Klangkörpern‹ oder aus Kaschemmengefiedel und Groschenkonzerten. Es standen Kirchen im Land, und obwohl die sakrale Musik ihre überragende Bedeutung für das musikalische Erleben verloren hatte, wurde in diesen Kirchen musiziert: bei Kindstaufen und Begräbnissen, im gewöhnlichen Sonntagsgottesdienst und an hohen Feiertagen. Eines dieser Kirchenkonzerte erlebte ›Durchflieger‹ Heß in Nordhausen: »Mein Glück wollte, daß gerade bei meiner Anwesenheit ein Jubelfest gefeiert ward. Vor und nach der Predigt wurde lange musicirt. Jomellis rauschende Sinfonie aus C dur, die er zum Geburtsfeste einer Maitresse des Herzogs von Würtenberg verfertigen mußte, machte den Anfang. Eine Ouvertüre von Graun beschloss. Die f moll Arie, welche Euridice in Glucks Orpheus singt, und [Carl Philipp Emanuel] Bachs halber Morgengesang, waren, so unbarmherzig sie auch hergefiedelt und von sechs großen Chorjungen abgeblökt wurden, leicht wieder zu kennen.«

»Che fiero momento!« Welche Grimassen hätte E.T.A. Hoffmann geschnitten, dieser große Bewunderer des Komponisten der »Grand Opera« *Orfeo ed Euridice,* der in einer *Ritter Gluck* betitelten »Erinnerung aus dem Jahre 1809« mit köstlichem Ingrimm ein großstädtisches Platzkonzert schilderte: »Der Spätherbst in Berlin hat gewöhnlich noch einige schöne Tage. […] Dann sieht man eine lange Reihe, buntgemischt – Elegants, Bürger mit der Hausfrau und den lieben Kleinen in Sonntagskleidern, Geistliche, Jüdinnen, Referendare, Freudenmädchen, Professoren, Putzmacherinnen, Tänzer, Offiziere usw. durch die Linden nach dem Tiergarten ziehen. Bald sind alle Plätze bei Klaus und Weber besetzt; der Mohrrübenkaffee dampft, die Elegants zünden ihre Zigaros an.« Der Trubel wird immer dichter, »bis alles in eine Arie aus ›Fanchon‹ zerfließt, womit eine verstimmte Harfe, ein paar nicht gestimmte Violinen, eine lungensüchtige Flöte und ein spasmatischer Fagott sich und die Zuhörer quälen«. *Fanchon, das Leyermädchen* war ein beliebtes Singspiel von Friedrich Heinrich Himmel nach einem Libretto des unvermeidlichen Kotzebue. Das alles spielte sich in den sogenannten Zelten im Tiergarten ab.

»Eingedrängt in den Kreis des niedrigsten Volks«
Gang über den Markt

»Diese Zelten«, erklärt Rebmann, »sind nichts anderes als niedlich eingerichtete Tabagien, die nach der Reihe von verschiedenen Menschenklassen besucht werden, so daß in den links gelegenen die vornehmere und weiter rechts die mittlere und geringere Welt befindlich ist. Hier genießt man eine niedliche Aussicht auf die Spree und das am jenseitigen Ufer gelegene Dorf Moab, das gleichfalls stark von Berlinern besucht wird.« Moabit wurde erst 1861 nach Berlin eingemeindet und zügig mit Mietskasernen für die wachsende Industriearbeiterschaft bebaut. Um die Jahrhundertwende lockten ›die Zelte‹ noch jedermann, »selbst Dienstmägde behelfen sich in der Woche kümmerlich und verdienen sich nebenbei ein – Taschengeld, um am Sonntag die rauhe Hand unter den seidnen Handschuh verstecken und allenfalls im Moabiterland mit ihren ›lieben Jungen‹ sich einen guten Tag machen zu können«.

›Die Zelte‹ waren gewissermaßen ›ewiger‹ Jahrmarkt, und der Jahrmarkt mit seinem Menschentrubel, mit seiner Geschäftigkeit, mit seinen Eitelkeiten ist seit jeher ein Sinnbild des sogenannten ›prallen Lebens‹, das feinere Leute (angeblich) nur als Zuschauer goutieren, ohne sich dabei die Finger schmutzig zu machen – oder zu verbrennen. Man hält die Taschen zu wegen der Diebe, die Nase wegen des Gestanks und die Ohren wegen des Lärms. Oder man schaut sich die Sache vorsichtshalber von oben herab an, etwa aus *Des Vetters Eckfenster.* E. T. A. Hoffmann wohnte seit 1815 am Gendarmenmarkt, und seine Schilderung des Marktes ist keine der Gespenstergeschichten, mit denen er berühmt (und veroffenbacht) wurde, sondern Vorläufer der Sozialreportage. Heute ist die Kamera der Apparat, der dem Beobachter die Distanzierung vom Beobachteten ermöglicht und gleichzeitig das ferngehaltene Objekt ganz nah ›heranzoomen‹ kann. In Hoffmanns Geschichte wird dafür ein Fernglas gereicht. Mit dessen Hilfe behält man körperlich Abstand und rückt dem Geschehen optisch doch auf den Leib: »Sieh einmal gerade vor dich herab in die Straße, hier hast du mein Glas, bemerkst du wohl […] jenes Frauenzimmer, die sich an der Ecke dort, unerachtet das Gedränge gar nicht zu groß, mit beiden spitzen Ellenbogen Platz macht?« Das wird doch nicht Elisa sein? Nein, es ist »die Tochter eines reichen Bürgers, vielleicht eines wohlhabenden Seifensieders […], deren Hand, nebst annexis, ein kleiner Geheimsekretär nicht ohne Anstrengung erworben« und die als »rabiate Hausfrau« ihre Einkäufe selbst besorgt, »hinter ihr eine stattliche Magd mit zwei Marktkörben, einem Fischnetz, einem Mehlsack – Gott sei bei uns! was die seidene Person für wütende Blicke um sich wirft, mit welcher Wut sie eindringt in die dicksten Haufen – wie sie alles angreift, Gemüse, Obst, Fleisch usw.; wie sie alles beäugelt, betastet, um alles feilscht«.

Der Vetter schaut seinem Eckfenstergast beim Zuschauen zu und bemerkt: »Seit einigen Jahren ist es Sitte geworden, dass selbst die Töchter höherer Staatsbeamten«, und nicht bloß an Sekretäre verheiratete Seifensiedertöchter, »auf den Markt geschickt werden [...] Niemals würde ich um den Preis von etlichen Pfennigen«, den sogenannten »Schwänzelpfennigen«, die einkaufende Mägde für sich abzuzweigen pflegten, »meine Tochter der Gefahr aussetzen, eingedrängt in den Kreis des niedrigsten Volkes, eine Zote zu hören oder irgendeine lose Rede eines brutalen Weibes oder Kerls einschlucken zu müssen.«

Dabei ging es auf dem Gendarmenmarkt recht harmlos zu: Gemüseweiber, Kohlenträger, Blumenmädchen – und Straßenjungen und Taschendiebe, aber immerhin keine zur Schau gestellten Menschen wie auf dem Augsburger Markt, von dem Carl Friedrich Zelter im Oktober 1827 an Goethe berichtet: »Es war eben Messe hier. Auf dem Markte in einer Bude ward ein Mädchen gezeigt, siebzehn Jahre alt, zwanzig Zoll hoch, acht Pfunde schwer, ganz ausgewachsen an Händen, Beinen, Brüsten und dergleichen und doch, besonders von Gesicht, von widerlichster Ungestalt, kurz, eine vollkommene Kretine: ein menschliches Tier. Sie macht Affenkünste auf einer Leiter, spricht einige Worte Deutsch oder Französisch ohne Zusammenhang, ist gierig nach dem Gelde.«

Viele dieser Menschen wurden über die städtischen Jahrmärkte und Messen und zwischen diesen Hauptterminen über die Dörfer geschleppt. Sie galten als Attraktionen wie die Löwen und Tiger der wandernden Menagerien. Aber nicht mit der Schaulust wurde das Markt- und Messegeschäft gemacht, sondern mit Handel und Gewerbe, mit Viktualien, Kleidern, Werkzeugen und Schuhen, wie die Annonce zeigt, die anlässlich des 1805 wiederbelebten Weimarer Vogelschießens ein (vermutlich Erfurter) Schuster geschaltet hatte: »Während dem solennen Vogelschießen wird sich eine Schuhmacherbude befinden, mit Schuh und Stiefel vor beyderley Geschlecht, nach der allerneuesten Mode und Facon«. Dieses Weimarer Schützenfest fand jeweils Ende August, Anfang September statt und war sehr beliebt. Einige der Schützenkönige sind sogar ›unsterblich‹ geworden, weil Gesky über Jahre notierte, wer jeweils den Vogel abgeschossen hat.

Wie groß und zahlreich die Messen in den ersten Jahrzehnten des 19. Jahrhunderts geworden waren, veranschaulicht der kursorische Überblick eines Zeitgenossen vom Ende der 1820er: »Jahrmärkte zu Memel, Tilsit, Danzig, Berlin, wo oft mehr als 1400 Verkäufer erscheinen, Magdeburg, Minden, Mayen (Bez. Koblenz), Kloster Pitsschen (Bez. Köln), wo insgemein über 1100 Buden aufgeschlagen werden und über 50 000 Menschen anwesend sind, Trier, Elberfeld, wo der Besuch sich gewöhnlich auf mehr als 50 000 Menschen beläuft«. Auch die nicht erwähnten großen Messen in Leipzig, Frankfurt am Main und Frankfurt an der Oder fanden immer noch statt. In Leipzig belief sich die Zahl der »Meßfremden« Ende des 18. Jahrhunderts auf beinahe 10 000 und stieg bis 1815 auf 25 000 an. Das Handelsvolumen war ebenfalls beachtlich. In Frankfurt an der Oder wurden schon in den 1780ern jährlich für vier Millionen Taler Waren umgesetzt, von denen etwa ein Viertel aus dem Ausland stammten. Besonders aufschlussreich ist die Unterteilung nach Warengruppen, weil sie die gesellschaftliche Relevanz der Wirtschaftszweige spiegelt. Der Löwenanteil (oder sollte man sagen Schafanteil?) entfiel mit knapp 1,2 Millionen Taler auf Wollstoffe, hinzu kamen Baumwollwaren für noch einmal 740 000 Taler. Der zweitgrößte Posten waren Luxusartikel wie Edelsteine, Gold- und Silberarbeiten und Seidenwaren für gut eine Million Taler. Werkzeuge (vor allem aus Nürnberg), Stahl- und Eisenwaren kamen auf lediglich 180 000 Taler, nur 80 000 Taler mehr als die Galanteriewaren und Spitzen. Die während der ›industriellen Revolution‹ des 19. Jahrhunderts alles dominierenden Produkte und Materialien waren gegen Ende des 18. Jahrhunderts verglichen mit dem riesigen Wirtschaftszweig der Textilherstellung nahezu unbedeutend. Im Haus und in der Werkstatt, im Garten und auf dem Feld, überall war die Mehrzahl der Gebrauchsgegenstände nicht aus Metall, sondern aus Holz.

»Ach, die jrine Beeme!«
Abgebrochener Stadtbummel

Dresden hatte keine Messe, aber den Zwinger und dahinter schöne Wege: »Von der Brücke aus machen wir einen Spaziergang auf der Lune hinter dem Zwinger. Da im Sommer der Zwinger voll Orangenbäumen steht, die gleichsam ein kleines Wäldchen ausmachen; da man Schatten genießt, Springbrunnen um und neben sich hat und auf der andern Seite die Brücke und das ganze Tal der Elbe bis hart an Meißen übersieht, so kann man leicht denken, dass es sich hier nicht unangenehm ruhen lässt.« Im hektischen Berlin waren der Tiergarten, der Lustgarten und ›die Linden‹ die bevorzugten Orte zum Bummeln. Heine ging gern Unter den Linden unter die Leute, weniger wegen der Bäume als wegen der Berliner: »Als ich einst an einem schönen Frühlingstage unter den Berliner Linden spazierenging, wandelten vor mir zwei Frauenzimmer, die lange schwiegen, bis endlich die eine schmachtend aufseufzte: ›Ach, die jrine Beeme!‹ Worauf die andre, ein junges Ding, mit naiver Verwunderung fragte: ›Mutter, was gehn Ihnen die jrine Beeme an?‹« Der Romantiker Heine hätte die Frage der ›unromantischen‹ Berlinerin nicht beantworten können, doch wusste er sie zu schätzen: »Überall, wo ich unwahre Naturempfindung und dergleichen grüne Lügen ertappe, lacht sie mir ergötzlich durch den Sinn.«

Welches Schuhwerk der Dichter wohl anhatte, als er den beiden Damen hinterherstiefelte? Diese Frage ist ebenfalls wenig ›romantisch‹, ihre Beantwortung war in Berlin aber wichtig. Für Rebmann versteht sich, dass eine Stadt, »die nicht, wie z. B. Dresden, mit unterirdischen Kanälen versehen ist, nicht immer reinlich sein kann. – Daher tragen denn auch die Berliner vernünftigerweise jahraus, jahrein Stiefeln, denn wer einmal Schuhe anziehen will, muss sich auch notwendig fahren lassen. Selten, dass man bei trocknem Wetter Unter den Linden oder im Lustgarten ein paar Spaziergänger mit Strümpfen und Schuhen antrifft.« In vielen anderen Städten war es nicht besser. Über Halle bemerkt Friedrich Christian Laukhard in seinen Erinnerungen: »Gestiefelt gehen beinahe alle, Winters und Sommers, wegen des elenden hallischen Pflasters und um seidene Strümpfe zu sparen.«

Dass man sich »notwendig fahren lassen« musste, lag jedoch nicht nur an Schuhen und Strümpfen, sondern auch an den Kutschern, wie der Icherzähler in Hoffmanns Eckfenstergeschichte berichtet: »Ich gehe vors Brandenburger Tor und werde von Charlottenburger Fuhrleuten verfolgt, die mich zum Aufsitzen einladen; einer von ihnen, ein höchstens sechzehn-, siebzehnjähriger Junge, trieb die Unverschämtheit so weit, dass er mich mit seiner schmutzigen Faust beim Arm packt. ›Will er mich wohl nicht anfassen!‹, fahre ich ihn zornig an. ›Nun Herr‹, erwiderte der Junge ganz gelassen, indem er mich mit seinen großen, stieren Augen anglotzt, ›nun Herr, warum soll ich Ihnen denn nicht anfassen, sind Sie vielleicht nicht ehrlich?‹« Sind der Herr vielleicht ein Henker, Schinder, Abdecker? In Wien waren die siebenhundert Fiaker, die Reichards *Passagier* erwähnt, wenigstens nummeriert: »Wer von einem Fiaker beleidigt wird, hat sich blos die Nummer zu merken und Meldung bey der Policey zu thun«. Ob das viel half, ist fraglich, denn nummeriert waren die Kutschen dem *Passagier* zufolge auch in Berlin: »Die öffentlichen Miethkutschen und Fiakers sind mit Nummern bezeichnet und stehen am Brandenburger Thor.«

Kutscher und Kutschen konnten noch weitaus gefährlicher werden. In »allen europäischen Städten, London ausgenommen«, warnt der Engländer Burney, sind die Fußgänger »wegen Mangel eines abgesonderten Fußweges allerlei Zufällen von Fuhrwerken und Pferden und der Grobheit und Brutalität ihrer Reiter und Führer ausgesetzt«.

Die zeitgenössischen Klagen über alles beiseitedrängende Equipagen und heranstürmende Pferde sind erschreckend häufig. Nicht nur der Fußwanderer Seume schäumte über Herrenreiter, die mit provozierender Rücksichtslosigkeit durch die Straßen galoppierten. Rebmann erzählt zum Beispiel von einem fürstlichen Verkehrsunfall in Dresden: »Im August 1795 fuhr die Gemahlin des Prinzen Max in wichtigen – Jagdgeschäften mit sechs Pferden pfeilschnell über die Brücke und die Große Meißner Gasse hinauf, mitten durch einen Haufen Schulkinder. Ein Kind von fünf Jahren kam unter die Pferde, welche es sogleich bis unter die Vorderräder zusammen-

balgten.« Nach einem solchen Erlebnis empfiehlt es sich, den Stadtbummel abzubrechen, in die (hoffentlich halbwegs angenehme)
Unterkunft zurückzukehren und sich auf die bevorstehenden Besuche bei Alma Mater einzuschwingen – obgleich es auch unter ihrer Schürze zu Tumulten kommen kann, wie Fichte in Jena erleben
musste, als er sich abfällig über die Burschenschaften äußerte und
ihm die Burschen daraufhin die Fenster einzuschmeißen drohten.

»Stellen Sie sich ein altes, kleines Männchen vor«

An der Universität

Ältere Leute wissen, dass jüngere Leute nichts wissen, manchmal
nicht einmal, was sie lernen wollen. Zum Teufel mit den Studenten – in die Studienberatung:»Mephistopheles: Was wählt Ihr für
eine Fakultät?/Schüler: Ich wünschte recht gelehrt zu werden/Und
möchte gern, was auf der Erden/Und in dem Himmel ist, erfassen,/Die Wissenschaft und die Natur.« In seiner Antwort schlägt
Mephisto im Studierzimmer von Goethes Faust mit Worten Pur-
zelbäume und bringt das Jungchen ganz durcheinander:»Mir wird
von alledem so dumm,/Als ging' mir ein Mühlrad im Kopf herum.«
Die Philosophie präsentiert der Teufel so:
»Der Philosoph, der tritt herein/Und beweist Euch, es müßt
so sein:/Das Erst wär so, das Zweite so/Und drum das Dritt und
Vierte so;/Und wenn das Erst und Zweit nicht wär,/Das Dritt und
Viert wär nimmermehr.«
Der arme Junge versteht von Mephistos Logik des Hohns nicht
mehr als die Kühe in Göttingen von Lichtenbergs Physik oder die
Berliner Damen in den Vorträgen Alexander von Humboldts. Wenn
das ein Herrenwitz war, dann keiner von mir. Varnhagen von Ense:
»Den Herrn Alexander von Humboldt fragte der Prinz, ob er denn
wirklich glaube, dass die Damen seinem Vortrage folgen, ihn verstehen könnten? ›Das ist aber ja gar nicht nötig‹, versetzte er, ›wenn sie
nur kommen, damit tun sie ja schon alles Mögliche!‹ Es wurde sehr
gelacht.«

Über die Kühe von Göttingen wurde nicht gelacht. Die vornehmen Studenten störten sich am Stadtvieh, und die Stadtväter suchten den Bestand zu reduzieren. Schließlich brachten die jungen Leute Geld in die Stadt. Heine machte sich in seiner *Harzreise* über das wilde Gebaren der Studenten lustig, aber in anderen kleinen Städten mit großen Universitäten ging es ähnlich zu: »Die Universität Heidelberg«, schrieb Carl Julius Weber 1826, »zählt zwischen sechs- bis siebenhundert Schüler […] und ich hörte Klagen, die man überall vernimmt, wo die Universitätsbürger das Uebergewicht über die Bürger der Stadt haben. […] unter allen Freiheiten ist bestimmt keine so folgenreichen Missbräuchen ausgesetzt, als die Freiheit junger Leute mit Geld, die aber noch nicht wissen, was sie wollen und sollen.« Ende der 1770er, zu Laukhards Studentenzeit, scheint das noch anders gewesen zu sein: »Wenn sich eine Stadt in Deutschland zu einer Universität schickt; so ists gewiß Heidelberg. Sie liegt in einer der schönsten Gegenden: alles ist wohlfeil da; und da weder Hof noch Regierung die Stadt verführerisch und brillant macht, auch wenig Soldaten da sind; so könnte der Student daselbst eine angenehme Rolle für sich spielen und ceteris paribus den Zweck seiner Ausbildung da weit wohlfeiler und ungestöhrter erreichen als in Mainz, Halle oder Leipzig.« Für andere Städte bestätigt Laukhard jedoch, dass finanzielle und zahlenmäßige Missverhältnisse zwischen Bürgern und Studenten die Lebensgewohnheiten in kleinen Städten ungünstig beeinflussten: »Man gehe z.B. nach Berlin oder nach Frankfurt am Main, auch nur nach Mainz und Strasburg, als wo die Universität von gar keiner Bedeutung ist«, Laukhard schrieb das vor der Berliner Neugründung, »und daher keinen Einfluß auf den allgemeinen Ton hat, – und sehe, ob da die Bürger in den Wein-, Bier- und Schnappshäusern ihre Zeit verschleudern. Da findet man arbeitsame, haushälterische Leute: hingegen in Jena, Halle, Giessen und an anderen Orten, wo Burschenkomment herrschender Ton geworden ist, sieht es anders aus. In Halle zum Exempel sind alle Kneipen täglich voll: man gehe zu welcher Stunde man will, auf den Rathskeller, in die Bierhäuser und Branteweinschenken, und man wird da nicht eine finden, wo nicht mehrere Schneider, Schuster, Perückenmacher u.a.m. anzutreffen wären. Daß dies kein gutes Zeichen ist, versteht sich von selbst«.

In der Stadt mit den Kühen verstanden sich Handwerker und Studenten weniger gut. Sie tranken weniger miteinander, als sich untereinander zu prügeln. Erst 1737 war die Göttinger Universität gegründet worden. In der zweiten Hälfte der 1780er, als Gottfried August Bürger, empfohlen von Professor Lichtenberg, unter einem Magistertitel seine Vorlesungen anbot und (vergeblich) auf eine besoldete Stelle hoffte, hatte die Universität rund 850 Studenten, davon 425 in der juristischen, 275 in der theologischen, 100 in der medizinischen und 50 in der philosophischen Fakultät. Zum Vergleich: Die Universität Jena hatte um 1800 etwa 860 Studenten, davon gehörte knapp die Hälfte der theologischen Fakultät an, zu der auch, Mephisto hätte das amüsiert, die Philosophie zählte. Von der zweiten Hälfte entfiel wiederum eine Hälfte auf die Medizin, die andere auf die Jurisprudenz. Die 1694 gegründete Universität Halle, langjähriges Zentrum des Wolffianismus, jener von Heine als ›Runkelrübenvernunft‹ abgefertigten Denkrichtung der frühen Aufklärung, hatte 100 Jahre nach der Gründung etwa 900 Studenten. Die 1810 gegründete »Königliche Friedrich-Wilhelm-Universität« in Berlin hatte im Wintersemester 1812/13 etwa 600 Studenten. Zu diesem Zeitpunkt gab es in Preußen nur noch zwei weitere Universitäten: eine in Frankfurt an der Oder und eine in Königsberg.

Wie in Jena die Philosophie zur Theologie gehörte, so gehörten an vielen Universitäten bis Anfang des 19. Jahrhunderts Chemie und Physik zur Philosophie. Sie diente der Mehrheit der Studenten, die bei der Immatrikulation in der Regel um die fünfzehn Jahre alt waren, zur Vervollständigung der schulischen Kenntnisse und zur Vorbereitung auf das ›eigentliche‹ Studium der Theologie, der Jurisprudenz oder der Medizin.

Der philosophische Magistertitel berechtigte zur akademischen Lehre, aber darauf kam es den wenigsten an. Die ›begabten‹ Bauernkinder, die Söhne der unteren Bürgerschicht und die evangelischen Pfarrerssöhne besuchten die theologische Fakultät und strebten nach Aus- und Einkommen am und vom Altar. Die Aristokraten, wenn sie sich überhaupt dazu herabließen, an die Universität zu gehen, statt an den Ritterakademien ihre Tanz- und Fechtkünste zu vervollkommnen, wählten ebenso wie die Söhne des höheren Beamtentums und höheren Bürgertums die juristische Fakultät mit ihren staatswissenschaftlichen Fächern.

Wer Zugang zu Geld und zur Gesellschaft hatte, konnte recht angenehm leben beim Lernen. Goethe mit seiner väterlichen Apanage von 1000 Talern jährlich hat das in *Dichtung und Wahrheit* dankbar anerkannt, jedenfalls für die Zustände in der Handels- und Universitätsstadt Leipzig Mitte der 1760er im Unterschied zu denen in Halle und Jena, wo »die Roheit aufs höchste gestiegen« war und »der wilde Fremdling keine Achtung vor dem Bürger hatte und sich als ein eigenes, zu aller Freiheit und Frechheit privilegiertes Wesen ansah. Dagegen konnte in Leipzig ein Student kaum anders als galant sein, sobald er mit reichen, wohl und genau gesitteten Einwohnern in einigem Bezug stehen wollte.« Zwei Jahrzehnte später ist es Karamsin zufolge in Leipzig immer noch »sehr angenehm« zugegangen: »Einige der hiesigen reichen Kaufleute geben oft Diners, Soupers, Bälle und so weiter. Die jungen Stutzer aus der Zahl der Studenten erscheinen bei solchen Gelegenheiten in ihrem Glanze.«

Nicht alle Studenten hatten Geld, manche brauchten ›Freitische‹*, um über die Runden zu kommen. Reihum nahmen sie jeden Tag an einem anderen Tisch ihren Platz ein, den ihnen ein Gönner bei Handwerkern, Küstern oder Lehrern verschafft hatte. Karl Philipp Moritz wurde als junger Mann an Freitischen satt und durchlitt die Demütigung, beim Essen ängstlich von Hausfrauen beäugt zu werden, deren Geiz aus eigenen Hungererfahrungen – gespeist wurde. Im *Anton Reiser* schrieb er später: »Der Stand des geringsten Lehrburschen eines Handwerkers ist ehrenvoller, als der eines jungen Menschen, der, um studieren zu können, von Wohltaten lebt, sobald ihm diese Wohltaten auf eine herabwürdigende Art erzeigt werden.«

Doch gab es nicht nur arme Studenten, sondern auch arme Professoren, zum Beispiel in Erfurt, wie Rebmann berichtet: Bei »ihrem äußerst geringen Gehalt müssen sie, da sie noch überdies wenig oder nichts auf ihren Erwerb durch Vorlesungen rechnen können, notwendig alle von anderen Ämtern leben und das Professorat nur als eine Nebensache betrachten«. Die Privatvorlesungen waren eine

---

* Siehe den ersten Abschnitt des Kapitels über Essen und Trinken.

wichtige Erwerbsquelle. Die Hörergebühren von etwa drei Talern pro Semester konnten das Gehalt deutlich aufstocken, falls die Vorlesungen gut besucht waren. »Meinen hiesigen Freunden mache ich [...] bekannt, dass ich künftigen Winter die allgemeine Theorie der Schreibart Nachmittags um 4 Uhr wöchentlich in fünf Stunden, Mittwochens und Sonnabends aber Vormittags um 10 Uhr einige Haupt-Momente der Kantischen Philosophie, und zwar letztere unentgeldlich vortragen werde. Auch bin ich zu praktischem Unterricht im Stile privatissime erbötig. Göttingen d. 1. Octobr. 1787.« So pries Gottfried August Bürger seine Gelehrtheit an, um sich an den Haaren aus dem Sumpf seiner finanziellen Misere zu ziehen. Im September des Vorjahres hatte er *Wunderbare Reisen zu Wasser und zu Lande – Feldzüge und lustige Abenteuer des Freiherrn von Münchhausen* veröffentlicht, nun musste er sich um Hörgelder kümmern. Kants Philosophie übrigens war der Mehrheit der Göttinger Universitätsangehörigen keinen Pfennig wert. Man konnte allenfalls versuchen, ihre »Haupt-Momente« als Honorarprofessor unter die Leute zu bringen, also eben ohne Honorar, bloß für die Ehre.

Kant selbst hatte immerhin eine feste Stelle. Nach der *Critik der reinen Vernunft* (1781) waren die *Critik der practischen Vernunft* (1788) und die *Critik der Urtheilskraft* (1790) erschienen. Im April 1795, sein glückloser Göttinger Herold war im Jahr zuvor gestorben, hielt er in Königsberg eine Logikvorlesung, täglich morgens um sieben! Wir eilen ohne Frühstück zur Universität und kommen doch nicht mehr rechtzeitig. Immerhin treffen wir später auf einen Studenten, der uns die Szene vor Augen führt: »Stellen Sie sich ein altes, kleines Männchen vor, das gekrümmt im braunen Rocke mit gelben Knöpfen, eine Perücke und den Haarbeutel nicht zu vergessen – dasitzt, denken Sie noch, dass dieses Männchen zuweilen seine Hände aus dem zugeknöpften Rocke, wo sie verschränkt stecken, hervornimmt und eine kleine Bewegung vors Gesicht macht, wie wenn man einem so recht etwas begreiflich machen will, stellen Sie sich dies vor und Sie sehen ihn auf ein Haar.«

Während Bürger 1787 bereit gewesen war, Kant ohne Geld zu lehren, war Fichte 1790 bereit, Kant für Geld zu lernen: »Ich habe mich jetzt ganz in die Kantische Philosophie geworfen: Anfangs aus Not; ich gab eine Stunde über die Kritik der reinen Vernunft; nachher seit meiner Bekanntschaft mit der Kritik der praktischen Vernunft aus wahrem Geschmack.« Darauf aufbauend schrieb Fichte seine *Critik aller Offenbarung*, reiste im Sommer 1791 nach Königsberg und überreichte Kant das Manuskript. Der beeindruckte Denker war bereit, »einem jungen brotlosen Manne – Namen und Geld zu schaffen«.

Kant schaffte dem jungen Mann tatsächlich einen Namen, und zwar den eigenen, auch wenn das nicht gewollt war. Aber als Fichtes Schrift auf der Leipziger Ostermesse 1792 anonym erschien, vermutete die *Allgemeine Literaturzeitung*, der »Philosoph von Königsberg« stecke hinter der neuen *Critik*. Kant stellte sofort klar, es sei der »Kandidat der Theologie Hr. Fichte«, dem das Verdienst der beeindruckenden Schrift gebühre. Es verschaffte Fichte eine viel größere Aufmerksamkeit, erst mit Kant verwechselt und dann von ihm belobigt zu werden, als er zu erwarten gehabt hätte, wenn seine *Critik* nicht anonym, sondern, wie eigentlich beabsichtigt, unter seinem Namen veröffentlicht worden wäre.

Fichtes Karriere war erstaunlich. Sie führte den Sohn eines Leinewebers 1811 ins erste gewählte Rektorat der im Vorjahr gegründeten Berliner Universität. Drei Jahre später starb er an einer Infektion, die er sich in einem Lazarett geholt hatte. Sein Lehrstuhl blieb bis 1818 vakant, als ihm der wohl einflussreichste deutsche Philosoph des 19. und 20. Jahrhunderts nachfolgte: Georg Wilhelm Friedrich Hegel. Falls Philosophien ›Schicksale‹ haben können, dann war es das Schicksal derjenigen Fichtes, zwischen dem Kantianismus und dem Hegelianismus (den nachfolgenden Marxismus eingeschlossen) zeitlich wie räumlich erdrückt zu werden. Er stand zwischen den Epochen, wie so viele und vieles um 1800. Und als sich der Einfluss des Königsberger Ossis bis weit ins 20. Jahrhundert vor allem nach Westen und der des Stuttgarter Wessis nach Osten ausbreitete, blieb Fichtes Transzendentalphilosophie des ›sich selbst setzenden Ich‹ auf sich selbst sitzen.

Der verzopfte Kant (aber nur am, nicht im Kopf) galt als angenehmer Gesellschafter bei Tisch, man durfte nur nicht zu spät kommen, riss jedoch in seinen Vorlesungen keinen von den Bänken – es sei denn, es kam zwischen den Mitschreibern zu Rangeleien um freie Pulte. Kant stellte das mit der Drohung ab, die Vorlesung einzustellen. Diese Drohung wirkte, obwohl die Vorlesungen, besonders wenn es um Logik oder Metaphysik ging, gähnenslang-weilig sein konnten. Als ein Student den Mund allzu weit aufriss, schimpfte der Professor empört, man möge doch wenigstens die Hand davorhalten. Im Übrigen erklärte Kant des Öfteren, er lese weder für Genies, die hätten es nicht nötig, noch für Dummköpfe, denen würde es nichts nützen. Wir trösten uns über die verpasste Vorlesung morgens um sieben mit der Gewissheit, das eine nicht, und in der Hoffnung, das andere auch nicht zu sein.

Hegel las für jedermann: für Genies, Dummköpfe und Neugierige aller Art. Sein Vortragsstil war nicht brillant, sondern – schwäbisch. Wie seinerzeit der Schillers in Jena. Heinrich Gustav Hotho, der Herausgeber der erst nach Hegels Tod auf der Basis von Mitschriften publizierten *Vorlesungen über Ästhetik* berichtet: »Das stete Räuspern und Husten störte allen Fluss der Rede, jeder Satz stand vereinzelt da und kam mit Anstrengung zerstückt und durcheinandergeworfen heraus; jedes Wort, jede Silbe löste sich nur widerwillig los, um von der metallenen Stimme dann in schwäbisch breitem Dialekt [...] einen wundersam gründlichen Nachdruck zu erhalten.«

Der Zulauf war ungeheuer. Arthur Schopenhauer wunderte sich zu Unrecht (obwohl er sich zu Recht verkannt fühlte), dass im Sommersemester 1820 in seine Vorlesung über »Die gesamte Philosophie d.i. die Lehre vom Wesen der Welt« fünf Leute tröpfelten, während zu Hegel zweihundert strömten. Schopenhauer hatte seine »Lehre vom Wesen der Welt« mit dem Willen zur Provokation und ohne Vorstellung von den Folgen zur selben Zeit festgesetzt, zu der Hegel las. Es blieb bei dem einen Semester.

»Ganz Dinkelsbühl strickt Strümpfe«
Werkstattbesichtigungen

Karl Friedrich Klöden, der als Kind Kapitän Cook an die Wand gemalt hatte, zog im Juli 1801 vom preußisch annektierten Polen nach Berlin, um bei einem Onkel eine Lehre als Goldarbeiter zu machen. In seinen Memoiren steht die Tür zu Wohnung und

Werkstatt offen: »Die Wohnung bestand aus einer Stube vorn heraus, in welcher gearbeitet wurde und welche zugleich Wohnzimmer der Familie war, und einer Stube nach dem Hofe [...]. Zwischen beiden lag die kleine Küche, welche ihr Licht mittelst eines Zwischenfensters [...] empfing und daher sehr dunkel war, zumal der Rauch die Fensterscheiben weit öfter trübte, als sie gereinigt wurden. Dicht unter jenem Zwischenfenster stand der große Amboß und an der Seite die Ziehbank. Der Tür gegenüber lag der Feuerherd, gänzlich im Finstern. Da nun beinahe täglich Gold oder Silber geschmolzen und zu Blech oder Draht gehämmert und gezogen wurde und da viel vergoldet werden mußte, [...] so brannte meist auf dem Herde Kohlenfeuer oder auch die daneben hängende Lötlampe und neben dem Kohlenfeuer Holz und Torf zur Bereitung der Speisen. Bei dem Lichte dieser Feuer mußten die Arbeiten verrichtet werden, was in dem Rauche und der nie weichenden Dämmerung oft kaum möglich war. [...] In der Küche also hatte ich den größten Teil des Tages zu tun, da alles Schmelzen, Hämmern, Drahtziehen, Löten, Vergolden, Färben, Absieden etc. dort vorgenommen wurde. Alle Vorrichtungen und Werkzeuge dazu waren leider sehr dürftig und fehlten zum Teile ganz. Wir hatten weder Schmelzofen noch Glühofen, so notwendig sie auch waren. Drei Mauersteine waren rechtwinklig zusammengestellt und die Kohlen dazwischengeschüttet. Ein Schmelztiegel wurde, wenn er nötig war, jedesmal erst gekauft, und doch wäre Zeit und Geld erspart, wenn ein ganzer Satz auf einmal angeschafft worden wäre. Ein Blasebalg fehlte; die Kohlen mussten mit dem Munde und einem Federwedel angeblasen werden.«

Viele kleine Handwerker haben so gelebt und mit ihnen nicht nur Lehrlinge, sondern auch unverheiratete Gesellen mit Bettstatt in einer Stubenecke. Die sozialen, funktionellen und erwerbsbedingten Abhängigkeiten waren durch und durch persönlich gefärbt. Die alten Zunftverfassungen lösten sich zwar überall auf, das bedeutete jedoch nicht, dass die Machtverhältnisse zwischen den Menschen plötzlich abstrakt, zu bloßen Marktverhältnissen geworden wären. Der direkte Zwang – psychisch, physisch und wenn nötig ›policeylich‹ wie bei Gesellenrevolten oder Streiks – herrschte in der kleinen Handwerksstube, in den mittleren Manufakturen und in den großen

Fabriken, mochten die Herstellungsbedingungen und Fertigungs-
abläufe sonst noch so verschieden sein.

Der betriebs- und arbeitsorganisatorische Abstand zwischen einem traditionellen Zunftbetrieb und einer großen Werkstatt auf
technisch neuestem Stand lässt sich am Beispiel eines um 1800 berühmten Kutschenbauers in Offenbach im Vergleich mit den zünf-
tigen Verhältnissen in der Nachbarstadt Frankfurt veranschaulichen.
Nemnich zufolge war »Frankfurt von Fabriken fast ganz entblößt.
Als Ursache wird vor allen Dingen der Zunftzwang angegeben. Ein
Fabrikant kann kein Korpus von eigenen Arbeitern halten, ohne fast
mit allen Innungen in Händel zu gerathen. Der berühmte Wagen-
fabrikant in Offenbach würde hier gezwungen seyn, seine zahlreichen Bedürfnisse von hiesigen Schmieden, Schlossern, Schreinern,
Gestellmachern, Sattlern, Riemern, Drehern, Lackirern u.s.w. verfertigen zu lassen.«

Der Wagenbauer in Offenbach hatte zwar keine Probleme mit
den Zunfttraditionen der Vergangenheit, produzierte aber auch
noch nicht mit den arbeitsteiligen Methoden der Zukunft. Jeder
»Arbeiter hat sein eigenes ihm angewiesenes Geschäft«, berichtet
Nemnich, »und das Werk geht von der einen Hand in die andere«.
Hier ist der Herstellungsprozess noch Handwerk. Davon konnte
etwa in den Aachener Nadelfabriken keine Rede mehr sein. Von
der wassergetriebenen Poliermühle in einer dieser Fabriken zeigte
sich bereits zwanzig Jahre vor Nemnich Georg Forster beeindruckt,
der doch mit sehr jungen Jahren schon so viel gesehen hatte von der
Welt. In den *Ansichten vom Niederrhein* berichtet er: »Unter jedem
Poliergatter liegen zwei Rollen, und jede Rolle enthält dreimal hunderttausend Nadeln. Ich freute mich, hier wieder zu bemerken, wieviel man durch mechanische Übung an Geschicklichkeit gewinnt.«

Die Öhrnadeln wurden aus Eisendraht und gegen Ende des Jahrhunderts zunehmend aus Stahl gefertigt. Für die Herstellung einer
Nadel waren je nach Teilungstiefe der Arbeit bis zu hundert Vor-
gänge nötig. Ein Nürnberger Zunftnadler hatte rund zwanzig Ar-
beitsschritte nacheinander zu absolvieren, in den Betrieben von Iserlohn oder Aachen waren es deutlich mehr, wie sich nach Nemnichs
Schilderung erahnen lässt: »Der Fabrikherr läßt den Draht zuerst
klinken, d.i. ihn in seine Sorten bringen; dann läßt er ihn, in dop-

pelter Länge, zuschneiden; dann zurichten; dann auf den Schleifmühlen an beyden Seiten spitzen; dann halbiren; endlich theilt er die Nadeln zum Schlagen der Augen und zur übrigen Bereitung im Rohen unter die Arbeiter aus. In diesem Zustande werden die Nadeln in der Werkstätte des Fabrikherrn gehärtet und ihnen die gehörige Elasticität beygebracht; dann werden sie gerichtet, d.i. Nadel für Nadel gerade gemacht; dann werden sie Maßweise mit Steinchen und Oel in Säcke gelegt und so auf den Schauermühlen zu oft wiederholten Malen geschauert; zuletzt werden sie abgereinigt und erhalten mit Zinnasche die englische Politur. Hierauf werden sie sortirt, choisirt und in Papiere gethan; dann zu 1000 gepackt und so zum Handel gebracht. Dies ist das Verfahren in einer allgemeinen Uebersicht, nebenher giebt es noch vielerley verschiedene Behandlungen, und man sagt nicht unrichtig, daß die Nähnadeln, vom rohen Draht an bis zur Kaufmannswaare durch 72 Hände gehen müssen.«

In den englischen Manufakturen war die Teilungstiefe der Arbeit noch weiter fortgeschritten. Hier durchlief eine Nadel bis zu neunzig Fertigungsphasen und dabei die Hände von ebenso vielen Arbeitern, die nebeneinander und gleichzeitig mit hoher Geschwindigkeit und Geschicklichkeit nur jeweils einen Arbeitsschritt an dem winzigen Werkstück ausführten. Auch wenn in England die arbeitsteilige Produktion technisch und disziplinarisch – diese Seite der Fabrikarbeit sollte nicht übersehen werden – am weitesten entwickelt war, gab es auch in deutschen Manufakturen schon die Massenproduktion. Carl Julius Weber schreibt, das fränkische »Schwabach mit 6500 Seelen ist, neben seinen Wollen- und Baumwollenmanufakturen, vorzüglich berühmt durch seine Nadelfabriken, die 1200 Menschen beschäftigen und jährlich gegen 200 Millionen Nadeln liefern.«

Was die disziplinarische Seite angeht, so setzt sie sich zusammen aus äußerem Ordnungsdruck bis hin zum physischen Zwang und der inneren Sozialisation zu einer Funktionstüchtigkeit, die sich vom alten selbstbewussten Handwerksfleiß vollkommen gelöst hatte. Der Widerstand, den die arbeitenden Menschen dem entgegensetzten, fällt Nemnich in Köln besonders auf: Dort »finden die Arbeiter zu viele bequemere Erwerbsmittel, und das Auskommen daselbst ist viel zu wohlfeil, als daß der gemeine Mann sich zu außergewöhnlichen Anstrengungen angetrieben fühlen sollte. Auch ist die Geisteskultur bey dieser Klasse von Menschen überhaupt noch zu sehr zurück, als daß ihm ein Emporstreben nahe am Herzen liegen könnte. Man hat Beispiele genug von hiesigen Fabrikarbeitern, die, ungeachtet der Prämien, welche der Prinzipal auf die Mehrzahl der zu liefernden Arbeit setzt, so wenig Ehrgeiz als Trieb, etwas mehr zu verdienen, zeigen«.

Eine arbeitsteilig gestaffelte und im Ablauf zugleich gestraffte betriebliche Organisation steigerte die Effizienz in einem vom Handwerk niemals erreichbaren Grad. Aber zugleich entwertete sie das handwerkliche Können und reduzierte die Menschen zu ›bloßen Anhängseln der Maschine‹. Gegen das Erste empörten sich mit der destruktiven Energie der Verzweiflung die ›rückschrittlichen‹ Maschinenstürmer in der Frühzeit der Industrialisierung, das Zweite analysierten die ›fortschrittlichen‹ Marxisten, den Entfremdungsprozess in der Warenproduktion bedauernd, jedoch die Entfaltung der Produktivkräfte als Voraussetzung einer sozialistischen Zukunft begrüßend. Die Aufklärer des 18. Jahrhunderts indessen, die politisch radikalen unter ihnen eingeschlossen, waren ganz auf die unmittelbaren ökonomischen und gesellschaftlichen Vorteile arbeitsteiliger Disziplin konzentriert. Das galt für die innere Organisation der Armenhäuser und Gefängnisse, für die Nutzbarmachung untätiger Schülerhände im Unterricht[*] und für die Spezialisierung der Arbeit im Herstellungsprozess. Auch ein Jakobiner wie Forster empfahl ohne Zögern das Fixieren siebenjähriger Kinder auf eine einzige Fertigkeit, nur sollten die Fabriken schön hell und warm sein: »Unstreitig also würde man es im Spinnen weiter bringen, wenn es durch fabrikmäßige Anstalten, wo die Spinner einerlei Licht, Wärme und Obdach genössen, so vorteilhaft eingerichtet würde, dass eine eigene, arbeitsame Klasse von Menschen sich bloß diesem Gewerbe ergeben und davon allein leben könnte. Menschen, die vom siebten Jahr an sich nur dieser Beschäftigung widmeten, müßten in kurzem die Fertigkeit erlangen, besser und schneller als alle anderen, die [wie die bäuerlichen Heimarbeiter und ihre Kin-

---

[*] Dazu der Abschnitt über die Dorfschule im nächsten Kapitel.

der] das Spinnen nur als Nebenwerk treiben, mit der Wolle umzugehen.«

Die aufkommende Bekleidungsindustrie von den Heimspinnern und -webern bis zu den mechanischen Stühlen in den Fabriken und einschließlich der Hut-, Schuh- und Handschuhmacherei war der weitaus wichtigste Wirtschaftszweig der zweiten Hälfte des 18. Jahrhunderts, im Rheinland ebenso wie in Berlin und vielen weiteren deutschen Städten. In einem Ratsbericht aus Chemnitz zum Beispiel heißt es: Die »mehresten hiesigen Bürger sind Weber und ihre Anzahl, Lehrlinge und Gesellen ungerechnet, an tausend. Diese alle wohnen […] mit Weibern, Kindern, Gesellen, Lehrlingen, Wollmacherinnen und Spinnerinnen so enge beisammen, dass man sich in den mehresten Werkstätten kaum rühren kann, und wo kleine Kinder sind, stehen die Betten noch dazu in den Winkeln der Stube.«

Die Lebens- und Arbeitsbedingungen der Spinner in Berlin, der Wollweber in Chemnitz, der Seidenweber in Krefeld, der Schuster in Erfurt und der Strumpfwirker in Apolda oder Dinkelsbühl ähnelten sich in ihrer Ärmlichkeit, in der abstrakten, vom Einzelnen schwer durchschaubaren Abhängigkeit vom Markt und in der persönlichen Abhängigkeit von Meistern, Manufakturbesitzern und besonders von den sogenannten ›Verlegern‹, die den Heimarbeitern ohne Eigenkapital das Rohmaterial zur Verfügung stellten und es beim Ankauf der Fertigware verrechneten. Nur in Osnabrück ging es idyllisch zu, jedenfalls auf dem Papier – dem von Justus Möser. Dort ist die Spinnstube »ein helles, geräumiges und reinliches Zimmer« mit Ausblick durch drei Fenster, denn es »ging ein Fenster auf den Hühnerplatz, ein anders auf den Platz vor der Tür und ein drittes in die Küche, der Kellertür gerade gegenüber. Hier hatte Selinde«, die älteste Tochter des Hauses, »manchen Tag ihres Lebens arbeitsam und vergnügt zugebracht, indem sie auf einem dreibeinichten Stuhle (denn einen solchen zog sie dem vierbeinichten vor, weil sie sich auf demselben ohne aufzustehen und ohne alles Geräusch auf das geschwindeste herumdrehen konnte) mit dem einen Fuße das Spinnrad und mit dem andern die Wiege in Bewegung erhalten, mit einer Hand den Faden und mit der andern ihr Buch regiert und die Augen bald in der Küche und vor der Kellertür, bald aber auf dem Hühnerplatz oder vor der Haustür gehabt hatte«.

In Mösers *Phantasie* vom weiblichen Multitasking erscheint das Spinnen als Nebenbeschäftigung, vom Mädchen frei gewählt aus tugendhafter Regsamkeit. In den Spinnstuben der Wirklichkeit hingen die Menschen an den Fäden der Not. Der Reformpädagoge Christian Gotthilf Salzmann sprach das deutlich aus, interessanterweise durch den Mund eines reichen Garnhändlers: »Wenn die armen Leute nicht wären, so müßten wir ja wahrhaftig selbst spinnen und weben […] Es ist wahr, ich habe ein ganz feines Vermögen, das habe ich aber alles von den armen Leuten. Da sitzen die armen Weiber und Kinder hinter ihren Rädern den ganzen Tag und spinnen, hernach bringen sie das Garn auf meine Stube, ich bezahle es ihnen, und verkaufe es wieder nach Schweden und Holland, da verdiene ich an jedem Pfunde etwas.« Salzmann spinnt hier pädagogisches Garn, doch nicht wegen der Wirtschaftslage der Armen, sondern wegen der Seelenlage der Reichen. Sie sollen ihre Privilegien genießen, aber den heruntergekommenen Garnweberfamilien dankbar sein, statt sie zu verachten.

Von der Produktion der Rohstoffe (Flachs, Leinen, Wolle, Baumwolle) über deren Verarbeitung in Spinnereien, Webereien und Färbereien bis zur Verfertigung der Endprodukte herrschten neben- und durcheinander die vielfältigsten technischen Herstellungsmethoden, Ausbeutungsmechanismen und Handelsprinzipien. In der Rheingegend um Krefeld und in Krefeld selbst, neben Berlin das wichtigste Zentrum der deutschen Seidenwarenproduktion, gab es Firmen, die im Verlagssystem weit verstreut Tausende von Menschen beschäftigten und zusätzlich bereits Hunderte in zentralen Fabriken, der Produktionsform der industriellen Zukunft. Die Krefelder Firma von der Leyen beispielsweise beschäftigte 1788 rund 4000 Arbeiter. Ebenfalls in den 1780ern baute Johann Gottfried Brügelmann in Ratingen bei Düsseldorf eine vollmechanische Baumwollspinnerei auf, die als erste ›moderne‹ Fabrik auf dem Kontinent gilt. Das Unternehmen wurde nur durch Industriespionage möglich, denn es setzte die Technik der ›waterframe‹ voraus. Das Patent der wassergetriebenen Maschine mit dem Spitznamen Jenny gehörte dem Engländer Richard Arkwright und wurde vor den Baumwollspinnern des Kontinents geheim gehalten. Brügelmanns Aufstieg zum reichsten Mann des Rheinlandes veranschaulicht, wie sehr die frühen Kapitalisten nicht nur erbarmungslose Ausbeuter (in Arkwrights Fabriken arbeiteten Kinder ab fünf Jahren zwölf bis sechzehn Stunden am Tag) und äußerst risikofreudige Unternehmer waren (vergleichbar den großen Kaufleuten mit ihrem Schiffe über die Meere schickenden Wagemut), sondern auch Abenteurer mit einer Energie, die man in Fällen heutiger Industriespionage und Produktpiraterie, die noch nicht unter die mildernden Umstände des ›Historischen‹ fallen, umstandslos als Kriminelle bezeichnen würde. Noch 1819 reiste Franz Anton Egells, später Gründer einer Eisengießerei in Berlin, instruiert und bezahlt von preußischen Behörden, durch England, um technische Zeichnungen von automatischen Spinn- und Webmaschinen anzufertigen.

Schon während der zweiten Hälfte des 18. Jahrhunderts war die Zahl der Webstühle nicht nur in England, sondern auch in den deutschen Gebieten ständig gewachsen. Dabei hatte sich auf dramatische Weise das Weben mit Garn aus tierischer Wolle zu dem aus Baumwolle und Seide verschoben. In Berlin beispielsweise nahmen in diesem Zeitraum die Wollwebstühle von rund dreieinhalbtausend auf anderthalbtausend ab, während die Baumwollwebstühle von gut sechshundert im Jahr 1769 auf knapp zweieinhalbtausend im Jahr 1799 zunahmen. Gleichzeitig stieg die Zahl der Seidenwebstühle von 1271 auf 3574. Insgesamt beschäftigte um 1800 in Deutschland das Verlagssystem fünfmal so viele Menschen wie die Manufakturen und Fabriken. Unter Einrechnung der Spinner dürfte das Verhältnis noch deutlicher gewesen sein.

Die Beschäftigungszahlen allein geben die Relation zwischen kleinteiliger Stuben- und fabrikmäßiger Massenproduktion aber verzerrt wieder. Die Leistungskraft der neuen Maschinen setzte alle bisherigen Maßstäbe menschlicher Produktivität außer Kraft. Um es in globaler Dimension zu veranschaulichen: Ein englischer Arbeiter erzeugte 1810 an einer Jenny stündlich zehn- bis vierzehnmal mehr Baumwollgarn als ein indischer Arbeiter mit herkömmlichen Methoden, und bei feineren Garnen stieg die Relation bis auf das Vierhundertfache. Bereits um 1800 wurden kaum noch Baumwollgarne und Gewebe aus Indien nach Europa importiert, bei den britischen Exporten wiederum machten Baumwollwaren vierzig Prozent aus. Napoleons Kontinentalsperre gegen England verschaffte den deutschen und damit auch den Berliner Webern und Seidenmanufakturisten eine Hochkonjunktur. Nach der Aufhebung der Kontinentalsperre brach diese politisch bedingte Konjunktur unter der Menge der nun wieder importierten englischen Produkte zusammen. Ab 1818 versuchten preußische Gesetze, die heimischen Produzenten durch Zölle auf Importwaren zu schützen.

Die neuen globalen Konkurrenzkonflikte waren etwas ganz anderes als der alte Handels- und Gewerbestreit zwischen Stadt und Land. Dessen Regelung durch lokale stadtväterliche Maßnahmen hatte Justus Möser für Verhältnisse geschildert, in denen es nicht um nationale Zölle im internationalen Wettbewerb ging, sondern um den Schutz der Kleinstadt vor den umliegenden Dörfern: »In Sachsen, wo die Städte noch in ziemlichem Flor sind, wird auf die Bannmeile ganz genau gesehen und auf den Dörfern kein Handel und kein Handwerk gestattet. Man findet auf denselben zwar wohl einige Höker, die mit Teer, Tran, Wagenstricken und Schwefelhölzern handeln, auch wohl einen Hufschmied und Rademacher und endlich von den Handwerkern einen Altflicker. Allein, außer diesen wird kein Gewerbe außerhalb den Städten und Weichbildern geduldet. In den mehrsten westfälischen Provinzien hingegen [...] ist seit hundert Jahren sowohl der Handel als das Handwerk aus den Städten auf das Land gezogen. In allen Dörfern sind Apotheken, Weinschenken und Krämer in Menge.«

Neben der neuen globalen Konkurrenz und dem alten Hader zwischen Dorf und Stadt wurden, hin- und hergerissen zwischen Tradition und Innovation, die regionalen Spezialisierungen und die ortsüblichen Besonderheiten gepflegt. »So brennt Nordhausen Branntwein für achtzig Meilen im Umkreis«, schreibt Heß, »die flanellenen Röcke aller obersächsischen Bäuerinnen werden zu Mühlhausen gefärbt und gedruckt; Nördlingen webt Leinwand für einen großen Teil von Oberdeutschland; ganz Dinkelsbühl strickt Strümpfe. [...] Wem sind Nürnbergs vielartige Fabricate, Augsburgs feine Zitzen [eine Stoffart] unbekannt? Wo werden so lose, schmelzende, vergeistigte Hostien, so bunte Tarockkarten gemacht als in Ulm?« Und Fürth, um mit Carl Julius Weber zu ergänzen, »hat treffliche Spiegelfabriken und Baumwollenmanufakturen –

eine Menge Dreher, Tischler und Zinngießer – Caffeemühlen werden in ungeheurer Zahl gefertiget«.

Einer der Streitpunkte zwischen Tradition und Erneuerung war der ›Blaue Montag‹. Der Gewerbefleiß sollte nicht länger unter dem Montagskater der Sonntagstrinker leiden. 1783 erließ Friedrich von Preußen ein »Edict wegen Abstellung einiger Mißbräuche besonders des sogenannten Blauen Montages bey den Handwerkern«. Jean Pauls Luftschiffer macht dazu einen Vorschlag, dessen parodistisches Multitasking an das ernst gemeinte von Mösers Spinnstubenidylle erinnert: »Und könnte einer, der von oben herab Friseur, Stricker, Wollenkratzer, Former wäre, nicht zugleich von unten hinauf ein Läufer, Fußlanger, Tretrad-Wandler und Orgel-Balgentreter sein? – Wahrlich, der Staat könnte durch ein strenges Wegschneiden aller dieser Ess-, Bet-, Buss- und Gliederferien dahin hinaufgearbeitet und gezogen werden, dass er ein ordentliches großes Raspel- und Arbeits-Haus würde.«

»Man teile alle Arme in drei Klassen«
Ortstermin im Armenhaus

Was braucht der Mensch? »Nahrung, Kleidung, Wohnung, Feuerung, Leuchtung«, antwortet Friedrich Eberhard von Rochow, der Schulreformer von Reckahn. Wem es »an einem oder mehreren dieser fünf Stücke fehlt, der ist arm«.

Aber ›Arm-Sein‹ ist keine Frage des Alles oder Nichts. Auch Leute, denen viel fehlt, können noch ein Weniges haben. Büsching, der auf seiner statistischen Kutschfahrt nach Reckahn die Stadt Potsdam wegen der zu erwartenden Belästigung am Tor umfahren hatte, machte sich gleichwohl kundig über das Preis-Leistungs-Verhältnis der dortigen Armeninstitute: »In dem zum Nutzen der Armen errichteten Gebäude ist ein abgesonderter Theil zu einem Hospital für hiesige Bürger, Bürgerinnen und andere Einwohner vom Civilstande, gewidmet, die noch etwas Weniges haben, und die Anzahl derselben auf 20 festgesetzt. Von den 6 jüngsten wohnen 2 in einer Kammer, von den übrigen hat jeder eine besondere Kammer. Ein jeder bekommt Holz, Licht und wöchentlich 12 Gr. 6 Pf. zu Speise und Trank; für ihre Kleider, Wäsche und Geräthschaften müßen sie selbst sorgen, weil es ihnen frey stehet, zu ihrem eigenen Vortheil zu arbeiten. Das Bette und Hausgeräthe, welches sie mitbringen, fällt nach ihrem Tode der Armenanstalt zu. Zum Antritt giebt ein jeder Hospitalit 25 Thaler in die Hauptarmencaße.«

Auch die Armenspeise gab es nicht umsonst. In Weimar wurde 1828 nach dem Vorbild der in den 1780er-Jahren eingerichteten Verpflegungsstätten des bayerischen Staatsrates Graf von Rumford eine »Rumfordische Suppen-Anstalt« eröffnet: »Die Suppe zerfällt in zwei Gattungen, die eine ist reiner schmackhafter Boullon, worin sich ein jeder nach Belieben Brod schneidet«, das nicht gestellt wird, sondern mitzubringen ist. Diese Suppe soll »das Nösel mit 4 Pfennigen abgelassen werden. Die zweite Gattung ist dieselbe Kraftbrühe mit einem Suppengries vermischt, wozu man kein Brod bedarf, diese wird das Nösel zu 8 Pfennigen abgegeben.«

Diejenigen Armen, die nicht einmal genug haben, um sich mitsamt Bett ins Hospital einzukaufen oder sich eine Rumford-Suppe zu leisten, sind der eigentlich problematische Teil der Bevölkerung. Diese Menschen sind unnütz, schmutzig und in Menge nicht bloß lästig, sondern gefährlich. Wenn ihre Zahl steigt, fühlen sich die Bürger bedroht, auch und gerade die mit ganz kleinem Besitz. 1790 galten acht Prozent der Berliner Bevölkerung als bedürftig und empfingen Unterstützung durch die Armendirektion. Dabei sind Tagelöhner ohne Wohnsitz, in die Stadt verschlagene Landstreicher und die im Tiergarten herumlungernden Bettelkinder sicher nicht oder nicht vollständig miterfasst. Im Übrigen waren neun von zehn Unterstützungsempfängern weiblich, sechs (bis sieben) von zehn verwitwete Frauen mit Kindern.

Die Ahnung, dass hinter der wachsenden Zahl der Armen und dem Zunehmen der Bettelei gesellschaftliche Prozesse stehen, denen die einzelnen Individuen hilflos ausgeliefert sind, ändert nichts an dem Gefühl, sich gegen die Menschen, die ›es‹ getroffen hat, irgendwie wehren, sich vor ihnen schützen zu müssen: mit Almosen vor ihrer Aufdringlichkeit, mit Arbeitshäusern vor ihrer Renitenz und mit Zuchthäusern vor ihrem Abgleiten in die Kriminalität.

Almosen helfen nicht bei Massenarmut, außerdem muss die Mildtätigkeit im Einzelfall gut ausbalanciert sein. In Goethes *Wahlverwandtschaften* macht der Gutsbesitzer Eduard diese Erfahrung mit einem Bettler, »der mehr frech als bedürftig aussah« und sich, abgewiesen, »murrend, ja gegenscheltend, mit kleinen Schritten entfernte«. Um den über diese Widersetzlichkeit empörten Junker zu beruhigen, rät ihm sein Freund und Gast: »Almosen muss man einmal geben; man tut aber besser, wenn man sie nicht selbst gibt, besonders zu Hause. Da sollte man mäßig und gleichförmig in allem sein, auch im Wohltun. Eine allzu reichliche Gabe lockt Bettler herbei, anstatt sie abzufertigen; dagegen man wohl auf der Reise, im Vorbeifliegen, einem Armen an der Straße in der Gestalt des zufälligen Glücks erscheinen und ihm eine überraschende Gabe zuwerfen mag.«

Gibt man zu Hause regelmäßig, etabliert sich womöglich eine Art Anspruch, dessen man nicht mehr Herr wird. Goethe erklärte rundheraus: »Eigentlichen Bettlern, gebrechlichen alten Leuten habe ich niemals gern gegeben; sie schienen mir einen Zustand besetzt, sich darein geschickt zu haben, und mir deuchte Anmaßung, die grenzenlose Not mildern und mäßigen zu wollen.« Der Besitz- und Machtlose darf auf die Gnade des Besitzenden und Mächtigen hoffen, aber niemals Rechte daraus ableiten. Darauf wurde in allen Formen der institutionellen Armutsbekämpfung sorgfältig geachtet. Als während der Ernte- und Spekulationskrise Anfang der 1770er-Jahre* Bettler in Scharen über die Dörfer und durch die Straßen der Städte zogen, war das besonders wichtig. Büschings Angaben von 1775 über die Waisenkinder von Potsdam lassen die Ausmaße ahnen: »1. Knaben, 1) in dem großen Waisenhause 1126; 2) bey Handwerksleuten 558; 3) auf dem Lande 160. 2. Mädchen, im Mädchen-Waisenhause 716; 3. kleine Kinder, 1) in Berlin 140; 2) in Potsdam 404; 3) auf dem Lande 1; überhaupt 3105 Kinder, nämlich 2124 männliche und 981 weibliche.«

Die Kinder mussten arbeiten, so sie alt genug dafür waren, und das waren sie sehr früh. Der Reformpädagoge Christian Gotthilf Salzmann, Anfang der 1780er im Dessauer Philanthropin tätig und

---

* Dazu der Abschnitt »Thier unter Thieren« im nächsten Kapitel.

1784 Gründer der Schnepfenthaler Anstalten bei Gotha, schrieb in *Carl von Carlsberg oder über das menschliche Elend* über Kinderarbeit im Waisenhaus: »Alle sahen sie bleich aus, wie die Leichen, hatten matte, viele triefende Augen, kein Zug von Munterkeit war an ihnen sichtbar, einige hatten verwachsene Füsse, andere verwachsene Hände, und alle starrten von Grätze, die alles Mark auszusaugen schien. Die Stube war schwarz vom Oeldampfe, und an den Wänden flossen die Ausdünstungen herab, die diese Elenden von sich gaben. [...] Und alle ihre Arbeit war Spinnen. Einige, besonders die kleinen, sponnen sitzend, die andern stehend.«

Die von Salzmann exemplarisch geschilderte Kinderarbeit war auch im Potsdamer Waisenhaus üblich. Zeitweise hatten Verleger Pachtverträge mit dem Institut. Kinder, Arme und besonders arme Kinder sollten nicht ›gepflegt‹ werden, das klang den Verantwortlichen in den Behörden eher nach ›verwöhnen‹, und statt der sogenannten ›Armenfürsorge‹ ging es darum, die Armen unter Aufsicht zu nehmen, in Zucht zu halten und zur Arbeit zu erziehen. Nichts ist schlimmer beim Armen als Faulheit. Die Hand, die von anderen nimmt, statt selbst etwas zu tun, verdirbt den ganzen Menschen, erklärt das *Magazin zur Erfahrungsseelenkunde:* »Das Betteln giebt einer jeden Seele eine fast unauslöschliche Bösartigkeit und Niedrigkeit. Das Herz des Menschen, der nur auf kurze Zeit sich hat überwinden können, andre um Brodt und Geld, nicht als Lohn von Arbeit, anzusprechen, bleibt für jede Verleitung zu den niedrigsten Handlungen nur gar zu gern offen.«

Arbeitsfähigkeit und Arbeitswilligkeit sind die entscheidenden Kriterien bei der administrativen Erfassung der Armen. In Justus Mösers *Verbesserung der Armenanstalten* heißt es: »Man teile alle Arme in drei Klassen. In die erste Klasse sollen diejenigen kommen, welche durch Unglücksfälle oder Gebrechlichkeit arm sind und einige Schonung verdienen. In die andre alle, welche eben keine Schonung verdienen und sich nur damit entschuldigen, dass sie keine Gelegenheit zu arbeiten haben, um ihr Brot zu gewinnen. In die dritte alle mutwilligen Bettler, die durch ihr eigen Verschulden arm sind und gar nicht arbeiten wollen«. Wer entscheidet, wer in welche Klasse gehört? Die Obrigkeit »mit Zuziehung der Pfarrer«. Was geschieht mit den Armen der jeweiligen Klasse? Die der ersten Klasse werden »durch öffentliche Vorsorge zu Hause versorgt«, die der zweiten »mit Arbeit versehen« und die der dritten »in dem angelegten Werkhause dazu gezwungen«.

Wie das vor sich ging, veranschaulicht Nemnich 1809 für die Stadt Köln: »Um dem fast beispiellosen Straßenbetteln […] Einhalt zu thun, und um Personen von schlechtem Lebenswandel aus der allgemeinen Verlassenheit zu setzen, hat der Wohlthätigkeits-Ausschuß in Köln, vor vier Jahren, das große Minoritenkloster in ein öffentliches Arbeitshaus umgeschaffen, um jenen Auswurf, den die Polizei allenthalben auf den Straßen aufgreift, zu Arbeiten, die noch zur Zeit im Spinnen und Weben von Wolle und Baumwolle bestehen, anzuhalten. Das Bettelvolk […] erhält dagegen Obdach, gesunde Nahrung, Pflege und alles, was ein edler Menschensinn ihm darbieten kann. Es wird sogar ein Bad eingerichtet, um das müssige, in Schmutz vergehende Volk bey der Ankunft recht zu säubern und demselben eine neue, reinliche Kleidung zu geben.«

Armenhäuser waren immer zugleich Arbeitshäuser und manchmal auch Zucht- und ›Irrenhäuser‹*. Der Übergang zwischen Sozial- und Kriminalpolitik blieb fließend, oft befanden sich Arbeits-, Zucht- und Irrenhaus im selben Gebäudekomplex, nur getrennt durch gemeinsam genutzte Innenhöfe. In einer solchen Anstalt wuchs der Verzweiflungsdramatiker Christian Dietrich Grabbe auf. Ein Zuchthaus brauchte einen Zuchtmeister. Dieses Amt versah in Detmold der Vater Grabbes. Die Familie wohnte mit den Insassen unter einem Dach, und nachdem eine der Gefangenen, eine gewisse »Rüterhenken«, mit dem Besen über den siebenjährigen Jungen hergefallen war, machte der Vater 1808 bei der Zuchthauskommission diese Eingabe: »Ich muss ganz gehorsamst bitten, dass es der Rüterhenken nicht gestattet werde, so frei auf dem Hof herumzugehen, weil mein Sohn vor ihr nicht sicher ist, und ähnliche Misshandlungen auf sein furchtsames Gemüt und seine schwächliche Gesundheit bösen Eindruck machen können.«

Nach der Kindheit unter Zuchthäuslern im provinziellen Detmold zog es Grabbe unter die Studenten im weltstädtischen Leip-

---

* Dazu der Abschnitt »Vom Hospital zum Krankenhaus« im Gesundheitskapitel.

zig. Die finanzielle Unterstützung durch den Vater und ein herzogliches Stipendium sicherten ihn ab, er musste nicht Theologie studieren wie gewöhnliche Arme-Leute-Kinder und brauchte kein Armutszeugnis wie vier Jahrzehnte zuvor der »vortreffliche Jüngling J. P. Fr. Richter«. In dessen *Testimonium paupertatis* hieß es: »Da Armut niemand zur Unehre gereicht, der nach Reichtum an Tugend trachtet, braucht der wahrlich nicht zu erröten, der um dies Zeugnis gebeten hat«. Jean Paul, dessen verstorbener Vater schon Pastor gewesen war, begann in Leipzig brav ein Studium der Theologie.

Immerhin ist ein Bettelstudent wenigstens von der Straße, auf der sich die Bettelkinder zum Schaden ihrer Tugend und ihrer Zukunft herumtreiben: »Das Herz im Leibe tut mir weh«, schrieb Christian Felix Weiße, Herausgeber des Leipziger Wochenblatts *Der Kinderfreund* im Oktober 1776, »wenn ich bisweilen solche Bettelkinder herumlaufen sehe, die schon abgerichtet sind, Schnupftücher aus den Taschen zu ziehen oder durch Lug und Trug kleine Beute zu machen: wie manches bereitet sich da schon zu Galgen und Rad vor«.

»Ein Kriminalspaß, den man mit ansehen muss«

Gang zum Richtplatz

Hätte man als Zeitreisender das Unglück, sich in der Rolle des Henkers von Hannover wiederzufinden, wäre ›die Sache‹ so anzupacken: »Der Scharfrichter hat die untere Fläche des Griffs des Schwertes mit der linken und die obere Fläche mit der rechten Hand zu fassen. [...] Er hat den Hieb von der linken nach der rechten Seite zu führen.« Die Instruktion stammt aus dem Jahr 1854. Zu diesem Zeitpunkt wurde die Todesstrafe in der Regel nicht mehr auf öffentlichem Platz vor herbeigelaufenem Publikum vollzogen, sondern hinter Gefängnismauern vor einbestellten Zeugen. Gleichwohl fand im selben Jahr auf einem Gelände am Stadtrand von Leipzig noch eine öffentliche Hinrichtung statt, eine der letzten in Deutschland und in jener Stadt, auf deren Marktplatz am 27. August 1824 der vierundvierzigjährige Johann Christian Woyzeck geköpft worden war, »ein alter Kerl und hat nichtsdestoweniger ein altes Weib aus Eifersucht erstochen«, wie der Student Grabbe aus Leipzig nach der Verurteilung Woyzecks zweieinhalb Jahre zuvor an seine Eltern in Detmold geschrieben hatte, selbst schon auf dem Sprung nach Berlin.

Hätte man als Zeitreisender die zweifelhafte Ehre, im Jahr 1772 bei der Henkersmahlzeit der Frankfurter Kindsmörderin Susanna Margaretha Brandt, dem historischen Vorbild von Goethes Gretchen, zwischen den Amtspersonen zu sitzen, bekäme man Bratwürste, Rindfleisch, Karpfen und Lamm aufgetischt, auch Süßspeisen und Wein. Man würde sich über den Appetit der anderen Herrschaften wundern, denen durchaus kein Bissen im Halse stecken blieb.

In den Jahrzehnten zwischen der Hinrichtung der armen Susanna Margaretha 1772 in Frankfurt am Main und der Hannoveraner Schwertinstruktion von 1854 wurden die Schafottbühnen allmählich abgeschlagen und den Strafen der Charakter als blutiges Unterwerfungsritual genommen. Die 1770er-Jahre steckten jedoch tief in den alten Rechtsüberlieferungen. Strafgesetzgebung, Strafprozess und Strafvollzug ruhten noch immer auf des *Keyser Karls des fünfften und des heyligen Römischen Reichs peinlich gerichts ordnung,* genannt *Carolina,* von 1531. Johann Kaspar Riesbeck schrieb in seinen *Reisebriefen* über die Rechtsgepflogenheiten in Schwaben: »Das Kriminalgericht könnte in diesen Gegenden […] einige Veränderungen leiden. Man foltert noch und köpft und hängt und rädert und spießt wohl auch noch pünktlich nach der Carolina.«

Die Rechtsreformen gingen in den deutschen Staaten mit unterschiedlicher Geschwindigkeit vor sich, doch die Folter war nirgends ›abgeschafft‹, auch nicht in Preußen, trotz der geheimen ›Kabinettsordre‹, die Friedrich II. kurz nach seiner Inthronisation (häufig, aber falsch als »Amtsantritt« bezeichnet) 1740 erlassen hatte. Friedrichs erster Humanisierungsschritt war nicht wertlos, aber er schaffte die Folter eben nicht ab, sondern schränkte sie nur ein. Schon die Tatsache, dass die Order geheim war, veranschaulicht die problematische Inkongruenz zwischen der aufklärerischen Humanität des ›Philosophen‹ und dem autokratischen Herrscherwillen des Königs. Im

Zweifelsfall, das hat Friedrich sein ganzes langes Leben immer wieder (und oft genug kriegerisch) unter Beweis gestellt, behielt der Herrscher die Oberhand. Was war die geheime ›Abschaffung‹ der Folter in der Praxis des Kriminalprozesses wirklich wert, wenn der Angeklagte sich vor Gericht nicht darauf berufen konnte? Ohnehin bekräftigte die Order die Folter als ›rechtliches Zwangsmittel‹ in besonderen Fällen, bei Majestätsverbrechen etwa oder bei Straßenräuberei, wenn es darum ging, dem Verdächtigen die Namen von Komplizen abzuringen. Des Weiteren blieb in allen Fällen bei ›verstockten‹ Beschuldigten das Ausweichen in die ›Lügenstrafe‹ möglich, die faktisch eine Prügelfolter war, auch wenn sie nicht so hieß.

Die Folter, die unauflöslich mit ihr verknüpfte uralte Rechtsfixierung auf das Geständnis, das fein abgestufte System der Strafen, der Zweck der Strafe (Sühne oder Vergeltung oder Abschreckung oder ›Besserung‹ – oder alles zusammen), die Öffentlichkeit der Hinrichtung, der Pomp bei ihrem Vollzug – dies alles war seit Beginn des Jahrhunderts diskutiert worden. Die 1764 zunächst anonym erschienene Schrift *Dei delitte e delle pene* (*Über Verbrechen und Strafen*) des Mailänders Cesare Beccaria forcierte diese Diskussion und forderte auch die Nichtjuristen unter den Gebildeten auf, eine eigene Haltung zu diesen Fragen zu entwickeln. Noch 1810 heißt es in Eduard Henkes *Über den gegenwärtigen Zustand der Criminalrechtswissenschaft* bewundernd zu Beccarias Einfluss: »Die Sprache des Gefühls, mit welcher er die Sache der durch manche Barbareien der bis dahin bestandnen Criminalgesetzgebungen beleidigten Menschheit führte, war ganz geeignet, die allgemeine Teilnahme in hohem Grade zu erregen.« Die katholische Kirche setzte das Buch bald nach seinem Erscheinen auf den *Index librorum prohibitorum*, auf dem es die Ehre hatte, zweihundert Jahre lang stehen zu bleiben, bis 1962 der Index der verbotenen Bücher selbst aufgehoben wurde.

Das kirchliche Verbot konnte nicht verhindern, dass Beccarias Schrift ein europäischer Erfolg wurde, dem eigentlich nur der von Goethes *Werther* zehn Jahre später an die Seite zu stellen ist. Das unerhörte Selbstmörderbuch in Briefen fuhr jungen Leserinnen und vor allem Lesern dermaßen in die Seelen, dass etliche darüber den Verstand verloren und sich wie Werther eine Kugel in den Kopf schossen.

Der Selbstmord blieb jedoch rechtlich trotz Beccaria-Mode und Werther-Kult ein Verbrechen, und da der Verbrecher nicht mehr am Leben zu strafen war, ging es an den Leichnam. »Kein Geistlicher hat ihn begleitet« heißt es über Werthers Begräbnis im trostlosen letzten Satz des Romans. Über die Beerdigung von dessen Wetzlarer Vorbild, des jungen Jerusalem*, weiß Friedrich Christian Laukhard in seinen *Leben und Schicksalen* 1792 zu berichten, der zuständige Pfarrer »sah jeden Selbstmörder als ein Aas an, das eigentlich für den Schinder gehöre«, nur mit Mühe sei erreicht worden, »daß der Erblaßte auf einer Ecke des Gottesackers durfte begraben werden.« Nach dem Erscheinen des *Werther* kam es zu Prozessionen »empfindsamer Seelen beiderlei Geschlechts«. Man las aus Goethes Roman vor, und nachdem »dies geschehen war, und man tapfer geweint und geheult hatte, gieng der Zug nach dem Kirchhof. Jeder Begleiter trug ein Wachslicht […] Als der Zug endlich auf dem Kirchhof ankam, schloß er einen Kreis um das Grab des theuren Märtyrers und sang das Liedchen ›Ausgelitten hast du, ausgerungen‹. Nach Endigung desselben trat ein Redner auf und hielt eine Lobrede auf den Verblichenen, und bewies beiher, daß der Selbstmord – versteht sich aus Liebe, – erlaubt sey.«

In Weimar indessen wurden die überraschend zahlreichen Selbstmörderinnen und Selbstmörder noch in den ersten Jahrzehnten des 19. Jahrhunderts meistens weder geweihter noch ungeweihter Erde übergeben, sondern der Anatomie der Universität Jena.

In den 1770er-Jahren herrschten überall noch die alten Rechtsgepflogenheiten. Auf den Marktplätzen der Städte fanden regelmäßig Exekutionen statt, und manche Landstraße wurde von Galgen gesäumt, um Straßenräuber abzuschrecken – nicht nur im bösen Bayern, über das der Schwabe Wekhrlin 1778 schrieb: »Der Bayer ist falsch, grausam, abergläubisch und verwegen. Nirgendwo trifft man mehr Räder, Galgen und Schergen an, als in Bayern. Hier sind die Landstraßen auf beiden Seiten mit Galgen bepflanzt, so wie sie in polizierten Ländern mit Maulbeerbäumen bepflanzt sind.« Ausgerechnet ein Berliner, sonst nicht gerade ein natürlicher Verbündeter des Bayern, erhob Einspruch gegen Wekhrlins Urteil, ob-

---

* Über dessen Selbstmord der Abschnitt »Todesfälle« im letzten Kapitel.

gleich nicht gegen den von ihm beschriebenen Sachverhalt. »Es ist wahr«, heißt es in Friedrich Nicolais *Beschreibung einer Reise durch Deutschland und die Schweiz im Jahr 1781*, »Dieberey, Straßenraub und Mord sind daselbst viel häufiger als in anderen Ländern; die Galgen, wo sie stehen sind selten leer. Aber ich glaube wiederum nicht, dass man hieraus so sehr auf einen bösen Charakter des gemeinen Mannes, als vielmehr darauf schließen müsse, dass die Art ihn zu regieren und zu behandeln höchst unvollkommen und unzweckmäßig ist.«

Für den Berliner Aufklärer lag es am Fehlen der Aufklärung in Bayern, dass dort an den Straßenrändern die Galgen wuchsen. Auch Riesbeck sah das so: »Einige vom Hofe haben vielleicht zwischen Wachen und Schlafen den Beccaria gelesen [...] Nun affektierte man hier auch diesen philosophischen Ton – es zeigte sich aber bald, dass es nur Affektation war. Die Diebe, Mörder und Straßenräuber mehrten sich [...] Man sorgte nicht dafür, durch gute Erziehung, mehrere Aufklärung, Verbesserung der Sitten und Ermunterung zum Arbeiten die Untertanen vom Stehlen und Rauben abgeneigt zu machen.«

Aber selbst in Bayern war der Fortschritt, an den die Berliner (und Berlinbewunderer wie Riesbeck) so unerbittlich glaubten, nicht aufzuhalten. 1813 trat das von Paul Johann Anselm Feuerbach entworfene neue bayerische Strafgesetzbuch in Kraft, und eine Verordnung von 1814 dekretierte: »Alle feierlichen Begleitungen des Delinquenten, das hin und wieder übliche Mitziehen der Honoratioren der Stadt, der Schuljugend und dergleichen, ferner das Absingen von Sterbe-Liedern, wird hiermit verboten.« Während früher an solchen Tagen die Schule ausfiel und ganze Klassen, die Lehrer vorneweg, singend zum Blutgericht marschierten, sollte nun an Hinrichtungstagen der Unterricht besonders früh beginnen. Schüler, die schwänzten, um die öffentliche Bestrafung anzusehen, sollten bestraft werden.

Von den zwischen 1818 und 1827 in Bayern ausgesprochenen 72 Todesurteilen wurden 38 nicht vollstreckt, und in den 1830er-Jahren fand im Schnitt nur noch eine Hinrichtung jährlich statt. In Preußen wurden zwischen 1818 und 1847 zwar noch 96 Frauen wegen Kindsmordes zum Tode verurteilt, aber keine von ihnen wurde hingerichtet[*]. Die letzte öffentliche Verbrennung in Berlin fand am 28. Mai 1813 statt. Die Delinquenten, ein dreißigjähriger Mann und seine einundzwanzigjährige Geliebte, wurden auf einem Karren an den Stadtrand gefahren und die letzten 150 Meter nach altem Rechtsbrauch auf einer Ochsenhaut zum Richtplatz geschleift. Auf dem Scheiterhaufen stülpte ihnen der Henker große Mützen über die Köpfe, unter denen er sie, vom Publikum unbemerkt, erdrosselte, bevor er das Feuer legte.

Die (vermutlich) letzte öffentliche Hinrichtung in Berlin überhaupt wurde am 2. März 1837 zelebriert. Die Delinquentin wurde, bei einer Frau sehr ungewöhnlich, ›von unten herauf‹ gerädert, ihr die Knochen also beginnend von den Füßen über die Schienbeine nach oben mit einem Rad zerstoßen, während beim ›milderen‹ Rädern von oben herab der Henker mit dem ersten Stoß dem Opfer den Hals brach. Es ist aber davon auszugehen, dass der Henker, wie beim Rädern von unten seit längerer Zeit üblich, auch in diesem letzten Fall das Opfer vorher erdrosselt oder mit einem Stich ins Herz getötet hat.

Den aufklärerischen Rechtsreformern gelang es, solche Strafen mehr und mehr einzudämmen. An die Stelle der alten ›Abschreckung‹ trat als Strafzweck die ›Besserung‹ der Straftäter und eine ›Humanisierung‹ des Strafvollzugs. Das erfolgte nicht gegen, sondern mit und durch die Behörden, denn die von Amts wegen inszenierten Strafspektakel waren den Amtsinhabern selbst zu spektakulär geworden. Die öffentliche Hinrichtung hatte sich im Laufe des 18. Jahrhunderts vom altüberlieferten ›mittelalterlichen‹ Sühneritual mehr und mehr in ein Abschreckungstheater verwandelt und drohte nun in ein der behördlichen Kontrolle entgleitendes Volksfest auszuarten, in einen Jahrmarkt der Strafe. Ein anonymer Zeitzeuge berichtete 1799 aus Berlin: »Ich habe heute einem Volksfeste beigewohnt, von welchem mir noch jede Nerve zuckt – es war eine öffentliche Hinrichtung durchs Rad, und der Delinquent war ein Frauenzimmer. [...] alles drängte sich nach der Gegend des Rathauses hin, wo über die Unglückliche noch unter freiem Himmel ein peinliches Halsgericht gehalten werden sollte. [...] Der Ort, wo

* Siehe »Denkmal für die Gretchen« im Kapitel über Sexualität.

das Gericht gehalten werden sollte, war mit einem hölzernen Gitter umgeben, aber selbst in diesen Kreis hatten die Gerichtsdiener für Trinkgelder so viele Menschen gelassen, dass die Richter sich kaum umwenden konnten. Von dem, was hier vorging – der Vorlesung des Urteils und so weiter – konnte man des lauten Getöses, selbst des Gelächters wegen unter dem Volkshaufen […] nicht das Geringste hören.« Nach dem Halsgericht setzte sich der Zug mit der Delinquentin, den Richtern, Henkern und der Militäreskorte in Bewegung hinaus zur Richtstätte im heutigen Wedding. »Um das Gericht hatte das Militär einen großen Kreis geschlossen; um diesen hielt eine Wagenburg, welche mit Zuschauern besetzt war, die ihre Plätze, je nachdem sie gut zum Sehen gelegen waren, mit 4 bis 12 Gr. bezahlt hatten. Zwischen diesen Zuschauern, die aus allen Ständen und Volksklassen und ebenso viel Weibern als Männern bestanden, drängte sich eine zahllose Menge Marketender mit Likör und Branntwein herum […] So erwartete man den Augenblick mit Ungeduld, wo das Leben eines Menschen vernichtet werden sollte. Die Gebildeteren sprachen davon als einem Kriminalspaß, den man doch mit ansehen müsse. – Niemand war bei dieser Gelegenheit geschäftiger als die heillose Schar der Freudenmädchen, die überall zu treffen waren, um Geschäfte zu etablieren. Die reicheren in Mannskleidern zu Pferde, die übrigen zu Wagen, zu Fuß, wie sie konnten. Endlich kam die Unglückliche an, und die Exekution wurde vollzogen. Ein junger Mann, der Sohn des hiesigen Scharfrichters, vollstreckte sie. Der Tod durchs Rad – von oben herab – war gewiss für die Unglückliche weniger grausam als schauderhaft für den gefühlvollen Zuschauer.«

Die turbulente Wirklichkeit des Strafvollzugs auf den Marktplätzen in der Stadt und auf den Rabensteinen davor brachte viel ›polizeiwidrige‹ Unruhe mit sich und stets die Sorge, die Exekution könnte aus dem Ruder laufen. Am 16. September 1800 kam es in Berlin zu einer dieser gefürchteten Schafottrevolten, ausgelöst von einem Streit zwischen Henkersknechten und Handwerkern um den vom Blut der Hingerichteten gefärbten Sand, dem wunderheilende Wirkung nachgesagt wurde. Bei der Auseinandersetzung schlugen die Knechte mit blutigen Stricken auf die Handwerker ein. Die solchermaßen im Wortsinn aufgepeitschte Erregung führte fast zu einer Revolte, das Militär konnte die Menge nur mit Mühe auseinandertreiben. Den Behörden machte dieses Geschehen deutlich, wie leicht eine Menge außer Rand und Band geraten und gegen die Macht revoltieren konnte, trotz der exemplarischen Demonstration und dramatisch handgreiflichen Exekution ebendieser Macht.

Die Konsequenzen aus dieser Erfahrung zog eine *Verordnung, wie künftig bei Vollziehung von Todesurteilen in den hiesigen Residenzien verfahren werden soll.* Daraus die Paragrafen 4 bis 8: »§ 4 Die Exekution muss an den langen Tagen früh um Sechs Uhr, in den kürzern aber, um 7 oder 8 Uhr vorgenommen werden. § 5 Es bedarf keiner Hegung eines hochnotpeinlichen Halsgerichts, sondern statt dessen wird, wie es bei dem Militair gebräuchlich, das Urteil auf dem Richtplatz dem Delinquenten durch einen der Criminal-Richter laut vorgelesen. § 6 Dem Delinquenten werden keine ihn auszeichnende Kleidungsstücke gestattet. Ist der Anzug, welchen der Delinquent im Gefängnis getragen, nach dem Ermessen der Richter, nicht schicklich, so werden dem Delinquenten Kleidungsstücke von grauer Sackleinwand gewirkt. § 7 Zur möglichsten Beschleunigung des Transports zum Richtplatz geschiehet solcher auf einem gewöhnlichen Leiterwagen in der Art, dass der Delinquent auf ein Bund Stroh gesetzt, angeschlossen und von zwei auf dem Wagen sitzenden Gerichtsdienern begleitet wird. Einige reitende Polizei-Bediente umgeben den Wagen, und ein Cavallerie-Commando hindert das Andringen des Volkes. § 8 Um den Richtplatz wird von einem Infanterie-Commando ein Kreis geschlossen, und niemand, außer dem bei der Exekution erforderlichen Personali, der Eintritt in den Kreis und noch weniger Zugang zum Blutgericht gestattet, damit auch die entfernten Zuschauer die Hinrichtung sehen können.«

Der prozessionsähnliche Gang durch die Straßen der Stadt zum Richtplatz in genau vorgeschriebener Reihenfolge wurde durch eine Wagenfahrt ersetzt, die den Delinquenten so rasch wie möglich durch die Menge zum Richtplatz brachte. Um die Richtstätte zusammengezogenes Militär sollte Tumulte verhindern. Das Verhökern des wegen seiner Zauberwirkung begehrten Mörderblutes an die Zuschauer wurde untersagt. Der Aberglaube ums Schafott wurde befehdet, die magische Aura der Macht herabgestimmt.

Selbst der Henker sollte von seiner traditionellen ›Unehrlichkeit‹ befreit werden. Doch dauerte es noch lange, bis sich ›Meister Hans‹ vom ›Angstmann‹ in einen Vollzugsbeamten verwandelt hatte.

Die zunächst für Berlin verordnete Abschaffung des ›peinlichen Halsgerichts‹ einschließlich des seit dem 13. Jahrhundert überlieferten Stabbrechens wurde mit dem Inkrafttreten der preußischen ›Criminal-Ordnung‹ von 1805 auf den ganzen Staat ausgedehnt. Die Bayern reformierten hinterher. Dort wurde der letzte Stab am 14. Januar 1879 in Nürnberg gebrochen, obgleich sich daran keine öffentliche Hinrichtung mehr anschloss.

Die Strafe als Publikumsspektakel war für die Behörden aber nicht nur wegen der drohenden Ausschreitungen der Menge problematisch geworden. Sie stellte das Konzept der Abschreckung des Publikums vom Verbrechen mittels Bestrafung des Verbrechers vor Publikum grundsätzlich infrage. Ferdinand Hommel, der deutsche Kommentator Beccarias, sprach das 1778 in einer Anmerkung seiner Übersetzung von *Des Herrn Marquis von Beccaria unsterbliches Werk von Verbrechen und Strafen* in höhnischer Deutlichkeit aus: »Demjenigen, der einen Dieb will hängen sehen, rate ich wohlmeinend, die Taschen zuzuknöpfen und die Uhr zu Hause zu lassen. Denn es wird unter dem Galgen gestohlen, welches nicht möglich wäre, wenn die Härte und sichtbare Strafe etwas abzuhalten im Stande wäre.« Die Abschreckung misslingt, und die Schändung der Verbrecherleichen ist eine Schande: »Ich weiß nicht, wie die Großen der Erden auf den Landstraßen, die sie selbst befahren, die Scheusale des Galgens, des Rades und der zerfleischten Gerippe ansehen können.«

Das mochte man sich auch in Weimar gedacht haben, als im Juni 1816 ein Prinz Hochzeit machte. Vor der Stadt verweste seit August 1813 der Körper eines Enthaupteten auf dem Rad hoch oben über einem Pfahl. Dieser Anblick sollte dem jungen Prinzen nach der Trauung beim Einzug in die Stadt durch eine Ehrenpforte nicht zugemutet werden. Die Leichenreste wurden vom Rad »abgenommen und daselbst eingegraben«, vermerkt Tagebuchschreiber Gesky am 3. Juni 1816: »Das Rad und der Pfahl aber wurden verbrannt.«

1813, als im August der Körper aufs Rad geflochten worden war, hatte schon im März eine Hinrichtung stattgefunden. Gesky merkt dazu an, dass »seit etlichen 30 Jahren kein Delinquent war vom Leben zu Tode verurteilt worden«. Die Zeitspanne führt zurück zur Enthauptung der Kindsmörderin Johanna Catharina Höhn im Jahr 1783.

Die Anwesenheit von Kindern auf dem Richtplatz verstand sich in der zweiten Hälfte des 18. Jahrhunderts zwar nicht mehr von selbst, sonst hätte es darüber keine publizistischen Kontroversen gegeben, war aber doch noch so üblich, dass auch viele Reformpädagogen nach dem Hin-und-Her-Wenden der Argumente dazu neigten, die Kinder zum Schafott zu schicken – oder das Schafott in der Kinderstube aufzuschlagen. Dass die ›Philanthropie‹ nicht nur schöne Worte in den Mund nehmen, sondern auch die Zähne fletschen konnte, bewies Basedows *Elementarwerk,* dessen ›Zielgruppe‹ Kinder zwischen vier und zwölf Jahren waren, genauer gesagt deren Hofmeister und Erzieher.

Die Kupfertafeln des Werkes hatte Daniel Chodowiecki gestochen. Diejenigen über die Strafe waren konzipiert als Ersatz für das Live-Erlebnis einer Hinrichtung. Die sinnliche Erschütterung, die ein Kind bei einer prunkvoll inszenierten Exekution erfuhr, sollte durch die prachtvollen Darstellungen im großformatigen *Elementarwerk* jederzeit wiederholbar werden. Der Erzieher brauchte nur das entsprechende Kapitel aufzuschlagen, schon stand ein Pranger, ein Galgen, ein Schafott im Schul- oder Kinderzimmer. Das folgte konsequent der alten Idee von Abschreckung, derzufolge nicht die Drohung mit Worten (des Lehrers oder des Gesetzes) das Kind von Vergehen und den Erwachsenen von Verbrechen abhält, sondern der Anblick der Strafe. Das Kind und das Volk müssen sinnlich erzogen werden. Pädagogen und Politiker müssen die Einbildungskraft der Menschen beherrschen.

Doch auch mit Worten wurde nicht gespart. Eine grausige Beredsamkeit erläutert die Schreckensbilder des *Elementarwerkes:* Straßenräuber, Raubmörder und »andre vorsätzliche Mörder werden gerädert, das ist, sie verlieren ihr Leben durch Stöße mit einem Rade, womit der Scharfrichter erst die stärksten Knochen ihres Leibes zerbricht, ehe sie sterben können. Alsdann werden sie, zuweilen noch lebend, mit Ketten auf einem Rade befestigt, welches oben auf einen langen Pfahl gesteckt ist. Da sterben sie langsam in unsäglichen Schmerzen. [...] An anderen Orten werden Missetäter von gewisser Art lebendig verbrannt, lebendig an ein Kreuz genagelt, lebendig an den Rippen aufgehängt, lebendig an gewissen Teilen des Leibes auf Spieße oder spitzige Pfähle gesteckt, oder lebendig von Pferden geviertteilt. Kinder, gewöhnt euch, der Obrigkeit zu gehorchen, denn ihre Strafen sind furchtbar.«

Der Schweizer Pädagoge Johann Heinrich Pestalozzi stellte die Frage: »Wie weit Furcht gut sei?«. Wie bei Basedow kippte der Erziehungs- in Vernichtungswillen, sobald die Pädagogik an ihre Grenzen stieß. Furcht ist gut, bis »Angewöhnungen da sind wie bei Kindern. Das verdorbene Gesindel, das aus Verbrechen sein Leben macht, ist mehr Tier als Mensch und Gift der Sozietät. Die mittlere Obrigkeit, die nicht Souverän ist, braucht mit Recht Galgen und Rad, Spiessruten und Folter.«

Die Gewaltpädagogen hätten ihre Freude gehabt an der Hinrichtung des Schinderhannes 1803 vor dem Neutor von Mainz. Die Kinder bekamen schulfrei, um sich das Mordsspektakel um eine Mörderbande ansehen zu können. In einer knappen halben Stunde wurden zwanzig Köpfe abgeschlagen. Das war nur möglich durch die Guillotine, die im französisch regierten Mainz/Mayence eingeführt worden war. Das Fallbeil bedeutete insofern eine Humanisierung des Strafvollzugs, als damit die Metzeleien verhindert wurden, die in den Jahrzehnten um 1800 bei Hinrichtungen mit dem Schwert immer wieder vorkamen. Die Zahl der Hinrichtungen nahm schneller ab als die Zahl der Henker, die um ihre Jobs kämpften. In manchen Regionen hatten die in Amt, wenn auch ohne bürgerliche Würde alt gewordenen Scharfrichter seit zehn, mitunter zwanzig Jahren keine Enthauptung mehr vollstreckt. Mussten sie schließlich doch ihres Amtes walten, konnte es passieren, dass sie dem Delinquenten in die Schulter hieben oder den Kopf spalteten, statt ihn mit einem Schlag ›sauber‹ vom Rumpf zu heben. Noch die Hannoveraner Gebrauchsanweisung von 1854, wie das Schwert zu führen sei, hatte darin ihren Grund.

Schon 1784 hatte Christoph Meiners in der *Berlinischen Monatsschrift*, in der im Dezember des gleichen Jahres Kants Aufsatz *Was ist Aufklärung?* erschien, gefordert, das Schwert durch das Beil zu ersetzen. Durch das leichter zu handhabende Beil seien dem Deliquenten unnötige Qualen, dem Henker unnötige Angst vor dem ›Putzen‹, wie das fehlerhafte Richten genannt wurde, und dem Publikum der Anblick unnötiger Grausamkeit zu ersparen. Aber auch das Beil liegt noch in des Henkers Hand, und mit ihm das Schicksal des Delinquenten. Der »Notwendigkeit, Menschenhände zum Würgen zu brauchen«, schreibt Meiners, »würde man entgehen, wenn man das rächende Beil von einem unfehlbaren und gefühllosen Gewichte oder einer Maschine treiben ließe.« Ebendies leistete die Guillotine, die am 25. April 1792 ihre – man muss es so sagen – Premiere hatte, denn auch die ›humane‹ Maschine köpfte spektakulär vor Publikum. Ihr prominentester Befürworter war der Arzt Joseph Ignace Guillotin, ihr Konstrukteur der Anatom Antoine Louis (die Guillotine wurde gelegentlich auch Louisette genannt) und ihr Hersteller der deutschstämmige Klavierbauer Tobias Schmidt.

Die Maschine des Meisters aus Deutschland ermöglichte 1803 die Schnellhinrichtung in Mainz. Als Vorsitzender des Gerichts amtierte übrigens der kosmopolitische Kreuzwanderer Georg Friedrich Rebmann. Die abgetrennten Köpfe fielen in einen Schacht unter dem Schafott, die Rümpfe wurden rasch in eigens errichtete Baracken geschafft, um galvanische Experimente durchzuführen, als hätte es sich bei den Räuberleibern um Froschbeine gehandelt. Im gleichen Jahr wurden im preußisch regierten Breslau am Körper eines Enthaupteten Experimente zur ›galvanischen Electrizität‹ durchgeführt. Der in Jena und Weimar berühmt gewordene, damals jedoch bereits in Berlin praktizierende Christoph Wilhelm Hufeland lehnte derartige Versuche aus ethischen Gründen ab, denn es »ist möglich, ja sogar wahrscheinlich, daß ein enthaupteter Kopf«, wie die merkwürdige Formulierung lautet, »wenn er unmittelbar nachher mit starken Reizen behandelt wird, Empfindungen mit Bewußtsein, und folglich schmerzliche Gefühle, haben kann«.

Der Name Schinderhannes, der in Mainz hingerichtete Räuber, war der Enkel eines Abdeckers oder Schinders, wurde schnell legendär. Doch die Heroisierung des Raubmörders, Brandstifters und Schutzgelderpressers zum Rächer der Entrechteten hatte, wie ähnliche Idealisierungen anderer Banditen, mit der Realität nichts zu tun.

In den Jahren zwischen 1785 und 1815 machten besonders viele Banden die Gegenden unsicher, zündeten Dörfer an, überfielen Poststationen, raubten Vorwerke aus. Das lag an den Krisen und Kriegen jener Jahre mit ihren aus den Armeen desertierten Soldaten, entlaufenen Handwerkern, halb ehrlichen Hausierern, vagierenden Scherenschleifern, Jahrmarktsartisten, landesverwiesenen Bettelzüglern und halb verhungerten Tagelöhnern, die kein Aus- und kein Unterkommen mehr fanden. Unter diesen zahlreichen aus dem Gleis der alten und überhaupt jeder Ordnung geworfenen Menschen rekrutierten die Banden ihre Mitglieder, wobei es sich in Wahrheit eher um locker organisierte, rasch sich bildende und ebenso rasch wieder zerfallende Gruppen handelte. ›Hauptmänner‹ hatten die Räuber nicht, oder allenfalls auf der Schaubühne, wo der dramatische Dichter sie als monologfähiges Personal für die deklamierte Moral brauchte.

In der Hochphase der Gruppendelinquenz hatte auch die entsprechende Literatur Konjunktur. Von den Einblattdrucken der Bänkelsänger über ›wahrhafte und actenmäßige‹ Berichte bis zu juristischen Kompilationen ›merkwürdiger Rechtsfälle‹, von den Moritatenbüchlein bis zu psychologischen Analysen etwa in Moritzens *Magazin zur Erfahrungsseelenkunde,* von ›Jauner-Geschichten‹ bis zu Räuberromanen, deren bekanntester der 1799 anonym in drei Bänden erschienene *Rinaldo Rinaldini* von Christian August Vulpius, dem Bruder von Goethes Christiane, war. Bereits im Jahr darauf kamen mit *Fernando Fernandini* weitere Fortsetzungen heraus. Auch über den Schinderhannes wurde ein Roman veröffentlicht, und zwar schon während des Prozesses 1802. Er pries sich im Titel als »wahrhaftes Gegenbild zum Rinaldo Rinaldini« an. Die sogenannte ›wahre Geschichte‹ verschafft immer besonderen Kitzel, vor allem wenn sie hübsch zurechterzählt ist.

Aber wie fühlt man sich wirklich als Verbrecher unter dem Galgen? Wer den Kopf verloren hat, kann darüber nicht mehr berichten. Und wer ihn im letzten Augenblick aus der Schlinge zog, vielleicht wegen einer Begnadigung auf dem Richtplatz, was gelegentlich vorkam, ging im Zuchthaus zugrunde, ohne Gelegenheit zu finden, Memoiren zu schreiben. Doch wozu haben wir unsere Klassiker? So wie Goethe in einem Roman von einem Selbstmörder aus verbotener Liebe zu erzählen wusste, so Schiller in einer Novelle von einem *Verbrecher aus verlorener Ehre.* Allerdings wird in dieser literarischen Delinquenzstudie die Hinrichtung ausgespart. Dafür lässt er

1.1 Das Erfurter Tor in Weimar, 1792 »aufgenommen nach Natur« von Konrad Westermayr.

1.2 Voltaire ließ im *Candide* einen Sklaven ausrufen, die Sklaverei in Übersee sei der Preis, um den die Leute in Europa Zucker essen. Zu sehen ist eine Zuckerrohrmühle in Brasilien um 1815.

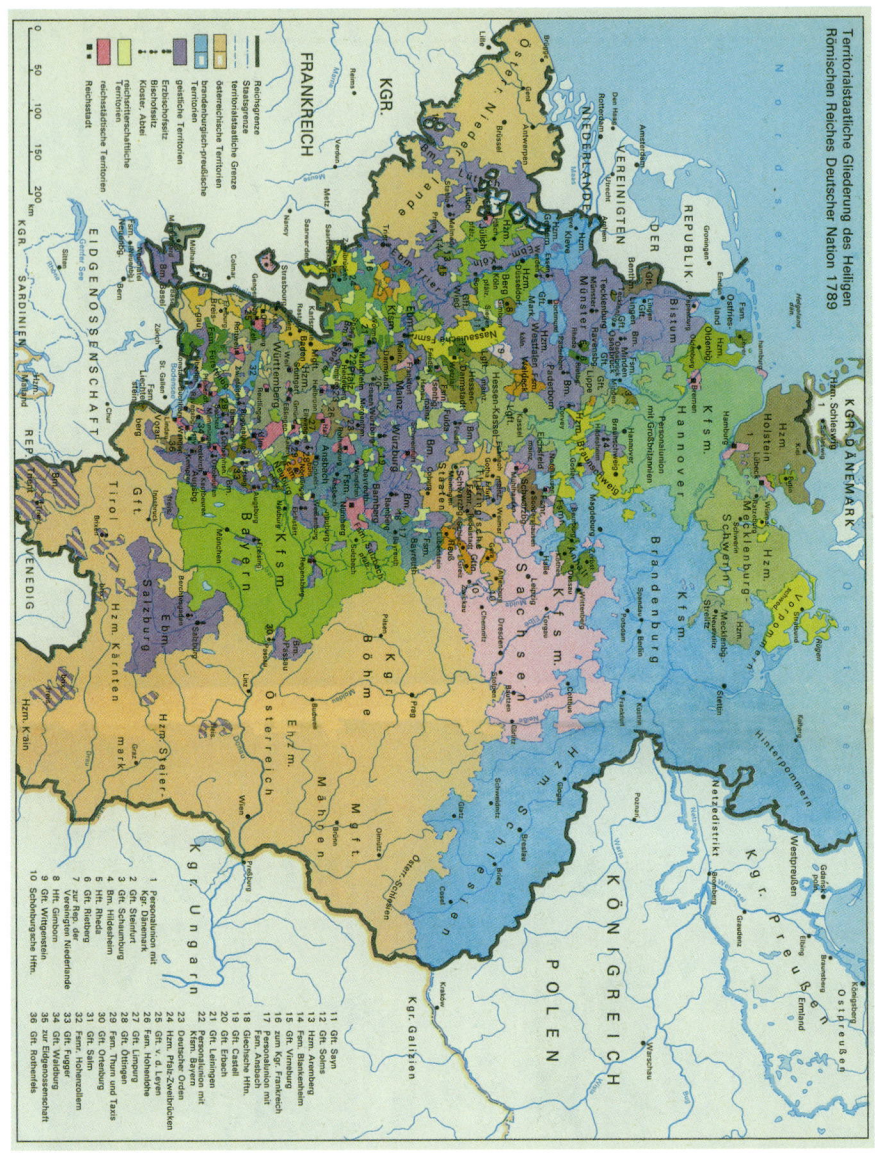

2 Die politische Landkarte der deutschen Territorien (hier nach dem Stand von 1789) wurde wegen ihrer bunten Unübersichtlichkeit von Zeitgenossen mit einer Harlekinsjacke verglichen.

3.1 Ein Postwagen in kindgerechter Darstellung aus einem Lesebuch für Landschulen von 1799.

3.2 Reisen war gefährlich: Räuber hinter den Büschen, betrunkene Kutscher auf dem Bock und manchmal durchgehende Pferde, wie auf einer Tafel in Basedows *Elementarwerk*.

4 Der zeichnende junge Mann am Fenster stammt zwar von Goethe, ist aber kein Selbstporträt. Das Interieur wiederum gilt als stilisierte Darstellung seines Zimmers im Elternhaus.

5.1 Die Knechtstube im Stall, auf einer Abbildung von Anfang des 19. Jahrhunderts als Ärmlichkeitsidylle zurecht gemacht.

5.2 An einem Ende des Tisches erhebt der Hausherr das Glas, am anderen wird ein Bettler ›abgespeist‹. Dazwischen herrscht Jubel, Trubel und nicht nur Heiterkeit auf diesem Stich des Basedowschen *Elementarwerks*.

6.1 Die Verurteilung zum Schiffsziehen hielten zeitgenössische Juristen für schlimmer als die Todesstrafe – und befürworteten sie aus diesem Grund.

6.2 In den Manufakturen um 1800 wurden Massengüter in großen Mengen arbeitsteilig produziert. Der Mensch wurde, wie manche Beobachter klagten, an die Maschine ›geschmiedet‹.

7.1 Eine Glashütte bei Zechlin auf einem kolorierten Stich von Johann Friedrich Nagel. Die Hütten verbrauchten sehr viel Holz und wurden nach Abholzung der Umgebung an neue Standorte verlegt.

7.2 In den Mühlbach unters Rad zu fallen war lebensgefährlich. Die Votivtafel von 1778 erinnert an eine glückliche Rettung.

8.1 Die Sterblichkeit im Kindbett war hoch. Bei dieser schweren Geburt im *Elementarwerk* haben Mutter und Kind überlebt.

8.2 Die Kürschnerei galt mit gutem Grund als anstrengendes und wegen der Behandlung der Pelze auch giftiges Handwerk.

in den *Räubern* von der Bühne des Theaters herab einen Schauspieler das Publikum dazu auffordern, sich vorzustellen, wie es ist, als Verbrecher auf der Galgenbühne zu stehen: »Ihr hättet sollen – den Strick um den Hals – mit lebendigem Leibe zu Grabe marschieren wie ich, und die sakermentalischen Anstalten und Schinderszeremonien, und mit jedem Schritt, den der scheue Fuß vorwärts wankte, näher und fürchterlich näher die verfluchte Maschine, wo ich einlogiert werden sollte.«

»Sie müssen alle in einer einzigen Gasse leben«
Blick ins Getto

»Wenn man hineinsieht in die langen schmalen Gänge der Häuser, so findet das Auge kein Ziel und keinen Ruhepunkt.« Das schrieb der junge Ludwig Börne, der in Berlin Medizin studierte – er wohnte eine Zeit lang bei Henriette und Marcus Herz –, über einen Besuch in der Frankfurter Judengasse, in der er 1786 auf die Welt gekommen war. Über die Zustände eine Generation zuvor heißt es abfällig in Goethes *Dichtung und Wahrheit:* »Die Enge, der Schmutz, das Gewimmel, der Akzent einer unerfreulichen Sprache, alles zusammen machte den unangenehmsten Eindruck, wenn man auch nur am Tore vorbeigehend hineinsah.«

Die jüdische Gemeinde in Frankfurt am Main war eine der größten in Deutschland. In anderen Städten fanden sich zwar Judengassen, aber keine Juden mehr. »Warum wohnen in unsern Judenstraßen keine Juden?«, fragte 1763 ein Artikel im *Hannoverschen Magazin.* Das Lexikon von Krünitz gibt die Antwort: »da die Juden aller Orten in Deutschland theils umgebracht und theils vertrieben worden sind, ist es geschehen, daß die Judenstraßen vieler Orte von ihren jüdischen Einwohnern leer wurden. Man hat daselbst ihre Wohnungen theils verbrannt, und sie getödtet oder weggetrieben. Ihre Straßen und die etwa gebliebenen Wohnungen sind in die Hände der Christen gekommen.«

Und doch lebten weiter Juden in Deutschland. Heß zählt in der

Residenz Meiningen »zehn schachernde Juden, welche die Wohl-habenheit des Orts nicht mehren werden.« Rebmann schreibt über Dresden: »Die ganze Judenschaft, deren Anzahl sich nahe an 700 Seelen beläuft, treibt dies Gewerbe [des Wuchers]. Diese armen Söhne Israels sind hier im eigentlichen Verstande ecclesia pressa. Kaum die Luft haben sie frei. Im Schloßbezirk, im Zwinger, in der Katholischen Kirche etc. dürfen sie sich nicht recht sehen lassen, an jedem Tore müssen sie eine Art Schein lösen, aller Handel mit un-gemachten Kleidungsstücken ist ihnen untersagt u. dgl. m. Dem-ohngeachtet sind sie nichts weniger als arm, auch nicht ohne Luxus, sondern die meisten haben ganz den christlichen Zuschnitt, manche halten sogar Mätressen und spielen die Elégants.«

Die jüdische Gemeinde in Frankfurt wurde von dem aufge-schlosseneren Karamsin auf »über 7000« geschätzt. Die tatsächli-che Zahl war nicht halb so hoch, gleichwohl sind die knapp zwei-hundert Häuser und Hinterhäuser mit dreitausend Menschen sehr dicht bewohnt gewesen: »Sie müssen alle in einer Gasse leben, die so unreinlich ist, dass man sie unmöglich passieren kann, ohne sich die Nase zuzuhalten. Es tut weh, diese Unglücklichen zu sehen, die so gedrückt unter allen Menschen leben! Ihre Kleider bestehen meis-tenteils aus beschmutzten Lumpen, zwischen welchen das nackte Fleisch durchscheint. Des Sonntags, wenn der christliche Gottes-dienst anfängt, wird ihre Gasse verschlossen, und die armen Juden sitzen wie Gefangene in ihrem Käfig.«

Vielleicht wusste Karamsin, dass die Frankfurter Patrizier 1769 einen Antrag der jüdischen Gemeinde abgelehnt hatten, der den Juden das Verlassen des Gettos am Sonntag erlauben sollte. Viel-leicht wusste er auch, dass 1779 Lessings *Nathan der Weise* in der Stadt verboten worden war. Shakespeares *Kaufmann von Venedig* hingegen wurde gespielt. Karamsin zufolge ließen die Frankfurter Juden »dem Direktor des Theaters sagen, wenn dieses Stück (in wel-chem die jüdische Nation beschimpft wird) zum zweiten Male auf-geführt würde, so werde in Zukunft kein einziger von ihnen das Schauspielhaus je wieder betreten. Der Direktor, der nicht gern et-was von seiner Einnahme verlieren wollte, antwortete, dass dieses Stück […] gestrichen werden solle.«

Knapp zwanzig Jahre bevor den Frankfurter Juden beschieden

wurde, sie hätten während der christlichen Sonntagsmesse im Getto zu bleiben, war in Preußen durch ein Generalreglement die Unterscheidung zwischen ›ordentlichen‹ und ›außerordentlichen Schutzjuden‹ eingeführt worden. Der ›ordentliche Schutzjude‹ konnte für sich und ein Kind, nach dem Siebenjährigen Krieg für zwei Kinder, ein Niederlassungsrecht kaufen, der ›außerordentliche‹ nur für sich selbst. Mit dem Erwerb eines Schutzbriefes waren die Sondersteuern für Juden aber nicht abgegolten. Seit 1769 war die Verordnung über das Berliner ›Judenporzellan‹ in Kraft, die den ›Schutzjuden‹ beim Erwerb eines Hauses oder für eine Handelserlaubnis oder eine Heiratsgenehmigung den Zwangskauf von Porzellan aus der Königlich Preußischen Porzellanmanufaktur auferlegte, und zwar nicht für den persönlichen Gebrauch in den Familien, sondern zum Export. Der Antisemitismus war insofern merkantilistisch ›rationalisiert‹, als der ›Schutzjude‹ das Geld, das er über die Manufaktur an die Staatskasse abführte, durch den Export oder den Weiterverkauf des Porzellans an jüdische Familienmitglieder außerhalb Preußens ins Land zurückholen sollte.* Ein Beispiel aus den Akten: Abraham Hirsch, wohnhaft in Königsberg, »ernährt sich vom Frey-Schlachten und wohnet mit seiner Frau Schwieger Mutter zusammen in deren eigenen aber nicht concessionirten Hause«. Für seine Eintragung als ›Extraordinarius‹ (›außerordentlicher Schutzjude‹) wird der Ankauf von Porzellan in Höhe von 150 Talern und 4 Groschen festgelegt.

In den knapp zwei Jahrzehnten, in denen diese Verordnung bis zu ihrer Aufhebung 1787 gültig war, die jüdische Gemeinde in Berlin hatte zu diesem Zeitpunkt knapp 3400 Mitglieder, kauften die preußischen Juden für 276 000 Taler Porzellan, das sicher nicht vollständig exportiert werden konnte, zumal der erzwungenen Nachfrage beim Einkauf keine freiwillige beim Weiterverkauf entsprach und deshalb auf dem Markt die Preise fielen. Die berüchtigten Porzellanaffen Mendelssohns übrigens stammten aus dem sächsischen Meißen und hatten, anders als die Familienüberlieferung kolportierte, mit dieser Geschichte nichts zu tun.

* Nähere Angaben zur Verordnung, den Porzellanpreisen und den Umsätzen im Anhang unter »Wer verdient womit wie viel?«, Abschnitt ›Judenporzellan‹.

Die gleiche rechtliche Ungleichheit aller jüdischen Familien im Vergleich mit ihren christlichen Mitmenschen beendete nicht die soziale Ungleichheit untereinander. Zwischen reichen Geschäftsleuten wie dem ›Münzjuden‹ Ephraim in seinem Palais und dem in einem Winkel der ›Jüdengasse‹ untergekommenen Betteljuden, zwischen Salondamen wie Henriette Herz oder Rahel Varnhagen und dem ungebildeten Hausmädchen herrschte eine Kluft, die von der gemeinsamen rechtlichen Benachteiligung nicht überbrückt wurde.

Die Reichen verkehrten mit den Reichen, und die Armen liefen zu den Armen, das war nicht nur unter den Juden so, sondern auch zwischen Juden und Christen. Entsprechende Beobachtungen Rebmanns sind zwar literarisch fingiert, aber sachlich nicht unwahr, wenngleich in der Wertung fragwürdig: »Jene Kammerjungfer, die dort mit dem Päkchen unter dem Arm in dem engen Gäßchen zwischen der Jüden- und Klostergasse sich so plötzlich verlor, ging soeben zu dem berühmten Nothelfer Levi, um ihm ein seidnes Kleid einstweilen in Depot zu geben. Dieser Kaufmannsdiener zieht in dem nämlichen Laden ein Stück gestohlne Tücher hervor, die er inzwischen aus seines Herrn Warenlager geborgt hat, um dafür von dem menschenfreundlichen Israeliten seine silbernen Schnallen auf ein paar Tage gelehnt zu erhalten, weil er notwendig morgen seine Schöne zum Tanz führen muss.«

Über die jüdischen Familien im Bürgertum schreibt er: »Ohne von den hiesigen Bankiers, die zum Teil schöne Palais besitzen, zu reden, sind sie doch meist im Durchschnitt von Christen nicht zu unterscheiden. Ihre Weiber und Mädchen machen so viel Staat als die christlichen Donnen.«

Sie mochten selbst so viel ›Staat machen‹, wie sie wollten, mit ihnen Staat machen wollte man nicht. Sonst wäre Christian Wilhelm von Dohms 1781 auf Anregung Mendelssohns veröffentlichte Schrift *Ueber die bürgerliche Verbesserung der Juden* nicht nötig gewesen. Diese ›bürgerliche Verbesserung‹ der Juden hing eng mit der bürgerlichen Verbesserung des Menschen zusammen, mit dem Verlangen nach Rechtsgleichheit und Rechtssicherheit für alle, auch über Standesgrenzen hinweg. Dies betraf das gesamte Rechtssystem, das Strafrecht und den Strafvollzug eingeschlossen. Auf diesen Reformprozess hatten die jüdischen Gelehrten keinen direkten Einfluss, wohl aber einen indirekten, wie etwa Mendelssohn mit seinen persönlichen Kontakten zu den Reformjuristen Ernst Ferdinand Klein und Carl Gottlieb Svarez.

Auch andernorts war die ›bürgerliche Verbesserung‹ der Juden der Testfall für die Ernsthaftigkeit von Rechtsverbesserungen überhaupt. Die französische Nationalversammlung etwa beschloss 1791 die Gleichstellung der Juden, wobei der Justizskandal um den Hauptmann Dreyfus rund hundert Jahre später bewies, dass der Beschluss eines Rechts und dessen Verwirklichung sehr verschiedene Sachen sein können.

Das war in Deutschland nicht anders. In Frankfurt wurde der Gettozwang 1811 aufgehoben, aber auch dies führte nicht zur vollen Rechtsgleichheit, und selbst ein Teil der erreichten Fortschritte wurde 1816 zurückgenommen. Der Gettozwang wurde zwar nicht wieder eingeführt, doch es blieben die mentale Marginalisierung und die soziale Separierung. Ludwig Börne höhnte 1821 in *Der ewige Jude:* »Stirbt ein Jude, wird er geboren oder getraut, dann hat das Frankfurter Wochenblättchen eigne gedruckte Judengassen für jene Aus- und Einziehenden, und schwarze, dicke Mauern von Dinte trennen die jüdischen Wiegen, Särge und Hochzeitbetten von den christlichen.«

In Berlin definierte 1812 das *Edikt betreffend die bürgerlichen Verhältnisse der Juden in dem Preußischen Staate* die mit »General-Privilegien, Naturalisations-Patenten, Schutzbriefen und Konzessionen versehenen Juden« als preußische Staatsbürger – der preußische Staatsdienst blieb allerdings verschlossen.

In Bayern wurde 1813 ein Edikt zur verbesserten Rechtsstellung der Juden erlassen, im folgenden Jahr fiel die bis dahin rechtlich selbstständige Stadt Würzburg an Bayern, und das Edikt wurde auch hier in Kraft gesetzt. Die Zahl der jüdischen Einwohner stieg bis 1819, als eine Revision des Edikts von 1813 beraten wurde, auf rund vierhundert Personen an. Am 2. August 1819 begannen in Würzburg antijüdische Tumulte, die sich vor allem gegen jüdische Geschäfte richteten. Zum Hassruf wurde dabei »Hepp, hepp!« Dessen Herkunft ist umstritten, vielleicht hat er mit dem Ruf zu tun, mit dem man in den fränkischen Gegenden Ziegen und Kleinvieh auf Trab brachte. Die ›Hepp-Unruhen‹ blieben nicht auf Würzburg beschränkt, sondern griffen auf Bamberg, Regensburg und andere fränkische Städte über, weiteten sich nach Baden, ins Rheinland und nach Hessen aus. In Frankfurt zog der Pöbel mit »Hepp, hepp«-Rufen durch die Judengasse.

In Preußen mit seiner viel gelobten, oft überschätzten und noch öfter fehlinterpretierten ›religiösen Toleranz‹, die im Falle der Juden eine ›Toleranz‹ auf der Basis finanzieller Erpressung war, kam es zu antijüdischen Krawallen während der ›Hepp-Unruhen‹. Schon 1803 hatte ein Berliner Justizbeamter ein Pamphlet *Wider die Juden* veröffentlicht und gefordert, die ›Abrahamiten‹ müssten wie im Mittelalter einen gelben Fleck an der Kleidung tragen. Es war diese Hass-Schrift, die den Juden ungeachtet aller ›bürgerlichen Verbesserung‹ während der Goethezeit ihre furchtbare Zukunft im ›Deutschland der Dichter und Denker‹ richtig vorhersagte.

»*Saure Gänge*«
Landleute kommen in die Stadt

Wenn »eine bloße Alltagsstadt für einen Dörfling schon mehr als ein Kirmesdorf ist«, schreibt Jean Paul in der *Selberlebensbeschreibung,* dann muss eine »Jahrmarktsstadt eine potentiierte Doppelstadt werden und folglich alles an Glanze überbieten«. Aber wie kommt man in die Stadt hinein? Zum Jahrmarkt »ließen die Großeltern die zarte Mutter Pauls jedesmal in einer Kutsche holen, in der er auch mit einsaß«, aber im ›Werkeltagsleben‹ hat er den Weg zu Fuß zurückzulegen. Kein Wunder, dass der erwachsene Schriftsteller flott von Hof nach Weimar marschieren konnte, war er doch von Kindesbeinen an trainiert durch die Zweistundengänge zur Stadt: »Unter den Sommeridyllen von weniger Hofglanz kommen nun die häufigen Gänge vor, welche Paul mit einem passenden Quersack auf dem Rücken nach der Stadt Hof zu den Großeltern machen mußte, um Fleisch und Kaffee und alles zu holen, was im Dorfe entweder gar nicht zu haben war, oder doch nicht um den äußerst geringen Stadtpreis.«

Nicht nur der Kaffee als ›Colonial-Waare‹ ist in der Stadt billiger als auf dem Land, sondern auch das, was das Land für die Stadt hervorbringt, kostet in der Stadt weniger als auf dem Land, so es im Dorf überhaupt zu haben ist: »Wie stieg wöchentlich mehrmal der Winterabend an Wert, wenn die alte Botenfrau mit Schnee überzogen mit ihrem Frucht- und Fleisch- und Warenkorbe aus der Stadt in der Gesindestube einlief und wir alle im Stübchen die ferne Stadt im kleinen und Auszuge vor uns hatten und vor der Nase wegen einiger Butterwecken!«

Zu den ländlichen Produkten, auf die man normalerweise im Dorf Verzicht zu leisten hatte, weil sie in die Stadt verkauft wurden, gehörte die Milch. Büsching beschreibt die Stadtgänge der Milchmägde in der für ihn typischen Mischung aus Statistik und Mitleid: Ein »Quart guter Kuhmilch kostet jetzt [1775] in Berlin 1 Gr. 6 Pf. und das Quart Schafmilch wird für 2 Gr. verkauft. Es muß aber in den Thoren der Stadt für 2 Quart Kuhmilch 1 Pf. und für 1 Quart Schafmilch 1 Pf. Accise gegeben werden. Für die Oerter, welche auf 2 bis 5 Meilen von Berlin liegen, ist diese große Stadt auch zum Milchverkauf sehr vortheilhaft; es rühret mich aber, wenn ich auf meinem täglichen frühen Spaziergang, im Sommer zwischen 4 und 5 Uhr vor der Stadt Weibern und Mädgen begegne, die mit 10 bis 12 Quart Milch ankommen, welche am späten Abend des vorhergehenden Tages gemolken worden, und die schon um 12 Uhr in der Nacht von ihren Oertern ausgegangen sind, damit sie um 5 Uhr in der Stadt seyn können. Die Frauenspersonen, welche diese sauren Gänge, selbst bey sehr beschwerlicher Witterung bis Michaelis [29. September] thun, sind entweder Zwang Mägde von Königl. Aemtern und Vorwerken, und von adelichen Gütern, oder freywillige, welche sich innerhalb von 24 Stunden 4 bis 5 Groschen durch solche mühseelige Gänge verdienen.«

Manchmal helfen auch Hunde. Der Berliner Arzt Ludwig Formey schreibt in seiner *Medicinischen Topographie:* »Seit einigen Jahren benuzzen die Landleute in unsern Gegenden die Hunde zum Fortbringen der Milch, die sie zum Verkauf hieher schicken. Zu diesem Entzweck spannen sie solche vor ihren Karren und im Winter vor kleine Schlitten.« Der Arzt zeigte sich wegen der Tollwut besorgt über diese Transportmethode. Die ersten Anzeichen der

Krankheit würden leicht übersehen und die Erreger in die Stadt eingeschleppt.

Bei Karl Friedrich Klöden wiederum lösten Kartoffeln schleppende Kinder tätiges Mitleid aus:»Eines Tages ging ich gegen Abend von Pankow nach Berlin zurück. Unfern vom Dorfe holte ich zwei Kinder, ein Mädchen und einen Knaben von fünf bis acht Jahren, ein, welche einen Henkelkorb mit Kartoffeln schleppten, den sie alle zehn Schritte niedersetzen mussten, weil er ihnen zu schwer war. Die armen Kinder weinten, gaben auf meine Fragen an, sie sollten den Korb nach Berlin tragen, und es war vorauszusehen, dass sie in dieser Weise die Stadt nicht vor Mitternacht erreichen konnten. Ich kannte einen solchen Jammer zu sehr aus eigener Erfahrung, als dass mein Mitleid nicht erwacht wäre, und so trug ich ihnen den nicht leichten Korb bis zum Tore und erfreute mich ihres kindlichen Dankes.«

Das Hineintragen von Lebensmitteln in die Stadt ist keine Berliner Besonderheit. Es ist überall nötig, trotz der Stadtäckerchen und Gartenfleckchen, die es in vielen Städten noch gab. In einem Nürnberger Bilderbuch über Trachten wird ebenfalls eine Milchverkäuferin beschrieben:»Sie kommt täglich vom Lande in die Stadt, oder sie hält die Woche durch etliche Tage, an welchen sie mit dem Nutzen ihres Viehes und ihrer Arbeit hausieren geht. [...] Ihr Ausruf ist dieser: gute Milch ihr Weiber, Eyer und Schmalz, guten Kern, gute Buttermilch. [...] Manchmal ruft sie noch: sauers Kraut, kleines Kraut, weisses Kraut, Milchram, und anders mit aus.«

»*Nicht alle haben Sommerhäuser*«
Städter fahren aufs Land

Die Landleute schleppten ihre Produkte in die Stadt, kleinstädtische Hausierer ihre Hökerware über die Dörfer. Außerdem ließen es sich die städtischen Gewerbetreibenden und Kaufleute nicht nehmen, ihr Angebot auf den ländlichen Jahrmärkten zu präsentieren, manchmal»im blanken Felde« zwischen mehreren Dörfern, wie Laukhard erzählt: »Dahin kommen Kaufleute und Krämer viele Meilen her – von Mainz, Worms, Manheim, ja sogar von Frankfurt und Strasburg. Es werden auch eine Menge Weinhütten, ohngefähr 50, errichtet, und von allen Bierfiedlern aus dem ganzen Umkreis her bemusicirt. […] Da findet man Gräfliche und Adeliche, Civilbediente und Prediger, Frauenzimmer von Stande, auch Hans und Gretel, Creti und Plethe, nebst einer ansehnlichen Menge Töchter der Freude«. Laukhard berichtet außerdem von Landpartien der Studenten: »Das Besuchen der Dörfer ist in Halle eben so sehr Mode als immer in Giessen und Jena. Der Student liebt überall Natur und Zerstreuung. Auf den Dörfern um Halle findet sich freilich eben nichts besonderes, nicht einmal eine gute Kegelbahn. Aber der Hallische Student muß einmal Dörfer besuchen, und wenns auch nur wäre, um gekünstelte Gesichter zu begaffen, Merseburger Bier zu trinken, mit dieser oder jener Schneidertochter, Stiefelwichserinn oder Perückenmacherhure zu tanzen, oder des Sommers irgend einer Kornnymphe nachzuwittern.«

Wer älter und gesetzter war und außerdem Geld und Gelegenheit hatte, konnte sein Stück Land hereinholen hinter das Stadthaus. Der in allem geschickte Bertuch hatte in Weimar einen kleinen englischen Garten im Rücken, während nach vorn die Villenfassade repräsentierte. Es gab einen Ententeich, und die üblichen Statuen standen herum. Aber Bertuch wäre nicht Bertuch gewesen, hätte er es beim Zierrat bewenden lassen. Er experimentierte mit Brokkoli und Artischocken in Glas- und Blumenzwiebeln in Treibhäusern. Die Einnahmen daraus kamen der Kasse zugute und die Erfahrungen damit den Publikationen über Gartenkunst in seinem Verlag.

In einer Metropole wie Hamburg war das Bertuch'sche Modell mit Stadtfassade vorne und Landgarten hinten nicht zu bewerkstelligen. Die reichen Hamburger Geschäftsleute legten ihre Gartenhäuser weit draußen an. Nur die Familien hielten sich den ganzen Sommer über dort auf, während der Herr des Hauses im Kontor saß und erst am Wochenende hinausfuhr. Heß berichtet in den *Durchflügen:* »Vom Frühling bis im Herbst stehen diese Gärten bewohnt, doch nicht alle die ganze Woche durch. Sonnabends, Sonntags, Montags und an Feiertagen werden hier wechselweise der stillen Betrachtung, der heiteren Freude im häuslichen Cirkel, der beladenen Tafel, der steifen Etiquette und den Spieltischen Opfer gebracht. Zu dieser Zeit flieht die schöne Welt die Stadt und die Nachtschmäuse: Wall und Jungfernstieg sind verlassen, und wer da kann und darf, drängt zu den Sonntags-Partien außer der Stadt«.

Auch Riesbeck schildert Hamburger Landpartien, bei ihm jedoch führt die Pastorale übers Bordell ins Hospital: »Nahe über der Stadt liegen an der Elbe einige Dörfer, die vier Lande genannt, die im Sommer auch ein besonderer Tummelplatz des öffentlichen Vergnügens sind. Die Bauern dieser Dörfer sind sehr wohlhabend, und ziehn durch ihre vortrefflichen Gemüse, besonders ihre berühmten grünen Erbsen, eine unglaubliche Summe Geldes aus der so leckerhaften Stadt. Täglich findet man im Sommer Lustpartien von Stadtleuten in diesen Dörfern, wo ebensoviel Reinlichkeit als Überfluss im Essen und Trinken herrscht. Die unvergleichlich schönen Bauernmädchen, deren Kleidung die schönste ist, die ich je unter Landmädchen gesehen, locken auf Kosten ihrer Unschuld die jungen Herren schwarmweise aus der Stadt, von denen sich mancher auch auf einige Wochen unter dem Vorwand einer Milchkur in einem der Dörfer einquartiert, um seiner Liebe nachhängen zu können. Lässt dieselbe sichtbare Spuren zurück, so haben die Bordelle und die Zuchthäuser der Stadt eine neue Acquisition gemacht, die sie immer wechselweis einander abtreten, bis die Ware ins Hospital muss.«

In Hamburg wurde sogar die Revolution vor den Toren gefeiert. Adolph Freiherr von Knigge beschrieb in einem Brief an seine Tochter, wie alles an »rechtlichen, für Freyheit warmen Leuten« den ersten Jahrestag des Sturms auf die Bastille begangen hat: »Wir hatten auch Music. Ein Chor von Jungfrauen, die musicalisch waren, sang ein dazu verfertigtes Lied, wovon der Refrain von uns Allen wiederholt wurde. Wir blieben von 10 Uhr des Morgens an, den ganzen Tag zusammen. Die drey schönsten jungen Weiber sammelten für die Armen. Klopstock las zwey neue Oden. Bey Abfeuerung der Canonen, Music und lautem Jubel, wurden Gesundheiten getrunken«. Mädchenchöre, Salutschüsse und Klopstock-Oden, so artig ging es bei den Hamburger Freyheitsfreunden am 14. Juli 1790 zu. Die Besitzer der Sommerhäuser verfolgten unterdessen in der Stadt ihre Geschäfte.

Doch nicht »alle haben Sommerhäuser; nicht alle Muße genug, den schönen Theil des Jahres auf dem Lande zuzubringen. Aber stehen ihnen nicht die Gärten der Freunde, nicht das freie Land offen?« Diese Frage des Gartentheoretikers Christian Cajus Hirschfeld konnte Goethes Mutter ohne Weiteres bejahen: »Ich bin auch sehr oft auf dem Land bey guten Freunden«. Aber was war mit dem Gesinde, mit den Tagelöhnern, den kleinen Handwerksleuten? »Der Arme schleicht neben den Reichen«, meinte Hirschfeld, »der Gemeine neben den Vornehmen in die Frühlingsfluhren hinaus, und kann so gut wie sie die Erfrischungen des Jahres und die Vergnügungen der schönen Natur aus ihrer Hand emfangen.« Und doch ist die Natur − natürlich − kulturell codiert, sie steht so wenig wie der gesellschaftliche Raum allen gleichermaßen offen. Riesbeck beobachtete das im Wiener Augarten, nicht etwa mit aufklärerischem Protest, sondern mit dem Wohlgefallen des sich vor ›Pöbel‹ ekelnden Bürgers. Der Augarten »ist ein großer Park von schönen Alleen und schönem Buschwerk, auf der nämlichen Donauinsel, worauf der Prater ist [...] Er ist ein Werk des Kaisers [Joseph II.], welcher ihn, wie die Aufschrift über dem Tore sagt, als ein Freund aller Menschen zu einem Belustigungsort aller Menschen gewidmet hat. Allein, es genießt ihn nur der feinere Teil des Publikums, und der Pöbel fühlt selbst, dass er hier in einem schlechten Licht steht. Er schließt sich selbst aus und tut wohl daran.«

Wer über eine Idylle in Privatbesitz verfügt, muss Molestierung durch unfeine Leute ohnehin nicht fürchten. Im günstigsten Fall befindet sie sich nahe bei der Stadt, und man bemerkt trotzdem nicht, was einem sonst schon von Weitem in die Augen fällt. »Mit Goethe vor Tisch nach seinem Garten gefahren«, notierte Eckermann am 22. März 1824. »Die Lage dieses Gartens, jenseits der Ilm, in der Nähe des Parks, an dem westlichen Abhange eines Hügelzuges, hat etwas sehr Trauliches. [...] Der in nordwestlicher Richtung liegenden Stadt ist man so nahe, dass man in wenigen Minuten dort sein kann, und doch, wenn man umherblickt, sieht man nirgend ein Gebäude oder eine Turmspitze ragen.«

4. Auf dem platten Land

Besuch aus der Stadt – Die Landbevölkerung –
Die Obrigkeit – In der Dorfschule –
Leibeigenschaft und Fronarbeit – Vom Pflügen –
Über den roten Klee – Agrarökonomie

»Der Geruch der Talglichter
erweckte Ihnen eine affreuse migraine«

Besuch aus der Stadt

Schön war es, auf dem Land zu leben: »Die Glücklichen haus-
ten mit genügsamem Behagen großenteils in ganz unansehnlichen
Häusern (unvermeidlich ›Schlösser‹ geheißen), die selbst in der rei-
zendsten Gegend nicht etwa nach ästhetischem Bedürfnis schöner
Fernsichten angelegt waren, sondern um aus allen Fenstern Ställe
und Scheunen bequem überschauen zu können. Denn ein guter
Ökonom war das Ideal des Herrn, der Ruf einer ›Kernwirtin‹ der
Stolz der Dame.« So schilderte der Gutsherrensohn Joseph von Eichendorff als alter Mann im Rückblick das Dasein der schlesischen
Junker während seiner Jugend. Eichendorffs »genügsames Behagen« der Landadligen erinnert an die glückliche Bescheidenheit der
Kleinstädter in Goethes *Hermann und Dorothea.* Der Junker musste
sich um die Repräsentationsansprüche der Residenz so wenig kümmern wie der Bürger in der kleinen Stadt um den modischen ›Aufwand‹ in der großen.

Die wechselseitigen Projektionen zwischen Stadt und Land sind
von amüsanter Widersprüchlichkeit. Dem Land und der Kleinstadt
gehörte die Idylle an, der Markt-, Messe- und Handelsstadt das
Mondäne, der Residenzstadt Luxus und Pracht. Dem Stadt- und
Hofmenschen galt der Bauer, gleich ob besitzloser Knecht oder Be-
wirtschafter eigenen Bodens, als ungeschliffener Hinterwäldler. Das
Landleben insgesamt wurde in der Stadt als Dahinkümmern in Un-
geselligkeit empfunden. Gleichzeitig jedoch träumten die Städter
vom Land, von frischer Luft und Fröhlichkeit, von sauberem Wasser, herzhaften Mahlzeiten und einer ›Natürlichkeit‹, von der man
die unnatürlichsten, eben städtische, Vorstellungen hatte. Mit diesen städtischen Vorstellungen vom Land warnte Goethes Schwager

Johann Georg Schlosser in seinem *Sittenbüchlein für die Kinder des Landvolks* vor ländlichen Vorstellungen von der Stadt: »Laßt euch, Kinder, wenn ihr je in die Stadt kommt, nicht durch den Schein verführen. [...] Arbeiten muss man dort wie hier; aber was für ein Unterschied zwischen der Arbeit! Einige müssen in der Stadt, um ihr Brod zu verdienen, vom Morgen bis spät in die Nacht auf einem Stuhl sitzen, ohne sich zu bewegen, ohne frische Luft zu schöpfen, ohne sich umzusehen. Seht z. B. den Schneider, den Schuhmacher, den Uhrmacher und so viele hundert andere.« Carl Julius Weber wiederholt diese Vorstellung Jahrzehnte später, nun nicht mehr für die Handwerks-, sondern für die Fabrikarbeit: »Arme Fabrikarbeiter, die für einige Reiche wie Neger arbeiten müssen, sind weniger Maßstab des National-Wohlstandes als der Landmann, der besser wohnt, bei nahrhafter Kost in freier Luft arbeitet und bei seiner naturgemäßen Arbeit unendlich glücklicher ist.«

Die städtischen Dichter wiederum reimten ihrem Publikum arkadische Szenen zusammen, und die mondänen Maler des Rokoko hängten Schaukeln zwischen ihre Bilderbäume und setzten vornehm blasse Mädchen in pastellfarbenen Ballkleidern darauf, um im goldgerahmten Prunk der fürstlichen Galerien an die Unbeschwertheit des Lebens in sogenannter ›freier Natur‹ zu erinnern; oder sie zeigten ländliche Idyllen mit verträumten Schäfern, die Flöte spielten, statt wie in der Wirklichkeit Lämmer zu kastrieren; oder braun gebrannte Bauern, stämmig und dumm wie die Ochsen, die sie am Pflug vor sich hertrieben.

Umgekehrt war die Stadt für die Menschen auf dem Land – vor allem für die jungen – Verlockung und Versprechen oder – vor allem für die alten – Verführung und Verderben. Die Neugier des ›Landeis‹ auf die Stadt verband sich mit Furcht, die Sehnsucht des ›Stadtkinds‹ nach dem Land mit Verachtung. Dieser Verachtung wiederum wusste man auf dem Land selbstbewusst zu antworten: »Verzeihen Sie mir, daß ich Ihnen die Wahrheit ein bißgen nach unserer Art sage. Wie Sie uns das letztemal auf dem Lande besuchten, war Ihre Aufführung würklich ein wenig sehr unhöflich. [...] Meine Mutter führte Sie in unser bestes Zimmer; allein, die weißen Wände waren Ihnen unerträglich, der Armstuhl unbequem und der unbedeckte Boden abscheulich. Es wurde des Abends um 8 Uhr gedeckt, und Sie hatten keinen Hunger, weil Sie nicht gewohnt waren, vor 11 Uhr zu essen. Der Geruch unserer besten Talglichter erweckte Ihnen eine affreuse migraine.«

Diesen Brief schrieb ein »Frauenzimmer vom Lande« an ihre hauptstädtische Freundin. Das Französeln, mit dem die Landfrau die affektierte Ausdrucksweise der Städterin parodiert, unterstreicht, wie sehr sich die Lebensauffassung der bodenständigen Hausherrin von jener der flatterhaften Weltdame unterscheidet. Doch entstammte dieses *Schreiben eines Frauenzimmers vom Lande* der Feder eines Mannes, und dieser Mann, Justus Möser, lebte in der Stadt. Und auch in der Stadt stinken die Lampen. Elisa von der Recke hat sich in einem Brief über einen fürstlichen Ball darüber beschwert.

Zu den halb tragischen, halb komischen Seiten der Stadt-Land-Beziehung gehört, dass des Menschen Seele seit jeher nach Orten verlangt, an denen sein Leib gerade nicht ist. Der urbanen Salondame Rahel Varnhagen entfährt in einem Brief an die Herzensfreundin Pauline Wiesel der Tintenseufzer: »Dass ich nicht auf dem Lande lebe, ist meine innigste, immerwährende Krümmung.« Pauline indessen fürchtet sich schon vorm Kleinstadtleben, ans Einerlei des Daseins auf dem Land gar nicht zu denken: »Die Leute in kleinen Städten ähneln sich alle; ich möchte tausendmal lieber allein bleiben; über was soll ich denn mit denen reden?« Dennoch verbrachte Pauline die letzten Lebensjahre auf einem Landgut, immerhin in der Nähe von Paris, während Rahel bis zu ihrem Tod in der Stadt aushielt.

Dass einem immer dieselben Leute über den Weg laufen, ist eine Allerweltsache im Dorf. Um die gleiche Zeit, in der Pauline ihre typisch städtische Frage stellte, worüber man auf dem Land oder in der Kleinstadt reden kann, wenn nichts passiert, das heißt: alles nur weit weg in der Großstadt, zählte Gräbner in seinem Residenzführer die Ortschaften um Weimar auf: »Groß-Cromsdorf, ein Dorf an der Ilm mit 169 Einwohnern [...] Dennstädt mit 228 Einwohnern, östlich von Tiefurt. [...] Oßmannstädt, ein Dorf an der Ilm mit 442 Einwohnern und einem Erblehen-Rittergute. Dieser Ort ist deshalb bemerkenswerth, weil das Gut früher Wieland gehörte, und er auch im Garten desselben begraben liegt. [...] Niederroßla an der Ilm mit 503 Einwohnern, bemerkenswert durch Ruinen eines ehemaligen

Klosters [...] Wersdorf, ein Dorf bei Niederroßla, mit 85 Einwohnern [...] Kapellendorf, 1 Meile von Weimar links der Straße nach Jena zu mit 348 Einwohnern und einem alten Schlosse.«

Wie aber ging es zu auf dem platten Land vor dem Musenhof? Friedrich Christian Laukhard wunderte sich 1787, dass »die dickste Finsternis auf den Weimarischen Dörfern herrschte!« Und ein in Thüringen bewanderter Schweizer äußerte 1801: »Diese aus der Ferne so freundlich einladenden Dörfer tragen in ihrem Innern statt des erwarteten Wohlstands überall das Gepräge der Armuth und der Nachlässigkeit. Hütten aus Lehmwänden gebaut, von der Witterung halb zernagt, zerbrochene Fenster mit Papier und Lumpen verstopft, kaum fähig gegen den Wind zu schützen, dies ist das Ansehn eines großen Theils der Wohnungen in diesen Dörfern, zu welchen mir sehr natürlich die Bewohner durch ihr schmutziges Ansehen vollkommen passen.«

»Thier unter Thieren«

Die Landbevölkerung

Es gibt ›Auch-Menschen‹ und ›Auch-nur-Menschen‹. Und es gibt ›Menscher‹. Die leibeigenen Drescher auf der Tenne des Gutsherrn waren ›auch Menschen‹; die schwarzen Sklaven auf den Zuckerplantagen in Übersee waren ›auch Menschen‹. Der volkspädagogische Gutsherr Friedrich Eberhard von Rochow, der seinen untertänigen Bauern Lesen, Schreiben und Schicksalsergebenheit beibringen wollte, war ›auch nur‹ ein Mensch. Der für die Unabhängigkeit weißer Siedler kämpfende Sklavenhalter George Washington war ›auch nur‹ ein Mensch. Und die Magd, die für ein paar Groschen und ein Glas Branntwein mit dem Knecht ins Heu ging, ihre Schwangerschaft aus Scham und Schande verbarg, das Kind in einem Stall heimlich auf die Welt brachte und nach der Geburt erwürgte, war eines der ›Menscher‹ – im Unterschied zum ›gefallenen‹ Bürgermädchen, das ›auch nur‹ ein Mensch war, weil das arme Ding dem Eheversprechen eines Stutzers geglaubt hatte.

Allen diesen Menschen und Menschern waren Rechte gemeinsam, auch wenn diese Rechte erst im letzten Drittel des 18. Jahrhunderts erklärt und bei den leibeigenen oder erbuntertänigen Bauern Europas und den Sklaven Amerikas im ersten Drittel des 19. Jahrhunderts noch immer nicht eingehalten wurden.

Die Kluft zwischen den ›Auch-Menschen‹ und den ›Auch-nur-Menschen‹ war ungeheuer und unüberbrückbar. Selbst den Wohlwollenden, und oft gerade ihnen, fiel es schwer, in der riesigen Überzahl der rechtlich unfreien oder materiell abhängigen Landbevölkerung Wesen anzuerkennen, die tatsächlich, vom Scheitel bis zur Sohle, mit Haut und Haar und Herz und Seele ihresgleichen waren – und eben nicht bloß irgendwie ›auch Menschen‹. Der französische Aphoristiker Jean de la Bruyère erwähnt in seiner Sammlung *Die Charaktere* »gewisse menschenscheue Tiere männlicher und weiblicher Art«, die man auf dem Feld sehen könne, »über die Erde gebeugt, die sie mit einer unbesiegbaren Hartnäckigkeit durchwühlen; sie haben etwas wie eine artikulierte Stimme, und wenn sie sich aufrichten, zeigen sie ein menschliches Antlitz; und wirklich, sie sind auch Menschen«.

Dass die Erddurchwühler über »etwas wie eine artikulierte Stimme« verfügen, spielt auf das antike ›instrumentum vocale‹ an, das ›Werkzeug mit Stimme‹, als das die Römer ihre Sklaven begriffen, will sagen: benutzten und beherrschten. La Bruyère selbst gehörte dem 17. Jahrhundert an, lebte also außerhalb der hier bereisten Zeit. Doch werden während des ganzen 18. Jahrhunderts und bis weit ins 19. Jahrhundert hinein die Menschen auf dem Land immer wieder halb verächtlich, halb mitleidig mit den Tieren verglichen, um die sie sich kümmern, neben denen sie leben, mit denen sie hungern. 1782 schrieb der Schweizer Pädagoge Johann Heinrich Pestalozzi *Über den Bauern:* »Wo die Güter gar unwert und in einem sehr niedern Preis sind, da hat der Bauer immer mehr fast eine Schwein- als eine Menschenart; er umwühlt seine Äcker wie diese Tiere den Boden, bloss um für einen Augenblick Unterhalt darauf zu finden.«

Für Pestalozzi sind in der Schweiz die Bauern wie die Schweine, für Carl Julius Weber in Bayern die Schweine wie die Bauern: »Die Schweine Baierns sind nicht lang, gestreckt und weiß wie in Westphalen, sondern klein, kurz und röthlich, fast wie die – Menschen.«

Und in des *Herrn Geheimden Rath von Loen Freye Gedanken von dem Hof, der Policey, gelehrten, bürgerlichen und Baurenstand* heißt es 1761: Die »Bauren sind Sclaven, und ihre Knechte sind von dem Vieh, das sie hüten, kaum noch zu unterscheiden. Man kommt auf Dörfer, wo die Kinder halb nackend laufen und die Durchreisenden um ein Allmosen anschreien. Die Eltern […] sehen verkannt und elend aus; man würde noch mehr Mitleid mit ihnen haben, wenn nicht ein wildes und viehisches Ansehen ein so hartes Schicksal an ihnen zu rechtfertigen schien.«

Zehn Jahre später beklagte ein Kurmainzer Arzt die Folgen der gerade herrschenden Nahrungskrise: Eine »unglaubliche Teuerung, die fürchterlichste Not, kurz der äußerste Hunger. […] Kein Wunder also, dass diese Elenden, um das armselige Leben zu erhalten, auf viehische und naturwidrige Speisen, ich verstehe darunter den Gebrauch des Grases, der Disteln, schädlicher Köhlen, Kleienbrei, geröstete Haferspreu […] verfallen mußten.«

Friedrich Eberhard von Rochow, Büschings Gastgeber auf Gut Reckahn, hat diese Hungersnot ebenfalls beschrieben: »Als in den Jahren 1771 und 1772 sehr nasse Sommer einfielen, viel Heu und Getreide verdarb, Theuerung entstand, auch tödliche Krankheiten unter Menschen und Vieh wütheten, da that ich nach meiner Obrigkeitspflicht mein Mögliches, den Landleuten auf alle Weise mit Rath und That beyzustehen. […] Aber böse Vorurtheile, Verwöhnung und Aberglauben, nebst gänzlicher Unwissenheit im Lesen und Schreiben, machten fast alle meine guten Absichten fruchtlos.« Rochow fragt sich, »warum der Landmann so sey, als er ist. Er wächst auf als ein Thier unter Thieren.« Dies galt es zu ändern. »Und nun schrieb ich […] die Titel der dreyzehn Kapitel, woraus mein Schulbuch für die Lehrer der Landleute bestehen sollte, nieder«.

Die Hungerjahre Anfang der 1770er waren nicht bloß auf Missernten zurückzuführen, auch nicht nur auf die Getreidespekulation, die gewöhnliche Folge schlechter Erträge. Es handelte sich vielmehr um eine lang andauernde ›Strukturkrise‹. Um 1800 war ein Viertel der ländlichen Bevölkerung in Deutschland besitzlos, in Ostpreußen sogar ein Drittel – und das Gesinde, das ohnehin nur sein Eigen nennen konnte, was es auf dem Leib trug, ist dabei statistisch nicht eingerechnet. Noch immer lebten 80 Prozent der Menschen auf dem Land, aber das Land konnte nur 70 Prozent ernähren. Die Qualität dieser Ernährung, wie übrigens auch die der städtischen Unterschichten, hatte sich im Jahrhundert der Aufklärung und des ›allgemeinen Fortschritts‹ nicht etwa verbessert, sondern deutlich verschlechtert, und zwar von der allgemeinen Statistik messbar und jedem besonderen Magen spürbar.

Der schlechten Ernährung entsprach die miserable Erziehung. »Die gemeinen Leute beyderley Geschlechts«, schrieb Büsching, »sind bisher an den meisten Orten ganz unverantwortlich vernachläßiget und fast thiermäßig erzogen worden.« Dann lobte er den Reformer, den er auf seiner Reise besucht hatte, Friedrich Eberhard von Rochow, Gutsherr von Reckahn und Domherr zu Halberstadt: »Wahrlich! Es ist doch angenehmer und vorteilhafter mit aufgeklärten, gewissenhaften und tugendhaften Menschen umzugehen als mit viehischen Kreaturen in menschlicher Gestalt. Der Domherr hat alles dieses und ein mehreres schon seit langer Zeit scharfsichtig erkannt, ja er hat insonderheit auch auf den Religionsunterricht weise und christliche Aufmerksamkeit gewendet.«

Einer von Rochows Landschullehrern war Johann Christoph Lindemann, wie sein gnädiger Herr der Feder verfallen. In einer von ihm verfassten Fibel ermahnt er die Kinder: »Die dummen Ochsen und Pferde stoßen und schlagen sich einander wohl; aber Kinder, die verständiger seyn sollen, als das dumme Vieh, dürfen so was viehisches kein einziges mal thun.« Angetan wurde dem Volk das Viehische weiterhin. Anfang der 1780er-Jahre bemerkte Riesbeck in seinen Reisebriefen über die ländlichen Zustände in Bayern: »Wenn man sich einige Stunden weit von der Hauptstadt entfernt, sollte man die Höfe der meisten Bauern kaum für Menschenwohnungen halten.« Im 1791 erschienenen ersten Teil von Georg Forsters *Ansichten vom Niederrhein* hieß es, »dass der ungeheure Druck, unter welchem der Landmann seufzt, das erste und unüberwindbare Hindernis bleibt, welches sich der Vervollkommnung aller Zweige der Industrie entgegensetzt. [...] Daher ist auch die ganze neuere Staatswirtschaft [...] ein verabscheuungswürdiges System von Kunstgriffen, wodurch der Untertan, genau wie der Negersklav in den Zuckerinseln, nur nicht unter derselben Benennung, zum Lasttier herabgewürdigt wird«. 1792 schrieb Friedrich Christian Laukhard in seiner Autobiografie über die Verhältnisse in der Pfalz, in Schlesien und – überall:»Der größte Theil des Adels tyrannisirt zwar aller Orten, wo er nur kann, und sieht die Landleute als Geschöpfe an, welche aus einer ganz andern Masse gebildet sind, als der gnädige Junker. Das thut der Adel sogar in der Pfalz [...] Auch da übt er so unter der Hand in den sogenannten ritterschaftlichen Dörfern seine Obermacht aus, und saugt den armen Unterthanen das Blut unter den Nägeln hervor. Aber nirgend ist die adeliche Tyrannei ärger als in Schlesien: da können die Herren Unmenschen so recht nach Herzenslust die armen Unterthanen scheeren.« Noch 1834 empörte sich Georg Büchner im *Hessischen Landboten:* Die Menschen»werden zu Ackergäulen und Pflugstieren gemacht, damit sie in Ordnung leben.«

›Ordnung ist das halbe Leben‹ sagt man, aber das ist falsch: Sie ist das ganze. Johann Georg Schlosser in seinem *Sittenbüchlein:*»Ich danke es meinem Vater noch in der Erde, dass er mich von Kindheit an zur Ordnung angehalten hat. So halte ichs mit meinen Kindern, mit meinen Leuten, selbst mit meinem Vieh.« Für die persönliche Ordnung in der Familie (und im Stall) ist der Vater zuständig, für die soziale Ordnung die Obrigkeit:»Diese Leute«, heißt es weiter im *Sittenbüchlein,*»sorgen, wie sie euch helfen, wann ihr krank seyd, wie sie eurem Vieh helfen, wann es siech ist. Sie schaffen euch tausend Vortheile, ohne die ihr elend leben müsstet. – Würden sie dieses alles thun, wenn sie euer König nicht erhielte? Und wie kann er sie erhalten, wenn nicht jeder etwas dazu beyträgt?«

Das ist kindgerecht formuliert, doch war neben den wirklichen Kindern nicht das ganze ›gemeine Volk‹ für Fürsten, Aufklärer und aufgeklärte Fürsten immer ein großes Kind? In der Sache entspricht die Passage im *Sittenbüchlein* den Vorstellungen, die man in den Gremien der absolutistischen Macht hatte. In einer Weimarer Denkschrift *Über Aufhebung oder Verwandelung der Frohn-Dienste im Allgemeinen* aus der Feder eines unbekannten Verfassers heißt es 1794, man müsse»dem Volcke auf dem Lande begreiflich machen, dass seine Lage verhältnismäßig glücklicher ist als es manche Unzufriedene wähnen möchten, besonders unter der Administration einer Landesherrschaft, die sehr geneigt ist, zu Beförderung des allgemeinen Wohlstandes immerfort mit zu wirken und nach Erfordernis zur Erleichterung und Unterstützung beizutragen«.

Die Obrigkeit

Wer ist die Obrigkeit? Karl Traugott Thieme erklärte es 1817 am Beispiel Sachsens: »Diejenigen, welche unter einem Volke die höchste Gewalt haben [...] heißen hohe Landes-Obrigkeiten. Sie führen außerdem verschiedene Titel. Einige heißen Kaiser oder Könige; andere Fürsten, Großherzöge und Herzöge, Grafen, Freiherren usw. [...] Nun aber ist die Regierung eines Landes oder Volkes eine weitläufige und schwere Arbeit, welche ein Mensch allein nicht bestreiten kann. Die hohen Landes-Obrigkeiten müssen daher noch andere Leute zu Hilfe nehmen [...] In den Städten heißt die Obrigkeit der Stadtrat und besteht gemeiniglich aus einem Bürgermeister, einem Stadtrichter und einigen Ratsherren. Die Dörfer in Sachsen stehen meistenteils entweder unter dem Könige selbst oder unter den Edelleuten. Wenn die Edelleute das Recht nicht verstehen oder nicht selbst Gericht halten wollen, so stellen sie auf ihren Dörfern einen Gerichtshalter an, welcher die Sache untersucht, wenn etwa Klage einläuft. Der König aber läßt seine Dörfer durch Amtleute regieren, welchen der Richter und Schultheiß auf jedem Dorfe Nachricht geben muss, wenn etwas wider die Gesetze vorgeht. Außerdem gibt es auch in Sachsen noch sogenannte geistliche Obrigkeiten, welche Konsistorien und Superintendenten genannt werden. Die Obrigkeiten haben nun wieder ihre Diener, welche sie zum Schreiben oder Schicken brauchen. Man heißt sie Kopisten, Gerichtsschreiber, Amtsboten, Gerichtsdiener, Frohnvögte.«

»Ihre Anzahl ist Legion«, höhnte Büchner über die hessischen Beamten, »Staatsräte und Regierungsräte, Landräte und Kreisräte, geistliche Räte und Schulräte, Finanzräte und Forsträte usw. mit allem ihrem Heer von Sekretären usw. Das Volk ist ihre Herde, sie sind seine Hirten, Melker und Schinder.« Das Zahlenverhältnis zwischen ›Herde‹ und ›Hirten‹ lässt sich am Beispiel des kurmärkischen Kreises Teltow bei Büsching nachlesen: »Was die Bevölkerung dieses Kreises anbetrifft, so hat man 1774 auf dem platten Lande gezählt 19 842 Menschen«, darunter lediglich zehn »Edelleute und Besitzer adlicher Güter, welche wirklich auf den Gütern wohnen«. Des Weiteren gibt es 11 »General-Pächter oder Beamte« und 48 »Verwalter und Unterpächter«, 44 »Förster und andere Forst- und Jagdbediente«, 30 Prediger, 106 Küster und Lehrer, 1002 Bauern und Halbbauern, 1664 »Coßäten, Gärtner und Hausleute«. Es gibt 1 »Feldscheerer« (medizinisch ausgedrückt also bestenfalls einen halben Arzt für zwanzigtausend Leute), 2 Bäcker (man backt sein Brot selbst), 44 Schneider (man näht den Großteil seiner Kleider selbst), 1 Töpfer, 1 Schlosser, 4 Tischler, aber 66 Leinweber, 68 Müller, 247 Hirten, 1308 Knechte, 1206 Mägde. Die »Weiber« werden extra gerechnet: 4512. »Witwen, welche Höfen vorstehen«: 56. »Söhne unter 10 Jahren«: 2764. »Töchter unter 10 Jahren«: 2689. Wären wir Zeitreisende gezwungen, unter diesen sozialen Positionen zu wählen, und zwar ohne die Möglichkeit, in unsere eigene Gegenwart zurückzukehren, für welches Leben würden wir uns wohl entscheiden: für das der Mägde und Knechte, das der Prediger und Lehrer, das der Pächter und Verwalter? Oder für das Leben der Edelleute?

Büschings Zusammenstellung kann nicht stellvertretend für die Situation in ganz Preußen, geschweige denn in ganz Deutschland genommen werden. Gleichwohl veranschaulicht sie die Relationen zwischen Landeigentümern, obrigkeitlichen Funktionsträgern und dem Volk in seinen verschiedenen Besitz- und Berufsschichten. In Preußen gehörte um 1800 ein Prozent der Bevölkerung dem Adel an. Allerdings hatte der Adel sein Monopol auf Landbesitz längst verloren. Viele verschuldete Rittergüter wurden von reich gewordenen Bürgern aufgekauft. Die ›Sozialstruktur‹, würde der Historiker sagen, veränderte sich nicht nur in den Städten, sondern auch auf dem Land. Aber strukturelle Verschiebungen sind nicht immer sofort spürbar, zumal die politische Herrschaft im Staat und die alltägliche Macht im Dorf auf sehr unterschiedliche Weise erfahren werden. Pestalozzis diesbezügliche Beobachtung galt nicht nur in den Tälern der Schweiz: Überall »im Dorf hat die Herrschaft oft den Zeremonieneinfluss und der Schulz den Realeinfluss, und das ist gar natürlich; der Mensch wird weit am meisten von dem geleitet, der ihm nahe ist und ihn kennt«.

Der Bauer sah sich meistens nicht unmittelbar mit dem Gutsherrn konfrontiert, sondern mit dessen Pächter oder Verwalter und mit den Funktionsträgern im Dorf, die ihrerseits von der ›Herrschaft‹ abhängig und ihr verpflichtet waren. Diese Abhängigkeit war rechtlicher, sozialer, wirtschaftlicher und unmittelbar persönlicher Natur. Das galt für die Beziehung zwischen dem Herrn und dem geringsten Tagelöhner wie für die zwischen dem Herrn und seinen faktischen (und moralischen) Stellvertretern wie etwa dem Prediger. Über das Sozialgefälle zwischen adliger Herrschaft und Dorfpfarrer heißt es in E. T. A. Hoffmanns *Die Elixiere des Teufels:* »Die protestantischen Prediger, wenigstens auf dem Lande, sind nur Hausoffizianten, die, nachdem sie der gnädigen Herrschaft das Gewissen gerührt, am untersten Ende des Tisches sich in Demut an Braten und Wein erlaben.« Diese Abhängigkeit konnte bis auf die Einsetzung des Predigers durch den Gutsherrn zurückgehen. Gottfried August Bürger zitiert in seiner *Anweisung zur deutschen Sprache und Schreibart* die in einem Werk mit juristischen Schriftsätzen angebotene Fassung für den Brief eines Rittergutsbesitzers anlässlich der Besetzung einer ›erledigten‹, also frei gewordenen Predigerstelle: »Nachdem das hiesige Pfarramt vor kurzem durch die erfolgte Translokation des zeitherigen Pfarrers M. N. nach N. erledigt worden, und mir daher als Besitzer des Ritterguts N., welchem in Gemäßheit der gnädigst erteilten Lehnbriefe das Patronatrecht über die hiesige Pfarrei zusteht, oblieget, ein taugliches Subjekt zu erwähntem erledigtem Pfarramt gehorsamst zu präsentieren. Also erfülle ich diese Pflicht, indem ich den Kandidat N., welcher sich, daß er ein Landskind sei, und 3 Jahre zu N. der Gottesgelahrtheit obgelegen, legitimieren wird, hierzu pflichtschuldigst präsentiere, und zugleich geziemend bitte, denselben gewöhnlichermaßen prüfen, und wenn selbiger tüchtig erfunden worden, das weitere Nötige wegen Eröffnung der Kanzel zur Probepredigt, sodann auch seiner Zeit wegen seiner Ordination und sonst allenthalben verfügen zu lassen.« Der ärmliche Göttinger Schriftsteller mochte sich über die altväterische stilistische Umständlichkeit mokieren, der Ritter auf dem Gutshof hatte trotz seiner ungelenken Feder das Heft weiter fest in der Hand.

Der Dorfprediger war Arm Gottes und Mund der Obrigkeit. Er segnete und verkündete, tadelte und verteilte Ratschläge. Im Übrigen repräsentierte er zusammen mit dem Schulmeister die Kultur, allerdings mit dem Unterschied, dass Pfarrer und Lehrer zwar häufig ärmlich lebende Leute waren, der eine jedoch im Modus religiöser, moralischer und staatlicher Autorität, der andere oft in halb bemitleideter, halb verachteter Stellung. Jean Paul, der Sohn eines ›Schulmannes‹, betrieb für kurze Zeit selbst eine ›Winkelschule‹ und unterrichtete in seiner Stube die Kinder der ansässigen Honoratioren, als da waren der Pfarrer, ein Fabrikant und ein ›Actuarius‹. In einem Brief höhnte er über seine Armut: »Beim Antritte meines Schwarzenbacher Schulamtes muß ich das gewöhnliche Inventarium übernehmen, das in Stiefeln, Strümpfen, Schnupftüchern und einem Paar Kreuzern Geld besteht. Aus diesen vier Artikeln fehlt mir nun besonders der erste, der zweite, der dritte und der vierte.« In der *Selberlebensbeschreibung* von 1818 charakterisierte er den sozialen Unterschied zwischen ›Schulmann‹ und Pfarrer: »Sooft die Schulleute ihre Kleider wechseln, z.B. den Schulmantel in den Priestermantel, so bekommen sie bessere Kost, wie die Seidenraupen bei jeder neuen Häutung reicheres Futter erhalten, so dass ein solcher Mann die Vermehrung seiner Einkünfte durch das Vermehren seiner Arbeiten so weit treiben kann, dass er einem mit Wart- oder mit Gnadengeldern oder überhaupt hohen quieszierten Staatsbeamten nachkommt.«

Es hing allerdings viel davon ab, wo die Gemeinde lag, in der man vom Altar lebte, was beispielsweise für die lutherischen Geistlichen in der Pfalz Laukhard zufolge bedeutete, »blos von dem […] was ihnen ihre Pfarrkinder aus Gnade und Barmherzigkeit geben wollen. Da aber der Kurpfalzer Bauer selbst nicht viel hat, und also nicht viel geben kann – so sind die Predigerstellen ungemein schlecht, und die Inhaber derselben haben oft kaum das liebe Brod.« In anderen Gegenden gab es Stellen, die man kaufen konnte – oder erheiraten: »Sie müssen die Frau nehmen, sonst kriegen Sie die Pfarre schwerlich«, wird Laukhard beschieden, als er sich für die Nachfolge eines verstorbenen Pfarrers interessiert, allerdings nur im Amt, nicht im Bett.

Wilhelm Waiblinger, Sohn einer Pfarrerstochter, schrieb 1821 als Sechzehnjähriger in sein Tagebuch: »Was gibts auch Gemein-prosaischeres Anti-ästhetischeres Unerquickenderes als das Leben unserer – Pfarrer. Da kriegen sie irgendwo ein Mädchen auf, wenns gut geht, eines Konsistorialrats Tochter, verheiraten sich mit der Schönen, und fördern da ein paar Dutzend Kinder zu Tage, die oft in Lumpen und Ungebildetheit dem ruhig-Betrachtenden ein Anstoß sind, schmeißen den dummen Bauern ein paar triviale, von ihnen oft selbst nicht geglaubte, nicht erwärmende Worte von der mit Spinnen umwebten Kanzel herab, worauf alle mit gewaltigem Geschrei den Unsichtbaren zu erfreuen wähnen, und gehen dann zur Schaufel, um für die liebe Ehehälfte, die indessen die unzähligen Kinder zu putzen bemüht ist, einen Haufen Kartoffel herauszuscharren.«

Trotzdem konnte man als Dorfpfarrer mit etwas Glück sein Glück machen, wenigstens ein kleines, bescheidenes wie in der Idylle des Romans *Andreas Hartknopfs Predigerjahre* von Karl Philipp Moritz: »Die Pfarrwohnung ist doch bequem, obgleich die Stuben schiefwinklicht sind. [...] Da steht in einer Ecke der braune Bücherschrank, und in der andern der pyramidalische Aufsatz zum weißen hellklingenden Porzellan. Das alles ist so glänzend und so schön – die Griffe an den neugemachten Türen sind poliert – die Küche ist hell und groß – die Fenster des Studierzimmers sind nach dem Garten zu – und grüne Vorhänge schützen gegen den brennenden Sonnenstrahl. Und wohnt die Lieb' in Hütten des Landmanns, so wohnt sie doch viel bequemer in der zierlichen Pfarrwohnung, die wie ein Palast über die Hütten emporragt, und wo der Rauch vom Herde nicht aus der Tür zieht, sondern durch einen Schornstein in die Luft empor steigt.«

Ein Schornstein für den Rauch, eine Kanzel für die Predigt – das genügt schon, um den Dorfpfarrer zum Honoratior zu machen, zu einem, der bestellt und bestallt ist, an Wochen- und Sonntagen, im Alltag und im Fest als Vertreter der Herrschaft mit den Beherrschten zu leben, mit den Untertanen, die der Leitung bedürfen, aber selbst nicht leiten sollen: »Sieh, wenn du nicht als Obrigkeit, oder als

Herrschaft, oder als Lehrer deine Unterthanen, Gesinde und Zuhörer bessern sollst, und auf Ordnung und Recht halten mußt«, ermahnt von Rochow als Herr die Untertanen, sieh »lieber auf das Gute, als auf die Fehler deiner Nebenmenschen.« Statt sich obrigkeitliche Aufsicht über seinesgleichen oder gar demokratische Selbstkontrolle anzumaßen, soll der untertänige Mensch fleißig und brav sein und den Herrn, den lieben Gott und den Pfarrer lieben. Das war die Vision des Reformers von Reckahn: »Ich sah einmal ein Dorf, dessen Anblick mich sehr vergnügte; […] Alle Höfe und Gärten waren mit Mauern von Leimen und Feldsteinen eingefaßt, sieben Fuß hoch, drey Fuß unten und zwey Fuß oben dick. […] Die Schwellen an den Gebäuden lagen alle zwey Fuß über der Erde, auf gemauertem Grunde. Am Hause wurde kein Koth, kein Mistpfuhl geduldet. Des Sonntags kam die Gemeine zusammen und wurde eins, was zum gemeinen Besten in künftiger Woche sollte gethan und gegeben werden. […] Es war kein Neid und Zank oder Groll unter diesen guten Leuten. Ihre Kinder sahen nichts Böses und wurden daher durch den Schulunterricht viel leichter gebessert als andere, die in ihrer Aeltern Hause viele Laster lernen. Ihren Herrn und ihren Seelsorger liebten sie kindlich, und waren willig gehorsam.«

Ganz anders die »Bauern zu Bösendorf«. Sie »waren in der ganzen Gegend im übelsten Rufe. Aber es waren auch recht böse Leute: denn sie verrückten heimlich die Grenzen ihrer Herrschaft und ihrer Nachbarn; und wo ihr Ackerstück an eine Heide oder Anger traf, da pflügten sie alle Jahre etwas ab, und wollten auf solche ungerechte Weise ihren Acker zum Schaden derer, denen das übrige gehörte, vermehren. Ihr Vieh hüteten sie oft in Schonungen, oder auf andern verbotenen Plätzen, wenn sie wußten, daß keine Aufsicht war, oder sie ließen es ohne Hirten in Schaden laufen. Wem sie etwas zu geben hatten, an Korn oder Zehend, den betrogen sie, wo sie konnten. Und Holz stohlen sie, wo nur etwas zu stehlen war.«

»Sie dürfen abwechslend sizen oder stehen«
In der Dorfschule

Was soll das Landkind in der Schule lernen? 1777 gab der zuständige preußische Minister Karl Abraham von Zedlitz im *Deutschen Museum* die Antwort: »Für die geringste Klaße. Deutliche Aphorismen; Säze ohne Beweise, höchstens mit Stellen aus der Schrift belegt.« Dabei zeigte sich Zedlitz später als Anhänger Kants, dessen Schrift *Was ist Aufklärung?* von 1784 mit den Sätzen begann: »Aufklärung ist der Ausgang des Menschen aus seiner selbstverschuldeten Unmündigkeit. Unmündigkeit ist das Unvermögen, sich seines Verstandes ohne Leitung eines anderen zu bedienen. Selbstverschuldet ist diese Unmündigkeit, wenn die Ursache derselben nicht am Mangel des Verstandes, sondern der Entschließung und des Mutes liegt, sich seiner ohne Leitung eines andern zu bedienen.«

Dennoch: Für die geringste Klasse der Untertanen ›Säze ohne Beweise‹. Des Weiteren »Vom Monarch und Untertan. Pflichten gegen die Obrigkeit. Unbedingter Gehorsam gegen Geseze, nicht gegen Personen. Liebe und Zutrauen gegen vorgesetzte Personen.« Danach zählt von Zedlitz die »Befugniße und Rechte des Menschen, des Bürgers«, die »Sicherheit der Person und des Eigenthums« und die »Gewißens-Freyheit« auf. All dies jedoch im Rahmen der bestehenden Ordnung, in der die Geburt den gesellschaftlichen Rang, den sozialen Stand und die materiellen Lebensumstände bestimmt. Nur Letztere sollten (und durften) durch Aufklärung, Arbeit und Bildung verbessert werden, allerdings immer in Rücksicht auf die Funktion des Menschen im Ganzen, niemals als Selbstzweck und bloß für sich allein. Schon die Frage, ob ›der Landmann‹ lesen können soll, ist nicht ohne Risiko zu beantworten. Wer die Bibel, den Katechismus und Rochows Schulbüchlein liest, schlägt womöglich bald die Zeitung auf. Aber: »Ist das Zeitungslesen auch dem Landmann zu verstatten?«

Diese Frage steht über einem »Gespräch zwischen einem Prediger und einem Schullehrer«, das Friedrich Wilhelm Otte, Landinspektor in Holstein und Schleswig, 1796 in den *Beiträgen zur Veredlung der Menschheit* veröffentlicht hat. In dem fingierten Dialog spielt der Lehrer die Rolle des Finsterlings, der Pfarrer die des Aufklärers. »Ey! Ey Herr Pastor«, höhnt der Schulmeister, »was doch endlich aus unseren Bauern werden wird. Da sind sie schon wieder bey Mads dem Schneider versammelt, um sich von ihm aus dem Altonaer Merkur vorlesen zu lassen. Will doch nicht alles jezt höher fliegen, als ihm die Flügel gewachsen sind!« Der Pfarrer entgegnet: »Soll denn der Bauer, und der große Volkshaufen überhaupt, beständig in der Dummheit erhalten werden, damit er immer geduldig still halte, wenn wir ihm Zaum und Gebiß anlegen wollen, um ihn nach Herzens Lust zu reiten?« Wer lesen kann, lässt sich nicht mehr zum Lasttier machen. Doch eben darin besteht das Problem. Wie kann man die Landleute über das aufklären, was ihre Tüchtigkeit erhöht und sie das Joch geschickter tragen lässt, ohne sie zugleich auf die Idee zu bringen, dieses Joch abzuschütteln?

Darauf eine praktikable Antwort zu finden war die große selbstgestellte Aufgabe der volksaufklärerischen Publizisten in der unübersehbaren Fülle ihrer Erzeugnisse. Über die heißt es in der *Encyklopädie* von Krünitz am Ende des Artikels »Land=Schule«: »Eine jede [Buch-]Messe lieferte uns eine zahlreiche Menge von Schriften, welche die Belehrung des Land=Mannes und die Verbesserung der Land=Schulen zur Absicht hatten. Es erschienen Predigten und Katechisationen, Lehr= und Lese=Bücher, Kalender und Zeitungen für das Land=Volk und dessen Kirchen= und Jugend=Lehrer, die großentheils gut und zweckmäßig waren.«

Die zu vermittelnden Kenntnisse reichten von Ackerbau bis Stallfütterung (Viehzucht war dem Kleinbauern nicht möglich), es wurde gegen den Aberglauben und für den Klee geschrieben, oder es wurde die Tiefe der Furchen beim Pflügen erörtert. Rochow allerdings war nicht nur ein Mann der Feder, sondern einer der Tat. Dies und die Stufenleiter des volkerzieherischen Engagements vom Besonderen hinauf zum Allgemeinen hat Elisa von der Recke beeindruckt: »Zuerst schrieb er nützliche Volksschriften, bildete seine Dorfprediger, seine Schulmeister, und dann erst führte er seinen verbesserten Volksunterricht ein. Dieser scheint mir sehr zweckmäßig auf die Moralität des Landvolkes zu würken; denn die Religionsunterrichte sind immer mit den Regeln des praktischen Lebens verwebt [...] Liebe zur Regierung, zum Ackerbau und selbst zum Militair wird den Kindern auf eine vernünftige Art beigebracht.« Den schulischen Alltag schilderte aus nächster Nähe Rochows Gattin Christiane Louise:»Im Sommer, ging vor dem kein Kind zur Schule, nun es aber mein Mann zu frey Schule gemacht hat, müßen die Eltern ihre Kinder schicken die Zahl ist jetzt 73. die grösten Kinder können nun den gantzen nachmittag ihre Eltern bey der Arbeit helffen.« Bei dieser Passage fühlt man sich versucht, die Aristokratin neben die Bauernkinder in die Schulbank zu setzen, um der Rechtschreibung ein wenig aufzuhelfen. Sie fährt fort:»Wann mein Mann in der Schule zu gegen ist, so schreibt er sich alle vorkommte Fehler auf, spricht nach der Schule mit den Cantor«, gemeint ist der Lehrer Heinrich Julius Bruns,»auf was Art diese Fehler zu ändern sein, und so wird es mit Gottes Hülffe imer beßer werden. Aber ein geschickter und folgsamer Lehrer gehört nothwendig dazu, und das Glück hat mein Mann gehabt. Dieser Mensch ist Hauptsächlich um Gottes Willen, in seinen Amte treu. Darauf verweist ihm auch mein Mann, so oft er mit ihm spricht, mein Mann kauft ihm die besten Bücher, die von der Bildung der Jugend handeln, die muß er in seinen freyStunden leßen«.

In vielen Schulen wurden vor allem Worte gemacht, es wurde das Abc gepaukt, es wurden Bibelstellen auswendig gelernt, es wurde katechisiert, Moral gepredigt und erzählt. Gezählt wurde nur wenig. Die mathematische Reichweite überschritt kaum die zehn Finger. Die Reformschulen suchten daran etwas zu ändern, obwohl Stimmen laut wurden, die das Rechnen für noch gefährlicher hielten als Lesen und Schreiben. Wer wirklich rechnen kann, der kann auch kalkulieren, und wer zu kalkulieren versteht, versteht sich auf Interessenvertretung. Für Rochows Landschullehrer Lindemann besteht der ›Hauptzweck‹ des Rechnens darin, »den Verstand der Kinder aufzuklären und sie beym Rechnen über ihre eigne, sowohl jetzige und künftige Angelegenheiten, selbst denken zu lehren.«

Wer zählen und rechnen konnte, wäre mit entsprechenden Informationen zum Beispiel in der Lage gewesen, die Versicherungswerte der verschiedenen Gebäude von Rochows Gutsherrschaft zu vergleichen: Das Haupthaus in Reckahn mit Möbeln 10000 Reichstaler (Stand 1765), eine große vierdielige Scheune 3000 Reichstaler, der Kuhstall 1500, das Schäferhaus mit Stall 600, ein Einliegerhaus für sechs Familien 400 und eines für vier Familien 300 Reichstaler.

Rochows Reckahner Schulen können als vorbildlich gelten, jedenfalls verglichen mit dem, was sonst in den deutschen Gebieten an Unterricht für das ›Landvolk‹ angeboten wurde. Das setzte die Wertschätzung des Lehrens und des Lehrers durch die Obrigkeit, im Falle Reckahns also des Gutsherrn, voraus. Die Schulpolitik auf der staatlichen Ebene hinkte Rochows gutsherrschaftlicher Privatinitiative hinterher, so es sie überhaupt gab. Im *General-Landschul-Reglement* von 1763, Preußens erstem Schulgesetz, hatte es geheißen: »Dass keine zu Schulmeistern und Küstern angenommen werden sollen, als welche in dem Kurmärkischen Küster- und Schullehrerseminar in Berlin eine zeitlang gewesen und darin den Seidenbau sowohl als die […] Methode des Schulhaltens gefaßet haben.« Schulhalten und Seidenbau, die Kombination verdeutlicht, wie lange es dauerte bis zur Entwicklung eines Schulwesens um seiner selbst und vor allem um der Kinder willen – nicht wegen der Raupen, auf die Friedrich so versessen war. Ein 1776 von dem Theologen Johann Joachim Spalding vorgelegter Plan zur Unterrichtsverbesserung am Berliner Waisenhaus wurde mit der Begründung ad acta gelegt: »Wenn die Information der Kinder soll rechten Nutzen haben, so müssen sie weiter nichts lernen als Lesen, Schreiben, Rechnen und das Christentum, und das ist vor diese Kinder und vor ihre künftige Umstände genug.«

Immerhin wurde zwei Jahre später auf Rochows Initiative in Halberstadt das erste preußische Landschullehrerseminar eingerichtet, weitere zwei Jahre später folgte eines in Detmold, das ebenfalls zu den ersten in Deutschland gehört.

Rochows Reckahner Schulversuche faszinierten viele Zeitgenossen, zusammen mit anderen pädagogischen Moden und Modellen, von denen sie sich gleichwohl unterschieden. Das von Basedow in Dessau gegründete Philanthropin beispielsweise war eines für Bürgerkinder, und die Reformideen des Schweizers Pestalozzi diffundierten erst nach 1800 durch Preußen und wirkten sich zudem weniger im Schulunterricht aus als in der privaten Erziehung zu Hause.

Das Spezifische des Reckahner Projektes zog zahlreiche Besucher an, bürgerliche Aufklärer wie Büsching, aristokratische Menschenfreundinnen wie Gräfin von der Recke und zahllose pädagogische Hospitanten, die ihre dort erworbene Unterrichtserfahrung in die Schulen von ganz Deutschland trugen. Einige haben ihre Erfahrungen festgehalten, darunter Heinrich Eberhard Gottlob Paulus, später Professor in Jena und Würzburg, dann Schulrat in Bamberg und Nürnberg, noch später Professor in Heidelberg. In seinem Tagebuch notierte er: »Die ganze weibl. u. männl. Schuljugend ist in 2 Theile geteilt. Die jüngere versammlen sich von 1=3 Uhr Nachmit. Die ältere von 7=11 Uhr Vormittags in einer genugsam geräumigen Schulstube bei H. Cantor Julius Heinr. Bruns. Dieser Mann hat Geduld u. Geschick, ohne Tändelei aber auch ohne Gewalt seine Kinder, unausgesetzt aber mit abwechslendem Inhalt, so zu unterhalten u. zu belehren, daß sie sichtbar gerne in ihrer Schule sind.«

Dass die größeren Kinder nur bis elf in der Schule blieben, war dem Realismus Rochows geschuldet. Die Kinder wurden zum Arbeiten gebraucht – Christiane Louise erwähnte es schon –, und sie dieser Arbeit durch den Schulbesuch zu lange zu entziehen, hätte den Widerstand der Eltern hervorgerufen. Schließlich sah man es den Kindern an, wie sehr die Eltern ihre Mitarbeit nötig hatten: »Die Kinder können nicht anders«, bemerkt Paulus, »als in armen Kleidungen zu erscheinen, aber sie müssen doch so viel möglich reinlicher erscheinen. Sie dürfen abwechslend sizen oder stehen, aber sie müssen immer gerade u. stille sein.« Und vor allem diente der Unterricht der Erziehung, nicht der Arbeit.

Dieser Fortschritt war vielerorts nicht gewollt. Die 1796 in den Berliner Vorstädten eingerichteten Schulen dienten der Kinderzucht durch Kinderarbeit und der Gewinnerwirtschaftung. Im Aufsichtsgremium saß ein Fabrikant. 1801 schrieb der Pädagoge und Jugendbuchautor Peter Villaume entzückt im *Lesebuch für Bürgerschulen* – in die bessere Bürgerkinder gar nicht gingen: »In ganz Böhmen, in den Städten sowohl als auf dem Lande und in vielen Orten in Deutschland, als in Göttingen, Hannover, Magdeburg, im Oesterreichischen sitzen die Kinder in den Schulen nicht müßig; sie arbeiten während des Unterrichts, wenn der Unterricht sonst ihre Hände nicht beschäftigt. […] Die Kinder alle spinnen, stricken, flechten Körbe, machen allerlei Arbeit in Draht, in Holz, in Stroh und Schilf; auch nähen die Mädchen.« In den Berliner Schulen dauerte das neun Stunden täglich, aber im Winter ›nur‹ acht.

»Im Feld, im Haus, im Bett, im Stall«
Leibeigenschaft und Fronarbeit

Die europäischen Bauern waren de jure keine Sklaven, de facto jedoch unmittelbar von den Menschen abhängig, die über sie, ihre Kinder, ihr Land, ihr Vieh, ihr Ackergerät und ihre Arbeitskraft herrschten. Die Leibeigenschaft, die Hörigkeit, die Gutsuntertänigkeit, die Erbuntertänigkeit und die ›Schollengebundenheit‹ prägten sich in den deutschen Gebieten unterschiedlich aus, von den vielfältigen und in ihrer Vielfalt nur schwer überblickbaren Formen der Grundherrschaft in Nord-, West- und Süddeutschland über die landesherrlichen Domänen in den Fürstentümern bis zu den Gutsherrschaften östlich der Elbe. Die Rechte, Gewohnheiten und Gewohnheitsrechte waren so bunt wie die territorialen Verhältnisse. Aber überall verfügten die Herren nicht nur über das Recht, sondern auch über die Richter, die Dorfschulzen, die Pfarrer, um dieses Recht mit Worten geltend zu machen, und über die Polizeidiener und Soldaten, um es nötigenfalls mit Gewalt durchzusetzen.

Es handelte sich dabei nicht um eine festgefügte ›Struktur‹, sondern um einen nie endenden Kampf zwischen den verschiedenen Herrschaften (vom ärmlichen Junker bis zum großen Fürsten) und den Untertanen (vom reichen Bauern bis zum Habenichts in der Strohhütte). Die adeligen Gutsherren, aber auch die bürgerlichen Gutsbesitzer wollten den Ertrag ihrer Güter steigern, durch landwirtschaftliche Verbesserungen, durch Erhöhung der überlieferten Frondienste und Abgaben und durch das Ausklügeln und Durchsetzen neuer Belastungen. Die Bauern wiederum beriefen sich gegen neue Anforderungen aufs Herkommen, unterliefen zugleich dieses Herkommen, wenn sie den Belastungen nicht gewachsen waren, und machten sich immer wieder in Dorfrevolten und größeren, teilweise sogar organisierten Aufständen Luft.

Die ländlichen Untertanen lebten nicht als gleichförmige, gleich arme Bevölkerungsmasse. Die Beziehungen dieser Menschen unter- und nebeneinander waren durch ein kompliziertes, ökonomisch und kulturell abgestuftes Schichtensystem geregelt und dennoch zugleich stets umkämpft. Es gab Bauern, die Äcker und Vieh besaßen, auch wenn sie wenig dagegen tun konnten, dass auf diesen Äckern das Wild eines Herzogs Verheerungen anrichtete und dass sie mit ihren Ochsengespannen Fuhrdienste für die Ritter zu leisten hatten. Es gab Kossäten mit kleinen Häusern und halben Äckern, es gab Büdner, die einwohnten und allenfalls einen Streifen Erde bepflanzen konnten. Es gab Tagelöhner, die überhaupt nichts besaßen, nicht einmal ein Dach über dem Kopf, wenn es ihnen nicht von demjenigen, der sie gerade angeheuert hatte, zur Verfügung gestellt wurde. Es gab Mägde, denen nahezu nichts gehörte, nicht einmal wirklich sie selbst, weil sie nach Gutdünken zum Zwangsdienst aufs Herrengut bestellt werden konnten. Manche dieser Mägde mögen zänkisch gewesen sein, manche treuherzig, manche mit neidischen Seitenblicken auf das Fräulein im Gutshaus oder, den eigenen Erfahrungen, mithin den eigenen Wünschen nähergelegen, auf die bessergestellte Köchin.

Doch sollte die Magd allezeit dienstbar und stets schicksals- und gottergeben sein. So stellte es sich der Domherr Friedrich Eberhard von Rochow im *Morgenlied einer frommen Magd* vor: »Im Feld, im Haus, im Bett, im Stall, / Da soll ich fromm seyn überall: / So will es Gott, der diese Nacht / Mich schützte, daß ich bin erwacht. // Das Vieh schreyt mich um Futter an – Ich will es pflegen, wie ich kann. / Für Lohn und Nahrung, sollt ich nicht / Auch treu beweisen meine Pflicht? // Kein Schaden soll durch mich geschehn. / Man soll mich niemals müßig sehn. / Mehrt sich durch mich der Herrschaft Gut, / So lohnt mirs Gott, wenn sie's nicht thut.« Darauf könnte mit Jost aus Gottlieb Konrad Pfeffels *Durch Fronen abgezehrt* geantwortet werden: »Von seinem milden Landesvater / Durch Fronen abgezehrt, lag Jost / Auf faulem Moos. Ein frommer Pater / Gab in dem letzten Kampf ihm Trost: / Bald, sprach er, wird euch Gott entbinden / Vom Joch, das euch so hart gedrückt: / Die Ruhe, die euch nie beglückt, / Freund, werdet ihr im Himmel finden. / Ach, Herr! rief Jost so dumpf und hohl / Wie aus dem Grab, wer kann das wissen? / Wir armen Bauern werden wohl / Im Himmel fronweis donnern müssen.«

Lehrer Bruns war ›um Gottes Willen in seinem Amte treu‹, wie Rochows Gattin zufrieden vermerkt hatte, warum das Gleiche nicht von der Magd verlangen? Aber um Gotteslohn und gern hat weder das Gesinde gedient noch der Tagelöhner oder der spannpflichtige Bauer. Die Arbeit musste den Menschen abgezwungen werden und wurde widerwillig und langsam geleistet, unter größtmöglicher Schonung der eigenen Kräfte und des eigenen Viehs. »Ich muss alle Wochen zwey Mal anspannen und das herrschaftliche Feld bestellen«, lässt Traugott Thieme den fingierten Bauer Gutmann im *Sächsischen Kinderfreund* klagen, »muss über dieses auch noch alle Wochen zwey Tage Handarbeit thun. Wenn ich mir eine Arbeit auf meinem Felde oder in meiner Scheune vorgenommen habe; so kommt der Voigt und bestellt mich zu Hofe. Meine Arbeit muss denn warten, sie mag so dringend seyn als sie will.«

Selbst den Besitzlosen konnte der Herr etwas zu ackern geben, er musste es nur geschickt anfangen. Büsching berichtete, Rochow weise Tagelöhnern und Witwen »jährlich etwas von seinem Brachlande an, welches sie graben, düngen und mit Lein, Hirse, Mohn, Linsen oder Kichern, gelben Rüben und Erdäpfel besäen und bepflanzen, welches nicht nur ihnen, sondern auch den Aeckern zum Vortheil gereicht, weil diese gegraben, von Unkraut gereiniget und gedünget werden, daher sie im nächsfolgenden Jahr den besten Roggen tragen«, der aber dann nicht mehr von den Tagelöhnern gesät und geernet wird, sondern von den Leuten des Gutsherrn. Der kleine Vorteil an Linsen und Rüben, den er den Besitzlosen überlässt, wird wettgemacht durch die nachhaltige Verbesserung des Ackers durch diejenigen, die keinen haben. Selbst für den Dung haben die Tagelöhner selbst zu sorgen, oder sie müssen ihn beim Herrn abarbeiten: »Die Hausleute sorgen selbst für Mist, wenn sie aber gar keinen haben, so überläßt ihnen der Gutsherr einige Fuder, und für eines derselben müssen sie einen Tag umsonst dienen.«

Rochow hat später seine Untertanen vom Fronen entlastet, nicht indem er die Spanndienste und das Pflügen abschaffte, sondern indem er es bezahlte. Umgekehrt forderten diejenigen unter den Bauern, die ökonomisch stark genug waren, um Geldeinkommen zu erwirtschaften, die Möglichkeit, die Dienstpflichten durch Zahlungen abgelten zu können. Den Gutsherren waren jedoch die Fronen wichtiger, wer hätte auf ihren Feldern, in ihren Scheunen, an ihren Bauten die Arbeiten leisten sollen, wenn die Bauern und ihre Knechte zuerst auf den eigenen Feldern hätten ernten, in den eigenen Scheu-

nen hätten dreschen, an den eigenen Häusern hätten bauen können?
Rochow hielt wie viele andere Gutsherren, ob ›fortschrittlich‹ oder
nicht, an den Zwangsdiensten bei der Ernte, beim Schafwaschen
und bei der Schafschur fest. Der Verzicht darauf hätte die Wirtschaftlichkeit des Gutes gefährdet, und auch die Reformer machten
mit ihren Reformen dort halt, wo die Freiheit des Untertanen der
Ökonomie des Herrn geschadet hätte.

Der Gesindezwangsdienst war besonders verhasst unter den Leuten, beinahe so verhasst wie die ›Enrollierung‹, die Einschreibung
der Bauernsöhne in die Kantonsrollen im preußischen Militärsys-
tem. Es gab vielfältige Versuche, diesen Diensten auszuweichen oder,
vor allem nach 1800, sie konfrontativ zu verweigern. Im Jahr 1809
beschwerte sich ein sächsischer Gutsbesitzer in einer Eingabe über
folgenden Vorfall: Der Mann seiner Pächterin trug der Tochter des
in seiner Herrschaft lebenden Leinewebers Zenker »einen Zwangsgroschen zu, mit dem Bedeuten, nächstkünftige Lichtmeß herein
aufs Gut zu ziehen und als Zwangsmagd Gesindedienste zu tun.
Zenker habe aber diesen Groschen durch den Überbringer wieder
zurückgeschickt, mit der Äußerung, er ließe seine Kinder nicht dienen, sondern brauche sie selber.« Der Beschwerdeführer stellte klar:
»Zu diesem unbesonnenen und hartnäckigen Wesen kann ich nicht
schweigen. Es kommt nicht auf ihn an, ob er seine Kinder dienen
lassen will oder nicht, sondern wenn eins von selbigen von meinem
Gute aus einen Zwangsgroschen bekommt, so muß es schlechter-
dings zur nächsten Lichtmeß drauf einziehen und Gesindedienste
leisten; gesetzt auch, dass er sie selber brauchte.« Das ›Es kommt
nicht auf ihn an‹ ist der Dreh- und Angelpunkt der Macht, die einst
aus Überlegenheit und Willkür entstanden war und sich zum Recht
verfestigt hatte. In diesem Fall war das Recht erst durch einen wenige Jahre zurückliegenden Prozess bekräftigt worden. »Und die al-
legierten Akten besagen, dass die Kinder der Leineweber, als dergleichen Mstr. Zenker ist, eben so wohl als die Kinder der anderen
Häusler und Untertanen zu Zwange haben dienen müssen.«

Allerdings hatten die Dienste ihre Selbstverständlichkeit verloren. In den Augen der Menschen Unrecht gewordene Praktiken
mögen durch Gerichte bestätigt und mit Gewalt aufrechterhal-
ten werden, einmal infrage gestellt, erlangen sie in den seltensten

Fällen den Status der Quasi-Natürlichkeit zurück. Hinzu kam, dass bestimmte Reformen bereits in die Gesetze selbst vorgedrungen waren, wenn es auch viele Jahre dauerte, bis die neuen Gesetze den Weg vom Papier in die Wirklichkeit fanden. Als etwa in Preußen die Bauern nach der Verabschiedung des *Allgemeinen Landrechts* von 1794 die kodifizierten neuen Rechte bezüglich der Frondienste und der Leibeigenschaft beim Wort nahmen, rückte eine Kompanie Soldaten aus, ergriff die ›Unruhestifter‹ und schleppte sie mit nackten Oberkörpern über die Dörfer, um den Leuten die von Prügeln zerfleischten Rücken zu zeigen.

Für die historische Entwicklung jedoch galt, die Umsetzung der neuen Gesetze konnte zwar be- oder sogar verhindert werden, aber aus der Welt zu schaffen waren sie nicht mehr. Regelmäßig wurden mangelhaft verwirklichte Reformgesetze durch nachfolgende Erlasse bekräftigt. Etwa in Paragraf 10 des 1808 erlassenen bayerischen *Organischen Edict, die Aufhebung der Leibeigenschaft betreffend:* »Da das in den verschiedenen Provinzen Unsers Reiches noch bestehende Recht oder Herkommen, nach welchem die Unterthanen oder ihre Kinder auf gewisse Zeit den Grund- oder Gerichtsherren zu dienen angehalten werden, nur eine Art von Leibeigenschaft ist, so soll mit der Leibeigenschaft auch dieser Gesinde-Dienstzwang überall ohne Entschädigung aufgehoben seyn und keine persönliche Dienstbarkeit dieser Art in Unserm Königreiche mehr gesetzlichen Schutz finden.«

Die ›Bauernbefreiung‹ resultierte nicht aus den Heldentaten, die aufgeklärte Fürsten mit Federstrichen in den Kabinetten begingen. Sie war vielmehr Ergebnis einer langen und zähen Auseinandersetzung, die mit der Verabschiedung neuer Gesetze nicht endete, sondern mancherorts damit erst richtig anfing. Im Badischen wurde die Leibeigenschaft ›offiziell‹ im Juli 1783 abgeschafft, in Preußen wurden die Bauern 1798 befreit, aber einstweilen nur die auf den Domänen, also den Gütern des Königs. Die Übrigen folgten zwischen 1808 und 1816. Außerdem verkündete die Bundesakte von 1815 die allgemeine Freizügigkeit. In Österreich gelang die Bauernbefreiung erst 1848, in Russland 1861. Und es darf nicht vergessen werden, dass die rechtliche Befreiung die soziale Entwurzelung und materielle Existenzvernichtung überall dort zur Folge hatte, wo die befreiten Bauern keinen ausreichenden Besitz hatten und gezwungen waren, als Tagelöhner zu arbeiten oder in die entstehenden Fabriken zu gehen. Die befreite besitzlose Landbevölkerung wurde zur Rekrutierungsreserve der sich beschleunigenden Industrialisierung im 19. Jahrhundert.

Wie vielfältig die Dienstpflichten und geldlichen Abgaben im letzten Drittel des 18. Jahrhunderts waren, beschrieb Büsching am Beispiel des Gutes Britz bei Berlin mit der einem Statistiker angemessenen Akkuratesse: »Das ganze Dorf bestehet aus 58 Feuerstellen und so viel Familien, von welchen 10 Bauern jeder mit 2 Hufen, und 8 Cossäten jeder mit 1 Hufe angesesen sind. Die übrigen bestehen aus der Herrschaft, dem Prediger, dem Küster, dem Hirten und Tagelöhnern oder Arbeitsleuten. Die Menschenzahl des ganzen Dorfs beträgt jetzt [1775] 246 Personen. Die Guts-Herrschaft giebt dem Landesherrn für Ritter-Acker von 1⅙ Lehnpferd jährlich 46 Thlr. 16 Gr.; die 10 Bauern geben dem Landesherrn von 27 contribuablen Hufen an Contribution, Schoß, Hufen- und Giebel-Steuer, Cavalleriegeld und für Kriegesfuhren, überhaupt jährlich 314 Thlr. 12 Gr. Jeder Bauer thut der Herrschaft wöchentlich an 3 Tagen Spanndienste, und die Cossäten thun 3 Tage Handdienste; die ersten entrichten 6 Scheffel, und die andern 3 Sch. Pacht.«

Noch detaillierter sind Büschings Angaben darüber, was die Untertanen des im Kreis Teltow gelegene Rittergut Steglitz an den preußischen König an Steuern zu entrichten hatten: »Zu dem Rittergut gehören zwey Hufen, die 5 Bauern besitzen 27 Hufen, und noch 4 Hufen haben die 2 Cossäten inne. Also gehören zu dem ganzen Dorf 33 Hufen, welche zu 9 Wispel, 23 Scheffel, 4 Metzen Aussaat angeschlagen sind. Jeder Scheffel giebt 8 Gr. Contribution, also beträgt die gesamte Contribution von den Hufen jährlich 79 Thlr. 18 Gr. Von dem herrschaftlichen wüsten Hofe wird jährlich 1 Thaler, 12 Gr. contribuirt, ein jeder der beyden Cossäten giebt jährlich 2 Thaler, 6 Gr., der Krüger 1 Thaler 16 Gr., der Laufschmidt 1 Thaler 15 Gr., der Hirte 2 Thaler 20 Gr. Contribution. Es besteht also die gesamte Contribution des Dorfes in 91 Thalern, 21. Gr.« Das ist aber noch nicht alles. Hinzu kommen auch hier Kriegsfuhren und ›Cavalleriegeld‹, sowie eine Mühlenabgabe: »Folglich bringet das ganze Dorf für den König überhaupt auf: 146 Thaler 13 Gr.«

In diesem Gestrüpp musste stets eine Balance gefunden werden zwischen dem Verteidigen alter Fronrechte und dem beruhigenden Abmildern, wenn neue Forderungen auf Proteste stießen. Der Weimarer Minister Christian Friedrich Schnauß machte das im Februar 1793 seinem Herzog ganz deutlich: Man darf »die Unterthanen durch drückende offt von den Pächtern […] zur Ungebühr erweitert werdende Frohndienste […], neue Abgaben an Zoll, Geleit, Zinnßen und dergl[eichen] nicht zur Empörung bringen, aber auch in längst hergebrachten Diensten und Abgaben nicht nachgeben und Furcht zeigen, sonst gehen ihre unsinnigen Forderungen immer weiter«.

Auch in Sachsen-Weimar machte sich die Sorge breit, die Bauern könnten sich bei den ›Schwindlingen an der Seine‹ anstecken, wie die Revolutionäre in Paris von deutschen Dichtern, Publizisten, Geheimräten und Zensoren bezeichnet wurden. Dass eine Bastille gestürmt wurde, dieses Symbol königlicher Tyrannei, mochte noch angehen, aber dem Tyrannen selbst den Kopf abzuschlagen, erschreckte und entsetzte nicht nur die Verteidiger der überkommenen Herrschaftsordnung, sondern auch die gemäßigten Reformer. Mit Recht übrigens. Die Tatsache, dass ein König von Gottes Gnaden zum Bürger Capet geköpft wurde und die Welt sich trotzdem weiterdrehte, bedeutete eine absolute historische Zäsur. Nichts war mehr wie vorher. Der Schnitt durch den Körper des Königs bedeutete zugleich einen Schnitt durch die Geschichte, der ein für alle Mal die alte von der neuen Zeit trennte.

Einsichten wie diese lagen der Mahnung von Schnauß zugrunde, nach Wegen zwischen Nachgiebigkeit und Härte zu suchen, die Provokation von Protesten zu vermeiden, aber die Macht fest in den Händen zu halten – und zwar für alle sicht-, notfalls auch spürbar: »Die Unterthanen«, schrieb er im November 1793, »besonders die Bauern, fühlen Sich; die Wörter Freyheit und Gleichheit klingen ihnen doch gar lieblich in den Ohren und sie studieren darauf, den Druck, unter welchem [sie] an manchen Orten, besonders von den Cammern und den Edelleuten, gehalten worden, nach und nach zu heben und zu vermindern, welches man ihnen zwar nicht verdencken kann, aber alle Vorsicht anwenden muß, daß sie nicht zu weit greiffen.«

Wenn diese Balance nicht gefunden wurde und sich unter den Bauern das Gefühl breitmachte, nichts mehr zu verlieren, aber die Freiheit zu gewinnen zu haben, lief man Gefahr, die Bauern zum Äußersten, eben in den Aufstand zu treiben. Dies war in Kursachsen 1790 bereits geschehen. Befeuert von den Ereignissen in Frankreich, wagten die Untertanen Worte, wie sie in ihrer apokalyptischen Wucht seit den Bauernkriegen vom Adel nicht mehr vernommen worden waren: »Und wo nicht die Herrschaften von ihren Diensten gutwillig abtretten und abgehen, so soll eine schlechte Zeit seyn, derer von Anfang nicht gewesen ist und auch nicht seyn wird. Es soll kein Adel in unserem Lande mehr seyn; wo nicht Sie die Dienste und Beschwerungen ihrer Untertanen erlaßen und befreyen, so soll kein Hauß, kein Adelicher oder Ritter-Guth in unserer Stadt und Land werden gefunden, sondern alle verheert, zerstöhrt und verwüstet werden, wo nicht sie die Unterthanen frey laßen; so lange sie die Unterthanen geplaget, gequälet, gemarttert, geschunden haben, so lange soll auch ihre Plage dauern.«

In Sachsen-Weimar kam es zu solchen Drohungen nicht, aber in den Dorfkneipen wurde Unmut geäußert, und von den Bauern bezahlte Schreiber setzten Eingaben an den Herzog auf. Schon während der 1790er-Unruhen in Kursachsen, sie wurden schließlich mit Husarenbataillonen niedergeschlagen, hatte eine dieser Eingaben auf den Schaden hingewiesen, den das herzogliche Wild, das von den Bauern zwar vertrieben, aber nicht getötet werden durfte, auf den Feldern anrichtete: »Wir haben zwar unserer Früchte durch nächtliches Wachen gegen die Verwüstungen des Wilds zu erhalten versucht, allein wenn unsere Kräffte den Tag über durch Frohnen, und was uns nach deren Ableistung etwa an Zeit noch übrig bleibet, durch Bearbeitung unserer eigenen Grundstücke und Besorgung unserer Wirtschafften, ganz erschöpft worden, so müßen wir dem Schlaf, der einzigen Erholung für den unter harter Arbeit fast erliegenden Landmann, unterliegen, und dann ist alles verlohren.«

1797 reichten von einem Pächter geplagte Kleinstbauern diese Bittschrift ein: »Wir sämtliche Hindersättler fallen Ew: Herzogl Durchl in tiefster unterthänigkeit zu Füssen. Vor einigen Tagen haben wir vor den H Pachter zu Pachstedt gantzer 4 Tage Korn geschnitten und gebunden [...] Da wir sämtliche Hindersättler nachhause gegangen sind, und mit selbiger Arbeit ferdig gewesen, sollten wir wieder noch ausserdiesen aufs frische nach Ringleben zum Gerstensamlen, als wir nun dieses nicht gethan so hat der Pachter in dem Amte Grosenrutestedt angezeigt, worauf sogleich daselbst jeden Hindersättler mit 21 Groschen Strafe den 28ten dieses Monats zu erlegen angesonnen und bey alle diesen haben wir, unsere eigene höchst nöthige Feldarbeit liegen gelassen, und den Pachter gefröhnet«. Die mit dieser Eingabe befasste Kammer machte geltend, es sei zur »Aufrechthaltung des Frohne-Systems bedenklich […], Supplicanten etwas von der ihnen, wegen ihrer Renitenz zuerkannten und verdienten Strafe zu erlaßen.« Die Eingabe der Bauern musste schon ›aus Prinzip‹ abschlägig beschieden werden. Erst nach weiteren Suppliken wurde die Strafzahlung – Groschen nur und doch für die armen Bauern ein ›Haufen Geld‹ – wenigstens gesenkt.

Solche Eingaben abzufassen erforderte Mut. Wenn die Behörden das ›Supplikenwesen‹ überhandnehmen sahen, knöpften sie sich die Unterzeichner vor und setzten die Schreiber im Gefängnis – die Weimarer nannten es ›Bürgergehorsam‹ – ein paar Tage auf Wasser und Brot. Deshalb hielten sich die Leute, statt zu protestieren, in der Regel durch Obstruktion schadlos, durch schlechte Arbeit und kleine Diebereien, wegen derer man sich kein schlechtes Gewissen machte. Drescher auf fremder Tenne steckten Körner in die Tasche, das Stadtgesinde fand nichts dabei, hin und wieder ein Stück Zucker, ein Wachslicht oder einen Löffel Kaffee zu stibitzen. Nur den Löffel selbst durfte man nicht stehlen, schon gar nicht, wenn er aus Silber war, denn das konnte zu schwersten Kriminalstrafen führen.

Die kleinen Diebstähle summierten sich, außerdem ging die Herrschaft das Risiko ein, dass diese Minimalenteignung vom Gesinde als eine Art Gewohnheitsrecht angesehen wurde, wenn man sie zu lange duldete. Die Herrschaft in der Stadt suchte das entweder durch strafbereite Kontrolle oder moralbereites Wohlwollen, manchmal auch in einer Mischung aus beidem zu unterbinden. Bei den harten Tätigkeiten auf dem Land, wo es sich bei den schlecht bezahlten Tagelöhnern oder fronenden Bauern noch dazu um Leute handelte, die dem Haushalt der Herrschaft nicht direkt angehörten wie die Bedienten, Zofen und Mägde in der Stadt, waren die Interessen derjenigen, die Arbeit nahmen (die Gutsherren und Pächter), und derjenigen, die sie gaben (die Tagelöhner und Fröner), auf schärfere und grundsätzlichere Weise einander entgegengesetzt. Die Herren hatten bei diesen Auseinandersetzungen das Recht auf ihrer Seite und, wie sie meinten, auch die Moral. Rochow erzählt im *Kinderfreund:* »Ein Herr hatte ein Gut, worauf viel Tagelöhner wohnten. [...] Er hatte sie oft vermahnt, rein auszudreschen und kein Korn zu entwenden. Sie aber thaten keines von beyden. Aus Faulheit dreschten sie nicht rein, und jeder trug alle Tage, Mittags und Abends, seine beyden Taschen voll Korn nach Hause. [...] Sie sagten, als sie darüber vernommen wurden, es wäre ja nur eine Kleinigkeit, und baten, es darum so genau nicht zu nehmen. Aber der Herr ließ die Taschen nachmessen, da sich dann fand, dass in jede über eine halbe Metze ging [...] Sie wurden als Hausdiebe zu harter Strafe gezogen.«

Die erbauliche Geschichte aus der Gutsherrenperspektive lässt erahnen, wie hartnäckig die zur Arbeit Gezwungenen die erzwungene Arbeit zu entwerten suchten. Auf fremder Tenne wird nicht ›rein‹ gedroschen, auf fremdem Acker bleibt der Bauer verstockt, mag der Herr mit der Reitgerte noch so ungeduldig an die Stiefelschäfte schlagen. In Bayern hieß das Fronen Scharwerk, und Scharwerk ist schlechtes Werk. Das lag auf der Hand, man konnte es an den Fingern abzählen und an den Löchern im Pflugbaum. Je kürzer der Pflugbaum, desto flacher die Furche, desto weniger Kraft brauchten Pflüger und Zugtier. Die Bauern unterteilten die Stecklöcher in den Pflugbäumen nach Fronlöchern, Lohnlöchern und Herrenlöchern. Die Fronlöcher waren die mit den flachsten Furchen, mit den Herrenlöchern pflügte man den Acker, auf dem man sein eigener Herr war, die Lohnlöcher lagen dazwischen. Diese Arbeit war nicht frei, wurde aber wenigstens bezahlt.

Vom Pflügen

Der Pflug ist das wichtigste Symbol in der modernen Vorstellung vom vorindustriellen Ackerbau, und es fällt schwer, zu verstehen, wie gleichgültig mitunter die Bauern und Knechte im Märzen die Rösslein anspannten. »Das Pflügen der Felder wird gemeiniglich für eine nicht viel bedeutende Sache angesehen«, heißt es im *Sächsischen Landwirt,* »und dahero auch oftmals den dümmsten und ungeschicktesten Jungen, ja oftmals bloßen Kindern [aufgetragen], welche zuweilen nicht vermögend sind, einen Pflug recht umzuwenden, geschweige gehörig gleich und tief zu pflügen«. Die Bemerkung bezieht sich nicht nur auf Nachlässigkeiten bei der Fronarbeit. Oft ist das Gerät zu leicht und die Furche nicht tief genug. Selbst Goethe, nicht gerade ein leidenschaftlicher Landwirt und schon gar kein agrarwissenschaftlicher Fachmann, fielen beispielsweise die offenbar recht ›handlichen‹ Pflüge in Böhmen auf. Im Mai 1812 notierte er im Tagebuch: »Landwirtschaftliche Bemerkungen. Über den böhmischen Pflug, der klein ist und die Erde nicht genugsam aufreißt. Im Vogtland und Böhmen lassen sie den Pflug nicht auf dem Acker stehen wie bei uns, wenn sie noch nicht fertig sind, sondern führen ihn jederzeit mit nach Hause.«

Ausreichende Pflugtiefe auf dem Gutsherrenacker, nämlich sechs Zoll statt bloß zwei bis drei Zoll, ist dem Reformer Rochow ein ebenso wichtiges Anliegen wie die Saat der Bildung im Untertanenherzen. Im *Kinderfreund* beschreibt er die Arbeit eines guten Bauern im Jahreslauf: »Im May pflügte er seine Brache sehr sorgfältig, und so tief, als es nützlich war. Bey trocknem Wetter, acht Tage nachher, eggete er sie klar und rein, und brachte alles Unkraut heraus. Vier Wochen nachher, im Junius, fuhr er Mist darauf und pflügte ihn unter. Am Ende des Julius pflügte er abermals, und im Anfang des Septembers in schmalen Furchen zur Saat. [...] Auf Dünger hielt er sehr viel; und im Winter brachte er Pferdemist, Kuhmist und alle Arten Mist auf dem Hofe in einen Haufen, und Blätter, Schilf und Grastorf dazwischen; und, wenn er Sandacker zu düngen hatte, auch alten Lehm von Backöfen, Wellerwänden oder alten Gebäuden.«

Das funktionelle Gerät zum richtigen Pflügen beschäftigte Rochow auch in seinen Reden vor der *Churmärkischen Ökonomischen Gesellschaft* in Potsdam. Weil »unser einstieliger Pflug mit allen seinen Mängeln bloß durch sein Alter so heilig geworden, daß niemand an dessen Verbesserung, deren er doch so sehr bedürftig ist, sich wagen mag«, lobte er im Februar 1792 eine Prämie aus für das Modell eines Pfluges, der »ein Jahr lang im Großen die Probe dreyer erfahrnen Landwirthe, die ich zu benennen mir vorbehalte, nach [...] 6 Erfordernissen ausgehalten hat«. Diese sechs Erfordernisse waren zusammengefasst: 1. Der Pflug soll einfach sein, damit auch der ›gemeine‹ Mann ihn herstellen kann. 2. Er soll wenig Eisenteile haben, damit er nicht zu schwer und zu teuer wird. 3. Er muss auf flaches und tiefes Pflügen einstellbar sein. 4. Er muss eine saubere Furche ziehen. 5. Er soll die Schollen umwenden, nicht bloß die Erde aufreißen. 6. »Die mindest mögliche Friktion muß bei seinen Rädern angebracht werden.« Hier wurden Anforderungen gestellt, die im Wesentlichen bereits drei Jahrzehnte zuvor Otto von Münchhausen in der *Abhandlung über den Pflug* in seinem weitverbreiteten *Hausvater* formuliert hatte. Aber auch 1792 konnte noch keiner der zunächst eingereichten sieben und nach Verlängerung um ein Jahr insgesamt zwölf Entwürfe alle sechs Bedingungen erfüllen, besonders das Umwenden der Schollen blieb mangelhaft.

»Schwindelndes Geplauder«

Über den roten Klee

»Ich muss euch über den grünen Klee loben«, sagt in dem Märchen *Die vier kunstreichen Brüder* ein Vater zu seinen Söhnen, die alle was Ordentliches gelernt haben. Richtiger gesagt: Sie haben das, was sie gelernt haben, ordentlich gelernt, auch wenn das Gelernte selbst nicht unbedingt ordentlich war. Der eine wurde Dieb, der andere Sterngucker, der dritte Jäger und der letzte Schneider. Aber in der Grimm'schen Geschichte kommt es weniger darauf an, was man macht, als dass man es perfekt macht, ›kunstreich‹ eben, wie es im Titel des Märchens heißt.

Niemand hat den roten Klee so kunstreich über den grünen gelobt wie Johann Christian Schubart. Die vier Brüder bekommen am Ende des Märchens jeder ein halbes Königreich geschenkt, Schubart erhielt für seine Verdienste immerhin von Kaiser Joseph II. von Österreich die Erhebung zum Reichsritter mit dem Titel »Edler vom Kleefeld«. Die Kleefütterung, die dadurch wesentlich erleichterte Stallfütterung auch im Sommer und die Abschaffung der Brache – das waren die wichtigsten der von Schubart propagierten Neuerungen einer modernisierten Landwirtschaft.

Klee bewährt sich jedoch nicht nur auf dem Acker. Der Sauerklee, auch Herzklee oder Kuckucksklee genannt, erfrischt nach Hübners *Handlungs-Lexicon* »das Geblüt, stillt den Durst, stärkt das Herz«, und die »frischen Blätter auf Dintenflecke in der Wäsche gerieben, nehmen solche weg, doch ist das Sauerkleesalz, welches in Apotheken verfertigt wird, zu dieser Absicht und für die Eisenflecke noch besser«. Hübner erwähnt weitere Kleesorten, die »in Lustgärten unterhalten« werden, gibt sich mit dem gewöhnlichen Futterklee aber weiter nicht ab. Dabei war der richtige Umgang mit der Pflanze eine wissenschaftliche und eine praktische Herausforderung. Der Ritter des roten Klees und Vorkämpfer der Luzerne und der Esparsette musste einen Irrtum nach dem anderen korrigieren: »Bald wird der Kleebau gespriesen«, schrieb Schubart, »wenn er erst in sechs Jahren wieder auf dem nemlichen Flek stehet, bald soll er es im zweiten, dritten Jahr seyn, bald wird die Vortreflichkeit des Kleebaues in der Brache gelobt, bald mit vollen Bakken posaunt, daß er im ersten oder zweiten Dünger statt der Fruchtkörner stehen müsse, und was dergleichen schwindelnden Geplauders mehr ist. […] Ich finde nöthig, den Freunden der Wahrheit und der Menschen so viel zu versichern, daß die Abwechselung mit den Früchten die Fruchtbarkeit ohne Zwischendüngung länger erhalte; daß wo alle drei Jahre stark gedünget werden kann auch alle drei Jahre der Klee recht schön wachse, und sonst nicht«. Doch wenn er wuchs, brachte er Wohlstand und Glück, selbst wenn er nur drei Blätter hatte. Nemnich schrieb über die Gegend um Limburg: »Der Kleebau wird im hiesigen Lande mit vielem Fleiß und dem besten Erfolg betrieben. Es

ist der dreijährige oder rothe Klee.« Die Felder werden mit Gips ge-
düngt,»und mehrere Mühlen in Diez und Limburg mahlen denselben. Mit der Verbesserung des Klees hat auch die Viehzucht beträchtlich und die Zahl des Viehes doppelt zugenommen.«

Diese Gipsmühlen haben Albrecht Thaer, dem Begründer der
Agrarwissenschaft in Deutschland, auf seinem seit 1804 betriebenen Mustergut gefehlt. Es gelang ihm nicht,»ihn in genugsamer
Menge zu erhalten und herbeizuschaffen. Ich habe deshalb nur die
schlechtesten Stellen, wo aber doch Pflanze war, damit schwach be-
streuet, auf den Morgen einen halben Scheffel, und jedesmal sind
diese schlechteren Stellen die besten geworden. Sie zeichnen sich
gleich durch die dunklere Farbe und Mastigkeit der Blätter aus, jedoch nicht eher als bis ein Regen erfolgt.«

Thaers Mustergut lag bei Möglin im brandenburgischen Barnim,
nicht weit entfernt von den Cunersdorfer Gütern im Oderbruch,
die erst von Helene Charlotte von Friedland und nach ihrem Tod
1803 von ihrer Tochter Henriette Charlotte nach modernen Gesichtspunkten bewirtschaftet wurden. Auf Gütern wie diesen begann die Industrialisierung der Landwirtschaft mit ihrem ›nachhaltigen‹ Wirtschaften, wobei sich das ›nachhaltig‹ auf die dauerhaft
erlösten Gewinne bezog.

»Den Ackerbau fabrikmäßig betreiben«
Agrarökonomie

Was ist Landwirtschaft? Thaer definierte:»Die Landwirthschaft ist
ein Gewerbe, welches zum Zweck hat, durch Production (zuweilen auch durch fernere Bearbeitung) vegetabilischer und thierischer
Substanzen Gewinn zu erzeugen oder Geld zu erwerben.« Die Definition ist zwar nicht überzeitlich – erst in Thaers Epoche wurden
die ›Substanzen‹ vollständig aus ihrem Bezug auf die Subsistenz gelöst und in Beziehung zum Geld gesetzt –, aber heute immer noch
gültig. Glasklar, nüchtern und ohne Schollenromantik bezeichnet Thaer in den ersten Paragrafen seiner *Grundsätze der rationel-*

len Landwirthschaft, worum es dem Wirtschaften auf und mit dem Land zu tun ist: Wachstum von Pflanzen und Tieren für das Wachstum des Gewinns. Paragraf 2: »Je höher dieser Gewinn nachhaltig ist, desto vollkommener wird dieser Zweck erfüllt. Die vollkommenste Landwirthschaft ist also die, welche den möglich höchsten, nachhaltigen Gewinn, nach Verhältniß des Vermögens, der Kräfte und der Umstände, aus ihrem Betrieb zieht. Nicht die möglichst höchste Produktion, sondern der höchste reine Gewinn, nach Abzug der Kosten […] ist Zweck des Landwirths.« Dies kann nur eine ›rationelle‹, man könnte auch sagen ›industrielle‹ Landwirtschaft leisten, die sich nicht länger an Überlieferungen und Gewohnheiten hält, sondern an wissenschaftlichen Erkenntnissen orientiert.

Aber noch hatte sich die Technik nicht verselbstständigt. Die Pflüge waren aus Holz, das Vieh stand (mitunter hungernd) auf den Weiden, ein Drittel der Felder lag brach, die Düngung war arbeitsaufwendig und trotzdem nicht effektiv. Bei allem, was es zu verändern galt, kam es auf das Engagement des fortschrittlichen Landwirts an – oder der Landwirtin. »Auf der Grenze ihrer Herrschaft kam uns Frau von Friedland, eine der merkwürdigsten Frauen, die je existiert haben, in vollem Trabe entgegen«, schreibt Thaer hingerissen von Helene Charlotte von Friedland nach seinem Besuch in Cunersdorf. Frau von Friedland ritt an seine Kutsche heran, »sprang vom Pferde und setzte sich zu uns in den Wagen. Nun ging es in vollem Galopp über Dämme und Gräben weg. Wir fuhren vier volle Stunden von einem Ort zum andern. […] Sie hat über ein Dutzend Verwalter, Schreiber und Meier, und dennoch kennt sie jeden kleinen Gartenfleck, jeden Baum, jedes Pferd, jede Kuh, und bemerkt jeden kleinen Fehler, der in der Bestellung vorgefallen ist, jede Lücke in einer Hecke, jeden falschgestellten Pflug.«

Das landwirtschaftliche Engagement, das Thaer an Frau von Friedland so bewunderte, setzte allerdings Freiheit voraus, nicht unbedingt politische, aber rechtliche und ökonomische Freiheit und vor allem die Befreiung vom Herkommen. Johann Christian Schubart formulierte es so: Jeder »wünscht auch seine Grundstücke bestmöglichst zu nutzen, dieser Wunsch wird aber sogleich wieder erstickt, wenn ihm einfällt: Du darfst das Deine nicht benutzen wie du willst und kannst. Also Freiheit, die Seele aller Gewerbe und

Handlung, wird auch hier mehr Wirkung tun als irgend eine andere Aufmunterung zu tun vermag. Sie ist für den Bauer so reizend als für jeden anderen Bürger des Staats, und er wird sich sodann nicht erst heißen lassen, seine Felder so gut zu nutzen als er kann. […] Er muss nur nicht erschrecken, wenn man ihm sagt, dass es hiebei auf nichts geringers als auf Einführung der Stallfütterung und auf Abschaffung der Brache ankömmt.«

Es kam aber auch auf die Werkzeuge an. Rochow hatte sich um die Verbesserung des Pfluges bemüht, und Thaer setzte sich für die Übernahme technischer Neuerungen aus England ein. Dabei rechnete er mit der Sturheit der einfachen Landleute, die an den herkömmlichen Arbeitsmethoden festhielten, nicht jedoch mit dem Widerstand von Fachleuten, denen das Maschinelle an Thaers Landwirtschaftsbetrieb suspekt war. Die Irritation darüber ist ihm deutlich anzumerken. Wenn »selbst angesehene Schriftsteller und Lehrer der Land- und Staats-Wirthschaft es für irrig erklären, den Ackerbau fabrikmäßig, d.h. mit besseren und mannigfaltigern Werkzeugen, betreiben zu wollen, des Aufwandes wegen, den diese Werkzeuge erforderten, so muß man – verstummen«. Aber nicht resignieren. Thaer verfolgte sein Programm mit großer Beharrlichkeit und richtete zur Verankerung seiner Ideen in den Köpfen der nachwachsenden Generation auf seinem Gut eine Art Vorschule der Agrarökonomie ein. Hier konnten sich junge Leute für seine Vorlesungen an der neu gegründeten Berliner Universität präparieren lassen. Der Aufenthalt mochte, eigenen Fleiß und Thaers Wohlwollen vorausgesetzt, recht angenehm sein: »Es hat ein Jeder«, versichert der Agrarökonom, »ein eigenes möblirtes Zimmer, ohngefähr auf dem Fuß, wie es an Badeörtern zu seyn pflegt. Inbetten werden mitgebracht oder man miethet sie sammt den Ueberzügen monatlich für 1 ½ Rthlr. […] Die sämmtlichen Mitglieder des Instituts speisen jetzt mit der Familie des Eigenthümers Mittags um 12 Uhr und Abens um 8 Uhr. […] Bei Tische wird Bier gereicht; wer Wein trinken will, was wenige, selbst aus Weinländern thun, muß ihn sich selbst halten. Was außer der Mahlzeit genossen wird, bezahlt ein jeder besonders.«

Hätten wir Zeitreisende die Muße, zwei Halbjahre bei Thaer in die Schule zu gehen, müssten wir uns auf einen ziemlich angefüllten

Studienplan gefasst machen: Im Winter werden die Grundlagen der Chemie gelehrt sowie deren Nutzanwendung in der Landwirtschaft und den landwirtschaftlichen Nebengewerben wie der Bierbrauerei oder der Gewinnung von Rohzucker aus Runkelrüben; im Sommer stehen die Grundlagen der Botanik auf dem Lehrplan, wiederum ausgerichtet auf die speziellen Erfordernisse der Landwirtschaft. Des Weiteren »wird die angewandte Mathematik gelehrt und in Ansehung der Feldmeß- und Nivellir-Kunst, sammt der geometrischen Berechnung und Eintheilung der Felder, praktisch geübt«.

Die ›Einteilung der Felder‹ war nicht nur ein Vermessungs-, sondern auch ein politisches Problem. Sie warf Machtfragen auf, indem sie Besitzfragen stellte. Was sollte mit den Gemeindewiesen geschehen? Wie sollten auseinanderliegende Äcker zu einer Nutzfläche vereinigt werden? Wer hatte welche Äcker gegen welche Äcker zu tauschen? Wem sollten die bei der Dreifelderwirtschaft brachliegenden Flächen zugutekommen, wenn diese Flächen nach der Abschaffung der Dreifelderwirtschaft freigegeben wurden? Manche Grundbesitzer sträubten sich gegen die Abschaffung der Dreifelderwirtschaft, weil sie an den brachliegenden Feldern Weiderechte hatten. Andere setzten sich dafür ein, stießen aber auf Widerstände bei den Bauern und in den Gemeinden. Manche Bauern wiederum wehrten sich gegen die Flurbereinigung, weil sie fürchteten, beim Tausch untereinander, aber vor allem mit den Gutsherren den Kürzeren zu ziehen und mit weniger ertragreichen Flächen abgespeist zu werden.

Die Konfliktlinien verliefen keineswegs nur zwischen ›Fortschrittlichen‹ und ›Rückwärtsgewandten‹, sondern sehr viel komplizierter im Zickzack zwischen Überzeugungen, kurzfristigen Vorteilen und langfristigen Interessen. Das macht wieder eine der Kindergeschichten deutlich, in denen Rochow seine Gutsherrenmoral so treuherzig ausplauderte: »Wilhelm war wohl gesinnt. Er war der erste, der seinen Acker mit der Herrschaft vertauschen sollte. Da sprach er zu den Commissarien: ›Ich sehe wol, meine lieben Herren! daß es meiner gnädigsten Obrigkeit Wille ist; und daß es wol im Ganzen besser sey, wenn ein jeder seinen Acker auf einem Fleck bekömmt. Aber ich habe meinen Acker im Stande, und kann also leicht dabey verlieren. Doch wenn es zum allgemeinen Besten ist, so will ich es mir auch gefallen lassen und freywillig etwas verlieren.‹ Da freute sich die Herrschaft und lobte seine gute Gesinnung, gab ihm auch ein ansehnlich Geschenk an Gelde. [...] Mit gewissen gemeinnützigen Dingen, die niemand als die Landesobrigkeit einrichten kann, weil sie allein allen befiehlt, kann nicht stets der Vortheil einzelner Menschen verbunden werden. Einige müssen Gebräuche, Gewohnheiten, Gerechtsame, ja Theile ihres Vermögens aufopfern, damit die meisten glücklicher werden.«

Dass es die Gutsbesitzer sein könnten, die ›Theile ihres Vermögens‹ fürs allgemeine Beste aufzuopfern hätten, kommt Rochow nicht in den Sinn. Von heute aus gesehen frappiert die Unfähigkeit des doch immerhin wohlwollenden Reformers, den Balken des Interesses im eigenen Auge zu spüren, während er die Splitter des Eigensinns in den Augen der anderen tadelt. Dem allem machte im Laufe des 19. Jahrhunderts die Industrialisierung und Kapitalisierung der Landwirtschaft ein Ende. Wie die handwerkliche wurde auch die landwirtschaftliche Produktion ›fabrikmäßig‹. Das ›tägliche Brot‹ wurde praktisch und symbolisch aus den überkommenen Gewohnheiten gelöst und wie die Dinge des täglichen Gebrauchs und wie der Alltag insgesamt in neue Lebenszusammenhänge gestellt, die sich ihrerseits zu Gewohnheiten verstetigten und verfestigten.

5. Der Alltag

Tagesabläufe – Briefe über Betten –
Haushalt und Häuslichkeit – Das Gesinde –
Vom Licht – Vom Wasser – Vom Feuer –
Blitze und Blitzableiter – Vom Heizen

Exkurs über Holz, Kohle, Eisen und Schnaps

»Der Kreislauf des Lebens«

Tagesabläufe

Wollten wir einen gewöhnlichen Tag mit Goethe verbringen, hätten wir gegen sechs Uhr aufzustehen, während der Karlsbader Kuraufenthalte sogar schon um fünf. Nach einem Kaffee Arbeit bis zum Frühstück um 10, danach Empfang von Besuchern und Briefdiktate, gegen 13 oder 14 Uhr Mittagessen in der Familie mit hinzugezogenen Mitarbeitern oder mit geladenen Gästen. Nach dem Mittagessen laufende Geschäfte. Abends (bis zum Dunkelwerden) Fortsetzung der Geschäfte, danach Spaziergänge oder Theaterbesuche. Ein förmliches Abendessen nur, wenn Gäste erwartet werden. Nach dem Dunkelwerden bis 22 Uhr Lektüre und schriftstellerische Arbeit.

Gemessen an ›richtigen‹ Fürsten waren Dichterfürsten offenbar Langschläfer. Friedrich II. von Preußen ließ im Siebenjährigen Krieg seinen Vorleser Henri de Catt wissen, als er ihn Mitte März 1758 ins Breslauer Hauptquartier bestellte: »Während des Feldzuges stehe ich des Morgens um drei Uhr auf, zuweilen auch früher. […] Wenn ich aufgestanden bin, so bringe ich selbst mein Haar in Ordnung, kleide mich an, trinke eine Tasse Kaffee und lese meine Depeschen; nachdem ich sie gelesen habe, spiele ich eine Stunde Flöte, zuweilen auch länger, indem ich mich immer mit meinen Briefen und den Antworten beschäftige, die ich geben muss. Dann kommen meine Sekretäre, und ich sage ihnen, was sie schreiben sollen. Darauf lese ich meine alten Bücher, neue nur selten, bis zur Stunde der Parade, wo ich die Parole herausgebe. Ich lese noch einen Augenblick vor dem Essen, das pünktlich auf zwölf Uhr festgesetzt ist. […] Nach dem Essen spiele ich zur Verdauung auf der Flöte, unterzeichne meine Briefe und lese wieder bis vier Uhr. Um diese Zeit werden nun Sie erscheinen; wir werden bis sechs Uhr plaudern; da beginnt mein kleines Konzert.

[...] Um halb acht Uhr ist alles vorüber. Nach dem Konzert, das ich übrigens nur im Hauptquartier habe, beschmiere ich mitleidlos Papier mit Prosa und mit Versen bis um neun Uhr, wo ich mich anschicke, mich in Morpheus' Arme zu legen.«

In Sanssouci schlief Friedrich ein Stündlein länger, wie Charles Burney kolportiert: »Um vier Uhr des Morgens im Sommer und um fünf Uhr im Winter lässt sich der König wecken, und von da an bis neune, um welche Stunde die Minister der verschiedenen Departementer vorgelassen werden, beschäftigt er sich, Briefe zu lesen und auf dem Rande die Antwort zu schreiben. Alsdann trinkt er eine Tasse Coffee und begibt sich mit den Ministern zur Arbeit [...] Auf diese Arbeit verwendet Se. Majestät zwo Stunden und geht alsdann auf die Parade, woselbst er sein Leibregiment [...] exerzieren läßt [...]. Um zwölfe zu Mittage geht der König an Tafel; es befinden sich an derselben gemeiniglich zwölf oder vierzehn Personen; nachdem abgespeiset worden, gibt er Künstlern und Fabrikanten eine Stunde Gehör, darauf lieset und unterzeichnet er die Briefe, welche sein Sekretär nach den Noten gemacht hat, die der König selbst des Morgens auf dem Rande vorgeschrieben. [...] Nach dem Abendkonzert bestimmt er einige Zeit der Konversation, wenn er dazu aufgelegt ist, und die Hofleute, welche die Aufwartung haben, sind dazu in beständiger Bereitschaft. Wenn aber auch dieses nicht geschehen sollte, so läßt er sich doch alle Abende von seinem Vorleser Titel und Auszüge aus neuen Büchern vorlesen, worunter er diejenigen anmerkt, die er in seine Bibliothek oder zur Lektüre ins Kabinett angeschafft haben will. [...] um zehn Uhr des Abends retiriert er sich; selten aber geht er eher zu Bette, eh' er nicht noch etwas gelesen, geschrieben oder für die Flöte komponiert hat.«

Aus der Gewöhnlichkeit der Tage lassen sich keine Rückschlüsse auf die Größe eines Lebens ziehen, bei Landes- und bei Dichterfürsten nicht. Aber wie soll ein Lebenslauf einen Sinn bekommen, wenn dessen Tage keinen haben – oder den immer gleichen, wie Karl Philipp Moritz es während seiner Hutmacherlehre in Braunschweig empfunden und im *Anton Reiser* erzählt hat: Des »Morgens von sechs Uhr an rechnete er bei seiner Arbeit aufs Frühstück, das er immer schon in der Vorstellung schmeckte, und wenn er es erhielt, mit dem gesundesten Appetit verzehrte, den ein Mensch nur haben kann, ob es gleich in weiter nichts als dem Bodensatz vom Kaffee, mit etwas Milch, und einem Zweipfennigbrote bestand. Dann ging es wieder frisch an die Arbeit, und die Hoffnung aufs Mittagessen brachte wiederum neues Interesse in die Morgenstunden, wenn die Einförmigkeit der Arbeit zu ermüdend wurde. Des Abends wurde Jahr aus, Jahr ein, eine Kaltschale von starkem Biere gegeben. Reiz genug, um die Nachmittagsarbeiten zu versüßen. Und dann vom Abendessen an, bis zum Schlafengehen, war es der Gedanke an die bald bevorstehende sehnlich gewünschte Ruhe, der nun über das Unangenehme und Mühsame der Arbeit, wieder seinen tröstlichen Schimmer verbreitete. Freilich wusste man, dass den folgenden Tag der Kreislauf des Lebens so von vorn wieder anfing.«

Karl Friedrich Klöden schildert seinen Tagesablauf als Lehrling bei einem Berliner Goldarbeiter um 1800: »Die Familie hatte kein [ganztägig beschäftigtes und im Haushalt lebendes] Dienstmädchen, sondern nur eine Aufwärterin, die des Morgens kam, das Frühstück, die Zimmerreinigung und das Ofenheizen besorgte und dann ging. War sie nicht mehr da und es wurde irgend etwas gebraucht, so ward ich dazu beordert. War das Feuer ausgegangen, so hatte ich es wieder anzuzünden; wurde des Tages zweimal geheizt, so hatte ich es das zweitemal zu besorgen; wurde mehr Wasser als ein Eimer voll gebraucht, so mußte ich ihn drei Treppen hoch hinaufschleppen; ich hatte alles Nötige für die Tante und ihre Mutter einzuholen: Kaffee, Syrup, Bäckerwaren, Fleisch, Gemüse etc., ich mußte die Bestellungen außer dem Hause besorgen, die fertigen Arbeiten zu den Kaufleuten bringen und andere abholen, Kohlen, Pottasche, Borax, Schlaglot, Poliermittel und andere Erfordernisse der Arbeit einkaufen; ich hatte des Mittags Messer und Gabel zu putzen sowie das Essen für die Mutter – gewöhnlich die Großmama genannt – in einem Menagenkorbe von einem Koch zu holen. Abends hatte ich die Großmama, wenn sie nicht bei uns aß, sondern bei einer ihrer Töchter, von dort abzuholen und nach Hause zu führen; dann aber mußte ich mich noch hinstellen und das Schuhwerk für die ganze Familie putzen, die Kleider reinigen etc.«

Johann Peter Eckermann erzählt in der Einleitung seiner *Gespräche mit Goethe* von seinem nach wenigen Monaten an Entkräftung gescheiterten Versuch, mit fünfundzwanzig Jahren in Hannover neben seiner Schreibertätigkeit eine Schule zu besuchen, um sich auf die Universität vorzubereiten: »Des Morgens fünf Uhr war ich wach und bald darauf an meinen Präpositionen. Gegen acht ging es in die Schule bis zehn Uhr. Von dort eilte ich auf mein Bureau zu den Dienstgeschäften, die meine Gegenwart bis gegen ein Uhr verlangten. Im Fluge ging es sodann nach Haus; ich verschluckte ein wenig Mittagessen und war gleich nach ein Uhr wieder in der Schule. Die Stunden dauerten bis vier Uhr, worauf ich denn wieder bis sieben Uhr in meinem Beruf beschäftigt war und den ferneren Abend zu Präparationen und Privatunterricht verwendete.«

Die Schulung, die Eckermann als junger Mann nachzuholen suchte, erfuhr der berühmte Arzt Christoph Wilhelm Hufeland bereits als Kind in Weimar: »Früh 6 Uhr aufgestanden, dann ein Frühstück von Milch und Semmel, Ankleiden, Vorbereiten zu der Schule, ½ 9 Uhr Butterbrod oder Obst, von 9–12 Schule, dann Mittagessen, nachher bis 3 Uhr Bewegung im Garten oder Hause, von 3–5 Uhr Schule, dann Vesperbrod von Obst oder Brod mit Salz oder ein wenig Zucker, dann Spaziergang im Webicht, oder im Winter oder bei schlechtem Wetter eine Selbstbeschäftigung, um 7 Uhr frugales Abendessen (eine Suppe mit Brod, entweder mit Obst oder Butter, oder Mus, oder Möhrensaft). Dann bei den Geschwistern und von 8–9 Uhr bei dem Vater mit den Schwestern, wo ich gewöhnlich etwas vorlesen musste, dann wieder zum Hofmeister auf dessen Zimmer, hier noch lesen oder Auswendiglernen.«

Diese Zeitdisziplin wird nicht von der Gewohnheit der Macht erzwungen wie bei König Friedrich oder von der Rohheit der Umstände wie bei Moritz, Klöden und Eckermann. Sie entspricht dem bürgerlichen Ideal vom männlichen Fleiß, das schon vom Kind einzuüben ist. Die weibliche Sphäre dagegen durchzieht etwas Dumpfes, Schläfriges, Laszives – jedenfalls in der männlichen Fantasie, in diesem Fall jener von Justus Möser, der den Tageslauf einer jungen bürgerlichen Nichtstuerin karikiert: »Sie stand spät auf, saß bis um neun Uhr am Koffeetische, putzte sich bis um zwei, aß bis um vier, spielte bis achte, setzte sich wieder zu Tische bis zehn, zog sich aus bis zwölfe und schlief wieder bis achte.«

Will das Weib von der Boudoir-Circe zur Hausfrau werden, muss es heraus aus der zweiten Haut seiner Bequemlichkeit, und diese

Haut ist das Negligé: »Das Kammer-Negligé, welches sonst von acht Uhr bis um zehn des Morgens währete, ist völlig abgeschafft; und so wie sie [Mösers Gattin] aufsteht, ist sie in ihrer kurzen Kleidung geputzt. Das große Negligé, womit sie sonst bei Tische erschiene, wird im Hause gar nicht mehr getragen und also auch des Nachmittages nicht zum drittenmal verändert, wie sonst geschahe, wenn etwan ein Besuch vermutet wurde. Des Abends aber fällt der Nachttisch von selbst weg, indem keine tausend Nadeln auszuziehen und keine hundert kostbare Kleinigkeiten wegzukramen sind. Durch diese Anstalten gewinnt sie täglich ein Plus von acht Stunden in ihrem würklichen Leben, welche [...] zum Besten unser[er] Haushaltung angewandt werden.«

Die Ehefrau soll sich mehr mit dem Haushalt als mit sich selbst beschäftigen. Doch darf sie sich niemals vernachlässigen, auch nicht während der Schwangerschaft. Die Wandsbeker Pastorengattin Margarethe Milow, von der eine der seltenen nicht literarischen weiblichen Autobiografien der Goethezeit überliefert ist, wird an diesem Punkt sehr eindringlich. In dem als »Vermächtnis« für ihre Kinder abgefassten Text heißt es: »Ich fühlte die Beschwerlichkeiten der Schwangerschaft im höchsten Grade, sie waren mir noch so ungewohnt, und das [...] benahm mir alle Lust, mich zu putzen. Ich vernachlässigte mich, ging immer im Nachtzeuge und dergleichen. [...] Auch dies, Ihr meine Töchter, sei Euch Warnung, in Eurer Kleidung immer sorgfältig zu sein, wenn Euch auch niemand sieht wie euer Mann.«

»von pferdehaarenen Matratzen
weiß man hier so wenig«

Briefe über Betten

Die Schlafstätten der Zeit reichten von fürstlichen Prunkbetten über die Ehebetten in den bürgerlichen Schlafgemächern und die Nachtkammern der Junggesellen bis zu den zweischläfrigen Bettstätten der Mägde und den Strohsäcken in einer Küchenecke oder im Stall. Wo und wie geschlafen wird, ist so wichtig für das Leben und dessen Verlängerung, dass der ›Makrobiotiker‹ Christoph Wilhelm Hufeland dem Thema eine eigene Schrift gewidmet hat: *Der Schlaf und das Schlafzimmer in Beziehung auf die Gesundheit:* »Der Ort des Schlafs muß still und dunkel sein. Man muß immer bedenken, daß das Schlafzimmer der Ort ist, in dem man den größten Teil seines Lebens zubringt. Äußerst wichtig ist es daher, an diesem Ort eine reine und gesunde Luft zu erhalten. Man esse abends nur wenig und nur kalte Speisen, und immer nur einige Stunden vor dem Schlafen. Ein Hauptmittel, um ruhig zu schlafen und froh zu erwachen. Alle Sorgen und Tageslasten müssen mit den Kleidern abgelegt werden; keine darf mit zu Bette gehen. Es ist nicht genug, physisch zu schlafen, auch der geistige Mensch muß schlafen.«

»Wie man sich bettet, so liegt man« heißt es. Das ist nur ein Teil der Wahrheit und trifft auf die nicht zu, denen die Betten von anderen aufgestellt werden. In den Briefen, die Heinrich Christian Boie, Herausgeber des *Deutschen Museums,* 1784/85 mit seiner künftigen Gattin Luise Mejer wechselte, ging es neben dem Gefühl im Herzen beständig um die Dinge des Hauses, das Boie für die Ehe bereit machen musste. Eine wichtige Rolle spielten dabei die Betten, nicht nur die eigenen, sondern auch die für die Leute: den Sekretär, den Diener, die Hauswirtschafterin, die Mägde. Betten gehörten zu den kostspieligeren Besitztümern, nicht nur bei den Armen, die sie, falls sie welche hatten, ins Armenhaus mitzubringen hatten, sondern auch bei Honoratioren wie Boie, den Dithmar'schen Landvogt. Am 7. April 1784 heißt es: »Die größte Sorge macht mir das unentbehrliche Leinenzeug, nebst den Betten.« Drei Wochen später die Erfolgsmeldung: »Ich habe fünf Bettstellen gekauft und besitze selbst eine. Zwei will ich noch in Hamburg machen lassen für unser künftiges Schlafzimmer. Zwei gute neue Betten hab ich selbst. Eins für [den alten Diener] Johann bekomm ich von Frau Jessen [einer Bekannten in Meldorf, wo Boie amtierte und das Haus einrichtete] und eins für den neuen Diener, den ich auf Michaeli [29. September] annehme, hab ich alt gekauft. Ich suche nun noch ein zweischläfriges für die zwei Mädchen zu bekommen. Acht Laken hab ich, die zum Teil recht gut sind, acht andre hab ich mir in Hamburg neu kaufen lassen […] Für die Leute kauf ich hier Leinen zu Bettlaken und Tischtüchern; [...] Um zwei der gekauften Bettstellen sind wollene Umhänge, um eine andere zitzene mit rotem Taft gefüttert. Um das Bett für den Sekretär bestimme ich kattunene, für unsre Betten möcht ich leinene haben.« Ende Mai kommt Boie auf die Leinenfrage zurück: »Wie viel ich Leinen brauche, weißt Du vielleicht besser als ich. Ich möchte das grüne für unser künftiges Schlafzimmer, also zwei Bettumhänge, zwei Gardinen für die Fenster und Überzüge zu etwa zwölf Stühlen.« Am 22. Juli erkundigt sich Luise: »Sag mir, ob die dortigen Leute-Betten so sind wie die unsrigen?« Gemeint sind nicht die von Boie und Luise, sondern die Gesindebetten in Osterode, wo Luise sich aufhält. »Nämlich ein Sack von grobem Leinen, worin Stroh oder Heu, anstatt der Matratze, dann ein Unterbett, zwei Pfühle, Kissen, Decke und Oberbett. Bettlaken, Kissenbühren, Handtücher für den Sekretär [...] schicke ich Dir, weil ich sie habe.« Boie antwortet: »Über Deinen Vorschlag wegen des Bettes sprechen wir noch. Dein Bett ist für den Sekretär zu gut, er soll nicht in dem Bette schlafen, worin Luise so viele Jahre geschlafen. Was mir fehlt ist ein zweischläfriges Bett für die Mädchen. In die Betten für die Leute tut man hier bloß Stroh, in die andern einen Strohsack. Von pferdehaarenen Matratzen weiß man hier so wenig, daß die, die ich habe, vielleicht die erste im ganzen Lande war.« Am 28. August schreibt Boie: »Für unsre Betten in dem Schlafzimmer hab ich blau und weiß gestreifte leinene Vorhänge machen lassen. Am 6. Mai des folgenden Jahres, im Juni steht endlich die Hochzeit bevor, fragt Luise: »Du hast in unsrer Schlafkammer zwei Betten mit blau und weiß gestreiften Umhängen. Hast Du in dem einen Bette auch Inbetten?« Drei Tage später noch mehr Fragen: »Sind die Bettlaken einzeln oder paarweise gezählt? Haben die dortigen Domestiken ein Bettlaken oder zwei auf ihren Betten? Haben sie von den weißen wollnen Decken im Sommer, oder schlafen sie auch im Sommer unterm Federbett [...]?« Boie antwortet: »Ich habe für beide Bettstellen in unsrer Schlafkammer Inbetten.« In einem weiteren Brief gibt er über die Leute-Laken Auskunft: »Zu den Gesindebetten hat man hier nur ein Laken, da die Federdecken, unter denen fast alles hier Winters und Sommers schläft, mit Bühren überzogen sind. Mir fehlen noch Nachtmützen, die ich aus dem Cellischen

Zuchthause gut bekommen zu können glaube.« Luise nutzt die Gelegenheit zu einem sorgenden Tadel, wie er Ehefrauen, zu denen sie bald gehören wird, zusteht: »Auch hast du nur zwei Nachtkamisöler, ich wette, Du schläfst ohne Kamisol. Das mußt du nicht, Du bist ja nicht zwanzig Jahr.« Boie war mehr als doppelt so alt, Luise übrigens nur zwei Jahre jünger. Ein Kamisol, eine Art Nachthemd, wurde im Winter wichtig, ebenso wie die Nachtmütze, die durchaus keine Sache des verschlafenen deutschen Michel ist, dem sie erst in romantischen Gemälden und dann in spöttischen Karikaturen so gern übergezogen wurde. Der Mensch fängt am Kopf zu frieren an. Wer nur einmal in eiskalter Nacht in einem unbeheizten Zimmer geschlafen hat, weiß, wie wohltuend in diesem Fall eine Mütze ist, irgendeine, die sich zur Schlafmütze umfunktionieren lässt. Wer spürt, wie sich vor Kälte die Schädelhaut zusammenzieht, geniert sich nicht mehr bei Worten, und man kann ja statt ›Schlafmütze‹ auch vornehm französisch ›Dormeuse‹ sagen wie in den gehobenen Kreisen der Goethezeit.

Der Briefwechsel zwischen Boie und Luise Mejer ist randvoll von Liebesversicherungen, Zärtlichkeitsbeteuerungen, Sehnsuchtsbekundungen – und von Banalitäten. Diese Gewöhnlichkeiten, nicht die Herzensergießungen mit der Tintenfeder, die im Zeitalter der Empfindsamkeit ganze Postladungen überschwemmten, machen diesen Briefwechsel für Zeitreisende kostbar. Wegen der räumlichen Trennung mussten sich die künftigen Eheleute brieflich verständigen. Aus diesen Niederschriften ist für uns vieles zu erfahren, was sonst normalerweise mündlich ausgehandelt wurde, mithin unter den Zeitgenossen blieb. Außerdem zeigen die Bettsorgen der beiden uns eine tragische Seite. Denn wir wissen, was die beiden, als sie sich all diese Sorgen machten, nicht ahnen konnten: Ein gutes Jahr nach der Hochzeit starb Luise im Kindbett.*

---

* Dazu der Abschnitt »Zeugung, Schwangerschaft, Geburt« im Kapitel über Sexualität.

Haushalt und Häuslichkeit

Wenn der Geist es sich gemütlich macht, kann das Folgen für den Körper haben. Carl August Böttiger giftete 1795 über Goethe: »Er extendirt sich täglich durch Embonpoint, u. seine Augen sitzen im Fett der Backen.« Der Olympier war nicht nur dick geworden, sondern auch Familienvater: »Nichts ist einfacher als seine jetzige Häußlichkeit. Abends sitzt er in einer wohlgeheizten Stube, eine weiße Fuhrmannsmütze auf dem Kopf, ein Moltumjäckchen u. lange Flauschpantalons an, in nieder getretnen Pantoffeln u. herabhängenden Strümpfen im Lehnstuhl, während sein kleiner Junge auf seinen Knien schaukelt.«

Jahre später bemerkte Goethe zu Eckermann: »Sehen Sie dieses Zimmer und diese angrenzende Kammer, in der Sie durch die offene Tür mein Bett sehen, beide sind nicht groß, sie sind ohnedies durch vielerlei Bedarf, Bücher, Manuskripte und Kunstsachen eingeengt, aber sie sind mir genug, ich habe den ganzen Winter darin gewohnt und meine vorderen Zimmer fast nicht betreten. Was habe ich nun von meinem geräumigen Hause gehabt und von der Freiheit, von einem Zimmer ins andere zu gehen, da ich nicht das Bedürnis hatte, sie zu benutzen!«

Zimmerfluchten gab es nicht mehr nur in den Palästen mit ihrem repräsentativem Prunk, sondern durchzogen en miniature auch die Häuser des gehobenen Bürgertums, wie es eben in Goethes Domizil am Frauenplan noch heute zu sehen ist. Und alle, die zum Haushalt gehörten, nicht nur die Familienmitglieder, sondern auch ›die Leute‹, das Gesinde, beanspruchten Raum für sich, nicht bloß ein Eckchen in der Küche, wie die Magd in den Häusern der kleinen Handwerker, oder eine Schlafstatt, wie der Lehrling, sondern einen eigenen Raum, eine Kammer, eine Stube. Über die gutbürgerlichen Wohnverhältnisse in Stettin berichtet 1797 ein Zeitgenosse erstaunt, »der Herr, die Madame, die Demoiselles Töchter, der junge Herr, die Diener, die Mädchen, jeder will jetzt seine eigene Stube haben; mit Kammern ist die Dienerschaft nicht zufrieden, im Winter muss das Zimmer geheizt werden können, dazu kommen dann noch Putzstuben, Visitenzimmer, Eßsäle, Entreezimmer, und was für Namen die Stuben noch mehr haben mögen«.

Das Innere eines Hauses ist eben nicht nur zum Wohnen da, sondern auch, um nach außen zu zeigen, wer man ist und was man hat. »Die Großen verwechseln oft die Wirkung ihrer Zimmer und Geräte mit ihrer eignen« heißt es in Jean Pauls *Hesperus*. Aber das traf nicht nur auf ›die Großen‹ zu, mit denen Jean Paul die Aristokraten meinte, in deren Vorzimmern die Bittsteller antichambrierten, sondern auch auf die Reichen und selbst noch auf die Bürgerfamilien von mittlerem Vermögen.

Mit den Zimmern vermehrte sich die Ausstattung, und was als ›geschmackvoll‹ galt, hing von wechselnden Moden ab. »Kein Haus, kein Zimmer kann anjetzt für geschmackvoll und elegant passiren«, monierte Bertuch 1812, »wenn es nicht Meublen, Tische, Stühle, Schränke, Bureaus u. s. w. von Mahagony hat«. Es gab Esstische, Kaffee- und Teetische, Spieltische, Beistelltische, Leuchtertische. Auf den Tischen lag Tafelwäsche, die Decken manchmal geschützt von ›Strohtellern‹, in der Tischmitte ausgerollte Matten zum Abstellen der Schüsseln. Für die Servietten benötigte man Pressen, damit sie nach dem Waschen nicht zerknittert auf den Tisch kamen. Man brauchte mannigfaltiges Tafelgeschirr, ein Ess-Service, unterschiedliche Gläser für die verschiedenen Weine, Mokka- und Teetässchen, dazu passende Löffelchen, Zuckerschalen, Zuckerzangen, Milchkännchen, Wasserkaraffen, Präsentierteller – je nach Status aus Silber, Porzellan oder Zinn. Was alles zusammenkam, erfährt man aus einem der Briefe, die Boie während der Einrichtung des Haushaltes an die künftige Gattin schrieb: »Servietten, Küchengerät, 24 Tische, sechs Spiegel, viele Schränke, Kisten und Kasten, ein Service von Fayence und ein Menge Sachen mehr [...] Auch drei bis vier Dutzend Stühle sind dabei. Ein Dutzend neuer Stühle mit einem Kanapee hab ich bestellt, ein paar Spiegel brauch ich auch noch.« Damit war die Sache noch nicht abgetan. In der Aufzählung folgen »das unentbehrliche Leinenzeug« und ein Teeservice, »am liebsten weiß und auch so große Tassen dabei«. In einem späteren Brief erwähnt Boie die Ausstattung mit Besteck: »Zu den zwölf kleinen plattierten Messern und Gabeln, die ich besitze, laß ich mir zwölf größere von der gleichen

Art in Hamburg kaufen, zwölf Löffel, die sich dazu passen, von Silber machen.«

Boie beschäftigte sich nur mit dem Allernotwendigsten eines gutbürgerlichen Haushaltes, bei dem vom Keller bis unters Dach, vom Hinterhof bis zur Vordertreppe an unzählige Kleinigkeiten zu denken war. Etwa daran, dass die Damen des Hauses, die nicht arbeiten sollten und wollten, sich aber gleichwohl beschäftigen mussten, diese Beschäftigung reich verziert unter dem Deckel halten konnten:»Im Zimmer einer eleganten Dame sind kleine niedliche Behältnisse, die zugleich als Ziermeubeln dienen und leicht fortbewegt werden können, eine sehr wünschenswerte und willkommene Sache. […] Die verschlossene Tischplatte […] hebt sich in Charnieren auf, um Arbeitssachen und andere Kleinigkeiten, die man schnell aus der Hand zu legen wünscht, in den darunter befindlichen Sack von grünem Taft verwahren zu können.« So steht es 1797, im Jahr der Stettiner Zimmerverwunderung, in Bertuchs *Journal des Luxus und der Moden.*

Im Lauf des 18. Jahrhunderts veränderten und vermehrten sich die Sitzmöbel, sie ›differenzierten sich aus‹, wie man sagen könnte, prägten ihre jeweilige Form nach der jeweiligen Funktion oder erfanden neue Funktionen für modisch gewordene Formen. Wie Menschen und Moden die Möbel formten, so formten die Möbel wiederum die Körper derer, die sich ihrer bedienten. Man sitzt auf einem Stuhl anders als in einem Fauteuil. Auf einer Holzbank lässt sich schlecht lungern, selbst wenn sie, wie üblich in bürgerlichen Wohnungen, mit Leder bezogen war. Für verheißungsvolles Hingegossensein benötigt die Dame ein Sofa, mag es im aristokratischen Boudoir aufgestellt sein oder im bürgerlichen Salon.

Die Polstermöbel wurden Anfang des 19. Jahrhunderts zum Ausstattungsobjekt in den Wohn- und Gesellschaftsräumen der bürgerlichen Oberschicht; überall standen Sessel und Sofas, Chaiselongues und Kanapees herum, die wiederum mit Kissen und Decken belegt waren, mit Borten verziert und Troddeln behängt. An die Wände rückte man Kommoden, über die Kommoden hängte man Bilder; und wenn das Geld für eigens angefertigte Familienporträts fehlte, nahm man vorlieb mit gerahmten Kupferstichen und war stolz auf die ebenfalls gerahmten Spiegel, die noch zu Beginn des 18. Jahrhunderts teure Kostbarkeiten in den Prunksälen der Residenzen gewesen waren.

Dieses neue Repertoire des bürgerlichen Wohnens verbreitete sich, wie fast alle Kulturgüter, langsam von oben nach unten, von den Reichen über die vermögenden Familien zur saturierten Schicht der Ärzte, Gelehrten und besser gestellten Pfarrer, aber auch zu erfolgreichen Handwerkern und Kaufleuten. Für die kleinen Leute des Bürgertums blieben Spiegel und Tapeten weiter ein Luxus, die Wände waren gekalkt, und auf den Fußbodendielen lagen keine Teppiche.

In den Elendsquartieren wiederum hatte man ein Dach über dem Kopf – und zwar direkt. Von den Hütten einer Armensiedlung im Süden Göttingens heißt es 1791: »Die mehresten sind 4 bis 5, die allergrößten 6 Schritte lang und so niedrig, dass man den ganzen Arm auf das Dach legen kann. Der Vortritt zu diesen Häusern dient zur Küche, dann bleibt noch ein enger Raum übrig, der Stube und Kammer zugleich ist, in welcher eine ganze Familie wie eine Schweinsmutter mit ihren Ferkeln herbergt.«

Die Neigung zum Tiervergleich beschränkte sich nicht aufs Land, zumal die Übergänge zwischen Stadt und Land fließend waren, auch in einer Residenzstadt wie Weimar, die abgesehen von Schloss, Park und Theater nichts weiter war als ein Landstädtchen mit Genies. »Wir hatten ein Häuschen«, erinnerte sich der 1797 in Weimar geborene und dort aufgewachsene Schauspieler Eduard Genast ironisch an seine Kinderzeit, »dessen Räume in jeder Beziehung niedlich waren. Die Belletage bestand aus einer Stube und Kammer; eben so viel Piecen enthielt auch das Parterre nebst einer Küche; ein kleiner Hof mit Federvieh, Holz- und anderm Stall, worin sich die unvermeidliche Ziege befand, die jede weimarische Bürgerin haben mußte, wollte sie für eine wirtschaftliche Hausfrau gelten.«

Was für die Wohnung und deren Ausstattung ausgegeben werden konnte und was für das tägliche Leben und Überleben ausgegeben werden musste, unterschied sich von Schicht zu Schicht erheblich. Bei einer fünfköpfigen Leipziger Maurerfamilie wurden gegen Ende des 18. Jahrhunderts 45,3 Prozent des Lohneinkommens allein für Brot aufgewandt, bei einer fünfköpfigen Leipziger

Pfarrersfamilie waren es 21,9 Prozent des Gehalts. Bei den Getränken (ohne Milch) standen 1,8 Prozent beim Maurer 6,8 Prozent beim Stadtpfarrer gegenüber, was mit den ›guten Tropfen‹ zu tun hatte, die beim Pfarrer gelegentlich, beim Maurer niemals das Glas füllten. Für Essen und Trinken wandte die Maurerfamilie nahezu drei Viertel des gesamten Lohns auf, die Pfarrersfamilie die Hälfte des Gehalts. Bei der Miete lag das Verhältnis 12,5 (Maurer) zu 6,4 Prozent (Pfarrer), bei Heizung und Licht 8,4 zu 4,3 Prozent. Für ›sonstige Lebensbedürfnisse‹ blieben dem Maurer lediglich 4,9 Prozent seines Einkommens übrig, dem Pfarrer jedoch 40 Prozent.[*] Zu diesen ›sonstigen Lebensbedürfnissen‹ gehörte zum Beispiel die Kleidung, für die beim Maurer kaum etwas übrig blieb, und im Fall des Pfarrers hin und wieder ein Buch.

Auch ein Genie muss haushalten, und wie gut Schiller sich darauf verstand, dokumentiert sein »Arbeits- und Finanzplan«, der vor allem wegen des poetischen Pensums beeindruckt – und bedrückt. Im Jahr 1802 beliefen sich seine Ausgaben für Tabak, Wein, Bier, Kaffee und Tee auf 230 Taler, für Schreibzeug, Porto, Wäscherlohn, Seife, Kerzen und Apothekengebühren auf 140 Taler, die gesamten Haushaltungskosten auf 1525 Taler. Caroline Herder budgetierte ihren Sechszimmerhaushalt 1807 in Weimar mit rund 2000 Talern für Holz, Essen, Kleidung, Wäsche, Licht und zwei Bediente.

In den Weimarer Haushalten Schillers und Herders musste knapp kalkuliert werden, obwohl diese Familien keineswegs arm waren, wenn man als Bezugsgröße die Einkommen der unteren Schichten zugrunde legt. Auch im wohlhabenden Dresden mussten betuchte Familien den Gürtel enger schnallen, eben wegen des Tuches. Es reichte für feine Kleider, die alle sehen konnten; für feine Küche reichte es oft nicht, aber im Esszimmer konnte man unter sich bleiben. Der Wahlwiener Riesbeck beschrieb die Dresdner Missverhältnisse recht drastisch: »Die Brühen sind hier so dünne, man

---

[*] Wer nachrechnet, kommt beim Maurer auf 100 Prozent, beim Pfarrer jedoch auf 101 Prozent. Das ist kein Wunder zugunsten des Gottesmannes, sondern eine Unschärfe bei den Schätzungen, mit denen die statistischen Erhebungen ergänzt sind. Dennoch vermitteln die Zahlen einen Eindruck von den Ausgaberelationen.

hat so oft kalte und immer so schmale Küche, daß ich glaube, ein Wiener könne es hier in einem mittelmäßigen Haus nicht 4 Wochen aushalten. Ich hatte schon mehr als eine Gelegenheit zu bemerken, daß auch in den vornehmen Häusern eine Kärglichkeit in Rücksicht auf Küche und Keller herrscht, die man in Österreich und Bayern für eine Entehrung halten würde. Diese strenge Ökonomie erstreckt sich über alles, was zum innern Hauswesen gehört, und ich habe noch keine andre Art von großem Luxus bemerken können, als die Kleidungen [...] Alle vom Mittelstand, Frauen und Männer, sind hier nach der Mode gekleidet, und sie herrscht auch unter einem ansehnlichen Teil der untern Klasse [...] Ich wohne bei einem Uhrmacher, dessen 2 Töchter ihre vollständige Toilette haben, und täglich koeffiert werden; dagegen nehmen sie öfters abends mit einer Butterschnitte und allenfalls einem dünnen Schnittchen Schinken dazu vorlieb [...] Es sind vielleicht keine 3 adeligen Häuser hier, die 20 Pferde im Stall haben, und die Portiers, Kammerdiener u. dgl. m., die in Wien eine so große Anzahl ausmachen, sind hier ziemlich selten. [...] Hier schämen sich die gnädigen Frauen nicht, sich in der Küche umzusehn, den Bedienten die Lichter, auch die Strümpfchen der Lichter vorzuzählen und auszurechnen, wie lange sie brennen müssen.«

Kerzen waren eben teuer, wie überhaupt alles, was man brauchte, um einen Haushalt zu führen, für den man sich vor seinesgleichen nicht zu schämen brauchte. Als Rahel noch nicht mit Varnhagen verheiratet war und sich mit Nachnamen Robert nannte, machte sie einen Kostenüberschlag und berechnete »hundert zum Quartier, hundert zu Holz, so bleibt mir den Monat fünfzig Thaler, das heißt den Tag ein Thaler sechzehn Groschen: davon Essen, Domestike, Kleider, Wein, Kaffee, Thee, Anstand, Licht, Oel, Schuh, eau de Cologne, kurz oblique Ausgaben, Ambition, alles!« So knapp Rahel bei Kasse war, ohne Dienstpersonal ging es nicht. Es musste eingekauft, gekocht, gewaschen, geputzt und geheizt werden. Alle diese Tätigkeiten waren zeitraubend und erforderten ein Wissen der Hände, zu dem die Köpfe der Gesellschaft gar keinen, oder, wie die weiblichen, nur eingeschränkten Zugang hatten.

Das Gesinde

Für die tagtäglichen Versorgungsarbeiten im Haushalt brauchte man Heerscharen handfester, ruhig ein wenig grob geschnitzter Menschen. Selbst im Junggesellenhaushalt Goethes am Frauenplan ab 1782 waren fünf Bedienstete beschäftigt. Großbürgerlichen Familien standen ein Dutzend und besonders vornehmen mitunter sogar dreißig, vierzig Bedienstete zur Verfügung: von den Kindermägden über die Gouvernanten bis zu den Hofmeistern, von den Küchenmägden bis zur Köchin, von der Verwahrerin der Schlüssel zu Keller und Vorratskammer (gewissermaßen die Magazinverwalterin) bis zur Kammerzofe, der bei den Herren der Kammerdiener, im Militär der Leibbursche entsprach. Hinzu kamen Servierdiener, Empfangsdiener, Kutscher und ›Läufer‹ (Boten), sie alle in der Livree des Hauses, außerdem Pferdeknechte, Wagenknechte, Holzknechte, ohne dass damit die rangmäßig abgestufte Funktionsskala vollständig wiedergegeben wäre. Alle diese Menschen gehörten dem Haushalt ihrer Herrschaft an, lebten für dieses Haus und von ihm.

In den fürstlichen Residenzen war der Aufwand noch größer. Gräbner zählte 1830 in seinem Weimarbuch für den »Hofstaat Sr. Königlichen Hoheit des Großherzogs Carl Friedrich« folgende Bedienstete auf: »2 Küchenmeister – 2 Küchenverwalter – 3 Mundköche – 3 Leibköche – 1 Küchenschreiber – 1 Hof-Fischer – 1 Fischmeister – 2 Hof-Metzger – 1 Menagerie-Meister – 4 Küchenknechte – 6 Küchenbursche und 4 Küchenmägde.« Hinzu kommen »die Pagerie« (sieben Pagen, zwei Pagenmeister, vier Lehrer), die Hofdienerschaft (darunter 3 Kammerdiener, 17 Lakaien), die Bedienten der Silberkammer (darunter 4 Silberdiener, 3 Silbermägde, 1 Silberscheuerin), die Bedienten der Bettmeisterei (1 Bettmeister, 2 Leibwäscherinnen, 1 Bettmagd, 7 Waschmägde), sowie die der Hof-Gärtnerei, -Brauerei und -Bäckerei. »Der Marstall besteht aus 1 Stallmeister – 1 Bereiter – 1 Hof-Sattler, Wagner und Schmied – 1 Fourage-Meister – 1 Wagenmeister – 30 Stall-Bedienten – 1 Heubinder und 1 Strohschneider. – Hierzu kommen noch die Kourier- und Ex-

traposten-Expedition mit 1 Postmeister, 1 Kanzlist – 2 Wagenmeister – 1 Schirrmeister und 11 Postillons.«

Ein erheblicher Teil der Bevölkerung einer Residenzstadt lebte
direkt oder indirekt vom Fürstenhof. Das galt nicht nur für Händler und Handwerker, sondern auch für die unteren Schichten. In
Bürgerstädten hing die Nachfrage nach Bediensteten von den wenigen Haushalten der Reichen und der wachsenden Anzahl mitt-
lerer Bürgerfamilien ab. Für das wohlhabende Hamburg wird die
Zahl der Domestiken im letzten Jahrzehnt des 18. Jahrhunderts
auf 20 Prozent der Bevölkerung geschätzt. In Berlin zählt der Arzt
Ludwig Formey in seiner *Medicinischen Topographie* für 1795 bei
130 487 Einwohnern (ohne Militär) 3553 »männl. Bediente« und
10 495 »Mägdte«. Zum »Dienstboten Stand in der Churmark«
bemerkt Büsching: »1779 bestund er aus 39 638 männlichen und
44 238 Köpfen weiblichen Geschlechts, die Lehrjungen in den
Städten, deren 5411 waren, ungerechnet. [...] Die erstgenannten
83 876 Köpfe machen ein Heer aus, welches in Zucht, Ordnung und
Pflicht zu erhalten, gewiss nicht leicht ist.«

Der Ärger mit den Dienenden gehörte zum Alltag der Herrschaft. 1789 hielt der preußische Regierungsbeamte August von
Hoff in *Ueber Gesinde, Gesinde-Ordnungen und deren Verbesserungen*
fest: »Noch nie war vielleicht eine Zeit, wo die Klagen über Gesinde
häufiger als jetzt gehöret wurden: man mag Herrschaften sprechen,
aus welchen Klassen man will, so hört man, dass sie sich über Untreue, Widersetzlichkeit, Grobheit und Faulheit des Gesindes beschweren, und selbst Herrschaften, deren leutseeliger Charakter
allgemein anerkannt und verehrt wird, stimmen hiermit überein«.
Büsching hatte schon über ein Jahrzehnt zuvor gewarnt: »Wenn sich
nicht das ganze dienstbedürftige Publicum vereinigt, um die wirk-
samsten und sichersten Mittel zur Verbesserung des Gesindes zu
erfinden und zu handhaben, welche großentheils auf abschreckende
Strafen und reitzende Belohnungen hinauslaufen werden: so werden Herren und Frauen gar bald sich ganz selbst bedienen müssen.«
So weit wollte man es bei aller Aufklärung nicht kommen lassen:
sich selbst bedienen! Der viel vermissten guten alten Ergebenheit,
die freilich auch oft Betrug (der Dienenden) und Selbstbetrug (der
Bedienten) gewesen war, wünschte die Herrschaft wieder ›aufzuhel-

fen‹. Für Hoff hatte die Misere viele Gründe, darunter den zu hohen Lohn, mit dem sich die Herrschaften das gute Personal wechselseitig abzuwerben suchten, und das Ausstellen irreführend lobender Zeugnisse, mit dem sie das schlechte loswerden wollten. Die mangelhafte Ausbildung und der freie, von der Obrigkeit nicht reglementierte Zugang zum Gesindedienst trug ebenfalls zu den Problemen bei.

In den häuslichen Problemen des Alltags drückten sich historische soziale Konflikte aus, verschärft durch ein in Hoffs Augen zum Übermut ausartendes Selbstbewusstsein der ›dienenden Klasse‹. Um die tatsächlichen, subjektiv sehr verschieden empfundenen, objektiv jedoch unlösbaren Interessengegensätze kleinzureden, wurde, wie seit Menschengedenken, Zuflucht bei der ›göttlichen Vorsehung‹ und der ›natürlichen Ordnung‹ gesucht. »Jeder bleibe in der Berufung, in der er berufen wurde, bist du als Knecht berufen, so sorge dich nicht.« So steht es schon im ersten *Korintherbrief* des Paulus, und so wird es auf dem Vorblatt von Heinrich Sautiers Dienstbotenroman *Die arme, brave Marie* wiederholt: »Schwestern, es bleibe eine jede vor Gott in jenem Stande, zu welchem sie berufen ist! Bist du als ein Dienstbothe berufen? Bekümmere dich nicht darüber«. Der fromme Lavater predigte in seinem *Sittenbüchlein fürs Gesinde:* »Gottes Alles leitende Fürsehung, das ist, Gott selbst, der weiseste und gütigste Vater wollte, daß du ein Dienstbote seyst.« Der Schweizer Reformpädagoge Pestalozzi hielt es mit der Natur: »Der Mensch muss dienen, wenn er versorgt sein will, und dienet gerne, wenn er versorget ist. [...] Es ist also die Dienstbarkeit die echte Naturbestimmung der schwachen sozietätischen Menschheit.«

Die Redundanz dieser Ermahnungen, die in keiner der zahlreichen Abhandlungen zur ›Dienstbotenfrage‹ fehlten, zeigt allerdings, dass sich die Gutgläubigkeit auf dem Rückzug befand und die Mägde und Knechte das Eigeninteresse natürlicher fanden als die Ergebenheit in Gottes Willen und den der Herrschaft.

Einer der selten gewordenen treu ergebenen Diener aus alter Zeit ist Just in Lessings *Minna von Barnhelm*. Er agiert als männliches Pendent zu Minnas Zofe Franziska. Während das schlaue ›Frauenzimmerchen‹ mit der spitzen Zunge die Geheimnisse ihrer Herrin vor der Neugier des Gastwirts schützt, beweist Just seinem Major

Tellheim echte Vasallentreue, die diese Treue noch vor dem zu verbergen sucht, dem sie gilt. Weil der Herr den Diener entlassen will, denn er kann ihn nicht mehr bezahlen, macht der Diener dem Herrn die Rechnung: ausstehende Monatslöhne plus kleinerer Auslagen. Doch auf demselben Blatt steht, nur auf der Rückseite, was Just dem Major schuldet: darunter eine Arztrechnung, einen Kredit für den Vater und die Livree, die Just auch noch nicht abverdient zu haben behauptet. Der Major ist gerührt – und mit ihm das Theaterpublikum, dessen Diener vor der Loge warteten.

Um die Livree gab es übrigens nicht nur bei Lessing, sondern auch im wirklichen Leben Theater: Gehörte sie nach dem Abschied dem Diener oder dem Herrn? Herren und Diener waren darüber stracks entgegengesetzter Meinung. Für August von Hoff verblieb sie ›natürlich‹ beim Herrn. Aber da Kleider Leute machen und das auch für Lakaien gilt, hielten die Diener in der Regel desto mehr auf sich, je aufwendiger die Livree war, in der sie steckten, vom grauen Dienstrock mit farbigem Kragen in den bescheideneren Kreisen des Bürgertums bis hinauf zur mit Samtborten besetzten Prunkuniform in den Wappenfarben der Adelsfamilie. Die Herrschaft erwartete geradezu, dass sich die Diener mit dem Haus identifizierten, dessen Livree sie trugen. Johann Christoph Sachse, ehemaliger Lakai und seit 1800 Weimarer Bibliotheksdiener, erzählt in seiner Autobiografie, wie ihm von der ungnädigen Herrschaft die Livree, die er auf dem Leib trug, bei einer Rüge an den Kopf geworfen wurde: Hatte »ich den Tisch serviert und mich an die Seite gestellt, um ihre [der Hausfrau] Befehle zu erwarten, so hieß es wohl: ›Nun, was steht Er da, wir wollen Ihn schon rufen, wenn's Zeit ist; pack Er sich vor die Stubentüre!‹ – Hatt ich hier vielleicht den ersten Ruf verhört und die gestrenge Herrschaft schnell einen zweiten Ruf darauf folgen lassen, so empfing mich gewöhnlich beim Eintritt der Zuruf: ›Fauler Schlingel!‹ oder ›Er Träumer! Wo bleibt Er denn? Wofür gibt man ihm denn Traktament und Livree?‹«

Major Tellheim hätte seinen Just nie so behandelt und behielt dafür auch in schwieriger Zeit einen treuen Diener. Friedrich Eberhard von Rochow hatte einen solchen Just ein halbes Jahrhundert lang. 1793 ließ er ihm in die Grabplatte meisseln: »Hier ruht mein alter Freund, der einst mein Diener war, / Er theilte Freuden und Gefahr / Mit mir fast 52 Jahr; / War treu, geschickt und liebte mich, / Oft für mein Wohl besorgt, vergaß er sich. / Drum sey hier aus Dankbarkeit / Dieß Denkmal ihm von mir geweiht.« Rochows Herrendankbarkeit mit Friedhofsruhe passt bestens zu seinem *Morgenlied einer frommen Magd.**

In den letzten Jahren des 18. und den ersten Jahrzehnten des 19. Jahrhunderts lösten sich die lebenslänglichen Abhängigkeiten, Diener wie Mägde arbeiteten vor allem in den Städten nach Kontrakt und immer häufiger vermittelt durch professionelle Agenturen. Das brachte dem Personal neue Freiheiten, aber auch neue Risiken. Selbst eine ›gute‹ Herrschaft hatte keinen Grund mehr, als Normalarbeitgeber Sorge zu tragen für Wohl und Wehe und womöglich noch das Alter seiner Hausangestellten. Die Arbeitgeber wiederum verloren mit der Auflösung der alten Herr-Diener-Verhältnisse ihre Leib- und Seelenvasallen, wie sie in literarischen Gestalten von Sancho Pansa in Cervantes' *Don Quijotte* bis Diderots *Jacques, der Fatalist* so nah am Menschlichen wie fern der Realität gestaltet worden waren.

Eine zweiundfünfzigjährige Dienstzeit wurde nahezu undenkbar. Die arme Elisa von der Recke konnte sich Mitte der 1790er-Jahre nicht einmal darauf verlassen, dass ihr angeheuerter Diener kontrakttreu blieb: Er »hat sich bei mir auf drei Jahre engagiert, mir aber in Zeit von drei Monaten schon zum dritten Mal aufgesagt; die beiden ersten Male reute es ihm wieder, und er bat mich, ihn zu behalten […] In Hamburg sagte er mir wieder auf, weil er dort einen besseren Dienst zu erhalten hoffte«.

Im Hause Levi scheinen ergebenere Leute gelebt zu haben. Über einen davon schrieb Rahel mit herrischer Offenheit: »Unser Bedienter ist ein ehrlicher, dienstwilliger, respektvoller, ziemlich unintelligenter und ungehobelter und uneleganter fellow; wär' er gehobelt und elegant, so würd' er uns nicht respektiren, wäre kommoder und also nicht so dienstwillig, auch weil er nicht so viel Furcht hätte.« Einen wärmeren, geradezu anhänglichen Ton schlug der dreizehnjährige Joseph von Eichendorff in den Briefen an, die er aus dem Breslauer Internat seinem ehemaligen Diener (er hieß ebenfalls Joseph)

---

* Siehe den Abschnitt über »Leibeigenschaft und Fronarbeit« im Landkapitel.

im Elternhaus schickte: »Es tut mir hier sehr bange ohne Dir. Alle Früh und abends, wenn die Zeit zum An- und Ausziehen kommt, und ich mir alles selbst machen muß, da denk ich immer mit schwerem Herzen: ach, wenn doch mein alter Joseph hier wäre.« Trotz der allmählichen Auflösung traditioneller Bindungen blieben dienende Menschen bis weit ins 19. Jahrhundert auch Unterworfene, sowohl wegen ihrer unmittelbaren persönlichen Abhängigkeit von der Herrschaft als auch wegen ihrer Rechtsstellung. Wie beides ineinandergreifen konnte, schilderte Johann Christoph Sachse: »Ich hatte einen sehr guten Herrn, welcher, bis auf die Frisur, die ich ihm nie zu Danke machen konnte, vollkommen mit mir zufrieden war, und ich dachte, jahrelang bei ihm bleiben zu können, als ein Postschein, der ihm zufällig in die Hände gefallen war, ihm meine Verheiratung verriet, welches ihn bestimmte, mir den Dienst aufzusagen, weil auch er nur ledige Bedienung verlangte.«

Diener und Mägde sollten ganz für die Herrschaft da sein und sich nicht einfallen lassen, eine eigene ›Existenz‹ aufbauen zu wollen, und sei es nur in Gestalt eines eigenen Haushaltes. Goethe wusste dies sogar bei Eckermann zu verhindern, auf dessen überaus einfühlsame geistig-literarische Dienstbarkeit er beim Ziehen der Lebenssumme in seinen letzten Jahren nicht verzichten mochte. Über einen anderen jungen Sekretär, den aus guter Familie stammenden Carl John, schrieb er im Juli 1813 an Christiane: »Diese Menschen, wie es ihnen wohlgeht, wollen sich und nicht der Herrschaft leben und so ist es besser, man scheidet.«

Wie übrigens der Magd im bürgerlichen, so ging es der Philosophie im akademischen Haushalt, und beide wollten sich nicht mehr den Mund verbieten lassen. Kant schrieb gegen Ende des Jahrhunderts im *Streit der Facultäten:* »Auch kann man allenfalls der theologischen Fakultät den stolzen Anspruch, daß die philosophische ihre Magd sei, einräumen (wobei doch noch immer die Frage bleibt: ob diese ihrer gnädigen Frau die Fackel vorträgt oder die Schleppe nachträgt); wenn man sie nur nicht verjagt, oder ihr den Mund zubindet.«

Dienen will gelernt sein, das Lakaiengemüt muss rechtzeitig anerzogen werden. Karl Philipp Moritz rief in seinem grotesk-allegorischen Roman *Andreas Hartknopf* in geübt exaltierter Weise: »Tausende müssen sich von Jugend auf gewöhnen, zu denken, dass sie nur um andrer willen, keiner aber um ihrentwillen da ist, und dass sie keinen eignen für sich bestehenden Wert haben.« In seinem autobiografischen *Anton Reiser* erinnerte sich Moritz, wie er einst als Student in Erfurt unter der Beschädigung des Selbstwertgefühls durch vorenthaltene Anerkennung durch andere gelitten hatte:»Der Gedanke des Lästigseins, und dass er von den Leuten, unter denen er lebte, gleichsam nur geduldet wurde, machte ihm wiederum seine Existenz verhasst.« Die Flucht aus der eigenen Existenz fantasiert er ausgerechnet als eine hinein in die Existenz eines Dieners:»tausenderlei romanhafte Ideen durchkreuzten sich in seinem Kopfe, worunter eine ihm besonders reizend schien, dass er in Weimar bei dem Verfasser von Werthers Leiden wollte Bedienter zu werden suchen, es sei unter welchen Bedingungen es wolle.« Dieser Traum wäre bei seiner Verwirklichung vermutlich zum Albtraum geworden – für beide Seiten. Moritz und Goethe lernten einander erst ein gutes Jahrzehnt später in Rom kennen. Und weil Moritz das Pech hatte, sich auf dem römischen Pflaster bei einem Sturz vom Pferd den Arm zu brechen, hatte er zugleich das Glück, von Goethe wenn zwar nicht bedient, so doch rührend ›bekümmert‹ zu werden.

Ein Leben für die Herrschaft konnte mit materiellen Annehmlichkeiten verbunden und doch von Misshelligkeiten vergiftet oder von Dauerschelte bedrückt sein. Und oftmals fehlte es nicht nur an guten Worten, sondern auch an Geld und sogar an Brot. Christian Friedrich Germershausen (hinter dem Pseudonym verbarg sich ein Freiherr aus der weitverzweigten Familie Münchhausen) appellierte in seinem Ratgeber für *Die Hausmutter in allen ihren Geschäfften* wohlmeinend, aber wieder einmal in der Tradition des Tiervergleichs:»So sehr uns bey der Viehzucht um gesunde Thiere zu thun ist, so viel mehr ist auch in der Küche auf die Gesundheit des Gesindes, ohne das wir unsere Haus- und Feldarbeiten nicht bestreiten können, Bedacht zu nehmen.«

Im Krünitz'schen Lexikon, dessen siebzehnter Band in aller Ausführlichkeit dem *Gesindewesen nach Grundsätzen der Oekonomie und Polizeywissenschaft* gewidmet ist, herrscht eine deutlichere Sprache:»Viele Herrschaften achten ihr Gesinde gar nicht. Sie halten es nicht viel besser als das liederlichste Bettelvolk […]; ja, sie betrachten es kaum als Menschen. Sie sind grausam wider sie und fordern mehr Arbeit von ihnen, als Menschen leisten können und als sie vermöge ihres Vertrages zu leisten schuldig sind. [...] Halten sie ihre Leute noch so viel wert, ihnen ein Wort zu sagen, so sind es demütigende Worte, Worte voll Verachtung und Abscheu. Was fruchtet dieses Betragen? Nichts gutes. Haß gebiert Haß, Verachtung zeugt Verachtung. Die Bedienten lieben ihre Herrschaft nicht und können ihnen nicht treu sein.«

Das ist eine andere Perspektive als die Büschings oder von Hoffs oder Knigges. »Es ist traurig genug«, schrieb er, »dass der größte Teil des Menschengeschlechts durch Schwäche, Armut, Gewalt und andre Umstände gezwungen ist, dem kleinern zu Gebote zu stehn.« Aber? »Wahr ist aber auch, dass die mehrsten Menschen zur Sklaverei geboren, dass edle, wahrhaftig große Gesinnungen und Gefühle hingegen nur das Erbteil einer unbeträchtlichen Anzahl zu sein scheinen.«

Obwohl auch Knigge den alten lebenslänglichen Dienstverhältnissen mit ihren wechselseitigen Verpflichtungen nachtrauert, bleibt er als Nahbeobachter sozialer Sitten bei den Einzelheiten des Tagtäglichen nüchtern und gelassen: »Das Gesinde pflegt kleine Veruntreuungen in dem Artikel von Eßwaren, Kaffee, Zucker u. dgl. für keinen Diebstahl zu halten. So unrecht dies ist, so bleibt es doch darum nicht weniger die Pflicht der Herrschaften, ihren Domestiken die Gelegenheit zu benehmen, dergleichen Unredlichkeiten sich schuldig zu machen.« Und weil es klüger ist, ein weniges zu geben, als um viel bestohlen zu werden, empfiehlt er »von Zeit zu Zeit freiwillige Darreichung solcher Bissen, welche die Lüsternheit reizen könnten«. Allerdings gibt es da die Geschichte mit dem kleinen Finger und der ganzen Hand. Wer hat und etwas gibt, muss immer fürchten, dass die Habenichtse auf den Appetit kommen und noch mehr nehmen wollen. Kein Wunder, dass in den Schriften zur ›Gesindefrage‹ bei aller Reformbereitschaft stets an die Notwendigkeit der Furcht erinnert wird.

Die Furcht des Dieners oder der Magd ging weit über die Angst vor dem Ausgezanktwerden hinaus, endete auch nicht bei der Furcht vor körperlichen Übergriffen oder vor der Entlassung und dem danach drohenden Abgleiten in die Armut – stattdessen konnte (und sollte) sie bis zur Todesfurcht intensiviert werden. Im Sommer 1786 wurde in Berlin eine der damals schon selten gewordenen spektakulären Hinrichtungen vollzogen. Noch Jahre später kursierten Broschüren über das Ereignis, wie zum Beispiel *Lebenslauf des gewesenen Bedienten Johann Christian Höpner, welcher sich des Verbrechens eines Hausdiebes und Mordbrenners schuldig gemacht hat und dafür am 15. August 1786, nahe bei der Gerichtsstätte von Berlin, lebendig verbrannt worden ist. Nach seiner eigenen Aussage beschrieben und jungen Leuten, besonders Dienstboten zur Warnung herausgegeben.* Die schon im Titel annoncierte Wirkungsabsicht der anonymen Druckschrift wird im Text bekräftigt: Allen Domestiken »müsse dieses Beispiel schrecklich sein! Allen müsse es den lebhaftesten Abscheu auch vor der kleinsten Untreue gegen ihre Herrschaft einflößen.« König Friedrich, nach eigenem Bekunden doch auch ein Diener und bei seinem ›Amtsantritt‹ nahezu ein halbes Jahrhundert zuvor im Europa der Aufklärung als Rechtsreformer gefeiert – dieser ›erste Diener des Staates‹ hatte vor der Verbrennung des Dieners Höpner drei Gnadengesuche abgelehnt. Schließlich legte auch die unter seiner Regentschaft erlassene Gesindeordnung von 1746 voraufklärerische Schandstrafen schon bei kleineren Delikten fest. Der ›Policeywissenschaftler‹ Justi akzentuierte rücksichtslos die Machtgründe dafür: »Nichts als die Härte der Strafe und die daraus entstehenden schreckenden Beispiele sind demnach vermögend, unsre Güter gegen Hausdiebstähle in Sicherheit zu stellen.« Und bekräftigend: »Dasjenige, was das Übel indessen lindern kann, sind harte, mit einer öffentlichen Schande verknüpfte Strafen, als der Pranger, die Schandbühne u. dgl. wie solches in der Berliner Gesindeordnung in der Tat verordnet.«

Höpner wurde nicht wegen seines Hausdiebstahls hingerichtet, sondern wegen Brandstiftung. Gleichwohl blieb der erste Adressat der Abschreckung das Gesinde. Allerdings wurde der Delinquent nicht »lebendig verbrannt«, wie es der Titel der Druckschrift – man muss sagen: versprach. Bevor der Henker Feuer an den Scheiterhaufen legte, auf dem in einer Hütte Höpner festgebunden war, den Augen des Publikums entzogen, erdrosselte er den Delinquenten. Ob dieses Spektakel seine Wirkung auf das Hausgesinde getan hat, wurde auch damals bezweifelt. Vielleicht gingen eine Zeit lang keine silbernen Löffel mehr verloren, und die Küchenmägde brachen von den Zuckerhüten kleinere Stücke zum Naschen ab.

Zwei Tage nach Höpner starb Friedrich in seinem Lehnstuhl in Sanssouci. Das acht Jahre nach seinem Tod veröffentlichte *Allgemeine Landrecht für die preußischen Staaten* beharrte immer noch auf dem Züchtigungsrecht der Herrschaft bei Vergehen oder auch nur Widersetzlichkeiten des Hauspersonals. Das lief in der Regel auf Ohrfeigen (bei den Mägden) und Stockprügel (bei den Lakaien) hinaus, körperliche An-, aber keine juristisch relevanten Übergriffe. Diese ›Züchtigungen‹ waren ihrem Rechtsstatus nach keine Strafen, diese behielt sich die staatliche Kriminaljustiz vor, sondern ›Erziehungsmittel‹.

Körperlicher Schmerz und seelische Demütigung hängen jedoch nicht von den Rechtstitulaturen ab, unter denen sie zugefügt werden. Zu Beginn des 19. Jahrhunderts häuften sich die Proteste gegen herrschaftliche Handgreiflichkeiten, und wenn die Stimmung im Volk auch sonst ungut war, konnte es sogar zu Aufruhr kommen. Im Juni 1826 berichtet Varnhagen von Ense über einen solchen in Berlin: »Ein Dienstmädchen war aus einem Fenster des ersten Stockes auf die Straße gesprungen und schrie mit blutigem Gesicht, ihre Herrschaft habe sie mißhandelt. Augenblicks sammelten sich Hunderte von Menschen, schnell zu Tausenden angeschwollen. Alle Fenster des Hauses wurden eingeworfen, das untere Stockwerk erstürmt und alles darin zerschlagen. Die Polizei hatte Not, sich selber zu retten, die herbeigeholte Gendarmerie konnte nichts ausrichten, nur langsam verzog sich das Volk vor den sich mehrenden Gendarmen. Leute schrien: So müsse es allen Herrschaften ergehen! Nachher soll sich gezeigt haben, dass das Dienstmädchen nur eine Ohrfeige bekommen, und durchaus keine Verletzung hatte.«

Goethe ohrfeigte nicht, er stellte Entlassungszeugnisse aus: »Charlotte Hoyer hat zwey Jahre in meinem Hause gedient. Für eine Köchinn kann sie gehen, und ist zu Zeiten folgsam, höflich, sogar einschmeichelnd. Allein durch die Ungleichheit ihres Betragens hat sie sich zuletzt ganz unerträglich gemacht. Gewöhnlich beliebt es ihr nur nach eignem Willen zu handeln und zu kochen; sie zeigt sich widerspenstig, zudringlich, grob, und sucht diejenigen die ihr zu befehlen haben, auf alle Weise zu ermüden. Unruhig und tückisch verhetzt sie ihre Mitdienenden und macht ihnen, wenn sie nicht mit ihr halten, das Leben sauer. Außer andern verwandten Untugenden hat sie noch die, dass sie an den Thüren horcht. Welches alles man, nach der erneuten Polizeyverordnung, hiermit ohne Rückhalt bezeugen wollen.«

Der arg unzufriedene Dienstherr vermied jenen Fehler, den August von Hoff in seiner Gesindeschrift ein knappes Vierteljahrhundert zuvor bereits angeprangert hatte, nämlich das Ausstellen positiver Arbeitszeugnisse aus Nachlässigkeit oder um des ›lieben Friedens‹ willen. Ebendies untersagte eine Weimarer Verordnung, die im Februar 1811, kurz vor Goethes Konflikt mit der Köchin, bekräftigt worden war. Nachdem die renitente Köchin das Arbeitszeugnis zerrissen hatte, scheute sich der mächtige Minister nicht, die Hoyer beim Polizeikollegium anzuzeigen, sogar die Schnipsel legte er bei: »Nach der [...] Polizeiverordnung, welche den Herrschaften zur Pflicht macht, die Dienstboten nicht bloß mit allgemeinen und unbedeutenden Attestaten zu entlassen, sondern darin gewissenhaft ihr Gutes und ihre Mängel auseinanderzusetzen, habe ich der Charlotte Hoyer [...] als einer der boshaftesten und inkorrigibelsten Personen, die mir je vorgekommen, ein, wie die Beilage ausweist, freilich nicht sehr empfehlendes Zeugnis bei ihrem Abschiede eingehändigt. Dieselbe hat sogleich ihre Tücke und Bosheit noch dadurch im Übermaß bewiesen, dass sie das Blatt [...] zerrissen und die Fetzen davon im Hause herumgestreut; welche zum unmittelbaren Beweis gleichfalls hier angefügt sind.«

Man stelle sich vor: Der Geheimrat rutscht neben der Gemahlin auf den Knien herum und sammelt empört die von der Köchin verstreuten Schnipsel ein. Aber vermutlich musste das einer der Dienstboten erledigen, vielleicht derselbe, der auch die Abschrift des zerrissenen Zeugnisses herstellte, die Goethe der Anzeige beifügte. »Einen Bedienten wünscht man zu haben« hieß es in einer von Goethes *Xenien*, »der leserlich schreibet / Und orthographisch, jedoch nichts in Bell-Lettres getan.« Der Dichter hielt nicht viel davon, wenn Zöflein lyrisch wurden und sich Lakaien an Tragödien zu schaffen machten statt im Haus. Gleichwohl hat er die Autobiografie des alten Weimarer Bibliotheksdieners Johann Christoph Sachse an den Verleger Cotta vermittelt und sogar ein Honorar ausgehandelt.* Nach Sachses Tod meinte Goethe am 16. Juli 1822 in einem Brief an seinen Sohn August: »Eigentlich habe ich ihn durch Herausgabe seiner Lebensgeschichte totgeschlagen; er wußte nicht, wo er mit dem wenigen Geld hinsollte.«

»Ein gemeinnütziges Haus-Meuble«
Vom Licht

In der Aufzählung dessen, was für einen anständigen Haushalt nötig war, hatte Rahel das Licht ausdrücklich erwähnt. Die Beleuchtung eines Salons oder eines Schreibzimmers, eines Tanzsaales oder gar eines Opernhauses war tatsächlich der Rede wert – und des Rechnens. Nicht nur Rahel machte sich Gedanken über die Beleuchtungskosten, Schiller bezifferte sie in seinem Haushaltsplan für 1802 mit 35 Talern, exakt so viel, wie er für »Seife und Wäscherlohn« ansetzte und nur fünf Taler weniger als die Lohn- und Bekleidungskosten für den Diener. Lichtenberg stellte sogar eine vergleichende Tabelle über die Brenndauer von Talg- und Wachslichtern zusammen, um herauszufinden, welche Beleuchtung günstiger war, die mit teuren, aber lange brennenden Wachskerzen oder die mit preisgünstigeren, jedoch schneller abgebrannten Talglichtern. Falls er seine Berechnungen nicht bei Tages-, sondern bei Kerzenlicht angestellt hat, könnte er ein ›Sparende‹ benutzt haben, einen Halter zum Aufstecken von Kerzenstummeln. Mit Öl machte er keine Versuche. Es hat ihm vermutlich gestunken. Brennendes Öl riecht sogar im Festsaal eines Aristokraten schlecht, Elisa von der Recke hat sich darüber beschwert**. Dagegen hätte der Kerzenverbrauch eines einzigen Ludwigsburger Opernabends für Lichtenberg genügt, ein Leben lang nach Einbruch der Dunkelheit »Sudelbücher« vollzuschreiben. Besucher von Herzog Carl Eugens Prunkoper wollten

---

* Zur Höhe des Honorars siehe den Eintrag zu Sachse im Abschnitt »Wer verdient womit wie viel?« im Anhang.
** Siehe den Abschnitt »Besuch bei Hofe« im Stadtkapitel.

nachgezählt haben, dass bei jeder Aufführung allein im Foyer zweitausend Kerzen verbrannt seien.

Verlässlicher, weil arg überschaubar, sind die Angaben des ›Bückeburger Bach‹. 1761 erinnerte Johann Christoph Friedrich seinen Brotherrn untertänigst daran, dass »Ew. Hoch-Reichs-Gräfl. Erlauchten mir unter andern freyen beneficiis auch frey Licht gnädig accordirt haben, ich aber jetzo wöchentlich nur 4 Lichte, womit ich kaum drei Tage auskommen kann, bekomme; Höchstdieselben allergnädigst geruhen möchten, dero hohe ordre dahin gnädigst zu ertheilen, daß mir mein benöthigtes Licht, wenigstens täglich ein Stück, von Hoch-Gräfl. Küch-Stube gereichet werden müße«.

In den vier Jahrzehnten zwischen Bachs Eingabe und Schillers Finanzplan hatte sich am Problem der Beleuchtungskosten praktisch nichts geändert, trotz der Argand'schen Öllampe von 1783. Die Erfindung eines höhenverstellbaren, im Inneren hohlen Dochtes, umschlossen von einem Glaskörper, ermöglichte eine Regelung der Lichtstärke, außerdem rußte der Docht kaum, brannte nahezu geruchsfrei, musste nicht dauernd ›geschneuzt‹ (oder ›geschnuppt‹) werden und erzeugte, ohne zu flackern, helleres Licht als übliche Kerzen. Ein Kronleuchter mit fünf Dutzend Kerzen aus Bienenwachs, dem kostbarsten und für normale Haushalte nahezu unerschwinglichen Brennstoff, brachte nicht mehr Licht hervor als eine heutige Sechzig-Watt-Birne, von der Leuchtleistung der billigen Unschlittkerzen (auch Unschlichtkerzen) ganz zu schweigen.

Diese von Seifensiedern produzierten Brennstäbe bestanden aus Ziegen-, Schafs- oder Rindertalg um einen Docht aus Baumwolle. Dochte aus Leinen waren billiger, aber sehr viel häufiger zu schneuzen. Außerdem verbreitete billiger Talg wegen der unvollständig ausgewaschenen Blut- und Gewebereste einen Gestank, der nicht leichter auszuhalten war als derjenige beim Verbrennen von Tran oder Walrat in Öllampen. Wenn wenig Geld im Hause war, und wenn dieses Haus noch dazu auf dem Land stand, konnte man sich mit der Beleuchtung auch die Geruchsbelästigung sparen. »Es gehört unter die unbekannten Landfreuden«, schrieb Jean Paul in der *Selberlebensbeschreibung,* »dass man abends essen kann ohne Licht anzuzünden.« Dann lässt man die Unschlittkerzen in der Speisekammer. Dort sind sie allerdings – auch davon erzählt Jean Paul –

den Fledermäusen ausgesetzt, »welche kein angezündetes Licht vertragen, aber doch in die Speckkammer schlüpfen und ihm das Fett abnagen.«

Neben den Seifensiederprodukten und den aus einem Gemisch von pflanzlichem Wachs und Talg hergestellten Lichtern gab es die aufwendig durch wiederholtes Eintauchen per Hand ›gezogenen‹ Talgkerzen und die ebenfalls aufwendig gegossenen Bienenwachskerzen. Bienenwachs war ein dermaßen kostbarer Rohstoff, dass die Preußische Seehandlung lange ein königliches Ankaufsprivileg auf alles Bienenwachs in einem zehn Meilen breiten Streifen auf jeder Seite der Weichsel hatte. Mitunter wurde der teure Rohstoff gestreckt, wie Mehl in schlechten Erntejahren oder wie Kaffee mit gemahlener Zichorie. Um mit Talg vermischtes Bienenwachs zu erkennen, musste man hineinbeißen: Der Talg blieb an den Zähnen kleben. Verfälschungen mit Kartoffelstärke waren schwieriger zu entlarven, es sei denn, man hatte Terpentin dabei: Beim Schmelzen des Wachses in Terpentin setzt sich die Stärke am Boden ab.

Die fabrikmäßige Produktion von Talglichtern war um 1800 nichts Außergewöhnliches mehr. Nemnich erwähnt in seinem ›industriellen‹ Reisetagebuch von 1809 einen Unternehmer mit einer »in Zelle etablierten Talglichterfabrik. Er nennt sein Fabrikat: Constantia-Sparlichter. Sie sollen im sparsamen Brennen und im Verbreiten eines hellen, egalen Lichtes Vorzüge besitzen.«

Die Constantia-Lichter waren billiger als das Öl in Argands Lampe, von der Lampe selbst ganz abgesehen, konnten aber in puncto Leuchtleistung und Sauberkeit nicht mit ihr konkurrieren, zumal die Lampe ständig weiterentwickelt wurde. Über eine verbesserte Variante der Erfindung Argands informierte schon 1788 ein Artikel in Bertuchs *Journal des Luxus und der Moden* unter dem Stichwort »Ameublement«. Zuerst heißt es: »Ein paar Engländer […] bemächtigten sich dieser höchst gemeinnützigen Erfindung, und ließen solche Lampen von weißen oder laquierten Bleche, mit Silber plattirt, von Glase in Silber gefaßt, einfach auf Tische zu stellen, oder auch mit zwey, drey und vier Armen, um sie in Zimmer, Säle und Vestibülen aufzuhängen, in den schönsten und geschmackvollsten Formen fertigen, und verkauften sie, so wie die Franzosen, bisher sehr theuer. Eine dreyarmige dergleichen von lackirten Bleche kostete noch vor kurzen 30 Rthlr. und eine gleichförmige nur ein wenig mehr decorirte Pariser Argandsche 45 Rthlr.« Danach wird die Lampe eines Herstellers aus Frankfurt am Main beschrieben, die das französische mit dem englischen Modell kombiniere und zugleich »um mehr als die Hälfte wohlfeiler« sei. Man habe »dadurch das, was im Entstehen nur ein Gegenstand war, in ein gemeinnütziges Haus-Meuble umgeschaffen«. Schließlich folgt noch das Ergebnis eines Warentests: »Wir haben aus eigener Erfahrung und angestellten Proben, daß man bey dieser einfachen Lampe in einer Entfernung von zehn Schritten die Schrift der Hamburger, Frankfurther oder Berliner politischen Zeitungen, die doch sehr klein ist, vollkommen deutlich lesen kann.«

Gleichwohl blieb die Beleuchtung ein Haushaltsproblem, nicht nur in finanzieller Hinsicht, sondern auch bezüglich der Handhabbarkeit. Noch 1829 veröffentlichte der Weimarer Garten-Inspektor Johann Christoph Gottlob Weise, Verfasser von *Der vollkommene Bier- und Essigbrauer* sowie von *Der vollkommene Melonen-, Gurken- und Spargelgärtner* auch eine *Kunst der Gebäude-, Zimmer- und Straßenerleuchtung durch Oel, Talg, Wachs und Gas: enthaltend die pyhsikalischen Grundsätze der Erleuchtungskunst, die praktische Anweisung zur Verfertigung der Talg-, Wachs-, Wallrath-, Margarin- und Stearinlichte und der Bereitung der Wachsstöcke und Wachsfackel; die Bereitung und Reinigung des Brennöls und der vorzüglichsten Lampen aller Art; die Bereitung des Gases nebst dazu gehörigen Vorrichtungen, als Leuchtstoff zu dienen; die Anwendung der Reflektoren und Refraktoren zur Erleuchtung der Straßen, Säle, Theater und Leuchtthürme usw. für Klempner, Lampen-, Licht- und Oelfabricanten, so wie für Alle, denen Erleuchtung aller Art obliegt.* Der inhaltsangeberischen Umständlichkeit des Titels lassen sich Reichweite und Spannbreite des Beleuchtungsthemas ablesen. Und weil man Lichter auch anzünden muss, bietet Weise noch einen Anhang über Feuerzeuge: Diejenigen, »welche man im Allgemeinen gebraucht, bestehen aus hartem, dichten Feuerstein, einem Stahl und ein Stück Feuerschwamm oder Zunder. Wenn man mit dem Stahl stark gegen einen scharfen Feuerstein [...] schlägt, so entstehen leuchtende Funken, die, indem sie auf den Schwamm oder in den Zunder fallen diese ent-

243

zünden; bringt man dann einen Schwefelfaden oder Schwefelhölzchen an den entzündeten Schwamm oder Zunder, so brennen diese an.« Mit den Schwefelhölzchen waren noch nicht die durch Reibung entzündbaren Streichhölzer gemeint, die 1828 in England zum Patent angemeldet wurden. Vier Jahre später erfand Jakob Friedrich Kammerer ein Phosphorstreichholz, den Vorläufer der 1848 von Rudolf Christian Böttger entwickelten Sicherheitsstreichhölzer. Böttger war ein Schüler des Jenaer Professors Johann Wolfgang Döbereiner, der seinerseits ein Gasfeuerzeug ausgetüftelt hatte, technisch anspruchsvoller als Feuerstein und Stahl, allerdings wegen seines Glaszylinders für Alltagszwecke doch recht unhandlich. Hätte der alte Immanuel Kant ein solches Döbereiner Gasfeuerzeug besessen, hätte er den nächtlichen Durst mit Wassertrinken stillen können statt mit Lufttrinken durch die Nase. Er berichtet, »daß, da mich nach ausgelöschtem Licht (und eben zu Bette gelegt) auf einmal ein starker Durst anwandelte, den mit Wassertrinken zu löschen ich im Finstern hätte in eine andere Stube gehen und durch Herumtappen das Wassergeschirr suchen müssen, ich darauf fiel, verschiedene und starke Atemzüge mit Erhebung der Brust zu tun, und gleichsam Luft durch die Nase zu trinken; wodurch der Durst in wenig Sekunden völlig gelöscht war«.

Döbereiner beschäftigte sich in der zweiten Hälfte der 1810er-Jahre auch mit der Herstellung von Gas für Beleuchtungszwecke. Ein paar Jahre später erläuterte Weise in einem eigens »der Erleuchtung durch Gas« gewidmeten Kapitel: »Das zubereitete Gas, es mag nun aus Steinkohlen oder fetten Materien gewonnen werden, wird gewöhnlich durch Röhren an den Ort, wo es verbrannt werden soll, geleitet; man trägt es aber auch in luftdicht verschlossenen metallenen Gefäßen in die Wohnungen.«

In der zweiten Hälfte des 19. Jahrhunderts brachte die Gasbeleuchtung in den Straßen und Ladenpassagen der europäischen Großstädte, vor allem in Paris und London, jene urbane Nachtstimmung hervor, von der sich Maler und Dichter technisch avanciert verzaubern ließen und die sie selbst wieder durch Ästhetisierung zu einem der ersten Mythen der Moderne verzauberten. Das Gas machte die Nacht zum Tag, und mochte dieser nächtliche Tag mit seinem zischenden Dämmerlicht aus gusseisernen Lampen im Vergleich mit unseren neon- und neuerdings LED-erleuchteten Städten eher ein Halbdunkel gewesen sein, so war dieses Halbdunkel im Vergleich mit dem Licht aus den Tranfunzeln der Zeit um 1800 von pupillenverengender Helligkeit. Die Tranfunzeln und Pechlampen wiederum, die im Jahrhundert der Aufklärung (›enlightenment‹ sagen die Engländer) die Städte erleuchteten, wären für die Menschen des Nachts tatsächlich völlig ›finsteren Mittelalters‹ von unvorstellbarer Leuchtkraft gewesen. Was nicht bedeutet, dass sich alle davon begeistert gezeigt hätten.

Als Friedrichs Vater, der ›Soldatenkönig‹, während der 1720er- und 1730er-Jahre in Berlin Straßenlaternen aufstellen ließ, wurden sie immer wieder eingeworfen, und vermutlich nicht nur von betrunkenen Bauern und lichtscheuem Gesindel, sondern auch von Anwohnern, die nicht dulden mochten, dass ihnen die Lampen des Königs auf die Kopfkissen schienen. Es entbrannte eine wahre Schlacht zwischen Licht und Dunkel, was sich an den Verordnungen ablesen lässt, die Friedrich Wilhelm zum Schutz seiner Laternen erließ, die Strafen für die Beschädigungen immer weiter verschärfend, bis sich der ergrimmte Monarch schließlich zur Todesstrafe fürs Lampeneinschmeißen hinaufgesteigert hatte. Es ging dabei nicht nur ums Praktische, sondern auch ums Prinzip: »Von allen guten Anstalten, die man in einer Stadt machen kann«, schrieb Jakob Friedrich Bielfeld in seinem *Lehrbegriff der Staatskunst,* »ist keine wichtiger und notwendiger als die Laternen, womit man bei Nachte die Gassen erleuchtet.«

Der preußische Beleuchtungskrieg wurde von der Obrigkeit gewonnen. Friedrich Nicolai erwähnt in der *Beschreibung der Königlichen Residenzstädte Berlin und Potsdam* von 1769 »vom September bis Mai brennende Laternen« und bemerkt, »über diese Laternen ist ein besonderer Commissarius gesetzt«. In der dritten Auflage des Werks von 1786 wird die Zahl der Laternen mit 2354 angegeben. Ludwig Formey meldet 1796 in seiner *Medicinischen Topographie von Berlin:* »Des Abends werden die Straßen durch Laternen, welche vermittelst eiserner Stangen an den Häusern oder auch noch auf Pfählen vor den Häusern angebracht sind, mittelmäßig erleuchtet.« Dennoch blieben ganze Stadtgebiete ›unerleuchtet‹, wie Weise gesagt hätte, nicht nur in Berlin, sondern überall in Deutschland. Die

Herrschaften postierten Dienstboten mit Handlampen zum Heimleuchten, an den Kutschen wurden seitwärts Fackeln aufgesteckt,
und wer es nicht weit nach Hause hatte, brachte wie Goethe, wenn
er Johanna Schopenhauers ›Thee‹ besuchte, die Lampe gleich mit.

»Man zählt in der Stadt über 70 Brunnen«
Vom Wasser

Wie kommt das Wasser in die Wanne? Indem man den Hahn auf-
dreht. Einem Menschen der Goethezeit wäre es wie Zauberei vorgekommen, mit einer banalen Handbewegung eine Zimmerwand
in eine Wasserquelle zu verwandeln. Die Vorbereitung eines Bades
war Schwerstarbeit. Die Wanne, aus Holz oder verzinntem Kupfer, musste aufgestellt, Brennholz geholt, Feuer angezündet und
Wasser aufgesetzt werden, das wiederum erst aus dem Dorf- oder
Stadtbrunnen zu pumpen, zu ziehen, zu schöpfen und ins Haus zu
schleppen war, wenn man nicht über einen eigenen Brunnen im Hof
verfügte. Goethes Haus am Frauenplan verfügte über diesen Luxus,
nicht aber »der alte Hexenmeister« im *Zauberlehrling.* Der Lehrling musste das Badewasser vom Fluss holen. So ist es kein Wunder, dass er sich an dem Wunder versucht, den Zuber vollzuzau-
bern. Da aber das Wasser aus der Wand selbst für Magier schwer
vorstellbar war, macht der Lehrling dem Besen Beine – und »oben
sei ein Kopf!« – und schickt ihn »mit dem Wassertopf« an den
Fluss: »Walle! Walle / Manche Strecke / Dass zum Zwecke / Wasser
fließe / Und mit reichem, vollem Schwalle / Zu dem Bade sich er-
gieße!« Das klappt gut, sehr gut, zu gut, und bald – »Soll das ganze
Haus ersaufen?« – stehen Saal und Treppe unter Wasser: »Die ich
rief, die Geister / Werd' ich nun nicht los.« Einen Hahn dreht man
einfach wieder zu, aber wie verwandelt man den hergezauberten
Wasserträger zurück in einen Besen?

Wie kommt das Wasser in die Küche? Indem man einen Bach
hindurchleitet. Während seines Hausumbaus für die bevorstehende
Ehe schrieb Boie an seine Braut: »Am meisten freut mich die Kü-

ANMERKUNGEN

1 *Saṃsāra* wird oft mißverständlich mit »Wandelwelt« beziehungsweise »Erscheinungswelt« übersetzt. *Saṃsāra* ist jedoch nicht »Welt« im objektiven Sinne, sondern die subjektiv erfahrene Welt eines unerleuchteten Menschen. *Nirvāṇa* – als Gegenpol des *Saṃsāra* – ist daher weder ein Ort noch ein metaphysisches Prinzip, sondern der Erlebniszustand eines vollkommen Erleuchteten, der die Welt leidenschaftslos als das erkennt, was sie ist. So wird *Nirvāṇa* als die Befreiung von Haß, Gier und Wahn erfahren bei gleichzeitigem Erfülltsein von einem grenzenlosen Mitgefühl für alle leidenden Wesen, die in den Kreislauf von Geburt und Tod verstrickt sind.

2 Rabindranath Tagore: *Sādhana.*

3 Vgl. Lama Anagarika Govinda, *Die psychologische Haltung der frühbuddhistischen Philosophie,* Wien 1981.

4 Robert Reiniger: *Metaphysik der Wirklichkeit,* Wien, 1947/48, Bd. 1, S. 209.

5 »Die heutige psychologische Terminologie, die im Gegensatz zum Bewußtsein ein ›Unbewußtes‹ postuliert, macht sich damit einer Verfälschung urgegebener psychosomatischer Tatbestände schuldig. Diese Terminologie und die durch sie falsch strukturierten Phänomene sind ein Schulbeispiel für die Fehlschlüsse, welche einem radikal angewandten Dualismus entspringen. Es gibt kein sogenanntes Unbewußtsein, es gibt nur verschiedene Arten des Bewußtseins.« (Jean Gebser: *Ursprung und Gegenwart,* Bd. 1, S. 327.)

6 Robert Reiniger, a. a. O., S. 203.

7 Ebenda, S. 197.

8 Paul Dahlke: *Heilkunde und Weltanschauung,* S. 15.

9 Ich empfehle jedem mathematisch geschulten Wissenschaftler das Werk des englischen Gelehrten Dunne: *The Serial Universe.*

10 H. Beckh: *Buddhismus,* Bd. 1, S. 120.

11 *In memoriam* Dr. Roberto Assagioli, dem Begründer der Psychosynthese, der im September 1974 im 87. Lebensjahr in die Verwandlung einging.

12 Der Bericht des *Parinibbāna-Sutta* dürfte, wie so manche andere Textstelle, im Verlauf der Konzilien an dieser Stelle eine nachträgliche Retusche erfahren haben – wobei man das Bild des *Arahat* »idealisierend« dem eines unerschütterli-

chen Stoikers anpaßte. Ich habe eine viel höhere Meinung von den Hauptjüngern des Erhabenen, die – wie andere Stellen des Pāli-Kanon zeigen – sehr wohl zu tiefsten Gefühlsregungen fähig waren. Wie hätten sie da, im Augenblick des Hinscheidens jenes Mannes, der ihnen Licht auf dem Weg geworden war, ohne Rührung und Trauer sein können?

13 Karlfried Graf Dürckheim: *Hara. Die Erdmitte des Menschen*, O. W. Barth Verlag, 9. Auflage 1981.

14 Es ist an der Zeit, daß man Vollkommenheit auch außerhalb des Christentums mit größerem Respekt betrachtet. So sollte man beispielsweise nicht von »Medizin-Buddhas« sprechen (vergleichbar den Voodoo oder den Medizinmännern primitiver Kulte). Vielmehr ist der Buddha der große Heiler menschlicher Gebrechen, der »Heiland«, der »heil« und »ganz« macht. Auch sollten wir bei rituellen Tänzen nicht von »Teufelstänzen« sprechen, sondern von »Mysterienspielen«. Ebenso ist *Śūnyatā* keine Nichtsheit, sondern vielmehr eine »Nicht-Dinghaftigkeit«: Der Urgrund aller Dinge und allen Geschehens, die »trächtige Leere«, aus der alle Schöpfung hervortritt.

15 »Das moderne Indien folgt intellektuell einer philosophischen Religion, die sich zum größten Teil aus Sāmkhya (einer alten Lehre, die auf einem Wissen um das, was wirklich ist, basiert) und ein wenig Vedānta zusammensetzt.« (Anirvan in: *To Live Within*, von Lizelle Raimond, Penguin Metaphysical Library, S. 51.) »Wenn wir zu jenen Anfängen zurückblicken«, sagt er auf S. 53, »dann deswegen, weil sie zeigen, wie unabhängiges Denken in Indien seit den vedischen Zeiten buchstäblich unterdrückt worden ist. Im Geheimen aber wurde es zum großen ›unterirdischen Strom‹ der Kraft, der uns befruchtet« – und der selbst den Buddhismus inspirierte.

»Populäre Glaubensrichtungen in ihrer tantrischen Form mit einem vedischen Hintergrund werden ganz bewußt ignoriert, und die Hindumönche, die in Europa und Amerika Vedānta lehren, schweigen sich darüber aus« (S. 52). »Es gibt zwei Arten von ›tapasya‹ (freiwillige Disziplin, die zur Intuition oder Inspiration führt): Eine, bei der ich immer ›Ja‹ sage (Tantra), und eine, bei der ich immer ›Nein‹ sage (Vedānta). Der wahre Suchende, der ›Ja‹ sagt, ist ein geborener Dichter, denn er ist geneigt, alles in erhabene Gedanken und in eine überhöhte Sprache zu übersetzen. Seine Dichtung übernimmt die Rolle einer Wissenschaft der Transmutation – der Wandlung« (S. 91).

»Was heute von diesem Kult der Siddhas den Buddhismus und den Islam überlebte, wurde in ein harmonisches Ganzes umgewandelt, mittels dessen die Bāüls (eine der Vaiṣṇava-Sahajiya-Sekten) durch ekstatische Liebe in Kontakt mit dem Absoluten kommen« (S. 244). Sie sind »das reine Ergebnis der alten nicht-konformistischen Schulen des Buddhismus« (S. 244).

16 Abbildungen im Text: Pinselzeichnungen von Lama Anagarika Govinda nach alttibetischen Steingravierungen; Druck nach Fotos von Anila Li Gotami Govinda.

17 H. Kern: »Manual of Indian Buddhism«, in: *Grundriß der indoarischen Philologie und Altertumskunde*, Straßburg 1896.

18 H. v. Glasenapp: »Die Entstehung des Vajrayāna«, in: *Zeitschrift der Deutschen Morgenländischen Gesellschaft*, Bd. 90, S. 553.

19 Lama Kazi Dawa Samdup übersetzt hier »Geburtsort«-*Bardo*. Augenschein-

lich enthielt seine Handschrift *»skyes-gnas«* anstatt *»skyes-nas«*, wie die von Lhasa autorisierte, von Holzstöcken gedruckte Ausgabe es wiedergibt (wörtl.: »der *Bardo* des Geboren-worden-Seins«). *»Skyes-gnas«* würde sich auf den Mutterschoß und somit auf den im 6. Vers erwähnten *Bardo* der Wiedergeburt beziehen, kann also hier nicht gemeint sein. (Inzwischen erschien eine auf dem neuesten Stand der Forschung befindliche Originalübertragung aus dem Tibetischen: *Das Tibetische Buch der Toten*, hrsg. v. Eva und Gesche Lobsang Dargyay, O. W. Barth Verlag, 3. Aufl. 1980).

20 »Wenn man die scholastische Literatur des alten Buddhismus kennenlernt«, bemerkt Rosenberg in seinem Werk *Die Probleme der buddhistischen Philosophie*, »wird die Behauptung, er habe sich den metaphysischen Fragen gegenüber ablehnend verhalten, ganz undenkbar. Er hat die Fragen nicht abgelehnt, weil sie metaphysisch sind, sondern weil es, unter dem metaphysischen Gesichtspunkte Buddhas betrachtet, logisch unmöglich ist, sie zu beantworten. Es fragt sich, wie es zu erklären ist, daß die europäischen Autoren mit solchem Nachdruck die Metaphysik des ursprünglichen Buddhismus bestreiten. Teilweise läßt sich diese Erscheinung durch eine zweifache Tendenz erklären. Einerseits haben die christlichen Missionare in ihren Arbeiten unwillkürlich und mitunter wohl auch absichtlich die Metaphysiklosigkeit des Buddhismus betont, um seine Unvollkommenheit als religiöses System zu beweisen, da die wichtigsten Elemente religiösen Charakters nicht vorhanden seien. Andererseits wies man auf die Abwesenheit der Metaphysik im Buddhismus als auf einen Vorzug hin, wobei der Buddhismus als ein System hingestellt wurde, welches eine Religion ersetzen könnte, ohne der modern wissenschaftlichen Weltanschauung zu widersprechen. Man darf nicht vergessen, daß der Beginn der Erforschung des Buddhismus in Europa mit dem Verfall der metaphysischen Philosophie und mit dem Aufblühen materialistischer Systeme zusammenfällt« (S. 59).

21 Aus: *Sûtra des Sechsten Patriarchen* (Hui-nêng), nach Wong Mou-lams englischer Übersetzung in der von Dwight D. Goddart herausgegebenen »Buddhist Bible«.

22 Lama Kazi Dawa Samdup übersetzt hier: »Die Gesamtheit der Berührung in ihrer Urform«, was weder sinngemäß ist, noch in den Zusammenhang paßt.

23 Tib.: *nga-rgyal*, skt.: *māna*. Lama Dawa Samdup hat dafür im Haupttext *»violent egotism«* gesetzt, obwohl er bei Wiederholung des gleichen Verses im »Pfad der guten Wünsche« dasselbe Wort richtig mit *»pride«* (= Dünkel, Stolz) wiedergibt. Sollte sein Text im ersten Fall ein anderes Wort benutzt haben, kann dies nur auf einen Schreibfehler zurückgehen.

24 Vgl. Heinrich Zimmer: *Ewiges Indien*, S. 82.

25 Näheres zu diesem Thema siehe mein Buch: *Grundlagen tibetischer Mystik*, O. W. Barth Verlag, 5. Auflage 1982.

26 Einige dieser Fotografien finden sich in: Lama Anagarika Govinda: *Grundlagen tibetischer Mystik*.

27 Das Wort »vollkommen« ist hier nicht im finalen, statischen oder absoluten Sinne gemeint, sondern im Sinne einer Ganzheitlichkeit von Handlungen und geistiger Haltung, die in jeder Phase des Lebens und in jedem Stadium unserer geistigen Entwicklung hergestellt werden muß. Deshalb ist jede der acht Stufen des Pfades mit dem Wort *»samyak«* (tib.: *yang-dag*) bezeichnet. Die Bedeutung

dieses Wortes wurde ständig übersehen, und indem man es durch das ausdrucksschwache und nebulose Wort »recht« übersetzte, gab man ihm den Beigeschmack von dogmatischem Moralismus, der buddhistischem Denken ganz fremd ist. Was einer Person als recht erscheint, mag einer anderen als falsch erscheinen. *Samyak* hat eine viel tiefere und eindeutigere Bedeutung. Es bezeichnet Vollkommenheit, Vollständigkeit, Ganzheitlichkeit einer Handlung oder Haltung. Es ist also der Gegensatz von etwas, was aus halbem Herzen geschieht und daher unvollständig oder einseitig ist. Ein *Samyak-Sambuddha* ist ein »vollkommen, voll, völlig Erleuchteter« und nicht ein »recht Erleuchteter«.

28 Ein *Thera* aus einer nordindischen Brahmanenfamilie, der um 450 unserer Zeitrechnung nach Sri Lanka ging und dort lehrte.

29 Einführungsvortrag für Anfänger in den Vajrayāna-Buddhismus am 12. 6. 1977 im Chamba Center, San Anselmo, Kalifornien.

30 Mit freundlicher Genehmigung der C. H. Beck'schen Verlags-Buchhandlung. Erstabdruck in: *Perspektiven Teilhard de Chardins*, Beck'sche Schwarze Reihe, Band 43, München 1966.

31 Beitrag zu: *Transzendenz als Erfahrung*, Festschrift zum 70. Geburtstag von Karlfried Graf Dürckheim, O. W. Barth Verlag, 1966.

32 Karlfried Graf Dürckheim: *Hara. Die Erdmitte des Menschen*, S. 180.

33 Ebenda, S. 126.

34 Ebenda, S. 137.

35 Giuseppe Tucci: *Geheimnis des Mandala*, O. W. Barth Verlag, 1972.

36 Karlfried Graf Dürckheim: *Zen und Wir*, O. W. Barth Verlag, überarbeitete und erweiterte Neuausgabe 1982, S. 103.

37 »Innerhalb eines Atoms kreisen die vielen kleinen Elektronen wie Planeten um die Sonne, in einem Raum, der im Verhältnis zu ihrer Größe nicht weniger ausgedehnt ist als der des Sonnensystems. Ungefähr in der Mitte der Skala, zwischen der Größe eines Atoms und eines Fixsterns, gibt es ein Gebilde, das nicht weniger wunderbar ist – den menschlichen Körper.« (Sir A. S. Eddington: *Stars and Atoms*.)

38 Karlfried Graf Dürckheim: *Hara. Die Erdmitte des Menschen*, a. a. O., S. 81.

39 Ebenda, S. 176.

40 Ebenda, S. 193.

che. Ich lege einen Regenbach sogleich darin an, eine Bequemlichkeit, die in den [...] Gegenden, wo das andre Wasser nichts taugt
oder durch die Weite, von der man's holen muß, kostbar wird, fast
notwendig ist. Es ist dies ein wasserdichtes Gewölbe, das halb außerhalb und halb innerhalb des Hauses angelegt wird, und worein
alles gesammelte Regenwasser abfließt, sich frisch erhält und so läutert, daß ichs dem schönsten Quellwasser fast vorziehe. [...] Man
steigt in der Küche nur ein paar Stufen hinab, und schöpft das Wasser ummittelbar.«

Wer keine Zisterne unter der Küche hatte oder keinen eigenen
Brunnen im Hof, strebte nach einem öffentlichen vor der Tür. Krünitz weist streng darauf hin, »daß man sie nicht allein in allen Straßen zureichend, sondern auch, so viel möglich, in vollkommen gleicher Weite von einander graben läßt. In solchen, die allgemeine
Nothdurft und Bequemlichkeit der Stadt betreffenden Dingen,
kann man keinen Betracht darauf nehmen, ob dieser oder jener angesehene Mann einen Brunnen vor seinem Hause zu haben wün-
schet.« Wie der Zugang zum Wasser in Berlin geregelt war, lässt
sich bei Formey in Erfahrung bringen: »Viele Häuser haben eigene
Brunnen und ohngefehr alle 200 Schritte findet man dergleichen in
allen Straßen. Die Anzahl dieser öffentlichen Pumpen beläuft sich
auf 517 [...] Die Güte dieses Wassers ist aber sehr verschieden. In
einigen Gegenden ist es rein, hell, frisch und ohne Geschmack. Von
vorzüglicher Güte ist z.B. das Brunnenwasser auf den Schlosshöfen.
In andern ist es hart, gelblich und hat einen unangenehmen mohrig-
ten Geschmack.« Über die Situation in Weimar schreibt Gräbner:
»Man zählt in der Stadt über 70 Brunnen, ohne die Plumpbrun-
nen [für Pumpbrunnen]; wovon aber die meisten Privatbrunnen
sind; die öffentlichen sind: der Planbrunnen, Marktbrunnen; Diet-
richsbrunnen (auf dem Töpfermarkt); Gleitsbrunnen; Herrnbrun-
nen (am Graben); Schloßbrunnen; der Brunnen an der Policey; der
Waschhaus-Brunnen.« Die Liste ist nicht vollständig. Neben weiteren erwähnt Gräbner den »Brunnen beim Hoffischer« und den »in
der kalten Küche im Park« und fügt hinzu: »Die Quellen von diesen
Brunnen sind bei Wallendorf und auf dem Selmeröder Berg, von wo
die Röhren bis in die Stadt geleitet werden.«

Die wichtigsten öffentlichen Brunnen wurden in den meisten

Städten nicht von Grundwasser gespeist, sondern von Leitungen. In Goethes Geburtsstadt kam das Brunnenwasser zunächst durch hölzerne, von 1770 an mehr und mehr durch eiserne Röhren. Der Frankfurter Arzt Johann Adolph Behrends schrieb 1771, die meisten Brunnenwässer könne man, »wenn man nur gesund und stark ist, so wie sie aus der Hand des Schöpfers kommen, ohne Unterschied trinken. Nur Schwächliche müssen sich zu unsern leichtesten und reinsten Wassern und Röhrbrunnen halten; da besonders die letztern wohl bewegt werden, und gegenwärtig in eisernen, der Gesundheit weit zuträglicheren Canälen, als die bleyernen gewesen sind, laufen.«

In der Regel waren die Plump- oder Pumpbrunnen sehr viel zahlreicher als die Zieh- oder Schöpfbrunnen. Im *Augsburger Wasserbüchlein* von 1761 wird die Zahl von 48 Schöpfbrunnen und 1825 Pumpbrunnen genannt. Auch hier wurde Wasser von außen herangeführt. Ähnliches galt für Nürnberg, Leipzig und Dresden. Für das Karlsruher Schloss wiederum wurde Mitte der 1760er ein Grundwasserbrunnen in Betrieb genommen. Ein hölzerne Maschine pumpte das Wasser in einen Turm, von wo es durch hölzerne, ab Mitte der 1770er ebenfalls eiserne Leitungen in die angeschlossenen Räume floss.

So bequem hatten es die Menschen selten. Bei einem einfachen Ziehbrunnen zum Beispiel, wie Karl Friedrich Klöden ihn in der ehemals polnischen, nun preußisch gewordenen Kleinstadt beschreibt, in der er einen Teil seiner Kindheit verbracht hat, war Gemeinschaftsarbeit gefordert: »Die Brunnen sind ziemlich tief und mit Bruchsteinen ausgesetzt. Oben sind sie überbaut und tragen eine Rolle, über welche eine eiserne Kette geht, an deren Enden die Wassereimer hangen. Wird auf der einen Seite ein Eimer herabgezogen, so geht auf der andern Seite der volle Eimer in die Höhe. Daher muss jederzeit gewartet werden, bis sich zwei Leute bei dem Brunnen einfinden; denn einer allein ist nicht imstande, die Arbeit zu verrichten.«

Seit jeher sind Brunnen Gemeinschaftsorte, und seit jeher haben an diesen Orten nicht nur die Hände gearbeitet, sondern auch die Münder. Und da es die Frauen waren, die das Wasser zu schleppen hatten, waren es auch die Frauen, die am Brunnen das Sagen hatten. »Vor meinem Fenster«, schrieb Carl Friedrich Zelter im Hochsommer 1820 aus Greifswald an Goethe, »steht ein Brunnen, und da diese Stadt kein genießbares Trinkwasser hat, so kömmt nun alles und holt aus diesem Brunnen, der hier einzig ist, Wasser, und so lerne ich gleich den ersten Tag die ganze Rasse der Weiber von Greifswalde kennen«. Man wird den ›Weibern von Greifswald‹ nicht zu nahetreten, wenn man vermutet, dass es bei ihren Brunnentreffen wenig beschaulich zugegangen ist. Von der ewigen Ruhe, mit der ein Lindenbaum »am Brunnen vor dem Thore« das lyrische Ich in Wilhelm Müllers Gedichtzyklus *Winterreise* lockt, dürfte am Brunnen von Greifswald wenig zu spüren gewesen sein; und sicher hat unter dem Klappern der Eimer zwischen den Frauen eine andere Musik gespielt als die 1827, im Todesjahr des jungen Dichters, über »die Mühlen am rauschenden Bach« komponierte von Franz Schubert, der im Folgejahr starb.

Der Alltag ist weder romantisch noch heroisch, und Pegasus scheut, wenn die Mägde (u. a. die Wäsche) klatschen. Schiller bekam das als Gast im Hause Körner zu spüren, als er sich mit der schmutzigen Wäsche beschäftigte, die im übertragenen Sinn im *Don Carlos* gewaschen wird, während Körners Waschfrauen mit solcher im Wortsinn lautstark zu tun hatten: »Die Wäsche klatscht vor meiner Tür, / Es scharrt die Küchenzofe«, die nur des Reims halber so heißt, »Und mich – mich ruft das Flügeltier / Nach König Philipps Hofe.« Das schreibt Schiller mit verzweifelter Selbstironie in seiner Bittschrift *Unterthänigstes Pro Memoria an die Consistorialrath Körnerische weibliche Waschdeputation, eingereicht in Loschwitz von einem niedergeschlagenen Trauerspieldichter.* »Was hör ich – einen nassen Strumpf / Geworfen in die Welle. / Und weg ist Traum und Feerei – / Prinzessin, Gott befohlen! / Der Teufel soll die Dichterei / Beim Hemdenwaschen holen.«

Ob es sich bei der ›Welle‹ um die Rührflügel gehandelt hat, mit der *Die bequeme und der Wirthschaft in allen Rücksichten höchstvorteilhafte Waschmaschine* ausgestattet war, die in der 1766 erstmals erschienenen gleichnamigen Schrift ihres Erfinders Jacob Schäffer beschrieben ist? Von der Maschine sollen lediglich sechzig Exemplare hergestellt worden sein. Es ist nicht anzunehmen, dass eine davon bei Körners in Betrieb war, als Schiller wegen des Hemdenwaschens vom hohen Ross heruntermusste.

Falls es sich bei den in Schillers *Pro Memoria* erwähnten Strümpfen um seidene gehandelt hat, könnte der Waschvorgang verlaufen sein wie von Eva König, der späteren Frau Lessings, geschildert: »Man bindet etwas Kley in ein Tuch, und läst sie nebst etwas Seif in dem Wasser worin die Strümpfe gewaschen werden sollen kochen. Die Strümpfe wäscht man wie man gewöhnlich feine Wäsche wascht, etwan aus drey seifen Wasser; die aber nicht zu heiß sein müssen. Nachdem aus klarem Wasser, und zuletzt aus kaltem Wasser, wozu man etwas Brantwein gießt. Dan kehrt man sie um, und schwefelt sie, und wann sie halb trucken sind mangelt man sie, auch auf der verkehrten Seyte. Sind die Strümpfe gar schmutzig, so nimmt man zum ersten Wasser etwas ochsen Galle.« Dieser Aufwand macht verständlich, warum nur ›betuchte‹ Leute es sich leisten konnten, mit weißen Strümpfen herumzuspazieren.

Wie gewaschen wurde, hing auch davon ab, wo gewaschen wurde. In den Kleinstädten und Dörfern waren seit Generationen Waschstellen an Bächen und Flüssen in Betrieb, manchmal nur von Holzplanken gesichert oder mit abgeteilten Becken ausgestattet, mitunter mit Waschhäusern überbaut. Die bürgerlichen Haushalte in den Städten zelebrierten die Großwaschtage mit eigens aufgestellten Bottichen und angelieferter Seife, während einfache Leute sich in ihren Küchen behalfen und dort auch die Seife siedeten.

Nicht weniger schwierig als die Versorgung mit Wasser war die Entsorgung der Abwässer. Wie die Leitungsnetze für das Trinkwasser wurden die unterirdischen Kanalisationen selbst in den Großstädten erst in der zweiten Hälfte des 19. Jahrhunderts systematisch aufgebaut. Die zeitgenössischen Berichte klingen (oder riechen) für heutige Leserinnen und Leser mehr nach Mittelalter als nach Aufklärung, etwa die Beschreibung der Berliner Zustände bei Formey: »Auf beiden Seiten der Straßen sind Rinnen angebracht, welche das Wasser und die Unreinigkeiten aus den Häusern aufnehmen, und sie nach dem Flusse, oder einem der mit diesem in Verbindung stehenden Gräben hinzuführen, und wodurch zugleich der Steig für die Fußgänger oder der sogenannte Bürgersteig von dem zum Fahren bestimmten Theile der Straße abgesondert wird. [...] Die Straßen werden auf öffentliche Kosten zwar, so viel als möglich, gereiniget und im guten Stande erhalten, bei anhaltendem Regen nimmt jedoch der Koth so überhand, daß man in manchen Gegenden der Stadt nicht zu Fuß durchkommen kann.« Die Bewohner dieser Gegenden werden schon irgendwie ›durchgekommen‹ sein, und da sie wohl nicht zu denen gehörten, die weiße Strümpfe trugen, konnten sie diese Strümpfe auch nicht schmutzig machen.

In Weimar war es ebenfalls angeraten, darauf zu achten, wohin man trat. Die ›Lotte‹, mehr Kloake als Bach, floss lange offen durch die Straßen. Es war schon hygienischer Fortschritt, als sie nach und nach überwölbt wurde. Eine chemische Analyse des Lotte-Wassers wird nicht notwendig gewesen sein, um seine wenig gesundheitsfördernde Wirkung zu erkennen, wenn man Augen im Kopf und eine Nase dazwischen hatte. Es überrascht nicht, dass sich der Weimarer Apotheker Carl August Hoffmann lieber mit Mineralbrunnen beschäftigte, deren Wasserqualität nicht ohne Weiteres zu sehen und zu riechen war. 1789 veröffentlichte er eine Tabelle über vierzig Mineral- und Brunnenwasser in Deutschland, 1815 eine *Systematische Uebersicht und Darstellung der Resultate von zwey hundert und zwey und vierzig chemischen Untersuchungen mineralischer Wasser.*

Derartige Untersuchungen hatten Konjunktur um die Jahrhundertwende, was der Konjunktur des untersuchten Gegenstandes entsprach, nicht nur derjenigen des Wassers selbst, sondern auch jener der Brunnen, aus denen es kam, und der Badeorte, in denen man es bei Trinkkuren den Gästen verabreichte wie in Karlsbad, Bad Pyrmont oder Bad Ems. Nemnich kolportiert vom Emser Wasser: »Es soll einen vorzüglichen Nutzen bei Nervenschwächen, drohenden Lungensuchten, Verstopfungen in den Eingeweiden, Hautausschlägen, rheumatischen Beschwerden u.s.w. leisten.«

Einige der Wasser wurden abgefüllt und vertrieben, etwa das Bad Pyrmonter oder das Schwalbacher. Als größter Mineralwasserproduzent jener Zeit in Europa galt Niederselters im Taunus*. Mehr als eine Million Krüge würden jährlich verkauft, meldete 1787 der zu chemischen Untersuchungen angereiste Hamelner Apotheker Johann Friedrich Westrumb und fragte beeindruckt: »Bei welch einem Mineralbrunnen werden fast 1½ Millionen Korkstöpsel,

* Diese Quelle ist inwischen stillgelegt. Das heutige Selterswasser kommt aus dem nicht weit entfernt liegenden Selters an der Lahn.

25 000 Pfund Pech, 26 000 Stück Leder, 1500 Pfund Bindfaden, und dreißig Klafter Holz zum Schmelzen des Pechs verbraucht, und wo in der Welt werden 55 000 neue Stück Krüge als unbrauchbar zum Füllen und Versenden zerbrochen? Welch einen reichen Nahrungserwerb bringt dieser Heilbrunnen den Töpfern, Schreinern, Korbmachern, Seilern, Fuhrleuten?«

Westrumb hielt sich an Chemie und Ökonomie. Ein mehr ins Lyrische zielender Wasserkenner war der Arzt Valerius Wilhelm Neubeck mit seinem »Gedicht in vier Gesängen« unter dem Titel *Die Gesundbrunnen:* »Zum Himmel steigen, vom Himmel / Sinken im ewigen Wechsel die Wasser der künftigen Quelle. / Regenschauer im Frühling, im Sommer des hohen Gewitters / Dicht herstürzende Flut, und die weinenden Wolken des Herbstes / Senden des Quells Urstoff in den Schooß der waldigen Berge.« Zu den von Neubeck im zweiten Gesang gerühmten Kurorten gehörte das damals böhmische, im heutigen Tschechien gelegene Töplitz: »Wo nun Töplitz empor sich hebt mit prangenden Häusern, / Ahnmuthsvoll von Gärten umringt und Rebengefilden, / Graunvoll wölkte sich hier die Nacht einst über der Heide, / [...] Jetzt ein gepriesenes Bad, das Asyl qualduldender Kranken.« Neubecks Gedicht erschien 1798 bei Göschen in Leipzig und wurde von Seume lektoriert. Als der spätere »Spaziergänger nach Syrakus« Neubecks Verse über Töplitz Korrektur las, konnte er nicht ahnen, dass er zwölf Jahre darauf selbst als ›qualduldender Kranker‹ in dem beliebten Kurort ›Asyl‹ suchen sollte – noch dazu vergeblich. Seume vertrug den Töplitzer ›Gesundbrunnen‹ nicht und verlangte verzweifelt nach Selterswasser. Erst nach langem Herumfragen gelang es ihm, in dem böhmischen Kurort ein paar Flaschen davon aufzutreiben. Geholfen haben sie ihm nicht. Nach einem letzten leichtsinnigen Fußmarsch hinaus zum Baden und einem allerletzten Besuch bei einer Gönnerin, sie hieß Elisa von der Recke, legte er sich im Gasthaus *Goldenes Schiff* zum Sterben nieder.

Vom Feuer

Bei offenem Herdfeuer kam es leicht zu Küchenbränden, ein Küchenbrand griff schnell aufs ganze Haus über, und stand ein Haus in Flammen, war die Gefahr groß, dass erst der Straßenzug und dann das halbe Viertel in Schutt und Asche gelegt wurde – besonders dann, wenn die Gebäude aus Holz und keine Brunnen in der Nähe waren und wenn die von Pferden gezogenen Feuerspritzen, so es sie überhaupt gab, viel zu lange brauchten, um an den Einsatzort zu gelangen. Nicht überall waren »die Feueranstalten [...] so vortrefflich, dass kaum eine bedeutende Feuersbrunst entstehen kann«, wie Rebmann 1793 von Berlin behauptete. 1796 bekräftigte Formey: »Unsere Feueranstalten sind vortreflich und es ist ein unerhörter Fall, daß mehr als dasjenige Gebäude wo Feuer ausbricht, davon beträchtlich beschädiget werden sollte.«

Beide irrten, immer wieder brachen Großbrände aus, etwa in der Nacht zum 20. September 1806 in Berlin. Karl Friedrich Klöden wurde nach Mitternacht von seinem Wirt geweckt: »Ich schlug die Augen auf und erblickte die ganze Häuserreihe der Burgstraße und ihrer Verlängerung bis zum Mühlendamm im hellsten Mittagsglanz; die Knöpfe der Türme funkelten wie im Sonnenlichte. Rasch sprang ich auf und stürzte hinaus. Indem kam die Nachricht: die Petrikirche brennt. Als ich auf den Köllnischen Fischmarkt trat, stand das hohe herrliche Gebäude in hellen Flammen; die glühende Lohe schlug mit verheerender Wut zu den Fenstern heraus; das Dach begann zu brennen, in welchem ein ganzer Wald von Eichbäumen steckte, die ich oft mit Erstaunen betrachtet hatte, wenn ich den Turm bestieg. Bald bildete sich ein glühender Feuerregen von brennenden Kohlen, die der heftige Wind horizontal in einem breiten Strome nach Südosten trieb. [...] Einen wahrhaft majestätischen Anblick gewährte das Feuer in dem Augenblicke, als das mächtige Dach zusammenstürzte. Der Glutstrom wurde fürchterlich. Er setzte die Pfähle in der Spree in Brand, an welchen an der Fischerbrücke die Fischkasten angeschlossen lagen. [...] Sowie ich hinuntergekommen war auf die Straße, ertönte von allen Seiten das

Geschrei nach Wasser. Alle waren wie ich nur halb angezogen; von allen Seiten kamen Frauenzimmer mit Eimern; jeder ergriff einen derselben, eilte zum Brunnen und füllte die Wassertienen. [...] Bald aber überzeugte man sich, dass an Rettung nicht zu denken sei. Obgleich sämtliche Spritzen bereits in Tätigkeit waren und Ströme von Wasser in das wütende Feuermeer schleuderten, so verzischten diese doch ohne Nutzen in Dampf«.

Am 29. Juli 1817 brannte das Theater am Gendarmenmarkt nieder. E.T.A. Hoffmann, dessen Wohnung in unmittelbarer Nähe lag, musste um das Dach über dem Kopf fürchten. Der Schreck saß ihm noch in den Gliedern, als er im Dezember an Theodor Gottlieb von Hippel schrieb:»Das Dach des Hauses, in dem ich im zweiten Stocke wohne, brannte bereits von der entsetzlichen Glut, die das ungeheure, brennende Bohlendach des Theaters verbreitete, und nur der Gewalt von drei wohldirigierten Schlauchspritzen gelang es, das Feuer zu löschen und das Haus sowie wohl das ganze Viertel zu retten. Ich saß gerade am Schreibtisch, als meine Frau aus dem Eckkabinett* etwas erblaßt eintrat und sagte: ›Mein Gott, das Theater brennt!‹ – Weder sie noch ich verloren indessen nur eine Sekunde den Kopf. Als Feuerarbeiter, zu denen sich Freunde gesellt hatten, an meine Türe schlugen, hatten wir mit Hülfe der Köchin schon Gardinen, Betten und die mehrsten Meubles in die hinteren, der Gefahr weniger ausgesetzten Zimmer getragen, wo sie stehenblieben, da ich nur im letzten Moment alles heraustragen lassen wollte. In den vorderen Zimmern sprangen nachher sämtliche Fensterscheiben, und die Ölfarbe an den Fensterrahmen und Türen tröpfelte von der Hitze herab. Nur beständiges Gießen bewirkte, dass das Holzwerk nicht vom Feuer anging.«

Wir mischen uns unter die Leute, die sich versammelt haben, um zu gaffen oder um Gaffern in die Taschen zu langen. Die uralte Faszination der großen Katastrophe führt zu Unachtsamkeiten im Kleinen. Mancher Bürger wird vergeblich nach der Uhr tasten, nachdem er das Schauspiel genossen hat, ein Theater brennen zu sehen.»Gelegenheit macht Diebe«, heißt es, und wir müssen beobach-

---

* In dem Hoffmanns späte Erzählung *Des Vetters Eckfenster* spielt. Siehe den Abschnitt »Gang über den Markt« im Stadtkapitel.

254

ten, dass nicht nur gestohlen, sondern auch geplündert wird. Hoffmann evakuierte die kostbareren Teile des Haushalts in die hinteren Zimmer, aber Bewohner mit schlechteren Nerven schafften ihre Sachen gleich auf die Straße. »Meinen Nachbarn«, schrieb Hoffmann, »die zu eilig forttragen ließen, wurde vieles verdorben und gestohlen, mir gar nichts.«

So verheerend solche Brände für die besitzenden Bürger waren, sie hatten mitunter auch Modernisierungseffekte. Der plötzliche Untergang des Alten ermöglicht und erzwingt den Aufbau des Neuen. Verlierer und Gewinner mögen nicht dieselben Leute sein, nicht einmal dieselben Generationen, aber die Stadt insgesamt kann sich als Wirtschafts- und Sozialgebilde nach der Katastrophe, die über ihre Bewohner hereingebrochen ist, mit weniger Ballast und mehr Elan in die Zukunft stürzen als bei kontinuierlicher Entwicklung. Carl Julius Weber erinnerte Ende der 1820er-Jahre in seinen Reisebriefen an eine solche ›fruchtbare‹ Katastrophe zwei Generationen zuvor: »Göppingen ist seit dem schrecklichen Brand von 1782, der dreihundert fünfzig Häuser binnen zehen Stunden in die Asche legte, eine der schönsten Städte Würtembergs geworden, mit viertausend sechshundert Seelen und vielen Fabriken, besonders Hut-, Wollen-, Strumpf- und Zeugfabriken.«

Auf dem Land zählten die Feuer nicht weniger zu den existenzbedrohenden Gefahren. Nicht so sehr in den Wäldern und auf den Feldern als in den Dörfern und auf den Höfen. Wenn Stallungen mitsamt der eingebrachten Ernte in Flammen aufgingen, gerieten auch wohlhabende Leute in Not. Wenn Kaminbrände Herrenhäuser in Ruinen verwandelten, konnte es Jahre und Jahrzehnte bis zum Wiederaufbau dauern. Wenn ungehütete Küchenfeuer die Hütten verheerten, blieben die ohnehin schon armen Bewohner mit leeren Händen zurück, im Wortsinn ›abgebrannt‹ bis auf das, was sie am Leib trugen. Der frisch in Weimar angeheuerte junge Goethe berichtete in seinen Tagebüchern aufgeregt von Löscheinsätzen in den thüringischen Dörfern, und sein herzoglicher Chef mühte sich höchstpersönlich mit Entwürfen zur Verbesserung der Feuerspritzen ab. 1809 gelang es dem Jenaer Kupferschmied Christoph Gottlieb Pflug, die Verbindung der innenseitig mit Kupferblechen versteiften Lederschläuche haltbarer zu machen, indem er die Nähte durch Kupfernieten ersetzte. Schon ab den 1780ern waren in Weimar und Gotha Rohhanfschläuche gefertigt worden, die das hindurchströmende Wasser anschwellen und dicht werden ließ. Das brauchte jedoch Zeit. Erst 1836 experimentierte ein Hannoveraner Hofkaminkehrer mit Gummibeschichtungen für Hanfschläuche.

Trotz der technischen Verbesserung des Löschgeräts und des administrativen Aufbaus freiwilliger Feuerwehren: Wenn man den roten Hahn auf dem Dach sah, war es meistens zu spät. Kein Wunder, dass die volksaufklärerischen Reformkräfte dem oft frappierend nachlässigen Umgang mit Feuer entgegenzusteuern suchten. Elisa von der Recke hob nach einem Besuch in Rochows Landschulen ausdrücklich hervor, »daß den Kindern in allen Klassen Vorsicht mit Feuer zur Lebenspflicht gemacht wird«.

»*Dieses Instrument für Ihre Sicherheit*«
Blitze und Blitzableiter

Nicht immer sind mit dem Feuer spielende Kinder an den Bränden schuld. In Heuschober, Holzdächer, Kamine oder gar Pulvertürme einschlagende Blitze kamen Katastrophen gleich, es sei denn, man hatte so viel Glück wie Eichendorff in seiner Unterkunft während eines Sommergewitters im August 1804. Nachdem alles überstanden war, notierte er gewissermaßen den Lebenslauf des Blitzes: »Auch schlug es im Collegio ein, und der Blitz fuhr durch die Feuereße hinab und durch ein strohhalm-dünnes Loch in der diken Mauer in die Stube des Herrn Professor [...]; hier machte er in die Bettdeke ein linsenartiges Loch, fuhr wieder heraus, stürzte auf dem Gange das gantze Gesimse herab und durchkreuzte noch die Stuben [...], wo er die Deken herabwarf; beschädigte aber niemanden [...] Auch veranlaßte dieses [...] einen blinden Feuerlärm.«

In Klopstocks Ode *Die Frühlingsfeier* wird die ›Hütte‹ ebenfalls verschont: »Und die Gewitterwinde? sie tragen den Donner! / Wie sie rauschen! / wie sie mit lauter Woge den Wald durchströmen!/Und nun schweigen sie. Langsam wandelt/Die schwarze Wolke.//Seht ihr den neuen Zeugen des Nahen, den fliegenden Strahl?/Höret ihr hoch in der Wolke den Donner des Herrn?/Er ruft: Jehova! Jehova!/Und der geschmetterte Wald dampft!//Aber nicht unsre Hütte!/Unser Vater gebot/Seinem Verderber,/Vor unsrer Hütte vorüberzugehen!«

Dieses Gedicht fand ein literarisches Herzensecho in Goethes *Werther*, und auch hier beginnt die Szene mit Donner und Blitz: »Der Tanz war noch nicht zu Ende, als die Blitze, die wir schon lange am Horizont leuchten gesehen [...] viel stärker zu werden anfingen und der Donner die Musik überstimmte.« Der Tanz wird abgebrochen, und es folgt ein so dämliches wie herrliches Durcheinander mit kreischenden Mädchen und betont stoisch Pfeife rauchenden jungen Männern. Endlich begibt sich die Gesellschaft in ein verhängtes Zimmer, ein Zählspiel mit (teils liebevollen) Strafohrfeigen lenkt die Gemüter durch andersgeartete Erregungen vom Gewitter ab. Nachdem die den Streich einfädelnde Lotte genug Backenstreiche verteilt hat, darunter einen besonders festen an Werther, wie ihm scheinen will, treten sie miteinander ans Fenster: »Es donnerte abseitswärts, und der herrliche Regen säuselte auf das Land«, schreibt Werther in einem der Briefe, aus denen der Roman besteht und bei denen Goethe die Feder führt. Werther sah Lottes »Auge tränenvoll«, und Lotte »legte ihre Hand auf die meinige und sagte: ›Klopstock!‹ Ich erinnerte mich sogleich der herrlichen Ode, die ihr in Gedanken lag, und versank in dem Strome von Empfindungen, den sie in dieser Losung über mich ausgoß.«

Das Naturerleben der Empfindsamkeit, deren Kultautor Klopstock in jenen Jahren war, löste Kunstgefühle aus, die oft auch künstliche Gefühle waren. Was ist wirkliches Blitzen und Donnern draußen vor der Fensterscheibe gegen das Poesiegewitter einer Klopstock-Ode? Goethes Aufbau der Szene ist keineswegs arglos. Doch haben zahllose Leserinnen und Leser nicht den Erfinder des *Werther*, sondern lieber den erfundenen Werther beim Wort genommen. Den eigenen sentimentalen Bedürfnissen folgend wollten sie nicht gestört werden von dem unfreiwillig komischen Zug, den Goethe dieser Briefstelle seines Helden mit voller Absicht verlieh.

Bei den Hütten des Lebens tat man im Übrigen besser daran,

Zuflucht zu Franklins Blitzableiter zu nehmen statt zum Klopstock'schen Gottvertrauen. So jedenfalls hielt es Schillers Verleger Cotta. Im Mai 1798 wurde er nach einem Besuch in Schillers Gartenhaus in Jena bei der Weiterreise von einem Gewitter überrascht. Der ›arme‹ Verleger stellte sich vor, sein kostbarer Autor würde vom Blitz erschlagen:»… ich konnte keinen Augenblick schlafen, als ich mir Ihre isolirte und hoch gelegene Wonung und Sie und Ihre schäzbare Familie dem nächsten Bliz ausgesezt dachte: mein erster freier Augenblick war also ein[em] Brief an Ihren Herren Schwager, Wollzogen, gewidmet, in dem ich ihn bat, einen BlizAbleiter auf Ihre Wonung zu errichten, von dem Sie mir die Kosten zu tragen erlauben werden, da ich dieses Instrument gerne als ein kleines Zeichen meiner ewigen Dankbarkeit für Ihre Sicherheit errichten möchte.« Warum hätte Schiller, dessen Finanzplan eng genug war, ablehnen sollen? Stand nicht im *Lied von der Glocke* bei Cottas Besuch noch unveröffentlicht:»Aus der Wolke, ohne Wahl,/ Zuckt der Strahl!«. Der Blitzableiter wurde auf Kosten des Verlegers installiert.

Zu diesem Zeitpunkt war die Schutzfunktion des Blitzableiters nicht mehr strittig. Wiederholte Experimente des Amerikaners Benjamin Franklin und seiner europäischen Nacheiferer hatten bewiesen, dass Blitze nicht aus dem Zorn Gottes, sondern aus elektrischer Ladung hervorgingen und dass sie sich mit Metall ableiten ließen. Ende der 1760er hatte der Hamburger Arzt Johann Albrecht Reimarus in einer Schrift über die Ursache des Blitzeinschlags und dessen ›Abwendung‹ erläutert:»Weil nun Herr Franklin bemerkt hatte, daß die electrische Materie leichter […] und in viel größerer Entfernung auf eine Spitze […] eines Metalles zufahret, als auf eine Fläche oder ein stumpfes und rundes Ende desselben, und daß dadurch dem gegenüberstehenden Körper seine Electricität mit Geschwindigkeit geraubet wird; so wagte er die Vermuthung, daß durch aufgesteckte metallene Spitzen oben an den Gebäuden und davon heruntergehende Ableitung das plötzliche Ausbrechen eines Wetterschlages verhütet und die Gewittermaterie behende in der Ferne abgezogen werden konnte.«

Das Verkennen der Notwendigkeit, die Ableiter zu erden, hatte 1753 den in Petersburg forschenden Physiker Georg Wilhelm Richmann das Leben gekostet und eine Zeit lang den Irrtum genährt,

Blitzableiter würden die Blitze überhaupt erst anziehen. Reimarus rückte dieses »Missverständnisse von gefährlicher Anziehung des Blitzes durch die Stangen« zurecht: Was »that Hr. Richmann? Hatte er für eine Ableitung der Gewittermaterie außen am Hause gesorget? Keineswegs: er hat vielmehr gerade das Gegentheil von dem, was wir oben angerathen haben, gethan und auch thun wollen. Hr. Richmann wollte nämlich mit Fleiß die Gewittermaterie an seinem Metalle anhäufen, um die Wirkung davon zu sehen [...] Er hatte also von der obern Stange einen metallenen Drath in sein Haus hereingeleitet, und allen Abfluß verhindert.« Reimarus errichtet dann dem umgekommenen Forscherkollegen in einer Fußnote ein »Denkmal der Zärtlichkeit«, indem er »die Worte dieses verewigten Mannes« zitiert: »Es werden [...] verschiedene Beobachtungen und Erfahrungen erfordert, um zu wissen, weswegen und unter welchen Umständen der Blitz gefährlich werde. Demnach müssen die Naturforscher dabey Herz und Unerschrockenheit bezeigen. Es ist meines Amtes, die Würkungen und Kräfte der Natur nach Vermögen zu untersuchen: ich gehe muthig voran und versäume keine Gelegenheit, meine Dienste zur Beobachtung und einigermaßen zur Bestimmung der natürlichen Electricität zu leisten.«

Was hätte der beim Erforschen der elektrischen Spannung ums Leben gekommene Professor Richmann wohl von schwärmerischen Überspanntheiten wie dieser gehalten: »Den schönsten Tod, den ich mir denken kann, ist, durch einen Blitzstrahl ins vollkommene Sein versetzt zu werden.« Das notierte Elisa von der Recke, die andererseits ganz geerdet zu loben wusste, wie der Unterricht in Rochows Schulen die Kinder zur Vorsicht im Umgang mit dem Feuer erzog. Der arme Professor hätte gewiss eher der Meinung von Johann Friedrich Albrecht beigepflichtet: »So wenig auch der Mensch, der vom Blitzstrahle getroffen wird, von der Zerstörung seines Lebens fühlen mag, so ist es denn doch unangenehm, sein Leben auf diese Art zu verlieren.«

Das Entdecken und Erforschen elektrischer Phänomene war eines der großen Vernunftabenteuer des 18. Jahrhunderts, und dabei ging es mitunter recht schwärmerisch zu: ob es sich um galvanische Experimente mit zuckenden Froschschenkeln und Leichnamen hingerichteter Missetäter handelte oder um den von elektromagnetischen Phänomenen angeregten Mesmerismus. Der Arzt Franz Anton Mesmer stieß mit der heilhypnotischen Lehre vom ›tierischen Magnetismus‹ trotz der Einsprüche Franklins nicht zufällig gerade in einer Epoche auf offenes Gehör, in der experimentelle Naturwissenschaft und Alchimie, fachlich diszipliniertes Denken und vernunftüberschreitende Wahrheitssuche, ›kalte‹ Berechnung und ›warmes‹ Empfinden, alltagspraktische Verständigkeit und jenseitsergriffene Übersinnlichkeit einander befehdeten, so wie die späte Aufklärung und die frühe Romantik, sich aber auch kreuzten und vermischten. Die Geheimnisse der Elektrizität waren für solche Gedanken- und Gefühlsbewegungen besonders geeignet. Der Blitz mit seiner naturmystischen Aura gehörte samt seiner theoretischen Aufklärung und praktischen ›Ableitung‹ zu den Modethemen in den spätaufklärerischen Lesezirkeln wie in den frühromantischen Salons.

Der erste Blitzableiter in Deutschland wurde 1770, zwei Jahre nach der Erstpublikation der Reimarus-Schrift und vier Jahre vor dem Erscheinen des *Werther* mit Lottes gewitternahem »Klopstock!«-Seufzer, auf dem Turm der St.-Jacobi-Kirche in Hamburg installiert. 1776 ordnete Kurfürst Karl Theodor in Mannheim die Bestückung seiner Schlösser und Pulvertürme mit Blitzableitern an, und zwar mit einem Modell, das der am Mannheimer Hof tätige Physiker Johann Jakob Hemmer entwickelt hatte. Der ›Hemmer'sche Fünfspitz‹ hatte keine senkrecht emporragende Spitze, sondern an einem waagrecht liegenden Rad rundherum nach außen angeordnet deren fünf. Das ›Rädern‹ der Blitze war nicht effektiver als das ›Aufspießen‹. Hemmers Blitzrad blieb als technische Erfindung ein Kuriosum, ganz ähnlich, wie Jean Pauls Blitzschirm im *Feldprediger Schmelzle* als literarische Erfindung eines war: »Der Blitzschirm ist nämlich ganz der Reimarussche; ich trage auf einem langen Spazierstocke das wachstuchene Sturmdach, von dessen Giebel sich eine Goldtresse als Ableitungskette niederzieht, die durch einen Schlüssel, den sie auf dem Fußsteig nachschleift, jeden möglichen Blitz leicht über die ganze Erdfläche ableitet und verteilt.«

Vom Heizen

Wenn wir auf unserer Zeitreise am 19. Januar 1811 durch Weimar spazierten, vielleicht in ein Gespräch über den Unterschied zwischen Goethes Autonomie-Ästhetik und der aufklärerischen Wirkungsästhetik vertieft, und kämen wir während des Gesprächs unversehens am Pranger vorbei, würden wir dort einen Lämmerknecht festgebunden sehen, »der zwei Floßscheite gestohlen hatte«. Die Schandstrafe galt nicht nur dem armen Kerl, sondern sollte mit ihrer Theatralik andere Hungerleider abschrecken, denen das Holz zum Heizen fehlte. Auf uns würde der Anblick seine Wirkung verfehlen. Zeitreisende frieren nicht, und zu Hause in der Gegenwart schalten sie die Heizung an. Die Szene am Pranger käme uns ›mittelalterlich‹ vor. Aber dass man im Weimar des frühen 19. Jahrhunderts zu dieser scheußlichen Zurschaustellung griff, lässt uns jäh erkennen, wie unerhört begehrt das Holz war. Selbst den eigenen Bediensteten konnte man nicht trauen – jedenfalls nicht im Hause Goethe. Der achtzigjährige Greis schlief mit dem Schlüssel zum Holzschuppen unter dem Kopfkissen.

Das in Weimar verbrannte Holz, auch das verbaute, stammte aus dem Thüringer Wald und wurde von Flößern über die Ilm zur Stadt geschafft. Die Arbeit war mühsam, schwer und gefährlich, was das ohnehin kostbare Holz weiter verteuerte. Ob sich das Flößen oder das Transportieren mit Fluss-Schiffen in die Stadthäfen überhaupt lohnte, hing davon ab, welche Preise in den Städten erzielbar waren und ob diese Preise, wie Büsching von Berlin und Potsdam berichtet, durch staatlich privilegierte Handlungsgesellschaften diktiert und unter die Schlag- und Transportkosten gedrückt wurden. Ein knappes Jahrzehnt nach Büsching verteidigte Riesbeck die königlich-preußische Monopolpolitik: »Durch das Monopol gewinnt der Bauer. Die [Handlungs-]Gesellschaft muss ihm das Holz nicht nur teurer bezahlen, als wenn kein Monopol da wäre, sondern es ist ihm auch erlaubt, eine gewisse Menge Holz in die Stadt zu Markte zu führen, welche er desto besser versilbern kann. Es werden demzufolge in die verschiedenen Dörfer zu gewissen Zeiten Scheine ausgeteilt, die den Bauern zu Pässen für ihr Holz in die Stadt dienen. Das Monopol dient auch dazu, die Waldungen zu schonen, über deren Abnahme ganz Europa schon seit langer Zeit klagt. Man geht, wegen der Kostbarkeit des Holzes, sparsamer mit dem Aushauen und Verbrennen um.«

Holzpreise und Holzmangel spielten im Alltag aller Städte eine bedeutende und oft genug bedrückende Rolle. Ludwig Formey schrieb 1796 über Berlin: Der arme Handwerker »behilft sich mit einem einzigen Zimmer, worinn er nicht allein sein Handwerk treibt; sondern auch mit seiner ganzen Hausgenossenschaft wohnt und schläft. Bei dem hohen Preise des Brennholzes versperrt er nun im Winter der äußeren Luft allen Zugang aufs sorgfältigste, und so leben diese Menschen in einer Atmosphäre, die beim Eintritt in ein solches Zimmer jeden Fremden zu ersticken droht.«

Den Erstickungstod fürchteten wohl auch die französischen Offiziere, die nach der Besetzung der Stadt durch Napoleons Truppen bei den Bürgern einquartiert wurden. Es war zu beklagen, meinte Henriette Herz, dass die Herren, »unserer Art der Zimmerheizung ungewohnt, diese zwar nicht erließen, aber dann alle Fenster öffneten«. Das ging der Haushaltskasse an die Substanz und den Hausfrauen aufs Gemüt, zumal die Herren Offiziere auch noch zu jeder Mahlzeit Wein verlangten. Beim Wein wusste sich der »hausfrauliche Scharfsinn« zu helfen, nachdem sich herausgestellt hatte, dass die Offiziere viel tranken, ohne viel zu schmecken. Der Wein wurde gepanscht und »mit dem technischen Namen Einquartierungswein benannt« – für »Heizungsmaterial war freilich kein Surrogat zu finden«.

Hatte man statt Besatzungssoldaten nur Studenten in Logis, ließ sich leichter an Holz sparen. Johann Gottfried Seume, der im Winter 1780/81 in Leipzig studierte, schilderte den häuslichen Heizungskampf: »Ich war bei dem Rektor in Wohnung und Kost und Holz verdungen […] Das Holz war der große Gegenstand des Zwistes […] Da man uns spärlich hinlegte, langten wir selbst zu und bargen den Vorrat im Zimmer.« Der Rektor »entblödete sich nicht, ihn selbst wieder herauszuholen und das Holz zu verschließen. […] Es wurde eine erkleckliche Summe für Heizung bezahlt, nach der damaligen Zeit, und man ließ uns vor Frost in den Dachstuben zittern.« Nicht selten froren die Studenten unter den Röcken der Alma

Mater weiter, etwa in den Vorlesungen des Magisters Laukhard in Halle, dem es nach eigenem Bekunden »an Holz fehlte, auch das Auditorium zu heitzen, so verloren sich meine Zuhörer nach und nach. Die Studenten hatten sich zwar zum Holzgelde unterschrieben: allein nur wenige zahlten; und das Bissel Holz, welches für das wenige Geld angeschaft werden konnte, war gar bald verbrannt, zumal, da ich das Einheitzen durch Leute mußte geschehen lassen, welche mich derb prellten. Was Wunder, wenn nun der eine Student [...] zum andern sagte: gern ging ich in Laukhards Reichshistorie [...]; aber es ist zu kalt in seinem Kollegium: man möchte das Fieber kriegen.« Kein Wunder, dass Laukhard sich später fassungslos über die Holzverschwendung in Schlesien zeigt: »An Holz haben die Leute freilich einen Überfluß, gehen aber damit so unsparsam um, daß es eine Schande ist. Um eine Wassersuppe zu kochen, verbrennt der Schlesier so viel Holz, als man in Halle braucht, eine ganze Mahlzeit zuzurichten. Den ganzen Tag brennt da das Feuer auf dem Heerde, damit, wenn ja einem einfällt, etwas anzusetzen, er nicht nöthig habe, erst Feuer anzumachen. Die Leute brauchen täglich dreimal warmes Wasser für ihr Vieh: da nun das Wasser in Ofenschiffen gewaermt wird, so werden die Stuben in diesem Lande täglich wenigstens dreimal geheizt.«

1813, im gleichen Jahr, in dem posthum Seumes Autobiografie mit der Schilderung seines Leipziger Kleinkrieges ums Holz erschien, wurde in der Stadt das Holz wegen eines großen Krieges knapp. Über die Tage vor der Völkerschlacht schrieb der Musikschriftsteller Friedrich Rochlitz am 5. Oktober 1813: »In der Stadt fängt ein neues Übel an sehr merkbar zu werden. Man hat kein Holz mehr zum Heizen und kaum, wer sich beizeiten versehen können, einiges zum Kochen. Da nämlich unsere bekannten Holzquellen schon längst entweder abgeschnitten oder anders verwendet sind, kein Holzbauer auch seiner Pferde mächtig ist oder wird, falls er deren noch hat, das wenige Flößholz aber, das dies Jahr gesendet worden, kaum für den dringendsten Bedarf gereicht hat, so ist der Mangel nicht zu vermeiden gewesen, wie lange auch die Behörden sich schon voraus bemühet haben, ihm zu begegnen.«

Der Mangel, der in dieser historischen Ausnahmesituation ganz Leipzig trifft, wenn auch sicher nicht alle ihre Bewohner in gleichem Maße, war für die unteren Bevölkerungsschichten überall die Regel, nicht nur für arme Studenten wie Seume oder für arme Berliner Handwerker. Selbst auf dem Land fehlte den Leuten das Holz, mochte es auch in dichten Wäldern wachsen. Der alltägliche Kampf um Heizmaterial, wie er sich im Rektorenhaushalt zwischen dem Vermieter und seinen Mietern zutrug, wurde auf dem Land als sozialer Konflikt zwischen Waldbesitzern und ›Waldfrevlern‹ geführt. Hier handelte es sich nicht um eine häusliche Farce, wenn auch eine frostige, sondern um blutige Dramen mit Toten und Verletzten aufseiten der Diebe wie aufseiten der Förster und Waldhüter. Die Diebe beriefen sich aufs Herkommen und rechtfertigten sich durch ihre Not, die Besitzer beharrten auf den Eigentumsrechten und fürchteten sich davor, dass die kriminellen Einzeltaten sich zu sozialen Revolten auswachsen könnten. Dazu hieß es erzürnt und erschrocken zugleich im Jahr 1802 in einem Zeitungsartikel über die damals preußische Grafschaft Ravensberg in Ostwestfalen: »Unsere Holzdiebe sehen denjenigen, der sie in ihrem Gewerbe stören will, als ihren Feind und den Feind der Armuth an, gegen welchen sie zur Notwehr befugt wären; sie haben kein Holz, der Bauer hat mehr als er braucht, ergo. Bald werden sie inne werden, daß der Bauer mehr Roggen hat, als sie, und werden mit ihm theilen; dann werden sie Menschen entdecken, die mehr Geld haben, als sie, und werden es ihnen nehmen.«

Wie immer bei kostbaren Gütern und knappen Ressourcen spielte sich der Kampf um Besitz- und Zugriffsrechte im gesamten Handlungsspektrum ab: von der kriminellen (und kriminalisierten) Aneignung bis zum Ringen um kleinste Vorteile innerhalb der Legalität. »Bey dem Spalten des Brennholzes«, rät Krünitz, »muß man den Holzhauern ein richtiges Maß der Länge und einen beyläufigen Unterricht von der Dicke der Scheite geben, damit weder der Käufer noch der Verkäufer dabey zu Schaden komme: aus eben dem Grunde darf man ihnen auch nicht erlauben, lange Aststumpfen an den Scheiten zu lassen, oder die starken Knüppel ungespalten in die Klaftern zu legen. Man muß ferner Acht haben, daß das Reisholz in ordentliche Bunde gebunden, und das Scheitholz in richtige Klaftern gelegt werde, welche letztere auch ein Förster ordentlich zu numeriren verbunden ist.«

Exkurs über Holz, Kohle, Eisen und Schnaps

Wer Holz schlagen will, muss die Wälder schonen. »Wenn nun die Feldarbeit bestellt ist«, heißt es im Krünitz, »so kann man mit dem Fällen des Brennholzes zum künftigen Vorrath den Anfang machen, und daher bey Zeiten an dem Theile, welchen der erste Holzschlag treffen soll, das Reisig und Klaubholz wegräumen, um den Platz dazu vorzubereiten. Bey dieser Arbeit hat ein Förster sein Augenmerk darauf zu richten, daß die Wälder nicht allzusehr und ohne Unterschied ausgehauen werden, damit man das Wild nicht aus denselben vertreibe.« Auf das Schonen der Wälder kam es aber nicht so sehr wegen des Wildes an, sondern wegen des Waldes selbst – und wegen der Nachkommen seiner Besitzer. »Das Holz macht einen ansehnlichen Teil der Einkünfte sowohl des Karlsruher als auch des Bruchsaler Hofes aus«, konstatierte Riesbeck. »Es wird auf dem Rhein nach Holland geflößet, und allda sehr teuer verkauft. [...] Die Badensche Holzung wird mit der sorgfältigsten Ökonomie benutzt und gepflegt, weil dem Fürsten daran gelegen ist, daß diese Quelle von Einkommen für seine Nachkommenschaft in ihrem Stand erhalten werde.«

Holz ist ein nachwachsender Rohstoff, aber nur, wenn den Bäumen Zeit dafür bleibt. Der Raubbau, der bis weit ins 18. Jahrhundert hinein an den europäischen Wäldern getrieben wurde, rief mit dem Bedürfnis nach forstwissenschaftlicher Bestandserfassung auch die Sorge hervor, die Ressource würde sich erschöpfen, bevor eine Alternative gefunden sei. Das hatte Auswirkungen auf die Verteilung der Nutzungsrechte bis hin zur Rücknahme des alten Gewohnheitsrechtes, Bruchholz zu sammeln. Der Kampf um die Wälder wurde mit juristischen Mitteln, aber auch mit den Fäusten ausgetragen, etwa bei Auseinandersetzungen zwischen bäuerlichen Gemeinden und den Arbeitern der Glashütten in Regionen, in denen die Alteingesessenen der Meinung waren, die neue Industrie zerstöre die Wälder vor Ort für den Profit der Eigentümer und der Glaswarenhändler fern in der Stadt.

Der tatsächliche und bei Verteuerung des Bau- und Brennholzes umso stärker gefühlte Holzmangel rief über Jahrzehnte immer wieder Diskussionen hervor. Das lag nicht nur am Kochen und Heizen, gleich, ob es nun so verschwenderisch war wie von Laukhard in Schlesien beobachtet, es lag des Weiteren nicht nur am Bau von Scheunen und Pflügen, von Häusern und Kutschen, von Schiffen und Häfen, am Befeuern von Glas- und Eisenhütten, es lag auch am Nordhäuser Doppelkorn. Jonas Ludwig Heß schrieb Mitte der 1790er in den *Durchflügen* über den Kornschnaps von Nordhausen: »Das Holz, welches das starke Brennen erfordert, ist bisher vom Harz genommen worden. Der Holzmangel aber, der sich auf dem Gebirge selbst eingefunden, ertheuert diesen dem Nordhäuser unentbehrlichen Artikel sehr; schon gilt der Malter todtes Tannenholz 1 Rthlr. 18 Groschen. Die Brenner haben seit einem Jahre angefangen, Steinkohlen zu brauchen.«

Wenige Jahre zuvor hatte Georg Forster in den *Ansichten vom Niederrhein* ebenfalls auf den uralten, aber nun neu zugänglichen Rohstoff Kohle hingewiesen und dabei an eine Frage erinnert, die sich unabhängig von ihrer Beantwortung beim Holzproblem der Gegenwart in Zukunft wieder stellen würde: »Seit langer Zeit sind die Wälder in diesen [Aachener] Gegenden [...] verschwunden. Die Natur hat indes für das Bedürfnis der Einwohner durch unterirdische Wälder, ich will sagen: durch ansehnliche Steinkohlenflöze, reichlich gesorgt. Überall sieht man schon in hiesiger Gegend Kamine und Steinkohlenöfen, und niemand heizt noch mit Holz. Wie aber, wenn auch die Gruben endlich sich erschöpfen lassen und kein neues Substitut erfunden wird?«

Mehr als drei Jahrzehnte später kam Julius Weber auf das Problem der Ressourcen zurück. Seine Antwort auf Forsters Frage schien darin zu bestehen, dass er eine solche Frage erst gar nicht mehr stellte: »Noch heute decken 1/3tel von Deutschlands Oberfläche Wälder*, trotz aller Klagen über Holz-Theuerung und aller Furcht vor Holz-Mangel. Nicht zu läugnen steht, daß auch in den Wäldern die Aufklärung zu weit ging, und wir die schönsten Stämme [...] verhandelten [...] – aber wir sind klüger und haushälterischer geworden, und Steinkohlen und Torf sind, neben Acacien, Pappeln, Platanen,

---

* Zum Vergleich: Das waldreichste Bundesland Deutschlands, Brandenburg, wird auch heute noch zu 37 Prozent von Wald bedeckt.

die unsre alten Linden verdrängten – Surrogate, gedeihlicher als die Caffee- und Zucker-Surrogate!«

Der Torf mochte beim privaten Heizen ›gedeihlich‹ sein, die Steinkohle jedoch erwies sich als revolutionär. Ohne diese ›unterirdischen Wälder‹ hätte es der industriellen Entwicklung im Wort- wie im übertragenen Sinn an Energie gefehlt, um sich zur ›industriellen Revolution‹ zu steigern, zu einer alle Lebensverhältnisse umwälzenden Revolution, wie sie Marx später in der ihm eigenen geschichtsphilosophischen Emphase zugleich gefeiert, analysiert und kritisiert hat.

Steinkohle und Dampf waren die beiden großen, sich wechselseitig bedingenden Triebkräfte der Industrialisierung. Die Verfeuerung von Steinkohle ersetzte die herkömmliche Holzkohle, auch bei der Verhüttung von Eisen. Brennende Steinkohle erzeugte Wärme, die Wärme Dampf, der Dampf Bewegung. Und die vom Dampf erzeugte Bewegung erleichterte und beschleunigte wiederum den Abbau, den Transport und die Verwertung der Steinkohle. Dampfgetriebene Pumpen entsorgten das Grubenwasser, dampfgetriebene Aufzüge holten das Gestein aus den Schächten, Dampfhämmer zerkleinerten es. Und seit 1825 transportierten dampfgetriebene Förderwagen auf mit Dampfkraft geschmiedeten Eisenschienen die Kohle aus einem nordenglischen Bergwerk an die zwölf Kilometer entfernte Küste, wo sie auf dampfgetriebene Boote verladen wurde.

Fünfundzwanzig Jahre nach der Inbetriebnahme dieses Eisenweges summierten sich die englische Schienenstrecken auf 37 000 Kilometer. Die Kohle und der mit ihr erzeugte Dampf hatten das Eisenbahnnetz ermöglicht, das Eisenbahnnetz ermöglichte den Transport der Kohle zu den Hütten, in denen das Erz geschmolzen und das Eisen gegossen wurde, und zu den Fabriken, die neue Maschinen zum noch schnelleren Abbau und Transport der Kohle herstellten. Im Jahr 1800 lag die Kohleförderung in England bei etwas über elf Millionen Tonnen. Moderne Historiker haben errechnet, dass dies im Gegenwert dem jährlichen Holzwachstum auf einer Fläche von der Hälfte Englands entsprach.

Die englische Industrialisierung war Vor-, Leit- und für viele auch Schreckbild der Entwicklung auf dem Kontinent, die deutschen Staaten eingeschlossen. Seit 1800 wurde in Preußen Steinkohle gefördert, seit Mitte der 1820er entstand vor dem Oranienburger Tor die erste große private Berliner Eisengießerei. Sie produzierte Dampfmaschinen für Bergwerke und Schiffe. Zu ihren Miteigentümern gehörte Franz Anton Egells, der preußische Industriespion mit dem in England abgeschöpften Wissen.*

---

* Siehe die Passage in den »Werkstattbesichtigungen« im Stadtkapitel.

6. Essen und Trinken

Wer isst warum wann was mit wem und womit –
Kurzer Blick in die Küche – Brot und Butter –
Die Kartoffel – Fleisch und Geflügel – Gemüse und
Obst – Bier, Branntwein, Wein – Etwas über Tabak –
Eine Prise Salz – Vom Zucker – Kaffee und Tee –
›Colonial-Waaren‹ und ihre Ersatzstoffe

Exkurs über Kochbücher
(mit Rezepten für ein historisches Menü)

»Ernährende, ergötzliche,
der Landesart angemessene Mahlzeiten«

Wer isst warum wann was
mit wem und womit

Immanuel Kant in Königsberg hatte gerne Gäste. »Allein zu essen [...] ist für einen philosophierenden Gelehrten ungesund« heißt es in seinen Vorlesungen zur *Anthropologie*. Dabei muss die »Tischgesellschaft nicht sowohl die leibliche Befriedigung – die ein jeder auch für sich allein haben kann –, sondern das gesellige Vergnügen, wozu jene nur das Vehikel zu sein scheinen muß, zur Absicht haben«. Keineswegs ging es dabei ums Dozieren, wenigstens nicht in der Theorie, denn in der Praxis (um es mit einem ›Gemeinspruch‹* zu sagen, den der Denker nicht ausstehen konnte) neigte Kant wie viele bedeutende Männer eben doch zum Monolog – wehe, jemand wagte mehr als einen kleinen Einwurf und wurde impertinent mit wiederholtem Widerspruch. Das Einwenden und das Abwenden der Einwände wäre ernsthafte Denkarbeit gewesen, nicht bloß freies Spiel der Einbildungs- und Gedankenkraft. Das geistreiche Geplauder beim Mahl oder während eines Spaziergangs darf nicht verwechselt werden mit wirklicher philosophischer Anstrengung, die volle Konzentration erfordert, soll sie nicht krank machen. Beim »Essen oder Gehen sich zugleich angestrengt mit einem bestimmten Gedanken beschäftigen, Kopf und Magen, oder Kopf und Füße mit zwei Arbeiten zugleich belästigen«, warnt er im *Streit der Facultäten*, »davon bringt das eine Hypochondrie, das andere Schwindel hervor.«

Ganz ohne Philosophie können die Einladungen krank machen, wenn sie zu gesellschaftlichen Verpflichtungen werden. Johann

* *Über den Gemeinspruch: Das mag in der Theorie richtig sein, taugt aber nicht für die Praxis* (1793).

Kaspar Riesbeck stöhnt über das Herumgereichtwerden in Wien: »Es ist Sitte, wenn man in ein Haus eingeführt wird, einen Tag zu bestimmen, an welchem man wöchentlich Gast im Hause sein muß. In dem Haus, worin ich zum ersten Mal eingeführt ward, fand ich sehr artige Leute, deren Gastfreiheit ich für wahre Gefälligkeit nehmen konnte. Aber da waren so viele Bekannte und Verwandte zu Tische, die mich gleichfalls einluden, und bei diesen bekam ich wieder so viele Einladungen, daß ich, wenn ich auch keine neuen mehr annehme, in den ersten 4 Wochen noch nicht damit zu Ende bin.« Das aufgetragene Essen ist reichlich. Von »6, 8 bis 10 Gerichten, wobei 2, 3 bis 4 Gattungen Wein aufgesetzt werden« spricht Riesbeck, wenn es um die »tägliche Tafel der Leute vom Mittelstand« geht. Dennoch ist er an diesen Tischen nicht froh. Der Bauch wird überfüttert, Geist und Seele kommen zu kurz: »Platter Scherz und Spott sind fast das einzige, womit sich die Gäste bei der Tafel zu unterhalten suchen.«

Dann lieber gleich über das Essen reden beim Essen. Ebendies rät in den *Vorlesungen über Esskunst* der Mediziner Gustav Blumröder unter dem Pseudonym Antonius Anthus vier Jahre nach Goethes Tod, streng genommen also nicht mehr in der ›Goethezeit‹. Aber was er vortrug, hatte für sie ebenso Gültigkeit wie noch für unsere eigene Epoche, denn es »gehören Gespräche über das Essen im allgemeinen und besonderen gewiß zu den unverfänglichsten, die der civilisierte Mensch aufzutreiben im Stande ist, sie eignen sich daher für Residenzstädte, Regierungssitze und andere solch' schöne menschliche Niederlassungen vorzüglich. Doch auch weniger hochstehende Zirkel ergötzen sich mit Recht an der Harmlosigkeit dieses Sprechobjektes. Wie patriarchalisch freundlich ist es, wenn Sonntags in der Abendcompagnie bei einem Kruge Bier der Bürger seinen Nachbarn erzählt, was er zu Mittag gegessen, wie gut es seine Frau gekocht, und wie es ihm und seinem kleinen Gottlieb wohlgeschmeckt.« Dem ›kleinen Gottlieb‹ hört man einen spöttischen Unterton an, dennoch war es Blumröder mit dem Hinweis ernst, dass man von der Fürstentafel bis zum Kneipentisch immer auf der sicheren Seite ist, wenn man beim Essen und Trinken nur über Trinken und Essen spricht.

Gleichwohl soll sich, jedenfalls nach bürgerlichem Maß, das Es-

sen nicht zum Selbstzweck erheben, zur Kulinarik: »Unter Schlemmerei« versteht Karl Friedrich von Rumohrs *Geist der Kochkunst*
»eine gewisse vergeudende Gefräßigkeit oder gefräßige Vergeu-
dung, die vorzüglich solchen Reichen eigen zu sein pflegt, welche
ihre Glücksgüter einer kalten berechnenden Selbstliebe verdanken
[…] Solange genügende, ernährende und ergötzliche, der Landesart völlig angemessene Mahlzeiten einen frohen Familienkreis vereinigen, wird die Schleckerei vergebens an das Tor des mittelmäßig begüterten oder gewerbsamen Bürgers anklopfen. Eines guten
und regelmäßigen Mahles gewiß, fällt es dem Hausvater nicht im
Traum ein, seine Eßlust durch eine gehaltlose Leckerei zu verderben.«

Je weiter es die soziale Stufenleiter hinuntergeht, desto aus-
schließlicher dient das Essen der Ernährung, der Kräftigung und
dem Erhalt der Arbeitskraft. In der von Otto von Münchhausen
unter dem Pseudonym Germershausen publizierten *Hausmutter in
allen ihren Geschäfften* findet sich ein Speiseplan für eine »Aerndte-
woche für Schnitter. Mondtag. Erstes Frühstück im Hause um
fünf Uhr. Brandtwein, Bärmkuchen von feinem Roggenmehl und
Butter. Zweytes Frühstück im Felde, um sieben Uhr. Ostersuppe,
Setzener, Bärmkuchen und Butter. Mittagsbrod. Alte Hühner mit
Reis und kleinen Rosinen gekochet. Schweinebraten nebst einem
Schüsselgen gekochter, gebackener Pflaumen, Butter. Vesperbrod
im Felde, welches von den Schnittern selbst, wie das Getränke, mit-
genommen werden muß, Bärmkuchen, Butter und Käse. Abend-
brod im Hause. Gebratene Schnitten oder Portionen eines geräu-
cherten Schinkens, und Sallat, Bärmkuchen und Butter.« Auf den
von Montag bis Sonntag zusammengestellten Essensplan für die
schwer arbeitenden Mäher folgt der Plan für die ebenfalls schwer,
aber nicht ganz so schwer wie die Mäher arbeitenden Harker. Der
Autor weist nachdrücklich darauf hin, dass der graduellen Abstu-
fung der Arbeit eine ebensolche beim Essen zu entsprechen habe:
»Das Gesinde oder Leute, die das geschnittene oder abgemähete
Korn zusammenharken, in Garben binden und hernach vom Felde
in die Scheunen fahren […] müssen ihre Arbeit bey gutem Wetter
mit allem Fleiß und Geschwindigkeit verrichten, und sich dabey
fast mehr als bey andern Arbeiten, das Kornmähen ausgenommen,

angreifen. Sie werden daher der Billigkeit gemäß auch besser als an andern Arbeitstagen gespeiset. Ihre Speisung in der Aerndte ist aber der Speisung der Schnitter oder Kornmäher nicht gleich. […] Denn wenn man den Harkern auch täglich Braten geben wollte […] so thäte man sich selbst Schaden, und würde noch obendrein ausgelachet.«

Rang und Status machen vor dem Tisch nicht halt, weder bei großen Leuten noch bei kleinen, weder auf dem Land noch in der Stadt. Klöden berichtet von seinem Alltagsessen als Handwerkslehrling in Berlin*: »Des Morgens erhielt ich zwei Tassen Kaffee, mittags um zwölf Uhr wurde ein Gericht, meistens mit etwas Fleisch, genossen; doch öfters mußte ich mir, um satt zu werden, noch ein Stück Brot erbitten […] Um vier Uhr durfte ich mir zur Vesper ein Stück Brot abschneiden und Salz darauf streuen. Um acht Uhr wurde zu Abend gegessen, zwei Stullen mit wenig Butter oder Pellkartoffeln mit einer Probe von Butter und Salz. Nur beim Mittag- und Abendbrot saß ich am Tisch […] Frühstück und Vesper wurde an dem Werktische verzehrt, ohne die Arbeit zu unterbrechen.« Das war Nahrungsaufnahme reduziert zur Nährstoffzufuhr. Der soziale Platz spiegelt sich noch im Platz, an dem gefrühstückt und gevespert wird.

Die Abstufungen der Ernährungsweise trennten den Lehrling vom Meister, den Diener vom Herrn, die Zofe von der Dame des Hauses; sie reichten von den Schauessen bei fürstlichen Festen über die Soupers der Oberschicht, die Mehrgängemenüs des ›Mittelmannes‹, die je nach Einkommen gediegene oder kärgliche Hausmannskost des Handwerkers, die selbst noch einmal abgestuften Arme-Leute-Suppen (Wurstsuppe, Hirsesuppe, Biersuppe, Wassersuppe) bis hinab zum Brotteig, von dem Karl Philipp Moritz im *Anton Reiser* erzählt, jener Kruste, die er von einem mit ihm verwandten Perückenmacher für einen Hund erbettelte, um sie selbst zu essen: »Er bat sich nämlich für einen Hund, den er bei sich zu Hause zu haben vorgab, von seinem Vetter die harte Kruste von dem Teig aus, worin das Haar zu den Perücken gebacken wurde.« Wäh-

---

* Zu Klödens Arbeits- und Tagesablauf siehe die Abschnitte »Werkstattbesichtigung« (im Stadtkapitel) und «Tagesabläufe« (im Alltagskapitel).

rend er die Schule zur Vorbereitung auf die Universität besuchte, war er auf Freitische bei täglich wechselnden Gastgebern angewiesen: Montags bei einem Garkoch, »wo er sein Essen unter den übrigen Leuten, die bezahlten, bekam, und man sich weiter nicht um ihn bekümmerte. [...] Den Dienstag Mittag ging er zu dem Schuster S., wo seine Eltern im Hause gewohnt hatten, und wurde auf das liebreichste und freundlichste empfangen. [...] Und wenn es Reiser je nicht fühlte, daß er fremdes Brot aß, so war es an diesem gastfreundlichen Tische«, an dem zumal noch philosophische Gespräche zwischen dem Schüler und dem Schuster geführt wurden, »bis die alte Mutter sagte: nun Kinder, so hört doch einmal auf, und laßt das liebe Essen nicht kalt werden.« Entweder richtig philosophieren oder richtig essen, beides zugleich geht nicht, weder bei Kant noch beim Schuster S. »Am Mittwoch aß er denn bei seinem [Wohnungs-]Wirt, wo das wenige, was er genoß [...] ihm doch fast jedesmal so verbittert wurde, daß er sich vor diesem Tage fast mehr, wie vor allen anderen fürchtete. [...] Die Frau des Hofmusikus, welche ihm am Donnerstage zu essen gab, war zwar dabei etwas rauh in ihrem Betragen«, quälte ihn aber wenigstens nicht wie die Wohnungswirtin mit Anspielungen auf seine Bedürftigkeit. »Am Freitage aber hatte er wieder einen sehr schlimmen Tag, indem er bei Leuten aß, die es ihn nicht durch Anspielungen, sondern auf eine ziemlich grobe Art fühlen ließen, daß sie seine Wohltäter waren. [...] Am Sonnabend aß er denn bei seinem Vetter dem Perückenmacher, wo er eine Kleinigkeit bezahlte, und mit frohem Herzen aß, und am Sonntag [...] bei dem Garnisonküster.« Als er Freitische verloren hat und hungert, kommt es zur Krustenbettelei für den vorgeschobenen Hund. Zu diesem Zeitpunkt wohnte er beim Schulrektor. Die neue Unterkunft brachte neue Demütigungen: »Der Rektor rief ihn im Hause bei seinem Namen, wie man einen Bedienten ruft; und einmal mußte er einen seiner Mitschüler, der ein Sohn eines Freundes vom Rektor war, bei demselben zum Essen bitten; und während, daß dieser des Abends bei dem Rektor speiste, mußte Reiser Wein holen, und in der Gesindestube sein, die gleich neben der Stube war, wo gespeist wurde, und wo er hören konnte, wie sein Mitschüler sich mit dem Rektor unterhielt, während daß er bei der Magd in der Stube saß.«

Wie Moritz wurde Johann Gottfried Seume durch ein Stipendium unterstützt, und auch er fand es unangemessen, nicht mit am Tisch des Herrn zu sitzen: »Ich war bei dem Rektor in Wohnung und Kost und Holz* verdungen; erhielt aber meinen Speiseteil durch die Magd auf mein Zimmer. Das wollte mir schon nicht behagen und schien mir illiberal.«

Die Reizbarkeit, mit der Benachteiligte auf das Vorenthalten sozialer Statusrechte reagieren, war keine Besonderheit von Studenten niederen Standes, die nach höherer Bildung strebten, sondern machte sich in den niederen Ständen selbst geltend: Die Kammerzofe wollte nicht mit der Hausmagd essen, die Hausmagd nicht mit der Viehmagd, die Viehmagd nicht mit der Bettelmagd. Wenn der das Gesinde aus Mitleid etwas Brot in die Hand drückte und etwas übrig gebliebene Suppe in die hingehaltene Schale kippte, war die Gabe nicht unter den Gebenden zu verzehren, sondern außerhalb des Hauses.

Umgekehrt strebte das Gesinde nach Tischnähe zur Herrschaft. Boie schrieb an seine Braut, die neue Hauswirtschafterin »machte die Prätension, mit Dir am Tische essen zu dürfen, das hab' ich abgesagt. Sie kann also mit Johann oder allein essen.« Johann ist der bewährte Diener Boies, nun aufgestiegen zu einer Art Sekretär: »Johann freut sich darüber, daß er nun nicht mehr mit dem Gesinde essen soll.«

Die sozialen, ethischen und ästhetischen Dimensionen einer vermeintlich so natürlichen Tätigkeit wie das Essen wirken sich nicht nur darauf aus, wer mit wem, sondern auch darauf, wer womit isst. Dabei entsprach die Kostbarkeit des Essens der Kostbarkeit der Esswerkzeuge. Gleichzeitig maß man dem, womit man aß, umso mehr Bedeutung zu, je selbstverständlicher es zu sein schien, dass es überhaupt etwas zu essen gab. Neben den Speisen, die deshalb als etwas Besonderes galten, weil sie besonders weit hergeholt waren, zum Beispiel von der anderen Seite der Welt, von dort, wo der Pfeffer wächst – neben kostbaren Gewürzen und exotischen Früchten galten Geschirr und Besteck als Symbole sozialen Ranges, und zwar

---

* Zum Holzstreit zwischen Seume und seinem Vermieter siehe den Abschnitt »Vom Heizen« im Alltagskapitel.

ebenfalls umso mehr, je weniger praktisch notwendig sie waren. Champagner mag man nicht aus Holzbechern trinken, aber ob das Glas, das man erhebt, eines aus Kristall ist, schmeckt man dem Wein nicht an. »Das Auge isst mit« heißt es, doch macht nicht der bemalte Teller aus Meißen den Gourmet. Ebenso wenig wird aus der Wassersuppe eine Rinderbrühe, wenn man sie mit goldenem Löffel isst. Der mittlere Wohlstand in mittleren Haushalten* drückte sich in Gegenständen aus, deren Wert sich im breiten mittleren Bereich bewegte, zwischen der repräsentativen aristokratischen Überladenheit einerseits und der jeden Zierrat ängstlich vermeidenden Dürftigkeit der ›gemeinen‹ Leute andererseits. Die Wohlanständigkeit des bürgerlichen Haushaltes verlangte Überfluss bei dem, was, und bei dem, womit gegessen wurde. Zugleich sollte Maß gehalten und eine unbürgerliche Verschwendung um der Verschwendung willen vermieden werden. Das Essen sollte sich verfeinern, aber nicht zur selbstzweckhaften ›Schlemmerei‹ entarten; Geschirre und Bestecke wurden über das praktisch Notwendige hinaus ausgestaltet und verziert, galten aber als ›leerer Prunk‹, wenn ihnen vor lauter gegenständlicher Kostbarkeit oder ästhetischer Raffinesse die praktische Tauglichkeit abhandenkam. Der Geschmackswert, an dem sich der bürgerliche Haushalt orientierte, war der der Solidität. Bestecke mit Horngriffen sind dafür ein hübsches Beispiel. Zwei Paare davon wünschte sich Goethes philologisches Faktotum Friedrich Wilhelm Riemer, nachdem er vom Haus am Frauenplan in eine eigene Wohnung umgezogen war. In einem Brief erkundigte sich der in Haushaltsdingen unerfahrene Junggeselle: »In Jena macht man gute und doch wohlfeile Messer und Gabeln mit Hirschhornen Griffen. [...] Goethe hat sich einige Dutzend kommen lassen. Ich wünschte nur 2 Paar Messer und Gabeln [...] Ich speise zwar außer dem Hause; aber des Abends, und wenn jemand kommt, auch nur ein Butterbrot bei mir zu essen, fehlt's an einem harmonischen Paar dieser unentbehrlichen Werkzeuge.«

---

* Dazu auch der Abschnitt »Haushalt und Häuslichkeit« im Kapitel über den Alltag.

»Wo Arbeiten gemacht werden,

wozu man Feuer gebraucht«

Kurzer Blick in die Küche

Spargel soll man nicht in Eisenpfannen garen, er wird sonst schwarz. »Hat man Casserolle oder anderes Kupfergeschirr«, rät Maria Anna Neudecker in einem ihrer weitverbreiteten Kochbücher, »so ist besonders darauf zu sehen, daß selbige immer gut verzinnt sind; denn in traurigen Beispielen erzählt uns die Erfahrung, wie höchst nachtheilig das Kupfer der menschlichen Gesundheit sey«. Das Zinn wiederum hat den Nachteil, dass es über dem Feuer leicht schmilzt. Außerdem soll man in Zinngefäßen wie in solchen aus Messing keine Speisen aufbewahren, schon gar kein Obst. Gabeln und Löffel aus Zinn waren jedoch gängig, jedenfalls in einfachen Haushalten und beim Gesinde.

Am besten kocht man mit eisernem und irdenem Geschirr und serviert in ›Porcelain‹ oder Steingut. Das Porzellan musste nicht unbedingt aus dem sächsischen Meißen kommen oder aus der Königlich Preußischen Porzellanmanufaktur, man konnte sich genauso gut an das der Fürstenberger Manufaktur im Herzogtum Braunschweig halten, seit 1753 (und bis heute) geziert mit einem F, oder an das aus Thüringen, erfunden von Georg Heinrich Macheleid und seit 1762 in Volkstedt produziert.

Porzellan und Gläser standen in Schränken, Alltagsgeschirr fand auf offenen Tellerbrettern Platz, die Pfannen, Kessel und Kasserollen hingen griffbereit an Haken rund um die Feuerstelle. In einem viereckigen oder halbrunden Holzgefäß mit Deckel wurde das Salz zum Kochen aufbewahrt. Auf den Tisch stellte man es in kleineren Fässchen aus Metall, Glas oder Porzellan. Weitere Utensilien waren in gut ausgestatteten Haushalten in beeindruckend geräumigen Speisekammern untergebracht, wie bei Boie*: »Die Speisekammer hat rund herum Börte, an einer Seite einen großen Tisch mit einem Schrank darunter, an der andern einen noch größern mit 16 großen

---

* Zum Briefwechsel zwischen Boie und seiner künftigen Frau Luise siehe den Abschnitt »Briefe über Betten« im Alltagskapitel.

Schiebladen, und dem gegenüber einen Gewürzschrank mit vielen großen und kleinen Schiebladen. Über dem großen Tisch hängt die Waage.«

Der Herd selbst war in guten Häusern aus Stein gemauert, verfügte über eine eiserne Platte und wurde mit Holz oder Kohle befeuert. Der Rauchabzug war aus Holz und innen wegen der Brandgefahr mit Lehm ausgekleidet. Beim Kochen über offenem Feuer hingen die Kessel an Haken oder standen auf dreibeinigen Gestellen, ganz wie in der Hexenküche von Goethes *Faust*. In der Regieanweisung zur Szene heißt es: »Auf einem niedrigen Herde steht ein großer Kessel über dem Feuer.«

Ein gemauerter Herd mit eiserner Platte in einem gut ausgestatteten, ausschließlich dem Kochen vorbehaltenen Küchenraum, der allenfalls noch dem Gesindetisch Platz bot, bewies bürgerliche Wohlhabenheit. In den Städten hatten diese Küchenräume meistens auch Schüttsteine für das Abwasser. Das gebrauchte Wasser floss durch Röhren hinaus zur Straße. Das verbesserte die Hygiene im Haus und verschlechterte sie davor.

Welche Rolle der ›heimische Herd‹ in einer Familie spielte, hing davon ab, welche Rolle ihrerseits die Familie im Sozialen spielte. Die Wichtigkeit des Küchenraums für das Leben der Menschen stand in umgekehrtem Verhältnis zur Wichtigkeit dieser Menschen in Gesellschaft und Staat. In den untersten Schichten war der Ort, an dem gekocht wurde (und der mitunter den Namen ›Küche‹ kaum verdiente), der wichtigste, mitunter der einzige Wohnraum, in dem auch die Schlafstellen untergebracht waren. In den obersten Schichten war die Küche der Ort, an dem vom Personal die Speisen zubereitet wurden, abgetrennt von den repräsentativen Sozialräumen der Speisesäle, unbetretbares Gebiet für alle Personen von Stand. In gutbürgerlichen, auch in gutbäuerlichen Schichten wiederum war die Küche gleichzeitig Funktionsraum des Haushaltes – »der Ort, wo Arbeiten gemacht werden, wozu man Feuer gebraucht«, definiert Krünitz – und Sozialraum des Gesindes. Hier hatte sich die Hausfrau als Herrin zu bewähren, nicht selbst Hand anlegend, aber beaufsichtigend, ordnend und sparend, ›züchtig waltend‹ eben, wie Schiller es im *Lied von der Glocke* nannte. Dass die Hausfrau »herrschet weise im häuslichen Kreise«, brachte den Dichter bei den Romantikern in Teufels Küche oder in die von Dame Luzifer. So wurde bei Schiller zu Hause Caroline Schlegel, spätere Schelling, tituliert, vielleicht nicht ganz zu Unrecht. Jedenfalls berichtete sie nach dem Erscheinen der *Glocke,* man sei beim Vorlesen des Gedichts von den Stühlen gefallen vor Lachen. Kurz vor Schillers *Glocke* war Friedrich Schlegels *Lucinde** herausgekommen mit dem Lob befreiter Sinnlichkeit und der abfälligen Bemerkung von der »Beschränktheit häuslicher Frauen«. Darin wollten die Zeitgenossen auch Caroline porträtiert sehen; es war kein hausfrauliches Bild, die Küche der Dame Luzifer wurde nicht einmal erwähnt.

Um zu erfahren, wie es in Teufels Küche zugeht, muss man Grimms Märchen lesen, etwa *Der Teufel mit den drei goldenen Haaren.* Darin verwandelt des Teufels Großmutter ein Menschenkind in eine Ameise und versteckt sie in ihren Rockfalten: »Als der Abend einbrach, kam der Teufel nach Haus. Kaum war er eingetreten, so merkte er, daß die Luft nicht rein war. ›Ich rieche Menschenfleisch‹, sagte er, ›es ist hier nicht richtig‹. Dann guckte er in alle Ecken«. Die Großmutter ist beleidigt, wie nur eine Hausfrau beleidigt sein kann, die frisch geputzt hat: »… ›eben ist erst gekehrt‹, sprach sie, ›und alles in Ordnung gebracht, nun wirfst du mirs wieder untereinander; immer hast du Menschenfleisch in der Nase! Setze dich nieder und iß dein Abendbrot.‹«

Selbst wo es mit dem Teufel zugeht, herrscht im Hause die Frau, und sie herrscht, indem sie dient »nach ihrer Bestimmung«, wie es in Goethes *Hermann und Dorothea* heißt: »Dienen lerne bei Zeiten das Weib nach ihrer Bestimmung;/Denn durch Dienen allein gelangt sie endlich zum Herrschen,/Zu der verdienten Gewalt, die doch ihr im Hause gehöret.« Ein Vierteljahrhundert nach dieser Ermahnung, die Goethe seiner Heldin Dorothea in den Mund legt, schreibt Rumohr im *Geist der Kochkunst* von 1822: »Noch unlängst […] wurden die Frauen auch in Deutschland in einer Art Unterordnung und Dienstbarkeit gehalten, das Haus- und Küchenwesen ihnen gleichsam als ein verantwortliches Amt und Ministerium aufgetragen. Diese Stellung hat, dem Himmel sei's gedankt, seit einiger Zeit ganz aufgehört.« Eine historisch nicht haltbare Diagnose. Was

---

* Dazu der Abschnitt »Lust und *Lucinde*« im Kapitel über die Sexualität.

die spöttischen und das Haushaltswesen deklassierenden politischen Metaphern angeht, so sind sie nicht den Männern vorbehalten, die von außen beurteilen, wovon sie innerlich gar nichts verstehen, sondern werden auch von Frauen benutzt, in demütig selbstironischer Form. Beispielsweise schreibt Luise Mejer im Mai 1784 an Heinrich Christian Boie: »Nun glaub' ich, wenn Du ein Mädchen mietest zu der groben Arbeit in der Küche, Holz und Wasser holen, Reinmachen, Jäten im Garten etc. – die Haushälterin scheut auch keine Arbeit – so wäre der weiblichen Geschöpfe genug; denn ich übernehme, wie sichs von selbst versteht, das Departement der Nähnadel ganz, und Du weißt, daß ich zu meinem Anziehen, Putz etc. keiner Hülfe bedarf.«

»Lange den Tiegel vom Bord«
Brot und Butter

Während des gesamten 18. Jahrhunderts war Brot das Hauptnahrungsmittel für den Großteil der Bevölkerung. Vom Kornpreis und der staatlich festgelegten Brottaxe hing die Größe der Pfennigbrote ab und davon wiederum, ob man darbte oder satt wurde. Die Preise und in deren Folge die Anteile am Einkommen, die für Brot ausgegeben werden mussten, schwankten erheblich. Anfang der 70er-Jahre verteuerte sich der Kornpreis in vielen deutschen Regionen um das Zehn- bis Vierzehnfache. Die niedrigen Einkommen, die bis dahin für die Ernährung der Familie gerade hinreichten, sanken unter das Existenzminimum. So führten Nahrungskrisen, die als ›Theuerung‹ begannen, zur Verarmung* und zu nacktem brutalem Mangel. Ein zeitgenössischer Bericht aus Kassel von 1771, einem der großen Notjahre im letzten Drittel des 18. Jahrhunderts, klagt: Im Juni »ist das Brod und der Wecke hier wegen des Getreidemangels so rare gewesen, daß vor Bäckerhäusern, soweit sie noch backen konnten, oft 30–40 Menschen bis zur Gare des Gebäcks

---

* Siehe den Abschnitt »Besuch im Armenhaus« im Kapitel über die Stadt.

gewartet haben. Mancher Bürger hat oft 2–3 Tage keinen Bissen Brod im Hause gehabt.« Das ›liebe Brot‹ war im Deutschland (und Europa) des 18. und frühen 19. Jahrhunderts so wichtig wie in keiner Epoche zuvor. Im Zeitalter der Aufklärung und während der beginnenden Industrialisierung aßen der ›gemeine Mann‹ und seine Frau in Krisenjahren weniger und schlechter als ihre Vorfahren im Mittelalter. Der Fleischverbrauch pro Kopf wurde für 1800 auf 14 Kilogramm geschätzt.* Dieser allgemeine statistische Wert gibt jedoch keine Auskunft über die äußerst ungleiche Fleischverteilung nach sozialen Schichten, die in dramatischer, heute schwer vorstellbarer Weise Ernährungsschichten waren.

Das Brot war zum elementaren Nahrungsmittel geworden und zugleich zur Metapher: für liebevolle Wohlversorgtheit, wie sie die Brot schneidende Lotte im *Werther* symbolisiert, oder für Lebensnot und Neid, »bei den Handwerksleuten in jedem Stande, Amt und Berufe – Brotneid; bei Geschöpfen von einer höhern Klasse – Rang-, Ehr-, Ruhm-, Verdienstneid«, wie es Johann Karl Wezel in der *Lebensgeschichte Tobias Knauts* ausdrückt. Lichtenberg ulkt mit einer entsprechenden Formel herum, mit der sich die menschlichen Antriebskräfte in ›Ruhm-Brod‹-Relationen bringen lassen: »Die Bewegungs Gründe, woraus man etwas thut, könnten so […] formirt werden. Brod Brod Ruhm oder Ruhm Ruhm Brod.« Vermutlich in den 1760ern kam das Wort ›Brotstudium‹ auf, womit gewöhnlich die Theologie gemeint war, die vermögenslosen Universitätsabsolventen wenigstens eine Pfarrstelle, wenn auch oft genug eine ärmliche, in Aussicht stellte – sehr im Unterschied zu den ›brotlosen Künsten‹, »mit welcher Benennung Geitz und Unwissenheit zuweilen die schönen Künste zu belegen pflegen«, wie es in Adelungs Wörterbuch unter dem Stichwort »Brotlos« heißt.

Das ›tägliche Brot‹ drang als konkrete Metapher bis zur Benennung sozialer Abhängigkeiten vor. Es wurde von ›Brotherren‹ gesprochen und dementsprechend von Dienstboten als ›Brötlingen‹. Das bewegte sich auf dem Boden der Tatsachen und entsprach dem,

---

* 2013 lag der statistische Wert für Deutschland bei rund 60 Kilo pro Kopf – genauer gesagt pro Mund und Magen.

was auf dem Tisch stand: ›Herrenbrod‹ und ›Gesindebrod‹. Das Lexikon von Krünitz berichtet von einem Rittergut in der Niederlausitz, dass »folgendes Gemenge für das Hofgesinde gemacht worden: 2 Scheffel Korn, 1 Scheffel Heidekorn, 1 Scheffel Haber, und nachdem man das Habermengen nicht mehr für wirthschaftlich hält, statt dessen 2 Viertel Gerste«; dagegen wurden »für die Herrschaft 3 Theile Rocken und 1 Th. Gerste gemenget«. Und bevor sich die Herren vom Gesinde die Butter vom Brot nehmen lassen: »Hier ist noch ein Mittel, Brod den ganzen Winter zu erhalten, ohne dass es verderbe, um es im Sommer zu genießen. Dasselbe kann für Hauswirthe, welche ein zahlreiches Gesinde zu unterhalten haben, und wo ein sehr starker Aufwand vom Brode ist, nützlich seyn. Sie können sich, zu Anfange des Winters, mit dem völligen Vorrath davon versehen, und alles dieses Brod in kleine Schnitte zertheilen. Diese Schnitte werden nachher auf Laken an einem reinen und schattigen Ort gelegt und getrocknet. Hierauf werden sie in recht reine Säcke gethan und verschlossen, um sich ihrer, in dem folgenden Sommer, zu Suppen, Kalteschale oder Warmbier, für das Gesinde zu bedienen.«

Und doch lebt der Mensch nicht nur vom Brot allein. Er hätte gern auch Butter. »Warmes Brot, mit Butter genossen, wird von vielen sehr geliebt« heißt es im Krünitz'schen Artikel. Allerdings ist warmes Brot schlecht für die Zähne, »sie werden los und fallen leicht aus«. Schließlich würden auch Horn und Elfenbein seit jeher dadurch weich gemacht, dass man es in frisch aus dem Ofen kommendes Brot packe.

Das Butterbrot war in allen Schichten verbreitet – selbst Werther isst ein »Butterbrot zur Nacht« –, nur in den alleruntersten und den alleroberen nicht. Formey beziffert in seiner *Medicinischen Topographie,* dass 1793 insgesamt 1 042 543 Pfund Butter »in Berlin zur Consumption eingebracht« wurden. In der zwei Jahre später erschienenen Idylle *Luise. Ein ländliches Gedicht* lässt Johann Heinrich Voß den Hausvater rufen: »Lange den Tiegel vom Bord und, Hedewig, reiche die Butter.«

Butter wurde mit Salz konserviert, und bevor sie in den kleinen Portionen des täglichen Bedarfs aus dem Fass in den Tiegel auf dem Bord kam, musste sie vom Salz gereinigt werden. Der als ›Abtreiben‹ bezeichnete Vorgang verlangte Sorgfalt und Umsicht. Man erhitzte die Butter, aber langsam, damit sie nicht braun wurde. Dabei setzte sich oben Schaum und unten das Salz ab. Der Schaum wurde weggeschöpft und die Butter durch ein Tuch oder ein dünnes Sieb gedrückt, in denen das Salz zurückblieb. Noch mehr Aufwand als gesalzene Fassbutter erforderte frisch zubereitete Tischbutter. Mit ihr prunkte die *Hausmutter:* »Die Tischbutter kann in einer eigenen Büchse, die deshalb Butterbüchse heißt, aufgesetzet werden. Doch weit prangender ist ein großes und zierlich bunt gemachtes länglichtes Stück Butter, [...] wenn solches auf einem porcellainen Teller auf den Tisch gesetzet wird.«

Butter, Brot und Butterbrot gehörten zum Alltag, doch zum Fest, erinnert das *Ländliche Gedicht,* braucht es den Braten: »Gut, daß der Has im Keller noch hing!/Es wäre ja schimpflich,/Wenn wir mit Fischen allein und Vögelchen diesen Abend/Feierten und, ich schäme mich fast, mit gebrühten Kartoffeln!«

»Das Vergnügen,
diese Frucht vortrefflich zu genießen«
Die Kartoffel

Was haben die Kartoffel und das Porzellan gemeinsam? Johann Georg von Langen. 1747 experimentierte er im Oberharz mit dem Kartoffelanbau, etwa zur selben Zeit entwickelte er einen Brennofen für die Herstellung des Fürstenberger Porzellans. Ein halbes Jahrhundert zuvor war die Kartoffel in Deutschland als Nahrungsmittel nahezu unbekannt, ein halbes Jahrhundert danach beinahe unentbehrlich. In der zweiten Hälfte des Jahrhunderts wuchs sich die Kartoffel von einer Garten- zu einer Feldfrucht aus. In Verbindung mit dem sich durchsetzenden Fruchtwechsel auf den Äckern stiegen die Anbauflächen. Das lange als ›Wurzel‹ für ungenießbar und unverdaubar gehaltene Gewächs gelangte von den Trögen auf die Tische, wurde vom Viehfutter zur Nahrung für Menschen, wenn auch hauptsächlich für solche, die sonst wenig zu beißen hatten. Weder der Harzer Forstmeister Langen mit seinen Anbauexperimenten noch der preußische König Friedrich mit seinen Anbauverordnungen setzten die Kartoffel durch, sondern Hunger und Not. In einem Artikel des *Hannoverischen Magazins* von 1779 heißt es: »Der Anbau der Kartoffeln hat sich seit der Theuerung im J. 1771 und 1772 im Hannoverischen besonders vermehrt; und da so wohl der Bürger als der Landmann und Tagelöhner gegenwärtig die Kartoffeln als eine unentbehrliche Speise betrachtet und gelernt hat, sie nicht allein bei theuren Kornpreisen zum Brodtbacken mit zu gebrauchen, sondern auch selbige auf mancherley Art zur Speise zubereitet, Mehl und Stärke daraus macht, des großen Nutzens nicht einmal zu gedenken, welcher der Fütterung des Viehs daraus erwächst, so würde es bey so bewandten Umständen das Publicum für das größte Uebel halten, wenn der Anbau der Kartoffeln auf eine oder die andere Art vermindert, oder gar durch Gesetze eingeschränket werden sollte.«

Wenn die Krisen überstanden waren, kehrten die Menschen häufig zum gewohnten Brot als Grundnahrungsmittel zurück. Formey zählt 1793 an Einfuhren nach Berlin 107 Winspel* Kartoffeln, aber 2414 Winspel Weizen (ohne Mehl) und 4446 Winspel Roggen. Gleichwohl wurde die Kartoffel auf lange Sicht überall zum ›Brot des gemeinen Mannes‹. Das konnten weder die Gourmets verhindern, die aßen, um zu essen, noch die Ärzte, die den Kartoffelessern Beschwerden bei der Verdauung ankündigten. Auch die Gegnerschaft vieler lokaler Machthaber war vergeblich, die sich von den Kartoffelbauern um das alte Vorrecht des Zehnten betrogen sahen. Bei Weizen und Roggen, bei Hafer und Gerste war die Abgabe seit dem Mittelalter geregelt. Für die Kartoffel jedoch fehlte eine Regelung, weil es die Knolle im Mittelalter in den deutschen Ländern nicht gab. Unterlag die Kartoffel also dem Zehnten oder nicht? Die Auseinandersetzungen darüber wurden mit Häme (bei den Kartoffelbauern) und Bitternis (bei den um den Zehnt gebrachten Herrschaften) geführt. Die Mühlenbesitzer gehörten ebenfalls nicht zu

---

* Siehe die Angaben im Anhang zu Maßen und Gewichten. Winspel oder Wispel ist kein Gewicht, sondern ein Volumenmaß, Kartoffeln und Getreide sind also in dieser Maßeinheit nicht direkt vergleichbar. Relationen werden gleichwohl sichtbar.

den Freunden der Kartoffel, sie fürchteten um ihre Einkünfte. Kartoffeln musste man nicht mahlen, und wenn man sie trotzdem mahlen wollte, brauchte man dafür keine Mühlen.

Vom Kartoffelmehl bis zum Viehfutter, vom Kaffeesurrogat* bis zur Verlängerung der Weißbierhefe, vom Kartoffelschnaps bis zur Kartoffelbutter – die verachtete Knolle wurde allgegenwärtig beim Speisen (und Abspeisen) der einfachen Leute: »Zuweilen findet sich in großen Wirthschaften ein Vorrath alter unschmackhafter Butter« heißt es im Krünitz, diese »wird in einem Tiegel geschmolzen, und das Unreine davon wird mit einem Löffel abgenommen. Als dann wird z.B. 1 Pfund dergleichen gereinigte Butter mit 1, 2 oder 3 Pf. Kartoffelbrey in einer Mulde vermischt, und mit frischem Salz durchgeknetet. Wenn man in der gerösteten alten Butter zugleich klein geschnittene Zwiebeln bratet und klein drückt, so erhält diese Masse den schönsten Geschmack, und kann dem Gesinde und armen Leuten zu großem Vortheil gereichen.«

Der Kartoffelbrei als selbstständiges Gericht scheint erst in den 1780er-Jahren aufgekommen zu sein, jedenfalls im Niedersächsischen. Luise Mejer schrieb im November 1784 aus Celle an ihren künftigen Gemahl Boie: »Kennst Du die neue Art, die Kartoffeln wie Brei zu essen? Die Kartoffeln werden sehr weich gekocht, durchgerieben und mit Milch zurecht gemacht. Es schmeckt sehr gut.«

Was hat man beim Ernten, Lagern und Zubereiten von Kartoffeln zu beachten? Das *Hannoverische Magazin* macht sich noch 1790 viel Mühe mit der Antwort und rät, »erstlich, sie in trockenem Wetter einzusammeln; zweitens, sie von aller ihnen noch anklebenden Erde zu säubern, […] drittens, sie nach ihrer jedesmaligen verschiedenen Größe […] zusammen zu tragen; viertens, sie an einem bedeckten, d.h. gegen Regen gesicherten und luftigen Orte gähren oder ausdünsten und trocknen zu lassen; fünftens, sie demnächst an einem kühlen, trocknen Orte, und wo sie vor dem Verfrieren gesichert sind, aufzubewahren; sechstens, keine andere, als solche, die einerlei Größe haben, in demselben Topfe zu kochen, damit

---

* Siehe den Abschnitt »›Colonial-Waaren‹ und ihre Ersatzstoffe« in diesem Kapitel.

sie alle zu gleicher Zeit gahr werden können; siebtens, sie in [...] einem Topfe mit einem doppelten Boden, auf einem sehr starken Feuer und zwar in dem Dampfe, ohne daß sie das Wasser berühren, und so geschwind als möglich, bis zum Augenblick des Gahrseyns, ohne das Sieden zu unterbrechen, kochen zu lassen; [...] achtens, sie sogleich, wenn sie von dem Feuer genommen werden, etwas zusammen zu drücken, um ihre Haut zu öffnen und der überflüßigen Feuchtigkeit einen Ausgang zu verschaffen; und neuntens, sie mit einem Tuch zu bedecken. Diese Verfügungen werden uns das Vergnügen gewähren, diese Frucht vortrefflich und sehr mehligt zu genießen.«

Und dennoch wollte man in manchen deutschen Gegenden von diesem Genuss lange nichts wissen. Carl Julius Weber berichtet noch gegen Ende der Goethezeit über die Geschmackssturheit des Bayern:»Cartoffel gibt er lieber seinen Schweinen, und zieht Knötel, Dampfnudel, Wespennester, Bauchstecherl und fette Mehlspeise vor – er frißt sich knöteldick und trinkt viel Bier dazu.« Besser Dickfressen mit Knöteln als Dünnhungern mit Kartoffelsuppe. Friedrich Nicolai schrieb:»Die Mehlspeisen, Knödel, Wespennester, Dampfnudeln und dergleichen sind äusserst gemein, und werden von den Bayern für besondere Leckerbissen gehalten.« Nicht nur im Süden gab es Knödel, auch im Osten. Dort allerdings machten sie die Dirn eher nicht nudeldick. Die Schlesier, bedauerte Laukhard,»essen Jahr aus Jahr ein ihre Knötel und ihr Suppe, bloßes Mehl mit Salz und Wasser, selten mit Milch, und sind damit zufrieden. Es giebt Familien, die das ganze Jahr hindurch auch nicht ein Loth Fleisch essen. An Einschlachten und an Geräuchertes ist gar nicht zu denken.« Zum Glück waren die Schlesier rührige Leute und brauchten nicht so viel Fleisch wie – Stubengelehrte. Luise ermahnte ihren Boie, den ewig über Papier gebeugten Herausgeber des *Deutschen Museums:* »Ich bitte Dich, iß nicht viel Gemüse, sondern mehr Fleisch. Allen Menschen, die so viel sitzen, bekommt es besser.«

Fleisch und Geflügel

Ein feiner Braten ist etwas Königliches. »In den Küchen der Könige und Fürsten«, erklärt die *Hausmutter,* »wird auf den Braten so große Aufmerksamkeit gerichtet, daß besondere Bratenköche oder Bratenmeister, angestellet werden, die sich mit gar keiner andern Kocherey, als nur einzig und allein mit Braten, beschäfftigen dürfen.« Es müsse unterschieden werden zwischen Braten aus dem Ofen und Spießbraten, der wegen seiner größeren Saftigkeit vorzuziehen und außerdem gesünder sei. Allerdings ist seine Zubereitung teurer und mit mehr Risiken verbunden: teurer, weil das Braten am Spieß mehr Holz verbraucht als das im Ofen; risikoreicher, weil es zu einer Feuersbrunst kommen kann, wenn das Brennholz, um daran doch noch zu sparen, zu nahe am Fleisch und am abtropfenden Fett geschichtet wird. Weiterhin gebe es noch den Topfbraten, bei dem es sich genau genommen um gedämpftes Fleisch handelte, und den Rostbraten, der nur mit kleineren Fleischstücken gelinge.

Hühner, besonders die alten, solle man lieber nicht braten: »Ein altes Huhn muß nicht zum Braten, sondern allein zum Kochen verwendet werden. [...] Das Alter des Huhns zur Suppe kann gleichgültig seyn, wenn es nur fett ist. Es finden sich unter den Hühnern des Hofes immer welche, die deshalb nicht gut Eyer legen, weil sie zu fett sind. Diese sind für die Küche die besten.«

Bei den Eiern ist übrigens zwischen Winter- und Sommereiern zu unterscheiden: »Die Wintereyer sind viel weniger schmackhaft als die Sommereyer. Diese sind auch am Dotter weit gelber als jene. Wenn daher Sommereyer an Suppen und Brühen gebrauchet werden, so fallen sie nicht nur mehr gelblicht als von Wintereyern aus; sondern geben auch den Suppen oder Brühen einen sehr hervorstechenden Geschmack. Man kann mit Sommereyern eine Suppe kräftiger machen, und ein Drittheil, wenn sie Sommereyer sind, ersparen.«

Gewöhnliche Menschen hatten frisches Fleisch, wenn überhaupt, nur als Festtagsbraten auf dem Teller, das Gesinde nur an den Schlachttagen: »Das Rindfleisch kömmt frisch weniger auf den Gesindetisch als geräuchert und gepökelt. In letzterem Zustande gehöret es unter die Dauerspeisen, die bis auf späte Jahreszeiten wohl und räthlich zu versparen sind. In Landwirthschaften soll so wenig als möglich für Speisen Geld ausgegeben und solcher Gestalt ohne besondere Noth kein Fleisch gekaufet werden. Wenn aber Rinder zu häuslichen Consumtion geschlachtet werden, so wird auch für den Gesindetisch eine und die andere Mahlzeit von frischem Rindfleische bereitet.«

Normalerweise indessen ist dafür zu sorgen, dass Fleisch haltbar bleibt, auch in der Hauswirtschaft des ›Mittelmannes‹. Luise lässt daran keinen Zweifel: »Eine Räucherkammer ist unentbehrlich, lieber, bester Boie. Alles geräucherte Fleisch, Würste p.p. ist so angenehm, und so nützlich für Domestiken. Laß Dir doch Gänse fett machen, und in Essig einkochen. […] Ehe ichs vergesse: sag der Fiandt [Boies neuer Hauswirtschafterin], daß, wenn Du Schweine schlachtest, sie die Knappwürste, so wie solche aus dem Kessel genommen werden, gleich in kaltes Wasser legen muß, und nach einer Viertelstunde in das zweite kalte Wasser, so werden die Würste weiß.«

Totes Fleisch verwest, ohne Weiterverarbeitung wird das geschlachtete Tier aus einer Nahrungsreserve zur Leiche im Keller. In der *Hausmutter* ist eine Tabelle mit der Anzahl der Tage abgedruckt, innerhalb derer die verschiedenen Fleischsorten spätestens geräuchert oder gepökelt werden mussten. Nach der kunstgerechten Zerlegung des Tierkörpers und den Vorbereitungen zur möglichst umfassenden Nutzung, einschließlich des Blutes, des Horns und der Häute, kam alles auf das Haltbarmachen an. Kühlung allein genügte nicht, jedenfalls nicht im Sommer, und war ohnehin dermaßen kostspielig, dass nur reiche Leute Eiskeller unterhielten. Die Konservendose aus Blech wiederum, ein britisches Patent von 1810, diente ab 1813 der Versorgung der britischen Armee und blieb den zivilen Haushalten des Kontinents vorenthalten – zum Glück, denn die eingesetzten Legierungen erwiesen sich zum Teil als giftig. Der Qualm in Luises ›unentbehrlicher Räucherkammer‹ blieb der wichtigste Haltbarkeitsmacher, des Weiteren das Salz. In Fässern ›eingebökeltes‹ Fleisch füllte nicht nur Schiffskeller, sondern auch Vorratskammern.

Hausschlachtungen blieben in bürgerlichen Kreisen bis weit ins 19. Jahrhundert üblich. Sie wurden entweder von Lohnmetzgern vorgenommen, die ins Haus kamen, oder von ansässigen Fleischern, die ebenfalls ins Haus kamen, aber das Schlachtvieh mitbrachten. Nur ein Teil der Wurst- und Fleischwaren wurde in kleinen Portionen beim Metzger gekauft. »Fleischer oder Metzger«, definiert Hübners *Lexicon* von 1792, »ist ein uraltes und höchstnützliches Handwerk, weil das menschliche Leben ohne Fleisch nicht wohl erhalten werden kann.«

Diese Behauptung wurde in Schlesien, wie Laukhard schrieb, »Jahr aus Jahr ein« durch Knödelessen widerlegt. Fleisch war überall in Deutschland und Europa Luxus, und je schneller in den ersten Jahrzehnten des 19. Jahrhunderts die städtische Bevölkerung wuchs, desto weniger tierisches Eiweiß blieb pro Kopf für jeden übrig. Dennoch sind die städtischen Einfuhren beträchtlich. 1793 zählt Formey für Berlin auf: »4081 stück fremde Ochsen. 7345 – einländische Ochsen. 3847 – Kühe. 39 793 – Kälber. 100 574 – Hammel, Schafe und Schafböcke. 1398 Stück Lämmer. 33 393 – Schweine. 3652 – Puten. 17 473 Gänse. 3212 – Enten. 3642 – Hühner.«

»Fleisch allein macht traurig« heißt es im Krünitz, und führt zu ›Scharbock‹, zu Skorbut, da »es dem Menschen schädlich sey, wenn er einzig und allein, oder doch mehr, mit Fleisch sich nähret: so ist es nothwendig, sich mit einer gewissen mäßigen Menge desselben zu begnügen. Man muß, um den Hunger vollends zu stillen, die vegetabilische Speise zu Hülfe nehmen.«

»Meine schönen Gurken sind alle weg«

Gemüse und Obst

Die ›vegetabilische‹ Versorgung der Städte war eher noch schwieriger als die mit Fleisch. Vieh wurde aus dem unmittelbaren Umland in die Stadt getrieben und auch von weit her lebend antransportiert, das bereits verarbeitete Fleisch durch Rauch und Salz konserviert. Gemüse und Obst konnte man trocknen oder einmachen, aber dann war es nicht mehr frisch, außerdem wurden für das Einmachen große Mengen des kostbaren Zuckers benötigt. Über die Versorgung Berlins mit Obst und Gemüse heißt es bei Formey: »Sowohl frisches als getrocknetes Obst liefert zum Theil die benachbarte Gegend; größtentheils kömmt es aber zu Wasser aus den übrigen Provinzen. […] Gemüse bringen die Gärtner und Bauern in hinlänglicher Menge und von vorzüglicher Güte auf die Märkte.«

Am einfachsten war es immer noch, den Eigenbedarf im eigenen Garten zu decken, was nicht nur auf dem Land, sondern auch in kleineren Städten vielen Einwohnern möglich war, die ein Haus mit Grundstück besaßen oder – wie lange Zeit Goethe am Frauenplan – zur Miete bewohnten. Nur durften einem bei der Selbstversorgung die Schnecken nicht in die Quere kommen, wie es Christiane Vulpius, noch nicht verheiratete Goethe, im Mai 1798 passierte. Ein Gurkenbeet ist eben kein Olymp: »Mit Deiner Arbeit ist es schön: was Du einmal gemacht hast, bleibt ewig; aber mit uns armen Schindludern ist es ganz anders. Ich hatte den Hausgarten sehr in Ordnung, gepflanzt und alles. In Einer Nacht haben mir die Schnecken beinahe alles aufgefressen, meine schönen Gurken sind fast alle weg, und ich muß wieder von vorne anfangen.«

Selbst in Großstädten wie Berlin gab es Vorgärten, Hausgärten, Hofgärten, ein Eckchen Wiese hinter dem Zaun oder ein Fleckchen Erde vor einer Mauer, auf dem sich Erbsen oder Bohnen ziehen ließen. Beim Kochen war übrigens darauf zu achten, jedenfalls dem bayerischen Kochbuch der Neudeckerin zufolge, dass kein stehendes Wasser aus Zisternen verwendet wurde, sondern fließendes aus über Röhren gespeisten Brunnen. Auf dem bayerischen Land dürfte das wegen Fluss und Bach gar nicht nötig gewesen sein, dagegen waren in Städten wie Wien oder München, Hamburg oder Berlin die meisten Menschen froh, wenn sie überhaupt Erbsen und Bohnen zu essen und halbwegs sauberes Wasser zum Kochen hatten. »Ja, Zuckererbsen für jedermann,/sobald die Schoten platzen!«, forderte Heine im *Wintermärchen*, »Den Himmel überlassen wir/Den Engeln und den Spatzen.« Schließlich hatten es nicht alle so gut wie Landvogt Boie, der seiner Luise schrieb: »Die in großer Menge gepflanzten Erbsen bestimme ich ganz zum Trocknen und Einmachen.«

Das war so praktisch wie Suppenkraut, und für die Poesie sorgten die Blumen:»Suppenkraut und Gemüse im Garten sind auch gut und müssen nicht darin fehlen, aber die Freude geben doch Bäume und Blumen.« Neben dem prosaischen Kraut und Rüben für den Magen und den ans Herz wachsenden Blumen und Bäumen erwähnt Boie Anfang Juni 1784 die süßen Früchte:»Ich habe vortreffliche Kirschen im Garten und viele Himbeeren, die ich besonders liebe.« Einen guten Monat später heißt es:»Ich esse jetzt jeden Morgen Kirschen, jeden Abend Erdbeeren eigener Ernte.«

Wenn die Erdbeeren nicht von eigenen Sträuchern zu pflücken waren, sondern vom Garten zum Gaumen den Postweg nehmen mussten, wurde jede einzelne von ihnen zu einer Kostbarkeit. Schauen wir zu, wie noch ganz am Ende der Goethezeit, im Jahr 1835, der Potsdamer Hofgärtner Carl Fintelmann die Früchte verpackt:»Für Sendungen, welche mit der Post geschehen und bei denen die Früchte 24 Stunden und länger unterwegs bleiben, [...] müssen [...] kleine Kästen von Laubholz [...] gewählt werden, auch darf der Raum im Innern nicht mehr als 1/3 Kubikfuß betragen. Der Boden und die Seitenwände eines solchen Kastens werden mit einer Lage Watte belegt, welche durch ein der Größe angemessenes Blatt Seidenpapier festgehalten wird. Sämmtliche Erdbeeren, welche hierin verpackt werden sollen, müssen zuvor in recht weich geriebenes Seidenpapier, jede einzeln, eingehüllt sein, und werden [...] schichtweise gepackt, wobei jedoch die Watte, welche zwischen jede Lage zu liegen kommt, nicht in Papier genäht zu sein braucht. Ist der Kasten auf diese Weise bis oben gefüllt, so wird noch so viel Watte aufgelegt, dass sich sämmtliche Früchte ohne gedrückt zu werden, nicht bewegen können, und nun der Deckel aufgenagelt.«

Bier, Branntwein, Wein

Die armen und einfachen Leute tranken Wasser und Bier, die vornehmen und gebildeten Wasser und Wein. »Wein und Bier verhalten sich wie Geist und Leib«, schrieb Carl Julius Weber in seinen Reisebriefen, und »Bier ist flüssiges Brot.« Mitunter ist es auch Suppe: »Es wird das Bier mit grobwürfelicht geschnittenem Brodte zusammen gekocht«, ordnet die *Hausmutter* an. So etwas kam bei Schiller nicht auf den Tisch, in seinem Finanzplan für 1802 gibt es nicht einmal einen Posten für Bier, aber einen für »Wein 6 Eimer à 24 Rthlr.« Eine Abrechnung zum Jahresende führt dann doch »Wein und Bier« an, und zwar für 125 Taler. Eine andere Abrechnung für dasselbe Jahr beziffert die Ausgaben für Wein und Bier auf 135 Taler. Nach beiden Varianten wurde also weniger ausgegeben als die ursprünglich eingeplanten 144 Taler nur für Wein.

Mit Formeln wie denen von Weber lässt sich der Alkoholkonsum in der Goethezeit in sozialer Hinsicht recht gut zusammenfassen, abgesehen davon, dass es auch noch Rum gab, ›Liqueur‹ und Apfelwein: »Wir bedienen uns zweener Weine«, schrieb der Frankfurter Arzt Johann Adolph Behrends, »des aus den gewöhnlichen Trauben, und des aus den Aepfeln. Jener wird mehr von Vornehmen, dieser mehr von Gemeinen gebraucht.« Ein ordentlich mit Wasser verdünnter (›gespritzter‹) Apfelwein behage »dem stark arbeitenden Theile der Frankfurter […] Aber der Pöbel, der in allem ausschweift, macht auch hier seine Sprünge; besonders in dem noch mit allen Unreinigkeiten vermischten süßen Moste, den er auch Wein heißt. Krugweis stürzt er den ein.«

Wenn Bier das Lebens- und Rauschmittel der einfachen Leute war, heißt das jedoch nicht, dass die Leiber der Geistesarbeiter es verschmäht hätten. Die Studenten in den Universitätsstädten tranken Bier beim burschenschaftlichen Commers, der Komponist Franz Schubert trank Bier, der Romancier Jean Paul trank Bier. Manchmal allerdings trank er es lieber nicht, wie zum Beispiel das in Weimar ausgeschenkte englische. »Vergeben Sie«, bat er am 8. Oktober 1799 Carl Friedrich Ernst Frommann, »daß ich im Vertrauen auf Ihre

Güte, Bier, das ich von Bayreuth kommen lasse – um nicht am englischen weimarischen umzukommen – an Sie addressieren lies«. So ernannte Jean Paul während seines Weimaraufenthaltes den Verleger im nahe gelegenen Jena zum Privatimporteur des geliebten Bayreuther Biers.

Beim Lagern des Biers war es wichig, das Bier nicht in der ›Tonne‹ zu lassen, sondern gleich nach der Anlieferung auf ›Bouteillen‹ zu ziehen. Das verhinderte das Schalwerden, verursachte aber durch den Flaschenverbrauch und den zusätzlichen Flaschenbruch höhere Kosten. Ein Mittelweg zwischen Fass- und Flaschenlagerung war der etwas widerstandsfähigere Steinkrug. In dem allerdings blieben leicht Neigen zurück, die verderben und dann das nachgefüllte Bier versauern konnten.

Jean Paul hatte in Frommann gewissermaßen einen ›Bierverleger‹ gefunden, und obwohl der Dichter ein Großkonsument war, um nicht unfreundlich zu sagen: ein Säufer, wurde Frommann mit dessen Weimarer Nachschub fertig. Welche Mengen an Alkohol in eine Stadt wie Berlin eingeführt wurde, ist bei Formey zusammengestellt: »Bier vom platten Lande, Königl. Aemter und einländischen Städten – Tonnen 5085«*, »Brantewein« 8974 Quarte, »Feine Weine« 1787 Eimer, »Ordinaire franz. Weine« 13 849 Eimer. Den Branntwein nennt er »das Lieblingsgetränk des gemeinen Mannes, und aus einem Trunke zum Wohlgenuß ist er zu einem täglichen, beinahe eben so allgemeinen Bedürfniße geworden als das Brod«. Der Schnaps lasse die Leute zwar das Elend vergessen, doch verlören sie dabei »Zeit, Geld, Gesundheit und Verstand«. Was über die Not des Augenblicks hinwegtröstet, stürzt auf Dauer umso tiefer ins Unglück. Dann fallen die aus dem Gleis geratenen Trinker (und Trinkerinnen, wie Formey eigens hervorhebt) als Bettelvolk dem Staat zur Last. Außerdem sind Branntweintrinker Brotverschwender: »Es gibt Menschen, die täglich ihre Flasche Branntwein trinken; ein solcher Mensch verbraucht fünfmal mehr Brodkorn als ein Anderer.«

Das war den Leuten, die sich an selbst gebrannten Kartoffel-

---

* Tonne ist ein Volumenmaß für Bier, Eimer für Wein. Siehe den Abschnitt über Maße und Gewichte im Anhang.

schnaps hielten, nicht vorzuwerfen. Das Wort ›Schnapps‹ oder ›Snaps‹ bezeichnete ursprünglich nicht das, was getrunken wurde, sondern wie viel: ein kleiner Schluck. Und in dieser Bedeutung verband es sich wiederum mit dem Branntwein. Den Wein nahm man in gepflegten Schlucken, das Bier genoß man in langen Zügen. Der Biertrinker Jean Paul nannte ›schnapsen‹ ein Postillionswort. Dabei machten sich die Postkutscher und Fuhrleute an allen Flaschen im Reisegepäck zu schaffen, auf denen nicht »Latwerge«* stand.

Auf dem Land galt Branntwein als Stärkungsmittel bei schweren Arbeiten, allerdings als eines, das mit Vorsicht zu genießen war. In Münchhausens *Hausmutter* gibt es dazu im Speiseplan für Schnitter** eine Anmerkung: »Bey den Mittagsmahlzeiten wird den Schnittern zum Braten auch Brandtwein in guten [wohlhabenden] Ländern gegeben. Da auch hieselbst, im Felde sowohl als bey Tische, Bier getrunken wird: so soll nur eine mäßige Dosis Brandtweins jeder Person, zur Verhütung des Volltrinkens, vorgesetzet werden.« Weintrinker bleiben zur ›Verhütung des Volltrinkens‹ beim zweiten Glas. Es macht lustig, bringt aber nicht um den Verstand. So war es jedenfalls bei Boie. Luise erinnerte ihn daran: »Du sagtest immer, das zweite Glas Wein mache dich heiter.« Dann fügte sie hinzu: »Eine Pfeife ist bei vielen Männern das, was bei Dir das zweite Glas Wein ist.«

»*Und doch mußte geraucht werden*«
Etwas über Tabak

Beim zweiten Glas Wein räumte Luise die typisch männliche Sorge aus, die Frauen würden den Tabak verabscheuen: »Das Rauchen vertrage ich sehr gut, warum das den Leuten versagen! Reinlich müssen sie dabei sein, so viel kann ein jeder sich genieren, daß er nicht in die Stube spuckt«. Wenn Luise versichert, sie vertrage das Rauchen, will

---

* Siehe Zelters Bericht im Abschnitt »Ratschläge für Reisende« im Kapitel »Unterwegs«.
** Siehe den ersten Abschnitt des Kapitels »Essen und Trinken«.

sie damit nicht etwa sagen, sie könnte selbst damit anfangen. Und mit den Gästen, denen sie es nicht versagen will, sind ausschließlich männliche gemeint. Dass eine Frau zu Hause oder gar vor anderen rauchen könnte, war undenkbar, mit der Schnupferei verhielt es sich wieder anders. Aber Rauch und Frau gehörten verschiedenen Sphären an, so sehr, dass die Männer für ihre Pfeifen die Räume wechselten, wo dies möglich war; und wo dies nicht möglich war, hatte das Rauchen eigentlich zu unterbleiben. Deshalb die zuvorkommende Toleranz Luises.

Ein Arzt wie Hufeland hätte diese gesundheitsschädliche Toleranz streng missbilligt: »Etwas Unkörperliches, Schmutziges, Beißendes, Übelriechendes kann […] ein solches Lebensbedürfnis werden, daß es Menschen gibt, die nicht eher munter, vergnügt und lebensfroh werden, ja, die nicht eher denken und arbeiten können, als bis sie Rauch durch Mund und Nase ziehen. Das Tabakrauchen verdirbt die Zähne, trocknet den Körper aus, macht mager und blaß, schwächt Augen und Gedächtnis, zieht das Blut nach Kopf und Lunge, disponiert daher zu Kopfbeschwerden und Brustkrankheiten […] Das Schnupfen ist nicht viel besser, und in Absicht der Unreinlichkeit noch schlimmer.« In bestimmten Fällen allerdings kann Tabak Erleichterung verschaffen, etwa durch Rauchklistiere in den After, die auch Hufeland befürwortet. Ein anderer Arzt, der Berliner Formey, wies sogar schon auf die Gefahren des ›Passivrauchens‹ hin: »Wie viel Nachtheil der immerwährende Tabacksrauch verursache, wenn man, ob schon man selbst nicht raucht, sich lange in demselben aufhält, kann man am besten aus der blaßen Farbe der Bedienten in den Caffee-Häusern der großen Städte sehen.«

Nicht bloß ärztliche Missbilligung, heftigen Tadel hätte Luise von der in Deutschland umherreisenden Frau de Stael zu erwarten gehabt. Madame hasste den Tabak. Ein rauchender Mann roch für sie wie ein Schwein, ein schnupfender sah so aus, und wer ihn gar kaute, war selber eines. Das lange geltende und mit einem Taler Strafe bewehrte Rauchverbot in den Straßen und Parks von Weimar hätte ihr sicher gefallen. Dagegen wäre ihr der ewig schnupfende Philosophenkönig Friedrich mit seiner Sammlung kostbarer Tabakdosen und seiner Vorliebe für Spaniol, einen in Sevilla verarbeiteten und mit Ockererde gelb gefärbten Havannatabak, ein Gräuel gewesen, ebenso der Philosoph Hegel, der während seiner Vorlesungen schnupfte, was das Zeug hielt, und dabei die Krümel übers Katheder verstreute. Sein Tabak soll mit Cannabis ›gestreckt‹ gewesen sein, falls das in diesem Fall der richtige Ausdruck ist.

Dass Tabak vor dem Rauchen gestreckt wurde, steht so wenig außer Frage wie das Strecken von Weizen- mit Kartoffelmehl vor dem Brotbacken, das von Butter mit Kartoffelbrei vor dem Brotschmieren und das von Kaffee mit gemahlenen gerösteten Kartoffelwürfeln. Besonders die billigen Tabaksorten wurden so noch billiger gemacht, etwa der Knaster (auch Kanaster), der gerollt in Körben (portugiesisch ›canastra‹) aus Rohrgeflecht importiert wurde. Was der Spaniol für Friedrich war, das war der Knaster für seine Untertanen. Wenn es nicht einmal dafür reichte, tat es auch zermahlenes Holz, wie der preußische Unteroffizier und Invalide Johann Christoph Pickert in seiner Lebensgeschichte über einen Lazarettaufenthalt 1806 berichtete: »Wier bekahmen auch Appetit zum Taback zu rauchen, wier hatten aber weder Taback noch Geld um uns welchen zu kaufen, und geliefert bekahmen wir keinen und Taback wollten wir doch gern rauchen, so mußte also die Borke von Eichenholz die Rolle des Tabacks vertreten«. Ein noch schlechteres Surrogat war Weidenrinde, sie »wolte so gut nich schmekken als die Eichen, und doch mußte geraucht werden, konnte einer Weinblätter, Kir[s]chblätter mit Boltenschaale vermischt! habhaft werden, so hielte er sich glücklich und rauchte solchen Taback sehr sorgfältig«.

Mit der Boltenschale sind Schalen der Kartoffel gemeint, dieser Panazee der Armen, die alles zu strecken oder gleich ganz zu ersetzen vermochte. Der Tabak selbst galt gebildeten Menschen, die keine Könige oder Philosophen waren, als Trostmittel kleiner Leute. Adelbert von Chamisso schrieb: »Der Taback ist bei uns hauptsächlich, und in manchen Ländern Europas ausschließlich, Genuss des gemeinen Volkes. – Ich habe immer nur mit Wehmut sehen können, dass grade der kleine Anteil von Glückseligkeit, welchen die dürftigere Klasse von den begünstigteren voraus nimmt, mit der drückendsten Steuer belastet werde.«

Die Tabaksteuer, die Gebühren für Privilegien beim Handel mit Tabak und beim Betreiben von ›Tabacks-Fabriken‹, die Pacht für Tabakmonopole sowie der Tabakanbau selbst waren für viele europäische Fürsten wichtige Einnahmequellen. Büsching berechnete die mit dem Tabak verknüpften Einkünfte der Könige von Spanien, Frankreich, »beyder Sicilien«, Dänemark und Maria Theresias von Österreich auf insgesamt 13 122 933 Taler. Von Preußen meinte er: »Ich bin gewiß, daß die reinen Einkünfte, welche unser allergnädigster König und Herr [Friedrich II.] von dem Tabacksverkauf aus seinen gesammten Ländern ziehet, die Einkünfte aus seinen ansehnlichen churmärkischen Domainen-Aemtern übertreffen.«

Fast überall in Deutschland wurde Tabak angebaut oder verarbeitet, von Westen bis Osten (von Baden bis zum Oderbruch), im Norden (in der Gegend von Hannover) und in der Mitte (in Hessen und Thüringen). Über den Tabakanbau in dem damals 1500 Einwohner zählenden Städtchen Wasungen im fränkischen Thüringen schrieb Jonas Ludwig von Heß in seinen *Durchflügen:* »Von dieser Pflanze werden hier jährlich über 2000 Zentner geerndtet. Während dem amerikanischen [Unabhängigkeits-]Krieg stieg diese Waare im Preise so hoch, daß die Wasungen ihren Tabak zu 8 bis 9 Thl. den Zentner nach Hamburg und Bremen verkauften. Jetzt [Mitte der 1790er] galt der Zentner 4 Thlr.« Von Hessen weiß Philipp Andreas Nemnich in seinem industriellen Reisetagebuch zu berichten: »Der Hanauer Taback ist dem Nürnberger am ähnlichsten, nur etwas fetter und dicker von Blatt; er wird in Bestgut, Halbgut oder Geiz und Sandgut unterschieden. Die jährliche Erndte ist zwischen 10 und 12 000 Zentner. […] Man theilt das Gespinnst ein, in feine Schleifen oder Flamentiner, es ist schlangenförmig zusammengelegt, und heißt fein, weil es keine Stengel hat; kurze Schleifen, sind kürzer als die vorigen, und haben Stengel; Schnecken, d.i. schneckenförmig platt gelegte Rollen; feine Rollen; Stiel- oder ordinäre Rollen; die letzteren enthalten Stengel und Geiz, mit einem guten Blatt gedeckt.«

Weitere Qualitätsabstufungen wurden durch Mischungen der Importware mit ›Landgut‹, also heimisch erzeugten Produkten, erreicht. Der Osnabrücker Tabakimporteur und -produzent Christian Franz Thorbecke beispielsweise mischte Landgut mit Ware aus Virginia. Wenn dieser Tabak in einem Pfeifenkopf verbrannte, dann zerfiel zugleich die Arbeit der Plantagensklaven von Virginia und der Fabrikarbeiter von Osnabrück zu Asche.

Eine Prise Salz

Bratsalz hieß nicht deshalb so, weil es in die Pfanne gehauen wurde, sondern weil es dort entstand, denn es »ist in den Salzpfannen langsam bei gelindem Feuer ohne Aufsieden gebraten worden. Dieses Salz ist hart und stärker im Salzen und bleibt daher länger trocken und von Feuchtigkeiten der Luft befreit, auch ist es gut weit zu versenden.«

Diese Eigenschaften waren äußerst wichtig in einer Zeit der langen Wege und langsamen Transporte. Hinzu kam die Schwierigkeit, das Konservierungsmittel Salz selbst zu konservieren. Salz war ein teures Gut, auch wenn es in der Goethezeit den Status als ›weißes Gold‹ an den Zucker verloren hatte. Weniger kostbar als die ›Colonial-Waaren‹, als Zucker und Zimt, Pfeffer und Anis, Kaffee und Tee, blieb es dennoch der unentbehrlichste Grundstoff in Küche und Haushalt, bei der Konservierung von rohem Fleisch und frischer Butter, beim Aufheben des Gekochten und beim Kochen selbst: »Je fetter das Fleisch ist«, setzt die *Hausmutter* als Regel, »je mehr muß Salz angeleget, und solchem hiedurch ein ekelhafter Geschmack benommen werden.« Und wenn »es uns um die Erhaltung der so schönen Farbe grüner Gartengewächse zu thun ist, z.E. des grünen Kohls, der Schnittbohnen, so muß man sofort, wie sie ins Wasser kommen, Salz anlegen, und sie damit ansieden lassen«.

Der Salzbedarf war groß und eher nicht mit den Fingern nach Prisen zu messen, sondern hände- und kellenweise. Entsprechend zahlreich waren die Methoden und Stätten der Salzgewinnung, seien es Bergwerke, Solen oder Meeresküsten. Die vielen und über alle deutschen Gebiete verstreuten Ortsnamen mit ›Hall‹ als Bestandteil weisen darauf noch heute hin. Zu den ältesten Zentren der Salzerzeugung gehörten Halle und Lüneburg. Die Salzsieder von Halle bildeten im 18. Jahrhundert eine eigene Binnenkultur aus, grenzten sich nachdrücklich gegen die übrigen Berufsgruppen ab, heirateten im Wortsinn mit Vorliebe untereinander und bezeichneten sich stolz als Halloren, »in den Salzwerken im Magedburgischen, besonders zu Halle, eine Benennung der Salzarbeiter, oder derer, welche das Salz aus der Sohle sieden, und auch Salzwirker, Hallbursche, Hallleute, zu Lüneburg aber Sülzer genannt werden«. Die Arbeit dieser Menschen war überaus hart. Jean Paul erwähnt sie im *Hesperus* mit dem Seufzersatz:»Ach der arme Bergmann, der Minierer im Steinsalz und der Insel-Neger«. Mit dem Insel-Neger war der schwarze Sklave gemeint, der auf den karibischen Plantagen das Zuckerrohr für die Europäer anbaute.[*]

»*Einer der größten Handelsartikel*«
Vom Zucker

Europa war ein honigsüßer Kontinent – bis der Rohrzucker über die Meere kam. Am 28. März 1764, im ersten Friedensjahr nach dem Siebenjährigen Krieg, erschien in den *Braunschweigischen Anzeigen* eine herzogliche »Verordnung, den Gebrauch des Weins, Coffee, Thee und Zuckers auf dem platten Lande betreffend«, in der getadelt wurde, dass trotz der »unglücklichen Würkungen, welche der letzte Krieg in Unsern Landen zurück gelassen«, der »gemeine Mann«, statt zu sparen »auf eine verschwenderische und in noch tieferes Verderben führende Lebensart verfalle, inbesondere aber der seinen Umständen so wenig gemäße Gebrauch des Weins, Coffee, Thee und Zucker schon sehr allgemein zu werden anfange«. Der besorgte Landesfürst zählte den Zucker zu den Luxusartikeln, die den Leuten das Geld aus der Tasche und dem Land aus der Kasse zogen. Aber der Honig, seit alters her das traditionelle Süßungsmittel in ganz Europa, hatte dem Stoff aus Übersee wenig entgegenzusetzen. Zu stark trat beim Honig neben der Süße der Eigengeschmack hervor, außerdem war seine Erzeugung durch die Bienen unwägbar und seine Weiterverarbeitung durch die Menschen umständlich. Gut zehn Jahre nach der Verordnung des Herzogs von Braunschweig,

***

[*] Zum Sklavensystem der Zuckerplantagen siehe den Abschnitt über ›Colonial-Waaren‹.

die eine Sorge ausdrückte, die viele Landes- und Gutsherren teilten, erwähnte Christiane Louise von Rochow in einem Brief den Neubeginn mit einer Bienenzucht: »Mein Mann hat seyd vorigen Jahre auf den neuen Guthe eine große Binen Hütte Bauen laßen, er hat mit 22 stöken angefangen«. Rochow war nicht der Einzige, der sich in größerem Stil an der Honigproduktion mit Bienen versuchte. Dennoch mahnte ein weiteres halbes Jahrhundert später Carl Julius Weber, »die Bienenzucht sollte wieder mehr gehoben werden. Sie verfiel, weil der Honig unserer Alten dem Zucker Platz machen musste.«

Diesen Platz hat der Zucker seitdem nicht wieder hergegeben, weder in der Küche des »gemeinen Mannes« noch im globalen Geschäft. »Zuckerrohr ist der Hauptartikel«, schrieb Riesbeck, »den Hamburg aus Spanien zieht und womit es ungeheure Summen gewinnt. Keine Nation hat es bisher den Hamburgern im Zuckersieden und Raffinieren zuvortun können, und der Handel mit diesem Artikel erstreckt sich durch ganz Deutschland.« In Berlin wurde die erste Zuckersiederei 1749 durch David Splitgerber gegründet, Mitbegründer des Handelshauses Splitgerber & Daum und Waffenfabrikant der preußischen Könige. Drei Jahrzehnte danach konstatiert ein Anonymus in der Zeitschrift *Neueste Mannigfaltigkeiten:* »Seitdem der Gebrauch des Thee, Kaffee, der Schokolate, des Punsches und der gemachten oder süßen Weine fast in ganz Europa durchgängig eingeführet worden, hat der Absatz des Zukkerrohrs so ungemein zugenommen, dass man denselben heutigen Tages als einen der größten Handelsartikel ansehen muß.«

Das riesige nationale und internationale Geschäft, verbunden mit einigen wenigen bedeutenden Kaufleuten, wurde flankiert durch die lokalen Geschäfte zahlloser kleiner Händler, die in den Städten einen Laden oder eine Bude hatten und ihre Mitarbeiter als Hausierer über die Dörfer schickten oder selbst den hölzernen Verkaufskasten auf dem Rücken trugen, um Zucker, aber auch Tabak, Kaffee und Tee zu verkaufen. Die Produkte waren leicht und teuer, schon mit geringen Mengen ließen sich Profite machen, kleine Profite, aber eben doch so viel, dass er den Hausierer ernährte und noch etwas abwarf für den nächstgrößeren Händler, von dem jener die Ware bezog.

Der Verbrauch stieg stetig an, entsprechend wuchsen die Kosten im Haushalt des kleinen, aber auch des ›Mittelmannes‹. Dort begann man, die Zuckerhüte wegzusperren, um die Küchenmägde nicht zum Naschen zu verleiten. Wenn sie den Zucker mit eisernen Zangen für die Büchse in kleine Stücke brachen, wurden sie beaufsichtigt. Der gefüllten Zuckerbüchse auf dem Tisch wiederum war nur eine versilberte Zange angemessen, mehr Zier- und Luxusgegenstand als praktisches Werkzeug zum Ergreifen der süßen Brocken, ein Gegenstand, dessen Wert den Wert des Produktes symbolisierte, dem es zur Konsumierung beigelegt war. Wenn es für die Zurschaustellung der weißen Süße nicht reichte, konnte man auf braunen Zucker oder auf Sirup ausweichen. Oder man gab kleine Stücke nicht direkt in den Kaffee, sondern nahm sie in den Mund. Während der Kontinentalsperre Napoleons, als von 1806 bis 1814 die Einfuhr englischer ›Colonial-Waaren‹, darunter Kaffee und Zucker, stark eingeschränkt, wenn auch wegen des Schmuggels nicht völlig unterbunden war, behalf sich »der sparende Mittelmann« dem Weimarer Verleger Bertuch zufolge mit einem Trick und nahm »zu seinem Coffee-Surrogat ein kleines Stückchen Zucker in den Mund, anstatt ihn sonst reichlicher in die Tasse zu werfen, und reicht nun mit seinem Zucker viel mal weiter als sonst«. Napoleons Peitsche gegen England war für den Kontinent kein Zuckerbrot: »Ein Pfund feinstes Mehl mit 6 bis 8 Eiern, 1/2 Pfund geschmolzener Butter und so viel warmem Rahm als hinreichend ist, einen nicht zu festen, aber auch nicht zu flüssigen Teig daraus zu machen, bearbeitet. Nun noch 1 Pfund abgezogene, fein gestoßene Mandeln, Zucker, Zitronat, Zitronen- [und] Pomeranzenschalen […] in den Teig gebracht und daraus Brötchen von etwa 4 Finger breit Höhe gebildet. Diese in einem Backofen vollkommen ausbacken und austrocknen lassen, dann mit einem Messer oder Hammer in kleine Stückchen geschlagen und so zum Kaffee servirt.«

»Der braune Zaubertrank«
Kaffee und Tee

Vielleicht stand ein Tässchen auf dem Tisch, als der Frankfurter Arzt Johann Adolph Behrends 1771 schrieb:»Zauberisch sind diese Getränke und allmächtig bey uns [...] Ich will gar nichts von Hohen und Mittlern sagen: aber nicht ehrlich will ich seyn, wenn nicht von der vornehmen Holzhackersfrau an, bis auf die lumpichste Dirne, die ihre Blöße nicht decken kann, Caffe getrunken wird. Oft keinen alten Brodschrank im Hause, aber immer noch eine gangbare Caffemühle [...] Diese Schwelgerei ist so weit gestiegen, daß der Arme sich zu Mittage und Abend statt des Essens Caffe macht, Brod einbrockt, und so mit seiner Familie soupirt.« Vielleicht stand auch bei dem Berliner Arzt Ludwig Formey ein Tässchen auf dem Tisch, als er fünfundzwanzig Jahre später die Feder für einen Tadel in die Tinte tauchte:»Es giebt Leute in Berlin, die den Kaffee so häufig wie die Türken und den Thee so übermäßig als die Chineser trinken.« Drei weitere Jahrzehnte später hatten Kaffee und Tee immer noch nichts von ihrem Zauber verloren:»Der braune Zaubertrank«, klagt Carl Julius Weber, »hat über die Vernunft, und die Mode über alle Gesetze gesiegt. Nach der Muttermilch kommt der Caffee oder Thee.«

Die Kaffeeschelte ist so alt wie das Kaffeetrinken. Aber die Lachfältchen des Sittenschilderers angesichts einer Luxusmarotte verwandelten sich in Sorgenfalten auf der Stirn des Volkserziehers, seitdem Kaffee und Tee gewissermaßen als abgesunkene Kulturgüter beim ›großen Haufen‹ angekommen waren. Die »bey dem gemeinen Mann [...] einreißende Gewohnheit, des Morgens und Nachmittags Thee und Kaffee zu trinken«, hatte schon Friedrich Eberhard von Rochow im zweiten Teil seines *Kinderfreunds* gerügt. Aber warum soll das so schlimm sein? Gegenfrage:»Was gehört zum Kaffee?« Die Antwort:»Heiß Wasser, Zucker und Kaffee.« In der unfreiwilligen Parodie eines sokratischen Dialogs zwischen Lehrer und Schüler entfaltet der volksaufklärerische Gutsherr seine Zaubertrankkritik:»Lehrer. Wenn z.E. des Nachmittags Wasser heiß werden soll, was gehört dazu? Karl. Dazu gehört Feuer. Lehrer. Also

Holz. Wächst die Kaffeebohne hier zu Lande, und das, woraus der Zucker gemacht wird? Karl. Nein, sondern in fremden Ländern. Lehrer. Also es muß gekauft werden; und das Geld dafür kömmt nicht wieder ins Land.«

Das ist aber noch nicht alles. Der Genuss verweichlicht zudem und führt zu schlechter Verdauung. Die schlechte Verdauung wiederum verführt zum Branntweintrinken. Und was »gehört nicht auch für Zeit und theures Geschirr zum Kaffeemachen und trinken!« Zum Kaffeemachen und -trinken gehört zum Beispiel ein ordentliches Service. Büsching dokumentiert in der *Beschreibung seiner Reise nach Reckahn* zu Rochows Mustergut eine Tabelle der »Königl. Porcellan-Manufactur« für »ein vollständiges Caffe-Service, welches in folgenden Stücken besteht, als: 12 Caffe-Tassen mit 1 Henkel/6 Chocolade-Tassen mit 1 Henk./1 Spülnapf/1 Caffekanne/1 Milchkanne/1 Thee-Pott nebst/1 Einsatzschale oval/1 Zuckerdose/1 Thee-Büchse.«

Aber »1 Thee-Büchse« macht noch keinen Tee. Für einen ordentlichen Haushalt empfiehlt sich die Anschaffung einer »engl. Thee-Maschiene«, wie sie in Bertuchs *Journal des Luxus und der Moden* angepriesen wurde, und zwar mit einer Verbesserung made in Jena, ausgetüftelt von jenem Mann, dem auch das Verdienst der Vernietung von Feuerwehrschläuchen gebührte*: »Die Engländer erhalten das Waßer darinnen gewöhnlich mit einem glühenden Stahle heiß, welches aber etwas mühsam ist […] Unser Hr. Hofkupferschmied Pflug in Jena, deßen Geschicklichkeit wir schon mehrmals hier gerühmt haben, verfertigt dergl. Thee-Maschienen […] mit einer drinn angebrachten Kohlen-Pfanne; welches weit bequemer und würcksamer ist.«

Während in England der Tee zur Gaumenseuche der Armen wurde, war es auf dem Kontinent der Kaffee. Der ausdauernde und ausufernde Konsum selbst bei Leuten, die sich das Konsummittel eigentlich gar nicht leisten konnten, lag wohl auch an der aufputschenden und zugleich das Hungergefühl abschwächenden Wirkung des Koffeins. Die Bohnen wurden deutlich länger geröstet als heute, entsprechend höher war der Koffeingehalt pro Tasse. Als che-

---

* Siehe den Abschnitt über das Feuer im Alltagskapitel.

mische Substanz wurde das Koffein erst 1820 von Friedlieb Ferdinand Runge isoliert, aber versteckt in der Kaffeebohne hatte es bereits im Lauf des 18. Jahrhunderts einen unvergleichlichen Aufstieg als globale Handelsware erfahren. Der wichtigste europäische Importhafen war Amsterdam. In einer von Hebels *Kalendergeschichten* staunt der »deutsche Handwerksbursche«: »Da stand nun Schiff an Schiff, und Mastbaum an Mastbaum; und er wusste anfänglich nicht, wie er es mit seinen zwei einzigen Augen durchfechten werde […], bis endlich ein großes Schiff seine Aufmerksamkeit an sich zog, das vor kurzem aus Ostindien angelangt war, und jetzt eben ausgeladen wurde. Schon standen ganze Reihen von Kisten und Ballen auf- und nebeneinander am Lande. Noch immer wurden mehrere herausgewälzt, und Fässer voll Zucker und Kaffee, voll Reis und Pfeffer […] Als er aber lange zugesehen hatte, fragte er endlich einen, der eben eine Kiste auf der Achsel heraus trug, wie der glückliche Mann heiße, dem das Meer all diese Waren an das Land bringe. ›Kannitverstan‹, war die Antwort. Da dachte er: Haha, schaut's da heraus? Kein Wunder, wem das Meer solche Reichtümer an das Land schwemmt, der hat gut solche Häuser in die Welt stellen«, Häuser wie jenes, das der Handwerksbursche vor seinem Hafenbesuch in der Stadt bewundert hatte und das nach Auskunft eines Passanten ebenfalls einem gewissen Kannitverstan gehörte. Das Nichtverstehen der Amsterdamer hat der deutsche Handwerker falsch verstanden, den Zusammenhang zwischen globalem Handel und lokalem Reichtum aber ganz richtig.

»*Ein Surrogat ist und kann kein Kaffee werden*«
›Colonial-Waaren‹ und ihre Ersatzstoffe

Wie kommen Kaffee und Zucker nach Weimar? Indem jemand nach Leipzig fährt und die Sachen dort einkauft: »Glücklich bin ich auch diesmal von Leipzig retourniert und habe für Dieselben den Coffee und Zucker mitgebracht«, schrieb am 2. Juni 1802 der

Jenaer Buchdrucker Göpferdt an Schiller und erkundigte sich, »ob ich diese Waare durch den Boten senden soll, oder sie selbst [...] überbringen, weil ich gesonnen bin, [...] nach Weimar zu reisen«. Wie kommen Kaffee und Zucker nach Leipzig? Zum Beispiel über den Hafen von Amsterdam. Der meiste Kaffee stammte aus der französischen Kolonie Saint Dominque (ab 1804 Haiti), um die Jahrhundertwende weltgrößter Produzent. Der Zucker wurde im riesigen, von den Portugiesen beherrschten Brasilien auf Plantagen produziert. Wie später das Erdöl wurde er roh verschifft und in Europa raffiniert.

Zucker bedeutete Zuckerrohr, Zuckerrohr bedeutete Plantagenwirtschaft, Plantagenwirtschaft bedeutete Sklavenarbeit, Sklavenarbeit bedeutete Sklavenhandel, Sklavenhandel bedeutete Sklavenraub. In Wezels Roman *Belphegor* heißt es bitter, die Sklaven seien nur dazu da, »in Amerika unter Hunger, Elend und Blöße den Europäern den Kaffe süß zu machen«. Der Satz ist ein Echo auf die berühmte Stelle in Voltaires *Candide,* in der ein geschundener Plantagensklave dem Weltwanderer Candide und dessen allzeit optimistischem Lehrer Pangloß seine Leiden schildert und ausruft: »Sehn Sie, um den Preis kriegen Sie in Europa den Zucker zu essen!«

Aus der Perspektive der europäischen Fürsten wurde noch ein anderer Preis bezahlt: das Geld, das außer Landes floss und nach der herrschenden merkantilistischen Wirtschaftstheorie die Staaten ausblutete. Für viele der aus den Kolonien eingeführten Güter wurde deshalb nach heimischen Ersatzstoffen gesucht, nach Surrogaten. Das Wort hatte zunächst keinen abwertenden Beigeschmack. Es bekam ihn erst, als sich herausstellte, dass dem Beigeschmack der den Kaffeebohnen entgegengesetzten (oder untergemischten) Ersatzstoffe nicht beizukommen war, mochten es nun geröstete Erbsen sein, geröstete Weizenkörner, geröstete Zichoriewurzeln. Bertuch zählt in seiner *Uebersicht der ausländischen Colonial-Waaren und ihrer inländischen Surrogate* neunzehn für den Kaffee auf: »1) Getraidearten: Roggen, Waizen, Gerste. 2) Kicher-Erbse. 3) Skorzoner Wurzel. 4) Cichorie oder Wegwart. 5) Die Möhre oder gelbe Rübe. 6) Die Runkelrübe. 7) Die Erd-Mandel. 8) Die Pastinake und Zellerie-Wurzel. 9) Die Eichel. 10) Die Feld-Erbse. 11) Der Mais oder Türkisch Korn. 12) Die Roßkastanie. 13) Die blaue Lupine. 14) Die

Saubohne. 15) Die Buchnuß oder Buchecker. 16) Die Erdnuß. 17) Die Kartoffel. 18) Der Hanf. 19) Der Spargel-Saame.« Bertuchs Liste ist nicht vollständig. Er vergisst zum Beispiel die Kerne: Pflaumenkerne, Pfirsichkerne, Kirschkerne. Was die Nummer 17 betrifft, empfiehlt Krünitz folgendes Verfahren: »Man hat die besten Knollen, rothe und weiße, roh in kleine Würfel, so groß wie ordentliche Kaffeebohnen zerschnitten, auf einen zinnernen Teller geschüttet und auf dem warmen Ofen getrocknet und diese Würfel nachher, wie Kaffeebohnen, geröstet und gemahlen. Das solcher Gestalt erhaltene Getränk ist dem wirklichen Kaffee ähnlich.« Ähnlich, aber eben nicht gleich! Außerdem war selbst die Ähnlichkeit übertrieben. Vielleicht wurde deshalb der Mainzer »Fabrik-Kaffee« nach Nemnich wenigstens teilweise, genau gesagt: zu einem Drittel, mit richtigem Kaffee – verfälscht: »Die Vermischung besteht aus allerlei Wurzeln und Pflanzen. […] Dass künstlicher Kaffee, selbst mit der Zuthat eines Drittels ächten Kaffees, den Geschmack und die Tugend«, womit seine belebende Wirkung gemeint ist, »des letztern vollkommen erreicht, mag glauben, wer daran Gefallen hat. Kaffee ist Kaffee; und ein Surrogat ist und kann kein Kaffee werden«.

Beim Zucker verlief die Suche nach einem Ersatz erfolgreicher. Ist der Zucker chemisch wirklich Zucker, bleibt sich gleich, ob er aus den Rohren auf den Plantagen in Übersee gewonnen wird oder aus den Rüben auf heimischen Äckern. Bertuch zufolge müssen Zuckersurrogate folgende Eigenschaften haben: »Sein rohes Material muss allenthalben […] in großer Menge, jährlich, ohne beträchtliche Kosten, von Jedermann erbaut werden können. […] Seine Verarbeitung zum Zucker-Syrup sowohl als wirklichem hartem Zucker, muß einfach, wohlfeil und für jeden Hausvater practicabel seyn. Es muß für die darauf angelegten größeren Zucker-Fabriken, Jahr aus Jahr ein, eine hinreichende Quantität vorräthig und wohlfeil im Ankaufe aus der ersten Hand seyn, damit die Fabriken […] bei der Concurrenz mit dem Rohrzucker bestehen können. Es muß auch schon nach seiner ersten Verarbeitung zum Hausbedarf für den Erbauer brauchbar seyn.« Nach der Beschreibung zehn verschiedener Zucker-Surrogate kommt Bertuch zum Ergebnis: »Nur die Runkelrübe erfüllt alle obige Bedingungen vollkommen.«

Chemisch genau genommen ist der Rübenzucker kein Surrogat des Rohrzuckers, wie etwa der gebrannte Kartoffelwürfel für die Kaffeebohne, sondern lediglich ein anderer Rohstoff, mit dem ein gleichwertiges Endprodukt erzeugt wurde und immer noch wird. Andreas Sigismund Marggraf erkannte 1747 die chemische Identität von Rohr- und Rübenzucker, aber erst in der Mitte der 1780er-Jahre gelang es Carl Achard, den Zucker der Rübe zu isolieren. Die durch Züchtungen erreichte Steigerung des Zuckergehalts der Rübe von drei auf acht Prozent verbesserte zudem die Wirtschaftlichkeit.[*] 1799 erhielt er ein Darlehen des preußischen Königs, das ihm den Kauf eines Gutes in Schlesien und dort den Aufbau der ersten deutschen Fabrik zur Zuckergewinnung aus Runkelrüben ermöglichte. Im selben Jahr bezeichnete eine anonym erschienene Broschüre den »Zucker aus Runkelrüben« ein wenig übertrieben, aber nicht völlig falsch als »wichtigste und wohlthätigste Entdeckung des 18ten Jahrhunderts«. Die Nachauflage des Heftes war »mit einer in Kupfer gestochenen Runkelrübe« geziert.

Exkurs über Kochbücher
(mit Rezepten für ein historisches Menü)

Als die bürgerliche Hausfrau das tagtägliche Küchenregiment unter ihrer allgemeinen Oberaufsicht nicht länger der Köchin überließ, sondern selbst den Kampfplatz am Herd betrat und Hand anlegte, brachte sie die gedruckten Kochbücher mit. Gegen Ende des 18. Jahrhunderts begann ein unvergleichlicher Boom dieses Genres. Wie immer, wenn eine Gattung anhaltend Erfolg hat, bildete das Kochbuch Untergattungen und Nebenlinien aus. Das Repertoire reichte von mehrbändigen Gesamtdarstellungen wie der im letzten Drittel des Jahrhunderts in etlichen Auflagen verbreiteten *Hausmutter in allen ihren Geschäfften* bis zu Rumohrs *Geist der Kochkunst* von 1822: »Wer nun der Kochkunst sich widmen soll, der werde frühzei-

---

[*] Heutige Sorten enthalten über 20 Prozent.

tig an Ordnung, Reinlichkeit und Pünktlichkeit gewöhnt. Man verbiete ihm Romane zu lesen; [...] Übrigens lese er mein Buch und nichts als mein Buch.«

Die Zeitgenossen ignorierten offenbar diesen Rat. In den Küchen und Kabinetten lagen Kochbücher für jeden Geschmack herum, für die bodenständige und die exotische Küche, für Spezialitäten, für Regionales. Allein im Jahrzehnt um 1800 erschienen beispielsweise ein *Allgemeines Obersächsisches Koch- und Speisebuch* (1794), ein *Braunschweigisches Kochbuch für angehende Köche und Köchinnen* (1800), ein *Neues Hannöverisches Kochbuch* (1800), ein *Baier'sches Kochbuch für Fleisch- und Fasttäge* (1802), ein *Grätzerisches durch Erfahrung geprüftes Kochbuch* (1804), ein *Vollständiges und allgemeinnützliches Bamberger Kochbuch* (1805). Es wurden so viele Kochbücher gedruckt, dass mitunter sogar diejenigen, die sie schrieben, sich und das Publikum fragten, wer das alles lesen sollte. Im Vorwort von Maria Anna Neudeckers *Die Bayersche Köchin in Böhmen* von 1805 heißt es:»Der Überfluß an Kochbüchern, womit das Publikum gleichsam überschwemmt ist, würde schon allein ein hinreichender Grund seyn, die aufgeregte Neigung in mir zu unterdrücken, diesen Überfluß noch mit einem ähnlichen Werke zu vermehren, wenn mich nicht eine vieljährige Erfahrung, die ich größtentheils in den Küchen vornehmer Häuser gemacht habe, in den Geheimnissen der Kochkunst hinlänglich eingeweiht hätte.«

Den ungewöhnlichen Titel ihres Buches begründet die Neudeckerin damit, dass sie selbst Bayerin ist, aber auch, dass »alles nach bayerischem Maaß und Gewicht behandelt wird«. Ein wichtiger Hinweis bei der deutschen Unübersichtlichkeit*. Ihre Mengenangaben sind für zwölf Personen berechnet, mindestens zwei zu viel, wenn man sich nach Immanuel Kant richtet, demzufolge die Teilnehmer eines Gastmahls nicht weniger als drei (wegen der Grazien), aber nicht mehr als neun (wegen der Musen) sein sollten, den Gastgeber mitgezählt also zehn. Aber die katholische Köchin hat sich anders als der kritische Philosoph, der bewiesen hat, dass sich Gott nicht beweisen lässt, statt an der Antike am *Neuen Testament* orientiert, an der Zahl der Apostel beim letzten Abendmahl.

---

* Siehe den Abschnitt »Maße und Gewichte« im Anhang.

Neben den Kochbüchern gab (und gibt es bis heute) handschriftliche Rezeptsammlungen. Aus derjenigen, die Eva König, Lessings spätere Frau, auf zwei Wienreisen in den frühen 1770ern zusammengetragen hat, stammt die Suppe zum historischen Menü. Sie entsprach sicher nicht dem *Geist der Kochkunst*, hatte aber Hirn: »Laß ein Hirn in der Rindsuppe sieden, ziehe es ab, und stoße es recht fein. Eine in Milch geweichte Semmel, 2 gantze harte Eyer, und etwas geschöllte [weich gesottene] Mandelen, stoße auch so fein, daß die Suppe nicht darf durchgeschlagen werden. Ein stückgen Butter drucke in Mehl ab, thu es in einen Hafen; schütte kalte Rindsuppen darauf soviel du brauchest, das gehackte thu dazu, und rühre es recht klar ab. Setze es zum Feuer; rühre es alleweil um, und laß es den Vierten Theil einsieden, so ist es gut.«

Dem würde wohl mancher Zeitreisende sogar noch die Suppen vorziehen, die in den Rumford'schen Armenanstalten ausgegeben wurden*, oder die Biersuppe aus Münchhausens *Hausmutter:* »Es wird das Bier mit grobwürfelicht geschnittenem Brodte zusammen gekocht, auch zugleich Butter, zuletzt aber Ingwer, oder stattdessen, Pfeffer hinzugethan.« Es sei hervorgehoben: »Außerdem, dass diese Suppe eine Morgensuppe ist, so ist sie auch eine Sonntagssuppe, und wird in den Häusern des Mittelmannes gemeiniglich alle Sonntage gegeben.« Nicht den Familienmitgliedern, versteht sich, sondern dem Gesinde. Es ist wohl besser (und schmeckt auch so), sich an die Markknödelsuppe aus dem *Allerneuesten Kochbuch* von Maria Anna Neudecker zu halten: »Es wird ein halbes Pfund frisches Mark genommen, klein geschnitten in einem Reindel mit halbem Seidel Milch aufgekocht, so lange, bis die Milch fast eingekocht ist, dann wird es durch ein feines Haarsieb durchgestrichen, damit das Unreine davon weg komme, das Mark pflaumig mit 6 Eyerdottern abgerührt und nach und nach auch das Weiße von den 6 Eyern dazu gegeben, dann kommen ein und ein halbes Seidel feine Semmelbröseln dazu, und nun werden sie auf dieselbe Art wie die Semmelknödeln in gute Fleischbrühe eingekocht und zur Tafel gegeben.«

Als Hauptgericht soll es den Rostbraten aus Eva Königs Kladde geben: »Zum Roßt Bratel nimmt man ein stück von der breiten

---

* Siehe den Abschnitt »Besuch im Armenhaus« im Stadtkapitel.

Rippe. Wenn man will kann man es in Fett umkehren; es thut aber auch nicht nöthig. Dan legt man es auf den Rost und brat es bis es hübsch bräunlich wird. Dan legt mans in eine Pfanne; gießt Fleischbrühe darauf, und thut eine Zwiebel, ein bisgen Knoblauch, ein paar Lorbeerblätter, etwas Zitronenschalen, Pfeffer, Salz, ein paar Sardellen, daran, und läst es kochen bis es mürbe ist. Dan schneidet man das Fleisch in Stücken, seyhet die Brühe durch, und macht ein schönes braunes Mehl, daran man sie schüttet, nebst einigen Löffel sauren Rom [Rahm]; dießes alles läst man wohl verkochen, so ist es fertig.«

Auf die Bratensoße sollte man lieber verzichten, sonst wäre mit schwerstem Tadel aus Rumohrs *Geist der Kochkunst* zu rechnen: »Ein guter Braten muss anschwellen, die Fiber straff und gespannt, die Oberfläche fest, das Innere aber leicht zu durchschneiden und zart zu essen sein. Schon beim ersten Schnitte muss er die Schüssel von seinem Saft erfüllen. Ein solcher Braten verschmähet seine schmierige, rußige Jauche, welche ein verdorbener Geschmack unter dem Beinamen der Bratenbutter für eine unerläßliche Beigabe hält.«

Als Beilage seien »Ordinäre Erdäpfel mit Zwiebeln« aus *Die Bayersche Köchin* gereicht: »Man siedet und schält gute Erdäpfel, schneidet sie in feinen Blättern auf, legt viel Fett oder Butter in einen Tiegel, auch eine gute Hand voll länglicht feingeschnittene Zwiebel dazu; diese läßt man zuvor ganz gelbbraun werden, giebt die Erdäpfel nebst Salz und Pfeffer darein, und kehret sie einigemal darin um; sind sie noch zu trocken, so kann ein wenig fette Suppe daran gegeben werden.«

Alternativ zum Braten wird »Karpfen naturell« nach Münchhausen geboten: »Der gerissene und in Stücken zerschnittene Karpfen wird mit Wasser und Salz, Lorbeerblättern, ganzen Pfeffern und Nelken, ein paar Zwiebeln und etwas ganzem Zimmt, auch einigen Zitronenscheiben gekochet. Ist er aber so ziemlich eingekochet, so wird noch ein Stück Butter angethan, und der angerichtete Fisch mit Petersilie hin und wieder, wie auch der Rand der Schüssel, beleget. Soll der Karpfen blau seyn, so wird er, ehe er in den Kessel kömmt, mit Weinessig übersprenget.«

Zur Nachspeise seien die eingemachten Kirschen des Berliner Bäckermeisters Heyde gereicht: »Nimm auf 2 Pfund Zucker 4 Pfund

Kirschen, tue den Zucker in einen Kessel, gieß ein klein wenig Wasser dran, setze es über gelinde Kohlfeuer und verschäume es, laß es aber nicht sieden, verschäume es wohl so lange bis es dücklich würd, welches du also probieren kannst. Laß einen Tropfen heraus auf den Teller fallen, wann es noch fließen ist nicht genug gekocht, sondern so lang sieden bis es rund wie eine Perle stehet auf den Teller.«

Es darf aber auch eine ›Aepfeltorte‹ nach einem Hamburger Kochbuch sein:»Wenn man die Aepfel vorher abschält, in vier Stücke und die Kernhäuser rein herausgeschnitten hat, so werden sie in ganz dünne Scheibchen geschnitten, und dann in einer Pfanne mit Zucker, gestoßenem Zimmet, klein gehackten Citronenschaalen, und, so man will, auch klein geschnittener Succade [aus der Schale der Pomeranze], ein wenig auf dem Feuer abgeschwitzt« – »Dann lässt man es Abkühlen und macht eine Torte davon.«

Dazu vielleicht ein Kaffee? Aber einen gestreckten, wie er während der Kontinentalsperre in Hamburg getrunken wurde:»Man setze das Zichorienpulver mit kaltem Wasser ans Feuer, lasse es 7 oder 8mal aufkochen, thue dann gemahlenen, gewöhnlichen Kaffee hinzu, und lasse diese Mischung noch zweimal aufkochen. Dadurch wird er gar, klärt sich besser und gewinnt einen guten Geschmack. Würde man den Kaffee gleich hinzuthun, so gienge durch das oftmalige Aufkochen das feine Oel desselben mit dem Dampf verloren, und man würde ihn kaum mehr riechen oder schmecken können.«

Dass Heinrich Heine der Kaffee nach dem Essen im Klaustaler Gasthaus »Krone« während seiner Harzreise schlechter schmeckte als den Hamburgern ihr Zichoriengebräu während der Kontinentalsperre, lag nicht an Wurzeln oder Bohnen. Es hatte »frühlingsgrüne Petersiliensuppe, veilchenblauen Kohl, einen Kalbsbraten […], sowie auch eine Art geräucherter Heringe« gegeben, nur »der Kaffee nach Tische wurde mir verleidet, indem sich ein junger Mensch diskursierend zu mir setzte und so entsetzlich schwadronierte, dass die Milch auf dem Tische sauer wurde.«

7. Kleider und Leute

*Wer trägt wann was und warum – Beantwortung
der Frage: Was ist Mode? – Leinen und Baumwolle –
Samt und Seide – Westen und Taillen wandern
nach oben, die Hosen nach unten – Der Zopf wandert
nach vorn – Von Haar und Haut – Bänder und
Hauben – Knopf und Kragen – Über Unterwäsche –
Kritik der Schnürbrust, Lob der Muttermilch*

Kleines Mode-Lexikon von Andrienne bis Zopf

»Kleider machen Leute«
Wer trägt wann was und warum

Der Schwadroneur, der Heine in der Klaustaler »Krone« den Kaffee verdarb, »war ein junger Handlungsbeflissener mit fünfundzwanzig bunten Westen und ebensoviel goldenen Petschaften, Ringen, Brustnadeln usw. Er sah aus wie ein Affe, der eine rote Jacke angezogen hat und nun zu sich selber sagt: Kleider machen Leute.« Ob Kleider wirklich Leute machen, hängt allerdings weniger von denen ab, die sie tragen, als von denjenigen, die sie getragen sehen. Moritz erzählt im *Anton Reiser,* wie der Titelheld in einem Wirtshaus bedient wird, obwohl er kaum Barschaft besitzt: »In dem Gasthofe, worin er nun einkehrte, empfing und bewirtete man ihn nach seiner Kleidung, und er hatte nicht den Mut es von sich abzulehnen, sondern ließ es sich gefallen, daß man ihm ein Abendessen zubereitete, ein Bette zum Schlafen anwies, und ihm am andern Morgen seinen Kaffee brachte.«

Das Ansehen, das man sich wegen seines Aussehens gibt oder, wie in dem von Moritz erzählten Beispiel, von anderen sogar halb gegen seinen Willen genießt, ist Ausgang und Ziel sozialer Nachahmungsenergie. »Was aber den Kreislauf der Kleider-Moden noch mehr beschleunigt«, schreibt der aufklärerische Popularphilosoph Christian Garve 1792 in seiner Schrift *Über die Moden,* »ist, dass Kleider ein beständiger Gegenstand der Beobachtung und der Beobachtung aller sind.« Wir müssen uns nur zu den Damen der Berliner Kaufmannsfamilie Devrient ans Fenster stellen und die Passanten ansehen und ausziehen, aber nur mit dem Blick, wie uns Therese Devrient, die Tochter des Hauses, erklärt: »Von allen Personen nämlich, die an unserm Hause vorüberkamen, sei es Mann oder Frau, mußte sich jede von uns ein Stück seines [!] Anzuges wählen. O, was für Mützen, Westen, Schals und Kleider hatte ich schon, und wie stritten wir uns, wenn unsere Wahl auf denselben Gegenstand gefallen war. Die eifrigste von allen bei diesem Spiel war Mutter, und ich erinnere mich eines Abends, an welchem sie, als ein Tagelöhner vorüberging, voll Bestürzung ausrief: Kinderchen, von dem kann ich wahrhaftig nichts gebrauchen, erlaßt mir den.«

Vermutlich hätte ihr die »rabiate Hausfrau«*, zu sehen aus des *Vetters Eckfenster* in Hoffmanns Erzählung, eher zugesagt: »Was für eine tolle Figur – ein seidner Hut, der in kapriziöser Formlosigkeit stets jeder Mode Trotz geboten, [...] ein kurzer seidner Überwurf, [...] darüber ein ziemlich honetter Shawl – der Florbesatz des gelbkattunen Kleides reicht bis an die Knöchel – blaugraue Strümpfe – Schnürstiefel«. Der Vetter vermutet in ihr eine wohlhabende Seifensiedertochter, verehelicht an einen kleinen Geheimsekretär. »Honetter Shawl« und Florbesatz täuschen nicht darüber hinweg, dass das väterliche Vermögen kein alt ererbtes, sondern ein neu erworbenes ist. Zwar waren die traditionellen ständebezogenen Kleiderordnungen längst aufgehoben, in Goethes Vaterstadt beispielsweise wurde die letzte achtzehn Jahre vor seiner Geburt erlassen, doch daran, wie man sich trug und was einem stand, war für das an soziale Differenzierung (und Distanzierung) gewohnte Auge recht gut zu erkennen, woher man kam, ganz gleich, wohin man noch wollte. Man bekleidete weiter einen Stand, auch wenn man keine Standeskleidung mehr tragen musste.

Der emporgekommene Bürger neigte zur Übererfüllung äußerer sozialer Normen und gab dafür nicht nur innere Ideale preis, sondern sogar die häusliche Bequemlichkeit. Garve bemerkte, »dass der Luxus in Kleidern in dem reichen Mittelstande mehr als in dem vornehmen herrscht«, doch »Tafel und Dienerschaft ist beim reichen Kaufmanne selten derjenigen gleich, die man in den Häusern der Großen findet.«

Es hat Versuche gegeben, der bürgerlichen Selbstauslieferung an eine Mode, deren höfische Geschmacksregeln in Paris (bis 1789) und London (nach 1789) gesetzt wurden, durch die Verpflichtung aufs Nationale entgegenzuwirken. Bertuchs *Journal des Luxus und der Moden* diskutierte schon 1786, ob es sinnvoll wäre, eine »teutsche

---

* Sie hatte bereits einen Auftritt im »Gang über den Markt« im Stadtkapitel.

316

Nationalbekleidung einzuführen«. Doch bleibt eine aufgesetzte Regel immer eine aufgezwungene, selbst wenn der Geschmackszwang nicht mehr von den Höfen in Paris oder London ausgeht, sondern von der Firma Bertuch in Weimar. Außerdem musste die Idee einer nationalen Mode an der traditionellen regionalen Vielfalt scheitern, mochte ein diffuser deutscher ›Patriotismus‹ noch so neumodisch sein. Über die weibliche Mode in Nordhausen im Harz, für die männliche war Heines Klaustaler Westenvertreter zuständig, heißt es bei Heß:»Kein Frauenzimmer, das schon weiß, warum es zum schönen Geschlechte gehöre, tritt über die Gasse, ohne mit einem Mantel, der bis an die Fersen reicht, behangen zu seyn. Diese sind bei den Gemeinen von Kattun, bei den bessern von blauem Tuche, oben mit einem gleichfarbigen Aufschlage, und einer goldenen Tresse besetzt. Die vornehmsten sind solche, bei denen noch vorne längs dem offenen Rande eine solche Tresse heruntergeht. Sämmtliche Weiber halten viel auf bunte Schuhe von blauem oder rothen Tuch, mit breiten Absätzen, die ihren großen platten Füßen aber keine Grazie mitteilen.«

Wie überall und jederzeit wirkte der innere Code modischer Rangabstufungen auf Außenstehende wunderlich bis bizarr. An den Bayern lässt sich das für alle, die selber keine sind, besonders drastisch exemplifizieren:»Der ächte Baier«, schreibt Weber,»trägt rund um den Kopf abgeschnittenes Haar, runden schwarzen Hut mit Band, rothes Loibel mit grünem gesticktem Hosenträger, kurze Jacke, meist schwarz oder braun, blaue Strümpfe, und Schuhe mit Nesteln. Die schwarzlederne Hose, die ganz kurz ist, um den Bauch nicht zu genieren, hält der stattliche Hosenträger.« Der bayerische Bauch und das Bemühen seines Besitzers, ihn möglichst bequem zu tragen, scheint die Zeitgenossen fasziniert zu haben. Bei Riesbeck hört man die Stahlfeder knirschen, wenn er über München schreibt. »In der Hauptstadt kleidet man sich französisch oder glaubt wenigstens, französisch gekleidet zu sein. Die Männer lieben noch das Gold und die bunten Farben zu viel. Die Kleidung des Landvolks ist abgeschmackt. Der Hauptschmuck der Männer ist ein langer, breiter, oft sehr seltsam gestickter Hosenträger, woran die Beinkleider sehr tief und nachlässig hängen, vermutlich um dem Bauch, welcher der Hauptteil eines Bayern ist, sein freies Spiel zu lassen. Die

Weibsleute verunstalten sich mit ihren Schnürbrüsten, welche grade die Form eines Trichters haben, hoch über die Brust und Schultern heraufsteigen, und oben ganz schnureben abgeschnitten sind, so daß man gar keine Wölbung der Achseln und des Halses sieht. Diese steife Schnürbrust ist vorne mit großen Silberstücken verblecht und mit dicken Silberketten überladen.«

In der preußischen Hauptstadt trat man, jedenfalls wenn Mann ein junger war, während der 1790er gestiefelt an. Das *Journal* überliefert: »Der junge Berliner nach der Mode [...] trägt vom Morgen bis zum Abend Stiefel, runden Hut, blauen Rock mit rothen Kragen, in sehr militärischem Geschmacke, und sehr oft schmutzige Wäsche.« Und während Leute von altmodischer Vornehmheit sich orts- und anlassgemäß in Schale zu werfen pflegten, stiefelte der junge Berliner in ein und demselben Aufzug überallhin: »So gekleidet geht er in die Kollegien, unter die Linden, aufs Koffeehaus, zu Tische, wieder unter die Linden, ins Schauspiel, und sehr oft in Gesellschaften.«

Als Dame hatte man es entschieden unbequemer, obwohl das Tragen dessen, was sich gehörte, in den 1790ern nicht mehr ganz so schwerfiel (und schwer war) wie fünfundzwanzig Jahre zuvor. Im Juni 1766 stöhnte Louise von Rochow während eines Aufenthaltes in Karlsbad, dem aristokratisch frequentierten Kurort mit strengerer ›Etiquette‹ als im legeren Bad Pyrmont: »mann [!] erscheint täglich im FischbeinRock«.

Das Fischbeingestell dürfte zu jenen modisch zeremoniellen Belastungen aristokratischer Damen gehört haben, auf die vernünftige Bürgersfrauen nicht neidisch waren oder nur bei seltenen Anlässen. Dennoch hatte Garve mit der Beobachtung recht: »Die mittlere und noch mehr die untere Klasse ist froh, wenn sie nach und nach diejenigen Bequemlichkeiten und Verzierungen in die Hände bekommt, deren die Reichsten und Vornehmsten überdrüssig geworden sind oder die bei Sterbe- und anderen Fällen zerstreut werden.« So speist sich also die Mode der unteren Schichten aus abgesunkenen Kultur- und Konsumgütern, aus den geistigen und gegenständlichen Nachlässen der Oberschicht? Die Weste, die einmal über dem Bauch eines Aristokraten spannte, schlottert schließlich an dem abgemagerten Tagelöhner, von dem Therese Devrients Mutter nichts wissen und nichts haben wollte? Das ist unwahrscheinlich, weil ein Tagelöhner nicht einmal zu den abgelegten Sachen eines feinen oder reichen Mannes Zugang hatte. Einer Zofe oder einem Kammerdiener war das schon eher möglich. Und warum hätte ein Bedienter sich scheuen und schämen sollen, etwas herauszusuchen aus dem, was beispielsweise ein 1795 verstorbener Frankfurter Kaufmann hinterlassen hat: ein Schlafrock aus Baumwolle, einer aus Seide, 14 Paar Unterhosen (womit nicht unsere heutigen Slips oder Shorts gemeint sind), 37 Oberhemden, des Weiteren baumwollene und seidene Strümpfe, schwarze Hosen aus Seide und Kaschmir, etliche Röcke, darunter ein blauer mit gelben Knöpfen nach der Werther-Mode, und 36 Westen aus Musselin, Seide und Kaschmir, weiß, rot, gelb gestreift und grün gewürfelt.

Neben den drei Dutzend kostbaren Kaufmannswesten nimmt sich die textile Hinterlassenschaft König Friedrichs in Sanssouci beinahe ärmlich aus, abgesehen von den Pelzen: ein Zobel-, ein Wolfs-, ein Luchspelz; ein blauer Mantel mit Wachsleinwand gefüttert (also ein Regenmantel, kein Werther-Rock, der dem Alten Fritz weder gestanden noch angestanden hätte), ein violetter, mit Atlas gefütterter Mantel; ein bestickter Uniformrock und vier weitere Röcke; acht Westen, darunter zwei schwarze; 16 Hemden, sechs Paar Strümpfe, ein weißes aus Zwirn und fünf schwarzseidene; und dann noch anderthalb Dutzend Schnupftücher für den ausgeniesten Spaniol*.

»Selbstverschuldete Unmündigkeit«

Beantwortung der Frage: Was ist Mode?

Mode ist der Eingang des Menschen in seine selbst verschuldete Unmündigkeit. Diese Persiflage des Anfangsatzes von Kants *Beantwortung der Frage: Was ist Aufklärung?* (»Aufklärung ist der Ausgang des Menschen aus seiner selbst verschuldeten Unmündigkeit«) fasst

---

* Siehe den Abschnitt über den Tabak im Kapitel »Essen und Trinken«.

die Haltung zusammen, die viele Aufklärer den Modeerscheinungen ihrer Zeit entgegenbrachten. Die Moden, auch die in der Moral, kommen nur dadurch zustande, dass alle, oder jedenfalls die meisten, sich unter Normen beugen, die nur deshalb gelten, weil alle, oder jedenfalls die meisten, sie für gültig halten. Das trifft zu für Verhaltens-, Wahrnehmungs- und Wertungsgewohnheiten in bestimmten Gegenden, in bestimmten Schichten oder in bestimmten Milieus. Mitunter prallen die verschiedenen Werte aufeinander und lösen Turbulenzen aus, provozieren Protest und dann wieder Protest gegen den Protest. Der grundvernünftige Friedrich Nicolai etwa protestierte in Wort und Schrift gegen die Mode, sich aus Protest gegen die Adelsgesellschaft totzuschießen, die nach Goethes *Werther* ab Mitte der 1770er-Jahre um sich griff. Gegen die Selbstmörderei à la mode drückte Nicolai dem Protagonisten seines Anti-Werther-Romans eine statt mit Blei mit Blut geladene Pistole in die Hand, damit sich der verliebte junge Mann nicht totschoss, sondern bloß zu Tode erschreckte und darüber wieder vernünftig wurde.

Zum Glück gingen die meisten jungen Männer mit ihrer Nachahmung einer fiktiven Figur nicht so weit, sich wirklich eine Kugel in den verdrehten Kopf zu jagen, sondern liefen bloß eine Zeit lang im »blauen einfachen Frack« herum – und »gelbe Weste und Beinkleider dazu«, wie es im Roman von Werther heißt. Bei den Beinkleidern handelte es sich um hellgelbe lederne Kniehosen; darunter hatte man Stulpenstiefel zu tragen – und in der Brust ein empfindsames Herz.

Das Lebensvorbild der Literaturfigur war Karl Wilhelm Jerusalem. Er hatte sich die Pistole für den Selbstmord von Johann Christian Kestner geborgt, der im November 1772 einen Bericht über Jerusalems Selbstmord an Goethe schickte*. Darin wird die Kleidung erwähnt, die Jerusalem trug, weil sie modisch war, und die Kult wurde, weil Werther so aussah: »gestiefelt, im blauen Rock mit gelber Weste«.

Selbst diese Mode mit ihren tragischen Auswüchsen wirkte eine Generation später komisch, als ›Montur‹. Nichts ist morgen so von

---

* Siehe die Passage im Abschnitt »Todesfälle« im Kapitel »Gesundheit, Krankheit, Tod«.

gestern wie die Mode von heute, und doch stellt sich in jeder Gegenwart erneut als sozial und ästhetisch inkompetent bloß, wer sich weigert, dem Geschmack des Tages zu folgen. Das Altmodische hat immer etwas Lächerliches, das Neumodische oft genug. Nur der gerade herrschende Geschmack erscheint wegen der normativen Kraft des Faktischen als ›ganz natürlich‹. »In der Mode sein«, dozierte Kant in seiner *Anthropologie,* »ist eine Sache des Geschmacks; der außer der Mode einem vorigen Geschmack anhängt, heißt altväterisch; der gar einen Wert darin setzt, außer der Mode zu sein, ist ein Sonderling. Besser ist es aber doch immer, ein Narr in der Mode als ein Narr außer der Mode zu sein.«

Die Mode ist nicht nur eine Methode, sich miteinander zu vergleichen, sondern auch eine, sich voneinander zu unterscheiden. Weil Nachahmung das mühevoll erreichte Verschiedensein immer wieder zunichtemacht, bedarf es ständiger Erneuerung, selbst wenn die Erneuerung in der variierenden Rückkehr zu etwas Altem besteht, von der überladenen Robe à la Française beispielsweise zur ausgeputzten Einfachheit der antikisierenden Robe à la Grècque.

Bei diesem ewigen Wechsel zwischen Distanzgewinn und dessen Verlust durch Nacheiferung ist offenbar Gesetz, dass die ›Niedrigen‹ die ›Hohen‹ nachahmen, niemals umgekehrt; oder höchstens zum Spaß, wenn bei der Redoute oder auf dem Maskenball der Rousseau lesende Besitzer von Dörfern, Äckern, Pferde-, Kuh- und Schafställen in das idealisierte Gewand seines leibeigenen Scherers schlüpft, der eben nicht frei geboren wurde, sondern schon im Mutterschoß in Ketten lag. Mode ist Macht, und en vogue leben heißt Sieger sein, jedenfalls so lange, bis einer Epoche die Köpfe und Zöpfe abgeschnitten werden und eine neue Zeit das ancien régime beerbt, die selbst wiederum vom ersten Tag ihres Bestehens an zu altern beginnt.

Der Wechsel der Moden stieß nicht nur auf Kritik, er wurde auch verteidigt. Dass Stutzer und Spiegelweibchen ein Wort für sie einlegten, ist kein Wunder, worüber hätten sie sonst reden sollen: »Bedenken Sie doch um Himmelswillen«, schrieb eine Leserin ans *Journal des Luxus und der Moden,* »wo sollen wir denn noch Stoff zu Plaudern bey einer drey bis vierstündigen Kaffee-Visite, beym Thee-Tische, oder auf einer Promenade hernehmen, wenn's keine neuen

Bänder, Hauben, Hüthe, Roben und Fourreaux mehr giebt?« Der spöttische Ton, den man zwischen den Zeilen zu hören meint, lässt den Verdacht aufkommen, dass dieser Leserinnenbrief redaktionell fingiert ist – von einem Mann.

Neben dem Konversationsargument zur Verteidigung der Moden und ihres Wechsels gab es noch, auch damals schon, das Arbeitsplatzargument, ebenfalls vorgetragen im ›Leserinnenbrief‹ ans *Journal:* »Ein großer Theil teutscher Fabriken, deren Arbeiter jetzt alle ihr Brod durch die Mannigfaltigkeit der Fabrikate, Wahl und Geschmack der Käufer haben, würden auf einmal [...] außer Nahrung gesezt.«

Abgesehen von der Kampagne gegen die Schnürbrust* scheiterte die Aufklärung an den Modeerscheinungen. Was vermag des Gedankens Fülle gegen die Übermacht der hübschen Dinge, wie ein zeitgenössischer Almanach sie aufzählt? »Man versteht unter Modeartikeln im Allgemeinen Mäntelchen, Brusttücher (fichus), Pelzkrägen (palatines) etc., Hauben oder Kopfputze von einer Unmenge Formen, Halsbänder, Manschetten, Kleidereinsätze, Ärmelschleifen, Besätze (garnitures) von Kleidern und Unterröcken, Quasten, Rosetten, Blumengewinde (Guirlandes) aus Seide, Gold und Silber, Seidenspitzen (barbes des soie), [...] Strumpfbänder, Degenschleifen, Schulterschleifen (noeuds d'épaules), Kleiderbesätze etc. Man verwendet, um alle diese Pelz- und Schmuckgegenstände herzustellen, deren Form und Aussehen beständig unter neuem Namen verändert wird, glatten und geblümten Schleierstoff, Marlis, eine andere Art von Gaze, gekettete Kantille (millerets), Chenille, schwarze, weiße und farbige Seidenspitzen, Jet, Granaten, falsche Perlen, leichte Seidenstoffe, Bänder in allen Farben, mit Gold, Silber und Seide brochiert, glatt, gestreift, geblümt, kremefarbig, groß und klein gekörnt, Samtbänder, Kometenbänder (rubans comète), ganz schmale Bändchen, die man in die Besätze flicht, um Guirlanden und Blumen daraus zu bilden. Das sind die wichtigsten Rohstoffe der Modeartikel.«

Mit all den artigen Kleinigkeiten auf dem Laufenden zu sein und zu bleiben, kostet Mühe, Zeit und Geld. »Wozu viele Kleider?«, fragt

* Siehe den Abschnitt »Kritik der Schnürbrust« in diesem Kapitel.

Luise ihren Boie im Sommer 1784 während des vorehelichen Briefwechsels. »Du wirst mir aber zu gute halten, daß ich sie nicht ganz
im neuen Geschmack machen lassen werde. Die Mode ist zu kostbar«, also zu kostspielig, »ändert sie sich, ist kein Kleid mehr zu gebrauchen. Dann kann ich mich auch unmöglich entschließen, mich
mit Pferdehaar so auszustopfen. Die Weiber tragen sich alle ungeheuer dick.«

»An Statt sonst in Wolle, anjetzt in Cotton«
Leinen und Baumwolle

Auf Luises Verhöhnung der ›sich dick tragenden Weiber‹ antwortete Boie bekräftigend: »Aller Flitterstaat und das Äußerste der
Mode ist weder für Dich noch mich. Du kannst mir nicht zu einfach
sein. Weg mit dem modischen Kopfputz und den falschen Haaren!
Daß Du von dem piquierten Baumwollenzeuge zu Unterröcken genommen hast, ist mir lieb.« Nicht nur Unterröcke wurden aus pi-
quierter, also gesteppter Baumwolle gefertigt, sondern auch Westen.
Im September 1816 schrieben die preußischen Behörden im *Amtsblatt der Regierung zu Frankfurt a. d. Oder* einen entflohenen Dieb
zur Fahndung aus. Zum »Signalement« des erst achtzehnjährigen
Gesuchten gehörte die Hervorhebung seiner blassen Gesichtsfarbe.
Es scheint sich um einen recht betuchten Dieb gehandelt zu haben,
mit »hell-grauen Tuch-Hosen, guten Stiefeln mit hohen Absätzen
und Eisen versehen, rundem Hute, schwarzseidenem Halstuche und
feinem Hemde«. Und eine weiße Weste hatte er auch, »bekleidet
mit einer dunkelgrau tuchenen Jacke [und einer] grün tuchenen und
weißen Piqué-Weste«. Mit den ›Tuch-Hosen‹ sind welche aus Leinwand gemeint, die Weste war vermutlich aus Baumwolle. Sogar eine
goldene Uhr besaß der junge Herr. Wer weiß, aus wessen Tasche sie
geangelt war?
   Elf Jahre später, im September 1827, wurde ins *Amtsblatt der
Regierung in Potsdam* ein »Signalement« über einen fünfundfünf-
zig Jahre alten Vermissten eingerückt: »Bekleidet war derselbe mit

1 Paar Stiefeln, 1 Paar hellblaue Tuchhosen, 1 gestreiften Piqué-Weste, 1 bunten, halbseidenen Halstuche, 1 grauen Tuchüberrocke und 1 schwarze Mütze mit Wachsleinwand.« Eine Piquéweste war eine feine Sache, ihr Verlust schmerzlich.

Noch 1836 enthielt eine im *Königlich-Bayerischen Intelligenz-Blatt des Unterdonau-Kreises* veröffentlichte Liste der einem Maurergesellen entwendeten Gegenstände »eine weiße Piqué-Weste«, unmittelbar nach »fünf Hemden von Hausleinwand, oberhalb des Brustschlitzes mit M.G. gemerkt«, den Initialen des Geschädigten.

Obwohl die Baumwolle und sogar die Seide manchmal Leinwand im Rücken hatte, im nicht sichtbaren Hinterteil der unter dem Rock getragenen, vorn prunkvoll bestickten Westen, müssen die beiden Materialien als Konkurrenten angesehen werden, nicht nur in der Mode, auch auf dem Markt. Die Baumwolle war wie Zucker und Kaffee ein Welthandelsgut, wie Zucker und Kaffee als Plantagenware ein Sklavenprodukt, und wie Zucker und Kaffee gleichzeitig einträglich (für die Kaufleute) und problematisch (für den Staat). Die Gewöhnung an derartige Importe schadete einer ausgeglichenen Handelsbilanz und einer ausgeglichen Lebensmoral. Luxus verweichlicht, untergräbt Fleiß und Sparsamkeit. Bei aristokratischen Herrchen und Dämchen mochte das noch hingehen. Aber der ›große Haufe‹, wie die Publizisten, auch die aufklärerischen, gern schrieben, wenn es um die Bevölkerungsschichten unterhalb des mittleren Bürgertums ging, wurde auf Leinwand und Schurwolle verwiesen, auf das, was der heimische Flachsanbau und die Schafzucht im Land hervorbrachten.

Doch wie bei Zucker und Kaffee warnten Merkantilisten, Kameralisten und Publizisten vergeblich vor der Wolle, die in fernen Weltgegenden auf Bäumen wuchs, von den Engländern als Rohware importiert, auf der Insel erst von Hand, später maschinell verarbeitet und als ›Cotton‹ sowohl in die Herkunftsländer des Rohstoffs als auch nach Kontinentaleuropa exportiert wurde. »Jede Bürger- und Handwerks-Frau«, tadelt Bertuch in seinem Colonial-Waaren-Kompendium, »kleidet sich, an Statt sonst in Wolle, anjetzt in Cotton, ebenso jede Magd und fast jede Bauersfrau. [...] unsere Fenster-Gardinen sind, Statt von Leinwand, jetzt von Mousselin.« Mousselin-Gardinen bestanden aus Baumwolle, locker gewebt wie Leinwand. Den Zug von den Fenstern hielten sie nicht ab. Als mit dem Aufkommen der antikisierenden Robe à la Grècque die am Körper der Frau herabfließenden Kleider ebenfalls aus nicht eben wärmendem Mousselin (auch Musselin) bestanden, wurde es unter Kritikern der Mode modisch, Erkältungen als Mousselin-Krankheit zu bezeichnen. Eine doppeldeutige Diagnose insofern, als mitschwang, der Stoff selbst sei schon eine Krankheit, »eine neue, sehr verheerende Krankheit – die Mousselin-Pest«, wie Bertuch es ausdrückte.

»Füttern der Würmer täglich nur vier mal«

Samt und Seide

Der Teufel tritt in Samt und Seide auf: »Denn dir die Grillen zu verjagen«, erklärt Mephisto dem Faust, »Bin ich, als edler Junker, hier, / In rotem, goldverbrämten Kleide, / Das Mäntelchen von starrer Seide.« Mephisto spielt den Lebemann, in den er den todesmatten Faust erst noch verwandeln muss. Für die Zecher in Auerbachs Keller singt Mephisto ein Lied, in dem ein König seinen Floh zum Junker macht: »In Sammet und in Seide / War er nun angetan, / Hatte Bänder auf dem Kleide, / Hatt auch ein Kreuz daran«. Doch nicht immer genügen Kleider, um Leute zu machen, schon gar nicht bei einem zweiseligen deutschen Gelehrten. Zur Verjüngung ist ein Besuch in der Hexenküche unumgänglich. Dort putzt Mephisto die Hexe herunter, die ihren Höllenchef nicht erkennt: »Hast du vorm roten Wams nicht mehr Respekt?« Faust fühlt sich von dem Teufelstheater abgestoßen, aber angezogen vom sogenannten prallen Leben, das ihm der blutunterzeichnete Pakt* in Aussicht stellt und das am Ende das arme Gretchen das ihre kosten wird.

Die Seide gehörte zu den Stoffen, aus dem die Träume sind, und das Halbseidene kam zum Vorschein, wenn man aus den Träumen erwachte. Ob in der Webgestalt des Damast, ob als Taft oder Brokat,

---

* Siehe »Aderlass« im Gesundheitskapitel.

mit Silber- und Goldfäden durchsetzt – mit Seide ließ sich prunken, ihr Schmuckwert und Symbolgehalt übertraf bei Weitem ihre Nützlichkeit, die vielleicht in ihrer Kühle und gewiss in ihrer schmiegsamen Leichtigkeit bestand. Der gewaltige Aufwand, der für die Herstellung des Stoffes getrieben werden musste, erhöhte dessen Bedeutung für die Mode noch. Für Seidentuch wurden Seidenfäden benötigt, die man Würmern aus der Drüse zog, Würmern, die für die dünnen Fäden dicke Bäume kahl fraßen: Lenné zufolge bedurfte es zur Gewinnung der Seide der Blätter von mindestens zwanzig Jahre alten Maulbeerbäumen. Kein Wunder, dass Friedrich von Preußen, dessen Leidenschaft für Seidenraupen und Maulbeerbäume nur mit der für Kriege und Kartoffeln verglichen werden kann, ›Kabinettsordre‹ um ›Kabinettsordre‹ diktierte, um die Seidenproduktion in Gang zu bringen. Von raupenzüchtenden Dorflehrern bis zu seidenfadenspinnenden Waisenkindern schien ganz Preußen oder wenigstens sein ärmerer Teil mit Tätigkeiten rund um den glanzvollen Stoff beschäftigt. Das ist zwar übertrieben, aber die Steigerung der Seidenproduktion von jährlich einhundert Pfund zu Beginn von Friedrichs Regierungszeit bis zu 14 000 Pfund an deren Ende ist beeindruckend. Die drei Millionen Maulbeerbäume, deren Blätter die Raupen nährten, mussten schließlich gepflanzt werden.

Friedrichs Nachfolger setzte die Politik der Förderung der preußischen Seidenproduktion fort. Eine silberne Medaille, Anfang der 1790er eifrigen Maulbeerbaumpflanzern zur Belohnung verliehen, zeigt auf der einen Seite das Gesicht Friedrich Wilhelms II. im Profil, auf der anderen eine in fließende Gewänder gehüllte, ›griechisch‹ anmutende Gestalt mit der Umschrift: »Sie kleidet den Reichen Sie naehret den Armen«. Zu diesen Armen gehörten ausdauernd die preußischen Dorflehrer*. Noch 1835 schrieb der Potsdamer Schulrat Karl Christian Wilhelm von Türk in seiner Schrift über den Seidenbau, der könne »den Schullehrern auf dem Lande bei dem so geringen Ertrage ihres Diensteinkommens, einen bedeutenden Zuwachs an Einnahme gewähren […] Es ist hierbei nicht zu besorgen, daß sie dadurch ihr Amt versäumen würden, denn da das Füttern

---

* Siehe die Angaben »Wer verdient womit wie viel« im Anhang.

der Würmer täglich nur vier mal geschieht, so kann es des Morgens vor Anfang der Schule, mittags, nachmittags und abends geschehen, ohne daß der Schulunterricht versäumt wird«.

»Von guter Taille«
Westen und Taillen wandern nach oben, die Hosen nach unten

Was den Schnitt der Kleider bewegt, folgt keinem ›historischen Gesetz‹, wohl aber zeitgeschichtlicher Tendenz. Während des 18. Jahrhunderts wurden die Westen kürzer und kürzer, wanderten mit der Unterkante vom Knie bis hinauf über die Hüfte. Dadurch wurde für das Auge der Öffentlichkeit eine bisher von der Weste verborgene Region unter der Gürtellinie sichtbar, und der Hosenlatz verbreiterte sich zum Jabot. Unterdessen strebten die Frackschöße auseinander, was mehr Weste sehen ließ und ihre bestickte Vorderseite zum Prunkstück machte mit Stickereien und eingewirkten Silberfäden.

Die culottes wiederum, die Kniehosen, verwandelten sich nach 1789 in pantalons, indem sie über sich und das Knie hinaus immer weiter nach unten wuchsen, erst bis zur Mitte der Waden, die Mann nun unter den Strümpfen nicht mehr auszustopfen brauchte, dann bis hinab zu den Schuhen. 1797 zeigte sich Friedrich Wilhelm III. von Preußen auf der Promenade von Bad Pyrmont in langen Hosen, die ein paar Jahre zuvor noch als Beweis jakobinischer Gesinnung gegolten hatten, als Beinkleid von ohne culottes in Blut watenden Königsmördern.

Wie die Weste bei den Herren wanderte bei den Damen die Taille des Kleides nach oben, bis es nicht mehr weiterging, bis fast unter die Brust bei der Robe à la Turque Mitte der 1790er. An den fallenden Gewändern lobte noch 1807 das *Journal des Luxus und der Moden:* »Der Schnitt der Kleider ist dem Körper angemessen, die Gürtel bezeichnen sanft unter dem Busen die Rundung und das Ebenmaß der Taille und das [...] Kleid schmiegt sich gehorsam um die körperliche Form und huldigt den Naturschönheiten.«

Bei all diesen Veränderungen suchten die Menschen ihre Körper den Kleidern anzupassen, nicht etwa umgekehrt. Als die Waden bestrumpft zu tragen waren, polsterten magere Herren auf, um die Beinchen nicht gar zu dünn erscheinen zu lassen. Als die Westen kürzer und knapper wurden, schnürten sich beleibte Herren, damit die Bäuche nicht gar zu dick wirkten.

Den Damen ging es mit den verschiedenen Roben nicht anders. Der strapaziöse Reifrock mochte einerseits schwer erträglich sein, andererseits entstand unter dem Fischbeingestell Raum für Ausladungen, die kein Kissen nötig hatten. Das wie eine Tunika am Körper hinunterfließende Gewand galt als ›natürlich‹, aber diese Natürlichkeit wirkte peinlich, wenn sie statt mädchenhafter Anmut matronenhafte Leiblichkeit mehr ent- als verhüllte. Nicht jeder »Mensch ist von guter Taille«, wie *Hübners Handlungs-Lexicon* in geschäftsmäßiger Rücksichtslosigkeit festhält. Und Lichtenberg mit dem wendigen Geist in einem ungefälligen Leib sinnierte: »Wenn der Mensch seinen Körper ändern könnte wie seine Kleider, was würde da aus ihm werden.«

»*Des Zopftums neuere Phase*«
Der Zopf wandert nach vorn

Wer keinen Zopf hat, kann sich daran auch nicht aus dem Sumpf ziehen. Die über alle Maßen berühmte und immer wieder ausgeschmückte Münchhausen-Szene besteht im Ursprungstext nur aus einem einzigen Satz. Der Lügenbaron springt mit seinem Pferd zu kurz und fällt in den »Morast«, wie es textkorrekt heißen muss: »Hier hätte ich unfehlbar umkommen müssen, wenn nicht die Stärke meines eigenen Armes mich an meinem eigenen Haarzopfe, samt dem Pferde, welches ich fest zwischen meine Knie schloß, wieder herausgezogen hätte.« Münchhausens Zopf muss aus Eigenhaar geflochten, nicht bloß angenestelt gewesen sein, wie hätte er sonst Ross und Reiter halten können?

Im letzten Drittel des 18. Jahrhunderts war der Zopf in Deutschland bei vielen jungen Leuten zum Symbol einer rückwärtsgewandten Lebens-, Staats- und Moralauffassung geworden. Ihn abzuschneiden erforderte gleichwohl Mut. Vorsichtig geäußertes Unbehagen ist etwas anderes als offene Rebellion, auch wenn der Rebell nicht gleich nach geladenen Pistolen greift wie Werther. Jean Paul rief 1782 als Leipziger Student Befremden und Missbilligung hervor, als er seinen richtigen Zopf abschnitt. Dafür drapierte er am Abend des 12. November 1784 einen falschen am Hinterkopf, um unerkannt aus der Stadt zu fliehen, in der ihm die Gläubiger das Leben und mithin das Schreiben schwer machten.

Fünfunddreißig Jahre später, auf dem Wartburgfest 1817, als die Studenten die Zöpfe theatralisch ins Feuer warfen, bedurfte es statt des Muts nur noch des Übermuts. Allerdings verbrennt man auch aus Übermut nur etwas, was einem irgendwie weiter anhängt. Fünf Jahre nach dem Wartburgfest dichtete Chamisso: »S'war einer, dem's zu Herzen ging, / Daß ihm der Zopf so hinten hing, / Er wollt' es anders haben. // So denkt er denn: wie fang ich's an? / Ich dreh' mich um, so ist's gethan – / Der Zopf, der hängt ihm hinten. // Da hat er flink sich umgedreht, / Und wie es stund, es annoch steht – / Der Zopf, der hängt ihm hinten. // Da dreht er schnell sich anders ›rum‹ / 's wird aber noch nicht besser drum – / Der Zopf der hängt ihm hinten.«

Wie man sich dreht und wendet, man wird Zopf und Tradition nicht los, wenn der Kopf innerlich verzopft und traditionell bleibt. Weitere zehn Jahre später attestierte das Heine im *Wintermärchen* den schnurrbärtigen Preußen: »Der lange Schnurrbart ist eigentlich nur / Des Zopftums neuere Phase: / Der Zopf, der ehmals hinten hing, / Der hängt jetzt unter der Nase.« Der Zopf und das Taftband, mit dem man ihn umwickelte, die Perücke und der Puder, mit dem man sie bestäubte, gehörten zu jenen auch im sozialen Sinn ›haarigen‹ Angelegenheiten, die man nicht einfach ignorieren konnte, wollte man selbst nicht ignoriert werden.

»Das nächste Kneipfen des Mundes«

Von Haar und Haut

Perücken, Zöpfe und Haarbeutel waren im Alltag Männersache, trotz der in den 1770ern aufkommenden Frauenperücke, der Kunstlocken und Fremdhaarteile, die sich Hofdamen bei repräsentativen Anlässen in die Frisuren montieren ließen. Die freie, ungebundene Herrenfrisur galt entweder als Zeichen der Verwahrlosung oder des Genies oder von beidem. Normale Leute sollten nicht wie römische Kaiser in der Weltgeschichte herumlaufen, jedenfalls nicht, bis ausgehend von Frankreich die nach Kaiser Titus benannte Kurzhaarfrisur Mode wurde – bei Männern und Frauen. Zur selben Zeit, als eine Aufführung von Voltaires *Brutus* in Paris diese Mode auslöste, wunderte sich der deutsche Republikaner Rebmann über die Dresdner Haarbeutel: »Ich möchte beinahe darauf wetten, daß zwei Drittel aller Haarbeutel in Deutschland hier getragen werden. Wer nur irgendeine Bedienung bekleidet, muß sich in diesem Ornat zeigen, und sollte der Rock geflickt und der Magen an Fasten gewohnt sein.«

Die große Sängerin Mara musste ihre Frisur nicht mit Magenknurren bezahlen, aber mit Zeit, Geld und Geduld, etwa vor einem Berliner Opernbesuch im Juni 1780: »Ich bin eingeladen in die Oper des Königs […], ich werde große Garderobe anlegen müssen, das bedeutet mindestens eine Stunde für die Haare und eine für die Schminke.« Ein derartiger Aufwand lässt Sachverstand vermuten, nicht nur bei denen, die schminken und denjenigen, die geschminkt werden, sondern auch beim Publikum. Im Theater, in der Oper, auf der Redoute, bei Hofe war man zugleich Zuschauer und Darsteller. Besonders die Frauen hatten einen kennerisch scharfen Blick für Details. Die sonst so empfindsame Elisa von der Recke beobachtete gehässig, wie eine polnische Fürstin in den Fünfzigern in alter, leider wortwörtlich alter Frische erscheinen wollte: »Der Spiegel muss es ihr gesagt haben, dass ihre blassblauen Lippen zu der hochroten Schminke nicht gut kleiden, denn allaugenblick beißt sie ihre Lippen rot, die aber diese Farbe nicht bis zum nächsten Kneipfen ihres Mundes beibehalten.«

Vielleicht hätte die Fürstin dem Alter schon in ihrer Jugend vor-

beugen können: mit Rosenwasser und Eigelb. Das waren die Ingredi-
enzien eines Rezepts, das eine alternde Gräfin ihrer Tochter empfahl:
»Für Gesicht, Hals und Hände rate ich dringend das Waschen mit
Rosenwasser, auch Eigelb darin aufgelöst, ist ein treffliches Schön-
heitsmittel.« Weitere hautnahe Auskünfte bietet Johann Friedrich
Ernst Albrecht: *Zweckmäßige und erprobte Mittel gegen Sommerspros-
sen, Leberflecke, Sonnenbrand, Hühneraugen oder Leichdörner,Warzen,
Schielen, Insektenstiche, der Wirkung der Sonnenblitze auf den Körper, je-
derzeit einen schönen Teint, so wie eine schöne Haut im Gesicht, Busen und
Händen zu behalten, und Mittheilung einiger bewährten Recepte dafür.*

Daraus ein Rezept für eine Handseife: »Man nehme 4 Loth bittere und 4 Loth süße Mandeln, schäle sie und stoße sie ganz klein,
dann thue man dazu das Weiße von zwei Eyern, den Saft einer halben Citrone. Dieses thue man in einen neuen Tiegel und lasse es mit
8 Loth Rosenwasser unter beständigem Umrühren aufkochen, doch
bei ganz gelindem Feuer. Wenn es schon kocht, setze man 2 Loth
gereinigten Honig hinzu, und nun koche es bis zur Konsistenz einer
dicken Salbe. Wenn es bald erkaltet, nehme man 20 Tropfen irgend
eines wohlriechenden Oels, welches einem das liebste ist, hinein.
Diese Salbe erhält die Hände vortrefflich, wenn man sich damit statt
der Seife wäscht.«

Mit Schminke sollte erreicht werden, dass man sich sehen lassen konnte – vor sich selbst im Spiegel, von anderen ins Gesicht –,
ohne Altersspuren zu zeigen. Aber die Schminke beschleunigte in
Wahrheit den Alterungsprozess, den sie zum Schein verzögerte, und
schädigte mitunter ernstlich die Gesundheit. Michael Kosmeli, den
Jean Paul einen »nahen Vetter« des von ihm auf literarisch-sarkasti-
sche Luftfahrt geschickten Gianozzo nannte, lässt in seinem ebenfalls derb sarkastischen Roman *Die Zwei und vierzig jährige Aeffin*
die Erzählerin von »übertünchten Gräbern« sprechen und kolpor-
tieren, in Wien, »wo die Schminke jeglicher Farbe […] zentner-
weise verschleudert wird«, soll sich ein junger Engländer »auf dem
Gesicht der Frau von G- die Bleikolik erküßt haben und daran gestorben seyn.« Ganz so schlimm ging es wohl selbst in Wien nicht
zu, allerdings kamen auch aus Berlin ärztliche Bedenken: »Auf
zweierlei Art schaden Schminken«, warnt Formey: »indem sie […]
die Ausdünstung […] hemmen und einen nachtheiligen Einfluß auf

die Haut selbst äußern, welche dadurch ihre Zartheit und Weichheit verliert [...] Durch ihre Bestandteile schadet indessen die Schminke noch viel mehr, indem sie oft aus Metallkalken, zumal aus dem weißen Quecksilberpräcipitat besteht, und das feine auf der Haut eingeriebene Pulver zum Theil von den einsaugenden Gefäßen aufgenommen, in das Blut geführt und durch dieses in den ganzen Körper verbreitet wird.«

Es gab weitere gefährliche Selbstverschönerungstricks, etwa das Eintropfen des Safts der Schwarzen Tollkirsche zur Pupillenerweiterung. Die beträufelte Frau sah gut aus mit ihren großen Rehaugen, konnte selbst aber nur schlecht sehen. Und bei starker Überdosierung konnte es passieren, dass Atropa belladonna, wie Carl von Linné die Pflanze nach der griechischen Schicksalsgöttin Atropos nannte, der missbrauchenden Schönen tatsächlich den Lebensfaden durchschnitt.

»Jeden Festtag eine andre«
Bänder und Hauben

Das schönste Band der Goethezeit flattert an ihrem Ende. 1832, im Todesjahr Goethes, erschien in der Novelle *Maler Nolten* von Eduard Mörike das Gedicht *Er ist's* mit der Anfangszeile: »Frühling läßt sein blaues Band/Wieder flattern durch die Lüfte«. Hundert Jahre zuvor polterte in einer Bach-Kantate Herr Schlendrian mit seiner Tochter Liesgen (»Du böses Kind, du loses Mädgen«), weil die partout den Kaffee nicht lassen wollte (»Coffee, Coffee muß ich haben«). Schreckliche Drohungen stieß der Vater aus: »Ich will dir keinen Fischbeinrock/nach izger Weite schaffen.« Liesgen: »Ich kann mich leicht darzu verstehn.« Der Vater: »Du sollst auch nicht von meiner Hand/ein silbern oder goldnes Band/auf deine Haube kriegen.« Liesgen widersteht Röcken, Bändern und Hauben, gibt aber nach, als ihr die Verheiratung in Aussicht gestellt wird, und setzt am Ende doch ihren Willen durch, wie Frauen es bei häuslichen Dingen immer tun in den Augen der Männer.

In den hundert Jahren zwischen Bachs Kaffee-Kantate und Mörikes Frühlingsgedicht waren Bänder als modische Nebensachen von hauptsächlichster Bedeutung. Sie zierten Hauben und Hüte, umhüllten Hälse, Knie und Knöchel, wurden von verliebten Jünglingen für die Angebetete bemalt und von der Angebeteten neben die Bänder anderer Verehrer ans Kleid geheftet. Ein Band konnte von größter Einfachheit sein oder eine kleine Kostbarkeit. Das Dorfmädchen konnte damit in der Kirche eine Nachbarin neidisch machen, die Kammerzofe mit einem geschenkten (oder ›geliehenen‹ oder gleich gestohlenen) Band ihrer Herrin beim Sonntagsspaziergang einen jungen Perückenmacher beeindrucken, die Hofdame mit einem perlenbestickten Seidenband eine Konkurrentin übertrumpfen.

Was beim »losen Liesgen« das silberne oder goldene Band ist, das sich so hübsch reimt auf des Vaters Hand und das durch die vorgezeigte Wohlhabenheit den Wert auf dem Heiratsmarkt steigert, das ist bei der listigen »Wehmutter« in Wezels *Tobias Knaut* die Tresse. Durch jene Entbindungskunst, die das Verhindern des Entbindens mit einschließt, war die erfahrene Frau beim »schönen Geschlechte« zu Ansehen gelangt und »konnte nun alle Sonntage Braten essen und jeden Festtag eine andre Haube mit einer breiten Tresse aufsetzen.«

Das Material, aus dem die Hauben gefertigt wurden, war beinahe so vielfältig wie das der Bänder, die sie schmückten, und reichte von grob gewebtem Leinen über Wolle und Baumwolle bis Samt und Seide. Farblich blieb es allerdings meistens beim Weiß, was Bänder, Spitzen, Rüschen und Volants gut hervortreten ließ. Je mehr Haar die Frau hatte, desto mehr Haube brauchte sie, um es zu bedecken. Um 1800 verfestigte sich das eher weiche Kleidungsstück zur Schute, einem Hut mit stabilisierendem Drahtgestell, steifer Krempe und unter dem Kinn verschlungenen Bändern, oft zusätzlich mit Gaze oder Tüll verziert. Für den Schutz aufgetürmter Ballfrisuren reichte der Draht nicht. Den Hofdamen wurden Kutschdächer aufgesetzt, wenigstens dem Namen nach: als ›Calèche‹ bezeichnete, fischbeinverstärkte, wie das Cabriodach einer Kutsche faltbare Hauben. Ein mit Reifrock und Calèche ausgestattes Adelsfräulein hätte sich sagen lassen müssen, dass es von oben bis unten in Fischgräten steckt.

»Braungestreifter Rock
mit durchbrochenen Stahlknöpfen«
Knopf und Kragen

Der Schillerkragen hatte keine Knöpfe, das war ja das Geniale. Er ließ den Hals frei und symbolisierte mit dem zopflosen Haar in welligen Schiller- statt eingedrehten Perückenlocken die Freude am Offenen. Schon in den frühen 1780ern hatte Jean Paul in Leipzig nackte Mannesbrust gezeigt in den von der Mutter erbetenen ›Hemden à la Hamlet‹. Man könnte das Imponierarmut nennen. Bei Schiller sollte die geistige Ungebundenheit weder nach Bedürftigkeit aussehen, noch durfte sie zur sozialen Bindungslosigkeit ausarten wie bei den Wahngenies in der Art von Lenz, die mit ihrer Existenzweise Kopf und Kragen riskierten.

In der unfreien Nachahmung der Symbole von Freiheit durch die Schiller-Verehrer verkam das Symbolisierte vom geistigen Wert zum modischen Moment und schließlich zum Kitsch. Dass diese Nachahmung um sich greifen konnte, war jedoch selbst Resultat eines ästhetischen Effekts, der eines Gemäldes von Anton Graff, entstanden vermutlich in der zweiten Hälfte der 1780er und durch Kopien und Kupferstiche weitverbreitet. Der Schillerkragen und davor der Wertherfrack gehörten zum Habit des Leidens an einer Gesellschaft, in die man sich nach dem Abstoßen der Hörner einzugewöhnen pflegte.

Wie so oft in der Mode war das Unbedeutende bedeutsam, die Perfektion hing am Detail. Der Wertherrock etwa hatte von einem bestimmten Blau zu sein und seine Knöpfe aus Messing. Die Tracht vom Rock bis zu den Stulpenstiefeln war übrigens schon vor Goethes Briefroman gängig, wie hätte der Protagonist sie sonst anziehen können? Nur zum modischen Kult wurde sie erst nach dem literarischen Erfolg. Auch Goethe ahmte die von ihm erfundene Figur nach und fuhr im November 1775 à la Werther in Weimar ein*.

Was an Werthers und Goethes Rock der Messing, war an dem von Wieland der Stahl. Einem der vielen Weimarbesucher erscheint im März 1793 Wielands »braungestreifter tuchener Rock mit durch-

---

* Siehe »Ankunft in Weimar« im Kapitel »Aus der Chaoszeit«.

brochenen Stahlknöpfen« erwähnenswert. Auch an einem verliebten Studenten, der durch des *Vetters Eckfenster* von Hoffmann zu sehen ist, fallen die Stahlknöpfe am »kurzgeschnittenen Flausch mit schwarzem Kragen« auf. Bei einem weiteren Blick kommt uns ein »winddürrer Mann« mit Haarbeutel unter die Augen: »Der graue, nach längst verjährter Sitte zugeschnittene Rock schließt sich, vorne von oben bis unten zugeknöpft, enge an den Leib an.« In der Enge der Kleidung hatte sich einst die Enge der Zeit wiederholt. In der romantischen Epoche, als die Kleider weiter und die Sitten lockerer wurden, fiel das auf den Leib Geschnittene und Geknöpfte als verjährt auf. Der Frack hatte die Knöpfe schon länger verloren, dafür waren ihm in den 1770ern Kragen gewachsen. Am bürgerlichen Rock sorgte der Kragen zwar nicht für Auf-, aber für Ansehen. Moritz erzählt im *Anton Reiser,* wie seinem Helden »der blaue Rock mit dem samtnen Kragen«, den der Sohn eines Amtmannes im Konfirmationsunterricht trug, den Neid in die von sozialer Zurücksetzung verwundete Seele senkt.

»*Es war ihm unmöglich, diesen Mangel zu gestehen*«
Über Unterwäsche

Nach allem, was wir wissen, trug Goethe keine Unterhosen. Der Maurergeselle M.G. anscheinend schon. In der Verlustanzeige, die nach einem Diebstahl im *Königlich-Bayerischen Intelligenz-Blatt* veröffentlicht wurde*, findet sich als abhandengekommen auch »eine leinerne Unterhose«. Damit ist allerdings keine der Unterhosen im heutigen Sinn gemeint, die noch dazu statt unserer Initialen die Namen fremder Männer als Markenzeichen tragen. Die Funktion unserer Wäsche erfüllten in der Goethezeit, und zwar für Minister und Maurer gleichermaßen, knielange Leinenhemden, je weißer, desto teurer. Die Frauen behalfen sich mit Unterröcken, manchmal in mehreren Schichten.

* Siehe den Abschnitt über Baumwolle und Leinen.

Über Einzelheiten ist aus den zeitgenössischen Quellen wenig zu erfahren, so wenig wie über Details der Alltagshygiene. Dementsprechend neigen Fremdenführer (in Schlössern) und Historiker (in Schriften) dazu, ins ungesichert Anekdotische auszuweichen. Oder man stellt sich gewisse menschliche Bedürfnisse lieber nicht in ihrer Leiblichkeit vor. Wann die Nachttöpfe in Weimar ausgekippt wurden, weiß man durch Berichte. Aber womit hat Goethe sich – mit Blättern vielleicht? Mit unbeschriebenen bestimmt nicht, die waren zu teuer. Also mit Manuskriptblättern, auf denen Entwürfe skizziert waren? Nicht auszudenken.

In der Literatur der Zeit sind Unterleiblichkeiten selten. Im *Anton Reiser* handelt eine dieser seltenen Stellen nicht wie üblich von der sozialen Rangzuweisung durch die sichtbare Kleidung, sondern von intimer Demütigung vor sich selbst: »Es fehlte ihm nun gänzlich an Wäsche [...] Allein es war ihm unmöglich, diesen Mangel zu gestehen, der ihm am drückendsten war, und im Grunde seine meiste Traurigkeit verursachte, die er aber immer selbst auf etwas anderes schob, worüber er zu trauern gegen sich selbst affektierte, weil ihm der Mangel an Wäsche ein zu kleiner und unpoetischer Gegenstand schien.«

So viel sonst über Mode geredet und über Modesucht geschrieben wurde, die Unterkleidung war kein salon- und literaturfähiges Thema, ausgenommen das Mieder.

»So enge und unten so eingezogen«
Kritik der Schnürbrust,
Lob der Muttermilch

Korsett kommt von Körper und hält den weiblichen formstabil, tyrannisiert ihn aber auch und schränkt ihn ein. Das französische ›corset‹ leitet sich vermutlich vom altfranzösischen ›cors‹ (statt corps) und dessen Verkleinerungsform ›corset‹ ab. Das Verschnüren des Frauenoberkörpers war keine Sache der höfischen Mode allein, auch die braven Bürgermädchen trugen Mieder, die ihnen dann so eng wurden nach dem Fehltritt, dass sie in der Kirche in Ohnmacht fielen oder das Riechfläschchen der Banknachbarin erbitten mussten wie das von ihrem Heinrich geschwängerte Gretchen im *Faust.* Mephisto, die Verführung nur widerwillig einfädelnd (»Über die hab ich keine Gewalt!«, will er sich herausreden), riet indessen dem Schüler, dem er in Fausts Professorenstube eine Studienberatung über die symbolischen Brüste der Weisheit verpasste*, zum Mut am wirklichen Mädchen: »Und fasset sie, mit feurig schlauen Blicken, / Wohl um die schlanke Hüfte frei, / Zu sehn, wie fest geschnürt sie sei.«

Die von engen Korsetts nach oben getriebenen Brüste haben die Männer aus erotischen und aus gesundheitlichen Gründen beunruhigt. In der *Geschichte der Miss Fanny Wilkes,* erstmals 1766 erschienen, lässt Johann Timotheus Hermes der sittlichen Empörung der Heldin recht lustvoll freien Lauf: »Das allerfrechste Weibsbild kann keine unanständigere Robe tragen. Die Schnürbrust war so enge, und unten so eingezogen, daß sie mir den Busen ganz in die Höhe trieb, und der war von ganz unten durch einen schmalen Strich von dünnstem Flor bedeckt, oder wenn ich alles sagen soll, er war völlig bloß.«

Zwanzig Jahre später lobte der Reformpädagoge Christian Gotthilf Salzmann einen Preis aus für die Beantwortung der Frage, ob »die Schnürbrust dem weiblichen Körper schädlich oder unschädlich« ist. 1788 erfolgte der Druck der Gewinnerschrift *Über die Schädlichkeit der Schnürbrüste* von Samuel Thomas Soemmerring. Der Anatom konnte die Frage zwar eindeutig beantworten, aber die Debatte nicht beenden und das Tragen des inkriminierten Kleidungsstücks offenbar auch nicht. Jedenfalls ermahnte im Juni 1789, die Bastille war gerade noch nicht gestürmt, Freiherr von Knigge seine Tochter Philippine: »Ich bitte inständigst, meinen treuen Rath nicht zu vergessen, die vermaledeiten, steifen Schnürbrüste (die der Kaiser [Joseph II. von Österreich] in seinen Ländern verboten hat) abzuschaffen.«

Im Februar 1791, der französische König war noch nicht geköpft, aber die Tribunale der Revolution arbeiteten schon, greift das *Journal des Luxus und der Moden* die Schnürbrust-Frage mit Bezug auf Soemmerrings Antwort erneut auf, und zwar vor einem

---

* Siehe »An der Universität« im Kapitel über das Stadtleben.

»weiblichen Tribunale«, wie es in einer Vorbemerkung der männlichen Redaktion heißt: »Unsere unbekannte Correspondentin vertheidigt ihren Liebling, die Schnürbrust, im Namen ihres ganzen Geschlechts, […] protestiert geradezu gegen das Urtheil der Männer, die nie eine Schnürbrust trugen, als incompetenter Richter in dieser Sache«. Die »Correspondentin« zieht ausdrücklich eine Parallele zur Französischen Revolution, und wie in Frankreich trotz des Aufruhrs der König Verteidiger finde, so finde solche im Reich der Mode trotz der Reformsucht auch die Schnürbrust. Möglicherweise handelte es sich bei dem Stückchen um einen Jungenstreich der Redaktion, mit dem die Anhänglichkeit an das ewig weibliche Herumschnüren lächerlich gemacht werden sollte. Wenige Jahre später war der französische König geköpft und die Brust in Deutschland befreit: »Die steifen Schnürbrüste, die […] von so üblen Folgen sein können, indem sie die Ribben und Schulterblätter verderben, Buckel verursachen und Engbrüstigkeit und Schwäche nach ihrem Gebrauch leicht entstehen, sind mehrentheils abgeschafft.« Die Erleichterung ist Ludwig Formey, dem ärztlichen Verfasser, anzumerken. Nur die hohen Absätze, die »das Becken der Weiber enger machen«, sind zu seinem Bedauern noch immer in Gebrauch.

Zu den Körperverletzungen, die der Schnürbrust angelastet wurden, gehörte das Zerdrücken der Milchkanäle. Diese Anklage wog besonders schwer, denn sie hing elementar mit einem der Lieblingsthemen aufklärerischer Familienpolitik zusammen: der Kampagne gegen die Ammenmilch und für das Selbststillen der Mütter. Wie sollten die Mütter ihre Kinder säugen, wenn die »vermaledeiten Schnürbrüste« die Milchkanäle zerstörten? Dieses Kleidungsstück höherer Schichten – die hart arbeitende Frau aus der Unterschicht konnte es sich nicht leisten, ihre Bewegungsfreiheit einzuengen (oder einengen zu lassen) – wurde mitverantwortlich dafür gemacht, dass man die Kinder aus guter Familie den Gefahren fremder Milch und fremder Milieus aussetzte. Die »Säugamme ist oft eine hitzige Buhlschwester«, warnt der Frankfurter Arzt Johann Adolph Behrends die bürgerliche Mutter, »die von der Liebe lebt, wie der Salamander vom Feuer. Sie hat auch nicht die Erziehung, die Sie haben. Zänkisch, neidisch, ungeschliffen und versoffen, macht ordinair ihren Character aus. Geben Sie dieser Person nur Ihr Kind zu tränken, ich stehe Ihnen dafür, es wird ein feiner Moralist werden.«

Gegen Ende des 18. Jahrhunderts waren die publizistischen Schlachten um die Mutterbrust geschlagen. Nach einem langen Kulturkampf galt es nicht nur bei den einfachen Frauen im Volk als natürlich, den Kindern die Brust zu geben, sondern auch bei Bürgerdamen und selbst Aristokratinnen. Das preußische *Allgemeine Landrecht* von 1794 verankerte eine Säugepflicht für gesunde Mütter, und die Gräfin Casimire zur Lippe, eine Freudin Louise von Rochows, bekannte: »Ich habe mich [!] fest vorgenommen, mit Gottes Hülfe selbst zu stillen.« Den Sieg über die Ammen ließ sich die Aufklärung nicht mehr nehmen. Die Befreiung der Brust jedoch war vorübergehend. Im Biedermeier kehrten die Korsetts zurück.

Kleines Mode-Lexikon von Andrienne bis Zopf

Andrienne: Auch Adrienne, in Deutschland Schleppkleid, Schlender oder Schlunder genannt; langes, schleppendes, faltenreiches Kleid; 1703 durch eine Pariser Aufführung der Komödie *Andria* von Terenz in Mode gekommen, in verschiedenen Varianten bis zur Französischen Revolution an den Höfen Europas (mit Ausnahme von England) vorherrschend, deshalb als »Robe à la Française« bezeichnet; außerhalb der Höfe von der bequemeren und ›natürlicheren‹ »Robe à l'Anglaise« abgelöst (wie der französische Garten vom englischen).

Berlocke: Auch Breloque; klimpernder Metall- oder Elfenbeinschmuck an der Herrengarderobe.

Canezou: Verziertes Ärmeljäckchen zur Bedeckung des Dekolletés.

Chemise: Legeres, dekolletiertes Hängekleid, meist aus weißer Baumwolle, gern mit Brusttuch oder Canezou getragen.

Chemisette: Aufgesteckte Herrenhemdbrust, nur im Frackausschnitt sichtbar.

Cul de Paris: Mit Daunen gefülltes Kissen, unter dem Kleid über das weibliche Hinterteil geschnallt, auf gut Deutsch ›Pokissen‹ genannt oder, wie von Jean Paul: ›Unterziehsteiß‹; nach der Französischen Revolution im Zuge der Hinwendung zum ›Natürlichen‹ aus der Mode gekommen.

Culotte: Enge Kniehose, oft an den Seiten geknöpft.

Dormeuse: Dem Wortsinn nach Schlafhaube, in variierten Formen mit umlaufendem Band und schleifenverziert um 1800 von Hausfrauen auch tagsüber getragen.

Dreispitz: Herren-, zum Reiten auch Damenhut des Rokoko, dann vom weitverbreiteten (von Friedrich II. bis Napoleon) Zweispitz abgelöst.

Escarpins: Nachfolger der Schuhe mit hohen und sehr hohen Absätzen im Rokoko; flache Slipperform, von den Herren schnallenverziert zur Culotte getragen, später zum Frack; von der Dame beim Ball und gegen 1800 zur Robe à la Grècque.

Fächer: Häufig, aber nicht immer faltbar; oft, aber nicht immer zur Luftzufuhr in stickigen Ballsälen gebraucht und angeblich geheime Signale zur Anbahnung von Amouren aussendend.

Fichu: Auch Fichou; meist dreieckiges, oft kostbares, gern blaues Brust- und Schulterband zur Bedeckung des Dekolletés, manchmal gekreuzt und im Rücken gebunden; mitunter auch Bezeichnung für das Schultertuch der einfachen Frau.

Fontange: Aufgetürmte, durch Fremdhaar, Drahtverstärkungen, Versteifungen durch Federn und klebewirksame Pomade (hergestellt aus Äpfeln, franz. pomme) ermöglichte Hof-Frisur, mitunter noch mit Früchten oder Zierfiguren bestückt.

Fourreaux: Etuikleid.

Frack: Im Unterschied zum aristokratischen Justeaucorps meist aus dezentem dunkelbraunem oder dunkelblauem Tuch (Samt, Wolle, Baumwolle), gefüttert mit Seide (an den sichtbaren Stellen) und Leinen; »Fraque à l'Anglaise«, vorne nicht durchgeknöpft, von der Brust abwärts nach beiden Seiten zurückweichend, der Bereich oberhalb der Brust wattiert.

Hosenlatz: Kam durch das Hochwandern der Weste zum Vorschein und am Ende des 18. Jahrhunderts wieder aus der Mode.

Justeaucorps: Knielanger, taillierter, meistens durchknöpfbarer Männerüberrock aus der Zeit des Barock, während des Rokoko durch den Frack verdrängt.

Kapriole: Damenhut um 1770.

Kniehose: Wer ohne die sozial (und am Bein) hochstehende Kniehose, die Culotte, herumlief, war ein Sansculotte, ein ›Ohnehose‹ und gefährlicher Mensch.

Korsett: Mieder, auch Schnürleib oder Schnürbrust; passte seine Form der Mode an und den Oberkörper der Frau wiederum seiner Form.

Krinoline: Am Ende der Goethezeit aufkommender rosshaarverstärkter ausladender Unterrock.

Negligé: Auch Déshabillé; langes, bequemes Hauskleid.

Pantalon: Erst waden-, dann knöchellange Röhrenhose, modisches (und politisches) Gegenstück zur Kniehose; als weiße Pantalettes von Frauen unter den Kleidern getragen.

Reifrock: Getragen über flexiblen Holz-, Draht- oder Fischbeingestellen, die aus fünf sich im Durchmesser von unten nach oben verringernden Reifen bestanden; bis zu zweieinhalb Meter Durchmesser, im letzten Drittel des 18. Jahrhunderts wieder abnehmend; der sich verkürzende, ehemals schleifende Rock ließ die Schühchen zum Vorschein kommen, die sich links und rechts noch nicht unterscheiden, sich aber sehen lassen konnten, mit Seide bezogen und mit Perlen bestickt, auf hölzernen Absätzen und Plateaus.

Robe à la: *Anglaise* (ohne Stecker und ohne Reifrock, mit Cul de Paris), *Française* (siehe Andrienne), *Grècque* (durchsichtige Chemise, wenig Bein und viel Busen zeigend), *Polonaise* (Abwandlung der Robe à l'Anglaise, im Inneren des Kleides auf Taillenhöhe mit schlaufengeführten Bändern raffbar), *Turque* (enge kurze Ärmel, gegürtet, vorne offen).

Stecker: Versteifter Miedereinsatz, oft prunkvoll bestickt.

Strumpf: Gewebte und genähte oder (deutlich teurer) gestrickte Beinkleider; im 19. Jahrhundert von der langen Hose verdrängt, jedoch nicht von den Schlabberhosen der Sansculotten, sondern von den bürgerlich akkuraten Röhren.

Tituskopf: Wie bei der Andrienne ein Theatercoup, der Mode machte, beginnend 1795 mit einer Aufführung von Voltaires *Brutus,* die den römischen Kaiser Titus mit rundum kurz gelockten Haaren auf die Bühne brachte; auch bei Frauen beliebter Haarschnitt, passend zur ›einfachen‹ Mode à la Grècque.

Tricot: Strumpfhose, um 1800 von Männern, in hautfarbener Ausführung unter der Chemise auch von Frauen getragen.

Zopf: Im übertragenen Sinn der Eidechsenschwanz der Mode: immer wieder abgeschnitten, stets wieder nachwachsend.

8. Sexualität

Lust und Lucinde *– Prostitution –*
Der Kampf gegen die ›Selbstbefleckung‹ – ›Sodomie‹
und ›Knabenliebe‹ – ›Nothzucht‹ – Zeugung,
Schwangerschaft, Geburt

Ein Denkmal für die Gretchen: über ›Kindermord‹

»Schwellende Umrisse«
Lust und *Lucinde*

Goethe hatte einen aristokratischen – Schwanz. »Herr von Schön-
fuß« nannte ihn Christiane, die den ganzen Goethe als »Herr Geheimrat« zu titulieren pflegte und ihn außerhalb des Bettes siezte,
besonders im Beisein von Besuch, selbst nach der Heirat von 1806.

Wie es im Schlafgemach zuging oder in der Mägdekammer oder
in einer Küchenecke oder im Heuschober, war keine Privatsache.
Die Kriterien, nach denen das Liebes- und Geschlechtsleben durch
Mitmenschen und Obrigkeit bewertet wurden, waren durchaus
nicht einheitlich, sondern variantenreich gestaffelt. Die wachsende
Arbeiterschaft in den Städten galt als sittlich verwahrlost, sexuell
überaktiv und unverantwortlich vermehrungsfreudig. Die Mägde
und Knechte auf dem Land waren auf Wohlwollen und Erlaubnis
ihrer Brot- und Leibherren angewiesen, wollten sie sich verheiraten, und ihr vorehelicher Sex hatte oft im Wortsinn Stallgeruch. In
einer Kleinstadt wie Weimar zerrissen sich die ›anständigen‹ Leute
über Goethes ›Konkubinat‹ mit Christiane Vulpius die Mäuler, auch
wenn man die Verletzung des Anstandes durch diesen mächtigen
Mann dulden musste. Über die ›Konkubinate‹ indessen, die ein paar
Kilometer weiter in der Universitätsstadt Jena finanziell halbwegs
ausgestattete Studenten mit Liebchen aus der Unterschicht eingin-
gen, lächelte der Mann – wissend, falls er selbst studiert hatte.

Die Gattin tat unterdessen so, als hätte sie nichts gehört, wenn
ein unbedachter Gast in ihrem Beisein auf Derartiges Anspielungen
machte. Von einem schrulligen unverheirateten Königsberger Ehe-
theoretiker, der zugleich ein großer Philosoph gewesen ist, gibt es
allerdings die Warnung, es sei allzu treuherzig, »daß die Ausschweifungen dieses Menschen vor der Ehe übersehen werden können,
weil er nun an seiner Frau, wenn er sich nur noch nicht erschöpft

hat, hinreichend für diesen Instinkt versorgt sein werde. – Die guten Kinder bedenken nicht: daß die Lüderlichkeit in diesem Fache gerade im Wechsel des Genusses besteht, und das Einerlei in der Ehe ihn bald zur obigen Lebensart zurückführen werde.« Wie es sich mit den Studentenamouren im Einzelnen verhielt, wurde von Laukhard in seiner Lebensgeschichte ausgeplaudert. »In Jena hat der Bursch seine sogenannte Scharmante: das ist ein gemeines Mädchen, mit welcher er so lange umgeht, als er da ist, und das er dann, wenn er abzieht, einem andern überläßt. In Göttingen hingegen sucht der Student, der's zwingen kann, das heißt, der Geld hat, bei einem vornehmern Frauenzimmer anzukommen, und macht dem seinen Hof. Gemeiniglich bleibt es beim Hofmachen und hat keine weitern Folgen, als daß dem Galan der Beutel tüchtig ausgeleert wird. Manchesmal geht das Ding freilich weiter, und es folgen lebendige Zeugen der Vertraulichkeit, die eine Ritterstochter oft eben so bezaubernd fesselt, als eine gefällige busenreiche Aufwärterin.« Einige der von den Studenten ins Bett bugsierten jungen Frauen nennt Laukhard mitleidig »nach ihrer Art recht gute Mädchen, die von leichtsinnigen Studenten [...] durch Eheversprechungen an der Nase herumgeführt« worden seien. Doch in der Regel würde ein anderes Spiel gespielt: »Die meisten Nymphen, welche sich mit Studenten abgeben, wollen von ihnen ziehen, halten es eben darum mit mehrerern, und lachen hernach die geprellten Mosjees in die Faust aus.«

Darüber und über die ›Hurerei‹ genialisch tuender Bürgerschrecker, von denen man wusste, dass sie nach einer Sturm-und-Drang-Periode brav selbst zu erschrockenen Bürgern heranreifen würden, ging man mit kopfschüttelnder Nachsicht hinweg. Romantische Provokateure jedoch, die Manns und Dichter genug waren, ihre ›Schönfüße‹ auf den Kothurn der Literatur zu stellen, riefen schäumende Empörung hervor: »Dieser Friedrich Schlegel wird als ein höchst hirnloser und unzüchtiger Skribler verdientermaßen der allgemeinen Verachtung preisgegeben. Denn er schrieb außer anderen Sinnlosigkeiten einen Roman Lucinde«.

Als mit dieser Eingabe im Januar 1816 in Wien gegen die Entsendung des inzwischen fromm und katholisch gewordenen Schlegel an den Bundestag in Frankfurt protestiert wurde, lag die Publikation des Romans, der trotz dieser Selbstbezeichnung gar keiner ist, mehr als anderthalb Jahrzehnte zurück. Das Büchlein löste bei seinem Erscheinen 1799 eine ästhetische und moralische Debatte darüber aus, was man schreiben, was man bloß sagen und was man nicht einmal denken durfte. Diese Fragen hatten die »Bekenntnisse eines Ungeschickten«, wie der geschickte Untertitel der *Lucinde* lautet, jedoch bereits selbst gestellt – und beantwortet: »Wie kann man schreiben wollen, was kaum zu sagen erlaubt ist, was man nur fühlen sollte‹ – Ich antworte: Fühlt man es, so muß man es sagen wollen, und was man sagen will, darf man auch schreiben können.«

Allerdings wurde für die Verwendung eines Wortes wie ›Beischlaf‹ sogar in populären medizinischen Ratgebern wie Johann Friedrich Albrechts *Heimlichkeiten der Frauenzimmer* von 1809, in denen nach Paragrafen unterteilt die männlichen und weiblichen Sexualorgane beschrieben sind, gleichsam um Entschuldigung gebeten. Es würde die »Schaamhaftigkeit beleidigen, wenn man zu oft und zu viel von dem sprechen wollte, was eigentlich Geheimnisse des Ehebettes bleiben müssen«.

Der »unzüchtige Skribler« verwendete dieses Wort ebenfalls nicht, ihm wäre es wegen seiner Banalität zu ordinär gewesen. Er gefällt sich vielmehr in gezierten (und gezielten) Doppeldeutigkeiten wie dem »quälenden Stachel der Sehnsucht« oder dem »Blitz der Liebe«, der im »zarten Schoß gezündet« hat. Außerdem bringt er in einem Abschnitt über die »Lehrjahre der Männlichkeit« in einer Art Nummernrevue, wenn der in diesem Zusammenhang doppeldeutige Ausdruck erlaubt ist, jene Frauen und Mädchen auf die Textbühne, mit denen er ›es‹ hatte – oder auch einmal nicht, obwohl »der zarte jungfräuliche Leib und die Früchte des jungen Busens« schon »ihm hingegeben« waren. Weil der armen Luise dabei die Tränen aus den Augen stürzten, »überlief ihn ein kalter Schauder«, und er ließ ab von seiner liebkosenden Freveltat, nur um beim nächsten Wiedersehen den Verdacht in sich aufkommen zu spüren, dass »das Mädchen eher unzufrieden schien, dass es nicht ganz verführt sei«.

Zu den Mädchen und Frauen, mit denen der Held ›es‹ zu tun bekommt, gehört auch das höhere Freudenmädchen Lisette, als ›Weibsbild‹ ein moralisches Gegenstück zur gerade noch einmal nicht verführten Luise. Als Lisette dem Helden »unerwarteter Weise die Ehre der Vaterschaft ankündigte«, obwohl sie doch gleichzeitig noch mit anderen –, kommt es zum Bruch. Lisette sticht sich tot, und in einer letzten, recht blutigen Umarmung, die sich gut in einem Schmöker der Schauerromantik machen würde, haucht sie ihr Leben aus.

Vielleicht um dem Gesetz der Serie Genüge zu tun, trägt die schon etwas gereifte und bereits Mutter gewordene Lebensliebe des Helden ebenfalls einen Vornamen mit L. In Lucinde und mit Lucinde verschmelzen Körper und Geist, Natur und Kunst, Sinnlichkeit und Sittlichkeit. Der Akt wird transzendental. Und der Leser (die Leserin freilich auch) sieht dabei zu, voyeuristisch hinter dem Vorhang des Textes stehend: »Die hinreißende Kraft und Wärme ihrer Umschließung« – darf man da von ›Beischlaf‹ sprechen oder schreiben? – »war mehr als mädchenhaft; sie hatte einen Anhauch von Begeisterung und Tiefe, den nur eine Mutter haben kann. Wenn er sie im Zauberschein einer milden Dämmerung hingegossen sah, konnte er nicht aufhören, die schwellenden Umrisse schmeichelnd zu berühren, und durch die zarte Hülle der ebnen Haut die warmen Ströme des feinsten Lebens zu fühlen.« Was hätte der Königsberger Experte Kant wohl zur romantischen Liebe gesagt? Über die bürgerliche hat er geschrieben: »Im bürgerlichen Zustande gibt sich das Weib dem Gelüsten des Mannes nicht ohne Ehe weg«.

Der voreheliche Geschlechtsverkehr war eine noch delikatere Sache als der außereheliche, denn hier kam der Lust nicht nur die Moral, sondern auch das Recht in die Quere. Um die von Laukhard erwähnten von Eheversprechen an der Nase herumgeführten, »nach ihrer Art recht guten Mädchen« vor Beischlaf-Erschwindlern zu schützen, wurde den Verführern verschiedentlich die Zwangsheirat angedroht für den Fall, dass ein Eheversprechen tatsächlich nachgewiesen werden konnte.

Als ob ein solcher Nachweis nicht ohnehin schwer genug zu erbringen gewesen wäre, riefen derartige Versuche, die voreheliche Lust juristisch zu zügeln, prinzipiellen männlichen Protest hervor. Aufgebracht befehdete beispielsweise Riesbeck eine Wiener Verordnung, »den Schwängerer stehenden Fußes mit dem geschwängerten Mädchen zu verehelichen […] Warum sollte auch eine Dirne für eine Vergehung belohnt werden, die sie selbst so leicht, als die andre Partei, vermeiden konnte? Belohnung ist es allzeit; denn das Mädchen, welches die Grenzen der Scham einmal überschritten hat, ist gewiß für jedermann feil, und sucht sich dann unter seinen vielen Liebhabern den aus, mit welchem es am gemächlichsten zu leben hofft. Wenn es aber auch den Vater mit Zuverlässigkeit angeben kann, so muß man […] doch allezeit voraussetzen, daß es selbst den ersten Schritt zu seinem Fall getan hat, denn es ist in unsrer jetzigen Welt für ein Frauenzimmer viel schwerer, sich zu begatten, als für das Mannsvolk. Die Verführung zu einer Farce, die sich nach diesem Gesetz mit einer Heirat schließen muß, ist also größtenteils der schönern Hälfte des Stückes auf die Rechnung zu setzen.«

Nicht jeder Mann war bei diesem Thema so schnellfertig wie Riesbeck. Der ›Policeywissenschaftler‹ Johann Friedrich von Pfeiffer nahm ›gefallene‹ Mädchen in Schutz: »Viele, und vielleicht die meisten dieser unbedachtsamen Creaturen überlassen sich dem Willen ihrer Liebhaber unter Versprechung der Ehe, oder doch in der süßen Hofnung, daß man sie heirathen werde. Diese täuschende Hofnung, die Eidschwüre, die Liebkosungen des Verführers, nebst dem unüberwindlichen Trieb zur fleischlichen Vermischung, verblenden diese zur Liebe erschafne Geschöpfe dergestalt, daß die verliebte Wuth ihnen wenig verstattet, in gewissen kritischen Augenblicken an die traurigen Folgen der Operation zu denken.«

»Bordelle gibt es in Gießen nicht,
aber unzüchtige Menscher«

Prostitution

Was ist eine Hure? Pfeiffer antwortet: »Eine Hure ist ein niederträchtiges Weibesmensch, das gegen baare Bezahlung die Bedürfnisse der Mannspersonen ohne Unterscheid stillt und von diesem schändlichen Geschäfte Profession macht«. Um diese Profession unter Kontrolle zu bekommen, müsse man, »zumalen in großen Städten«, Universitätsstädte jedoch ausgenommen, »nicht zwar heimliche

Hurenhäuser dulden, sondern öffentliche dergleichen Häuser privilegiren, solche in Ordnung und Aufsicht halten, die sich dahin begebende niederträchtige Creaturen wöchentlich visitiren« und »die Gesunden von den Kranken absondern«. Ebendies erfolgreich durchzuführen, rühmte Riesbeck an den Behörden der preußischen Hauptstadt. Seiner Verurteilung des Wiener Ehezwangs entsprach die Verteidigung der Berliner Bordellfreiheit: »Unter anderen Monopolien sind hier auch öffentliche privilegierte Bordelle [...] Die Polizei läßt die Mädchen regelmäßig visitieren, um die Ausbreitung der Lustseuche zu hemmen«. Formey übrigens nennt für 1796 die Zahl von 80 Bordellen unter Polizeiaufsicht, des Weiteren 358 registrierte ›Gassenhuren‹. Riesbeck fährt fort: »Auch Leute, die über dem Pöbel sind, machen öfters Lustpartien in die vornehmern unter denselben, nicht eben um auszuschweifen, sondern bloß eine Bouteille Wein oder einen Kaffee in Gesellschaft mutwilliger Mädchen zu trinken. Die Sache hat hier gar nichts Anstößiges, und ich habe junge Herren sogar in Gesellschaften von Damen von ihren Expeditionen in diesen Häusern ohne alle Scheu sprechen hören. In den meisten derselben soll ziemlich viel Reinlichkeit herrschen [...] Da die Sache öffentlich und unter den Augen der Polizei geschieht, so mögen diese Ausschweifungen freilich nicht das Gepräge der viehischen Wildheit und Abscheulichkeit haben, welches die Wollust an den Orten, wo man sie ins Dunkel verscheucht, auszuzeichnen pflegt.«

Die Polizei ist immer bestrebt, ihre Augen überall zu haben, drückt sie manchmal aber auch zu. Und wie stets bei behördlicher Ordnungsverwaltung gab es Kompetenzstreitigkeiten. In Berlin ging es in den 1790ern vor allem darum, wer nicht zuständig war: Die Polizeidirektion betrachtete Hurerei und Kuppelei als Angelegenheit der Kriminaljustiz, die Gerichte wiederum wollten beides weniger unter strafrechtlichen als unter gesundheits- und sittenpolizeilichen Gesichtspunkten behandelt wissen. Schließlich kam es zu einer arbeitsteiligen Lösung: Um die Winkelhurerei hatte sich die Polizei zu kümmern, um Winkelkuppelei die Justiz.

Trotz der von Riesbeck hervorgehobenen Polizeiaufsicht über das Hurenwesen in der preußischen Hauptstadt muss der Bewunderer König Friedrichs zugeben, dass ein Teil dieses Geschäftes kaum zu überwacht ist, vor allem, wenn es nicht en gros wie im Bordell, sondern mehr en detail betrieben wurde: »Wenngleich die privilegierten Hurenwirte so gut, als die Brennholzgesellschaft, ihren Alleinhandel auf alle Art zu verteidigen berechtigt sind, so ist die Ware doch zu schlüpfrig, als daß man dem Schleichhandel wehren könnte. Jedes alte Weib aus der untern Klasse, jeder Lehnlakai, jeder Kellner in einem Wirtshaus und fast jeder Wirt selbst kuppelt.« Über die Wirte ohne Privilegien verrät er: Wenn »sie auch gleich keine Mädchen im Haus haben, so machen sie doch kein Geheimnis daraus, daß sie die Fremden mit diesem Artikel reichlich bedienen können. Sie haben ihre Listen, worauf die schöne Jugend der ganzen Nachbarschaft nach den verschiedenen Preisen sortiert ist, und der Hausknecht ist immer bereit, die Ware herbeizuschaffen.«

Riesbeck wußte nicht, wovon er schrieb, denn in Berlin hat er sich nie aufgehalten. Seine Einschätzungen beruhten nicht auf (intimer) Kenntnis der Verhältnisse, sondern auf Verehrung des preußischen Königs als aufgeklärtem Selbstherrscher. Was ›policeylich‹ organisierte Aufklärung unter einem solchen Monarchen alles bewirken kann: Durch das halbwegs geordnete und kontrollierte Bordellwesen werde in keiner europäischen Großstadt weniger onaniert als in Berlin, der Kindsmord sei vergleichsweise selten, und die Lustseuche grassiere nicht so stark wie anderswo. Was die ›Lustseuche‹ Syphilis angeht, hat das der kosmopolitische Wanderer Rebmann offenbar anders gesehen, und zwar mit eigenen Augen: »Betrachte hier an einem Sonntag [...] der Reihe nach alle Spaziergänger Unter den Linden oder an irgendeinem öffentlichen Platz. Unter hundert Mädchen wirst du kaum zehen finden, auf deren Gesicht du nicht mit leserlichen Zügen wahrnehmen kannst, dass die Wollust ihre Blüte benagt hat. Blasse Gesichter, deren Verwesungsfarbe die Schminke nicht zu verkleistern vermag, vollbusichte Dirnen, aus deren Auge Frechheit und Buhlerei spricht, männliche Gerippe, deren Mark Gewissensbisse, Unzucht und feine Schwelgerei verzehrt haben.« Der Lustgarten wiederum »dient bei Tage zu einem angenehmen Spaziergang der schönen Welt und bei Nachtzeit zum Tummelplatz der feilsten und verächtlichsten weiblichen Geschöpfe in Berlin, die hier gemeinen Soldaten und Trunkenen die Überreste ihres Leichnams anbieten«. Dass Rebmann unwahrscheinliche

90 Prozent der spazieren gehenden Mädchen von ›Wollust benagt‹ gesehen hat, wirft allerdings die Frage auf, wo er seine Augen hatte. Riesbeck war nicht an Ort und Stelle, berichtete aber so, wie es ihm zum Lob des Königs angemessen schien; Rebmann war vor Ort und berichtete, wie es seinem Willen zur Kritik entsprach. Ein dritter Zeitzeuge, Magister Laukhard, ging vergleichend vor: »Bordelle gibt es in Gießen nicht; aber doch unzüchtige Menscher, und folglich auch […] venerische Krankheiten. Was für fürchterliche Folgen hieraus entstehen lehrt die tägliche Erfahrung. Der lüsterne Jüngling läßt sich hinreißen, zumal der, den der kurzsichtige Vater oder Lehrer von allem Umgang mit Mädchen entfernt gehalten hat. Er wird inficirt. Sein irriges Ehrgefühl hält ihn zurück, sich einem geschickten Arzte zu entdecken. Dieser ist ihm zu berühmt, zu ansehnlich. Um sich weniger schämen zu müßen, vertraut er sich einem noch studierenden Mediciner, oder einem Feldscherer an – und wird verpfuschet.« Wem es in Gießen nicht gelingt, für »den Stachel der Sinnlichkeit« ein frei laufendes Mädchen aufzugabeln, der zieht »nach Wetzlar, um das Vergnügen zu genießen, sich mit dem Auswurf des weiblichen Geschlechts zu unterhalten. […] Ich selbst habe die bösen Folgen eines Umgangs mit dergleichen gefälligen Menschern empfunden.« Über die niederen Berliner Bordellwirtschaften weiß er zu berichten: »Es halten sich gemeiniglich sechs, acht bis zwölf Nymphen in einer Wirthschaft auf, meist Mädchen von ganz geringem Stande, welche ehemals von adlichen und unadlichen Wollüstlingen verführt oder benutzt wurden, und hernach, der Arbeit entwöhnt, keinen andern Weg, sich zu nähren wußten, als den der feilen Wollust.«

Sehr genau beschreibt Laukhard das System der Abhängigkeit, in das die Prostituierten gezwungen wurden: »Um den reumüthigen Mädchen es unmöglich zu machen, ihr schändliches Gewerbe zu verlassen, so sorgen die Wirthe dafür, daß sie immer viel an ihnen zu fordern haben. Der Wirth schaft der Unglücklichen Kleider, Wäsche und Putz, beköstigt sie und giebt ihr Quartier: alles rechnet er übermäßig theuer an, so daß ein Mädchen nimmermehr bezahlen kann. Ihren Verdienst theilt er obendrein mit ihr, und läßt ihr nur eine Kleinigkeit […] So müssen denn die Kreaturen bleiben, bis entweder der Wirth selbst sie fortjagt, oder bis sie entwischen, oder irgend ein Liebhaber sie auslöst. Zu wünschen wäre es immer, daß die Berlinische Policei hier angemeßne Gegenanstalten träfe, um einer Unglücklichen das Laster nicht wider Willen zur Zwangspflicht werden zu lassen.«

Über die ›Straßennymphen‹ heißt es: »Von diesen giebt es eine sehr große Anzahl: man heißt sie schlechthin Straßenmenscher, Kurantmenscher und dergl. Sie schwärmen, trotz der scharfen Aufsicht, die ganze Nacht auf den Gassen, theils einzeln, theils haufenweise herum, und sehen zu, wer ihnen für den Genuß schmutzigen Vergnügens einige Groschen zollen will.«

Bei allem Mitleid wird die Moralität der ›Kurantmenscher‹ auf den Gassen und der ›Kreaturen‹ in den Bordellen und die ihrer jeweiligen Freier mit verschiedenen Maßstäben gemessen. Die Straßenhuren sind bedauernswert, aber schmutzig und gemein, ihre Kunden sind nicht bedauernswert, aber ebenfalls schmutzig und gemein. Auch die Bordellhuren sind bedauernswert, aber in den höheren Preisklassen wenigstens sauber und nicht ganz gemein. Manche lesen unter Anleitung der Puffmutter sogar empfindsame Romane, um der gebildeten Kundschaft zu gefallen. Dieser gebildeten Kundschaft wiederum bringt man (und sogar die Ehefrau) Verständnis entgegen: »Es wird überhaupt in Berlin gar nicht für anstößig oder für schändlich gehalten, in ein Bordel zu gehen. Viele, selbst angesehene Ehemänner gehen dahin; und kein Mensch, selbst ihre Weiber, nehmen ihnen das übel.« Zumal, fügt Laukhard hinzu, jeder »Zehnte blos aus Neugierde hingeht, oder zum Zeitvertreib.« Und was trieben die anderen neun?

»Eines der wichtigsten Anliegen der Menschheit«

Der Kampf gegen die ›Selbstbefleckung‹

Die ›heimliche Sünde‹ der ›Selbstbefleckung‹ machte Erziehern wie Ärzten die allergrößten Sorgen, auch was Mädchen und Frauen anging. Deren Saft ist zwar kein Samen, sondern, wie der Lehrer und Jugendbuchautor Peter Villaume in seiner Preisschrift *Über die*

Unzuchtsünden in der Jugend zu wissen meint, »ein Extrakt aus allen Teilen, aus dem Gehirn und dem Rückenmark«. Aber dessen ›Verschwendung‹ gilt als mindestens genauso schädlich für den Organismus wie die des Samens, zumal »zur Ergießung gar nicht bestimmt«.

Masturbierende Mädchen geben schlechte Mütter ab, weil sie ihre ›Geburtsteile‹ schwächen, und erweisen sich häufig als wollüstige, schwer zu befriedigende Ehefrauen, wie die 1782 anonym erschienenen *Briefe über die Galanterien von Berlin* aus der Feder von Johann Friedel befürchteten: »welche Dame in der Ehe ausschweifet, schweifte gewiß auch schon als Fräulein mit dem Godomiché in der Hand aus.« Michael Kosmeli lässt in seinem satirischen Roman über »das vermaledeiteste Mädchen unter der Sonne« einen Tabulettkrämer dieses »Instrument von elastischem Gummi zum Privatgebrauch für Damen« der Icherzählerin in deren Boudoir präsentieren. Friedel zufolge dient das elastische Ding für böse Mädchen einer Lust an sich selbst, die zugleich Lust an sich ist, weil zweckfrei von der Fortpflanzung entkoppelt. Sie wurzelt in frühkindlichen Erfahrungen sexueller Stimulation, die zwar nicht zweckfrei, aber zweckentfremdet war: »Wie oft sah ich nicht mit dem gerechtesten Unwillen die Kinderwärterinnen mit dem Knäbchen, oder Mädchen, das kaum drey, vier oder mehrere Monathe alt ist, an den Schamgliedern spielen, damit sie zu weinen aufhören.«

Die ›Selbstschwächung‹ wurde manchmal als Laster, manchmal als Krankheit, meistens als beides zugleich beschrieben und schloss den unwillkürlichen nächtlichen Samenerguss mit ein. Die irregeleitete Lust am Leib war nahezu an allem schuld, was dem Menschen an körperlichen Gebrechen und seelischen Verstimmungen zustoßen und die Lust am Leben verleiden konnte. Der Arzt Christoph Wilhelm Hufeland – als aufgeklärter Kantianer immerhin keiner der furchtbaren Pädagogen, die das gefährliche Gebiet zwischen Nabel und Knie ihrer Erziehungsdiktatur unterwerfen wollten – war überzeugt, die Selbstbefriedigung mache melancholisch bis zum Selbstmord. Ihre Verhütung sei »eins der wichtigsten Anliegen der Menschheit«.

Kant selbst fühlte sich eher unbehaglich bei dem Versuch, über die Aufklärung der Jugend aufzuklären: »Durch Schweigen macht man das Übel aber nur noch ärger. […] Bei der Erziehung in neuern Zeiten nimmt man richtig an, daß man unverhohlen, deutlich und bestimmt mit dem Jünglinge davon reden müsse. Es ist dies freilich ein delikater Punkt, weil man ihn nicht gern als den Gegenstand eines öffentlichen Gesprächs ansieht. Alles wird aber dadurch gut gemacht, daß man mit würdigem Ernste davon redet.« Es gab rabiatere Vorschläge. Der Pädagoge Johann Friedrich Oest schlug vor, heranreifenden Kindern die Geschlechtsteile an Leichen zu erklären. Im Unterschied zu bildlichen Darstellungen, bei denen man Gefahr lief, mit den Kenntnissen auch Lust zu vermitteln, schien die sexuelle Aufklärung am Leichnam den Vorteil zu haben, die anatomische Anschauung mit ästhetischer Abschreckung zu verbinden. Und »eine Leiche zu sehen, dazu ist ja oft Gelegenheit.«

Der ›Naturtrieb‹ lässt sich nun einmal nicht unterbinden, aber seiner Befriedigung mit der falschen Methode (der Onanie) oder zur falschen Zeit (vor der Ehe) und am falschen Ort (im Bordell) konnte man erzieherisch entgegenwirken. Was für Oest die Leichenschau war, waren für Rebmann die Exkursionen in die Berliner Charité. Wenn er Hofmeister eines heranwachsenden Jünglings wäre, würde er ihm »die scheußlichen Gerippe« zu zeigen bemüht sein, »die Reste von ehemals blühenden Geschöpfen«, ruiniert von der Unzucht.

Kants Verlegenheitslösung mit dem ›würdigen Ernst‹ bei der Aufklärung über die Onanie mündet in die übliche Warnung: »Nichts schwächet den Geist wie den Leib des Menschen mehr, als die Art der Wollust, die auf sich selbst gerichtet ist, und sie streitet ganz wider die Natur des Menschen. Aber auch diese muß man dem Jünglinge nicht verhehlen. Man muß sie ihm in ihrer ganzen Abscheulichkeit darstellen.« Einer, der dieser Aufgabe mit überschäumender Inbrunst nachkam, war der Erzieher und Jugendbuchautor Peter Villaume: »Die besten Säfte im Körper verwandeln sich in stinkenden Eiter, Gesicht und Leib werden mit häßlichen Geschwüren bedeckt, die festen Theile werden von einem fressenden Krebsschaden ergriffen, die Zähne im Munde wanken und fallen aus, der Gaumen, der Hals, die Nase werden weggefressen, die Stimme geht verloren, der Elende verfault bei lebendigem Leibe.«

Aber wie lässt sich verhindern, dass es überhaupt so weit kommt?

Und könnte es nicht sein, dass das viele Bereden und Beschreiben das gerade Gegenteil von dem erreicht, was eigentlich beabsichtigt wird? Das 18. Jahrhundert wäre nicht das ›tintenklecksende Säkulum‹ gewesen, wenn nicht auch darüber geschrieben worden wäre, ob man darüber schreiben soll. 1785 fragte Christian Gotthilf Salzmann *Ists recht über die heimlichen Sünden der Jugend öffentlich zu schreiben?* Die Antwort fiel bejahend aus, aber offenbar nicht befriedigend. Karl Friedrich Klischnig, Freund und zeitweiliger Berliner Wohngefährte von Karl Philipp Moritz, erwähnt in seinem Erinnerungsbuch, dass Moritz als Heranwachsender »von der heimlichen Sünde nicht ganz frei geblieben war, […] deren üble Folgen« unter anderem Salzmann geschildert habe, »leider ohne gewünschten Erfolg, ja für manchen sogar mehr zur Anreizung, als zur Warnung«. Aufklärung ist riskant, Eros lauert überall. Selbst das Schreiben darüber, ob über das Onanieren geschrieben werden darf, wird noch zur –vorlage.

Besonders ausführlich dachte der sexualpädagogische Leichenbeschauer Oest, unterstützt von Johann Heinrich Campe, darüber nach, wie »man Kinder und junge Leute vor allem Leib und Seele verwüstenden Laster der Unzucht überhaupt und der Selbstschwächung insonderheit verwahren« könne. Das Ergebnis war ein Zwanzig-Punkte-Katalog zur Bekämpfung der Onanie, von der Empfehlung physischer Abhärtung in Punkt 1 bis zur Empfehlung psychischer Abschreckung in Punkt 20.

Wenn alles nichts half, wurden handgreifliche Maßnahmen zur Verhinderung des Handanlegens nötig: die Infibulation. Das vom moralischen Zweck geheiligte Mittel, in etlichen pädagogischen Schriften empfohlen, in Wirklichkeit wohl eher selten angewandt, bestand darin, beginnende Erektionen durch ein Drahtgestell über der Eichel sozusagen im Keim zu ersticken. Mann kann sich eine solche Vorrichtung selber basteln, Campe erzählt, wie es geht. Ein ihm bekannter Erzieher nahm als Jugendlicher »einen Nagel, legte die Vorhaut etwas hervorgezogen auf den Tisch, setzte den Nagel darauf und – man bewundere den tugendhaften Heldenmut des Knaben! – nagelte sich, indem er einen derben Schlag mit einem Buche darauf versetzte, fest. Er riß hierauf den Nagel aus, und wurde ohnmächtig. Nachdem er sich wieder erholt hatte, zog er durch die noch blutigen Löcher einen mit Kampferspiritus eingeweichten Faden, wie man es beim Einbohren der Ohrenlöcher zu machen pflegt. Durch Hilfe eines heilenden Balsams, den er sich von einem Wundarzt geben ließ, heilten die beiden Wunden nach und nach wieder zu, und es blieben an denjenigen Stellen, wo der Faden durchging, ein paar Löcher. Durch diese steckte er hierauf einen messingenen Draht, den er in der Mitte, wo er über der Eichel hinging, ein wenig gebogen hatte, damit er ihn nicht drückte. Dann krümmte er auch, durch Hilfe einer kleinen Zange, die Enden des Drahts, so daß sie das Stückchen Vorhaut über jeglichem Loche umfaßten und den Draht daran befestigten.« Und damit der Zeitreisende alles richtig macht, fügt Campe noch eine kleine Zeichnung bei:

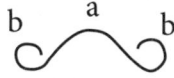

»Warme Schweinchen«
›Sodomie‹ und ›Knabenliebe‹

Weil die Onanie an allem Schuld trägt, braucht man sich nicht zu wundern, dass sie auch »die erste Quelle ist, aus welcher die unlautre Knabenliebe entspringet. Würde jene vertrocknet, diese verschwände dann von selbst.« Davon war Johann Friedel in seiner Kolportage der *Galanterien von Berlin* überzeugt. Da aus Riesbecks Briefen zu erfahren war, nirgends werde weniger onaniert als in Berlin, ist es amüsant, in Friedels Briefen zu lesen, dass nirgends mehr ›Sodomie‹ getrieben werde als ebendort. »Sie finden hier Häuser«, erklärt er seinen (suchenden?) Lesern, »die unter dem ehrsamen Titel einer Knabentabagie existiren, worinn sich Pürschchen von vierzehn, funfzehn auch mehrern Jahren [...] einfinden«. Das sei besonders verwerflich in einer Stadt, »wo in jeder Gasse die reizendesten Nymphen mit Sehnsucht auf galante Besuche warten; [...] hier, sage ich, kann ich die warmen – Herren etwa? – Schweinchen nicht entschuldigen!« Überhaupt gelten ihm homosexuelle Liebe und gleichgeschlechtlicher Sex nicht bloß als bedauernswerte Geschmacksverirrungen, oder wie später dem Philosophen Arthur Schopenhauer als Resultate eines irregeführten und irreführenden Schönheitssinns, sondern als Staatsverbrechen. Friedel klagt den Homosexuellen an, »vorsezlich dem Staate seine Kräfte zu entziehen. Er stielt sozusagen den Samen, den er von seinem Fürsten empfing, um brache Felder zu beurbaren, und streuet ihn auf unfruchtbare Felsen.«

Genau darin findet Schopenhauer den ›natürlichen‹ Sinn dieses ›unnatürlichen‹ Verhaltens. In den umfangreichen Ergänzungen seines erstmals 1819 publizierten Hauptwerkes *Die Welt als Wille und Vorstellung* verkündete der Philosoph stolz das Resultat jahrelanger Bemühungen, der Natur nachdenkend auf die Schliche zu kommen. Wenn ›Sodomie‹ und ›Knabenliebe‹ derart widernatürlich und dem Haupt- und Endzweck der Sexualität, der Fortpflanzung der Gattung entgegenstehend sind, warum kam und kommt es dann überall und jederzeit zu ihrer Verbreitung, von Europa bis Indien, vom alten Griechenland bis in die Gegenwart? Weil Schopenhauer wie viele seiner Zeitgenossen Homosexualität mit Päderastie identifiziert, läuft es für ihn darauf hinaus, dass wie bei der griechischen Knabenliebe die alten Männer die jungen begehren. Alter Same bringe schwachen, vorzeitig alternden Nachwuchs hervor, der dann noch schwächeren und noch vorzeitiger alternden Nachwuchs hervorbringe, was auf die Dauer zur Bestandsgefährdung der gesamten Gattung führe. Wenn die Natur die sexuelle Begierde eines Teils der alternden Männer auf junge Männer um- und von der Fortpflanzung weglenke, wähle sie von zwei Übeln (Samenverschwendung bei der Knaben- versus Samenüberalterung bei der Mädchenliebe) das geringere. Auch wenn der Vergleich Schopenhauer verstimmt hätte: Was in Hegels Geschichtsphilosophie die ›List der Vernunft‹ war, die auf lange Sicht den historischen Sinn hervorbringt, der dem Einzelmenschen in seinem kurzen Leben unverständlich bleiben muss, ist bei Schopenhauer die Weisheit der Natur, die noch die Verirrungen des Einzelnen in einen Vorteil der Gattung wendet.

Die aufklärerischen Rechtsreformer, darunter Cesare Beccaria*,

---

* Siehe den »Gang zum Richtplatz« im Stadtkapitel.

die europäische Berühmtheit aus Mailand, betrachteten Homosexualität als moralisches, nicht als kriminalpolitisches Problem. ›Sodomiterei‹ sei Sünde, Unflat und Schande, aber kein Verbrechen, dem der Staat strafrechtlich entgegentreten müsse. Das war ein Fortschritt, und zwar insofern nicht bloß für Homosexuelle, als ein Privatbereich abgegrenzt und gegen staatliche wie kirchliche Ein- und Übergriffe geschützt werden sollte, solange das Sozial- und Sexualverhalten in diesem Privatbereich keinen Zwang auf andere ausübe und niemanden schädige. Um nicht den Verdacht einer sittlichen Verteidigung des ›Lasters‹ oder gar der unsittlichen Teilnahme an ihm auf sich zu ziehen, brachen häufig gerade diejenigen in die heftigsten moralischen Schmähungen aus, die gegen eine rechtliche Verfolgung des Geschmähten ankämpften.

Im Unterschied zur aufklärerischen Kampagne gegen die Todesstrafe bei Kindsmord* hatten die Versuche, die Gesetze gegen die Homosexualität zu reformieren, nur wenig Erfolg. Immerhin wurde im preußischen *Allgemeinen Landrecht* von 1794 als Höchststrafe ›nur‹ noch Zuchthaus, nicht mehr die Hinrichtung angedroht.

Ein freies Ausleben homosexueller oder lesbischer (›sapphischer‹) Liebe war völlig undenkbar. Gewisse Verhaltensweisen, wie etwa das Zusammenleben von Karl Philipp Moritz und Karl Friedrich Klischnig in einem Gartenhäuschen, wurden beargwöhnt und riefen Vermutungen hervor, über die noch heute gerätselt werden kann, ob und wie viel an ihnen ›dran‹ war. Auch König Friedrich II. gehörte (und gehört) zu den homosexuellen Verdachtspersonen der Geschichte, oder Heinrich von Kleist. Vielen Homosexuellen bot der bisweilen ins Hysterische verstiegene Freundschaftskult der Zeit Möglichkeiten der Camouflage; andersherum dürften Freunde, die sich stets nur angezogen in den Armen lagen, das ›wissende Lächeln‹ im Rücken gespürt haben, wenn gewisse Gerüchte über sie die Runde machten.

In Moritzens *Magazin der Erfahrungsseelenkunde* finden sich im Jahrgang 1791 zwei Stücke zum Thema. Im ersten berichtet jemand in der Rubrik »Seelenkrankheitskunde« betrübt, wie sich ein Freund in einen gut aussehenden Edelmann verliebte, »als träfe ihn

---

* Siehe »Ein Denkmal für die Gretchen« in diesem Kapitel.

ein elektrischer Schlag, als er ihn das Erstemal sah«. Da diese Liebe weder erfüllt noch in Freundschaft gewandelt werden kann, bleibt der Liebende das unglückliche Opfer einer »seltsamen Verirrung der menschlichen Natur«. Im zweiten Stück erzählt jemand in der Rubrik »Seelenheilkunde« erleichtert, wie er selbst sich verliebte, diese Liebe jedoch in ›rein‹ freundschaftliche Bahnen zu lenken wusste »und nie etwas Unanständiges ihm zugemutet habe. Mein Wunsch, mit ihm bekannt zu werden, ist nun erfüllt, meine tödtende Unruhe hat mich verlassen, ich freue mich und bin glücklich!«

Der autobiografische Bericht sucht auch die Entstehungsgründe der nun glücklich geheilten ›Krankheit‹ zu beschreiben: »Als ein Kind von fünf bis sechs Jahren wurde ich immer von erwachsenen Personen geliebkoset, und als ein Knabe von 10 bis 12 Jahren, und so fort, von meinen Mitschülern. Dieses, und der ganz entbehrte Umgang mit Personen vom andern Geschlechte, machte, daß sich bei mir die natürliche Zuneigung zum weiblichen Geschlechte von ihm ganz ablenkte, auf das männliche; und ich erinnere mich, schon in meinem Knabenalter einige Mannspersonen recht zärtlich geliebt zu haben, da ich gegen Frauenzimmer auch noch jetzt ziemlich gleichgültig bin. Diesem Fehler, und dem zeitigen Erwachen der Empfindungen der Liebe, sind Knaben von einnehmender Bildung, wegen der Liebkosungen, die man ihnen erweist, leicht ausgesetzt, und Erzieher müssen deshalb auf sie ihre vorzügliche Aufmerksamkeit richten.«

Ein Kindsmissbrauch findet sich ebenfalls im *Magazin* dokumentiert, wiederum in Gestalt eines autobiografischen Berichts. Der Verfasser besuchte als Junge regelmäßig einen alten Geistlichen, der ihn mit Obst verwöhnte und mit Geschichten unterhielt. »Eines Tages kam ich zu ihm, und er empfing mich mit ausserordentlicher Freundlichkeit, gab mir Kaffee zu trinken, und bath mich, daß ich mich auf seinen Schoos setzen möchte. Ich that es mit vielen Freuden, und er fing mich darauf zu schaukeln an. Er setzte dieses Schaukeln einige Zeit fort, küßte mich und fragte mich mit einer lächelnden und zugleich ermunternden Miene: ob ich mich nicht ein bischen entblößen wollte? Ich that es gern; was konnte ich als ein unverständiges Kind einem Mann abschlagen, der mir von je her so viel Äpfel geschenkt hatte, ob mir die Zumuthung gleich etwas

sonderbar vorkam. Er schaukelte mich immer mehr, ich litte seine
unanständigen Berührungen, – und verlor durch ihn – meine Unschuld.«

»Eine wirkliche Einbringung des männlichen Gliedes«
›Nothzucht‹

»Was ist Nothzucht liebe Mutter?‹ Nothzucht mein Kind! sagte
meine Mutter, und ich war voll Erwartung der Dinge die kommen
sollten – ist Nothzucht.« Diese tautologische Definition zur Abspei-
sung des kleinen Theodor Gottlieb dokumentierte Hippel, nachdem
er groß geworden war, amüsiert in seinem Roman *Lebensläufe nach
Aufsteigender Linie*. Der Kant-Schüler und publizistische Verfechter
der »bürgerlichen Verbesserung der Weiber« hätte wohl eher der gar
nicht amüsanten Rechtsdefinition des preußischen Reformers Carl
Gottlieb Svarez zugestimmt. Dieses Verbrechen liege vor, »wenn
jemand eine Frauensperson durch Arglist und betrügliche Kunst-
griffe, durch berauschende Getränke oder andre die Sinne berau-
bende Arzneien, durch gefährliche Bedrohungen des Lebens oder
der Gesundheit oder gar mit unwiderstehlicher physischer Gewalt
wider ihren Willen zur Befriedigung seiner Wollust mißbraucht.«
Über eines dieser offenbar nie auszurottenden Verbrechen notierte
Karl August von Varnhagen im Oktober 1822: »Abscheuliche Geschichte in den Zeitungen von preußischen Offizieren in Berlin, die
ein ehrbares Mädchen auf ein Zimmer geschleppt, von dem sie, um
sich zu retten, einen unglücklichen Sprung auf die Straße getan, wo
sie für tot gefunden worden.«
Das Schlimmste an dieser schlimmen Geschichte, wie Varnhagen
sie erzählt, ist das Wörtlein ›ehrbar‹. Die männliche Empörung über
den versuchten ›Gangbang‹, um es mit der Brutalität eines Aus-
drucks von heute zu sagen, ist verrückt im Wortsinn: Sie verrückt
das moralische Urteil und verschiebt es von der ›Unanständigkeit‹
der Täter auf die ›Anständigkeit‹ des Opfers. Mädchen von soge-
nanntem ›zweifelhaftem‹ Ruf oder gar Prostituierte konnten nach

dieser Logik nicht mehr das Opfer eines sexuellen Gewaltverbrechens werden, weil sie sich selbst schon der ›Unzucht‹ hingegeben hatten.

›Unnatürlich‹ lüsterne, lockende, promiske und prostitutive Frauen brauchten sich nicht zu wundern, wenn die Männer ihrem ›natürlichen‹ Trieb folgten und ihn auch gegen den moralisch entwerteten Willen dieser Frauen durchsetzten. Die geheimnisvolle weibliche Physis, nach Meinung des Mannes unberechenbar sogar für das Weib selbst, machte alles noch komplizierter. Das betraf das Recht, die Medizin und unvermeidlicherweise auch die Gerichtsmedizin, die am ›Befunden‹ des Straftatbestandes einer Vergewaltigung zu beteiligen war. Wie hatte man beispielsweise die Schwangerschaft nach einer Vergewaltigung zu bewerten? Schließlich setzte eine Schwangerschaft nach damaliger ärztlicher Überzeugung einen Orgasmus der Frau voraus. In Johann Valentin Müllers *Entwurf der gerichtlichen Arzneyissenschaft* von 1796 heißt es: »Ein fruchtbarer Beyschlaf wird von der Mutter mit einem Gefühl von Wollust vollbracht, doch nicht ohne eine gewisse Empfindung einer inneren Bewegung in der Trompete [den Eierstöcken] und einer bevorstehenden Ohnmacht.«

Eine vergewaltigte Frau konnte demzufolge nicht schwanger werden, weil der erst vom Orgasmus freigesetzte, für die Befruchtung unentbehrliche Saft fehlte*. Kam es nach einer Vergewaltigung dennoch zur Schwangerschaft, musste die Frau einen Orgasmus gehabt haben, war also nach dieser Logik oder eher Ideologik gar nicht vergewaltigt worden. Die im Vergleich zum Mann angeblich näher am Natürlichen, Kreatürlichen, manche Männer meinten geradezu: Viehischen lebende Leiblichkeit des Weibes verwandele Leiden in Lust, wie der Gerichtsmediziner Müller meinte: Wo eine »wirkliche Einbringung des männlichen Gliedes vorgegangen, so kann ein Frauenzimmer allerdings in dem ersten, wohl schmerzhaften Beyschlaf geschwängert werden, da der anfängliche Schmerz in Liebeshitze übergehen kann, besonders wenn die Mannsperson feurigen Temperaments ist, und gleich nach der Eja-

---

* Zu den weiblichen ›Säften‹ und ›Extrakten‹ der Abschnitt über »Selbstbefleckung«.

culation des Saamens coitum fortsetzt und die Ejaculation repetirt, wodurch die schmerzhaften Empfindungen in wahre Wollust verwandelt werden.«

»Der Klapperstorch bringt sie nicht«
Zeugung, Schwangerschaft, Geburt

Kinder sind keine Kaulquappen, sie »sitzen nicht im Teiche oder im Wasser, wie die Frösche. Der Klapperstorch bringt sie auch nicht.« Das lässt der Pastor (und Zoologe) Johann August Goeze, ein Bruder des Lessing-Gegners, in einem seiner unaufgeklärten Aufklärungsbücher für Kinder das gewitzte Dorchen dem kleinen Christian erklären, der doch tatsächlich noch an den Storch geglaubt hat. Doch nun weiß er, »der liebe Gott hat es so eingerichtet, daß Menschen von Menschen geboren werden.« Wie es dabei im Einzelnen zugeht, soll einstweilen im Dunkeln bleiben, meint Dorchen: »Es schickt sich für uns noch nicht, da wir Kinder sind, und noch viel zu lernen haben.«

Die Aufklärung der Kinder über das Kinderkriegen, an der sich Basedows *Elementarwerk* versucht, gibt sich betont lückenhaft: »Ein jeder erwachsener Mensch war ein Säugling, und vorher aus dem L… seiner Mutter geb…, woselbst sein Leib 9 Monate nach und nach angewachsen ist. […] Bey dem Anfange der Schw… (dieses weis man durch die Anatomie) ist der Embryo, woraus nach und nach ein menschlicher Leib anwächst, so klein, und wie es scheinet, so ungeformt, daß man sich sehr wundern muß, wie der Leib eines Kindes daraus wird.«

Dieses Staunen ist durchaus nicht nur kindlich. Die Embryonalentwicklung war eines jener Körpergeheimnisse, die erst nach und nach gelüftet wurden, und zwar gerade am Beispiel misslingender Entwicklungen, etwa an vorzeitig abgehenden Föten oder Frühgeburten, die man zu Dokumentations- und Studienzwecken präparierte, in Gläsern aufbewahrte und in Wachs nachbildete. Erst gegen Ende des 18. Jahrhunderts fertigte Samuel Thomas

Soemmerring anatomische Zeichnungen an, die den intrauterinen Reifungsprozess im idealisierten Normalverlauf veranschaulichten. Das wissenschaftliche Werk über die Früchte der Liebe erschien 1799, im selben Jahr wie *Lucinde*. Wie über den Verlauf einer Schwangerschaft gab es über die Zeugung kein gesichertes und schon gar kein allgemein verbreitetes Wissen. Das männliche Konzept von Weiblichkeit stand dem Erkennen der weiblichen Empfängnis hindernd im Wege. Die Idee der Frau als bloß aufnehmendes Gefäß des männlichen Samens befand sich gleichwohl ideologisch auf dem Rückzug. Der weibliche Leib wurde nicht mehr bloß als Austragungsort betrachtet, sondern als eigenständiger biologischer Reproduktionsfaktor. Es erhoben sich Stimmen, die im Interesse einer Höherzüchtung des Nachwuchses auf entsprechende väterliche und mütterliche Voraussetzungen zu sprechen kamen. In einem Brief an das *Magazin zur Erfahrungsseelenkunde* vom Januar 1783 findet sich der Hinweis: »Vielleicht würde es auf die Erfahrungs-Seelenlehre ein großes Licht verbreiten, wenn man viele gewisse Nachrichten von dem Seelen- und Leibeszustande des Vaters und der Mutter im Moment der Zeugung hätte. […] Wäre es nicht nützlich, vielleicht nothwendig, auch hierüber Gesetze zu geben? Sieht der Staat die jungen Menschen als ein Staatsprodukt an; beurtheilt sie der Theologe als Pflanzen, die der Ewigkeit entgegenreifen; so kann es nicht gleichgültig seyn, zu welcher Jahreszeit sie hervorgebracht, unter welchen Umständen sie ins Daseyn versetzt wurden.«

Auch die Feststellung einer Schwangerschaft, vom Beobachten des Ausbleibens der Regel über das Registrieren plötzlicher Anfälle von Übelkeit bis zu Tests mit Knoblauchzehen in der Scheide, hing von Erfahrungswerten, magischen Vorstellungen und tradiertem (keineswegs immer richtigem) ›Frauenwissen‹ ab. Kindsmörderinnen konnten sich bis gegen 1800 glaubhaft darauf berufen, ihre ›Schwächung‹ nicht bemerkt oder Anzeichen falsch gedeutet zu haben und von einer Sturzgeburt überrascht worden zu sein. Diese Entlastung war überaus wichtig, denn das Verheimlichen einer Schwangerschaft wurde als Indiz für die Vorsätzlichkeit der Tötung des Neugeborenen gewertet.

Der Abbruch einer Schwangerschaft setzte ihr Erkennen und

Anerkennen voraus. Manche Frauen, wie etwa die Hebamme mit Haube und Sonntagsbraten* in Wezels *Tobias Knaut,* verfügten über Geheimmittel (oder behaupteten, darüber zu verfügen), die zum Abort führten. Sie mixten ›Sukzessionspulver‹, verabreichten Brechmittel oder Tropfen von Sadebaum und Sinngrün. Der hochgiftige Sadebaum (vulgo ›Stinkwacholder‹) kann tatsächlich innere Blutungen und dadurch Fehlgeburten auslösen. Vom Sinngrün, auch Wintergrün, wiederum lässt ein ›Damen-Conversations‹-Lexikon der 1830er-Jahre die Leserin in aller Unschuld wissen, dass die weiße Blüte in der Blumensprache Sittsamkeit bedeute.

Die Mägde auf dem Land versuchten, sich mit anderen Mitteln zu behelfen, mit Sprüngen von der Tenne, dem Tragen großer Lasten und überhaupt mit der Erschwerung ihrer ohnehin nicht leichten Arbeit.

Was die Frauen wirklich von den Vorgängen in ihren Körpern wussten, ist nur zu rekonstruieren. Die medizinischen, auch gerichtsmedizinischen Zeitzeugenberichte stammen von Männern. Quellenkritisch genau genommen handelt es sich also nicht um eine Wiedergabe des Wissens von Frauen, sondern um eine Wiedergabe dessen, was Männer vom Wissen der Frauen wussten oder zu wissen glaubten. Dennoch entwertet das diese Berichte nicht. Es darf angenommen werden, dass durch sie doch etwas vom Stand der Kenntnis der Frauen bei ›Frauensachen‹ durchscheint, Frauensachen, deren sich die Geburtshelfer (Accoucheure), Ärzte und universitären Fachmediziner zu bemächtigen suchten.

1767 erklärte ein Verteidiger in einem Kindsmordprozess, in dem es darum ging, ob die Angeklagte bei der Geburt absichtlich kindsschädigend mit der Nabelschnur umgegangen war, man könne nicht »vermuthen, daß gescheute Mütter mit ihren Töchtern wegen der Geburtsumstände reden werden, bevor sie verheirathet sind, ja, es ist im geringsten nicht zu glauben, daß sie gegen sie wegen der Verbindung der Nabelschnur etwas erwähnen sollten, da die Verbindung der Nabelschnur nach allen medicinischen Regeln ein officium der Hebammen ist, womit sich die Kreisende nicht beschäftigt.« Auch diese Erklärung des Verteidigers kann nicht ohne Weiteres als Aus-

---

* Siehe den Abschnitt über Hauben und Bänder im Kleiderkapitel.

kunft darüber genommen werden, was Frauen über das Gebären wussten. Schließlich ging es ihm darum, mit seiner ›Vermuthung‹ dem Gericht nahezulegen, die Angeklagte habe nicht mit Tötungsabsicht, nicht einmal fahrlässig, sondern aus Unkenntnis gehandelt. In einem anderen Fall wurde noch 1789 in einem juristischen Gutachten über eine des Kindsmordes Angeklagte vermerkt, sie habe ausgesagt, »daß sie nicht gewußt, daß dem Kinde die Nabelschnur verbunden werden müsse, welche Unwissenheit bey Frauenzimmern, die das erste Mal gebären, nichts ungewöhnliches ist«.

Das Basedow'sche *Elementarwerk* tat sein Erstaunen über das Wunderwerk der Embryonalentwicklung mit didaktischen Ergänzungslücken kund. Daran anschließend heißt es: »Die Geb… des Kindes aber geschieht mit grossen Schmerzen der M…, die davon krank wird. In der Geb… und in der darauf folgenden Krankheit verlieren manche Mütter ihr Leben. Alles dieses ist höchst merkwürdig und sehr wunderbar.«

Die Aufklärung entzauberte das Wunder der Geburt, auf lange Sicht zum Wohl der Frauen und Kinder: Die Geburten wurden sicherer, die Mütter- wie die Säuglingssterblichkeit sank. Die angestrebte flächendeckende Versorgung mit ausgebildeten und zertifizierten Hebammen auf dem Land, ergänzt durch die Verbreitung populärer Ratgeberschriften (etwa 1782 der *Hebammenunterricht in Gesprächen* von Schillers Hausarzt Johann Christian Stark), das Entwickeln neuer oder verbesserter Instrumente (etwa Starks Gebärstuhl) und der Ausbau der Gynäkologie zum universitären Lehrfach, ergänzt durch wissenschaftliche Fachzeitschriften (zum Beispiel das *Archiv für Geburtshülfe,* ebenfalls von Stark, ab 1787), trugen zu diesem Fortschritt bei. Die in den Städten für die Frauen der Unterschicht eingerichteten ›Accouchierhäuser‹ dienten dabei als praxisnahe Lehrstätten für Studenten, die zu den Wöchnerinnenbetten der ›anständigen‹ bürgerlichen Frauen keinen Zutritt hatten. Ohne die Accouchierhäuser wären die Studenten von der eigenen Anschauung des lebendigen Leibes ausgeschlossen gewesen, verwiesen allein auf ›abstrakte‹ Lehrmaterialien wie Zeichnungen, Wachsmodelle oder lebensgroße Übungspuppen mit aufklappbarem Leib und herausnehmbarem Fötus.

Die neuen Einrichtungen sollten das Gebären medizinisch und

zugleich die Gebärende moralisch verbessern. Nach Schätzungen (unter anderem von Formey) waren gegen Ende des 18. Jahrhunderts in Berlin 10 Prozent der Geburten unehelich, in Frankfurt, Dresden und Weimar 11, in Leipzig und Jena 14, in München und Wien 25 Prozent. Aber gerade die moralischen Verbesserungsversuche der Entbindungsanstalten führten zur Verschlechterung des eigenen Rufs. Das im November 1779 in Jena in Betrieb genommene ›Accouchier-Institut‹ war in der Bevölkerung als ›Hurenhaus‹ verschrien und konnte über längere Zeiträume nicht einmal die acht Betten belegen, über die es verfügte. Diese Zurückhaltung bei den schwangeren Frauen lässt sich insofern nachvollziehen, als die unverheirateten unter ihnen administrativ verpflichtet waren, dort ihre Kinder auf die Welt zu bringen. Jede Frau, die sich dort ins Wöchnerinnenbett legte, gab sich, anders als bei einer diskreten Geburt in irgendeinem Winkel der Stadt, dem öffentlichen Gespött preis.

Etwas erfolgreicher war die 1751 in Göttingen gegründete ›Entbindungsanstalt‹. Die Stadt, »berühmt durch ihre Würste und Universität«, wie Heine in der *Harzreise* spöttelte, war führend in der Gynäkologie und Friedrich Benjamin Osiander einer der bedeutendsten Fachärzte seiner Zeit. Allerdings bestand selbst die Göttinger Anstalt lediglich aus zwei Zimmern: einem für die Wöchnerinnen und einem für den Hauswart und seine Familie.

Wohl den Frauen, die auf diese Art von Geburtshilfe nicht angewiesen oder, wie die Unverheirateten in Jena, zu ihr verpflichtet waren. Besser eine Hausgeburt mit hilfsbereiten Nachbarinnen, umsichtigen Hebammen oder im Notfall herbeigerufenen Ärzten. Allerdings konnte es dabei schon etwas ausmachen, auf welcher Seite des Flusses man geboren wurde oder gebar. Der Stadtarzt Johann Adolph Behrends verglich die Situation in Frankfurt mit der in Sachsenhausen auf der anderen Mainseite: »Die schwangeren Weiber und die Kindbetterinnen des großen Haufens verpflegen sich am erstern Orte [in Frankfurt] besser als am letztern; weil sie nicht so häufig die Arbeit mit den Männern theilen müssen und bequemer leben können; es wird auch in Frankfurt eher Hülfe durch Hebammen und Aerzte geschafft, wie man sich hier eher nach ihnen umsieht; und weil diese wegen der Nähe geschwinder beyspringen können.«

Dieses ›Beyspringen‹ ist schaudererregend wörtlich zu nehmen, wie wir erfahren müssen, wenn wir Doktor Stark begleiten, als er zu einer in Wehen liegenden und in Lebensgefahr schwebenden Patientin gerufen wurde. Wir müssen helfen, für den als letzte Rettung vorzunehmenden Kaiserschnitt das Canapee von der Wand zu rücken, damit Stark von allen Seiten an die Patientin herankommt. Die Frau hat bereits zwei Fehlgeburten erlitten, bei der zweiten konnte der Accoucheur (in diesem Fall nicht Stark) das Kind erst nach »Enthirnung des Kopfes« aus dem Mutterleib ziehen, wie Stark es in seiner *Geschichte eines glücklich vollbrachten Kaiserschnitts bei der Frau von L*** zu Weimar den 18ten Decemb 1783* ausdrücken wird. Auch diesmal bleibt das Kind in der Beckenhöhle stecken. Es gibt nur die Alternative: Kaiserschnitt oder sicherer Tod von Mutter und Kind. Stark holt die Zustimmung des Ehemannes ein und bereitet die Operation vor. Er lässt die Gebärende zur Ader. Dann entleert er Darm und Harnblase durch Klistiere. Er lässt vier Leute ums Canapee Aufstellung nehmen. Sie sollen Arme und Beine der Patientin festhalten. Er breitet ein Tuch über den Kopf der Frau und führt den ersten Schnitt. Aber nicht mit einem Skalpell, sondern mit einem langen, bauchigen Messer aus der Küche eines Hofrats in der Nachbarschaft. Stark schneidet den Bauch auf – ein Assistent verhindert mit den Händen, dass die Gedärme herausquellen – und öffnet die Gebärmutter. Mit der Rechten greift er in die Gebärmutter, ertastet die linke Schulter des Kindes und von dort aus dessen Beine: »Ich faßte sie beyde und zog es damit gelinde ohne Hinderniß durch die Wunde bis an die Arme heraus, diese suchte ich auch herauszubringen und dann zog ich bis an den Kopf, der mit dem untern Kinn noch etwas anstieß, durch eine kleine Drehung alsdann sich gut löste.« Aus seinem Bericht wissen wir, dass Mutter und Kind den Eingriff überlebten.

Die Mütter- wie die Säuglingssterblichkeit war in allen Kreisen hoch*. Nicht nur die Armen starben im Kindbett. Im Januar 1784 erfuhr beispielsweise Luise Mejer im Brief einer Bekannten von einer schweren Geburt. Das Kind wurde »geholt, und da es zu groß gewesen, ist es von ihr gerissen, sie hat die ganze Nacht laut geschrien,

---

* Dazu »Eltern und Kinder in Zahlen« im Anhang.

Die an Weihnachten herumsingende Findel Kinder. 3.

Prospect innerhalb des Spittler Thors

Am II Weihnachtstage fangen die Findelkinder an, zu Abend zeit in der Stadt herum zu singen. Sie machen den Anfang bey Ihro Hrl: u: Gnad: den Herrn Pfleger des Findel oder Waisen Hauses. Alsdan singen sie noch am selbigen Abend bey denen Sieben Ältesten Herren des Raths Hrlk: u. Gn: Gndn: sodañ bey denen sämpt: Hrrn Predigern. Wornach sie von Haus zu Haus den Bürgern singen, und christlich: milde Gaben samebn.

9 In vielen Städten, so auch in Nürnberg, war es Sitte, Waisenkinder an Weihnachten vor den Häusern der Honoratioren singen zu lassen. Das stundenlange Herumstehen in der Kälte war den Kindern verhasst.

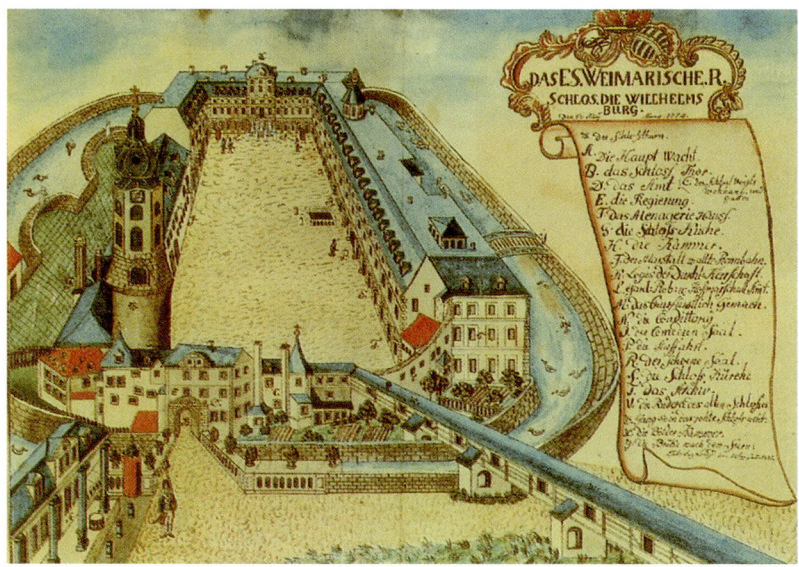

10 Im Mai 1774 brannte das Weimarer Schloss ab. Der Wiederaufbau wurde (wie üblich) teurer als geplant und dauerte (wie üblich) sehr viel länger.

11.1 Ziegel waren kostbar und schwer. Gewöhnliche Häuser wurden mit Stroh gedeckt, wie auf diesem Stich in der *Oeconomischen Encyclopädie* von Krünitz gezeigt.

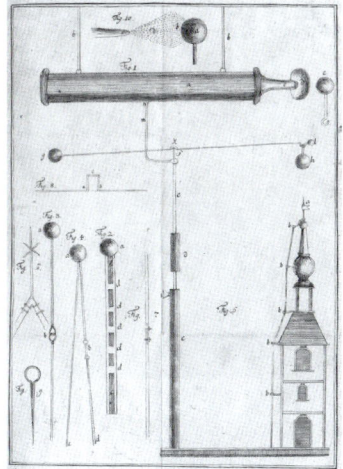

11.2 Bauanleitung eines Blitzableiters auf einem Kupferstich von 1784.

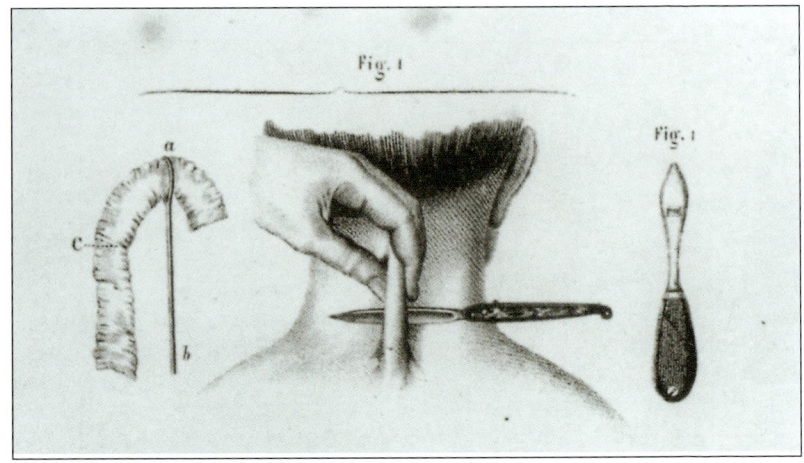

12.1 Eine Hautfalte im Nacken wird mit dem Skalpell geöffnet und anschließend mit einem Haarseil durchzogen. Die auf diese Weise hervorgerufene Entzündung galt wegen des austretenden Eiters als fiebersenkend.

12.2 Der Aderlass war halb magische, halb medizinische Alltagspraxis.

13.1 Die Drehmaschine bewegt den Körper des ›Verrückten‹ bis zur Ohnmacht um die eigene Achse. Damit wurden renitente ›Patienten‹ in der ›Irrenanstalt‹ der Berliner Charité zur − Vernunft gebracht.

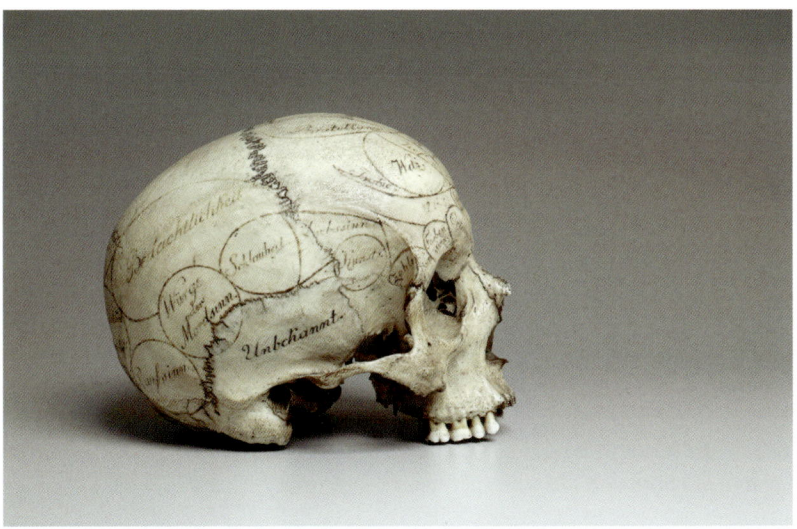

13.2 Die Kopfkarte des Phrenologen Franz Joseph Gall, von ihm selbst auf einen Schädel gezeichnet.

14.1 Die Tafel zeigt verschiedene Stadien der Heuernte nebeneinander und vergisst auch den ›dirigierenden‹ Fronherrn nicht.

14.2 In der *Neuen Bildergalerie für junge Söhne und Töchter* von 1799 wird den Stadtkindern das Säen und Dreschen gezeigt.

15.1 Beim Buttern hatte das Gesinde alle Hände voll zu tun – und die Hausfrau ihre Augen überall. Der hüftgestützte Hochmut der Dame am linken Bildrand dürfte der Küchenwirklichkeit eher nicht entsprochen haben.

15.2 Die Mägde waren der Hausherrin in allem ausgeliefert, auch wenn es dabei nicht immer so spiegelzerschmetternd turbulent zuging wie in dieser Szene aus dem *Elementarwerk*.

Mr. Blanchard accompagné de Mr. Gefferies est parti de Dou... 1 heure précise, il toucha la terre aux environs de Blancy qui est située entre Calais et Boullogne. C'est le premier qui jouit de l'honneur d'avoir franchi dans un Aërostat le Détroit qui sépare la France de l'Angleterre Ce fut le vendredi 7 de Janvier 1785 qu'il partit traversa la mer et arriva à 3 heures sur les Côtes de la Picardie, laissant Calais à une lieue sur la gauche Il prit terre 3 quarts d'heure après à 2 lieue et demie du rivage où il fut reçu dans le Château de Mr. d'Heninclain fils le même soir après souper les Voyageurs furent conduits à Calais dans une Voiture à six chevaux qui leur fut envoyée par les Officiers Municipaux qui obtinrent que leur Ballon resterait déposé dans leur principale Eglise le Ca... prome le fit en Espagne le Vaisseau de Christophe Colomb. On doit élever une Pyramide au lieu de leur descente pour en perpétuer la mémoire.

16 Die ›Luftschifferei‹ begeisterte das Publikum, nur der Schrift-
steller Christoph Martin Wieland verspottete sie als ›Aeropetotomanie‹. Im Januar 1785 überquerte Jean Pierre Blanchard mit
John Jeffries in einem steuerbaren Ballon den Ärmelkanal.

und gebeten, sie ruhig sterben zu lassen [...], aber zur Verwunderung aller Menschen kam das Kind gestern morgen sechs Uhr zur Welt, ganz gesund, außer entsetzlichen Kontusions am Kopf, von den Zangen.« Als Luise den Brief beiseitelegte, konnte sie nicht ahnen, was ihr zweieinhalb Jahre später widerfahren würde: »Dienstag Abend gingen die Wehen an«, schreibt ihr Gatte Christian Boie am 16. Juli 1786. »Ich ward zu Bett geschickt, konnte aber nicht schlafen, mehr aus freudiger Erwartung, als aus banger. Gegen Morgen gings erst recht an, aber kaum ward gegen Abend der Kopf des Kindes sichtbar. Luise arbeitete die ganze Nacht, aber widrige Krämpfe hinderten immer die Wehen, zu wirken. Der Arzt war die ganze Zeit da. Donnerstag Morgen war der Accoucheur geholt. Die Hoffnung ward immer größer, gegen Abend war der Kopf fast ganz heraus. Luise litt fürchterlich, ich hörte ihr Geschrei, durfte nicht hinein, weil sie's immer verbot. Plötzlich sank sie in Todesohnmacht, und alle vorige Arbeit war umsonst. [...] Der Arzt verlangte nun Ruhe für sie, und gegen Morgen wurden neue Wehen erwartet. Sie kamen nicht, das Kind starb in ihr, sie war mit von dem Todesschauer ergriffen, und als ich kam, kannte sie mich nicht mehr, röchelte und starb.«

Ein Denkmal für die Gretchen:
über ›Kindermord‹

Gretchen ist die schönste und rührendste Kindsmörderin der deutschen Literatur. Im Leben allerdings ging es hässlich, schmutzig und brutal zu. Im hässlichen Leben stand Goethe aufseiten der Obrigkeit, in der schönen Literatur aufseiten der Frauen. 1776 schrieb er die Ballade *Vor Gericht,* in der sich eine unehelich Geschwängerte erhobenen Hauptes weigert, Auskunft über die Umstände der Empfängnis zu geben und ebenso selbstbewusst von den Vertretern der Obrigkeit verlangt: »Herr Pfarrer und Herr Amtmann ihr, / ich bitte, laßt mich in Ruh'!«

Im gleichen Jahr, in dem Goethes Ballade entstand, erschien in Leipzig anonym das Trauerspiel *Die Kindermörderin,* als dessen Urheber sich Heinrich Leopold Wagner zu erkennen gab, nachdem das Gerücht ging, Lenz habe das Drama verfasst. Das Sturm-und-Drang-Stück wurde zur berühmtesten Bühnenbearbeitung des Themas, nachdem Wagner in einer Zweitfassung darauf verzichtet hatte, im ersten Akt ein Bordell in Szene zu setzen. Ein Puff auf der Bühne war den Müttern und Töchtern nicht zumutbar, mochten die Väter und Söhne hinter den Kulissen der Wohlanständigkeit auch einen solchen besuchen.

Dem Balladenton und dem Dramenvibrato klingt die kalte Stimme des Rechts entgegen. Todesurteile mussten in Preußen vom Berliner ›Criminalsenat‹ bestätigt werden. Für 1776, das Entstehungsjahr von Goethes Ballade und der Erstpublikation von Wagners Drama, referierte eine zeitgenössische Sammlung von Gerichtsurteilen die Bestätigungen der Todesurteile über die Kindsmörderinnen Margaretha Szamaitat, Catharina Langhans, Theresia Neumann, Louise Sommers und Charlotte Sophie Hirsch. Bei der Szamaitat wird angeordnet, »daß der Körper der Inquisitin nach der Hinrichtung mit dem Schwert auf das Rad zu flechten sei«, mit dem Zusatz, »daß der Kopf auf einen Pfahl zu stecken«; bei der Langhans, »daß selbige mit dem Schwerte vom Leben zum Tode zu richten, und der Körper demnächst zu verscharren sei«; bei der Neumann, »daß der Körper auf dem Richtplatz zu verscharren und die Execution in loco delicti zur Warnung des Landvolks zu verrichten«; bei der Sommer, »daß die Inquisitin, als eine vorsätzliche Kindermörderin, mit dem Schwert vom Leben zum Tode zu bringen«; bei der Hirsch, »daß Inquisitin ohne Begleitung eines Geistlichen zum Richtplatz zu führen und nach der Enthauptung ihr Körper zu verscharren«.

Goethes Ballade wurde erst 1815 gedruckt, vier Jahrzehnte nach ihrer Entstehung. In all diesen Jahrzehnten war die Kindsmordproblematik eines der Lieblingsthemen der aufklärerischen Öffentlichkeit. Die an der persönlichen Liebe und den allgemeinen Umständen zugrunde gehende Kindsmörderin wurde zur exemplarischen Opferfigur einer Kriminaljustiz, die Publizisten, Juristen und Dichter als inhuman kritisierten.

In Preisschriften erwog man »die besten ausführbaren Mittel, dem Kindermord abzuhelfen, ohne die Unzucht zu begünstigen«, wie es im Titel eines 1780 ausgelobten Wettbewerbs hieß. Die Preisfrage rief die ungewöhnlich hohe Zahl von dreihundertfünfundachtzig Einsendungen hervor. Auch Johann Heinrich Pestalozzis Aufsatz *Ueber Gesezgebung und Kindermord* wurde durch die Ausschreibung veranlasst. Der Schweizer Pädagoge sandte seinen Text jedoch nicht ein, sondern veröffentlichte ihn drei Jahre später selbst. »Es ist menschlicher«, heißt es mit Blick auf die Kindsmörderinnen, »die Quellen der Verzweiflung dieser Elenden zu erforschen, als sie einer starken innern Bosheit anzuklagen.«

In juristischen Lehrbüchern forderte man wie Johann Friedrich von Pfeiffer in seiner *Policeiwissenschaft* mehr »Staatsklugheit und eine wohlthuende Policei, das Uebel möglichst zu mäßigen, dem Verbrechen des Kindermordes zu wehren, die außer der Ehe erzeugten unschuldigen Kinder zu erhalten, und der Geschwächten durch ihre Fehltritte vermuthlich vorsichtiger gewordnen Person, die Mittel zu erleichtern, sich durch beßre Aufführung eines braven Mannes würdig zu machen.«

In Dramen und Balladen ließ man bleiche Heldinnen auftreten, eine mitleiderregender als die andere, und erschütterte aufs Angenehmste die Gemüter der Leserschaft: »Es wand ihr ein Knäbchen sich weinend vom Schoß, / Bei wildem unsäglichem Schmerze«, heißt es in Gottfried August Bürgers Ballade *Des Pfarrers Tochter von Taubenhain,* »Und als das Knäblein geboren war, / Da riß sie die silberne Nadel vom Haar, / Und stieß sie dem Knaben ins Herze.«

Die Unwahrscheinlichkeit, dass eine Wöchnerin während ihrer Geburt eine Nadel im Haar trägt, wird für den Schauereffekt der Knabenerstechung in Kauf genommen. »Ich kann dir nicht ausdrücken«, erfuhr Bürger von Boie, in dessen *Musenalmanach* die Ballade 1782 erschien, »wie mich das Stück gerührt und erschüttert hat«. Die Ballade hatte ein Vierteljahrhundert später unter dem gleichen Titel ein Echo in *Des Knaben Wunderhorn,* der romantischen Sammlung angeblicher ›Volkslieder‹. In dieser Fassung spricht die Kindsmörderin selbst, nachdem sie ihr Kind »mit einem Messerlein« erstochen hat. In der letzten Strophe nimmt sie ihre Enthauptung vorweg und macht dann Schluss mit einem Fluch: »Der Leib der wird begraben, / Der Kopf steht auf dem Rad, / Es fressen den die Raben, / Der mich verführet hat.«

Bei Schiller, der anders als Boie die Balladenästhetik Bürgers erbarmungslos gezaust hat, ruft das verführte und verlassene Mädchen in *Die Kindesmörderin* aus:»Seht! da lag's entseelt zu meinen Füßen, –/ Kalt hinstarrend, mit verworr'nem Sinn / Sah ich seines Blutes Ströme fließen, / Und mein Leben floß mit ihm dahin –«. In der letzten Strophe lässt Schiller seine Mörderin die Geschlechtsgenossinen warnen:»Trauet, Schwestern, Männerschwüren nie!« Und dann, an den offenbar recht mitgenommenen Scharfrichter gewandt:»Bleicher Henker, zittre nicht!« Dieses Pathos, das sei angemerkt, hatte seine praktische Seite. Ein zitternder Henker richtet schlecht und ›hebt‹, wie es damals hieß, den Kopf nicht mit einem Schlag vom Rumpf.*

Die dramatischen und lyrischen Kindsmörderinnen entstammten allesamt mittleren sozialen Verhältnissen. Kein edles ›Fräulein‹ weit und breit. In Adelskreisen musste nicht gemordet werden, um ein Kind loszuwerden. Die Geburt auf einem abgelegenen Landgut mit anschließender Übernahme des Säuglings durch honorierte Pflegeeltern war der einfachere und bessere Weg. Auch wenn aristokratische Herren als Schwängerer dingfest gemacht wurden, konnte ähnlich agiert werden. Die Geschwängerte, so sie aus unteren Verhältnissen kam, wurde mit einem Hausangestellten oder einem kleinen Handwerker ›gut‹ verheiratet und brachte als eine Art Mitgift das Kind und zusätzlich ein paar Taler mit.

Überhaupt scheinen gegen Ende des 18. Jahrhunderts die unehelichen Geburten gerade nicht in den unteren, sondern in den oberen und mittleren Schichten zugenommen zu haben, am meisten in der wachsenden Schicht der Intelligenz und der Beamtenschaft. Über die seltenen Kindsmorde und Kindsaussetzungen durch Arbeiterfrauen, Spinnerinnen und Wäscherinnen bemerkte die Berliner Armendirektion, dass die Not das wichtigste Motiv des Verbrechens sei, nicht die Ehre:»Wir sehen viele Weibspersonen unehelich gebären, die, da sie der Nahrung für sich und ihre Familie versichert seien, sich heutigen Tages nichts mehr daraus machen.«

---

* Siehe den »Gang zum Richtplatz« im Stadtkapitel.

Die Dienst- und Bauernmägde am unteren Ende der sozialen Rangskala, zu denen die meisten Angeklagten gehörten, waren wie die ›geschwächten‹ Adelstöchter nicht poesietauglich, allerdings aus entgegengesetzten Gründen. Bei und mit ihnen ging es so abstoßend unvornehm zu, dass sie als Heldinnen dem bürgerlichen Lesepublikum nicht zuzumuten waren. Folgerichtig wählten die Dichter Figuren, die seelisch wie sozial ihrer Leserschaft nahestanden. Bei Wagner war es die Tochter eines reichen Metzgers. Und Bürger, der als Amtmann im Januar 1781 mit der Vernehmung der zwanzig Jahre alten Magd Katharine Elisabeth Erdmann befasst war, die ihr Neugeborenes ertränkt hatte, machte eine Pfarrerstochter zur lyrischen Protagonistin, mit silberner Nadel zum Erstechen, nicht bloß mit Händen zum Ertränken oder Ersticken.

Die Aussage einer achtzehnjährigen Bauernmagd, die ihr Kind erstickte, dokumentiert ein zeitgenössisches Vernehmungsprotokoll, das einem noch heute die Kehle zuschnürt. Bei der Geburt »sey sie in dem abschüßigen Graßgarten so gesessen, das sie ihre abwärts hängenden Füße einwärts und aufwärts an den Leib gezogen und so zu sagen einen Backofen gemacht hatte; nachdem das Kind mit dem Kopf zuerst aus Mutterleib gekommen, habe sie es mit beiden Händen bey den Schultern ergriffen und nach einigem sanften und behutsamen Ziehen aus Mutterleibe gebracht, welches langsam und schwer gegangen, worauf sie nach dem Geschlecht des Kindes gesehen und gespürt, daß sich das Kind ein wenig gerührt aber die Augen und das Maul zugehabt. Da sie hierauf das Kind vom Leibe weg und abwärts gestoßen und die Nabelschnur angespannt und zweymal daran gerissen, so sey diese dicht am Bauche des Kindes abgerissen, welches ihr selbst im Leibe sehr weh gethan und wobey der Bauch des Kindes stark herausgezogen worden, es auch in dem Leibe desselben einen Schnapper gethan, wobey das Kind aber nicht laut geschrien, sondern nur gequäket und gethan als ob es greinen wollte.« Die Magd fiel in Ohnmacht, und nachdem sie wieder zu sich gekommen war, trug sie das Neugeborene in einen Kartoffelacker in der Nähe und erstickte es mit der Hand über Nase und Mund. Anschließend legte sie es in einem Wäldchen in ein Sumpfloch.

In den Jahrzehnten zwischen der Entstehung von Goethes Ballade 1776 und ihrem Druck 1815 führten die Kampagnen der

Rechtsreformer und das literarische Engagement der Dichter zu Verbesserungen, aber gelöst wurde das Problem nicht. Am Mittwoch, den 30. September 1812 notierte der Weimarer Bedienstete Franz David Gesky in seinem Tagebuch: »Nachmittag drei Uhr ist die Frau Stehrer, geborne Haupt, mit Vorsatz in die Ilm gesprungen bei der sogenannten Zugbrücke im Stern. Sie war Witwe und schwanger, hatte aber die Geburt schon umgebracht, welche den andern Tag in ihrem Garten gefunden worden.«

Am 22. März 1814 stand im *Weimarischen Wochenblatt* diese Anzeige: »Heute früh ist ein neugeborenes Knäblein in der Ilm gefunden worden, nachdem es wahrscheinlich in der vergangenen Nacht in einem zum Wasserkochen gebrauchten irdenen Topfe dahin versenkt oder geworfen worden war. Jedermann, dem von der Tat oder von der Mutter des Kindes etwas bekannt seyn sollte, [...] werden [!] bei ihrer Pflicht aufgefordert, alle, auch die entferntesten Verdachtsgründe uns schleunigst anzuzeigen.«

Viele weitere Jahre später waren die Straftaten der betroffenen Frauen und die Rechtsmeinungen der damit befassten Juristen immer noch umstritten. Am 19. Februar 1831 notierte Eckermann: »Es kam sodann zur Sprache, dass man jetzt auch in der Zurechnungsfähigkeit der Verbrecher anfange weich und schlaff zu werden, und dass ärztliche Zeugnisse und Gutachten oft dahingehen, dem Verbrecher an der verwirckten Strafe vorbei zu helfen. Bei dieser Gelegenheit lobte [Goethes Hausarzt] Vogel einen jungen Physikus, der in ähnlichen Fällen immer Charakter zeige, und der noch kürzlich, bei dem Zweifel eines Gerichts, ob eine gewisse Kindesmörderin für zurechnungsfähig zu halten, sein Zeugnis dahin ausgestellt habe, dass sie es allerdings sei.«

Goethes Gretchen im wirklichen Leben hießen Anna Maria Fröhlich (enthauptet 1758 in Frankfurt), Susanna Margaretha Brandt (enthauptet 1772 in Frankfurt) und Johanna Catharina Höhn (enthauptet 1783 in Weimar). Von der Hinrichtung der ersten erfuhr er als Kind (ob er zugesehen hat, ist trotz einer allgemeinen Bemerkung über die ›Besichtigung‹ von Exekutionen in *Dichtung und Wahrheit* nicht gewiss), die Hinrichtung der zweiten veredelte er in der Schluss-Szene des *Faust* zur Erlösung, anlässlich der Hinrichtung der dritten erklärte er als Mitglied des ›Geheimen Consiliums‹

in Weimar, »dass auch nach meiner Meinung räthlicher seyn mögte, die Todesstrafe beyzubehalten«. Die oft kolportierte Behauptung, er habe mit einem »Auch ich« das Todesurteil über die Höhn bestätigt, entspricht nicht den Tatsachen. Das Geheime Consilium, bei dem der Herzog gutachterliche Stellungnahmen zur Todesstrafe für Kindsmörderinnen angefordert hatte, war – anders als der Berliner Criminalsenat – weder für Gerichtsurteile noch für deren Bestätigung zuständig. Allerdings hätte Herzog Carl August die Strafe der Höhn möglicherweise in Zuchthaus umgewandelt, wären die Gutachten der Consiliumsmitglieder anders ausgefallen. So aber wurde Johanna Catharina Höhn im November 1783 öffentlich enthauptet, vom Grauen Gretchens gepackt: »Die Menge drängt sich, man hört sie nicht./Der Platz, die Gassen/Können sie nicht fassen./Die Glocke ruft, das Stäbchen bricht./Wie sie mich binden und packen!/Zum Blutstuhl bin ich schon entrückt./Schon zuckt nach jedem Nacken/Die Schärfe, die nach meinem zückt./Stumm liegt die Welt wie das Grab!«

9. Ehe und Familie

Liebe oder Konvenienz – Vier Hochzeiten –
Gattin und Gatte – Ein Absatz über Schwiegermütter –
Kindersegen, Kinderfluch

»Gebrauch von Geschlechtsorganen und Vermögen«
Liebe oder Konvenienz

Normalerweise wurden Gretchen nicht geköpft, sondern verheiratet. Wie und an wen, hing in den unteren Schichten davon ab, ob man gemeinsam durch-, und in den oberen, ob man gemeinsam fortkommen konnte. Die Eltern, die Töchter unter die Haube zu bringen hatten, mussten diese Töchter einerseits von Liebhabern fernhalten und andererseits potenziellen Freiern zuführen. Die Töchter konnten die elterlichen Pläne nur mit List durchkreuzen, jedenfalls solange sie die offene Rebellion nicht wagten. Als die Hamburger Kaufmannstochter Margarethe Hudtwalcker alt genug war, um an den Mann gebracht zu werden, griff sie zu einer solchen List. Verliebt in einen jungen Mann, den die Eltern nie als Schwiegersohn akzeptiert hätten, plante sie mädchenhaft hintertrieben, dem Mann auf Freiersfüßen, dem sie bei einer privaten Gesellschaft präsentiert werden sollte, gekonnt zu missfallen. So nahm sie sich vor, »wenns ein vernünftiger Mann wäre, eine alberne eitle Thörin zu spielen, die den Kopf von Putz und Gesellschaften voll habe, sei es ein ehrlicher einfältiger Kaufmann, eine Verschwenderin und gelehrtes Frauenzimmer zu machen, sei es ein Gelehrter, ein einfältiges Mädchen zu machen, die nichts wie plattdeutsch sprechen könne.« Margaretes Plan ging nicht auf. Sie heiratete den Prediger Milow, als dessen Frau sie später im Wochenbett die Geschichte aufschrieb, und wurde halbwegs glücklich mit ihm.

Liebe und Vernunft führen auf getrennten Wegen zur Ehe, meinte Schopenhauer, der es für vernünftig hielt, lieber nicht zu heiraten, »denn daß Konvenienz und leidenschaftliche Liebe Hand in Hand gingen, ist der seltenste Glücksfall.« Überhaupt ist Liebe höchst unberechenbar. Sie macht Balladendichter ratlos, Komponisten kindisch, lässt Publizisten erzittern, Pädagogen beruhigend den

Zeigefinger heben und Philosophen die Fassung verlieren. Bürger in *Schön Suschen:* »Ihr Weisen, hoch und tief gelahrt, / Die ihr's ersinnt, und wißt, / Wie, wo und wann sich alles paart? / Warum sich's liebt und küßt?« Mozart an seine Frau Constanze vor der Rückkehr von einer Reise: »Richte dein liebes schönstes Nest recht sauber her, denn mein bübderl verdient es in der That, er hat sich recht gut aufgeführt.« Knigge in *Über den Umgang mit Menschen:* »Die erste Liebe bewirkt ungeheure Revolutionen in der ganzen Sinnesart und dem Wesen des Menschen.« Basedow im *Elementarwerk:* »Wenn ein junger Mann Erfahrung und Weisheit genug hat, der Ehefreund einer Frau und der Vater von Kindern zu seyn, und wenn er mit seiner Arbeit eine Familie nähren kann: so ist es Zeit, daß er sich eine Freundinn zu seiner Braut aussuche, die er vorzüglich liebt, von welcher er vorzüglich geliebt wird, und welche seine Ehefrau werden will, um mit ihm Kinder zu zeugen und zur Tugend und Glückseligkeit zu erziehen.« Hegel in den *Grundlinien der Philosophie des Rechts:* »Die Liebe ist daher der ungeheuerste Widerspruch, den der Verstand nicht lösen kann.« Nur einer wusste wie immer definierend Bescheid. Kant in der *Metaphysik der Sitten:* »Geschlechtsgemeinschaft (commercium sexuale) ist der wechselseitige Gebrauch, den ein Mensch von eines anderen Geschlechtsorganen und Vermögen macht.«

Das konnte Hegel nicht unwidersprochen lassen: »Die Ehe ist wesentlich ein sittliches Verhältnis. Früher ist [...] dieselbe nur nach der physischen Seite hin angesehen worden, nach demjenigen, was sie von Natur ist. Man hat sie so nur als ein Geschlechtsverhältnis betrachtet [...] Ebenso roh ist es aber, die Ehe bloß als einen bürgerlichen Kontrakt zu begreifen, eine Vorstellung, die auch noch bei Kant vorkommt, wo denn die gegenseitige Willkür über die Individuen sich verträgt und die Ehe zur Form eines gegenseitigen vertragsmäßigen Gebrauchs herabgewürdigt wird. Die dritte ebenso zu verwerfende Vorstellung ist die, welche die Ehe nur in die Liebe setzt, denn die Liebe, welche Empfindung ist, läßt die Zufälligkeit in jeder Rücksicht zu, eine Gestalt, welche das Sittliche nicht haben darf.«

Alles zu kompliziert? Zu viel dialektisches Hin und Her? Schopenhauer zufolge geht es bei der Liebe einzig und allein um die

Gattung, was immer die Gatten dabei denken, fühlen, sich einbilden und einander sagen mögen:»Der Grund ist, daß hier ganz andere Rücksichten vorwalten als die intellektuellen – die des Instinkts. Bei der Ehe ist es nicht auf geistreiche Unterhaltung, sondern auf die Erzeugung der Kinder abgesehen.« Ebendies wird in der *Lucinde* der bürgerlichen Ehe vorgeworfen:»Da liebt der Mann in der Frau nur die Gattung, die Frau im Mann nur den Grad seiner natürlichen Qualitäten und seiner bürgerlichen Existenz, und beide in den Kindern nur ihr Machwerk und ihr Eigentum.«

Was die sinnliche Seite der Liebe angeht, in der *Lucinde* so hochgestimmt gefeiert, ist es nach konventionellen Vorstellungen besser, sie sogar in der Ehe in Zaum zu halten. Mit entfesselter Wollust lässt sich kein Staat machen, Familie auch nicht.»Man gewöhne sich selber und einer den andern nicht an Üppigkeit, Wollust, Weichlichkeit und Schwelgerei«, mahnt Knigge, sondern»mache, daß die körperlichen Bedürfnisse und Begierden nicht zu heftig in uns werden; man sei selbst in der Ehe schamhaft, keusch, delikat und kokett in Gunstbezeugungen, um Ekel, Überdruß und faunische Lüsternheit zu entfernen.« Faunische Lüsternheit – wie vielversprechend. Dabei war es im dahindämmernden Schlafzimmerleben erprobter Paare eher nötig,»der ehelichen Vertraulichkeit« hin und wieder den»Reiz der Neuheit zu geben«.

Von dieser Sorge ist recht hämisch in den *Briefen über die Galanterien von Berlin* die Rede. Hat eine Frau erst einmal von der Wollust gekostet, sieht sie sich von einem erschöpften»Jupiter« in ihren Bedürfnissen schnell betrogen, bleibt unbefriedigt und hält sich auf»Nebenwegen« schadlos. Der Gatte ist daran mitschuldig:»Der Klotz von Manne vergißt, daß die Liebe durch tausend kleine Zärtlichkeiten wieder von neuem angefachet werden muß. […] Es ist ein gewaltiger Fehler in der ehelichen Liebe, wenn der Mann aufhört, den Liebhaber zu spielen. Sein Weibchen ist einmal daran gewöhnt, durch Schmeicheleyen und feinere Zärtlichkeiten in ihrer Laune, in ihrem Selbstwohlgefallen erhalten zu werden.« Überhaupt sollte der Gatte im eigenen Haus seinen Mann stehen, statt in anderen Häusern bloß damit zu prahlen. Der öffentlich herumschäkernde Geck zittere, wenn»seine Gattin sich mit Zärtlichkeit im Bette zu ihm hinschmieget; der Angstschweiß bricht ihm aus; […] er zappelt wie ein Frosch, den man auf die Luftpumpe sezt; – wie dankt er dem Himmel, wenn er seine Frau wieder aufstehen sieht! Sie hängt freilich den Kopf, und seufzt!«

Man hat die Sache, einschließlich des Unterschieds der Gefühlszustände vor und nach der Ehe, aber auch anders gesehen – und die Frauen anders sehen lassen wollen. Etwa in dem von einem Mann (Justus Möser) fingierten »Schreiben einer alten Ehefrau an eine junge Empfindsame«: »Eine Liebe, die erobern will, und eine, die erobert hat, sind zwei ganz unterschiedene Leidenschaften. [...] Diesen ganz natürlichen Unterscheid, liebes Kind!, müssen Sie sich nur merken: so wird Ihnen die ganze Aufführung Ihres Mannes, der jetzt mehr Vergnügen in Geschäften als an Ihrer grünen Seite findet, gar nicht widrig vorkommen.« Hauptsache, der Mann geht seinen Geschäften nach und nicht fremden Röcken, ist mit dem Erhalten der Gattin und dem Erzeugen ehelicher Kinder beschäftigt statt mit dem Aushalten einer Geliebten und dem Zeugen unehelicher.

In dem von einer Frau (Therese Huber) in der Rolle eines männlichen Herausgebers fingierten »Beitrag zur Geschichte der Konvenienz« wiederum wird eine glückliche Verbindung auf eine Weise gelobt, die weibliche Bitternis darüber verrät, wie es mit den Männern normalerweise zugeht: »Nach einer sechsjährigen Ehe war der Mann noch immer der Liebhaber seiner Frau. Da weder Ehrgeiz noch Eigennutz dieses Band geknüpft hatten, so fanden die Ursachen seines Wohlgefallens an ihr immer noch statt: und überdem war er nicht, wie die meisten Männer, von seiner Gestalt und seinen Verdiensten, so vorzüglich diese auch waren, eingenommen, sondern gestand es ein, daß ein Mann [...] einem Weibe immer Dank schuldig sey, die oft mit nicht geringeren Talenten ihr Leben kleinlichen Beschäftigungen widmet, seine Suppe kocht, für seine Wäsche, seine Kleidung sorgt, und ihm auf Kosten ihrer Gesundheit von Zeit zu Zeit den Genuß verschaft, ein Kind zu liebkosen, das er nur in den schönsten Augenblicken sieht, indeß die Mutter allein alle Sorgen, alle Last, alle Gefahren erträgt.«

Therese Huber veröffentlichte ihren Roman *Luise* mit dem Untertitel »Ein Beitrag zur Geschichte der Konvenienz« 1796 anonym. Im selben Jahr brachte sie ihre fünfte Tochter zur Welt. Ein Jahr zuvor war ihre vierte Tochter geboren worden, die den Vornamen mit der Romanheldin gemeinsam hatte. Therese selbst führte keine Konvenienzehe, weder mit Georg Forster noch mit Ludwig Ferdinand Huber. Die Ehe mit Forster wurde im September 1785 geschlossen und im Januar 1794 durch den Tod geschieden, der einer juristischen Scheidung zuvorkam. Die Ehe mit Huber dauerte von April 1794 bis zu dessen Tod im Dezember 1804. Auch Thereses Tochter Luise führte keine Konvenienzehe, wohl aber eine turbulente. Sie heiratete 1813 Emil von Herder, einen Sohn des Weimarer Superintendenten, ließ sich 1816 scheiden und heiratete ihn 1822 erneut.

Das bürgerliche Eheleben ist eine ernste Sache, von den Geschlechtsorganen bis zum Vermögen. Thereses Mitgift betrug 300 Taler, vom Vater zinsbringend anzulegen. Über den ›wechselseitigen Gebrauch der Geschlechtsorgane‹ schrieb sie nach Forsters Tod in einem Brief: »Wie ich heyrathete, war ich unschuldiger als ein Kind. Ich ward erst vier Wochen nach meiner Hochzeit Frau, weil die Natur uns nicht zu Mann und Frau bestimmt hatte. Ich weinte in seinen Armen und fluchte der Natur, die diese Qual zur Wollust geschaffen hatte – endlich gewöhnte ich mich daran.« Forster selbst klagte während seiner Ehe über »diese schreckliche Dependenz von Trieben, die sich aller Vernunftherrschaft entziehen«.

Da die Ehe als bürgerliche Institution auf lebenslange Gefühls-, Versorgungs- und Pflegegemeinschaft ausgelegt ist, kann zu viel Berechnung genauso schaden wie zu wenig Vernunft. Knigge rät dringend, über dem Herzrasen nicht den Kopf zu verlieren: »In den Jahren, in welchen so gern das Herz mit dem Kopfe davonläuft, bauet so mancher das Unglück seines Lebens durch übereilte Eheversprechungen. Im Taumel der Liebe vergißt der Jüngling, wie wichtig ein solcher Schritt ist, wie von allen Verbindlichkeiten, die man übernehmen kann, diese die schwerste, die gefährlichste und leider die unauflöslichste ist.«

Die ›Unauflöslichkeit‹ befand sich allerdings selbst in Auflösung. Friedrich II. von Preußen sah sich veranlasst, 1782 ein »Edict gegen die Missbräuche der überhand genommenen Ehescheidungen« zu erlassen. Die süffisanten *Briefe über die Galanterien von Berlin* behaupten sogar: »Sobald der eine Theil sich in dem Gürtel der Venus mit seiner Gattin satt gekoset hat, läuft er zu dem Konsistorium, bringt seine Beschwerde an, – und heurathet ebenso geschwinde auf das neue, als er geschieden ward.« Ganz so geschwind ging es nun auch wieder nicht. Doch kam »das traurige Wort« Scheidung, wie es in Goethes *Wahlverwandtschaften* heißt, »das man leider in der Welt jetzt so oft hört«, den Eheleuten sehr viel leichter über die Lippen als in früheren Generationen.

Dem entgegen empfiehlt Knigge, dessen eigene Ehe nicht immer einfach war, die Partner sollten sich wenn irgend möglich arrangieren, um es miteinander (oder nebeneinander) auszuhalten. Nur bei »Hahnreischaft« gibt es »kein andres Mittel als Trennung durch gerichtliche Hilfe oder durch gütliche Übereinkunft, obgleich der Schandfleck dadurch nicht ausgelöscht wird. In allen übrigen Fällen ist die Ehescheidung eine höchst bedenkliche Sache. Leute, die eine Reihe von Jahren miteinander verlebt haben, können einen solchen Schritt nicht leicht tun, ohne beide an öffentlicher Achtung zu verlieren. Eheleute, die Kinder haben, können nie sich trennen, ohne sehr nachteilige Folgen für die Bildung und zeitliche Glückseligkeit dieser Kinder.«

Wer indessen das Lebensrisiko Ehe gar nicht erst eingehen wollte, wurde als egoistischer Hagestolz beargwöhnt oder als impotent bemitleidet, wurde als Un-Frau geschmäht, die sich der ›natürlichen Bestimmung‹ zur Mutterschaft verweigert, oder als Jungfer bedauert und verachtet, die es nicht geschafft hat, ›unter die Haube‹ zu kommen. Jean Paul verteidigte in einem »Extrablatt über töchtervolle Häuser«, eingeschaltet in den *Hesperus,* die aus Herzenstreue unverheiratet gebliebene ›alte Jungfer‹ gegen ihre glücklicheren oder bloß raffinierteren Geschlechtsgenossinnen: »Wie, ihr Mädchen, ist denn euer Herz so wenig wert, daß ihr dasselbe wie alte Kleider nach jeder Mode, nach jeder Brust zuschneidet […]? ›Es muß wohl, wenn man nicht sitzen bleiben will, wie die heilige Jungfer da drüben‹, antworten mir die, denen ich nicht antworte, weil ich mich mit Verachtung wegwende von ihnen, um der sogenannten heiligen Jungfer zu sagen: […] ›Es ist nicht allemal Pflicht, zu heiraten, aber es ist allemal Pflicht, sich nichts zu vergeben, auf Kosten der Ehre nie glücklich zu werden und Ehelosigkeit nicht durch Ehrlosigkeit zu vermeiden.‹« Und dann wird fantasiert, wie die »einsame Heldin«

384

in ihrer letzten Stunde über ihr »ausgeleertes Leben« blickt, in dem »keine Kinder, kein Gatte, keine nassen Augen« stehen. Aber in der »leeren Dämmerung« steigt winkend eine engelgleiche Gestalt auf, »o steige mit ihr auf, die Gestalt ist deine Tugend«.

Für dergleichen Sentimentalitäten wurde Jean Paul von den Leserinnen geliebt, und einige hätten ihn liebend gern geheiratet. Aber der Bürger Friedrich Richter zog es vor, sich ehelich gewöhnlich zu versorgen, um ganz gewöhnlich versorgt zu werden. Dabei hatte er im *Hesperus* behauptet: »Es wird einem Mann überhaupt bei einer ganz *vernünftigen* Frau nie recht wohl, sondern bei einer bloß feinen, phantasierenden, heißen, launenhaften ist er erst zu Hause.« Doch selbst als Schriftsteller (oder vielleicht gerade deshalb) ist Mensch und Mann bedürftig. Außerdem ist die Lebenszeit beschränkter als die Zeit in der Literatur, in der ein Wezel in der »Ehestandsgeschichte« *Peter Marks* dem Protagonisten fünf Versuche zumuten konnte, um es beim sechsten endlich gut sein und ›gut gehen‹ zu lassen: Die erste Gattin sagt zu allem Ja, die zweite zu allem Nein, die dritte ist verschwenderisch, die vierte geizig, die fünfte eitel – und wird von frommen Stadtbewohnern gelyncht!

Nach der eigenen Heirat und den Liebesmühen der eigenen Ehe begannen die Beschwernisse der Verheiratung der Kinder, vor allem der weiblichen, nicht nur in ›töchtervollen Häusern‹, auch in Ein-Kind-Familien. Knigge stöhnte kurz vor seinem frühen Tod: »Ich bin jetzt 43 Jahre alt. Ich habe eine Frau von ziemlich sanftem Character und eine zwanzigjährige Tochter, die einige ausgebildete Talente und Kenntnisse, ein gutes Herz, aber leider! noch keinen Mann hat, da ich sie doch so gern vor meiner Abreise ins Paradies versorgt sehen mögte.«

Die väterliche Sorge um die töchterliche Versorgung verdüsterte so manchen Aufklärer. Die Erwägungen des Verstandes bei den Vätern stimmten oft genug nicht mit den Herzensempfindungen der Töchter überein, und die Ergebnisse dieser Konflikte waren häufig alles andere als vernünftig. Henriette Herz bemerkte: »Der sonst treffliche Mendelssohn beging doch das Unrecht, die Neigung seiner Töchter bei ihrer Verheirathung nicht zu Rathe zu ziehen.« Die Bemerkung der Herz bezog sich vor allem auf Mendelssohns Tochter Dorothea, die im Alter von vierzehn Jahren mit dem Bankier

Veit verlobt und vier Jahre später mit ihm verheiratet wurde. Nach der Scheidung heiratete sie Friedrich Schlegel. Herz berichtete: »Die Schließung der neuen Ehe konnte nicht unmittelbar auf die Trennung der früheren folgen. Dorothea bezog eine Wohnung in der Ziegelstraße [...] Ich erinnere mich nicht, daß Schlegel bei ihr wohnte, aber er aß bei ihr und war fast immer um sie; [...] Das gegen die Sitte Verstoßende dieses Verhältnisses war nicht zu leugnen. Und wird schon im Allgemeinen bei einem Weibe ein Verstoß gegen die Sitte fast einem gegen die Sittlichkeit gleich geachtet [...] Mein Mann hätte gewünscht, daß ich den Umgang mit der Freundin meiner Kindheit abgebrochen hätte. Ich erklärte ihm, daß er Herr in seinem Hause sei, daß ich ihn aber bitte, mir zu gestatten, hinsichts meines Umgangs außer seinem Hause auch ferner meiner Ansicht zu folgen.«

Für die aufgeklärten Familienväter mochten Heiratsangelegenheiten im Prinzip und auf dem Schreibpapier Herzensangelegenheiten sein, in der Praxis und auf dem Papier der Eheverträge ging es um Familienpolitik – ganz ähnlich, wie für die Väter der Völker, als die Fürsten wie Friedrich von Preußen sich sahen, Heiratsangelegenheiten Staatsangelegenheiten waren. Friedrich wusste Verbindungen zu untersagen und Versöhnungen zwischen Eheleuten zu hintertreiben, wenn das zum Aussterben einer Linie und zum Rückfall eines Territoriums an das Königreich führte wie im Fall der Markgrafschaft Brandenburg-Schwedt. Kleine Fürsten wie der Großherzog von Weimar bewiesen Souveränität über Tisch und Bett ihrer Landesbediensteten, einschließlich der vom Hof besoldeten Schauspieltruppe. Deren Heiraten bedurften seit 1800 der Zustimmung des Landesherrn.

In den Adelsfamilien nahm in der zweiten Hälfte des Jahrhunderts die Schwierigkeit zu, standesgemäße Ehen überhaupt noch zu finanzieren. Carl Gottlieb Svarez empfahl Anfang der 1790er in seinen Kronprinzenvorträgen deshalb die ›Ehe zur linken Hand‹. Diese Ehen wurden ohne Trauung, aber mit Vertrag geschlossen. Die Frau rückte nicht wie bei der voll gültigen Ehe in den Stand des Mannes auf, sondern blieb in dem ihren. Die Kinder gehörten ebenfalls dem Stand der Mutter an und trugen ihren Namen. Der Mann war vertraglich verpflichtet, die Mutter nach ihrem Stand zu versorgen und die gemeinsamen Kinder nach ebendiesem Stand zu erziehen. Erbrechtlich waren diese Kinder denen aus einer regulären Ehe hintangesetzt. Svarez versprach sich von der institutionalisierten Ehe zweiter Klasse einen Rückgang des Mätressenwesens, das wegen seiner gesetzlichen Regellosigkeit dem Staat suspekt und im Volk als höhere Form der Hurerei verhasst war.

Die Verarmung eines Teils des Adels und der Vermögenszuwachs in Teilen des Bürgertums führte zu dem ›natürlichen‹ Ergebnis, dass Leute einander die Hand für den ›Bund des Lebens‹ reichten, deren Großeltern einander nicht einmal gegrüßt hätten. Der Aristokrat Varnhagen von Ense notierte 1822, »die meisten jungen Adeligen ohne Vermögen suchen reiche Bürgermädchen zu erheiraten und sich in landwirtschaftlichen Geschäften festzusetzen«.

Die Versorgungs-, Vernunft-, Konvenienz- und sonstigen Geschäftsehen waren nicht bloß eine Sache zwischen aufsteigendem Bürgertum und absteigender Aristokratie, sondern in vielen Varianten durch alle Schichten üblich. Nicht nur die Kunst geht nach Brot, sondern auch die Liebe, auf dem Land und in der Stadt. Pachtbauern heirateten selten Tagelöhnertöchter, aber Knechte kamen bei Bauerswitwen zum Zuge und zu einem Hof. Über die Rostocker Handwerker hält ein zeitgenössischer Bericht fest: »Unter den Handwerkern heirathen die Wittwen nicht sogar selten, wenn sie schon über gewisse Jahre hinaus sind, ihre weit jüngeren Gesellen, die denn das Handwerk fortsetzen und sogleich festen Fuß haben«. Ein weiterer Bericht über die »späte Verheirathung des weiblichen Geschlechts« in Hamburg konstatiert, dass die Frauen »erst während ihrer Dienstjahre etwas an Geld und Kleidungsstücken zu sammeln« suchen: »Daher ist es etwas sehr gewöhnliches, daß die Männer in unsern niedern Ständen jünger sind als ihre Frauen.«

In den gelehrten Ständen verhielt es sich gewöhnlich anders. Die gebildeten Männer mochten es, junge ungebildete Geschöpfe in einer ehelichen Nacherziehung den eigenen Lebens- und Liebesbedürfnissen anzupassen. Klischnig berichtet über Moritz: »Endlich kam er auf die Idee, ein ganz armes Mädchen zu sich zu nehmen und sich daraus eine Frau zu erziehen. In diesem Vorsatz wurde er noch mehr bestärkt, da er von einem guten Freund gehört hatte, daß unter den jungen Mädchen im französischen Waisenhause sehr

387

hübsche Kinder sich befänden. […] Ein schönes jugendliches Mädchen nach und nach so zu bilden, wie er sie wünschte, sie für alle seine Ideen empfänglich zu machen und dann ihren innigen Dank, der natürlich bald Liebe werden mußte, einzuärndten – dieser Gedanke entzückte ihn um so mehr, da in Italien seine Sinnlichkeit durch Genuß aufgeregt worden war.« Moritz hat sein bildbares Mädchen dann doch nicht aus dem Waisenhaus geholt, sondern aus einem Buchhändlerhaushalt: Christiane Matzdorff, fünfzehn Jahre alt. Zwischen den beiden vollzog sich im Zeitraffer, was zwischen Luise Huber und Emil von Herder nahezu ein Jahrzehnt gedauert hatte: Heirat (August 1792), Scheidung (Dezember 1792), Wiederverheiratung (Mai 1793). Am 26. Juni starb Moritz an einem Lungenödem, gepflegt von seiner Frau, die sich nach Angabe von Henriette Herz bei ihm ansteckte. Die arme kleine Christiane starb 1797 im Alter von zwanzig Jahren. Man könnte meinen, diese Ehe sei getraut worden von dem sardonischen »Superintendent Tanatos« aus Moritzens groteskem Roman *Andreas Hartknopfs Predigerjahre.*

»*Die furchtbare Zeremonie*«

Vier Hochzeiten

Mit schrecklichen Flüchen vertrieb der ›liebe Gott‹ Adam und Eva aus dem Paradies, und Gottes Amtswalter haben diese Flüche Jahrhundert um Jahrhundert wiederholt: Der Mann soll im Schweiße seines Angesichts sein Brot essen; die Frau soll dem Mann untertan sein und mit Schmerzen ihre Kinder gebären. In *Andreas Hartknopfs Predigerjahre* sprach »Superintendent Tanatos« bei einer Trauung den rituellen Fluch aus, dann »kam [es] an die Worte: ›bis der bittere Tod euch scheidet!‹ – In sich gekehrt und ernst stand das Brautpaar da. – Die letzte entscheidende Frage wurde mit einem leisen Ja! beantwortet – die Ringe wurden gewechselt – das Band war geknüpft, und die furchtbare Zeremonie endigte sich mit der Gratulation des alten Superintendenten Tanatos, dessen Gesicht sich zu einem Lächeln verzog, womit er dem Brautpaar Glück wünschte.«

Fröhlicher geht es in der *Zauberflöte* zu, wenn Vogelfänger Papageno zu seiner Papagena kommt. Die Zusammenführung wird vom Chor der »drei Knaben« bewerkstelligt: »Komm her, du holdes, liebes Weibchen! / Dem Mann sollst du dein Herzchen weihn! / Er wird dich lieben, süßes Weibchen, / Dein Vater, Freund und Bruder sein! / Sei dieses Mannes Eigentum!« Hören und Sehen könnten einem vergehen, wenn nicht ohnehin nichts zu hören wäre, denn zu diesen Versen des Librettisten Emanuel Schikaneder gibt es keine Noten von Mozart.

Es kann einem beim Heiraten aber noch aus anderen Gründen Hören und Sehen vergehen. Elisa von der Recke berichtet über eine Fürstenhochzeit: »Ich verfügte mich in den Saal, in welchem die Versammlung war und das Brautpaar getraut werden sollte. Durch eine große Enfilade von Zimmern, die alle voll Zuschauer waren, mußte ich durch; der Weg war sehr ermüdend, ich fühlte die Beschwerde des Reifrockes noch mehr, da ich im Saale alle Stühle besetzt fand. [...] Das Gedränge wurde so stark, daß ich froh war, mich hinaus zu begeben und in einen freien Winkel des Saales zu stellen. Ich sah und hörte von der Trauung nichts, denn sogar einige Zuschauer vom niedrigen Volke hatten sich hervorgedrängt.«

Mit dem ›niedrigen Volke‹ werden ordentlich angezogene Bürger gemeint gewesen sein, die es irgendwie geschafft hatten, in die Zimmerflucht vorzudringen; Bürger, die aus der Nähe begutachten (und begaffen) wollten, was für sie selbst in weiter Ferne lag. Denn: »Aller Anfang ist schwer, am schwersten der Anfang der Wirtschaft.« Darauf weist in *Hermann und Dorothea* der Vater, ein immerhin nicht unwohlhabender Bürger, seinen Sohn hin: »Und so hoff ich von dir, mein Hermann, dass du mir nächstens / In das Haus die Braut mit schöner Mitgift hereinführst; / Denn ein wackerer Mann verdient ein begütertes Mädchen, / Und es behaget so wohl, wenn mit dem gewünscheten Weibchen, / Auch in Körben und Kasten die nützliche Gabe hereinkommt.«

Der Dichter von *Hermann und Dorothea* hat sein ›Weibchen‹ ohne ›schöne Mitgift hereingeführt‹. Er hatte die ›nützliche Gabe‹ nicht nötig. Die ›Körbe und Kasten‹ waren so voll, dass nach der Doppelschlacht von Jena und Auerstedt plündernde französische Soldaten Anstalten machten, sie zu leeren. Christiane wusste das zu

389

verhindern. Wenige Tage darauf, am 17. Oktober 1806, bat Goethe den Weimarer Hofprediger, »ich will meine kleine Freundin, die so viel an mir getan und auch diese Stunden der Prüfung mit mir durchlebte, völlig und bürgerlich anerkennen, als die Meine. Sagen Sie mir würdiger geistlicher Herr und Vater wie es anzufangen ist, daß wir, sobald möglich [...] getraut werden. Was sind deshalb für Schritte zu tun? Könnten Sie die Handlung nicht selbst verrichten, ich wünschte daß sie in der Sakristei der Stadtkirche geschähe. Geben Sie dem Boten, wenn er Sie trifft, gleich Antwort. Bitte!« Der Hofprediger beeilte sich, der Bitte nachzukommen. Zwei Tage später schrieb Goethe ein einziges Wort ins Tagebuch: »Trauung«.

»Ich laß den Rock dir, du läßt mir den Hut!«

Gattin und Gatte

Bei aller Liebe: Die entscheidende Frage ist, wer in der Ehe die Hosen an- und den Hut aufhat. Selbst im herzanrührenden *Annchen von Tharau* aus Herders Volksliedersammlung vergisst der Liebende nicht, sein »Täubchen«, sein »Schäfchen«, sein »Huhn« zu ermahnen: »Ich laß den Rock dir, du läßt mir den Hut!« In der Romantikervariante des Liedes in *Des Knaben Wunderhorn* findet sich diese Rollenfestschreibung nicht mehr.

In der Prosa der Wirklichkeit, um es in Anlehnung an Hegel zu sagen, ist alles viel diffiziler als in der Poesie des Herzens. Kant meinte in seiner definitorischen Art: »Das Weib wird durch die Ehe frei; der Mann verliert dadurch seine Freiheit.« Das ist nicht bloß der Hohn eines Hagestolzes, sondern gibt insofern die Wirklichkeit wieder, als der Frau außerhalb der Ehe und jenseits des eigenen Haushaltes nahezu alles an Selbsttätigkeit verschlossen war. »Wär' es dem Staate ernst, die große und edle Hälfte seiner Bürger nützlich zu beschäftigen, [...] öffnete er den Weibern Cabinette, Dikasterien, Hörsäle, Comptoire und Werkstätten, [...] und machte er [...] unter beiden Geschlechtern keinen Unterschied, so wie die Natur es wollte, und wie die bürgerliche Gesellschaft es auch wollen sollte [...], so würden

Staatswohl und Staatsglückseligkeit sich überall mehren.« Meinungen wie diese aus Theodor Gottlieb von Hippels Pamphlet *Über die bürgerliche Verbesserung der Weiber* kamen zwar häufiger zum Druck, aber eher selten zum Tragen. Sogar wenn der Mann neben den Freuden von Tisch und Bett das Gespräch mit seiner Frau sucht, tut er das in Bezug auf sich und seine Bedürfnisse. Carl Friedrich Pockels hat das freundlich ausgeplaudert: »Gott bewahre uns vor einer Gehülfin ohne alle Bildung. Es ist für einen gebildeten Mann keine größere Strafe und Pein auf Gottes Erdboden, als – mit Ehren zu melden – ein Klotz von einem Weibe. Und wenn die Frau noch so wohlschmeckend kocht, und noch so fleißig spinnt, und sie hat kein Gefühl für Wahres, Großes und Schönes […] und wir können über nichts als küchliches und über spinnrockiges mit ihr reden; so ist sie den ganzen Tag für uns nichts mehr als eine – Wanduhr, die wir bisweilen schlagen, oder singen hören, und diese Vorstellung macht uns sogar ihres nächtlichen Nießbrauchs bald überdrüssig.«

Sobald die Frau Bildungsansprüche stellte, die darüber hinausgingen, eine anmutige Gesellschafterin zu sein, mit geweiteten Rehaugen männlichen Gedankenerläuterungen und Welterklärungen lauschend, sobald sie anfing, die Rechte ihres eigenen Geistes geltend zu machen, musste sie sich den Vorwurf der Unweiblichkeit gefallen lassen – und das unabhängig davon, ob sie Genie bloß affektierte oder wirklich welches hatte. »Unverstand schadet bei Weibern nicht: eher noch könnte überwiegende Geisteskraft oder gar Genie als eine Abnormität ungünstig wirken.« So unfreundlich direkt drückte es Schopenhauer aus. Man könnte das für die Überreaktion eines von der geistigen Umtriebigkeit seiner Mutter Johanna lebenslang verstörten Sohnes halten, dem ein Pudel an der Leine lieber war als ein ›Frauenzimmer‹ im Haus. Aber der ›Misogyn‹ Schopenhauer schrieb bloß Vorstellungen nieder, die alle Welt im Kopf hatte, große Teile der weiblichen nicht ausgenommen. Hatte Luise ihren Boie nicht wissen lassen: »Du weißt, ich bin sehr für die alte Sitte, wo die Weiber nur glücklich durch ihre Männer waren, sie wohnten in dem Hause, das dem Mann gehörte. Sie forderten keine Liebe, suchten nur des Mannes Zutrauen wert zu sein. Die Männer sagten ihre Wünsche, und gönnten ihren Weibern die Freude, sie zu erfüllen.«

Wie ›frei‹ die Frauen nach ihrer Heirat wirklich wurden, hing von ihrem Verfügungsspielraum ab, und der wiederum vom mitgebrachten Vermögen sowie von Rang und Stellung des Gatten. Dieses mitgebrachte Vermögen stärkte die persönliche Position der Frau in der Ehe, ihre soziale Position in der Gesellschaft jedoch richtete sich nach der ihres Mannes. Die Aufklärer hielten das für ›ganz natürlich‹. Campe etwa behauptete in *Vätherlicher Rath für meine Tochter:* »Es ist also der übereinstimmende Wille der Natur und der menschlichen Gesellschaft, daß der Mann des Weibes Beschützer und Oberhaupt, das Weib hingegen die sich ihm anschmiegende, sich an ihm haftende und stützende treue, dankbare und folgsame Gefährtinn und Gehülfinn seines Lebens sein sollte – er die Eiche, sie der Efeu.«

Rosen haben Dornen, was botanisch bekanntlich nicht stimmt, und der Efeu hat Zungen, was botanisch auch nicht stimmt, aber den Männern trotzdem Respekt einflößt. Kant erklärte seinen Königsberger Studenten, wie es sich mit der Macht im Haus verhält, nachdem die Frau durch die Ehe frei geworden ist: »Er liebt den Hausfrieden und unterwirft sich gern ihrem Regiment, um sich nur in seinen Geschäften nicht behindert zu sehen; sie scheut den Hauskrieg nicht, den sie mit der Zunge führt und zu welchem Behuf die Natur ihr Redseligkeit und affektvolle Beredtheit gab, die den Mann entwaffnet.«

Die Furcht des Mannes vor der Zunge der Frau ist wahrscheinlich so alt wie die Philosophie selbst, die ja auch ein ›Weibsstück‹ ist. Im Salon durfte diese Zunge ihre inspirierende Tyrannei über die Männer offen ausüben*, im Haushalt war die Frau gut beraten, wenn sie sich der bewährten Taktik der Mindermächtigen bediente, die Mächtigen ›ohnvermerkt‹ zu führen. »Ich fordre daher von einem Frauenzimmer«, schreibt Knigge, »eine Feinheit, unschuldige Verschlagenheit, Behutsamkeit, einen Witz, ein Dulden, eine Nachgiebigkeit und Geduld – lauter Stücke, die doch auch zur Klugheit gehören! […] Dagegen erwarte ich, daß der Mann zuvorschauender und gebildeter sei als das Weib.« Möser setzt im *Schreiben einer alten Ehefrau an eine junge Empfindsame* die Taktik ganz un-

---

* Siehe die »Salonbesuche« im Stadtkapitel.

verblümt auseinander: »Sowie ich des Morgens aufstehe, schaffe ich mir ein heiters Auge, welches ich mir immer verschaffen kann, wenn ich nur frisches und reines Zeug überwerfe, und habe allemal einen Scherz oder eine kleine Schmeichelei für meinen Mann in Bereitschaft, sollte sie auch nur darin bestehen, daß er gestern abend recht prophezeiet habe, wie es diesen Morgen regnen würde. Er muß es immer vorher gewußt haben, was in der Haushaltungsbestellung geraten würde oder nicht; er ist es immer, den der Erfolg rechtfertiget [...] – das weiß ich ihm alles so gut einzubröckeln, daß er die Kunst nicht merkt und, wenn er sie auch durchschimmern sieht, mir den Dank für meine Mühe, ein zufriedenes Wort, nicht versagt. [...] Aber es ist doch auch so schwer nicht, mein liebes Kind! wie Sie glauben, einen Mann auf jene Art so zu regieren, daß er noch immer einigermaßen Liebhaber bleibt.«

Der Mann herrscht im Haus, aber eher präsidial oder wie ein konstitutioneller Monarch; die Frau jedoch regiert wie ein Minister. Die Königin des Herzens wird zum Staatskanzler in der Küche. Aber pflegen Staatskanzler nicht männlich zu sein? »Wenn der verfeinerte Luxus hoch gestiegen ist«, fürchtet Kant, »so zeigt sich die Frau nur aus Zwang sittsam und hat kein Hehl zu wünschen, daß sie lieber Mann sein möchte, wo sie ihren Neigungen einen größern und freieren Spielraum geben könnte; kein Mann aber wird ein Weib sein wollen.« Bündiger als der große Kant drückt es Klein-Fritzchen aus: »Gottlob, dass ich eine Junge bin, / Mit Hosen angethan«. So steht es in *Frizchens Liedern*, zurechtgereimt 1781 von Christian Adolph Overbeck, kurzzeitig Leiter einer Knabenlehranstalt nach Campe'schem Vorbild.

»ein solches satanisches Hausgerät«
Ein Absatz über Schwiegermütter

»Allein bete, daß der Himmel Dich bewahre vor solchen alten Hexen von Schwiegermüttern, die alles wissen, alles tun und, wenn sie auch dumm wie das Vieh sind, dennoch alles dirigieren wollen;

deren Geschäft ist, Hetzereien anzustiften, zu unterhalten, und die mit Köchinnen und Haushälterinnen gemeinschaftliche Sache machen, um aus christlicher Liebe die Handlungen des nächsten auszuspähn. Solltest Du aber zum Unglücke so eine Meerkatze, ein solches satanisches Hausgerät mit erheiratet haben, so ergreife die erste Gelegenheit, da sie sich in Deine Hausvaterangelegenheiten mischen will, um ihre freundlichen, frommen Dienste auf eine solche Art zu verbitten, daß sie Dir so bald nicht wiederkomme. Es gibt aber auch gute, edle Schwiegermütter, die ihrer Kinder Ehegenossen als ihre eigenen Kinder lieben, ihren verheirateten Töchtern mit treuem Rat beistehen, und denen man dann um so mehr Ehrerbietung und Aufmerksamkeit schuldig ist, wenn man ihnen die Bildung eines geliebten Weibes zu danken hat.« Freiherr von Knigge, aus dessen Feder die Passage stammt, hielt sich im Sommer 1775 mit Frau und Kind auf dem Gut seiner verwitweten Schwiegermutter auf und verbrachte in den Folgejahren dort manchen Winter.

»das höchste der Gefühle«

Kindersegen, Kinderfluch

Die »Königin der Nacht« ist eine böse Schwiegermutter. Kaum hat in Goethes *Zauberflöte* Fürst Tamino von seiner Pamina einen Stammhalter bekommen –, »O Seligkeit, den ersten Ton, / Das Lallen seines Sohns zu hören!« – soll es dem Neugeborenen ans Leben gehen. Aber so weit kommt es dann doch nicht, die Weimarer Fortsetzung der Wiener Erfolgsoper bleibt unvollendet.

Mozarts *Zauberflöte* mit dem Libretto von Emanuel Schikaneder endet mit einem Duett der Vermehrung, gesungen vom Vogelfänger Papageno und seiner Papagena: »Welche Freude wird das sein, / Wenn die Götter uns bedenken, / Unsrer Liebe Kinder schenken, / So liebe kleine Kinderlein!« Das singen Papageno und Papagena gemeinsam. Dann: »Papageno. Erst einen kleinen Papageno!« – »Weib«, so heißt es nun einmal im Libretto, nicht Papagena, sondern »Weib. Dann eine kleine Papagena!« – »Papageno.

Dann wieder einen Papageno!« – »Weib. Dann wieder eine Papagena!« – »Beide. Papagena! Papageno! Papagena! Es ist das höchste der Gefühle, / Wenn viele, viele, viele / Pa-Pa-Pa-Pa-geno, / Pa-Pa-Pa-Pa-gena, / Der Eltern Segen werden sein.«

Im Leben spielte eine andere Musik. Der Kindersegen wurde zum Fluch, wenn es zu wenig Arbeit gab und nicht genug zu essen. Umgekehrt konnten Kinder mit ihrer Arbeit zum Haushaltseinkommen beitragen. Ein Kind ›rechnete‹ sich dann, wenn es, wie in den Familien der Spinner und Weber, mit seinen Händen mehr erwirtschaftete, als es mit Mund und Magen verbrauchte. Man könnte geradezu von einem ›Grenznutzen‹ der Kinderaufzucht sprechen. Dieser Grenznutzen konnte sich quasi über Nacht dramatisch ändern, wenn die Arbeit ausblieb, eine ›Theuerung‹ einbrach, ein Elternteil krank wurde, ein Krieg die Region verheerte. Aus der Perspektive der Besitzenden stellte es sich jedoch andersherum dar: Nicht die Armut führte zur Unterernährung der Kinder, sondern die vielen Kinder zur Armut. Der unmittelbare Augenschein, irreführend wie so oft im sozialen Leben, schien diese Verdrehung von Ursache und Wirkung zu bestätigen. Wie sollte man es auch anders deuten, wenn man sich bei Erledigungsgängen die Straßenkinder vom Leib halten musste? Über Jena im Jahr 1804 notierte Goethe: »Die Universitätsstadt [...], deren unterste ärmste Klasse sich so fruchtbar erweist, wie es in den größten Städten sich zu ereignen pflegt, wimmelt von Knaben verschiedenen Alters [...] Ohne eigentlich zu betteln, nehmen sie durch Vieltätigkeit das Wohltun der Einwohner, besonders aber der Studierenden in Anspruch. [...] sie standen am Markte und an den Straßenecken überall bereit, trugen Botschaften hin und wieder, bestellten Pferde und Wagen, trugen die Stammbücher hin und her [...] alles gegen geringe Retributionen, welche denn doch ihnen und ihren Familien bedeutend zugute kamen. Man nannte sie Mohren, wahrscheinlich weil sie von der Sonne verbrannt, sich durch eine dunklere Gesichtsfarbe auszeichneten.«

In Weimar hatte man diese Sorgen nicht, jammerte aber gleichwohl über die ›Jugend von heute‹: »Das ungezogene und ausgelassene Betragen der hiesigen Jugend auf den Straßen und öffentlichen Plätzen wird alle Tage ärger«, verlautbarte die Obrigkeit im Juni 1805 im *Weimarischen Wochenblatt* und beklagte, dass »ein solcher

Unfug mit Ballspielen, Anschlagen, Werfen und Schreien getrieben wird, dass jeder gesittete Mensch ein Ärgernis daran nehmen muss«. Während der Napoleonischen Kriege nahm die Zahl der umherirrenden und verwahrlosten Kinder stark zu. Im Mai 1813 gründete der Weimarer Schriftsteller Johannes Daniel Falk die »Gesellschaft der Freunde in der Not«, nachdem seine eigenen vier Kinder innerhalb kürzester Zeit an Scharlach gestorben waren. Das »Falksche Institut« linderte die Not, auch wenn Johanna Schopenhauer, die den salbungsvollen Falk von Anfang an nicht ausstehen konnte, über ihn lästerte: »Jetzt bemüht er sich gewaltig mit der künftigen Generation, er hat 52 Jungens zusammen getrieben, die mit Teufels Gewalt Genies und fromm dazu werden sollen«. Sie selbst hatte mit Sohn Arthur nicht zuletzt deshalb ihre Last, weil er eben ein Genie war, wenn auch kein frommes.

Bei der gewöhnlich ungenialen Kinderaufzucht ging es in erster (und meistens einziger) Linie darum, vernünftige Leute heranzuziehen, wobei das, was die Erwachsenen für vernünftig halten, maßgeblich davon abhängt, was ihnen in der eigenen Kindheit beigebracht worden ist, und des Weiteren davon, was die anderen Leute denken und vor allem sagen. Man kann diesen Tradierungsvorgang ›Sozialisation‹ nennen. Ihr Wert und Zweck liegt im Gemeinwesen. Mit den Worten des Kameralisten Justi ausgedrückt: »Die wahre Stärke des Staates beruhet aber hauptsächlich darauf, dass die Bürger selbst ihre Pflichten lieben und solche mit gutem Herzen erfüllen. [...] Die Kinderzucht aber ist es allein, welche die Herzen der künftigen Bürger hierzu bilden und fähig machen kann.«

Die aufklärerischen Erzieher mochten die individuelle Entfaltung stärker betonen und umso entschlossener eine ›natürliche‹ Pädagogik vertreten, je näher sie den Ideen Rousseaus standen. Doch verloren sie die Aufgabe, das Kind zum ›Menschen zu bilden‹, also zum Bürger, nie aus den Augen. Man schaffte das Gängelband ab oder den Fallhut, oder man schob den Kleinen statt Stühlchen dicke Bücher unter den Po, wie es bei Herders nach dem Bericht eines Besuchers zu geschehen pflegte: »Der eine saß auf Semleri Antiquitatibus Graecis, der andere auf Erasmi Francisci amerikanischem Krautgarten, oder wie das Ding heißt.« Man wandte sich in liebender Aufsicht seinem Nachwuchs zu und überließ ihn während der

Säuglingszeit nicht mehr den Ammen und im Kleinkindalter nicht mehr den Mägden in der Küche. Man wollte freie Menschen erziehen und sinnierte gleichwohl über Anti-Erektions-Spangen wie Campe und Mädchenschicklichkeit wie Knigge. In dem, was man von der Gesellschaft für seine Kinder erwartete, drückten sich zugleich die Erwartungen der Gesellschaft an die Kinder aus.

Wie, von wem, auf welche Weise ein Menschenkind erzogen wurde, war von der Herkunft bestimmt und auf die Zukunft bezogen – die auch von der Herkunft bestimmt war: den Dorfkindern der Knechte und Kleinbauern Rechnen, Schreiben, Gottesfurcht, und zwar »nach der Art«, wie Friedrich von Preußen 1779 den damals für das Schulwesen zuständigen Minister von Zedlitz anwies, »dass die Leute nicht aus den Dörfern weglaufen, sondern hübsch dableiben«[*]; den Unterschichtskindern in der Stadt die Klippschule mit ramponierten Tischen und auf dem Lehrerpult bereitgelegten Stöcken, die nicht zum Zeigen dienten, oder die ›Industrieschule‹, in der beim Abc-Plärren Wolle gerissen wurde; den Kindern der Garnisonssoldaten »lesen, schreiben, rechnen, Naturgeschichte, Kenntniß des Menschen und christliche Lehre«, wie Büsching in der *Beschreibung seiner Reise nach Reckhahn* festhielt; den Kindern ärmerer Bürger der Privatunterricht eines ebenfalls ärmlichen Hauslehrers, der aus Platznot mit in der Kinderstube schlief; den Schülern des berühmten Grauen Klosters zu Berlin ein »Musensitz […] in Kellern […], dunkel, unangenehm und ungesund, weil sie einige Ellen tiefer als die Strassen und Höfe in der Erde lagen«, wie Büsching in seiner *Lebensgeschichte* berichtete; den zahlenden Pensionszöglingen in Knigges kleinem Institut nach seiner Aufzählung »Mathematik, Geschichte, Erdbeschreibung, Music, Generalbaß, theatralischer Tanz, Fechten, Springen, Ballspiel, Kartenspiel, Italienisch, Französisch«, alles von ihm selbst gelehrt; den Adelssöhnen die Kavaliersausbildung an den Ritterakademien mit Mathematik, Moral, Reiten, Fechten und Tanzen, das Antichambrieren als Lehrfach nicht zu vergessen, denn die Karriere ging durch die Vorzimmer und war vollendet, wenn man selbst eines hatte.

Kinder, die erwachsen werden sollen, müssen erst einmal über

---

[*] Zur Dorfschule den entsprechenden Abschnitt im Kapitel über das Land.

›die Runden‹ kommen, über die Runden der ersten Monate und der ersten Jahre. Die Pocken wüteten in manchen Jahren als wahre Kindermörder.* Lebensgefährlich waren außerdem Magen-Darm-Infektionen und, wie Formey angemerkt hat, das zu feste Wickeln, das den Säuglingen im Wortsinn den Lebensatem abgeschnürt hat. In den 1790ern starben in Preußen 17 Prozent der Säuglinge innerhalb von zwölf Monaten. Eine Generation zuvor lag nach einer Berechnung der Berliner Armendirektion von 1769 die Kindersterblichkeit, bezogen auf das zwölfte Lebensjahr, bei durchschnittlich 57,8 Prozent, wobei die Jüdische Gemeinde die niedrigste Rate hatte (34,7 Prozent) und die Gemeinde um die Jerusalemer Kirche in der Friedrichstadt die höchste (74,5 Prozent). Zur Jüdischen Gemeinde gehörten viele wohlhabende Kaufleute, die Jerusalemer Gemeinde in der Friedrichstadt bestand überwiegend aus Webern. Je mehr Webstühle in einem Viertel, desto weniger Kinder erreichten das zwölfte Lebensjahr. Dieser Zusammenhang wurde bereits damals von Ärzten und Statistikern er-, aber nicht von allen Zeitgenossen anerkannt.

Allerdings war die Kindersterblichkeit auch in besser gestellten Familien hoch.** Justus Möser stellte eine Art Fifty-fifty-Gesetz auf: »Vordem dankte eine gute Mutter dem lieben Gott, wenn er redlich mit ihr teilte […]; man erkannte es als ein sicheres Naturgesetz, daß die Hälfte der Kinder unter dem zehnten Jahre dahin sterben müßte und richtete sich dernach in den Wochenbetten«. Ob Therese Forster/Huber, die zehn Wochenbetten überlebte und dem ›lieben Gott‹ fünf ihrer Kinder lassen musste und ein sechstes noch dazu, das auch so kaltschnäuzig formuliert hätte? Im September 1796, dem Erscheinungsjahr ihres ›Konvenienzromans‹ *Luise,* wurde ihre fünfte Tochter geboren; sie starb am 18. August 1797. Therese war erneut schwanger und brachte im Oktober ihren zweiten Sohn zur Welt; er starb am 26. April 1798 nach einer Pockenimpfung.

---

* Siehe »Die Pocken und die Impfung« im nächsten Kapitel.
** Siehe »Eltern und Kinder in Zahlen« im Anhang.

10. Gesundheit, Krankheit, Tod

*Wunderheiler und Tablettenkrämer, Ärzte
und Apotheker – Vom Hospital zum Krankenhaus –
Die Pocken und die Impfung – Aderlass –
Zahnweh – Zipperlein – Hirnforschung – Besuch im
›Tollhaus‹ – Todesfälle – Bestattungen*

»Wir haben alle einen Schaden«
Wunderheiler und Tablettenkrämer,
Ärzte und Apotheker

Der menschliche Leib besteht aus Festem (solida) und Flüssigem
(fluida). Sind solida und fluida im Gleichgewicht, ist der Mensch
gesund, die Störung des Gleichgewichts macht krank. – Alle Krankheiten sind entweder auf zu viel (sthenisch) oder zu wenig Erregung
(asthenisch) zurückzuführen oder auf einen Mangel oder ein Zuviel an Sauerstoff. – Krankheiten werden nur durch Gegenmittel geheilt (Contraria-Prinzip). – Krankheiten werden nur durch ähnliche
Mittel geheilt (Simile-Prinzip).

Noch um 1800 waren die medizinischen Lehren in Denksysteme eingeschlossen, die wiederum auf wenigen Grundprinzipien
basierten. Die wissenschaftliche Empirie war kaum entwickelt, die
Ärzte wurden in den Vorlesungssälen der Universitäten ausgebil-
det, nicht an Krankenbetten in Kliniken, die überhaupt erst gegen
Ende des Jahrhunderts entstanden. Die ärztliche Erfahrung entstand beim Zusammentreffen allgemeiner Buchgelehrsamkeit mit
individuellen Krankengeschichten, deren Erfassung und Dokumentation den Neigungen und Gewohnheiten des einzelnen Arztes
überlassen blieb. Systematisch vergleichende Anamnese fand nicht
statt. Die Beobachtungen am Leib wurden mit den Beschreibungen
in den Büchern in Beziehung gesetzt. Wenn beides nicht überein-
stimmte, richteten sich die Ärzte im Zweifelsfall eher nach der Literatur als nach dem Leben ihrer Patienten. Die Erfahrungen wurden
den Lehren angepasst, denen man jeweils anhing, nicht die Lehren den Erfahrungen. So konnte sich eine heute nur noch medizin-
historisch, aber nicht mehr medizinisch wissenschaftlich nachvoll-
ziehbare Praxis wie ›das Aderlass‹, wie Hufeland sagte, bis weit ins
19. Jahrhundert halten. Bei anderen Therapien wurden Nebenwir-

kungen mit Krankheitssymptomen verwechselt, etwa bei der Behandlung der ›Lustseuchen‹ (Syphilis und Tripper konnten noch nicht unterschieden werden) mit Quecksilber.

Die akademische Ausbildung bestand im Wesentlichen aus Anatomie, Physiologie, Zoologie, Botanik und Semiotik (Lehre von den Krankheitszeichen). Die Ärzte diagnostizierten und schrieben Rezepte, aber Aderlässe und Operationen wurden von Wundärzten vorgenommen, im Wortsinn Handlanger des Arztes ohne wissenschaftlichen Status. Die Chirurgie war als Handwerk, oft ein ›Kriegshandwerk‹ wie bei den Regimentsfeldschern, von der medizinischen Wissenschaft so deutlich abgegrenzt, dass Chirurgen zwar an der ›Heilkunst‹ Anteil hatten, aber nicht als Mediziner galten. »Ich weis wohl«, merkte Laukhard an, »daß es geschikte Leute unter den Feldscheerern, oder wie sie jetzt heißen sollen, Chirurgen giebt: allein der meiste Haufen besteht – ich muß es nur sagen – aus armen Sündern, welche nicht einmal das A.B.C. der Chirurgie, geschweige denn der Medicin verstehen.«

Umgekehrt waren die akademischen Ärzte selbst zu kleineren Eingriffen häufig nicht in der Lage, weil ihnen Fingerfertigkeit und Fingerspitzengefühl fehlten. Noch 1797 stellte die Akademie in Erfurt die Preisfrage: »Ist es nothwendig und ist es möglich, beide Theile der Heilkunst, die Medicin und die Chirurgie, sowohl in ihrer Erlernung als Ausübung wieder zu vereinigen?«

Nahezu anderthalb Jahrtausende wurde die abendländische Medizin von der ›Säftelehre‹ des griechisch-römischen Arztes Galen dominiert. Ihr zufolge gab es vier Kardinalsäfte: Blut, ›Schleim‹, ›gelbe Galle‹ und ›schwarze Galle‹. Ihnen zugeordnet sind die vier Temperamente: Sanguiniker, Phlegmatiker, Choleriker und Melancholiker. Erst mit der Entdeckung des kleinen und des großen Blutkreislaufs im 17. Jahrhundert begann das lange Sterben der antiken Lehre, eine Agonie, die bis weit ins 19. Jahrhundert hinein dauerte.

Auch das Contraria-Prinzip ging auf Galen zurück. Samuel Hahnemann setzte ihm das Simile-Prinzip entgegen – und folgte damit kurioserweise dem Contraria-Prinzip. Man könnte aber genauso gut sagen, dass er dem Ähnlichkeitsprinzip, dem Kerngedanken seiner zunächst ›Homoiopathie‹, dann vereinfacht Homöopathie genannten Lehre, insofern entsprach, als das Entgegensetzen dem Entgegensetzen schließlich ähnlich ist. Jedenfalls beruhte für ihn die heilende Kraft einer Arznei darauf, dass sie ähnliche Symptome hervorzurufen in der Lage war wie die Krankheit. Hahnemanns Vorstellungen wurzelten in der Naturphilosophie der Romantik mit ihrer Sehnsucht nach Einheit in einer im Prozess der Modernisierung in lauter Teilgebiete zerfallenden Welt.

Das Streben nach dem, was wir heute ›Ganzheitlichkeit‹ nennen, führte zu neuen therapeutischen Ansätzen, aber auch zu Moden wie dem ›thierischen Magnetismus‹ Franz Anton Mesmers. Dabei sind Magie, Scharlatanerie und das Vorausahnen künftiger Erkenntnisse nicht immer klar zu unterscheiden. Die Mode des ›Mesmerismus‹ lebte zugleich von einer hysterischen Verzauberung der geheimnislos gewordenen Alltagswelt, dem immer noch geheimnisvollen Phänomen der Elektrizität, der Heilkraft von Hypnose und Selbsthypnose, dem Schlafwandeln durch die engen Korridore der Rationalität, dem Erschauern vor dem Erschauern und dem Erahnen psychosomatischer Körpergeschehnisse, die sich anatomisch nicht zergliedern ließen. Wenn dabei alles mit allem nicht zusammenpasste – umso besser. Noch 1819 wurde an der neu gegründeten Universität Bonn »Thierischer Magnetismus« gelehrt.

Wenn ein ›Magnetiseur‹ nicht wirklich wusste, wie und warum seine Therapie funktionierte, so galt das Gleiche sehr häufig auch für akademische Mediziner, nur wurde das dort hinter den Begriffsgerüsten der Systeme versteckt. Scharlach zum Beispiel konnte nicht diagnostiziert werden, bakteriellen Infektionen stand man nahezu hilflos gegenüber. Fieber wurde nicht als Symptom erkannt, sondern für die Krankheit gehalten. Infektionen der Atemwege gehörten bei Erwachsenen zu den häufigsten Todesursachen. Bei den Kindern waren es Infektionen des Magen-Darm-Traktes, oft verschärft durch die falsche Behandlung mit Abführmitteln.

Alles in allem galt (und gilt?), was Theodor Gottlieb von Hippel in seinen *Lebensläufen* die Mutter anlässlich einer schweren Krankheit ihres Sohnes zu ihrem Mann sagen lässt: »Indessen Etwas fehlt einem jeden und wenn er ein Gesicht wie ein Stettinerapfel hätte. Wir haben alle einen Schaden, und der kommt von Adam her.« Und doch hängt viel davon ab, wem man seinen ›Schaden‹ anvertraut: einem Arzt oder einem Apotheker; einem über die Dörfer ziehenden Wunderheiler; einem alten Weib, das hundert Jahre zuvor noch der Hexerei beschuldigt worden wäre; einem der am Rand der Fürstenhöfe herumkurierenden Quacksalber. Gegen diese musste selbst ein König ein Machtwort sprechen, wie eine Notiz Friedrichs beweist, der normalerweise Französisch sprach und dem in seinem deutsch geschriebenen Billet an den Kammerherrn Fredersdorf zwar nicht die Worte, aber Grammatik und Orthografie fehlten:»Ich sage es Dihr rein-heraus, würstu Dihr jetzunder nicht von allen Deinen Idioten-Doctors, alte Weiber etc. loßschlagen, so werde ich Cothenius [Friedrichs Leibarzt] verbihten, den fus in Deinen hause zu setzen und werde Mihr nicht weiter um Dihr bekümern.« Friedrich kümmerte sich seit April 1757 tatsächlich nicht mehr um Fredersdorf, den Vertrauten aus Rheinsberger Tagen. Das lag jedoch nicht an dubiosen Doktoren, sondern an dubiosen Geschäften, die Fredersdorf im Zusammenhang mit dem Ankauf eines Gutes getätigt hatte.

Was hätte Friedrich wohl dem Bäckermeister Heyde geschrieben, der ihn so sehr bewunderte, wenn er gewusst hätte, was Heyde bei Krätze empfahl:»Brate eine schwarze Schnecke und schmiere dich mit den Saft, es heilet alsbald.« Chamisso hatte allen Grund zu der Feststellung:»Wer aber wird bestreiten, dass heutzutage noch in einer aufgeklärten Stadt wie Berlin mehr Krankheiten besprochen oder durch sympathetische und Wundermittel behandelt als der Sorge des wissenschaftlichen Arztes anvertraut werden?« Das hatte mit einem Mangel an Aufklärung zu tun, aber auch mit einem Mangel an Geld. Mochten die Quacksalber ihre Groschen verlangen und die Bauernfänger ihren Opfern an den Jahrmarktstagen die Beutel leeren, so waren ihre Tarife doch gering im Vergleich zu den ärztlichen Honoraren, die bei jeder Konsultation fällig wurden, zusätzlich zu den Kosten für die Arzneimittel.»11 Reichstaler 20 Groschen hat mir jeder Kranke im Durchschnitt eingebracht«, notierte der legendäre Berliner Arzt Ernst Ludwig Heim 1796. Heim war in der Stadt überaus beliebt, auch deshalb, weil er Mittellose ohne Honorar behandelte. Doch konnte das nur ausnahmsweise geschehen und durfte die Durchschnittseinnahmen nicht so weit senken, dass eine bürgerliche Existenz unmöglich geworden wäre. Über die Arzneikosten stellte

1794 der Berliner Magistrat fest, »daß die Apotheken doch nur eigentlich für die höheren und mittlern Stände bestimmt sind, die arme Volks-Klasse behilft sich noch leider größtenteils mit Hausmitteln«. Um das Quacksalbern am eigenen Leib zu bekämpfen, zugleich aber Hilfe zur Selbsthilfe zu leisten, verfasste Hufeland 1809 eine ›Armen-Pharmakopoe‹, eine Zusammenstellung wirksamer, aber billiger Arzneimittel.

Auch auf dem Land wurden Schnecken gebraten. In den Familien wurden Geheimrezepte vererbt, und an den Markttagen hatten Wunderheiler Zulauf. Über die Situation in den katholischen Ländern an Rhein und Main schrieb Laukhard: »In den unzähligen kleinen Herrschaften und Territorien in jenen Gegenden sieht es mit der medicinischen Einrichtung schrecklich aus. Jeder Quacksalber und Marktschreier, jedes alte Weib hat daselbst das Privilegium zu mediciniren, und die Leute nach Wohlgefallen in die andere Welt zu schicken.«

Budenzauber war jedoch keine katholische Besonderheit. Freude und Not trieben die Leute überall auf die Jahrmärkte. Man kaufte oder verkaufte, amüsierte sich und ließ sich kurieren. Wie es in Halle dabei zuging, schildert Laukhard am Beispiel eines Augenarztes, »einer von jenen hundert und neun und neunzig Hallunken, welche in Deutschland herumziehen, sich großer Geheimnisse rühmen, den Leuten die Beutel fegen, und sie, wenn sie ihnen trauen, um Gesundheit und Leben bringen. Solche Afterärzte, die alle Krankheiten kennen und heilen wollen, und doch arme Sünder in dem A B C der Arzneikunde sind, ziehen mit Privilegien im Land herum […] Der, von dem ich jetzt rede, schlug seine Bude mitten auf dem Markte auf. Seine Begleiter waren eine alte Matrone, welche seine Frau hieß, aber nach dem Bericht seines Hanswurstes eine verloffene Kaufmannsfrau war, die den Mosjeh in Stand gesetzt hatte, Arzneyen und andere Hanswurstiaden anzuschaffen: sodann ein Junges Mädchen, das in Mannskleidern auf dem Seil tanzte: endlich ein Hr. Hanswurst, ohne welchen kein Doktor von dieser Art subsistiren kann.«

Ein anderer Wunderheilerauftritt, von Karl Friedrich Klöden aus seinen Kindheitsjahren in einer westpreußischen Kleinstadt berichtet, spielt sich ab wie eine Szene in Süssmeyers »komischem Singspiel« *Der Marktschreyer**. Ein Seiltänzer ist zugleich Doktor und Apotheker; oder der Doktor und Apotheker zugleich Seiltänzer. Alle Rollen werden auf derselben Bühne am Marktplatz gespielt: »Jetzt verließ der sogenannte Herr Doktor den Gasthof und bestieg das Gerüst. Er trug eine scharlachrote Uniform, einen dreieckigen Federhut, weißgelbe lederne Beinkleider [...] Neben ihm erschien sein Hanswurst mit der Pritsche.« Nach den üblichen Jahrmarktsscherzen »ward der umfangreiche Arzneikasten geöffnet, und nun wurden nach Anleitung der gedruckten Zettel, welche die Rezepte anpriesen, einzeln die verschiedenen Mittel mit Angabe ihres Preises vorgezeigt. [...] Es wurden Mittel gegen Zahnschmerzen, Gliederreißen und Frostbeulen, gegen Rose und Durchfall, kurz gegen ein ganzes Heer von Krankheiten ausgeboten mit lauten Anpreisungen ihrer außerordentlichen Wirkungen.« Dann geht der Wunderdoktor zurück ins Gasthaus, um sein Akrobatentrikot anzulegen, während auf dem Marktplatz das Seil gespannt wird.

Die umherreisenden Pillendreher konnten keine großen Sprünge machen, weder auf dem Seil noch im übertragenen Sinn. Zudem ging die Obrigkeit gegen sie vor. Boie musste sich als Landvogt im Dithmarschen im September 1784 mit ihnen befassen: »Heute haben wir Jahrmarkt gehabt [...] und das Strafamt hab ich obendrein verwalten und ein paar Kasten mit Medizin konfiszieren müssen, mit denen die unprivilegierten Mörder, die Tablettenkrämer und andere Hausierer, das Land durchziehn, und die armen Bauern anführen.« Auch Rochow auf Reckahn führte diese Klage. Seine Bauern wollten die Mittel, die er ihnen verschrieb (und immerhin auch bezahlte), nicht einnehmen und »liefen zu Quacksalbern, Wunderdoktorn, sogenannten klugen Frauen, Schäfern und Abdeckern, bezahlten dort reichlich und starben häufig dahin.«

Diesem renitenten Beharren auf dem Hergebrachten wollte Rochow mit seiner *Kinderfreund*-Schriftstellerei die Zukunft nehmen. Wenn schon den Alten nicht mehr zu helfen war, sollten wenigstens die Jungen rechtzeitig aufgeklärt werden. Im ersten Band des *Kinderfreunds* erzählte er: »Wilhelm hatte einstmals das Fieber von schlechter Verdauung. ›Wollt ihr nicht zu der weisen Frau schicken?‹

---

* Siehe den Abschnitt über das Theater in »Stadtleben«.

sprach diese, ›oder zu dem Marktschreyer?‹ sprach jene unverständige Frau. Hanns brachte einen Mann, der Arzeney herumtrug, ins Haus, von diesem sollte Wilhelm Bergöl kaufen und einnehmen. Einer rieth gar, sich von einem Hexenmeister das Fieber verschreiben zu lassen; und was dergleichen Thorheiten mehr waren. Aber Wilhelm sagte: ›Nein, das thu ich nicht, meine Gesundheit ist mir lieber. […] Ich will zum Prediger gehen, und was mir der rathen wird, das will ich thun.‹ Dieser war ein verständiger Mann, und für wenige Groschen Arzeney ward die Ursach des Fiebers aus dem Leibe geschafft.«

Im zweiten Band des *Kinderfreunds* stellte Rochow eine Art Hausapotheke für Dorfgeistliche zusammen: »1. Brechmittel, bey Ueberladung des Magens; Drücken in der Herzgrube, schlechter Eßlust und unruhigem Schlaf«; »2. Abführungsmittel. Als zum Exempel am anden Tage nach dem Brechen den Unrath noch aus den Gedärmen zu schaffen« – das Mittel bestand aus in warmem Wasser aufgelöstem Glaubersalz; »3. Wider Brustbeschwerden und trockne Husten ließ er ein Quart oder Maaß siedend heiß Wasser auf eine halbe Hand voll gequetschten Leinsaamen gießen« – es wird nach dem Abgießen lauwarm mit Milch getrunken; »4. Wider Leibschmerzen […] Kamillen- und Fliederblumenthee« und gegen Verstopfungen Klistiere aus »Habergrütze oder Leinsaamen in Milch«; 5. Gegen die Ruhr Brechpulver, abführende Klistiere und Pflaumendiät; »6. Wider hitzige Fieber mit Raserey oder Schlafsucht und gänzlicher Niederlage der Kräfte […] Spanischefliegenpflaster […] an die Waden und Arme«; »7. Bey Seitenstechen, Bluthusten und Blutstürzung […] eine Ader öffnen«; »8. Bey Fiebern […], bey bösen Geschwüren […] die abgeschälte Rinde von der Knack- oder Bruchweide« in Wasser gekocht, außerdem wöchentlich zwei Lot Glaubersalz; »9. Bey Gichtschmerzen oder Reißen in den Gliedern« getrocknete und klein geschnittene »Klettenwurzeln« mit Wasser.

Die Dorfgeistlichen als Ärzte und Apotheker der Landbevölkerung einzusetzen und dafür einer medizinischen Grundausbildung zu unterziehen war noch für Hufeland eine Möglichkeit, die ärztliche Unterversorgung auf dem Land wenigstens zu mildern. »Was hilft es, dass man den sechsten Teil der Nation, der etwa in Städten lebt, mit den glänzendsten Medizinalanstalten und den geschicktesten Ärzten versorgt, während fünf Sechsteile, die auf dem Lande leben, von aller Hilfe entblößt sind?«

»Äußerliche-Schaden-Stube für Weiber«
Vom Hospital zum Krankenhaus

Die Verwandlung der medizinischen Büchergelehrsamkeit zur Wissenschaft am Krankenbett ging mit dem Aufbau großer zentraler Krankenhäuser einher. Die auf mittelalterliche Hospitäler zurückgehenden Sammelstätten für Arme, Waisen, Sträflinge, ›Narren‹ und Kranke entwickelten sich institutionell und baulich auseinander. Dieser Prozess zog sich über das ganze 18. Jahrhundert hin und wurde erst mit der Errichtung jeweils zentraler Versorgungs-, Heil-, Überwachungs- und Strafanstalten im 19. Jahrhundert abgeschlossen. Dort, wo sich die Krankenhäuser von den ›Tollhäusern‹ und Zuchthäusern getrennt hatten, lebte im Binnenbereich der Krankheit die alte Multifunktionalität fort. In der Berliner Charité galt bis 1798: Arme und Alte im Erdgeschoss, Kranke im ersten und zweiten Stock, und die Infektiösen, womit im Sprachgebrauch der Zeit Geschlechtskranke gemeint waren, im obersten Stock. Erst nach 1798 wurden ausschließlich Kranke aufgenommen. Die Sterblichkeit war für heutige Verhältnisse unerhört, was daran lag, dass niemand ins Krankenhaus ging, der sich noch selbst versorgen oder zu Hause versorgen lassen konnte und hoffen durfte, wieder gesund zu werden. In dieser Übergangsphase waren Krankenhäuser vor allem Ernährungs- und Sterbehäuser für die ärmsten Schichten der Bevölkerung. Würde man als Zeitreisender Ende der 1760er der Charité einen Besuch abstatten und den Korridor entlangschreiten, der die quadratische Anlage umlief und von dem die Zimmer abgingen, stieße man in der zweiten Etage in den Eckzimmern auf die »Männer Pflege-Stube«, gegenüberliegend die »Weiber Pflege-Stube«, die »Innerliche Krankheits-Stube für Männer« und wiederum gegenüberliegend die für »Weiber«, dazwischen die

»Äußerliche-Schaden-Stube für Weiber«. Die »äußerlichen« Schäden der Männer, also offene Wunden und andere Verletzungen, wurden im Stockwerk darüber behandelt, in zwei Stuben links und rechts von einem »Operations-Saal« gelegen. In den Flügeln der zweiten Etage befanden sich auf der einen Seite eine »Sechswöchnerinnen-Stube«, das »Accouchement«, also eine Entbindungsstation, eine »Feldscherstube« und die »Schwangeren-Stube«, auf der anderen Seite eine »Apotheck«, eine weitere »Feldscherstube« und eine zusätzliche »Männer Pflege-Stube«.

Die Institutionalisierung der Medizin als klinisches Fach in der organisatorischen und baulichen Form des Krankenhauses führte zu Konflikten zwischen bereits bestehenden und neu errichteten Einrichtungen, aber auch zur Konkurrenz der neu gegründeten Institute untereinander. In Berlin spielte sich das zwischen Charité, Universitätsklinikum und der Pépinière ab, die für die Ausbildung der Militärchirurgen, der ehemaligen ›Feldscher‹, zuständig war und aus der 1811 die »Medizinisch-chirurgische Akademie für das Militär« hervorging.

Das erste moderne Krankenhaus auf dem europäischen Kontinent wurde 1784 in Wien eröffnet. Es war in Um- und Erweiterungsbauten des alten Armenhauses untergebracht. Das »Allgemeine Krankenhaus« in Wien wurde mit seinen rund zweitausend Betten und den rund hundertvierzig Einzelzellen für Geisteskranke (Einzelzimmer wäre keine angemessene Bezeichnung) in einem eigens dafür errichteten, vom Krankenhauskomplex abgesetzten ›Narrenturm‹ zur exemplarischen Heil- und zugleich Forschunginstitution einer Medizin, die sich mit der Wissensübermittlung durch regelmäßige akademische Vorlesungen und unregelmäßige anatomische Sektionen nicht mehr zufriedengab. Das Krankenhaus ermöglichte den systematischen Vergleich von Krankheitsverläufen, erleichterte den Einsatz von Instrumenten und Medikamenten, verbesserte trotz des gefürchteten ›Krankenhausbrandes‹ die Hygiene und trieb die Kultur (man mag auch sagen: den Kult) der Konsultation hervor, heute karikiert im Visiten-Klischee vom herrischen Chefarzt vorneweg und dem kleinen Generalstab unterwürfiger Assistenten hinterher. Jedenfalls ebnete das große Krankenhaus auch den Weg zu großen Karrieren und hatte im Übrigen den Forschungsvorteil, dass es vom Krankenbett zum Sektionstisch nicht so weit war wie beispielsweise von Weimar nach Jena, wenn wieder eine Selbstmörderin in die Ilm gegangen war.

Das Krankenhaus ist ein wesentliches Element im *System einer vollständigen medicinischen Polizey*, wie es etwa der Wiener Arzt Johann Peter Frank vielbändig zusammengestellt hat. Die *Polizey* im Titel hat dabei eine im weitesten Sinne administrative Bedeutung und schließt alles ein, was nur irgend mit der Volksgesundheit zu tun hat, von der Genehmigungspflicht für Lampenöl in öffentlichen Theatern bis zur Pflicht, auffällige Leute den Behörden zu melden. Die Versorgung der Bevölkerung setzte (und setzt) Erfassung und Kontrolle voraus, psychisch wie physisch. Ein »Circulare der kaiserl. königl. Landesregierung im Erzherzogthume Oesterreich« vom 14. Juli 1807 ordnete an: »Wenn an einem Menschen Merkmahle einer Sinnesverwirrung sich äußern, ist die ungesäumte Anzeige an die Behörde zu machen.« Und über die Bekämpfung der Pocken, lange eine der wichtigsten Aufgaben bei der Gesunderhaltung des ›Volkskörpers‹, notierte Friedrich II. am 1. Juni 1776 während einer Epidemie in den brandenburg-preußischen Ländern, er habe »missfällig in Erfahrung gebracht, dass besonders in diesem Jahr die Pocken oder Blattern unter den Kindern sehr vielen Schaden angerichtet, und dass daran in verschiedenen Provinzen eine große Anzahl daran gestorben, woran denn eine vorzügliche Mitschuld ist, dass die gemeinen und geringen Leute nicht wissen, wie sie sich, wenn ihre Kinder Pocken bekommen, verhalten sollen.« Um dem abzuhelfen, forderte er »einen ganz simplen und deutlichen Unterricht zu entwerfen, worin aber kein einziges lateinisches oder medizinisches Kunstwort enthalten sein muss, [so]dass sich jederman und auch die einfältigsten Leute und Bauern darin finden und solches hinlänglich begreifen können.«

Die Pocken und die Impfung

In den Augen des Königs von Preußen, für den – wie für alle europäischen Fürsten – die Bevölkerung eines Landes und die Macht eines Staates unmittelbar zusammenhingen, hatte die von den Pocken verursachte Kindersterblichkeit höchste politische Bedeutung. Zur gleichen Zeit war für einen Sklavenhalter in Übersee die von Pocken verursachte ›Negersterblichkeit‹ (man muss es so ausdrücken) von höchster wirtschaftlicher Bedeutung. Die *Vossische Zeitung* in Berlin meldete 1769: »Nach Briefen von Jamaika wird das Blatterneinimpfen in dieser Insel stark getrieben. Ein Gentleman hat allein gegen dreitausend Neger inoculirt, und ihm ist nur einer gestorben. Da die Blattern sonst oft eine große Menge dieser Menschen wegzuraffen pflegen, so hofft man, dass durch diese Procedur die Neger wohlfeiler werden und dieses endlich auf den Zucker- und Rumpreis Einfluss haben dürfte.«

In politischer, ökonomischer, sozialer, mentaler, moralischer und überhaupt in jeder Hinsicht waren die Pockenepidemien bis ins 19. Jahrhundert hinein ein Massenproblem. Beispielsweise kam es in Mainz 1770 und 1774 zu Epidemien, in Weimar 1788 und 1805, was ein ungewöhnlich großer Abstand war. In den Städten war im Schnitt alle drei, bis vier Jahre mit dem Ausbruch der Seuche zu rechnen. Formey über die Berliner Pockenjahre: »In den Jahren 1786, 1789, 1790, 1792, 1793 und 1795 hatten wir ziemlich tödliche Blatternepidemien, die eine große Anzahl Kinder und nicht wenige Erwachsene wegrafften.« Auch für 1796 gibt er 932 Todesfälle an, wie immer hauptsächlich Kinder. Die Ansteckungsquote bei nicht immunisierten Kindern lag im Falle einer Epidemie bei 90 Prozent. Einer derart verbreiteten Massenerkrankung konnte sich nicht einmal die Elite entziehen: 1745 erkrankte der neunzehnjährige Prinz Heinrich, der Bruder des preußischen Königs, und behielt ein pockennarbiges Gesicht zurück. Friedrich selbst hatte die Krankheit als Kind überstanden. Maria Theresia von Österreich steckte sich 1768 im Alter von fünfzig Jahren an, Ludwig XV. von Frankreich starb 1774 an den Pocken. Auch Hufeland hatte als Kind die Pocken. Wieland

411

war pockennarbig und sah es nicht gern, wenn die Narben auf seinen Porträts zu sehen waren, während Friedrich Eberhard von Rochow, der mit siebzehn eine schwere Infektion durchgemacht hatte, an Nicolai auf dessen Bitte um ein Porträt antwortete: »Wenn Ew. Wohlgeb. einen guten Maler wissen, der sich im Treffen der Pockengruben üben will, so bin ich es zufrieden, vor ihm stille zu sitzen.«

Wie sehr die Pocken bei aller Gefährlichkeit zugleich als Allerweltskrankheit angesehen wurden, die man nun einmal auszuhalten und durchzustehen hatte, zeigt ein von Louise Boie im Mai 1786, zwei Monate vor ihrem Tod im Kindbett, geschriebener Brief an ihre Schwägerin Ernestine Voss. Sie sucht Ernestine wegen deren bevorstehenden Besuchs zu beruhigen: »Du bist doch nicht ängstlich, Schwesterchen, für die Blattern? Sie sind hier epidemisch, schon seit dem Herbst, aber so gutartig, als sie nur sein können. Sollten Deine lieben Knaben die Blattern kriegen, so sei nur ganz ruhig, meine Beste, an Bequemlichkeit, Pflege und guter Luft soll es ihnen hier nicht fehlen.«

Aber wie wird man der Krankheit Herr, wenn Bequemlichkeit und frische Luft zur Genesung nicht reichen und auch der »Schafskoth in Bier gekocht« nicht hilft, über den sich Rochow lustig macht? Eine der vorbeugenden Methoden, um die epidemische Ausbreitung der Pocken zu verhindern, war die Inokulation. In Deutschland wurde sie zuerst 1769 an der Charité vorgenommen. Es handelte sich dabei um die gezielte Übertragung von Menschenpocken, denn es »ist besser«, wie Rochow im *Kinderfreund* erklärt, »seinem Kinde die künstlichen Blattern zu geben als zu warten, bis es etwa durch Ansteckung die gewöhnlichen Blattern bekömmt. Die Ursach ist, weil (da unter tausend Menschen nicht fünfe von den Blattern ganz befreyt bleiben) es gar zu leicht geschehen kann, daß die Ansteckung innerlich, etwa durch die Nase, im Halse, Magen, oder in der Lunge geschieht; diese Theile sind aber sehr empfindlich und vermehren die Gefahr. […] Dahingegen die künstliche Blattern […] bloß äußerlich, an einem nicht sehr empfindlichen Ort auf der Hand, zwischen dem Daumen und Zeigefinger auf dem dicksten Fleische, oculiert, oder auf Deutsch, eingeimpft werden.« Dem Zuvorkommen der ›innerlichen‹ durch die ›künstlichen Blattern‹ wurde eine ähnlich immunisierende Wirkung zugeschrieben, wie sie sich nach dem Überleben der Krankheit einstellte, nur dass der ›künstlich‹ ausgelöste Verlauf als leichter kontrollierbar, mithin weniger gefährlich galt. Den Impfvorgang selbst beschreibt Rochow so: »Man hebt mit einer breitgeschliffnen Nadel […] an beyden Händen ganz flach die oberste Haut auf, daß es wie eine kleine Höhlung unter der Haut wird; dann zieht man die Nadel heraus und steckt einen in Blattermaterie geweichten und wieder getrockneten sehr dünnen Faden in diese Höhlung unter der Haut. Ist das geschehen, so legt man das weiße Häutchen aus dem Ey darauf, daß der Faden nicht herausfällt und das Kind sich nicht die Blattermaterie in den Mund oder Nase wischen kann, und läßt es drey Stunden liegen. Nach drey Stunden weicht man mit kaltem Wasser das Häutchen los und zieht den Faden wieder heraus.« Der Einbindung der Landgeistlichen in die dörfliche Gesundheitsversorgung entsprechend wird noch erwähnt: »Blatterfaden und Nadeln verwahrt der Prediger und weiset einem jeden Vater oder Mutter gern, wie er es machen soll.«

Eine andere – städtische – Impfvariante wird von Johanna Schopenhauer beschrieben. »Die heilsamste Erfindung des 18. Jahrhunderts, die wohltätige Erhalterin des Lebens zahlloser Kinder, die Inokulation der Blattern, war besonders ein Gegenstand des allgemeinen Widerwillens.« Um diesen Widerwillen zu überwinden, entschloss sich Johannas Vater, ein Danziger Honoratior und Anhänger der Inokulation, ein Beispiel zu geben und seine Kinder der Prozedur zu unterziehen. Die Eltern, die Kinder, die Zofe und ein Wundarzt mit Assistent, »das alles wurde an einem recht unfreundlichen Apriltag in Kutschen gepackt und im abgelegensten Winkel der Stadt, mitten in einem sehr schmutzigen Hühnerhof vor einem alten, ärmlich aussehenden Haus, abgeladen, dessen Schwelle wir uns nicht nähern durften, aus Furcht, von den im vierten Stock liegenden Blatternkindern innerlich angesteckt zu werden […] Da saßen wir nun unter freiem Himmel, wir armen kleinen Mädchen, zitternd vor Angst und Kälte […] Jeder von uns brachte Doktor Wolf mit einer in Blattereiter getauchten goldnen Nadel acht kleine Wunden bei, zwei an jeder Hand, zwischen Zeigefinger und Daumen, und zwei auf jedem Knie.«

Auch in Weimar wurde inokuliert. Hufeland veröffentlichte auf der Grundlage seiner ärztlichen Erfahrungen während der

413

Weimarer Epidemie von 1788 die *Bemerkungen über die natürlichen und künstlichen Blattern,* denen weitere Schriften zum Thema folgten. Goethe, der als Kind selbst eine Pockenkrankheit durchgemacht hatte, ließ seinen vierjährigen Sohn August 1793 inokulieren, Schiller seinen Sohn Carl bereits mit knapp anderthalb Jahren im Februar 1795.

Die Inokulation war trotz ihrer berühmten Befürworter stets umstritten, nicht nur beim Landvolk, auch unter Stadtärzten. Die Nachteile des Verfahrens waren einfach zu groß. Immerhin starb nach zeitgenössischen Schätzungen jeder dreihundertste Impfling, jeder dreißigste kämpfte mit Nebenwirkungen und Nacherkrankungen. Des Weiteren wandten die Kritiker ein, und sicher nicht zu Unrecht, dass die massenhafte Inokulation die Pocken überhaupt erst verbreite und zu neuen Epidemien führe.

Zu den prominenten Anhängern der Inokulation gehörte der Berliner Arzt Ernst Ludwig Heim. Nachdem ihm bei der Epidemie von 1786 eine Tochter gestorben war, inokulierte er die eigenen Kinder und diejenigen seiner Klientel aus den höheren Berliner Gesellschaftsschichten. Er war es auch, der im Februar 1800 die erste Berliner Vakzination mit Kuhpocken vornahm. Das Verfahren war von dem englischen Wundarzt Edward Jenner zwar nicht erfunden, aber im Mai 1796 erstmals ärztlich erprobt und 1798 in einer Publikation beschrieben worden. Sein Impfstoff entstammte den Pusteln auf der Hand einer Melkerin, die sich am Euter einer erkrankten Kuh infiziert hatte. Der damit geimpfte Junge prägte nur geringe Symptome aus und erwies sich danach als immun gegen eingeimpfte Menschenpocken.

Die Vakzination blieb wie die Inokulation zunächst umstritten. 1801 erschien beispielsweise von Johann Valentin Müller ein *Beweiss, dass die Kuhpocken mit den natürlichen Kinderblattern in keiner Verbindung stehen, und also ihre Einimpfung kein untrügliches Verwahrungsmittel gegen die natürlichen Blattern seyn könne.* Auch Marcus Herz lehnte die Vakzination als ›Brutalimpfung‹ ab. Dennoch überwand die Methode die Widerstände ungewöhnlich rasch, befördert durch Impfkampagnen, aber auch durch obrigkeitliche Maßnahmen, die von Verordnungen bis zu Zwangsimpfungen reichten. Die Intensität des ärztlichen Einsatzes und des administrativen Durchgriffs waren je nach Territorium verschieden. In Hamburg zum Beispiel engagierte sich Reimarus, der auch das Montieren von Blitzableitern unterstützte, für die Kuhpockenimpfung. In Hannover wurde bereits 1799 mit umfangreichen Impfungen begonnen. Aus Hannover stammten auch die Vaccine, die Hufeland benutzte. Er erkannte die Wichtigkeit des Nachimpfens, dessen systematische Ausführung einen hohen Anteil am verlässlichen Erfolg und an der Durchsetzung des Immunisierungsverfahrens hatte.

In Berlin wurde 1802 unter der Leitung von Johann Immanuel Bremer das »Königlich-preußische Schutzblattern-Institut« gegründet. Zehn Jahre später impfte Bremer erstmals direkt, also nicht wie sein englisches Vorbild Jenner mit dem Umweg über menschliche Pestpusteln, von einer Kuh auf den Menschen. Der Arzt beschreibt den Moment der Impfung in längst zum Kitsch verkommenen aufklärerischen Lichtmetaphern als »feierlich, denn den ganzen Tag war die Sonne unter schwarzen Wolken verborgen, und gerade bei diesem Acte beleuchtete sie auf einmahl beim Untergang mit ihren hellsten Strahlen die klare Lymphe auf der Lancette. Es war der 14. May, der Tag, wo Jenner vor 16 Jahren das erste Kind von einer Kuh impfte und dadurch die Menschen beglückte.«

Beim massenhaften Impfen wurde die Beschaffung ausreichender Mengen an Impfstoff zum Problem. Im Mai 1805 annoncierte ein Arzt in Weimar: »Da ich jetzt wieder mit frischer Schutz-Pockenmaterie versehen bin, so mache ich solches denen Eltern auf dem Lande, welche ihre Kinder von mir impfen lassen wollten, hierdurch versprochenermassen bekannt.« Wie kommt man an die ›Lymphe‹ aus den Pusteln am Kuheuter oder an den Eiter aus der Impfpustel eines zuvor vakzinierten Kindes? Wie lässt sich das serielle ›Abimpfen‹ von einem Kind auf das andere organisieren? Wie können die Widerstände bei den Bauern überwunden werden, die erkrankte Kühe nicht melden wollen, weil sie fürchten, ihr Vieh dann nicht mehr melken, schlachten oder verkaufen zu dürfen? Wie kann man die Bedenken der Eltern ausräumen, ihre Kinder könnten beim Abimpfen, also bei der Entnahme der Vaccine nach der eigenen Impfung, zusätzlich belastet werden? Erst im vorletzten Jahrzehnt des 19. Jahrhunderts wurde das Beschaffungsproblem gelöst und der Impfstoff in großen Mengen an künstlich infizierten Kühen gewonnen. Aber bereits im

Jahr 1803 verkündete der Erfurter Medizinprofessor August Friedrich Hecker euphorisch:»Die Pocken sind ausgerottet.«[*]

»Blut ist ein ganz besonderer Saft«

Aderlass

Der Teufel traut den Menschen nicht, und nachdem Mephisto den Pakt mit Faust ausgehandelt hat, bittet er sich »ein paar Zeilen aus«, unterschrieben mit einem »Tröpfchen Blut«. Bei dieser Gelegenheit lässt Goethe seinen Mephisto sagen:»Blut ist ein ganz besondrer Saft«. Als des Dichters Herz am 22. März 1832 um halb zwölf Uhr mittags stehen blieb, hatte es rund dreieinhalb Milliarden Mal geschlagen, um rund sechs Liter Blut in zwei Kreisläufen durch Venen und Arterien zu pumpen. Diese Kreisläufe waren Goethe und den Gebildeten unter seinen Zeitgenossen bekannt, von den Blutgruppen allerdings wusste man noch nichts[**], und über die Blutmenge hatten die Wundärzte, aber auch die akademisch geschulten Mediziner dermaßen übertriebene Vorstellungen (manche vermuteten vierundzwanzig Liter), dass sie ihre Patienten durch Aderlässe regelrecht ausbluteten.

Den Wundärzten, denn sie, nicht etwa die studierten Mediziner ließen normalerweise zur Ader, ging es wie den Hirten, von denen Rochow im *Kinderfreund* verlangt, dass sie »bey plötzlichen Zufällen des Viehes, welche meist aus Ueberfluß oder Stockung des Blutes entstehen, eine Ader geschickt zu öffnen wissen«. Die Geschicklichkeit an der Menschenader wurde durch ein als ›Schnäpper‹ bezeichnetes zweischneidiges Klappmesserchen erleichtert, dessen Klinge von einer Feder in die Ader gedrückt wurde. Dadurch sollte das Risiko gemindert werden, zu tief zu schneiden und Adern oder Sehnen zu verletzen oder gar zu durchtrennen.

---

[*] Die Weltgesundheitsorganisation erklärte die Pocken am 8. Mai 1980 für ›besiegt‹.
[**] Das ABO-Blutgruppensystem wurde erst 1901 entwickelt.

Wie sehr diese medizinische Handwerkspraxis, deren theoretische Grundlagen als ›wissenschaftlich‹ galten, in der Magie des Mittelalters wurzelte, zeigt sich an den ›Aderlassmännlein‹, die in Haus- und Bauernkalendern abgebildet waren. Die schematischen Darstellungen lokalisierten die über den Körper verteilten ›Angriffspunkte‹ für Lanzette und Schnäpper, umkreist von allerlei astrologischen Symbolen, die Hinweise auf die richtigen Zeitpunkte des Blutablassens geben sollten, indem sie Planeten auf Organe und Konstellationen am Himmel auf Zustände des Leibes bezogen. Als Johann Peter Hebel im Kalender für 1808 ein Aderlassschema ohne Astrologie präsentierte, hielt er eine Rechtfertigung für nötig:»Hier hast du, lieber Leser, ein Verzeichnis der Adern, die man in diesem oder jenem Fall zu öffnen pflegt. Glaub es mir, es ist vernünftiger, als wenn ich dir eine Figur mit allen zwölf himmlischen Zeichen hingesetzt hätte, damit du, wenn du leichtgläubig genug wärest, sehen könntest, in welchem Zeichen diese oder jene Ader zu öffnen sei. Das sind Albernheiten; die himmlischen Zeichen haben so wenig Einfluss auf das Aderlassen, als der Mond. Je nachdem du einen Anfall bekommst, so musst du eine bestimmte Ader öffnen lassen, es regiere dann für ein Zeichen was für eines wolle, und es mag dann Vollmond oder Neumond oder sonst ein Tag sein.« Für den aufgeklärten Menschen steht nicht mehr in den Sternen, wann zur Ader gelassen werden muss, aber dass zur Ader gelassen werden muss, bleibt weiter unbezweifelt. Nur die Genies spielen nicht mehr mit. Marcus Herz klagte 1798 rückblickend auf die Sturm-und-Drang-Zeit:»Nächst dem Gange mit offener Brust und dem kalten Baden gehörte zu den Affektationen des damals graßirenden Geniewesens [...] auch der Abscheu vor dieser blutigen Operation. Man hielt sie für naturwidrig.«

Zwei Jahrzehnte nach Hebels Entzauberung des astrologischen Aderlassmännchens zu einem Schaubild für den praktischen Gebrauch öffnete der Heilbronner Stadtarzt Georg Klett eine Vene, nicht um den Körper von Blut und schädlichen ›Säften‹ zu reinigen, sondern um das Blut als kostbaren Saft in einen anderen Körper zu übertragen. Die Transfusion kam einer Frau zugute, die nach einer Fehlgeburt einen lebensgefährlichen Blutverlust erlitten hatte. Das Blut stammte vom Ehemann. Es wurde in einer angewärmten Schale aufgefangen und sofort mit einer Spritze aus Zinn in die Armvene der Patientin injiziert. Klett hat diese und eine weitere Transfusion zwischen Ehemann und Ehefrau 1834 im *Medicinischen Correspondenz-Blatt des Württembergischen Ärztlichen Vereins* beschrieben. Beide Frauen überlebten. Ob trotz oder wegen der Transfusion, ist nicht rekonstruierbar. Vielleicht haben zufällig die Blutgruppen übereingestimmt. Durchsetzen konnte sich die Transfusion erst im 20. Jahrhundert, nachdem der Blutgruppenaufbau erkannt, das Gerinnungsproblem gelöst und die umständliche Patient-Patient-Übertragung durch das Dazwischenschalten der ›Konserve‹ vermeidbar geworden war.

Die Blutübertragung von Tier zu Mensch ist keine Option mehr. Hufeland hatte sie noch in Betracht gezogen, wenn auch mit dem Vorbehalt, das tierische Blut sei dem menschlichen so ähnlich, dass »das eingelassene fremde Blut in kurzem in das unsrige verwandelt werden muß und also zur Verjüngung und Verlängerung des Lebens nicht viel davon zu hoffen seyn möchte«. In Wahrheit verhält es sich genau umgekehrt: Tierblut kann uns nicht helfen, weil es zu verschieden vom Menschenblut ist und eben nicht ›in das unsrige verwandelt werden‹ kann.

Hufeland kritisierte den Aderlass, solange er medizinische Gewohnheit war, und als er außer Mode kam, suchte er ihn zu rehabilitieren. 1801 veröffentlichte er eine *Erinnerung an das Aderlaß:* »So sehr ich den medizinischen Blutdurst verwerfe und verabscheue, eben so wenig kann ich doch diese jetzt zu weit getriebene Blutscheue billigen, so ist es doch gewiß, daß das unterlassene Aderlaß eben so nachteilige Folgen haben kann, als das zur Unzeit angestellte«. 1825 wiederum warnte er kopfschüttelnd: »Wunderbarer Kontrast! Vor 25 Jahren sah ich mich genötigt, diese Erinnerung an das Aderlaß zu schreiben, und jetzt eine Warnung vor seinem Mißbrauch.« Im weiteren Verlauf des 19. Jahrhunderts verlor diese Praxis schließlich ihre mehr als tausend Jahre währende überragende Bedeutung als reinigende, vorbeugende und heilende medizinische Maßnahme.

Das Öffnen der Adern war nur eine Methode, den Körper von Blut zu ›reinigen‹. Hinzu kam das Schröpfen mit aufgesetzten Glasnäpfen und das Ansetzen von Blutegeln in allen möglichen (und unmöglichen) Körperregionen von A bis Z, am After und unter der Zunge. Hufeland empfahl noch 1805 eine *Einfache Methode den Brustkrebs in vielen Fällen zu verhüten und zu heilen.* Sie bestand darin, einen Aderlass vorzunehmen und zusätzlich »6–8 Blutigel an den Knoten« anzusetzen.

Zu den ›Entsäftungsmethoden‹, wenn diese respektlose Titulierung altehrwürdiger Praktiken erlaubt ist, gehörten des Weiteren Purgierungen (Hufeland verordnete Abführmittel bei Melancholie), Klistiere, Brechmittel und die Anwendung des ›Haarseils‹: Vom Wundarzt mit zwei Fingern vom Körper gehobene Hautfalten wurden durchstochen und die Löcher mit einem dünnen, haarigen Seil durchzogen. Eine Entzündung war nicht nur erwartbar, sondern erwünscht, die nachfolgende Eiterung sollte zum ›Ableiten‹ giftiger Körpersäfte führen.

Ein weiteres Ableitungsverfahren war das gezielte Zufügen von Brandwunden. E. T. A. Hoffmann musste die Tortur noch 1822 erleiden, wie sein Freund und Biograf Julius Eduard Hitzig berichtet: »Etwa vier Wochen vor seinem Tode wurde der entsetzliche Versuch gemacht, ob nicht durch das Brennen mit dem glühenden Eisen, an beiden Seiten des Rückgrates herunter, die Lebenskraft wieder zu erwecken wäre.«

»Ein apartes Zimmer zur Operation«
Zahnweh

Wer um 1800 Zahnschmerzen hatte, konnte sie entweder aushalten (wie Goethe), auf ›magnetische‹ Ketten beißen (wie Herder), mit Rauch von Tabak oder Bilsenkraut mildern (wie von Hufeland empfohlen), in *Sichere Mittel gegen das Zahnweh oder der kleine Zahnarzt* nachschlagen (von Albrecht) oder zu Hausmitteln Zuflucht nehmen (wie Bäckermeister Heyde): »Schwefel auf einen Leinen Tuch gestreuet klein, wo der Schmerz ist aufgebunden, gegen die Nacht oder auch am Tage. Ruhig damit zu sein, ziehet die Schmerzen aus.«

Blieben Schwefeltuch, Magnetkette und Bilsenkraut wirkungslos, war das Aushalten nicht mehr auszuhalten, zeigte sich Albrechts Ratgeber ratlos und halfen nicht einmal die Stoßgebete zu St. Apollonia, der zangenbewaffneten Schutzheiligen der Zähnezieher, konnte man immer noch den reisenden Zahnbrecher selbst aufsuchen. Im Mai 1786 logierte einer im berühmten Weimarer *Elephanten* und schaltete eine Annonce:»1. nimmt er auf eine subtile Art alle Wurzeln, Biber- und Fistel-Zähne aus dem Munde, 2. Zähne, die herausgenommen sollen werden, suchet er auf eine künstliche Art zu erhalten und plombirt selbige mit Gold oder Silber oder mit gezogenem Blei. 3. setzet er wiederum Zähne ein, nach der Natur, es mögen sein 1 oder 2 Zähne, ganze oder halbe Gebisse [...] 4. säubert er die Zähne mit feinen Instrumenten, daß die Glasur keinen Schaden leidet«. Des Weiteren werden zum Verkauf geboten ein weißendes »Zahnpulver«, ein »Zahn-Opiat«, eine »Zahntinktur zum Wachstum des Zahn-Gebisses«, ein schmerzstillender »Zahnstein«. Am Ende der Annonce verspricht der »Zahnkünstler«:»Man hat sich alle Verschwiegenheit zu getrösten und ein apartes Zimmer zur Operation.«

Die eingesetzten Zähne waren »nach der Natur« gefertigt, also wohl nicht von ihr genommen, obleich Zähne von jungen Verstorbenen als Ersatz verarbeitet wurden. Noch im Jahr 1827 notiert Gesky, dass nach dem Tod einer zwanzigjährigen Frau ein Weimarer »Bataillons-Chirurg und Zahnarzt [...] dem Leichnam, welcher im Leichenhaus lag und sehr gute, gesunde Zähne hatte, die Zähne herausgenommen. Es kam zu einer Untersuchung.«

Für viele Menschen waren Zähne mit lebenslangen Qualen verbunden, vom ersten Milchzahn bis zur letzten im Kiefer verfaulenden Wurzel. Zahnenden Kleinkindern versuchte man mit den aufgefädelten Körnern der Pfingstrose, den sogenannten ›Apolloniakörnern‹, zu helfen oder mit fiebersenkenden Pulvern, wie die gutmütige Louise von Rochow auf Reckahn. Sie bekam mit dem »Expreßgen Bohten« aus Dessau ein solches geschickt: »Ich habe auch schon gestern Abend einem Kinde davon gegeben, welches große Hitze am Durchbruch der Zähne hatte, und ist heute schon um vieles Beßer. Auf den Lande ist es nothwendig gute Artzney zu haben, da Docktors schwer zu haben sein, und die Armuth bey den meisten so groß das sie nicht das geringste an sich wenden können und da Gesundheit das gröste Gut im Leiblichen ist so kann mann seinen armen Nächsten durch gute Artzney sehr nützlich werden.« Am besten war es freilich, man brauchte die ›gute Artzney‹ nicht, weil man Glück und unverwüstliche Zähne hatte oder weil man nach dem Essen immer brav den Mund ausspülte oder die Zähne mit Leinenläppchen polierte oder im *Elephanten* Zahnpulver kaufte oder dafür zwar zu arm war, aber doch wiederum nicht so arm, dass nicht gelegentlich ein Stückchen Brot übrig blieb. »Das Zahnpulver aus Kohle mag wohl schon sehr alt seyn«, notierte Lichtenberg in den *Noctes,* die »gemeinsten Leute brennen es lange aus Brodt.«

»*in kleinen Absätzen zucken*«

Zipperlein

Chronische Schmerzen sind nicht niedlich, auch wenn sie in Verkleinerungsform bezeichnet werden. ›Zipperlein‹ wurden nicht etwa Beschwerden genannt, über die man leicht hinweggehen konnte, sondern eben solche, mit denen sich schwer gehen ließ. Im Grundgelenk des großen Zehs lag einer der Schmerzpunkte der Podagra, der Fußgicht. Wer mit solchen Füßen gehen musste, hatte ein Zipperlein, nach Adelungs Wörterbuch abgeleitet »von einem noch in den niedrigen Sprecharten vorhandenen Verbo zippern, zippeln, oft und in kleinen Absätzen zucken und zupfen gebildet, wie podagrische Kranke in den Schmerzen des Podagra zu thun pflegen«.

Podagra konnte wie andere Gichterkrankungen, die damals diagnostisch nicht vom Rheuma abgegrenzt waren, zu Nierenentzündungen und schließlich zur Niereninsuffizienz führen. An einer solchen ist vermutlich Seume gestorben, der große Wanderer, der sich mit Fußgicht durch seine letzten Jahre schleppte, bevor er im Kurbad Teplitz seine letzten Tage verlebte, manche von ihnen in Gesellschaft der mit Recht um ihn besorgten Elisa von der Recke. Helfen konnte sie ihm so wenig wie eine im Jahr 1800 veröffentlichte dreißigseitige *Nachricht an alle und jede Podagristen. Oder Arzneimittel, welches seit sechzehn Jahren mit glücklichem Erfolg gegen das Podagra gebraucht worden ist.* Auch das Öl des Sadebaums* hätte ihn wohl nicht gerettet, selbst wenn es ihm von Hufeland persönlich verordnet worden wäre: »Ein großes Mittel bei Gicht, doch mit größter Vorsicht zu geben. Nur ein Tropfen des Tages zum Anfang; 5 Tropfen können zuweilen schon Mictus cruentes [Blut im Harn] machen.« Ein anderes Mittel war (und ist) ein Gift aus dem Samen der Herbstzeitlosen, das Alkaloid Colchizin enthaltend. Es wurde in der zweiten Hälfte des 18. Jahrhunderts von dem Wiener Arzt und Pharmakologen Anton von Störck erfolgreich angewandt. Störck hatte 1767 Maria Theresia während ihrer Pockeninfektion behandelt und war in den 1770ern maßgeblich am Aufbau einer medizinischen Fakultät in Wien beteiligt.

»Erhabenheiten und Vertiefungen am Kopfe«

Hirnforschung

Am Ende des Jahrhunderts der Vernunft griffen sich die Menschen an den Kopf. War in den späten 1770ern der von Johann Caspar Lavaters Physiognomik inspirierte Blick in die Gesichter zum Erkennen von Charaktereigenschaften modisch, tasteten um 1800 die von Franz Joseph Galls Phrenologie geschulten Finger die Schädel ab, um Rückschlüsse auf Fähigkeiten zu ziehen. Was der Physiker Lichtenberg über die Physiognomik Lavaters schrieb, lässt sich ebenso auf Galls Phrenologie anwenden: »Von der äußeren Form des Kopfes, in welchem ein freies Wesen wohnt, muß man nicht reden wollen wie von einem Kürbis.«

So unterschiedlich die Moden und Methoden waren, sie folgten doch beide der Überzeugung, dass sich von Formen auf Funktionen schließen lasse. Gall selbst stellte die wesentlichen Elemente seiner

---

* Zu den abortiven Wirkungen des Sadebaums, des ›Stinkwacholders‹, siehe das Sexualitätskapitel.

Lehre 1798 in einem in Wielands *Neuem Teutschen Merkur* publizierten offenen Brief zusammen:»Im Ganzen geht mein Zweck dahin: die Verrichtungen des Hirns überhaupt und seiner Bestandtheile insbesondere zu bestimmen; daß man in der That mehrere Fähigkeiten und Neigungen aus Erhabenheiten und Vertiefungen am Kopfe oder Schedel erkennen kann, und die wichtigsten Wahrheiten und Folgerungen, welche sich hieraus für die Arzneywissenschaft, für die Sittenlehre, Erziehung, Gesetzgebung u.s.w. und überhaupt für die nähere Menschenkenntniß ergeben, einleuchtend vorzutragen.« Modern daran ist vor allem die komische Anmaßung der Allzuständigkeit einer Einzelwissenschaft. Kaum hat man einen Finger am Schädel, will man den ganzen Staat in die Hand nehmen. In *Ini. Ein Roman aus dem ein und zwanzigsten Jahrhundert,* veröffentlicht 1810 von Julius von Voß, heißt es:»Die Schädelkunde, am Ende des achzehnten Jahrhunderts entdeckt, sparsam im neunzehnten vervollkommnet, doch im zwanzigsten und ein und zwanzigsten zur tiefen Wissenschaft erhoben, leistete auch zur allgemeinen Veredelung bedeutende Hülfe.«

Galls Hauptthesen lauteten:»I. Fähigkeiten und Neigungen sind dem Menschen und dem Thiere angeboren.« – »II. Die Fähigkeiten und Neigungen haben ihren Sitz, ihren Grund, im Hirne.« – »III.IV. Nicht nur die Fähigkeiten sind wesentlich von den Neigungen verschieden und unabhängig, sondern auch die Fähigkeiten unter sich und die Neigungen unter sich [...]; folglich müssen sie ihren Sitz in verschiedenen und unabhängigen Theilen des Hirns haben.« – »V. Aus der verschiedenen Austheilung der Organe und aus der verschiedenen Entwickelung derselben, entstehen verschiedene Formen des Hirns.« – »VI. Aus der Zusammenstellung und Entwickelung bestimmter Organe entsteht eine bestimmte Form theils des ganzen Hirns, theils einzelner Theile oder Gegenden desselben.« – »VII. Von der Entstehung der Hartknochen an bis zum höchsten Alter wird die Form der innern Schedelfläche von der äußern Form des Gehirns bestimmt; folglich kann so lange auf gewisse Fähigkeiten und Neigungen geschlossen werden, als die äußere Schedelfläche mit der inneren übereinstimmt.«

Parallel zu Galls Morphologie des Schädels wurde die Anatomie des Gehirn vorangetrieben, wie etwa in Johann Christian Reils

Fragmente über die Bildung des kleinen Gehirns im Menschen von 1807 und 1808 dokumentiert.

In den beiden Jahrzehnten vor der Gall'schen Hirnforschung am äußeren Schädel hatte die Seelenerkenntnis anhand innerer Gefühlszustände Konjunktur. Die ›Erfahrungsseelenkunde‹, wie sie etwa in dem von Karl Philipp Moritz herausgegebenen Magazin unternommen wurde, suchte in dieser Konfigurationsphase der modernen Psychologie auf den Wegen der Abweichung nach Definitionen von Normalität. Die in der Erfahrungsseelenkunde enthaltene ›Seelenzeichenkunde‹ sollte analog zur Semiotik der akademischen Medizin ein System der Symptome entwerfen, das sich zur ›Seelenkrankheitskunde‹ und schließlich zur ›Seelenheilkunde‹ ausbauen ließe. Allerdings ist diese Heilkunde mehr eine Verstehenskunst als eine Vermessungswissenschaft, wie es die Gall'sche Schädellehre zu sein vorgab. Moritz erfuhr das am eigenen Leib, als seinem Gemüt von einem einfühlsamen Arzt aus einer eingebildeten tödlichen Krankheit geholfen wurde. Dieser Arzt war Marcus Herz, der die Kur 1798, fünf Jahre nach Moritzens Tod, in Hufelands *Journal der practischen Arzneykunde* beschrieb. Die Behandlung selbst hatte 1782 stattgefunden. Herz fürchtete, dass eine schwere, aber nicht lebensgefährliche Erkältung mit Atemnot und Bluthusten, die Moritz für Schwindsucht hielt, durch die Sterbensangst des Patienten tatsächlich tödlich werden könnte. »Das Fieber, das seine Quelle mehr im Gemüthe als im Körper hatte, war nicht zu bekämpfen, und ich sah es mit Gewißheit in kurzer Zeit die Maschine aufreiben.« Herz beschloss, die Angst vor dem Sterben mit der Gewissheit des Todes auszutreiben, und tat Moritz gegenüber so, als hätte er die ärztliche Hoffnung aufgegeben. Er riet seinem Patienten, sich in sein Schicksal zu ergeben und wie ein Weiser zu sterben. Moritz schlüpfte bereitwillig in die Rolle, ohne zu merken, dass es eine war. Unter der Regie des Arztes spielte er den Sterbenden und kam einstweilen noch einmal mit dem Leben davon.

»Es ist kein so himmelweiter Weg
vom Nichtirreseyn zum Irreseyn«
Besuch im ›Tollhaus‹

Die meisten Behandlungen seelischer Verstimmung und geistiger
Verwirrung waren brutaler und erfolgloser als die kluge Kur des
Doktor Herz. Samuel Hahnemann, der sich vor seiner Entwicklung der ›Homoiopathie‹ unter anderem in Gotha als Betreiber eines »Heilinstituts für Wahnsinnige« versuchte, sperrte im Jahr 1800
in seiner ›Klinik‹ in Altona den ›wahnsinnigen‹ Schriftsteller Johann
Karl Wezel elf Tage lang in einen dunklen Raum. Wezel, der möglicherweise weniger geistig umnachtet war als wegen seines Autoren-
schicksals mental verdüstert, tobte nach Beendigung des therapeutischen Arrests dermaßen herum, dass Hahnemann das, was er für
eine ›Behandlung‹ hielt, abbrechen musste.

Um den Patienten die verdrehten Köpfe zurechtzurücken, scheute
die ärztliche Fantasie keine Perversion. Der badische Amtsarzt Peter
Joseph Schneider stellte 1824 in seinem *Entwurf zu einer Heilmittellehre gegen psychische Krankheiten* zusammen, was man gegen Geistes-
krankheiten tun und dabei den Erkrankten antun konnte. Es »bleibt
für den besonders sehr beschäftigten Heilkünstler eine sehr bedeutende Erleichterung, wenn er mit einer gesunden Theorie über das
Wesen des Irreseyns ausgerüstet, in psychologisch-therapeutischer
Beziehung jene vielfältigen und heilbringenden Waffen gleichsam
wie in einem Panorama mit einem Blicke überschaut«.

Eines von Schneiders Lieblingsinstrumenten ist eine in der Berliner Charité eingesetzte Drehmaschine. Sie »sollte in wohl eingerichteten Irrenhäusern durchaus nicht vermisst werden, wenn
gleichwohl diese unentbehrliche Maschine ziemlich theuer zu stehen kommt«. Der Apparat war aus England übernommen worden
wie die Spinn-, Web- und Dampfmaschinen. Die Fertigungs- und
Antriebsmaschinen rationalisierten die Produktion, die Drehmaschine sollte Verrückte wieder vernünftig machen. Als ließe sich die
Verrücktheit aus den Köpfen herausschleudern, wenn sich der Apparat nur schnell genug dreht. Der Patient – man kann auch sagen:
der Delinquent – wird mit den Füßen zur Achse und dem Kopf

nach außen auf dem kreisrunden Gestell festgebunden. Von vier Wärtern in Bewegung gesetzt, sind bis zu sechzig Umdrehungen in der Minute erreichbar. Schneider weist darauf hin, dass Gesunde diese Behandlung keine zwei Minuten aushalten, und lässt durchblicken, dass der Apparat ein Disziplinarmittel, um nicht zu sagen eine Foltermaschine ist: »Wir gebrauchen daher das Drehbett ganz vorzüglich bey [...] schwermüthigen, störrischen und unfolgsamen Irren, um sie an die Hausdisciplin, an eine geregelte Lebensordnung und überhaupt zur Folgsamkeit zu gewöhnen.«

Zu den »heroischen Mitteln«, so die fachsprachliche Rubrizierung, zählen auch die Brenneisen: »Bey der Anwendung des glühenden Eisens nimmt man ein zwey bis drey Finger breites Eisen [...]; man bringt es im Feuer zu Rothglühhitze und fährt mit diesem auf dem Scheitel über der Fontanelle, welche zuvor gut abrasirt seyn muss, mehrere male hin und her. Zu gleicher Zeit müssen zwey Gehülfen, jeder mit einem glühenden Eisen über die Fußsohlen hin und herfahren. Der dadurch erregte Schmerz übersteigt begreiflich jede Beschreibung, er verliert sich indes nach und nach.« Nach dem Abfallen des Schorfs »muß die Eiterung so langsam fortgesezt und so lange unterhalten werden, bis nach und nach die psychische Gesundheit des Irren wiederkehrt.«*

Weitere Behandlungsmethoden waren der (mitunter tagelange) Bewegungsentzug ›Tobsüchtiger‹ durch Einsacken bis zu den Füßen, das Verabreichen elektrischer Schläge, das Durchpeitschen mit Brennnesselbüschen, die »Inoculierung der Krätze«, das Anlegen blasenziehender Umschläge, etwa aus Senfteig, mit Ingwer verstärkt, das Auftragen Pusteln hervorrufender Salben und die Anwendung von Bädern: Eisbäder, Strahlbäder, Schauerbäder, Tropfbäder. Bei Tropfbädern wird der Kranke in ein lauwarmes Bad gesetzt und sein Kopf so fixiert, dass der Tropfen genau auf den Scheitel fällt. Schneider schreibt: »Man läßt nemlich durch eine feine oder enge

---

* Die ›Heilmethode‹ ist so unfassbar, dass daran erinnert werden soll, wie Brandverletzungen zum Herbeiführen von Wundeiterungen auch bei körperlichen Erkrankungen eingesetzt wurden. Dazu die Passagen über das Sterben von E.T.A. Hoffmann am Ende des Abschnitts über den Aderlass und im Abschnitt »Todesfälle«.

Röhre von der Dicke eines Strohhalms oder einer Rabenfeder von einer Höhe von 10 bis 20 Fuß das kalte Wasser auf den kahlgeschorenen Kopf des Irren herabtröpflen.«

Gemessen an dem, was Schneider in seinem gut fünfhundert Seiten starken Kompendium zusammengetragen, nicht etwa selbst ausgedacht hat, sind Johann Christian Reils *Rhapsodien über die Anwendung der psychischen Curmethode auf Geisteszerrüttungen* von 1803 eine nahezu ästhetische Angelegenheit. Reil wohnte während seiner Ausbildung am Berliner Collegium Physico-Chirurgicum 1782 im Haus von Marcus Herz. Vielleicht hat er damals Moritzens dramatische Kurierung durch Herz mitbekommen. In den *Rhapsodien* meint er, »dass jedes Tollhaus [...] ein [...] Theater haben könnte, das mit allen nötigen Apparaten, Masquen, Maschinerien und Dekorationen versehen wäre. Auf denselben müßten die Hausofficianten hinglänglich eingespielt sein, damit sie jede Rolle eines Richters, Scharfrichters, Arztes, vom Himmel kommender Engel und aus den Gräbern wiederkehrender Toten [...] bis zum höchsten Grad der Täuschung vorstellen könnten. Ein solches Theater könnte zu Gefängnissen und Löwengruben, zu Richtplätzen und Operationssälen formiert werden. Auf demselben würden Donquichotte zu Rittern geschlagen, eingebildete Schwangere ihrer Bürde entladen, Narren trepaniert, reuige Sünder von ihren Verbrechen auf eine feierliche Art losgesprochen.« In der psychiatrischen Anstalt soll die Schaubühne als moralische dazu beitragen, aus Wahnsinnigen wieder vernünftige Leute zu machen.

Dabei hatte doch im letzten Drittel des 18. Jahrhunderts die Schaubühne die Leute verrückt gemacht, als die Theatermanie grassierte und besonders denjenigen jungen Leuten zu Kopf stieg und ins Herz sank, die nicht recht wussten, wer sie sein und was sie werden wollten. Gegen Ende der Goethezeit macht der Psychologe Gustav Blumröder Theater, um gegen einen psychiatrischen Materialismus zu protestieren, der alles aufs Somatische reduziert: »Es bleibt also nichts übrig als: blos die Organe sind verrückt. Die Seele, die Herrschaft ist ausgegangen, nun hat das Gesinde freies Spiel. Es spielt Liebhabertheater. Ein variköser Magen spielt den König Lear, ein schwarzgallichter Zwölffingerdarm den Timon von Athen, ein krebsiger Hodensack den Othello, das heruntergedrückte Colon transversum die Ophelia und ein altes Fußgeschwür debütirt als Lady Macbeth. – Die Seele kann nicht erkranken! – Nicht der Irre ist traurig oder lustig; bewahre! – Er leidet bloß an einem schwermüthigen, lebenssatten Gallenstein oder an einer seelenvergnügten Vomica. Nicht der Irre singt, bittet, zankt! – Nein, eine Mastdarmfistel tritt als erste Sängerin auf, Hämorrhoidalknoten fallen mit tragischem Anstande auf ihre Kniee und schlagen kläglich flehend die Hände zusammen, ein tyrannisch gesinnter hohler Zahn stößt furchtbare Donnerworte eines ewigen untilgbaren Fluches aus, der Wurmfortsatz nagt als Gewissenswurm an sich selber und zerschmilzt in bittere Reuethränen über die furchtbare Greuelthaten seines entsetzlich verfehlten Lebens, die Bauchspeicheldrüse schwelgt in der Erinnerung seliger, ach unwiederbringlich entschwundener Knabenjahre, ein Darmgeschwür delirirt sentimental von Lebensironie und Sauerkraut und eine alte Muttertrompete schmettert herzzerreißende Jammerlaute über verlorne Liebe in die Lüfte.«

Reil hätte die turbulente Passage wahrscheinlich gefallen, schließlich war er Vertreter und Verkünder des Vitalismus, einer ›Theorie der Lebenskraft‹. Sie wurde im Zuge der romantischen Naturphilosophie modisch. Reil gilt aber auch als Begründer der Psychiatrie, selbst der Terminus wird ihm zugeschrieben.

Wer welchem Kind wann welchen Namen gab, ist anekdotisch interessant, historisch aber unwichtig. Aufsteigende Lehren haben viele Väter – und absteigende viele Vatermörder. Das erste systematische (nicht rhapsodische) deutsche Lehrbuch der Psychiatrie, der 1811 publizierte *Versuch einer Pathologie und Therapie der Geistes- und Gemüthskrankheiten,* stammt von Alexander Haindorf, der auch als ›erster jüdischer Psychiater Deutschlands‹ gilt. Er hielt ab 1816 in Münster psychiatrische Vorlesungen. Das neue Fach war bereits in Berlin akademisch vertreten, 1818 folgte Tübingen. Der erste Lehrstuhl für Psychiatrie in Deutschland bestand seit 1811 in Leipzig. Sein erster Inhaber war zugleich Chef des dortigen »Waisen-, Correktions-, Verpflegungs- und Irrenhauses«.

Die Titulatur der Einrichtung verrät noch ihre Verwurzelung im alten Hospitalkonzept, das alle Formen sozialer und mentaler Devianz unter einem Dach versammelte. Diese Verwahrungsart war im letzten Drittel des 18. Jahrhunderts noch so verbreitet, dass andersartige Institute Staunen und Lob erregten, wie ein Bericht im *Magazin zur Erfahrungsseelenkunde* über ein Tollhaus erkennen lässt: »Es hat vier Stokwerke, wovon jedes aus einer Reihe kleiner reinlicher und mit allen Nothwendigkeiten versehener Zimmer besteht, die armen Unglücklichen sind hier nicht wie Vieh aufeinander gedrängt. […] In den obern Stokwerken, wo sich solche befinden, die entweder auf dem Weg der Beßerung, oder nur periodisch krank, oder nur noch zur Prüfung da sind, fanden wir zwar bisweilen mehrere beisammen. Diese werden aber strenger als andere bewacht und getrennt, so bald bey einem die Krisis ausbricht. […] Es wäre zu wünschen, daß diese Behandlung an andern Orten nachgeahmt […] würde. So aber fand ich […] Tollhäuser, wo oft ein Dutzend und mehrere Seelenkranke in ein niedriges, schmuziges Zimmer hineingepreßt waren, wo der Rasende, der Tolle, der Wahnsinnige, Aberwitzige, der Halbkranke, der Genesene in ekelhafter Verworrenheit neben einander lagen.«

Der Besuch eines Tollhauses war eine Zeit lang Mode bei den Interessenten aufklärerischer Reformbestrebungen. Die dabei zutage tretende Geisteshaltung ist eine Mischung aus Abscheu, Sentimentalität und Mitleid, wobei der Abscheu umso stärker wird, je näher man dem Kranken kommt. Immerhin haben selbst die Ärzte auf akademischen Abstand zu den Kranken geachtet. Viele Aufsätze über das ›Irreseyn‹ wurden verfasst, ohne dass ihre Autoren je einen Irregewordenen aus der Nähe gesehen oder mit ihm gesprochen hätten. Fleißige Hände schrieben wahnsinnig gelehrte Systeme des Wahns, ohne dass die Füße auch nur einen Schritt in die richtige Richtung, nämlich hin zum Kranken, gemacht hätten.

Eine der Tollhaustouristinnen war Elisa von der Recke. Sie hatte in Rochows Reformschulen den Dorfbengeln beim Abc-Malen auf die Finger geschaut, warum sollte die Vielgereiste nicht im Vorübergehen einen Blick hinter die Kulissen der Vernunft und die Gitterstäbe des Wahns werfen? Wir begleiten sie bei ihrem Besuch des Tollhauses in Celle, dessen Gründung auf das Jahr 1710 zurückgeht: »In jedem Zimmer sind unter den Züchtlingen einige Wahnsinnige verteilt, die von den Züchtlingen bewacht werden.« Es war üblich, die Geisteskranken der ›Aufsicht‹ von Häftlingen zu unterstellen.

»Die ganz Tollen sind in einzelne Käfige eingesperrt. Ein paar ganz wütende Soldaten und ein durch Ausschweifung wütend gewordenes Weib flößten mir ebenso viel Abscheu und Mißmut ein als die tiefe Melancholie eines Mannes mich rührte, der seine Frau umgebracht hat [...] Am glücklichsten fühlte sich ein verrückter Organist, der schon 36 Jahre im Tollhause lebt [...] Sein ganzer Käfig war bunt angemalt, und er machte allerlei Arbeiten von Knochen und Stroh, die er denen schenkt, die ihn besuchen. [...] Mit vieler Bescheidenheit hatte er uns in seinen Käfig hinein geladen und so auch wieder hinaus begleitet und sich zurückgezogen. – Das Ganze dieser Anstalt ließ einen tiefen Eindruck in mir zurück. Sie ist sehr menschlich eingerichtet, die Unglücklichen werden gut bedient und behandelt.« Was Elisa der Besuch wohl gekostet hat? Der psychiatrische Rhapsode Reil schrieb:»Wir sperren diese unglücklichen Geschöpfe gleich Verbrechern in Tollkörben, ausgestorbne Gefängnisse, neben den Schlupflöchern der Eulen in öde Klüfte über den Stadttoren oder in die feuchten Kellergeschosse der Zuchthäuser ein [...] Man gibt sie der Neugierde des Pöbels preis, und der gewinnsüchtige Wärter zerrt sie wie seltene Bestien, um den müßigen Zuschauer zu belustigen.« Man sollte bedenken, woran Gustav Blumröder 1836 in *Über das Irreseyn* erinnerte:»Es ist kein so himmelweiter Weg vom Nichtirreseyn zum Irreseyn [...], und es ist noch kein Mensch gestorben, der nicht mehr oder minder, öfter oder seltner, früher oder später, länger oder kürzer närrisch war«.

»Ach, er atmet nicht mehr«

Todesfälle

Johann Christian Kestner 1772 über den Selbstmord Karl Wilhelm Jerusalems, das Vorbild Werthers:»Etwa gegen 1 Uhr hat er sich denn über das rechte Auge hinein durch den Kopf geschossen. [...] Es scheint sitzend im Lehnstuhl vor seinem Schreibtisch geschehen zu seyn. Der Stuhl hinten im Sitz war blutig, auch die Armlehnen. Darauf ist er vom Stuhle heruntergesunken, auf der Erde war noch viel Blut. Er muß sich auf der Erde in seinem Blute gewälzt haben; erst beym Stuhle war eine große Stelle von Blut; die Weste vorn ist auch blutig, er scheint auf dem Gesichte gelegen zu haben; dann ist er weiter, um den Stuhl herum, nach dem Fenster hin gekommen, wo wieder viel Blut gestanden, und er auf dem Rücken entkräftet gelegen hat.«

Amalia König 1781 in einer Todesanzeige:»In der äussersten Bestürzung über den unersetzlichen Verlust meines geliebtesten Stiefvaters, des Herrn Hofrathes und Bibliothekars, Gotthold Ephraim Lessing, der am 15ten Februar, Abends zwischen acht und neun Uhr, im 53sten Lebensjahre, der Welt durch einen Steckfluß entrissen wurde, ertheile ich […] die traurige Nachricht von diesem […] schmerzhaften Todesfall.«

Karl Friedrich Klischnig 1793 über die letzten Tage von Karl Philipp Moritz:»Fünf Tage vor seinem Tode kam er in der größten Wallung zu mir, und hatte kaum einige Worte geredet, als er in eine Ohnmacht fiel, aus der er nur mit Mühe zu sich kam, auch gleich Blut auswarf. Da ich ihn schon oft so elend gesehen hatte, daß ich keine Minute für sein Leben hätte Sicherheit stellen mögen, und er sich doch immer bald wieder erholt hatte, so hielt ich auch diesen Zufall nicht für so gefährlich. Aber er war der Vorbote des Todes. Durch die Erhitzung waren die Geschwüre in der Lunge, die ihn schon viele Jahre gequält hatten, in Eiterung übergegangen. Nur zwei Tage lag er krank. Den dritten Tag – es war der 26te Juny – Nachmittags zwischen fünf und sechs Uhr hatte er ausgerungen.«

Caroline Herder 1803 über die letzten Tage ihres Mannes:»Zwei Monate lang dauerte der Kampf zwischen seiner kraftvollen Natur und den so sehr gereizten und geschwächten Nerven. Alle seine alten Übel waren in Aufruhr – Erkältung, Hämorrhoiden, Gichtschärfe, Verstopfung des Unterleibes […] Und so sah er seine Kräfte sinken, bei völligem Bewußtsein, bei voller Kraft seines Geistes und in täglicher Hoffnung zur Besserung.«

Johanna Schopenhauer 1816 an Elisa von der Recke über die letzten Tage Christianes:»Der Tod der armen Goethe ist der furchtbarste, den ich je nennen hörte. Allein, unter den Händen fühlloser Krankenwärterinnen, ist sie, fast ohne Pflege, gestorben; keine freundliche Hand hat ihr die Augen zugedrückt, ihr eigner Sohn ist nicht zu bewegen gewesen, zu ihr zu gehen, auch Goethe selbst wagte es nicht.« Julius Eduard Hitzig 1822 über die letzten Tage E.T.A. Hoffmanns:»Etwa den 20. oder 21. Juni zeigten sich die Vorboten des nahen Todes in der Unfähigkeit, etwas zu genießen, einer größeren Neigung zum Schlaf, als früher stattgefunden, und einer Unlust an den gewohnten Beschäftigungen. Am 24. abends war er [...] schon erstarrt bis zum Halse und fühlte bis in diese Region des Körpers keinen Schmerz mehr. [...] Am frühen Morgen des 25. Juni fingen die Wunden seines zerfleischten Rückens an, heftig zu bluten. Seine Umgebungen ahndeten, was bevorstehe.« Johann Wolfgang von Goethes letzte Tagebucheintragung am 17. März 1832:»Den ganzen Tag wegen Unwohlsein im Bette zugebracht.« Goethes Hausarzt Carl Vogel über den Zustand seines Patienten am Morgen des 20. März 1832:»Die Zähne klapperten ihm vor Frost. Der Schmerz, welcher sich mehr und mehr auf der Brust festsetzte, preßte dem Gefolterten bald Stöhnen, bald lautes Geschrei aus. Die Gesichtszüge waren verzerrt, das Antlitz aschgrau, die Augen tief in ihre lividen Höhlen gesunken, matt, trübe; der Blick drückte die gräßlichste Todesangst aus.« Am übernächsten Tag gegen halb zwölf starb Goethe im Lehnstuhl sitzend.

»Der Schlaf ist des Todes Bruder« sagt man, seit Lessing seinen Zeitgenossen erklärt hatte, *Wie die Alten den Tod gebildet* und darauf hinwies, dass die Künstler der Antike anders als die im Mittelalter nicht mit Knochengerippen klapperten und mit Sensen herumfuchtelten. Auf manchen Darstellungen sind der tote und der schlafende Jüngling nur zu unterscheiden, weil einer schwarz und der andere weiß ist oder weil einer die Lebensfackel erloschen nach unten gehalten trägt. Wie in der Kunst ist auch im Leben der Tod manchmal schwer vom Schlaf zu unterscheiden. Um 1800 waren die Menschen besessen von der Angst, lebendig begraben zu werden. Die Zwangsvorstellung stand vermutlich in keinem Verhältnis zu den tatsächlichen Fällen, in denen Scheintote beerdigt wurden. Allerdings hatten die damaligen Diskussionen weniger mit den dunklen Ecken auf den Friedhöfen der Aufklärung zu tun als mit der durchaus vernünftigen Frage, was den Tod denn ausmache und wie er zu bestimmen sei. Die Definition, jemand sei tot, wenn der Atem stillstehe, kann in die Irre führen, falls sich der Atemstillstand nicht zweifelsfrei diagnostizieren lässt. Das kam häufig vor. Man konnte das Ohr auf den Brustkorb legen und hören, ob das Herz noch pumpte; man konnte einen Spiegel vor die Lippen halten und sehen, ob das Glas beschlug. Oder man konnte die Federprobe machen wie in der rührenden Sterbeszene des Einsiedlers in Clemens Brentanos *Märchen von dem Schulmeister Klopfstock und seinen fünf Söhnen:* »Ich kniete neben ihm und weinte, und als die Vögel alle verstummt waren, kam die Nachtigall auf die Brust des Klausners geflogen, sie rupfte sich mit dem Schnabel ein Flaumfederchen aus und legte es ihm auf den Mund, und weil das Federchen sich gar nicht bewegte, hörte ich sie sagen: ›Ach, er atmet nicht mehr, das Federchen regt sich nicht von seinem Atem, ach, der gute Klausner ist tot!‹«

Mit märchenhaften Methoden lässt sich keine rationale Todesfeststellung erreichen. Erst die Einführung des Stethoskops ab 1819 verbesserte das Erkennen der ›Kennzeichen des gewissen Todes‹, über die so viel geschrieben wurde, von den Ratgebern fürs ›Landvolk‹ bis zu Hufelands 1791 publizierter gelehrter Abhandlung *Ueber die Ungewissheit des Todes und das einzige untrügliche Mittel sich von seiner Wirklichkeit zu überzeugen:* »Der Tod des Menschen ist keine plötzliche Verwandlung, kein Werk des Augenblicks, sondern ein stufenweiser Übergang aus dem Zustand des wirksamen Lebens in den des gebundnen oder Scheintods und durch diesen erst in den vollkommnen Tod, oder den totalen Verlust aller Lebenskraft.« Dies zeige sich erst, wenn die Leichenfäule eintrete. Deshalb forderte Hufeland die Einrichtung von ›Todtenhäusern‹ auf den Friedhöfen, in denen die Leichname aufzubahren seien, bewacht von Wärtern und untersucht von Ärzten oder Wundärzten. Der Tod bekommt einen Schauplatz, und seine Feststellung wird zum wissenschaftlichen Akt. Drei Jahre vor Hufelands Leichenhaus-Schrift hatte sich der jüdische Arzt Marcus Herz aus ähnlichen Gründen *Ueber die frühe Beerdigung der Juden* besorgt gezeigt, und Formey unterstützte 1796 in seiner *Medicinischen Topographie* die Forderung, »daß kein Mensch beerdiget werden soll, ohne von einem Arzte vorher besichtiget worden zu seyn«.

Bestattungen

Bereits im Jahr nach Hufelands öffentlicher Forderung von ›Todtenhäusern‹ wurde in Weimar mit Unterstützung des Herzogs Carl August das erste Leichenschauhaus in Deutschland errichtet. Noch 1830, vier Jahrzehnte später, schwärmt Gräbner: »Durch diese herrliche Anstalt ist nicht mehr zu befürchten, daß man lebendig begraben werde.«

Während in Weimar am Leichenhaus gebaut wurde, gründeten besorgte Bürger eine Gesellschaft mit dem Ziel, »den so sehr lästigen Aufwand der Trauer bei dem Verlust der Anverwandten gänzlich abzuschaffen«. Wie der ›Aufwand‹ im Lebensstil, vom Friseur bei den Töchtern bis zu Vaters Wagen in der Remise, ruinös wurde, wenn eine Familie sozial mithalten wollte, ohne sich das finanziell leisten zu können, so führte der Statuskampf beim Sterben und Begraben zu Ausgaben, die mit vernünftiger bürgerlicher Haushaltsführung unvereinbar waren. Das lag nicht an der Gebühr, die zu entrichten war, wenn beim Gottesdienst vor der Beerdigung die Glocken geläutet werden sollten oder am Drucken von Trauerkarten oder am Einrücken von Todesanzeigen in die Zeitungen oder an der Aufbahrung oder am Leichenzug mit geschmückten Pferden oder am Leichenschmaus oder an den Groschen, die man den Chorkindern für ihr »Singgeschrei« zu geben hatte, wie Jean Paul es nennt, oder am »Schweigethaler«, der Carl Julius Weber zufolge etwa in Münster und Augsburg zu entrichten war, wenn man lieber keine Leichenpredigt hören wollte – es lag an allem zusammen. Und so wurde versucht, durch obrigkeitliche Verordnungen den ›Aufwand‹ bei Begräbnissen einzuschränken, ähnlich wie es bei Hochzeiten der Fall war. In Weimar trat eine entsprechende Beerdigungsverordnung aber erst Anfang 1828 in Kraft. Sie schrieb beispielsweise vor, dass der Sarg nicht mit privaten Fahrzeugen, sondern nur mit dem Leichenwagen transportiert werden und höchstens drei Taler kosten durfte. Ein halbes Jahr nach der Einführung dieser Vorschriften starb Herzog Carl August. Wie gut zwei Jahrzehnte zuvor die »fürstliche Leiche« von Herzoginmutter Anna Amalia auf dem Paradebett gelegen hatte, war auch diesmal »die hohe Leiche«, wie Gesky notiert, »auf dem Paradebette zu sehen«, am 7. und 8. Juli, täglich von 10 bis 14 Uhr. »Jedesmal wurden nur 30 bis 40 Personen hereingelassen, aber nur fünf Minuten. Die Kirchtore und Türen waren stark mit Wachen besetzt. Den 8. war der Drang der Menschen so arg, daß noch Polizeisoldaten mit dazu gebraucht wurden.« Die Bestattung in der Fürstengruft fand am nächsten Tag statt. »Früh um halb fünf Uhr ordnete sich der Leichenzug, dreiviertel fünf Uhr wurde durch einen Kanonenschuß das erste Signal gegeben, fünf Minuten darauf das zweite, worauf sich der Zug in Bewegung setzte, und bei dem dritten Signalschuß um fünf Uhr begann der Zug zum Abmarsch, unter dem Geläute der Glocken.«

Wie man nach seinem Tod begraben wurde, hing nicht nur davon ab, wer man im Leben gewesen war, sondern auch davon, wie man gestorben ist. »Kein Geistlicher hat ihn begleitet« lautet der letzte Satz des *Werther*, den Goethe unverändert dem Bericht entnahm, den er nach dem Tod Jerusalems 1772 in Wetzlar von Kestner erhalten hatte*. Noch ein halbes Jahrhundert später hing in Weimar die Art, wie nach einem Selbstmord mit der Leiche verfahren wurde, von Stand und Motiv des Selbstmörders ab. Es lässt sich bei Gesky nachlesen. 5. Oktober 1823: Ein Rittergutsbesitzer, der sich erschossen hatte, »wurde in seinem Garten begraben«. 9. Dezember 1823: Der Knecht einer Branntweinbrennerei, der sich erschossen hatte, »wurde nach Jena gebracht«, also zur Sektion in die Anatomie. 29. Dezember 1823: Ein katholischer Husar, der sich erschossen hatte, wurde »durch vier Laternenwächter in einem dazu bestimmten Korbe in das Leichenhaus getragen« und am nächsten Abend begraben. 30. Dezember 1823: Ein Schneiderlehrling, der sich im Haus seines Lehrherren erhängt hatte, wurde wegen der Beulen am Körper gerichtsmedizinisch untersucht. »Es ergab sich, dass ihn der Meister so hart gestraft hatte. Deshalb wurde der Leichnam auf dem Gottesacker beerdigt« und nicht »nach Jena gebracht«.

Wenn Geschichte (angeblich oder wirklich) anfängt, nimmt sie wenig Rücksicht auf das Ende derer, die sie machen (oder machen mussten). Das massenhafte Beiseiteschaffen der Toten in Zeiten des

---

* Siehe den Anfang der »Todesfälle«.

Krieges hat mit den Feierlichkeiten nach einem individuellen Sterben nichts Menschliches gemeinsam. Der preußische Soldat Pickert erlebte das 1806 in französischer Kriegsgefangenschaft: »der Deckel vom Sarge abgenommen und so die Trage mit dem Sarge umgekippt, das der Todte aus dem Sarge in das Grab fiel, hatten sie mehrere Todte im Hospital, so kahmen auch mehrere in ein Grab.« Johanna Schopenhauer erlebte es im gleichen Jahr in Weimar. Am 19. Oktober 1806, dem Tag des Abzugs der französischen Truppen, schrieb sie an ihren Sohn: »Seitdem wurden wir wegen der Menge Verwundeter, die in Lazaretten, Gasthäusern, im Komödienhause auf einander gehäuft lagen, ohne Pflege, Ordnung und Reinlichkeit, und wegen der entsetzlichen Anzahl unbegrabner Toten, die bis vor's Schloß herum lagen, aufs Neue in Angst gesetzt, man fürchtete ansteckende Krankheiten. Allmählich wird auch hier Ordnung gemacht, die Toten werden in großen mit Kalk ausgefüllten Gruben, die von der Stadt entfernt liegen, begraben.«

Pickert musste während seiner Lazarettzeit in der Gefangenschaft einen Kameraden unter die Erde bringen. Das war gar nicht so einfach. In der von ihm verfassten Lebensgeschichte wurde daraus ein funeraler Slapstick: »Mein guter Freund Schulz war Todt, er ward nach der Todtenkammer gebracht und ganz in alte graue Leinwand gehüllt. Einige von uns [...] machten das Grab für ihn. Der Kirchhof war in einer etwas nidrigen Gegend, und da die Witterung selbiger Zeit sehr naß war, so konten sie das Grab wegen den Wasser nicht gehörig tief graben [...] Als sie ihm des andern Tages auf einer Trage worauf ein Sarg befestigt ist, hintragen, um ihn zu beerdigen, sie ließen ihn bei das Grab nieder, holten ihm aus den Sarge heraus, einer fast ihn beim Kopf, der andere an die Füßen und so halten sie ihn schwebend über das Grab, bis auf einen Nu! beide los ließen, und so wurde der Todte in das Grab geworfen. Auf dieses Signal hatte der zum Füßen eher loß gelassen als der am Kopfe, und auf diese Art, kahm mein guter Schulz in sein Grab zu sitzen. So sitzen zu lassen ging doch nicht, es stieg einer hinein und zog ihm bei die Füße aus, so daß er doch in seinem Grabe gestreckt [...] er schwamm im Wasser, erst im Bette gestorben und dann im Grabe ersauft. Gott laß ihn selig ruhn.«

Ein solcher Stoßseufzer könnte auch Lichtenberg in Göttingen

1794 nach dem Tod Gottfried August Bürgers entfahren sein: »Ich habe sein Begräbniß durch das Perspecktiv mit angesehen. Als ich den Leichenwagen mit einer Art von Anlauf durch das Kirchhof Thor rollen sah: So hätte nicht viel gefehlt, ich hätte laut aufgeweint. Das Abnehmen vom Wagen konte ich unmöglich mit ansehen.« Der arme Bürger war keiner von den Dichterfürsten, die man nach dem Ableben wie die wirklichen zur Schau stellte. Gesky am 20. Januar 1813 über Wielands Aufbahrung: »Die Leiche wurde in die Wohnung des Herrn Legationsrat Bertuch gebracht und war Sonntag, den 24., abends von acht bis zehn Uhr auf dem Paradebette zu sehen.«

Auch Goethe wurde 1832 noch öffentlich aufgebahrt, wie vier Jahre zuvor sein Herzog, obwohl das eigentlich der Begräbnisordnung von 1828 zuwiderlief. Die Aufbahrung erfolgte in der Halle des Hauses am Frauenplan am Vormittag des 28. März. Vom Zeitzeugen Gesky sind dazu keine näheren Auskünfte zu bekommen. Er schrieb zwar einen gereimten Nachruf aus dem Weimarer *Wochenblatt* ab (»Auf dich blickt stolz manch kommendes Jahrhundert / uns glücklich preisend, die wir dich bewundert«), aber die Seiten, auf denen eine Schilderung der Begräbnisfeierlichkeiten zu erwarten wäre, fehlen im Manuskriptkonvolut. Zum Glück kann man sich an den Weimarer Schauspieler Eduard Genast wenden: »Die Leiche des großen Todten war am 26. von früh acht Uhr an ausgestellt, und wie ein Dichterfürst in weißen Atlas mit Purpursaum gekleidet, den Lorbeerkranz auf seinem Jupiterhaupt. So lag er wie schlafend in seinem Sarkophag, neben welchem acht Candelaber mit brennenden Kerzen standen und seine Orden auf samtnen Kissen lagen.« Vor der öffentlichen Aufbahrung konnte Intimus Eckermann einen intimen Blick auf den Toten werfen, dem er alles verdankte, was er im Leben geworden war: »Auf dem Rücken ausgestreckt ruhte er wie ein Schlafender; tiefer Friede und Festigkeit waltete auf den Zügen seines erhaben-edlen Gesichts. Die mächtige Stirn schien noch Gedanken zu hegen. Ich hatte das Verlangen nach einer Locke von seinen Haaren, doch die Ehrfurcht verhinderte mich, sie ihm abzuschneiden. Der Körper lag nackend in ein weißes Betttuch gehüllet, große Eisstücke hatte man in einiger Nähe umhergestellt, um ihn frisch zu erhalten so lange als möglich.« Selbst ›göttliche‹

Dichter verwesen, jedenfalls wenn sie ihren ›Olymp‹ auf der Erde haben. »Wir würden alle den Tod schöner finden, wenn er unsere Hülle nur entseelte, nicht zerlegte«, heißt es in Jean Pauls *Konjektural-Biographie,* »ferner wenn wir uns nicht im Leben so recht wie in einem warmen häuslichen eingewohnten Neste festgesessen hätten, aus dem wir nicht gern aufwollen in den hohen kalten Himmel«.

Abflug

Mochte Jean Paul mit seiner Bemerkung über die menschliche Unlust zu jenseitigen Himmelfahrten auch recht haben, im Diesseits
träumte man von Luftreisen und von der Landung auf dem Mond.
Hatte er 1801 nicht selbst einen literarischen Versuchsballon ge-
startet, als er seinen Luftschiffer Gianozzo in den Himmel steigen
und aus dem ›Siechkobel‹, so der überdeutliche Name des Gefährts,
finstere Blicke auf die deutsche Kleinwelt des 18. Jahrhunderts werfen ließ?
Der Mond indessen blieb unerreichbar, aber nur vorläufig. Am
20. Juli 1969 hinterließ ein Astronaut seinen Stiefelabdruck im
Staub des Mare Tranquillitatis, des Meers der Ruhe, und rammte
Frau Luna eine Flagge ins Gesicht.
In der Mitte des 18. Jahrhunderts konnte man das noch nicht
für möglich halten. Zum Stichwort »Mond-Reise« erklärte Zedlers
Universallexicon: »Unter die wunderlichen Bemühungen der Menschen gehöret insbesondere auch die, dass sie sich bemühet haben,
mancherley Mittel und Werkzeuge auszusinnen, um dadurch in den
Mond zu reisen.« Doch könne »nicht abgesehen werden, wie ein
Mensch ohne Gefahr seines Lebens, wenn er auch übrigens mit einem vollkommen schönen Lufft-Schiff versehen wäre, diese Reise
sollte thun können.«
Gegen Ende des 18. Jahrhunderts verfügt Peter für seine Mondfahrt über eine solches Luftschiff: »Ein großer taftener Ball voll
Wind. Eine Gondel daran, mit Flor und Band ausstafirt«, erklärt er
einer Mondbewohnerin, die ihn natürlich für nicht ganz richtig im
Kopf hält. Bei Peter handelt es sich um den Bedienten des Physi-
kers, der den Ballon erfunden hat. Was die mondmenschlichen Angelegenheiten betrifft, so sind sie denen auf dem blauen Ball paro-
dierend ähnlich. Peter und der »Windball« sind eine Erfindung von

Friederike Helene Unger, und die Mondfahrt ist eine »Posse in drei Akten«, wie es im Untertitel des 1790 herausgekommenen Bühnenstücks *Der Mondkaiser* heißt.

Ganz anders als das Mondmädchen auf der Bühne reagierte der Südseebewohner auf der anderen Seite der Erde, dem Chamisso während seiner Weltumseglung die europäischen Ballons zu erklären versuchte: »Die Kunde von dem Luftballe und der Luftschiffahrt, die ich ihm gab, schien ihm nicht unglaublicher und fabelhafter als die von einer pferdegezogenen Kutsche.« Von einem pferdegezogenen Luftwagen fantasierte der Physiker Lichtenberg in Göttingen. Er starb im letzten Jahr des 18. Jahrhunderts und konnte nicht ahnen, dass im 21. Jahrhundert die Luftschiffe von eigens dafür gezüchteten Adlern gezogen werden. So ist es auf dem Frontispiz von *Ini* zu sehen, dem »Roman aus dem ein und zwanzigsten Jahrhundert« von Julius von Voß. Unter einem Ballon hängt eine Gondel in Schiffsform, der Adler vorgespannt sind wie Pferde einer Kutsche. Auf dem Schiffsbock schwingt ein Luftkutscher die Peitsche. Das Gefährt verfügt über zwei Kabinette, eine Küche und eine Kammer für die Dienerschaft, denn wenn man selbst bei einer Fahrt zum Mond auf den Bedienten nicht verzichten kann, wie soll es dann bei gewöhnlichen Luftreisen ohne Leute gehen?

Der erste vom Boden der Tatsachen abhebende Ballon allerdings war unbemannt und nicht steuerbar. Am 4. Juli 1783 starteten die Brüder Montgolfier in Frankreich erstmals öffentlich einen Heißluftballon. Wenige Wochen später folgte ein Aufstieg mit einem Hammel, einer Ente und einem Hahn an Bord*, und schon am 21. November desselben Jahres wurde die erste bemannte Ballonfahrt durchgeführt. Sie dauerte fünfundzwanzig Minuten, und die beiden Passagiere (es waren nicht die Montgolfiers selbst) landeten unversehrt.

Die Luftbälle in Weimar waren, den Landesverhältnissen entsprechend, deutlich kleiner – und kamen trotzdem nicht von der

---

* War nicht auch das erste irdische Wesen im Weltall ein Tier, nämlich ein Kläffer? Das russische Wort für »Kläffer« ist Laika. Die Hündin ›bemannte‹ 1957 den sowjetischen Sputnik 2. Im Unterschied zu den Tieren der Montgolfiers kam die arme Laika nicht wieder lebendig herunter.

Erde. »Buchholz peinigt vergebens die Lüfte, die Kugeln wollen nicht steigen«, notierte Goethe im Dezember 1783 leicht schadenfroh über Versuche des Weimarer Apothekers und Naturforschers Wilhelm Heinrich Buchholz. Dessen Experimente fanden zunächst mit kleinen Ballons in geschlossenen Räumen statt – bis zum 1. Juni 1784. An diesem Tag stieg, wie Goethe im Pluralis Majestatis berichten konnte, »eine der ersten Montgolfieren, die man in Deutschland sah, von unsern Terrassen, zum Ergötzen der Unterrichteten, in die Höhe […], indessen die Menge sich vor Erstaunen kaum zu fassen wusste, und in der Luft die verschüchterten Tauben scharenweise hin und wieder flüchteten«.

Ein halbes Jahr nach diesem alles in allem doch eher bescheidenen Weimarer Terrassenflug überquerte am 7. Januar 1785 der Franzose Jean Pierre Blanchard mit einem steuerbaren Ballon den Ärmelkanal. 1786 kam es in Augsburg zu einer Luftfahrt, zu einer recht windigen allerdings, wie Weber in seinen Reisebriefen schildert: »Der aus 1200 Ellen Taffet bereitete Ballon mit prächtig verzierter Gondel wurde lange für Geld gezeigt […] und ganz Augsburg war voll Fremder und voll Erwartung« – die nicht erfüllt wurde. Der Ballonfahrer »flog aber nur auf der Medaille, grüßte nur im Kupferstich die Zuschauer aus der Luft und zog das weite Feld vor«. Bei dem gescheiterten Flugpionier handelte es sich um Joseph Maximilian Freiherr von Luetgendorf, einen Mitarbeiter der Postfürsten Thurn und Taxis. Offenbar hatte Chamissos Südsee-Insulaner gar nicht so unrecht, sich über Luftschiffe nicht mehr zu wundern als über Postkutschen.

Geschichte vollzieht sich nicht im Konjunktiv, aber was wäre daraus geworden, wenn Luetgendorfs Ballon aufgestiegen wäre? Würde er dann heute als Vorreiter oder Vorflieger der postalischen Zustellung per Drohne betrachtet? Im »Roman aus dem ein und zwanzigsten Jahrhundert« hieß es über die Luftwege der Zukunft: »Postämter befanden sich in allen Richtungen von Grad zu Grad«.

Vielleicht hätte er weniger Show machen und seiner Gondel nicht die Gestalt eines Segelschiffs verleihen und vor allem seinen Ballon nicht »Erdlieb« nennen sollen. Blanchard indessen hob ab, wieder und wieder, zum Beispiel am 21. September 1788 vom Exerzierplatz im Berliner Tiergarten. Auch dieser Aufstieg war ein

Massenspektakel. Zu Tausenden legten die Menschen die Köpfe in die Nacken, Schaumünzen wurden geprägt, Bilder des Ereignisses in Kupfer gestochen, Berichte davon in die Zeitungen gerückt. Über die allgemeine Ballonbegeisterung jener Zeit, von Wieland als ›Aeropetomanie‹ verspottet, schrieb Goethe anlässlich eines Aufstiegs Blanchards in Nürnberg: »Wer die Entdeckung der Luftballons miterlebt hat, wird ein Zeugnis geben, welche Weltbewegung daraus entstand, welcher Anteil die Luftschiffer begleitete, welche Sehnsucht in so vielen Tausend Gemütern hervordrang, an solchen längst vorausgesetzten, immer geglaubten und immer unglaublichen gefahrvollen Wanderungen teilzunehmen.«

*

Die Einreise in die Goethezeit erfolgte per Kutsche, warum sich nicht in der Gondel unter einem Ballon davonmachen? Es muss ja nicht einer von den Gasballons sein, mit dessen Aufstiegen Wilhelmine Reichard ein knappes Jahrzehnt lang Furore machte, nachdem sie am 16. April 1811 allein in die Lüfte gestiegen war. Für die damalige Zeit, in der noch so manche Dame von Kavalieren alter Schule in die Kutsche gehoben wurde, eine absolute Sensation. Bis 1820 folgten sechzehn weitere Fahrten. Bei der dritten Fahrt am 30. September 1811 verlor sie in stürmischem Wetter die Kontrolle über den Ballon, konnte das Ablassventil nicht öffnen und den Aufstieg nicht mehr bremsen, verlor in 7000 Meter Höhe wegen des Sauerstoffmangels das Bewusstsein und stürzte ab. Aber Mutter Erde fing Wilhelmine in ihren Armen auf. Der zerfetzte Ballon blieb zwischen Baumästen hängen, die kühne Fliegerin kam mit Blutergüssen und Schürfwunden davon.

Da Zeitreisenden nichts weiter passieren kann, als dass ihnen vor Schläfrigkeit das Buch aus den Händen fällt, klettern wir also in einen Ballon, kappen die Leinen und fliegen davon. Die Welt und Weimar werden unter uns kleiner und kleiner, bis das klassische Städtchen aussieht wie eines der Modelle, die heute von ihm in den Museen stehen.

Anhang

Zitatnachweise

Im Text sind zeitgenössische Passagen teilweise in modernisierter **Orthografie**, teilweise nach der editorischen Überlieferung, teilweise in ursprünglicher Gestalt wiedergegeben. Beim Abwägen prinzipienloser Vielfalt gegen einfältige Prinzipientreue bekam die Vielfalt den Vorzug. Die uns mitunter recht eigenwillig vorkommende Kommasetzung der Zeitgenossen ist unseren Lesegewohnheiten angepasst. *Hervorhebungen* in den Zitaten entsprechen den Originalstellen, erläuternde Einfügungen sind mit [eckigen Klammern], Kürzungen mit [...] gekennzeichnet.

Ein Wort zum **Realitätsstatus** der Texte: Die Fiktionalität eines Textes zerstört nicht seinen Wirklichkeitsgehalt; umgekehrt können nicht fiktionale Texte die Tatsachen verdrehen, von denen sie ›bloß‹ zu berichten vorgeben. Wenn in diesem Buch verschiedene Textsorten, von literarischen bis lexikalischen, neben- und ›durcheinander‹ zitiert sind, dann nicht, weil ihnen aus Gleichgültigkeit gleiche Gültigkeit zugeschrieben wäre. Status und Relevanz der zitierten Texte erweisen sich im Kontext, in dem sie zitiert sind, auch wenn das bei vielen Passagen nicht expliziert werden kann. Um es an einem Beispiel zu veranschaulichen: Goethes Prosatexte haben in den konkreten Einzelheiten der Darstellung wenig historischen Wert – mit voller Absicht Goethes. Eckermann berichtet in seinen *Gesprächen,* dass Goethe an bestimmten Passagen von Manzonis *Verlobten,* einem sonst von ihm überaus geschätzten Roman, die Genauigkeit der Schilderung von Krieg und Pest als unkünstlerisch tadelte und Manzoni geradezu vorwarf, hier habe der Historiker den Künstler verdrängt. In Goethes Romanen ist es umgekehrt. In seiner Schilderung einer Spinnerstube im dritten Buch der *Wanderjahre* zum Beispiel löst sich der Staub der Wirklichkeit idealisch in Nichts auf. Das Spinnerdorf besteht aus Bretterbuden»der kärglichsten Sorte«, doch »unerachtet dieser äußern traurigen Ansicht war der beschränkte innere Raum doch nicht unangenehm; warm und trocken, auch reinlich gehalten«. Wenige Absätze später wird beschrieben, wie Kinder damit beschäftigt sind, »die Flocken der Baumwolle auseinanderzuzupfen und die Samenkörner, Splitter von den Schalen der Nüsse, nebst andern Unreinigkeiten wegzunehmen«, und wie die vorgereinigte Baumwolle vom Staub befreit wird. Aber wo bleibt dieser Staub in den engen, »reinlich gehalten en« Stuben? Würde er sich nicht zwischen den Zeilen verflüchtigen, würde aus der malerischen Szene ein ›historischer‹ Text wie bei Manzonis Pestbeschreibung oder ein medizinisches Gutachten wie bei den Berichten der Ärzte, die entsetzt die hygienischen Zustände in den Spinnerstuben schilderten und dabei gerade den alles durchdringenden, lungenvergiftenden Staub hervorhoben? Dieser Unterschied ist denn auch der Grund, warum die Goethe-Passage im Kapitel »Werkstattbesichtigungen« nicht zitiert und lieber auf zeitgenössische Darstellungen zurückgegriffen wird, an deren Staub man sich die Finger schmutzig macht – zum Glück der Leser (und des Schreibers) nur in der Fantasie.

Motto
Goethe, *Faust,* S. 167

1. Aus der Chaoszeit
Reisewarnung: Eckermann, *Gespräche mit Goethe,* S. 82 f. Schopenhauer, *Die Welt,* S. 740. Goethe, *Wahlverwandtschaften,* S. 52. Heine, *Le Grand,* S. 62. Jean Paul, *Giannozzo,* S. 682. *Teutscher Merkur* nach Langen, *Wortschatz,* S. 48. *Wahlverwandtschaften,* S. 37. **Neues und Altes:** Elisa von der Recke, *Tagebücher,* S. 326. Zschokke nach Kohler, *Kunst der Verschwendung,* S. 140. **Reisevorbereitungen:** *Wahlverwandtschaften,* S. 114. Herz, *Erinnerungen,* S. 214. Merkpulver: Meier, *Zwischen Apotheker und Scharlatan,* S. 51. Nemnich, *Tagebuch 2,* S. 296, 300. Auchs Uhr: Gräbner, *Weimar,* S. 113. Fernow an Böttiger nach Oellers, *Weimar,* S. 199. Nicolai, *Beschreibung,* S. 422. Karamsin, *Briefe,* S. 100, 157. **Deutschland und der Lauf der Welt:** Zahl der Territorien im Reich nach Grimm, *Verfassungsgeschichte,* S. 43. Wehrlin, *Reise durch Oberdeutschland,* S. 93. Riesbeck, *Reise,* S. 47. Büsching, *Beschreibung seiner Reise,* S. 84. Weber, *Briefe,* Bd. 1, S. 325. de Stael, nach Münch, *Lebensformen,* S. 31 f. Justus Möser, *Patriotische Phantasien,* S. 82. Weber, *Briefe,* Bd. 1, S. 106, 156. Heß, *Durchflüge,* Bd. 2, S. 188. Weber, *Briefe,* S. 47. Chamisso, *Reise um die Welt,* S. 360. Jean Paul, *Schmelzle,* S. 74. Schillers Gedicht, *Werke 2,* S. 822 f. Möser, *Phantasien,* S. 77. Der Breslauer Kaufmann nach Sombart, *Kapitalismus,* Bd. II-1, S. 225. Pestalozzi, *Über den Bauern,* S. 60 f. Nemnich, *Tagebuch 1,* S. 12. Klöden, *Von Berlin nach Berlin,* S. 196, 415. Weber, *Briefe,* Bd. 1, S. 25. Herder, *Ideen,* S. 551, 280. Die Anzeige nach Klauss, *Alltag,* S. 42. Schillers Antrittsvorlesung, *Werke 2,* S. 18. Schillers Gedicht, S. 822 f. **Ankunft in Weimar:** Gräbner, *Weimar,* S. 65. Klebe, *Historisch-statistische Nachrichten,* S. 4 ff. Goethe, *Hermann und Dorothea,* S. 508. Rebmann, *Kosmopolitische Wanderungen,* S. 61, 110. Goethe nach Biedrzynski, *Goethes Weimar,* S. 97, und nach Oellers, *Weimar,* S. 240. Böttiger über Wieland, *Literarische Zustände,* S. 137. Lessing, *Minna von Barnhelm, Werke 1,* S. 309. Goethe nach Conrady, *Goethe,* Bd. 1, S. 183. Riesbeck, *Briefe,* S. 135. Weber nach Eberhardt, *Weimar,* S. 26. Jean Paul, *Feldprediger,* S. 52. Goethe, *Dichtung und Wahrheit,* S. 709. Herder nach Oellers, *Weimar,* S. 63. Herder nach Kantzenbach, *Herder,* S. 78, 76. Wieland nach Klauss, *Alltag,* S. 7. Schiller, *An die Freunde, Werke* Bd. 2, S. 808. Falk nach Oellers, *Weimar,* S. 46. Caroline Herder nach Oellers, *Weimar,* S. 150. Heine nach Oellers,

Weimar, S. 290. Engels nach Werner, *Begegnungen,* S. 99. Eckermann, *Gespräche mit Goethe,* S. 35, 42. Heine nach Eckermann, *Gespräche,* Anhang, S. 740. Bettinas (angebliche) »Blutwurst« nach Oellers, *Weimar,* S. 243. Kotzebue, *Kleinstädter,* S. 163. Der Zeitgenosse im Kotzebue-Stück nach Krauss, *Alltag,* S. 77. Chamisso, *Reise um die Welt,* S. 115.

2. Unterwegs

Wege um Weimar: Der Ernennungsbrief des Herzogs und der Goethe-Bericht nach Conrady, *Goethe* Bd. 1, S. 326, 343. ›**Kunststraßen**‹: Alle Zitate aus dem Lexikon von Krünitz unter den Stichworten ›Kunststraße‹ und ›Landstraße‹. Riesbeck, *Briefe,* S. 510 f. Goeze, *Kleine Reisebeschreibung,* nach Prengel/Schmitt, *Tugend – Treue,* S. 11. Varnhagen, *Tageblätter,* S. 67, 151. **Die Post:** Karamsin, *Briefe,* S. 172. Reichard, *Passagier,* Bd. 2, S. 772. Börne, *Monographie,* S. 643. Reichard, *Passagier,* Bd. 2, S. 772. Krünitz, Stichwort ›Journalière‹. *Postgeheimnisse,* S. 12 f. Büsching, *Reise,* S. 14. Posselt nach Münch, *Lebensformen,* S. 505. Knigge, *Briefe,* S. 41 f. Einnahmeschätzung der preußischen Post nach Sombart, *Kapitalismus,* Bd. II-2, S. 1057. *Postgeheimnisse,* S. 39. Justi nach Dipper, *Deutsche Geschichte,* S. 174. Gesky, *Weimar,* S. 60, 145. Anonymus, *Postgeheimnisse,* S. 4. **Ratschläge für Reisende:** Zelter, *Selbstdarstellung,* S. 314. Knigge, *Über den Umgang mit Menschen,* S. 267, 169. *Postgeheimnisse,* S. 12. Karamsin, *Briefe,* S. 51. Zelter, *Selbstdarstellung,* S. 258. Karamsin, *Briefe,* S. 107. Knigge, *Umgang,* S. 270. Börne, *Monographie,* S. 652. Chamisso, *Sämtliche Werke* Bd. II, S. 91. **Kutschen und Katastrophen:** Hoffmann nach Günzel, *Hoffmann,* S. 242 f. Eichendorff, *Schlesische Tagebücher,* S. 62. Seume, *Spaziergang,* S. 283 f. Seume, *Mein Sommer,* S. 699. Karamsin, *Briefe,* S. 49. Grimm, *Kinder- und Hausmärchen,* S. 593. Goeckingk nach Schmitt/Tosch, *Vernunft fürs Volk,* S. 90. **Die Schifffahrt:** Rochow, *Kinderfreund* 1, S. 91. Weber, *Briefe,* Bd. 1, S. 31, 363 f. Campe nach Ewers, *Kinder- und Jugendliteratur,* S. 411. Riesbeck, *Briefe,* S. 575, 578. Nemnich, *Tagebuch* 1, S. 115. Hüpeden nach Sombart, *Kapitalismus,* Bd. II-1, S. 348, dort S. 360 auch Sombarts Berechnung der Fahrzeiten. Riesbeck, *Briefe,* S. 127. Heß, *Durchflüge,* Bd. 7, S. 117. Weber, *Briefe,* Bd. 1, S. 442. Heines Loreleilied nach *Werke* Bd. 1, S. 58. Passagierzahlen nach König, *Konsumgesellschaft,* S. 268. **Schiffsklagen:** Knigge, *Umgang mit Menschen,* S. 273. Riesbeck, *Briefe,* S. 135. Eichendorff, *Schlesische Tagebücher,* S. 170 ff. **Exkurs:** Müllers Gedichte nach deutschestextarchiv.de. Moritz, *Reisen eines Deutschen,* S. 9. Klischnig, *Mein Freund,* S. 99. Goethe, *Harzreise,* in: *Gedichte,* S. 82. Thümmel, *Reise,* nach *Sämmtliche Werke* 3, S. 3.

3. Stadtleben

Blick von außen: Zahlen nach Sombart, *Kapitalismus,* Bd. II-2, S. 627. Weber, *Briefe* 1, S. 131 f. Eckermann, *Gespräche,* S. 14. Rebmann, *Wanderungen und Kreuzzüge,* S. 571, 568. Burney, *Musikalische Reise,* S. 353, 350. Rebmann, *Kos-*

mopolitische Wanderungen, S. 92. Moritz, *Anton Reiser,* S. 310. Weber, *Briefe* 1, S. 502, 561. Rebmann, *Kosmopolitische Wanderungen,* S. 92. Heß, *Durchflüge,* Bd. 1, S. 22, Bd. 2, S. 119, 46. Nemnich, *Tagebuch* 1, S. 112. Büsching, *Reise,* S. 58. Knüppeln nach Mittenzwei-Herzfeld, *Brandenburg-Preußen,* S. 318. Büsching, *Reise,* S. 63. Thümmel nach König, *Zivilisation,* S. 91. **Am Tor und im Wirtshaus:** Karamsin, *Briefe,* S. 42, 71. Büsching, *Reise,* S. 96. Burney, *Musikalische Reise,* S. 373, 437. Karamsin, *Briefe,* S. 75. Lessing, *Minna,* S. 312 f. Rebmann, *Kosmopolitische Wanderungen,* S. 97, 98, 151 f. Reichard, *Passagier,* S. 631. Jean Paul, *Giannozzo,* S. 706. Moritz, *Anton Reiser,* S. 314 f. **Die große und die kleine Stadt:** Rebmann, *Kosmopolitische Wanderungen,* S. 96, 154. Goethe, *Hermann und Dorothea,* S. 508. Hegel, *Ästhetik,* Bd. III, S. 414. Zeitgen. Zitat über Königsberg nach Kuczynski, *Geschichte des Alltags,* S. 110. Goethe, *Hermann und Dorothea,* S. 517. Ehlers, *Sittlichkeit,* Bd. 1, S. 155. Heß, *Durchflüge,* Bd. 2, S. 180. Gräbner, *Weimar,* S. 96. Büsching, *Reise,* S. 64. Schillers Brief, zit. nach den Anmerkungen von Rainer Schmitz zu Herz, *Erinnerungen,* S. 557. Johanna Schopenhauer nach Oellers, *Weimar,* S. 202. **Salonbesuche:** Riemer nach Klauss, *Alltag,* S. 83. Anonymus im *Journal* nach Kühme, *Bürger und Spiel,* S. 85, 86. Schiller nach Goethe, *Werke in fünf Bänden,* Bd. 2, S. 221 f. Rahel Varnhagen nach Thomann Tewarson, *Varnhagen,* S. 113. Herz, *Erinnerungen* (hier wie im Folgenden nach dem Reprint der Ausgabe von Fürst) S. 263 f. »Teutsche Tischgesellschaft« nach Hermsdorf, *Literarisches Leben,* S. 298. Herz, *Erinnerungen,* S. 107 f., 127. Jean Pauls Brief nach Rainer Schmitz im Nachwort seiner Herz-Edition, S. 593. Herz, *Erinnerungen,* S. 208. **Bei Hofe:** Herz, *Erinnerungen,* S. 302 f. Rebmann, *Wanderungen und Kreuzzüge,* S. 585. Elisa von der Recke, *Tagebücher,* S. 144 f., 159, 142. Jean Paul, *Hesperus,* S. 275. Elisa von der Recke, *Tagebücher,* S. 142. Jean Paul, *Hesperus,* S. 380. Burney, *Musikalische Reise,* S. 386. »Redouten-Ordnung« nach Biedrzynski, *Goethes Weimar,* S. 118. Gesky, *Weimar,* S. 24. Varnhagen, *Tageblätter,* S. 16, 80. Die erste Krünitz-Stelle unter dem Stichwort »Hof-Schranz«, die zweite Bd. 24, S. 142. Varnhagen, *Tageblätter,* S. 56. Möser, *Patriotische Phantasien,* S. 338 f. Burney, *Musikalische Reise,* S. 386. Jean Paul, *Hesperus,* S. 245. Goethes Brief nach *Werke,* 2. Bd., S. 176. **Im Theater:** Aufführungszahlen nach Bruford, *Goethezeit,* S. 305, Aufführungslisten bei North, *Genuss,* S. 182 ff. Rebmann, *Wanderungen und Kreuzzüge,* S. 602. Rebmann, *Kosmopolitische Wanderungen,* S. 74. Weber, *Briefe* Bd. 1, S. 569. Frank, *System,* Bd. 3, S. 793 ff. Goethe an Schiller, *Werke,* Bd. 2, S. 224. Christiane in Goethe, *Werke,* Bd. 2, S. 224. Eichendorff, *Schlesisches Tagebuch,* S. 75 f. *Der Marktschreyer* von Süßmayer, DQ1. Bielfeld, *Lehrbegriff,* Bd. 1, S. 202. Herz, *Erinnerungen,* S. 312. *Über Privatbühnen* nach Promies, *Der Bürger,* S. 184. **Oper und Konzert:** Burney, *Musikalische Reise,* S. 379. Magazin der Musik nach North, *Genuss,* S. 156 f. Rebmann, *Wanderungen und Kreuzzüge,* S. 603. Kant, *Anthropologie,* S. 621. *Journal,* Juni 1788. Rebmann, *Kosmopolitische Wanderungen,* S. 88. Heß, *Durchflüge,* Bd. 1, S. 198 f. »Che fiero momento!« (»welch schrecklicher Moment«) schaudert Euridice in der Unterwelt. Hoffmann, *Ritter Gluck,* S. 9. **Gang über den Markt:** Rebmann, *Kosmopolitische Wanderungen,*

S. 117. Hoffmann, *Eckfenster,* S. 385, 388. Zelter, *Selbstdarstellung,* S. 370 f. Die Schusteranzeige nach Klauss, *Alltag,* S. 85. Messeliste nach Sombart, *Kapitalismus,* Bd. 1, S. 470. »Meßfremde«: Zahlen (von mir gerundet) nach Sombart, Bd. I, S. 480. Handelszahlen: ebenda, S. 475. **Abgebrochener Stadtbummel:** Rebmann, *Wanderungen und Kreuzzüge,* S. 579. Heine, *Die Bäder von Lucca,* S. 255. Rebmann, *Kosmopolitische Wanderungen,* S. 114 f. Laukhard, *Leben und Schicksale* 2, S. 124. Hoffmann, *Eckfenster,* S. 404. Reichard, *Passagier* 2, S. 838, 902. Burney, *Musikalische Reise,* S. 418. Rebmann, *Wanderungen und Kreuzzüge,* S. 589. **An der Universität:** Goethe, *Faust,* S. 208. Varnhagen, *Tageblätter,* S. 179. Weber, *Briefe,* S. 346 f. Laukhard, *Leben und Schicksale* 1, S. 286, *Leben und Schicksale* 2, S. 116 f. Goethe, *Dichtung und Wahrheit,* S. 228. Karamsin, *Briefe,* S. 138. Moritz, *Anton Reiser,* S. 152. Rebmann, *Wanderungen und Kreuzzüge,* S. 528. Bürgers akademische Annonce in *Werke,* S. 799. Ein zeitgenössischer Hörer über Kant nach Kühn, *Kant,* S. 414. Fichte nach Kühn, *Kant,* S. 412. Kant über Fichte, ebenda. Zeitzeuge über Hegel nach Hermsdorf, *Literarisches Leben,* S. 418. **Werkstattbesichtigungen:** Klöden, *Von Berlin nach Berlin,* S. 222 ff. Nemnich, *Tagebuch* 1, S. 131, 143. Forster, *Ansichten,* S. 156. Nemnich, *Tagebuch* 2, S. 313 f. Weber, *Briefe* 1, S. 559. Nemnich, *Tagebuch* 2, S. 260. Forster, *Ansichten,* S. 158. Der Ratsbericht aus Chemnitz nach Kuczynski, *Alltag,* S. 214. Möser, *Phantasien,* S. 26. Salzmann, *Moralisches Elementarbuch,* nach Ewers, *Kinderliteratur,* S. 113. Globaler Vergleich der Produktivität nach Darwin, *Der imperiale Traum,* S. 184. Möser, *Phantasien,* S. 56. Heß, *Durchflüge* 1, S. 40. Weber, *Briefe* 1, S. 591. Jean Paul, *Giannozzo,* S. 710. **Ortstermin im Armenhaus:** Rochow nach Schmitt/Tosch, *Vernunft fürs Volk,* S. 25. Büsching, *Reise,* S. 160. Weimarer Suppenanstalt nach Klauss, *Alltag,* S. 28. Goethe, *Wahlverwandtschaften,* S. 52. Goethe nach Sachse, *Gil Blas* (Anhang), S. 264. Büsching, *Reise,* S. 175. Salzmann, *Carlsberg,* S. 342. *Magazin zur Erfahrungsseelenkunde,* Bd. 2, S. 280 f. Möser, *Armenanstalten,* in: *Patriotische Phantasien,* S. 38. Nemnich, *Tagebuch* 2, S. 272 f. Grabbes Vater nach Aufenanger, *Lachen der Verzweiflung,* S. 20. *Testimonium paupertatis* nach Setzwein, *Jean Paul,* S. 23. Weiße nach Könneker, *Kinderschaukel,* S. 194. **Gang zum Richtplatz:** Schwertinstruktion nach Evans, *Rituale der Vergeltung,* S. 81. Grabbe nach Aufenanger, *Lachen der Verzweiflung,* S. 37. Riesbeck, *Briefe,* S. 32. Henke, *Criminalrechtswissenschaft,* S. 56. Goethe, *Werther,* S. 120. Laukhard, *Leben und Schicksale* 1, S. 135, 141 f. Wehrlin, *Reise durch Oberdeutschland,* S. 29. Nicolai nach Wehrlin, *Oberdeutschland,* Anmerkungsteil, S. 106. Riesbeck, *Briefe,* S. 66 f. Bayerisches Strafgesetzbuch nach Dülmen, *Schauspiel des Todes,* S. 241. Hinrichtungszahlen und Daten nach Evans, *Rituale,* S. 287 f. Anonymus, *Brief eines Fremden,* im 5. Heft der Zeitschrift *Berlin.* Die Berliner Verordnung: *NCC,* Bd. 10, Spalte 3073 ff. Hommel, *Beccaria,* S. 110, 116. Gesky, *Weimar,* S. 57, 38. Goethe, *Dichtung und Wahrheit,* S. 135. Basedow, *Elementarwerk,* Bd. 3, die vollständige Passage S. 38 ff. Pestolozzi, *Eigentum und Verbrechen,* S. 71. Meiners, *Betrachtungen,* S. 67 ff. Hufeland nach Pfeifer, *Medizin,* S. 190. Schiller, *Die Räuber,* S. 44. **Blick ins Getto:** Börne, *Die Juden in Frankfurt,* S. 7. Goethe, *Dichtung und Wahr-*

heit, S. 134. Krünitz, Bd. 31, S. 336. Heß, *Durchflüge*, Bd. 2, 182. Rebmann, *Wanderungen und Kreuzzüge*, S. 611 f. Karamsin, *Briefe*, S. 184, 186. Beispielfall Hirsch nach Schenk, ›*Judenporzellan*‹, Tabellennr. 8. Zu Mendelssohns Affen Föhl, *Porzellanaffen*. Rebmann, *Kosmopolitische Wanderungen*, S. 122, 121. Börne, *Der ewige Jude*, S. 496. **Landleute kommen in die Stadt:** Jean Paul, *Selberlebensbeschreibung*, S. 49, 46 f., 32. Büsching, *Reise*, S. 67 f. Formey, *Topographie*, S. 141. Klöden, *Von Berlin nach Berlin*, S. 240. *Vorstellungen der Nürnbergischen Trachten* von 1766 nach Kuczynski, *Alltag*, S. 225 f. **Städter fahren aufs Land:** Laukhard, *Leben und Schicksale* 1, S. 146 f., *Leben und Schicksale* 2, S. 113. Heß nach Kühme, *Bürger und Spiel*, S. 110. Riesbeck, *Briefe*, S. 454 f. Knigge, *Briefe und Schriften*, S. 80 f. Hirschfeld, *Landleben*, nach Münch, *Lebensformen*, S. 438. Goethes Mutter an Christiane Vulpius im Juni 1798 nach North, *Genuss*, S. 107. Hirschfeld nach Münch, *Lebensformen*, S. 438. Riesbeck, *Briefe*, S. 206 f. Eckermann, *Gespräche*, S. 92.

4. Auf dem platten Land

Besuch aus der Stadt: Eichendorff nach dem Nachwort in *Schlesische Tagebücher*, S. 241. Schlosser nach Ewers, *Kinderliteratur*, S. 97. Weber, *Briefe* 1, S. 27. Möser, *Patriotische Phantasien*, S. 103. Rahel Varnhagen an Pauline Wiesel und Pauline an Rahel, in: Varnhagen/Wiesel, *Ein jeder macht ...*, S. 61, 69 f. Gräbner, *Weimar*, S. 293 ff. Laukhard nach Oellers, *Weimar*, S. 72. Der Schweizer nach Klauss, *Alltag*, S. 32. **Die Landbevölkerung:** La Bruyère, *Charaktere*, S. 341. Pestalozzi, *Über den Bauern*, S. 40. Weber, *Briefe*, Bd. 1, S. 473. Von Loen, *Freye Gedanken*, S. 34 f. Arztbericht nach Kuczynski, *Geschichte des Alltags*, S. 273. Rochow nach Zerrenner, in: Schmitt, *Kostbarkeiten*, S. 16. Zahlen nach Dipper, *Deutsche Geschichte*, S. 135 f. Büsching, *Reise*, S. 224 f. Lindemann nach Schmitt, *Vernunft fürs Volk*, S. 212. Riesbeck, *Briefe*, S. 78. Forster, *Ansichten*, S. 158 f. Laukhard, *Leben und Schicksale* 2, S. 438. Büchner, *Landbote*, S. 212. Goeze nach Ewers, *Kinderliteratur*, S. 423. Schlosser nach Ewers, *Kinderliteratur*, S. 95. Weimarer Denkschrift nach Wilson, *Goethe-Tabu*, S. 147. **Die Obrigkeit:** Könneker, *Kinderschaukel*, S. 184 f. Büchner, *Landbote*, S. 212 f. Büsching, *Reise*, S. 94 f. Pestalozzi, *Bauern*, S. 51. Hoffmann, *Elexiere*, S. 461. Bürger, *Anweisung*, S. 783. Jean Paul, Briefzitat nach Setzwein, *Jean Paul*, S. 130. Jean Paul, *Selberlebensbeschreibung*, S. 7. Laukhard, *Leben und Schicksale* 1, S. 278, 282. Waiblinger, *Tagebücher*, S. 42. Moritz, *Predigerjahre*, S. 503 f. Rochow, *Kinderfreund* 2, S. 88, 106 f., *Kinderfreund* 1, S. 65 f. **In der Dorfschule:** v. Zedlitz nach Schmitt, *Vernunft*, S. 161. Kant, *Aufklärung*, S. 9. Otte nach Böning, *Zeitungslesen*, S. 8. Von der Recke nach Prengel, *Tugend*, S. 54. Christiane Louise nach Prengel, *Treue*, S. 30. Lindemann nach Schmitt, *Vernunft*, S. 212. Zahlen nach Schmitt, *Vernunft*, S. 21. Landschul-Reglement nach Schmitt, *Vernunft*, S. 198. Aktennotiz zu Spaldings Reformplan nach Schultz, *Berlin*, S. 275. Paulus nach Schmitt, *Vernunft*, S. 27. Villaume nach Ewers, *Kinderliteratur*, S. 85. **Leibeigenschaft und Fronarbeit:** *Morgenlied*, Rochow, *Kinderfreund* 2, S. 209. Pfeffel,

Durch Fronen abgezehrt in *Biographie eines Pudels*, S. 47. Thieme, *Gutmann*, nach Ewers, *Kinderliteratur*, S. 119. Büsching, *Reise*, S. 217 f. Gutsherrenbeschwerde nach Kuczynski, *Alltag*, S. 206. Das Dokument ist auffindbar über die Website verfassungen.de. Büsching, *Reise*, S. 69, 79. Schnauß nach Wilson, *Goethe-Tabu*, S. 155 f., 340. Bauernaufruf nach Münch, *Lebensformen*, S. 98. Beide Eingaben nach Wilson, *Goethe-Tabu*, S. 99, 85 f. Rochow, *Kinderfreund 2*, S. 47 f. Fron- und Lohnlöcher nach Kuczynski, *Alltag*, S. 64. **Vom Pflügen:** *Sächsischer Landwirt* nach Sombart, *Kapitalismus*, Bd. II-2, S. 639. Goethe, *Tagebücher*, S. 316. Rochow, *Kinderfreund 1*, S. 60 f. Rochow nach Schmitt/Tosch, *Vernunft fürs Volk*, S. 65. **Über den roten Klee:** *Die vier kunstreichen Brüder* nach Grimm, *Kinder- und Hausmärchen*, S. 610. Hübners *Lexicon*, Stichwort Trifolium acetosum. Schubart, *Ökonomisch-kameralistische Schriften 3*, S. 35. Nemnich, *Tagebuch 1*, S. 197. Thaer, *Geschichte meiner Wirthschaft*, S. 35. **Agrarökonomie:** Thaer, *Grundsätze*, S. 3. Thaer nach Prengel/Schmitt, *Tugend – Treue*, S. 72. Schubart, *Ökonomisch-kameralistische Schriften 4*, S. 152. Thaer, *Geschichte meiner Wirthschaft*, S. 349, 342 f., 346. Rochow, *Kinderfreund 2*, S. 104 f.

5. Der Alltag

Tagesabläufe: de Catt, *Friedrich*, S. 31 f. Burney, *Musikalische Reise*, S. 405. Moritz, *Anton Reiser*, S. 74. Klöden, *Erinnerungen*, S. 213. Eckermann, *Gespräche*, S. 26. Hufeland nach Klauss, *Alltag*, S. 53. Möser, *Phantasien*, S. 34, 13. Milow, *Ich will aber nicht murren*, S. 103. **Briefe über Betten:** Hufeland nach Pfeifer, *Medizin*, S. 134. Die ›Bettstellen‹ finden sich in Boie, »*Ich war wohl klug*«, zwischen S. 325 und S. 476. Boie über Nachtmützen, S. 476. Luise übers Kamisol, S. 478. **Haushalt und Häuslichkeit:** Böttiger, *Literarische Zustände*, S. 67. Eckermann, *Gespräche*, S. 195. Zeitgenössisches Zitat über Stettin nach North, *Genuss*, S. 78. Bertuch, *Colonial-Waaren*, S. 120 f. Jean Paul, *Hesperus*, S. 265. *Journal des Luxus und der Moden* nach North, *Genuss*, S. 96. Zeitgenössisches Zitat über Göttingen nach Münch, *Lebensformen*, S. 337. Genast nach Klauss, *Alltag*, S. 20. Die Verteilungszahlen referiert Kuczynski, *Geschichte des Alltags*, S. 259. Schillers Haushaltszahlen nach Hucke, *Jene »Scheu vor allem Mercantilischen«*. Herders Angaben nach Klauss, *Alltag*, S. 20. Riesbeck, *Briefe*, S. 319 f. Rahel Robert nach Thomann Tewarson, *Rahel Varnhagen*, S. 94. **Das Gesinde:** Gräbner, *Weimar*, S. 86 f. Formey, *Topographie*, S. 66. Büsching, *Reise*, S. 158. Von Hoff, *Gesinde*, S. 5. Büsching, *Reise*, S. 157. Paulus, *Korintherbrief*, nach der Lutherbibel, 1 Kor. 7.20 – 21. Sautier, *Marie*, Vorblatt. Pestalozzi, *Über den Bauern*, S. 48. Lavater, *Sittenbüchlein*, nach Barkhoff/Sagarra, *Anthropologie*, S. 245. Sachse, *Gil Blas*, S. 164 f. Dienerinschrift Rochows nach Zerrenner, *Andenken*, S. 23. Recke, *Tagebücher*, S. 287. Rahel nach Thoman Tewarson, *Varnhagen*, S. 56. Eichendorff, *Schlesische Tagebücher*, S. 14. Sachse, *Gil Blas*, S. 136. Goethe an Christiane nach Witte, *Goethe Handbuch*, Bd. 4/1, S. 208. Kant, *Streit der Facultäten*, S. 290 f. Moritz, *Hartknopf*, S. 443. Moritz, *Anton Reiser*, S. 384. Germershausen, *Hausmutter*, S. 8. Krünitz, *Gesindewesen*, nach Kuczynski, *Geschichte des Alltags*, S. 206 f.

Knigge, *Umgang mit Menschen*, S. 225, 232. Zum Fall Höpner: Preisendörfer, *Staatsbildung*, S. 226. Justi, *Grundfeste*, Bd. 2, S. 189, 192. Varnhagen, *Tageblätter*, S. 133 f. Goethes Köchinnenzeugnis nach Klauss, *Alltag*, S. 17. Goethes Anzeige nach Oellers/Steegers, *Weimar*, S. 242. Goethes Xenie nach Bruford, *Goethezeit*, S. 272. Goethe an August nach Sachse, *Der deutsche Gil Blas*, S. 270, 283 (Nachwort). **Vom Licht:** Schillers Finanzplan nach Hucke, *Jene »Scheu vor allem Mercantilischen«*, S. 23. Lichtenberg, *Noctes*, S. 75 f. Bach nach Geck, *Bach*, S. 15. Jean Paul, *Selberlebensbeschreibung*, S. 37, 88. Nemnich, *Tagebuch* 1, S. 5. *Journal des Luxus und der Moden*, Ausgabe Juni 1788, S. 235–239. Weise, *Kunst*, S. 292. Kant, *Streit der Facultäten*, S. 389. Weise, *Kunst*, S. 161. Bielfeld, *Lehrbegriff*, S. 217. Nicolai, *Beschreibung*, S. 173. Formey, *Topographie*, S. 11. **Vom Wasser:** *Zauberlehrling* nach Goethe, *Gedichte*, S. 217. Boie, *»Ich war wohl klug«*, S. 373. Krünitz, Artikel *Brunnen*. Formey, *Topographie*, S. 18. Gräbner, *Weimar*, S. 4. Behrends, *Der Einwohner*, S. 184. Klöden, *Berlin nach Berlin*, S. 82. Zelter, *Selbstdarstellung*, S. 237. Schiller, *Pro Memoria*, Nationalausgabe, Bd. 1, S. 160. Eva König, *»Thue ein Häferl Wein«*, S. 69. Formey, *Topographie*, S. 10. Nemnich, *Tagebuch* 1, S. 208. Westrumb nach Stock, *Selters oder Selters;* in: *Die Zeit*, 11. März 2009. Neubeck, *Gesundbrunnen*, S. 7, 32. **Vom Feuer:** Rebmann, *Kosmopolitische Wanderungen*, S. 153. Formey, *Topographie*, S. 158. Klöden, *Von Berlin nach Berlin*, S. 310 f. Hoffmann an Hippel nach Günzel, *Hoffmann*, S. 333. Weber, *Briefe* 1, S. 250. Recke nach Prengel/Schmitt, *Tugend-Treue*, S. 54. **Blitze und Blitzableiter:** Eichendorf, *Schlesische Tagebücher*, S. 91. Klopstock, *Frühlingsfeier*, DQ 19. Goethe, *Werther*, S. 66 f. Cotta nach Alt, *Schiller*, Bd. II, S. 77. Schiller, *Glocke*, S. 814. Reimarus, *Ursache des Einschlagens vom Blitze*, S. 74, 92 f. Recke, *Tagebücher*, S. 122. Albrecht, *Zweckmäßige und erprobte Mittel*, S. 50. Jean Paul, *Feldprediger Schmelzle*, S. 19. **Vom Heizen:** Gesky, *Weimar*, S. 28. Riesbeck, *Briefe*, S. 396. Formey, *Topographie*, S. 86. Herz, *Erinnerungen*, S. 295 f. Seume, *Mein Leben*, S. 42. Laukhard, *Leben und Schicksale* 2, S. 235, 240 (Hinweis zur ersten Stelle: Der Druck ist zweimal hintereinander mit 227 bis 235 paginiert, die Stelle findet sich auf der ersten S. 235). Rochlitz, *Tage der Gefahr*, S. 18. Zeitungszitat nach Mooser, *»Furcht«*, S. 61 f. Krünitz, Bd. 103, 797 f. **Exkurs:** Krünitz, Bd. 103, S. 797 f. Riesbeck, Briefe, S. 17. Heß, *Durchflüge* Bd. 1, S. 180. Forster, *Ansichten*, S. 165. Weber, *Briefe* 1, S. 21. Zahlen zum englischen Schienennetz nach Marks, *Ursprünge der modernen Welt*, S. 130 f. Zahlen zur englischen Kohleförderung nach Darwin, *Der imperiale Traum*, S. 191.

6. Essen und Trinken

Wer isst warum wann was mit wem und womit: Kant, *Anthropologie*, S. 619. Kant, *Streit der Facultäten*, S. 385. Riesbeck, *Briefe*, S. 151. Blumröder nach Schödel, *Blumröder?*, S. 454. Rumohr nach Lütkehaus, *Rumohrs »Geist der Kochkunst«*, S. 21. Germershausen, *Hausmutter*, S. 290, 294. Klöden, *Von Berlin nach Berlin*, S. 215 f. Moritz, *Anton Reiser*, S. 196, 135 ff., 178 f. Seume, *Mein Leben*, S. 41. Boie, *»Ich war wohl klug«*, S. 342, 346. Riemer nach Oellers, *Weimar*,

S. 247. **Kurzer Blick in die Küche:** Neudecker, *Bayersche Köchin,* S. XI. Boie, *»Ich war wohl klug«,* S. 415. Goethe, *Faust,* S. 222. Krünitz, Stichwort »Küche«. Schiller, *Glocke,* S. 813. Schlegel, *Lucinde,* S. 67. Grimm, *Kinder- und Hausmärchen,* S. 195. Goethe, *Hermann und Dorothea,* nach Conrady, *Goethe,* Bd. 2, S. 176. Rumohr, *Kochkunst,* nach Lütkehaus, *Rumohr,* S. 22. Luise Mejer nach Boie, *»Ich war wohl klug«,* S. 340. **Brot und Butter:** Anteile des Einkommens für den Brotkauf nach Wehler, *Deutsche Gesellschaftsgeschichte,* Bd. 1, S. 196. Kasseler Bericht nach Flemming, *»Herrenloß gesinde«,* S. 307. Fleischverbrauch nach Kuczynsi, *Geschichte des Alltags,* S. 266. Wezel, *Lebensgeschichte,* S. 51. Lichtenberg, *Aphorismen-Bücher,* S. 264. Alle Krünitz-Zitate unter dem Stichwort »Brod«. Goethe, *Werther,* S. 21. Formey, *Topographie,* S. 72 (die Zahl), 70 (Zitat). Germershausen, *Hausmutter,* S. 428. Voss, *Luise,* nach Conrady, *Goethe,* Bd. 2, S. 167. **Die Kartoffel:** *Hannoverisches Magazin,* 17. Jg., Spalte 1319. Formey, *Topographie,* S. 71 f. Krünitz, Stichwort »Kartoffel«. Luise Mejer in Boie, *»Ich war wohl klug«,* S. 408. *Hannoverisches Magazin,* 28. Jg., Spalten 1437 ff. Weber, *Briefe* 1, S. 467 f. Nicolai nach Münch, *Lebensformen,* S. 321. Laukhard, *Leben und Schicksale* 2, S. 437. Luise in Boie, *»Ich war wohl klug«,* S. 408. **Fleisch und Geflügel:** Germershausen, *Hausmutter,* S. 528, 490 f., 126. Luise in Boie, *»Ich war wohl klug«,* S. 401. Hübner, *Lexicon,* Stichwort »Fleischer«. Formey, *Topographie,* S. 70 f. Krünitz, Stichwort »Fleisch«. **Gemüse und Obst:** Formey, *Topographie,* S. 69. Christiane nach Conrady, *Goethe,* Bd. 2, S. 496. Heine, *Wintermärchen,* S. 94. Boie, *»Ich war wohl klug«,* S. 349, 337, 349. Fintelmann nach Heilmeyer, *Erdbeeren für Prinzessinnen.* S. 85 f. **Bier, Branntwein, Wein:** Weber, *Briefe,* Bd. 1, S. 119. Germershausen, *Hausmutter,* S. 64. Schillers Finanzplan nach Hucke, *Jene »Scheu vor allem Mercantilischen«,* S. 22 f., 69. Behrends, *Der Einwohner,* S. 199, 204. Jean Paul nach Hörner, *BierBierBier,* S. 36. Formey, *Topographie,* S. 70 ff. Münchhausen=Germershausen, *Hausmutter,* S. 290. Boie, *»Ich war wohl klug«,* S. 408. **Etwas über Tabak:** Boie, *»Ich war wohl klug«,* S. 408. Hufeland nach Pfeifer, *Medizin,* S. 137. Formey, *Topographie,* S. 85. Pickert, *Lebens-Geschichte,* S. 63. Chamisso, *Reise um die Welt,* nach *Werke* Bd. 2, S. 177. Büsching, *Reise,* S. 16. Heß, *Durchflüge,* Bd. 2, S. 167. Nemnich, *Tagebuch,* Bd. 1, S. 124. **Eine Prise Salz:** Krünitz, Artikel »Brat=Salz«. Germershausen, *Hausmutter,* S. 528. Adelung, Stichwort »Der Hallor«. Jean Paul, *Hesperus,* S. 149. **Vom Zucker:** Braunschweiger Verordnung nach Schmitt/Tosch, *Vernunft fürs Volk,* S. 124. Christiane Louise v. Rochow nach Prengel/Schmitt, *Tugend Treue,* S. 28. Weber, *Briefe,* Bd. 1, S. 23. Riesbeck, *Briefe,* S. 457. Anonymus, *Der Zukker;* in: *Neueste Mannigfaltigkeiten,* Jg. 1778, S. 147. Bertuch, *Colonial-Waaren,* S. 68. Rezept nach Krünitz, Stichwort »Zuckerbrod«. **Kaffee und Tee:** Behrends, *Der Einwohner,* S. 186 f. Formey, *Topographie,* S. 74. Weber, *Briefe* 1, S. 116. Rochow, *Kinderfreund 2,* S. 123 f. Büsching, *Reise,* S. 45. *Journal des Luxus* nach North, *Genuss,* S. 257. Hebel, *Kalendergeschichten,* S. 163. ›**Colonial-Waaren‹ und ihre Ersatzstoffe:** Goepferdt an Schiller nach Hucke, *Jene »Scheu vor allem Mercantilischen«,* S. 13. Wezel, *Belphegor,* S. 141. Voltaire, *Kandide,* 19. Kap. DQ19, ohne Seitenzahlen.

Bertuch, *Colonial-Waaren*, S. 74. Krünitz, Stichwort »Kartoffelwürfel«. Nemnich, *Tagebuch* 1, S. 174. Bertuch, *Colonial-Waaren*, S. 57 ff. **Exkurs:** Rumohr nach Lütkehaus, *Rumohrs »Geist der Kochkunst«*, S. 24. Neudecker, *Bayersche Köchin*, S. III, X. Eva König nach Bauer/Berthold, »*Thue ein Häferl Wein*«, S. 63. Münchhausen=Germershausen, *Hausmutter*, Bd. 1, S. 64. Neudecker, *Allerneuestes Kochbuch*, S. 11 f. Eva König nach Bauer/Berthold, S. 56. Rumohr nach Lütkehaus, *Rumohrs »Geist der Kochkunst«*, S. 23. Neudecker, *Bayersche Köchin*, S. 72. Münchhausen=Germershausen, *Hausmutter*, S. 732. Heyde, nach Schultz, *Was sich seit Anno 1740 …*, S. 137. Hamburger Kochbuch nach Milow, *Ich will* – Kommentarband, S. 9 f. Nemnich, *Tagebuch* 1, S. 8 f. Heine, *Harzreise*, S. 223.

7. Kleider und Leute

Wer trägt wann was und warum: Heine, *Harzreise*, S. 223. Moritz, *Anton Reiser*, S. 315. Garve, *Moden*, S. 59. Devrient nach Kühme, *Bürger und Spiel*, S. 83. Hoffmann, *Vetters Eckfenster*, S. 385. Garve, *Moden*, S. 64. *Journal*, nach North, *Genuss*, S. 69. Heß, *Durchflüge* 1, S. 197. Weber, *Briefe* 1, S. 469. Riesbeck, *Briefe*, S. 76. *Journal* nach North, *Genuss*, S. 72. Louise von Rochow nach Prengel, *Tugend*, S. 28. Garve, *Moden*, S. 58. Nachlass des Frankfurter Kaufmanns nach North, *Genuss*, S. 73 f. Friedrichs Garderobe nach Leithold, *Friedrich II.*, S. 188 f. **Beantwortung der Frage: Was ist Mode?** Kant, *Aufklärung*, S. 9. Goethe, *Werther*, S. 77. Kestner nach Buch, *Leiden*, S. 187. Kant, *Anthropologie*, S. 572. Leserinnenbrief im *Journal*, nach North, *Genuss*, S. 70. *Almanach des Négocians*, nach Sombart, *Kapitalismus*, Bd. II-2, S. 866. Luise an Boie in: Boie, »*Ich war wohl klug*«, S. 368. **Leinen und Baumwolle:** Boie an Luise in: Boie, »*Ich war wohl klug*«, S. 372. *Amtblatt von Frankfurt a. d. Oder*, September 1816, S. 240, DQ1. *Amtsblatt von Potsdam*, September 1827, S. 199, DQ1. *Königl.-Bayr. Intell.-Blatt*, Beilage IX vom 17. Mai 1836, DQ1. Bertuch, *Colonial-Waaren*, S. 93, 96. **Samt und Seide:** Goethe, *Faust*, S. 196, 217, 227. Medailleninschrift nach Heilmeyer, *Maulbeeren*, S. 87. Türk nach Heilmeyer, *Maulbeeren*, S. 91. **Westen und Taillen:** *Journal* nach Schmitt, *Kostbarkeiten*, S. 13. Hübners *Handlungs-Lexicon*, Spalte 2240. Lichtenberg, *Aphorismen*, S. 464. **Der Zopf wandert nach vorn:** Münchhausen nach Bürger, *Wunderbare Reisen*, S. 523. Chamisso, *Tragische Geschichte*, DQ15. Heine, *Wintermärchen*, S. 98. **Von Haar und Haut:** Rebmann, *Wanderungen*, S. 591. Mara nach Leithold, *Friedrich II.*, S. 220. Recke, *Tagebücher*, S. 182. Der Rat der Gräfin nach Schütte-Bubenik, *Unerhörte Reise*, S. 61. Albrechts zweckmäßiges Sommersprossenbuch S. 70. Jean Paul, *Luftschiffer*, Nachwort, S. 85. Kosmeli, *Die Zwei und vierzig jährige Aeffin*, S. 157. Formey, *Topographie*, S. 83. **Bänder und Hauben:** Mörike, *Er ist's* in *Maler Nolten* nach *Werke*, S. 587. Kaffee-Kantate nach Bach, *Texte*, S. 377 f. Wezel, *Knaut*, S. 95. **Knopf und Kragen:** Wielandbesucher nach Oellers, *Weimar*, S. 122. Hoffmann, *Vetters Eckfenster*, S. 390, 394. Moritz, *Anton Reiser*, S. 125. **Über Unterwäsche:** *Königl.-Bayr. Intell.-Blatt*, Beilage IX vom 17. Mai

1836, DQ1. Moritz, *Anton Reiser,* S. 360. **Kritik der Schnürbrust, Lob der Muttermilch:** Goethe, *Faust,* S. 232, 211. Hermes, *Miss Fanny* I., S. 347. Knigge, *Adolph Freiherr Knigge,* S. 37. *Journal,* Februar 1791, S. 48 f. Formey, *Topographie,* S. 81. Behrends, *Der Einwohner in Frankfurt,* S. 236. Gräfin Casimire nach Prengel, *Tugend-Treue,* S. 28.

8. Sexualität

Lust und *Lucinde:* Kant, *Anthropologie,* S. 656. Laukhard, *Leben* 1, S. 265, 196, 233. Wiener Protestschreiben im Nachwort zu Schlegel, *Lucinde,* S. 110. Albrecht, *Heimlichkeiten,* S. 81. Schlegel, *Lucinde,* S. 15, 8, 28, 46, 50 f., 57, 73. Kant, *Anthropologie,* S. 550. Riesbeck, *Briefe,* S. 528. Pfeiffer, *Policeiwissenschaft* 2, S. 499. **Prostitution:** Pfeiffer, *Policeiwissenschaft* Teil 2, S. 297; Teil 1, S. 473. Riesbeck über Berliner Bordelle, *Briefe,* S. 430 ff., über die nicht privilegierten Wirte S. 372. Rebmann, *Kosmopolitische Wanderungen,* S. 137, 105. Laukhard über Gießen und Wetzlar, *Leben* 1, S. 100, 138 f., über Berlin, *Leben* 2, S. 418 ff. **Der Kampf gegen die ›Selbstbefleckung‹:** Villaume nach Rutschky, *Schwarze Pädagogik,* S. 300. Friedel, *Briefe,* S. 197. Kosmeli, *Zwei und vierzig jährige Aeffin,* S. 148. Friedel, *Briefe,* S. 180. Hufeland nach Begemann, *Furcht und Angst,* S. 215. Kant, *Über Pädagogik,* S. 758 f. (beide Stellen). Oest nach Begemann, *Furcht und Angst,* S. 225. Rebmann hier nach Bennholdt-Thomsen/Guzzoni, *Der ›Asoziale‹,* S. 99. Villaume nach Begemann, *Furcht und Angst,* S. 216. Klischnig, *Mein Freund,* S. 104. Oest und Campe nach Rutschky, *Schwarze Pädagogik,* S. 315. Campe nach Rutschky, S. 318. ›**Sodomie‹ und ›Knabenliebe‹:** Friedel, *Briefe,* S. 177, 154, 194. *Magazin,* Reprint Bd. VIII, S. 12 f., 164 f.; Bd. V, S. 79. ›**Nothzucht‹:** Hippel, *Lebensläufe,* nach Hippel, »*Und nun in Königsberg!*«, S. 26. Svarez, *Vorträge,* S. 384 f. Varnhagen, *Tageblätter,* S. 56. Müller nach Lorenz, *Delikt der ›Nothzucht‹,* S. 75. **Zeugung, Schwangerschaft, Geburt:** Goeze nach Ewers, *Kinderliteratur,* S. 260 f. Basedow, *Elementarwerk,* nach Ewers, *Kinderliteratur,* S. 177. *Magazin,* Reprint Bd. I, S. 94. Verteidiger und Gutachter nach Ulbricht, *Kindsmörderinnen,* S. 81. Basedow, *Elementarwerk,* nach Ewers, *Kinderliteratur,* S. 177. Heine, *Harzreise,* S. 211. Behrends, *Einwohner in Frankfurt,* S. 40. Stark, *Geschichte,* S. 5 ff. Brief an Mejer in Boie, »*Ich war wohl klug*«, S. 285. Boie in Boie, »*Ich war wohl klug*«, S. 497 f. **Ein Denkmal für die Gretchen:** Goethe, *Vor Gericht,* in *Gedichte,* S. 50. Die Urteilssammlung in Hymmen, *Beyträge,* S. 305, 311, 317, 320, 325. Preisschrift nach van Dülmen, *Frauen vor Gericht,* S. 104. Pestalozzi, *Ueber Gesezgebung,* S. 15. Pfeiffer, *Policeiwissenschaft* 2, S. 500. Bürger, *Des Pfarrers Tochter,* S. 264. Boie an Bürger nach Bürger, *Sämtliche Werke,* Anmerkungsteil, S. 1225. *Des Knaben Wunderhorn,* S. 175 f. Schiller, *Die Kindesmörderin,* in Riha (Hrsg.), *Moritatenbuch,* S. 339. Berliner Armendirektion nach Schultz, *Berlin,* S. 268. Vernehmungsprotokoll der Magd nach Lorenz, *Schwangerschaftswahrnehmungen,* S. 116 f. Gesky, *Weimar,* S. 35. Wochenblattanzeige nach Klauss, *Alltag,* S. 63 f. Eckermann, *Gespräche,* S. 413. Goethe nach Schings, *Goethe,* FAZ. Goethe, *Faust,* S. 299.

9. Ehe und Familie
Liebe oder Konvenienz: Milow, *Ich will aber nicht murren,* S. 61. Schopenhauer, *Welt 2,* S. 715. Bürger, *Schön Suschen,* in: *Werke,* S. 202. Mozart nach Hildesheimer, *Mozart,* S. 265. Knigge, *Umgang,* S. 181. Basedow nach Ewers, *Kinder- und Jugendliteratur,* S. 178. Hegel, *Grundlinien,* S. 308. Kant, *Metaphysik,* S. 389. Hegel, *Grundlinien,* S. 310. Schopenhauer, *Welt,* S. 697. Schlegel, *Lucinde,* S. 43. Knigge, *Umgang,* S. 165. Friedel, *Briefe über die Galanterien,* S. 106, 138. Möser, *Patriotische Phantasien,* S. 201. Huber, *Luise,* S. 11. Hubers Brief nach Kleßmann, *Universitätsmamsellen,* Forster nach Harpprecht, *Georg Forster,* S. 427, 165 f. Knigge, *Umgang,* S. 186 f. Friedel, *Briefe,* S. 23 f. Goethe, *Wahlverwandtschaften,* S. 40. Knigge, *Umgang,* S. 178. Jean Paul, *Hesperus,* S. 345 f., 244. Kursivierung von J. P. Knigge nach *Knigge und seine Tochter,* S. 26. Herz, *Erinnerungen,* S. 111, 114 f. Varnhagen, *Tageblätter,* S. 56. Über Rostock und Hamburg: Kuczynski, *Geschichte des Alltags,* S. 246. Klischnig, *Mein Freund,* S. 143. **Vier Hochzeiten:** Moritz, *Hartknopfs Predigerjahre,* S. 513. Recke, *Tagebücher,* S. 148. Goethe, *Hermann und Dorothea,* S. 505. Goethe nach Oellers, *Weimar,* S. 210. **Gattin und Gatte:** *Ännchen* nach Herder, *Laß in die Herzen,* S. 38. Kant, *Anthropologie,* S. 656. Hippel, *Über die bürgerliche Verbesserung,* S. 341 f. Pockels nach Münch, *Lebensformen,* S. 231. Schopenhauer, *Welt 2,* S. 696. Luise in Boie, »*Ich war wohl klug«,* S. 418 f. Campe, *Väterlicher Rath* nach Barkhoff/Sagarra, *Anthropologie,* S. 216. Kant, *Anthropologie,* S. 649. Knigge, *Vom Umgang,* S. 170. Möser, *Patriotische Phantasien,* S. 205 f. Kant, *Anthropologie,* S. 654. Overbeck nach Ewers, *Kinder- und Jugenliteratur,* S. 224. **Ein Absatz über Schwiegermütter:** Knigge, *Vom Umgang,* S. 177. **Kindersegen, Kinderfluch:** Mozart, *Zauberflöte,* S. 79, 67. Goethe, *Annalen,* S. 737. *Weimarisches Wochenblatt* nach Klauss, *Alltag,* S. 21. Johanna Schopenhauer nach Oellers, *Weimar,* S. 260. Justi, *Grundfeste,* Karte, 106. Besucher bei Herder nach Oellers, *Weimar,* S. 59. Friedrich II. nach Münch, *Lebensformen,* S. 117. Büsching, *Reise,* S. 273. Büsching, *Lebensgeschichte,* nach dem Anhang zu *Reise,* S. 713. Knigge nach *Knigge und seine Tochter,* S. 11. Berechnung der Armendirektion nach Schultz, *Berlin,* S. 182. Möser nach Münch, *Lebensformen,* S. 248.

10. Gesundheit, Krankheit, Tod
Wunderheiler und Tablettenkrämer, Ärzte und Apotheker: Laukhard, *Leben 2,* S. 293. Preisfrage nach Winau, *Medizin,* S. 102. Hippel, *Lebensläufe,* nach »*Und nun in Königsberg«,* S. 35. Friedrich nach Winau, *Medizin,* S. 109. Heyde, *Was sich seit Anno 1740 ...,* S. 137. Chamisso, *Reise,* S. 387. Heim nach Schultz, *Berlin,* S. 270. Berliner Magistrat nach Schultz, *Berlin,* S. 271. Laukard, *Leben und Schicksale* Bd. 1, S. 42, Bd. 2, S. 384. Klöden, *Berlin,* S. 134 f. Boie, »*Ich war wohl klug«,* S. 378. Rochow nach Schmitt, *Kostbarkeiten,* S. 18. Rochow, *Kinderfreund* 1, S. 63. Rochow, *Kinderfreund 2,* S. 60 ff. Hufeland nach Schultz, *Berlin,* S. 269. **Vom Hospital zum Krankenhaus:** Charité-Grundriss nach Winau, *Medizin,* S. 80 f. Das österreichische Zirkular nach Hausner, *Das Pathologisch-Anatomi-*

sche Bundesmuseum, S. 96. Friedrich nach Leithold, *Friedrich*, S. 301 f. **Die Po-cken und die Impfung:** *Vossische Zeitung* nach Wolff, *»Triumph!«*, S. 163. Formey, *Topographie*, S. 163. Rochow nach Schmitt, *Vernunft*, S. 16. Luise in Boie, *»Ich war wohl klug«*, S. 495. Rochow, *Kinderfreund* 2, S. 69. Rochow über das Imp-fen, *Kinderfreund* 2, S. 71 ff. Schopenhauer nach Rutschky, *Schwarze Pädago-gik*, S. 288 ff. Bremer nach Wolff, *»Triumph!«*, S. 168. Die Weimarer Anzeige nach Klauss, *Alltag*, S. 48. Hecker nach Wolff, *Einführung der Pockenschutzimp-fung*, S. 290. **Aderlass:** Goethe, *Faust*, S. 202. Rochow, *Kinderfreund* 2, S. 116. Hebel, *Kalendergeschichten*, S. 700 f., Nachwort. Herz nach Nettelbeck, *Moritz Lesebuch*, S. 133. Die Hufeland-Zitate nach Pfeifer, *Medizin*, S. 106, 157, 158, 204. Hitzig nach Günzel, *Hoffmann*, S. 487. **Zahnweh:** Heyde, *Was sich seit Anno 1740 …*, S. 145. Zahnkünstler-Annonce nach Klauss, *Alltag*, S. 49. Gesky, *Wei-mar*, S. 144. Louise von Rochow nach Prengel/Schmitt, *Tugend*, S. 27. Lichten-berg, *Noctes*, S. 56. **Zipperlein:** Hufeland nach Pfeifer, *Medizin*, S. 80. **Hirnfor-schung:** Lichtenberg, *Über Physiognomik*, S. 279. Gall, *Schreiben*, S. 311 ff. Voss, *Ini*, S. 19. Herz nach Nettelbeck, *Moritz Lesebuch*, S. 135. **Besuch im ›Tollhaus‹:** Schneider, *Entwurf*, S. XIV, 96, 99, 113, 132, 152 f. Reil nach Promies, *Bür-ger und Narr*, S. 40 f. Blumröder nach Schödel, *Blumröder?*, S. 29 f. *Magazin zur Erfahrungsseelenkunde*, Bd. VI, S. 242 f. Recke, *Tagebücher*, S. 136 f. Reil nach Dörner, *Bürger und Irre*, S. 230 f. Blumröder nach Schödel, *Blumröder?*, S. 17. **Todesfälle:** Kestner nach Buch, *Leiden*, S. 187. König nach Hildebrandt, *Lessing*, S. 449. Klischnig, *Mein Freund*, S. 152 f. C. Herder nach Kantzen-bach, *Herder*, S. 130 f. J. Schopenhauer nach Oellers, *Weimar*, S. 270. Hitzig nach Günzel, *Hoffmann*, S. 487. Vogel nach Safranski, *Goethe*, S. 643. Bren-tano, *Märchen von dem Schulmeister Klopfstock*, S. 106. Hufeland, *Ueber die Un-gewissheit*, S. 10. Formey, *Topographie*, S. 158. **Bestattungen:** Gräbner, *Weimar*, S. 255. Der ›lästige Aufwand‹ nach Eberhardt, *Weimar zur Goethezeit*, S. 63. Jean Paul, *Selberlebensbeschreibung*, S. 35. Weber, *Briefe* 1, S. 258. Gesky, *Weimar*, S. 11, 153 f. Goethe, *Werther*, S. 120. Gesky, *Weimar*, S. 109 f. Pickert, *Lebens-Geschichte*, S. 61. J. Schopenhauer nach Oellers, *Weimar*, S. 216. Pickert, *Lebens-Geschichte*, S. 60 f. Lichtenberg nach Bürger, *Geldmännchen*, S. 270, Nachwort. Gesky, *Weimar*, S. 37, 207. Genast nach Klauss, *Alltag*, S. 74. Eckermann, *Ge-spräche*, S. 462. Jean Paul, *Konjektural-Biographie*, S. 139.

Abflug

Zedler-Zitat nach dem Stichwort »Mond-Reise«. Unger, *Mondkaiser*, S. 12. Chamisso, *Reise um die Welt*, S. 298. Goethe nach Reitz, *Ärzte*, S. 154, 155. We-ber, *Briefe* 1, S. 487. Voß, *Ini*, S. 24 f. Goethe nach Klaußmann, *Abenteuer der Luft*, S. 26.

Quellen- und Literaturverzeichnis

30 digitale Quellen zeitgenössischer Literatur – Zeitgenössische Handbücher und Lexika – Zeitschriften um 1800 – Zitierte und erwähnte zeitgenössische Literatur – Moderne Nachschlagewerke und Handbücher – Weitere Literatur

30 digitale Quellen (DQ) zeitgenössischer Literatur

(Zusätzliche digitale Quellen sind an entsprechender Stelle ohne Chiffrierungen angegeben.)

1 = books.google.de
2 = bsb-muenchen-digital.de
3 = deutschestextarchiv.de
4 = dibiki.ub.uni-kiel.de
5 = digital.slub-dresden.de
6 = digital.ub.uni-duesseldorf.de
7 = digital.staatsbibliothek-berlin.de
8 = digitale-sammlungen.de
9 = digitalis.uni-koeln.de
10 = diglib.hab.de
11 = digi.ub.uni-heidelberg.de
12 = dl.ub.uni-freiburg.de
13 = epub.ub.uni-muenchen.de
14 = gasl.org (Digitalisat der Arno-Schmidt-Referenzbibliothek)
15 = gedichte.xbib.de
16 = gdz.sub.uni-goettingen.de
17 = goethezeitportal.de
18 = goobiweb.bbf.dipf.de
19 = gutenberg.spiegel.de
20 = hab.de (Website der Herzog August Bibliothek Wolfenbüttel)
21 = hs-augsburg.de (Website der Bibliotheca Augustana)
22 = jean-paul-portal.de
23 = klassik-stiftung.de
24 = lexika.digitale-sammlungen.de
25 = schillerstiftung.de
26 = textlog.de
27 = web-archiv.staatsbibliothek-berlin.de
28 = woerterbuchnetz.de
29 = zeno.org
30 = zvdd.de (Zentrales Verzeichnis digitalisierter Drucke)

Zeitgenössische Handbücher und Lexika

Die Angaben werden gegebenenfalls mit der Nummer der von mir benutzten digitalen Quelle versehen.

Adelung, Johann Christoph: *Versuch eines vollständigen grammatisch-kritischen Wörterbuchs der hochdeutschen Mundart;* 5 Bde., Leipzig 1774–1786. (Dieser ersten Ausgabe folgten weitere, auch noch nach Adelungs Tod 1806. Das Werk entfaltete sprachnormierende Wirkung, wenn es auch nicht den quasi-offiziellen Status des späteren *Duden* erreichen konnte.) DQ24, in der Fassung von 1811.

Anonymus (der im Vorwort gleichwohl von »ich« spricht): *Versuch eines allgemeinen Handlungs- und Fabrikenaddreßbuches von Deutschland und einigen damit verwandten Provinzen; mit den nöthigen Sach-, Waaren- und Meßregistern versehen;* Ronneburg und Leipzig 1798. DQ9.

Anonymus: *Die Postgeheimnisse oder die hauptsächlichsten Regeln welche man beim Reisen und bei Versendungen mit der Post beobachten muß um Verdruß und Verlust zu vermeiden;* Leipzig 1803 (Nachdruck Berlin 1984).

Ehrmann, Theophil Friedrich (fortgesetzt von Heinrich Schorch und Gottfried Richter): *Allgemeines historisch-statistisch-geographisches Handlungs- Post- und Zeitungs-Lexikon für Geschäftsmänner, Handelsleute, Reisende und Zeitungsleser: enthaltend in alphabetischer Ordnung eine genaue, planmäßig vollständige, historische, statistische und topographische Beschreibung aller Erdtheile, Länder, Staaten, Inseln, Bezirke, Gebiete, Herrschaften, Völker, Meere, Seen, Flüsse, Wälder, Berge, Städte, Vestungen, Schlösser, Stifter, Seehäfen, Handelsplätze, Fabrikörter, Gesundbrunnen und Bäder, Poststazionen, Flekken und überhaupt aller, in irgend einer Hinsicht bemerkenswerter Ortschaften und Gegenden der Erde; gesammelt aus den besten, neuesten und ältern Quellen, aus Staatsschriften, Reisebeschreibungen, Journalen, Topographien und handschriftlichen Nachrichten;* Erfurt 1804.

Gräbner, Karl: *Die Großherzogliche Haupt= und Residenz=Stadt Weimar, nach ihrer Geschichte und ihren gegenwärtigen gesammten Verhältnissen dargestellt. Ein Handbuch für Einheimische und Fremde;* Erfurt 1830. (Ein Reprint, durch Abbildungen, Pläne und Nachwort ergänzt von Hans Henning, erschien Leipzig 1987, DDR, und als Lizenzausgabe, BRD, in Weinheim.)

Hennig, G.G.: *Preußisches Wörterbuch, worinnen nicht nur die in Preußen gebräuchliche eigenthümliche Mundart und was sie sonst mit der niedersächsischen gemein hat, angezeigt, sondern auch manche in preußischen Schriftstellern, Urkunden, Documenten und Verordnungen vorkommende veraltete Wörter, Redensarten, Gebräuche und Alterthümer erklärt werden;* Königsberg 1785. DQ1.

Hirsching, Friedrich K.G.: *Historisch-literarisches Handbuch berühmter und denkwürdiger Personen, welche in dem 18. Jahrhundert gestorben sind;* 14 Bde., Leipzig 1794–1811. DQ1.

Hoffmann, Karl Friedrich Vollrath: *Deutschland und seine Bewohner. Ein Handbuch der Vaterlandskunde für alle Stände;* 4 Bde., Stuttgart 1834–1836.

Johann **Hübner***s curieuses und reales Natur-Kunst-Berg-Gewerck- und Handlungs-Lexicon, Darin nicht nur die in der Physik, Medicin, Botanic, Chymie, Anatomie, Chirurgie und Apothekerkunst, wie auch in der Mathematik, Astronomie, Musik, Mechanik, bürgerlichen und Kriegsbaukunst, Artillerie, Schifffahrten etc. Ferner bey ritterlichen Exercitien; bey Bergwerken, Jägerey, Forstwesen, Fischerey, Gärtnerey, wie auch in der Kaufmannschaft, den Buchhalten und in Wechselsachen, bey Künstlern und Handwerkern gebräuchlichen Kunstworten beschrieben werden: Sondern auch alle im Handel und Wandel, ingleichen im Jure und vor Gerichten vorfallende Wörter, deutlich erkläret sind. Welches als der zweete Theil des realen Staats-Conversations- und Zeitungs-Lexici mit großem Nutzen zu gebrauchen;* Leipzig 1792.

Jördens, Karl Heinrich: *Lexikon deutscher Dichter und Prosaisten;* 6 Bde., Leipzig 1806–1811. DQ=lexika.us.

Köster, Heinrich Martin Gottfried; **Roos,** Johann Friedrich: *Deutsche Encyklopädie oder Allgemeines Real-Wörterbuch aller Künste und Wissenschaften;* Frankfurt a. M. 1778–1804. DQ2. (Das Werk blieb unvollendet. Erschienen sind 23 Bde., von A bis K, und ein Band mit Kupferstichen.)

Krünitz, Johann Georg: *Oeconomische Encyklopädie, oder allgemeines System der Land- Haus- und Staats-Wirthschaft;* 242 Bde., Berlin 1773–1858. DQ=kruenitz1.uni-trier.de. (Das gewaltige Werk erfuhr mehrere Titeländerungen, deren erste, ab Bd. 33, das »oeconomische« mit »technologische« ergänzte und damit auf die historische Entwicklung reagierte. Außerdem wurde ab diesem Band die »Kunstgeschichte« in die Themenreihe aufgenommen, der ab Band 74 noch die »Erdbeschreibung« und die »Naturgeschichte« folgten, bis drei Bände später wieder auf die Titelei ab Band 33 zurückgegangen wurde.)

Küster, Karl Daniel: *Sittliches Erziehungs-Lexicon, oder Erfahrungen und geprüfte Anweisungen: wie Kinder von hohen und mittlern Stande, zu guten Gesinnungen und zu wohlanständigen Sitten können angeführet werden: ein Handbuch für edelempfindsame Eltern, Lehrer und Kinder-Freunde, denen die sittliche Bildung ihrer Jugend am Herzen liegt;* Magdeburg 1774. DQ18. (Es erschien nur eine »erste Probe« von 176 Seiten.)

Meusel, Johann Georg: *Lexikon der vom Jahre 1750 bis 1800 verstorbenen teutschen Schriftsteller;* 15 Bde., Leipzig 1802–1816. Neudruck: Hildesheim 1967/68. DQ=commons.wikimedia.org (nicht vollständig).

NCC = *Novum Corpus Constitutionum Prussico-Brandenburgensium Praecipue Marchicarum oder Neue Sammlung Königl. Preuß. und Churfürstl. Brandenburgischer, sonderlich in der Chur- und Marck-Brandenburg, Wie auch anderen Provintzien, publicierten und ergangenen Ordnungen, Edicten, Mandaten, Rescripten. Vom Anfang des Jahres 1751 und folgenden Zeiten;* Berlin 1753 ff. (Die in den ersten Jahren von Samuel von Cocceji im Auftrag der Königlich Preußischen Akademie der Wissenschaften herausgegebene Textsammlung war Nachfolger des von Christian Otto Mylius betreuten *Corpus Constitutionum Marchicarum,* CCM, Berlin und Halle, 1737–1755.)

Seidenburg, Johann Gottlieb: *Berlinisches Oekonomisch Technologisch-Naturhistorisches Frauenzimmer-Lexicon: worin alles gelehrt wird was ein Frauenzimmer in der Oeconomie, Hauswirthschaft, theoretischen Kochkunst, Zuckerbäckerey und Kellerey, wie auch in allen andern weiblichen Arbeiten und sonst im gemeinen Leben gründlich zu wissen nöthig hat;* 3 Bde., Berlin 1800–1803.

Zedler, Johann Heinrich: *Grosses vollständiges Universallexicon aller Wissenschafften und Künste;* 64 Bde., Leipzig 1731–1750, zuzüglich vier Supplementbände bis 1754. Reprint Graz 1961–1964. DQ=zedler-lexikon.de.

Zeitschriften um 1800

Rund 200 Zeitschriften des 18. und 19. Jahrhunderts im Volltext bietet ub.uni-bielefeld.de/diglib/aufklaerung/zeitschriften.htm, von Herders *Adrastea* (1801–1803) über Biesters und Gedikes *Berlinische Monatsschrift* (einschließlich ihrer Nachfolger) 1783–1811, Nicolais *Allgemeine deutsche Bibliothek* (1765–1793, danach bis 1806 *Neue allgemeine deutsche Bibliothek*) bis zu Wielands *Der Teutsche Merkur* (1773–1789) und *Der Neue Teutsche Merkur* (1790–1810) und Schellings *Zeitschrift für spekulative Physik* (1800–1801).

Allerdings fehlen zum Beispiel Bertuchs *Journal des Luxus und der Moden* (mit Titeländerungen von 1786–1827), Goethes und Meyers *Propyläen* (1798–1800) oder auch Moritz' *Magazin zur Erfahrungsseelenkunde* (1783–1793).

Vom *Journal* ist ein Teil der Bände einsehbar unter digital.ub.uni-duesseldorf.de/ihd/periodical, ein weiteres, ebenfalls unvollständiges Digitalisat unter zs.thulb.uni-jena.de/receive/jportal_jpjournal. Vom *Magazin zur Erfahrungsseelenkunde* erschien 1986 (Nördlingen) ein vollständiger Neudruck in zehn Bänden.

Bertuchs *Journal* ist zwar das berühmteste, aber nicht das einzige seiner Art. So erschien in Leipzig von 1791 bis 1810 wöchentlich ein *Journal für Fabrik, Manufaktur, Handlung, Kunst und Mode,* DQ1.

Zitierte und erwähnte zeitgenössische Literatur

Die Titelangaben werden teilweise erläutert und gegebenenfalls mit der Nummer der von mir benutzten digitalen Quelle versehen.

Albrecht, Johann Friedrich Ernst: *Die Regenten des Thierreiches;* 3 Bde., ohne Ort 1790–1792. Digitalisat des 2. Bandes DQ2.

Sichere Mittel gegen das Zahnweh oder der kleine Zahnarzt; Hamburg 1809.

Heimlichkeiten der Frauenzimmer oder Die Geheimnisse der Natur hinsichtlich der Fortpflanzung des Menschen; über Befruchtung, Beischlaf und Empfängnis und eheliche Geheimnisse zur Erzeugung gesunder Kinder und Erhaltung der Kräfte und Gesundheit. Hrsg. Axel Matthes, München 1976. (Erstmals 1809, der Reprint folgt der 6., von Friedrich Stahmann Jahrzehnte nach Albrechts Tod überarbeiteten Ausgabe, Quedlinburg, Leipzig 1851.)

*Zweckmäßige und erprobte Mittel gegen Sommersprossen, Leberflecke, Sonnen-
brand [...] so wie eine schöne Haut im Gesicht, Busen und Händen zu behalten, und Mittheilung einiger bewährten Recepte dafür;* Hamburg, Altona 1809.
DQ4.

Anonymus: *Brief eines Fremden;* in: *Berlin. Eine Zeitschrift für Freunde der schönen Künste, des Geschmacks und der Moden;* 5. Heft, Berlin 1799.

Anthus, Antonius (= Gustav Blumröder): *Vorlesungen über Esskunst;* Leipzig
1836. (Eine Neuedition wurde herausgegeben von Alain Claude Sulzer,
Frankfurt a. M. 2006.)

Arnim, Achim von; **Brentano,** Clemens: *Des Knaben Wunderhorn;* Frankfurt
a. M. 1979. (Die Erstausgabe erschien in drei Bänden von 1806 bis 1808.)

Bach, Johann Sebastian: *Texte zu den Kantaten, Motetten, Messen, Passionen und
Oratorien von Johann Sebastian Bach vorgelegt von Christine Fröde;* Leipzig
1989. (Die Sammlung weist auch Bachs Textvorlagen und deren Verfasser
nach.)

Basedow, Johann Bernhard: *Elementarwerk. Ein geordneter Vorrat aller nötigen
Erkenntnis. Zum Unterricht der Jugend, von Anfang, bis ins academische Alter,
zur Belehrung der Eltern, Schullehrer und Hofmeister, zum Nutzen eines jeden
Lesers, die Erkenntnis zu vervollkommnen;* 4 Bde., Dessau 1774.

Beccaria, Cesare: *Dei delitti e delle pene;* 1764. (Erschien ohne Verfasser-, Ver-
lags- und Ortsangabe. Eine deutsche Übersetzung mit Anmerkungen publizierte Karl Ferdinand Hommel 1778.)

Behrends, Johann Adolph: *Der Einwohner in Frankfurt am Mayn in Absicht auf
seine Fruchtbarkeit, Mortalität und Gesundheit geschildert;* Frankfurt 1771.
DQ1.

Bertuch, Friedrich Justin: *Uebersicht der ausländischen Colonial=Waaren und ihrer
inländischen Surrogate aus dem Pflanzen=Reiche;* Weimar 1812.

Bielfeld, Jakob Friedrich: *Lehrbegriff der Staatskunst;* Breslau und Leipzig 1761
(Bd. 1 und 2), 1773 (Bd. 3).

Blumröder, Gustav: *Über das Irreseyn, oder anthropologisch-psychiatrische Grundsätze. Für Ärzte und Psychologen;* Leipzig 1836.

Boie, Heinrich Christian: *»Ich war wohl klug, daß ich dich fand.« Heinrich Christian Boies Briefwechsel mit Luise Mejer 1777–1785.* Herausgegeben von Ilse
Schreiber; München 1980.

Börne, Ludwig: *Die Juden in Frankfurt am Main;* in: *Sämtliche Schriften.* Hrsg.
Inge und Peter Rippmann, 5 Bde., Dreieich 1977, Bd. 1. (Entstanden 1807.)
Der ewige Jude; in: *Sämtliche Schriften,* Bd. 2. (Entstanden 1821.)
*Monographie der deutschen Postschnecke. Beitrag zur Naturgeschichte der Mol-
lusken und Testaceen;* in: *Sämtliche Schriften,* Bd. 1. (Entstanden 1821.)

Böttiger, Karl August (Hrsg. Klaus Gerlach und René Sternke): *Literarische
Zustände und Zeitgenossen. Begegnungen und Gespräche im klassischen Weimar;*
Berlin 1998. (Erste vollständige Publikation der Aufzeichnungen Böttigers.
Eine gekürzte, um nicht zu sagen verstümmelte Ausgabe brachte Böttigers
Sohn Karl Wilhelm 1838 heraus.)

Brentano, Clemens: *Das Märchen von dem Schulmeister Klopfstock und seinen fünf Söhnen;* in: ders.: *Baron von Hüpfenstich. Vier Märchen;* Berlin, Weimar 1975. (Mit anderen Märchen zwischen 1805 und 1811 entstanden, Erstveröffentlichung posthum 1846.)

Büchner, Georg: *Der Hessische Landbote;* in: *Sämtliche Werke* (Hrsg. Paul Stapf), Wiesbaden o.J. (Erstdruck als Broschüre 1834.)

Bürger, Gottfried August: *Mein scharmantes Geldmännchen. Gottfried August Bürgers Briefwechsel mit seinem Verleger Dieterich.* Herausgegeben von Ulrich Joost; Göttingen 1988.

Schön Suschen; in: *Sämtliche Werke;* Hrsg. Günter und Hiltrud Häntzschel; München, Wien 1987. (Erstmals 1776 in *Deutsches Museum.*)

Des Pfarrers Tochter in Taubenhain; in: *Sämtliche Werke.* (Erstmals 1782 in Boies *Musenalmanach.*)

Wunderbare Reisen zu Wasser und Lande, Feldzüge und lustige Abenteuer des Freiherrn von Münchhausen, wie er dieselben bei der Flasche im Zirkel seiner Freunde selbst zu erzählen pflegt; in: *Sämtliche Werke.* (Bürgers Münchhausiaden – in erster Fassung 1786, in zweiter 1788 – waren eine Rückübersetzung aus dem Englischen ins Deutsche mit eigenen Hinzufügungen, zu denen auch das Am-Zopf-aus-dem-Sumpf-Ziehen gehört.)

Über Anweisung zur deutschen Sprache und Schreibart auf Universitäten. Einladungsblätter zu meinen Vorlesungen; in: *Sämtliche Werke.* (Erstdruck 1787.)

Über die Zufriedenheit; in: *Sämtliche Werke.* (Freimaurerrede, gehalten im Februar 1788 in Göttingen.)

Burney, Charles: *Carl Burneys der [!] Musik Doktors Tagebuch seiner musikalischen Reise. Dritter Band. Durch Böhmen, Sachsen, Brandenburg, Hamburg und Holland. Aus dem Englischen übersetzt. Mit einigen Zusätzen und Anmerkungen zum zweiten und dritten Bande;* Hamburg 1773. (Enthalten in Charles Burney: *Tagebuch einer musikalischen Reise durch Frankreich und Italien, durch Flandern, die Niederlande und am Rhein bis Wien, durch Böhmen, Sachsen, Brandenburg, Hamburg und Holland 1770–1772.* Herausgegeben von Eberhardt Klemm; Leipzig 1975. Die nicht vollständige und gewissermaßen ›redigierende‹, man könnte auch sagen zensierende, zeitgenössische Übersetzung des dritten Bandes aus dem Englischen stammt wie die des zweiten, aber nicht des ersten, vermutlich von Johann Joachim Christoph Bode, in dessen Verlag die drei Bände in zwei Büchern erschienen sind. Das englische Original erschien 1771 und 1773.)

Büsching, Anton Friedrich (Hrsg. Gerd-H. Zuchold): *Berlin Potsdam Brandenburg 1775;* Berlin 2006. (Ausführlich kommentierte Ausgabe von *Anton Friderich Büschings, Königl. Preuß. Oberconsistorialraths Beschreibung seiner Reise von Berlin über Potsdam nach Rekahn unweit Brandenburg, welche er vom dritten bis achten Junius 1775 gethan hat. Mit Landcharten und andern Kupferstichen.* (Die Erstausgabe erschien Leipzig 1775. Ihr folgt der Nachdruck, versehen mit Einschüben aus der 2. Auflage von 1780.)

Eigene Lebensgeschichte, in vier Stücken; Halle 1789.

Campe, Johann Heinrich (Hrsg.): *Allgemeine Revision des gesammten Schul- und Erziehungswesens von einer Gesellschaft practischer Erzieher;* 16 Bde., Hamburg, Braunschweig, Wien 1785–1792.
Väterlicher Rat für meine Tochter. Ein Gegenstück zum Theophron, der erwachsenen weiblichen Jugend gewidmet; Braunschweig 1789.

Carolina = *Des allerdurchleuchtigsten großmechtigsten unüberwindlichsten Keyser Karls des fünfften: unnd des heyligen Römischen Reichs peinlich gerichts ordnung;* in: Gustav Radbruch (Hrsg.): *Die Peinliche Gerichtsordnung Kaiser Karls V. von 1532;* Stuttgart 1984.

Catt, Henri de (Hrsg. Willi Schüßler): *Friedrich der Große. Gespräche mit Henri de Catt;* München 1981. Die Aufzeichnungen entstanden zwischen 1758 und 1762 und wurden zum ersten Mal 1884 von Reinhold Koser veröffentlicht.

Chamisso, Adelbert von: *Tragische Geschichte;* DQ15. (Entstanden 1822, Erstveröffentlichung 1826.)
Reise um die Welt. Mit 150 Lithographien von Ludwig Choris und einem essayistischen Nachwort von Matthias Glaubrecht; Berlin 2012. (Die Ausgabe konzentriert sich auf den als »Tagebuch« bezeichneten, 1834/35, etwa 20 Jahre nach der Reise entstandenen Teil von Chamissos Bericht. Eine erweiterte Fassung in *Sämtliche Werke in zwei Bänden.* Hrsg. Werner Fendel und Christel Laufer. Bd. II, München, Wien 1982.)

Dohm, Christian Wilhelm von: *Ueber die bürgerliche Verbesserung der Juden;* Berlin und Stettin 1781. (Ein »zweyter Theil« folgte 1783.)

Eckermann, Johann Peter: *Gespräche mit Goethe in den letzten Jahren seines Lebens.* Herausgegeben von Heinz Schlaffer als Band 19 von Goethes *Sämtlichen Werken nach Epochen seines Schaffens. Münchner Ausgabe;* München 1986. (Die überaus einflussreiche Veröffentlichungsgeschichte der *Gespräche* begann 1836 mit einem katastrophalen Misserfolg.)

Ehlers, Martin: *Betrachtungen über die Sittlichkeit der Vergnügungen;* Frankfurt a. M. 1972. (Reprint der zweiteiligen Ausgabe von 1779.)

Eichendorff, Joseph von: *Schlesische Tagebücher.* Herausgegeben von Alfred Riemen; Berlin 1988. (Eine Auswahl der Jugendtagebücher vom November 1800 bis Juli 1810.)

Falk, Johann Daniel: *Goethe aus näherm persönlichen Umgange dargestellt. Ein nachgelassenes Werk;* Leipzig 1832.

Fichte, Johann Gottlieb: *Versuch einer Critik aller Offenbarung;* Königsberg 1792. (Im Titel der zweiten, erweiterten Auflage von 1793 erscheint »Kritik«.)

Formey, Ludwig: *Versuch einer medicinischen Topographie von Berlin;* Berlin 1796. DQ1.

Forster, Georg: *Ansichten vom Niederrhein zu Brabant, Flandern, Holland, England und Frankreich im April, Mai und Juni 1790.* Herausgegeben von Ulrich Schlemmer; Stuttgart, Wien 1989. (Die ersten beiden Teile des unvollendet gebliebenen Werks erschienen 1791 und 1792.)

Frank, Johann Peter: *System einer vollständigen medicinischen Polizey;* 6 Bde. in 9 Büchern; Mannheim 1779–1819. DQ16.

Friedel, Johann: *Briefe über die Galanterien von Berlin auf einer Reise gesammlet von einem österreichischen Offizier;* Gotha 1782. DQ1. (Anonym erschienen, nach erfolgreichen Nachahmerpublikationen nahm Friedel für das Werk die Urheberschaft in Anspruch.)

Gall, Franz Joseph: *Schreiben über seinen bereits geendigten Prodromus über die Verrichtungen des Gehirns der Menschen und Thiere;* in: *Der neue Teutsche Merkur,* 1798, Bd. 3, S. 311–332.

Garve, Christian Garve: *Über die Moden. Herausgegeben von Thomas Pittrof;* Frankfurt a. M. 1987. (Erstmals 1792 in Band 1 von Garves *Versuche über verschiedene Gegenstände aus der Moral, der Litteratur und dem gesellschaftlichen Leben.*)

Geiger, Franz Xaver: *Schöne Lebensgeschichte des guten und vernünftigen Bauersmanns Wendelinus: ein Lesebuch für das Landvolk von einem Landpfarrer;* Augsburg 1791.

Germershausen, Christian Friedrich (= Otto von Münchhausen): *Die Hausmutter in allen ihren Geschäfften,* Bd. 1, Leipzig 1782 (= 3. Auflage). DQ1.

Gesky, Franz David (Hrsg. Hubert Erzmann und Rainer Wagner): *Weimar von unten betrachtet. Bruchstücke einer Chronik zwischen 1806 und 1835;* Jena 1997. (Aufzeichnungen des Weimarer Gerichtsdieners, Gefängniswärters und zeitweiligen Hofbediensteten Gesky, nach der Handschrift in gekürzter und in Sach- und Chronologiefragen korrigierter Form herausgegeben.)

Goethe, Johann Wolfgang von: *Vor Gericht;* in: *Gedichte.* Auswahl und Einleitung von Kurt Waselowsky. München 1964. (Entstanden 1776, Erstdruck 1815.)

Die Leiden des jungen Werther; München o. J. (Die Ausgabe gibt den Text der zweiten Fassung von 1787 wieder, die sich deutlich von der Erstfassung 1774 unterscheidet.)

Harzreise im Winter; in: *Gedichte.* (1777.)

Hermann und Dorothea; in: *Werke in fünf Bänden,* Bd. 2, Leipzig 1959. (Erstveröffentlichung 1797.)

Der Zauberlehrling; in: *Gedichte.* (1797.)

Faust. Goethes Faust-Dichtungen; München 1978. (Erster Einzeldruck der Tragödie 1808, erste textgeschichtlich relevante Ausgabe 1816. Erste öffentliche, jedoch stark bearbeitende Inszenierung im Januar 1829 am Braunschweiger Hoftheater unter dem Direktorat August Klingemanns, Autor der 1804 anonym erschienenen *Nachtwachen des Bonaventura* und eines 1811 in Braunschweig aufgeführten eigenen *Faust.* An Klingemanns Bearbeitung des Goethe'schen *Faust* orientierte sich auch die erste öffentliche Aufführung in Weimar im August 1829.)

Die Wahlverwandtschaften. Mit Erläuterungen von Hans-J. Weitz und einem Essay von Walter Benjamin »Goethes Wahlverwandtschaften«; Frankfurt a. M. 1975. (Erste Buchausgabe zweibändig im Herbst 1809.)

Aus meinem Leben. Dichtung und Wahrheit; Werke in Einzelausgaben; Bd. V.,

München 1973. (Erstpublikation in vier Teilen zwischen 1811 und, posthum, 1833.)

Wilhelm Meisters Wanderjahre; Werke in fünf Bänden, Bd. 5, Leipzig 1959. (Erstveröffentlichung 1828.)

Tagebücher; in: *Gedenkausgabe der Werke, Briefe und Gespräche.* Hrsg. Ernst Beutler, Bd. 26, Zürich 1964.

Annalen; in: *Gedenkausgabe;* Bd. 11, Zürich 1950. (Diktiert 1817–19 und 1822–25, erstmals erschienen 1830 als *Tag- und Jahreshefte.*)

Goeze, Johann August Ephraim: *Eine kleine Reisebeschreibung zum Vergnügen der Jugend;* Leipzig 1784.

Grimm, Brüder: *Kinder- und Hausmärchen;* München 1993. (Die erste Ausgabe erschien in zwei Bänden 1812, 1815.)

Grimm, Johann Friedrich Carl: *Bemerkungen eines Reisenden durch die königlichen preußischen Staaten in Briefen;* 2 Bde., Altenburg 1779. DQ2.

Haindorf, Alexander: *Versuch einer Pathologie und Therapie der Geistes- und Gemüthskrankheiten;* Heidelberg 1811.

Hasenclever, Peter: *Peter Hasenclever;* Landes[!]hut 1794. (Der Band enthält neben einer gut 100-seitigen Biografie Hasenclevers von Christian G. Glauber auch Briefe und Aufsätze aus Hasenclevers Nachlass.)

Hebel, Johann Peter: *Die Kalendergeschichten. Sämtliche Erzählungen aus dem Rheinländischen Hausfreund;* München 2011. (Herausgegeben von Hannelore Schlaffer und Harald Zils nach den Erstdrucken *Kurfürstlich badischer gnädigst privilegierter Landkalender für die badische Markgrafschaft lutherischen Anteils;* Karlsruhe 1802–1806. *Der Rheinländische Hausfreund oder Neuer Kalender;* Karlsruhe 1807–1811 und Lahr 1813–1819.)

Hegel, Georg Wilhelm Friedrich: *Grundlinien der Philosophie des Rechts; Werke in zwanzig Bänden,* neu ediert von Eva Moldenhauer und Karl Markus Michel, Bd. 7, Frankfurt a. M. 1980. (Erstmals Berlin 1821.)

Vorlesungen über die Ästhetik, 3 Bde. *Werke in zwanzig Bänden;* Bde. 13–15, Frankfurt a. M. 1980. (Hegel hielt diese Vorlesungen zwischen dem Wintersemester 1820/21 und dem Wintersemester 1828/29 viermal. Der Text folgt der 1835 und 1842 publizierten Rekonstruktion durch H.G. Hotho, die auf Skizzen Hegels und Mitschriften von Studenten basiert.)

Heine, Heinrich: *Die Harzreise;* in: *Heines Werken in fünf Bänden;* Bd. 2, Berlin und Weimar 1978. (Entstanden nach Heines Harzwanderung im September 1824, erste Buchveröffentlichung im Rahmen der *Reisebilder,* Hamburg 1826.)

Ideen – Das Buch Le Grand; in: a.a.O., Bd. 3. (Entstanden 1826 und erschienen 1827 im 2. Teil der *Reisebilder.*)

Die Bäder von Lucca; in: a.a.O., Bd. 3. (Entstanden 1829 und noch im selben Jahr im dritten Band der *Reisebilder* erschienen.)

Deutschland. Ein Wintermärchen; in: a.a.O., Bd. 2. (Entstanden 1843/44, erschienen im Herbst 1844.)

Henke, Eduard: *Über den gegenwärtigen Zustand der Criminalrechtswissenschaft.*

Als Anhang zu der Geschichte des deutschen peinlichen Rechts und der peinlichen Rechtswissenschaft; Frankfurt a. M. 1969 (= Reprint der Ausgabe Landshut 1810).

Herder, Johann Gottfried: *Ideen zur Philosophie der Geschichte der Menschheit;* Bodenheim 1995. (Erstmals 1784–1791 in vier Teilen.)

Laßt in die Herzen sie dringen. Volkslieder; Hrsg.: Christoph Michel. Frankfurt a. M., Leipzig 2003. (Es handelt sich um eine Auswahl der Liedersammlung, die erstmals unter dem Titel *Volkslieder* in zwei Teilen 1778/79 in Leipzig erschienen ist.)

Hermes, Johann Timotheus: *Geschichte der Miss Fanny Wilkes;* Leipzig 1781. (Erstausgabe 1766.) DQ1.

Herz, Henriette (Hrsg. J. Fürst): *Ihr Leben und ihre Erinnerungen;* Bremen 2012. (= 2. Auflage, Berlin 1858, der von Fürst aus Briefen, Tagebüchern und »mündlichen Mitteilungen der Verstorbenen« zusammengestellten Texte. Der Umschlag des Reprint gibt den auf dem Originaltitel mit J. abgekürzten Vornamen Fürsts irrtümlich mit Julius wieder. Es handelte sich um den Journalisten Joseph Fürst, worauf Rainer Schmitz hinweist in seiner eigenen Edition *Henriette Herz. In Erinnerungen, Briefen und Zeugnissen;* Berlin 2013.)

Herz, Marcus: *Ueber die frühe Beerdigung der Juden;* Berlin 1788.

Etwas Psychologisch-Medizinisches, Moriz [!] Krankengeschichte; in: *Journal der practischen Arzneykunde und Wundarzneykunst;* Jena 1798.

Heß, Jonas Ludwig von: *Durchflüge durch Deutschland, die Niederlande und Frankreich;* Bde. 1–2, Hamburg 1796. (Erstmals 1793, das insgesamt siebenbändige Werk erschien anonym 1793 bis 1800.) DQ1.

Heyde, Johann Friedrich: *Was sich seit Anno 1740 allhier in Berlin und sonsten in unsern Lande zugetragen auch sonsten andern Seltenheiten von mich Johann Friedrich Heyde aufbehalten worden.* (Edition der handschriftlichen Chronik von Helga Schultz in: *Der Roggenpreis und die Kriege des großen Königs. Chronik und Rezeptsammlung des Berliner Bäckermeisters Johann Friedrich Heyde 1740–1780;* Berlin 1988.)

Hippel, Theodor Gottlieb von: *Lebensläufe nach Aufsteigender Linie nebst Beylagen;* Berlin 1778–1781. (Eine Textauswahl besorgte Joseph Kohnen in: *»Und nun in Königsberg!« Aus Lebensläufe nach Aufsteigender Linie;* Berlin 1990.)

Über die bürgerliche Verbesserung der Weiber; Berlin 1792. DQ3.

Hirschfeld, C[hristian] C[ajus] L[aurenz]: *Theorie der Gartenkunst;* 3 Bde., Leipzig 1779–85. DQ11.

Das Landleben; Frankfurt, Leipzig 1776. (3. Aufl.)

Hoff, August von: *Ueber Gesinde, Gesinde-Ordnungen und deren Verbesserungen;* Berlin 1789. DQ1.

Hoffmann, Carl August: *Systematische Uebersicht und Darstellung der Resultate von zwey hundert und zwey und vierzig chemischen Untersuchungen mineralischer Wasser, von Gesundbrunnen und Bädern in den Ländern des deutschen Staatenvereins;* Berlin 1815.

Hoffmann, E.T.A.: *Die Elexiere des Teufels;* in: E.T.A. Hoffmann: *Werke;*

4 Bde., Frankfurt a.M. 1977, Bd. 1. (Erstmals erschienen in zwei Bänden 1815/1816.)

Ritter Gluck. Eine Erinnerung aus dem Jahre 1809; in: *Werke,* Bd. 1. (Hoffmanns erster literarischer Text, vermutlich schon 1808 [!] entstanden, Erstdruck im Februar 1809.)

Des Vetters Eckfenster; in: *Werke,* Bd. 4. (Eine der letzten Erzählungen Hoffmanns, erschienen wenige Wochen vor seinem Tod 1822.)

Hommel, Karl Ferdinand: *Des Herrn Marquis von Beccaria unsterbliches Werk von Verbrechen und Strafen.* Herausgegeben von John Lekschas und Walter Griebe; Berlin 1966. (Erstausgabe Breslau 1778.)

Huber, Therese: *Luise. Ein Beitrag zur Geschichte der Konvenienz;* Berlin 2013. (Erstdruck anonym, Leipzig 1796.)

Hufeland, Christoph Wilhelm: *Bemerkungen über die natürlichen und künstlichen Blattern zu Weimar im Jahr 1788;* Leipzig 1789.

Ueber die Ungewißheit des Todes und das einzige untrügliche Mittel sich von seiner Wirklichkeit zu überzeugen und das Lebendigbegraben unmöglich zu machen nebst der Nachricht von der Errichtung eines Leichenhauses in Weimar; Weimar 1791. DQ1.

Erinnerung an das [!] *Aderlaß;* in: *Journal der practischen Arzneykunde und Wundarzneykunst;* Jena 1801.

Der Schlaf und das Schlafzimmer in Beziehung auf die Gesundheit. Enthaltend eine ausführliche Belehrung für diejenigen, welche einen erquickenden und gesunden Schlaf zu haben und durch diesen ihr Leben zu verlängern wünschen; Weimar 1802.

Die Kunst, das menschliche Leben zu verlängern; Jena 1797. (Ab der vierten Auflage von 1805 erscheint im Titel Hufelands ›Markenzeichen‹: *Makrobiotik oder die Kunst, das menschliche Leben zu verlängern.*) DQ5.

Hymmen, Johann Wilhelm Bernhard von: *Beyträge zu der juristischen Litteratur in den Preußischen Staaten;* 4. Sammlung, Berlin 1780.

Jean Paul: *Hesperus oder 45 Hundposttage. Eine Lebensbeschreibung;* Hrsg. Norbert Miller, München und Zürich 1987. (Originalausgabe 1795 in drei Bänden.)

Konjektural-Biographie; in: *Selberlebensbeschreibung. Konjektural-Biographie. Mit einem Nachwort von Ralph-Rainer Wuthenow;* Stuttgart 1971. (Erstmals 1799.)

Des Luftschiffers Giannozzo Seebuch; in: *Werke in 3 Bden,* Hrsg. Norbert Miller, Bd. II, München 1986. Eine eigenständige illustrierte Ausgabe mit einem Nachwort von Norbert Miller erschien Göttingen, Frankfurt a.M. 2013. (Erstmals 1801 als »komischer Anhang« zu Jean Pauls *Titan.*)

Des Feldpredigers Schmelzle Reise nach Flätz mit fortgehenden Noten; nebst der Beichte des Teufels bei einem Staatsmanne; Frankfurt a.M. 2013. (Erstmals 1808.)

Selberlebensbeschreibung; in: *Selberlebensbeschreibung. Konjektural-Biographie.* Stuttgart 1971. (Entstanden im Sommer 1818.)

Justi, Johann Heinrich Gottlob von: *Die Grundfeste zu der Macht und Glückselig-*

keit der Staaten; oder ausführliche Vorstellung der gesamten Policeywissenschaft; 2 Bde., Königsberg und Leipzig 1760–61. (Reprint Aalen 1965.)

Kant, Immanuel: *Critik der reinen Vernunft;* in: *Werke in 12 Bänden;* Hrsg. Wilhelm Weischedel. Bd. III, Frankfurt a. M. 1980. (Erstmals 1781.)

Was ist Aufklärung?; in: Ehrhard Bahr (Hrsg.): *Was ist Aufklärung? Thesen und Definitionen;* Stuttgart 1974. (Erstmals in der Dezemberausgabe 1784 der *Berlinischen Monatsschrift.*)

Critik der practischen Vernunft; in: *Werke;* Bd. VII, Frankfurt a. M. 1974. (Erstmals 1788.)

Critik der Urtheilskraft; in: *Werke;* Bd. X, Frankfurt a. M. 1979. (Erstmals 1790.)

Die Metaphysik der Sitten; in: *Werke;* Bd. VIII, Frankfurt a. M. 1989. (Erstmals 1797.)

Anthropologie in pragmatischer Absicht abgefaßt; in: *Schriften zur Anthropologie, Geschichtsphilosophie, Politik und Pädagogik 2;* in: *Werke;* Bd. XII, Frankfurt a. M. 1982. (Erstmals 1798.)

Der Streit der Facultäten in drey Abschnitten; in: *Schriften zur Anthropologie ... 1;* in: *Werke;* Bd. XI, Frankfurt a. M. 1982. (Die drei Abhandlungen entstanden zu verschiedenen Zeiten und wurden von Kant erstmals 1798 gemeinsam publiziert.)

Über Pädagogik; in: *Schriften zur Anthropologie ... 2. Werke in 12 Bänden;* Bd. XII, Frankfurt a. M. 1982. (Kants Aufzeichnungen zu seinen Pflichtvorlesungen über Pädagogik wurden erstmals 1803 von Friedrich Theodor Rink herausgegeben.)

Karamsin, Nicolai M.: *Briefe eines russischen Reisenden;* Berlin 1981. (Teilveröffentlichung im *Moskauer Journal* 1791/92, in Buchform 1799–1801. Deutsche Übersetzung von Johann Richter, redigiert von Karamsin, parallel zur russischen Ausgabe in 6 Bänden, Leipzig 1799–1802.)

Klebe, Friedrich Albrecht: *Historisch-statistische Nachrichten von der berühmten Residenzstadt Weimar;* Elberfeld 1800. DQ1.

Klischnig, Karl Friedrich: *Mein Freund Anton Reiser. Aus dem Leben des Karl Philipp Moritz;* Berlin o. J. [1993]. (Klischnigs Erinnerungen an Moritz, den Verfasser des autobiografischen Romans *Anton Reiser,* erschienen 1794, im Jahr nach Moritz' Tod, gleichzeitig in zwei verschiedenen Verlagen unter zwei verschiedenen Titeln.)

Klöden, Karl Friedrich: *Von Berlin nach Berlin. Erinnerungen 1786–1824;* Berlin 1978. (Gekürzte Ausgabe des erstmals 1874 von Klödens Enkel Max Jähns unter dem Titel *Jugenderinnerungen* herausgegebenen Textes.)

Klopstock, Friedrich Gottlieb: *Die Frühlingsfeier;* (1759/71) DQ19.

Knigge, Adolph Freiherr von: *Über den Umgang mit Menschen.* Hrsg. von Gert Ueding; Frankfurt a. M. 1977. (Erstmals 1788, der Text folgt der stark überarbeiteten dritten Auflage von 1790.)

Adolph Freiherr Knigge und seine Tochter Philippine. Briefe und Schriften. Hrsg. von Manfred Grätz; Göttingen 2013.

Knüppeln, August Friedrich Julius: *Charakteristik von Berlin. Stimme eines Kosmopoliten in der Wüsten;* Bd. 1, Philadelphia 1784. (›Philadelphia‹ lag in Sachsen und fungierte als Deckname für den wahren Druckort Leipzig. Das heutige Philadelphia im Brandenburger Landkreis Oder-Spree hieß bei Erscheinen des Buches noch nicht so.)

König, Eva: *»Thue ein Häferl Wein« – Das Kochbuch der Eva König. Rezepte von Lessings Frau.* Herausgegeben von Elke Bauer und Helmut Berthold; Göttingen 2013. (Erste Veröffentlichung der in den frühen 1770ern entstandenen Notizen.)

Kosmeli, Michael: *Die Zwei und vierzig jährige Aeffin. Das vermaledeiteste Mädchen unter der Sonne;* Bd. 1, Wien 1800. DQ = digitale.bibliothek.uni-halle.de.

Kotzebue, August von: *Die deutschen Kleinstädter;* Leipzig 1803. DQ3. *Die Weiber nach der Mode* (Erstaufführung durch Kotzebues Liebhabertheater in Jena 1779).

Kühn, Johann Gottlieb: *Systematische Beschreibung der Gesundbrunnen und Bäder Deutschlands;* Breslau und Hirschberg 1789. DQ1.

Lavater, Johann Caspar: *Physiognomische Fragmente, zur Beförderung der Menschenkenntniß und Menschenliebe;* Leipzig, Winterthur 1775–78.

Laukhard, Friedrich Christian: *Leben und Schicksale. Fünf Theile in drei Bänden. Nachwort und Materialien von Hans-Werner Engels und Andreas Harms;* Frankfurt a. M. 1987. (Reprint der Erstausgabe in sechs Bänden, Halle, Leipzig 1792–1802.)

Lessing, Gotthold Ephraim: *Minna von Barnhelm oder das Soldatenglück. Ein Lustspiel in fünf Aufzügen. Verfertiget im Jahre 1763;* in: *Lessings Werke* (Hrsg. Kurt Wölfel), Bd. 1, Frankfurt a. M. 1982. (Entstanden 1764/65, nicht etwa »verfertigt im Jahre 1763«, Uraufführung 1767.)
Wie die Alten den Tod gebildet; in: *Lessings Werke,* Bd. 3. (Erstmals 1769.)
Nathan der Weise. Ein dramatisches Gedicht in fünf Aufzügen; in: *Werke,* Bd. 1. (Lessings letztes Bühnenwerk, Uraufführung posthum 1783 in Berlin.)

Lichtenberg, Georg Christoph: *Über Physiognomik;* in: *Werke in einem Band.* Ausgewählt und herausgegeben von Hans Friederici; Berlin, Weimar 1978. (Erstmals 1778.)
Die Aphorismen-Bücher; Frankfurt a. M. 2005. (Zeichengetreuer Nachdruck der ›klassischen‹, auf den Handschriften beruhenden historisch-kritischen Ausgabe Albert Leitzmanns von 1902 bis 1908. Die inzwischen geläufigere Bezeichnung »Sudelbücher« geht auf die Edition von Wolfgang Promies 1969–1971 zurück.)
Rede der Ziffer 8 am jüngsten Tage des 1798sten Jahres, im großen Rat der Ziffern gehalten; in: *Werke in einem Band.* (Erstmals 1799.)
Noctes. Ein Notizbuch. Faksimile mit einem Nachwort und Erläuterungen. Herausgegeben von Ulrich Joost; Göttingen 1992. (Entstanden zwischen Sommer 1795 und Dezember 1798, *Noctes* wurde von Lichtenberg selbst auf das Notizheft geschrieben. Dieses Heft lag Leitzmann nicht vor.)

Loen, Johann Michael von: *Herrn Geheimden Rath von Loen Freye Gedanken von* *dem Hof, der Policey, gelehrten, bürgerlichen und Baurenstand;* Ulm, Frankfurt, Leipzig 1761. Digitalisat der 2., vermehrten Auflage, DQ6.

Meiners, Christoph: *Betrachtungen über die Hinrichtung mit dem Schwerte;* in: Norbert Hinske (Hrsg.): *Was ist Aufklärung. Beiträge aus der Berlinischen Monatsschrift;* Darmstadt 1977. (Der Aufsatz erschien in Heft III–1784 der *Berlinischen Monatsschrift.*)

Milow, Margarethe Elisabeth: *Ich will aber nicht murren;* Hrsg: Rita Bake und Birgit Kiupel, 2 Bde., Hamburg 1987. (Bd. 1 enthält diejenigen Teile des Anfang 1779 im Wochenbett entstandenen und Ende November 1779 fortgesetzten »Vermächtnis für meinen Mann und meine Kinder«, die 1909 auf Schreibmaschine getippt wurden und danach verloren gingen. Bd. 2 besteht aus einem *Sach- und Gefühlslexikon von Abschied bis Zuckerbäcker.*)

Mörike, Eduard: *Er ist's;* in: *Werke.* Hrsg. Hannsludwig Geiger, Wiesbaden o. J. (Das Frühlingsgedicht erschien erstmals 1832 im zweiten Teil des *Maler Nolten.*)

Moritz, Karl Philipp: *Reisen eines Deutschen in England im Jahr 1782. In Briefen an Herrn Direktor Gedike;* in: *Werke.* Hrsg. Horst Günther, Bd. 2, Frankfurt a. M. 1981. (Erstausgabe 1783.)

Anton Reiser; in: *Werke.* Bd. 1 (Der Roman erschien in vier Teilen von 1785 bis 1790.)

Andreas Hartknopf. Eine Allegorie; in: *Werke.* Bd. 1. (Der Roman erschien 1786.)

Andreas Hartknopfs Predigerjahre; in: *Werke.* Bd. 1. (Die 1790 erschienene Fortsetzung von *Andreas Hartknopf. Eine Allegorie.*)

Neues ABC-Buch; München 2000. (Erstmals 1790 als *Neues A. B. C. Buch welches zugleich eine Anleitung zum Denken für Kinder enthält.*)

Möser, Justus (Hrsg. Wilfried Zieger): *Patriotische Phantasien. Ausgewählte Schriften;* Leipzig 1986. (Die Texte erschienen größtenteils von 1766 bis 1782 in den *Wöchentlichen Osnabrückischen Anzeigen* und dann, in zeitlicher Überschneidung, zwischen 1774 und 1786 in vier Bänden als *Patriotische Phantasien.*)

Mozart, Wolfgang Amadeus: *Die Zauberflöte. Oper in zwei Aufzügen. Dichtung von Emanuel Schikaneder. Vollständiges Buch. Im Anhang Szenen aus der Zauberflöte Zweiter Teil. Ein Fragment von Johann Wolfgang von Goethe;* Hrsg. Wilhelm Zentner, Stuttgart 1983. (Erstfassung 1791.)

Müller, Johann Valentin: *Beweiss, dass die Kuhpocken mit den natürlichen Kinderblattern in keiner Verbindung stehen, und also ihre Einimpfung kein untrügliches Verwahrungsmittel gegen die natürlichen Blattern seyn könne;* Frankfurt a. M. 1801.

Entwurf der gerichtlichen Arzneywissenschaft nach juristischen und medicinischen Grundsätzen für Geistliche, Rechtsgelehrte und Aerzte; 4 Bde., Frankfurt a. M. 1796–1801.

Müller, Wilhelm: *Sieben und siebzig Gedichte aus den hinterlassenen Papieren ei-*

nes reisenden Waldhornisten; DQ3. (Darin im Zyklus *Die schöne Müllerin* das Gedicht *Wanderschaft* mit der Anfangszeile »Das Wandern ist des Müllers Lust«, im Zyklus *Wanderlieder eines rheinischen Handwerksburschen* das Gedicht *Auf der Landstraße.* Erstdruck der *Gedichte* erstmals 1831.) *Die Winterreise;* DQ19. (Darin *Der Lindenbaum* mit der Anfangszeile »Am Brunnen vor dem Thore«. Erstdruck der *Winterreise* 1823.)

Münchhausen, Otto von: siehe Germershausen.

Nemnich, Philipp Andreas: *Tagebuch einer der Kultur und Industrie gewidmeten Reise;* Tübingen 1809. DQ1.

Neubeck, Valerius Wilhelm: *Die Gesundbrunnen. Ein Gedicht in vier Gesängen;* Leipzig 1798. DQ7.

Neudecker, Maria Anna: *Die Bayersche Köchin in Böhmen. Ein Buch, das sowohl für vornehme, als gewöhnliche Küchen eingerichtet ist, und in beiden mit besonderm Nutzen gebraucht werden kann;* Karlsbad 1806. DQ1.
Allerneuestes allgemeines Kochbuch oder gründliche Anweisung alle mögliche nahrhafte, geschmackvolle Speisen und Getränke, auf die wohlfeilste Art, ohne Nachtheil der Gesundheit zu bereiten; Prag 1831. DQ1.

Nicolai, Friedrich: *Beschreibung der Königlichen Residenzstädte Berlin und Potsdam;* in: *Gesammelte Werke.* Herausgegeben von Bernhard Fabian und Marie-Luise Spieckermann; Bd. 2, Hildesheim, Zürich, New York 1988. (Erstmals 1769.) DQ1. (Nach Vorlage der 3. Auflage von 1786.)
Beschreibung einer Reise durch Deutschland und die Schweiz im Jahre 1781. Nebst Bemerkungen über Gelehrsamkeit, Industrie, Religion und Sitten; 12 Bde., Berlin und Stettin 1783–1796.

Overbeck, Christian Adolph (Hrsg.): *Frizchens Lieder;* Hamburg 1781.

Pestalozzi, Johann Heinrich: *Ueber Gesezgebung und Kindermord. Wahrheiten und Träume. Nachforschungen und Bilder;* Frankfurt a.M., Leipzig 1783. DQ8.
Über den Bauern; in: *Pestalozzi: Auswahl aus seinen Schriften 2.* Herausgegeben und kommentiert von Arthur Brühlmeier; Bern und Stuttgart 1979. (Erstmals 1782 in mehreren Nummern von Pestalozzis Wochenzeitschrift *Schweizerblatt* erschienen.)
Memoire über Eigentum und Verbrechen; in: *Schriften 1;* Bern und Stuttgart 1977. (Der Entwurf entstand 1782 und wurde von Pestalozzi nicht zu einer Publikation ausgearbeitet.)

Pfeffel, Gottlieb Konrad: *Durch Fronen abgezehrt;* in: ders.: *Biographie eines Pudels und andere Satiren & Fabeln. Auswahl, Anmerkungen und Nachwort von Walter Ernst Schäfer;* Ebenhausen 1987. (Erstmals in: *Poetische Versuche,* Tübingen 1802 ff.)

Pfeiffer, Johann Friedrich von: *Natürliche aus dem Endzweck der Gesellschaft entstehende Allgemeine Policeiwissenschaft;* Aalen 1970. (Reprint der Ausgabe von 1779.)

Pickert, Johann Christoph (Hrsg. Gotthardt Frühsorge und Christoph Schneckenberg): *Lebens=Geschichte des Unterofficier Pickert. Invalide bey der 7ten Compagnie;* Göttingen 2006. (Erste Edition der zwischen 1824 und 1845 entstandenen Handschrift. Die Autobiografie des 1787 geborenen Pickert endet mit dessen Abschied aus dem aktiven Militärdienst 1824.)

Rebmann, Georg Friedrich: *Kosmopolitische Wanderungen durch einen Teil Deutschlands;* in: *Werke und Briefe in drei Bänden,* herausgegeben von Hedwig Voegt, Werner Greiling und Wolfgang Ritschel, Bd. 1; Berlin 1990. (Erstmals 1793 anonym publiziert.)

Wanderungen und Kreuzzüge durch einen Teil Deutschlands. Von Anselmus Rabiosus dem Jüngeren; in: *Werke und Briefe in drei Bänden,* Bd. 1. (Erstmals 1795 unter dem Pseudonym »Anselmus Rabiosus dem Jüngeren« publiziert, eine Verbeugung vor dem 1792 gestorbenen Wilhelm Ludwig Wekhrlin, der sich des Pseudonyms Anselmus Rabiosus bedient hatte.)

Recke, Elisa von der (Hrsg. Christine Träger): *Tagebücher und Selbstzeugnisse;* München 1984. (Die Auswahl beinhaltet Eintragungen der Jahre 1789–1791 und 1804–1806 und Reckes ›Entlarvungsschrift‹ *Nachricht von des berüchtigten Cagliostro Aufenthalt in Mitau 1779 und von dessen dortigen magischen Operationen.*)

Reichard, Heinrich August Ottokar: *Der Passagier auf der Reise in Deutschland, in der Schweiz zu Paris und Petersburg. Ein Reisehandbuch für Jedermann;* Berlin 1811. (4. Auflage des mehrbändigen Werkes.)

Reil, Johann Christian: *Rhapsodien über die Anwendung der psychischen Curmethode auf Geisteszerrüttungen;* Halle 1803.

Fragmente über die Bildung des kleinen Gehirns im Menschen; Halle 1807/08.

Reimarus, Johann Albert Heinrich: *Die Ursache des Einschlagens vom Blitze, nebst dessen natürlichen* [!] *Abwendung von unsern Gebäuden, aus zuverläßiger Erfahrung von Wetterschlägen vor Augen gelegt;* Langensalza 1769. (Erstausgabe Hamburg 1768). DQ 3.

Riesbeck, Johann Kaspar: *Briefe eines reisenden Franzosen. Editorisch begleitet von Heiner Boehncke und Hans Sarkowicz;* Berlin 2013. (Die *Briefe eines Reisenden Franzosen über Deutschland. An seinen Bruder zu Paris. Übersetzt von K. R.* erschienen 1783 in zwei Bänden ohne nähere Verfasser- und ohne Ortsangabe in Zürich.)

Rochlitz, Friedrich: *Tage der Gefahr. Ein Tagebuch der Leipziger Schlacht;* Leipzig 1988. (Erstmals 1816 in Band 2 von *Neue Erzählungen.*)

Rochow, Friedrich Eberhard von: *Geschichte meiner Schulen;* Schleswig 1795. (Zitiert nach dem 1805 gedruckten Nekrolog auf Rochow von Zerrenner.)

Der Kinderfreund. Ein Lesebuch zum Gebrauch in Landschulen; Brandenburg und Leipzig 1776. (Fotomech. Reprint: Berlin 2003.)

Der Kinderfreund. Ein Lesebuch. Zweiter Theil; Brandenburg und Leipzig 1779. (Fotomech. Reprint: Berlin 2006.)

Rumohr, Karl Friedrich von: *Geist der Kochkunst;* Stuttgart und Tübingen 1822. DQ 5.

Schule der Höflichkeit für Alt und Jung; Stuttgart und Tübingen 1834. DQ 2.

Sachse, Johann Christoph: *Der deutsche Gil Blas oder Leben, Wanderungen und Schicksale Johann Christoph Sachses, eines Thüringers, von ihm selbst verfaßt.*

Eingeführt von Goethe; Hrsg. Jochen Golz, Nördlingen 1987. (Die Erstausgabe erschien kurz vor Sachses Tod 1822.)

Salzmann, Christian Gotthilf: *Carl von Carlsberg oder über das menschliche Elend, erster Theil;* Leipzig 1783.
Ists recht über die heimlichen Sünden der Jugend öffentlich zu schreiben?; Schnepfenthal 1785.

Sautier, Heinrich: *Die arme, brave 'Marie, oder das Bild eines vollkommenen Dienstbothen. Erster Theil;* Freyburg im Breisgau 1801. DQ12.

Schäffer, Jacob: *Die bequeme und der Wirthschaft in allen Rücksichten höchstvorteilhafte Waschmaschine;* Regensburg 1766.

Schiller, Friedrich von: *Die Räuber;* in: *Die Räuber. Ein Trauerspiel. Kabale und Liebe. Ein bürgerliches Trauerspiel;* München o. J. (Die erste Druckfassung brachte Schiller 1781 mit wenig Erfolg im Selbstverlag heraus, die – erfolgreiche – Uraufführung auf veränderter Textbasis fand am 13. Januar 1782 in Mannheim statt, die danach erschienene, erneut veränderte Druckausgabe kann als die endgültige betrachtet werden.)
Die Kindsmörderin; hier nach Karl Riha (Hrsg.): *Das Moritatenbuch;* Frankfurt a. M. 1981. (Die Ballade erschien erstmals in der anonym herausgegebenen *Anthologie auf das Jahr 1782,* andere Fassungen folgten.)
Unterthänigstes Pro Memoria an die Consistorialrath Körnerische weibliche Waschdeputation, eingereicht in Loschwitz von einem niedergeschlagenen Trauerspieldichter; in: *Schillers Werke. Nationalausgabe,* Bd. 1, Weimar 1943 ff. (Entstanden 1785.)
Verbrecher aus verlorener Ehre; in: *Schillers Werke,* Bd. V (Hrsg. Fricke/Göpfert), München 1980. (Erstmals 1786 unter dem Titel *Verbrecher aus Infamie* in der *Thalia,* dann unter dem endgültigen Titel in *Kleinere prosaische Schriften,* 1. Teil, Leipzig 1792.)
Der Antritt des neuen Jahrhunderts; in: *Werke in drei Bänden,* Hrsg. Herbert G. Göpfert, Bd. 2, München, Wien 1966. (Entstanden im Februar 1801.)
Was heisst und zu welchem Ende studiert man Universalgeschichte; in: *Werke in drei Bänden,* Bd. 2. (Antrittsvorlesung, gehalten am 26./27 Mai 1789 in Jena, erschienen im November 1789.)
Das Lied von der Glocke; in: *Werke in drei Bänden,* Bd. 2. (Erstmals im Musenalmanach des Jahres 1800.)

Schlegel, Friedrich: *Lucinde. Ein Roman;* Hrsg. Karl Konrad Polheim. Stuttgart 1996. (Erstmals 1799.)

Schlez, Johann Ferdinand: *Landwirthschafts-Predigten. Ein Beytrag zur Beförderung der wirthschaftlichen Wohlfahrt unter Landleuten;* Heilbronn und Rothenburg o. d. T. 1794. (Erstdruck 1788.) Digitalisat der 2. Auflage, DQ2.

Schlosser, Johann Georg: *Sittenbüchlein für die Kinder des Landvolks;* Frankfurt 1773.

Schneider, Peter Joseph: *Entwurf zu einer Heilmittellehre gegen psychische Krankheiten, oder Heilmittel in Beziehung auf psychische Krankheitsformen;* Tübingen 1824. DQ1.

Schopenhauer, Arthur: *Die Welt als Wille und Vorstellung;* Bd. I und II von *Sämtliche Werke. Textkritisch bearbeitet und herausgegeben von Wolfgang Frhr. von Löhneysen;* Frankfurt a. M. 1986. (Erstausgabe 1819.)

Schubart von Kleefeld, [Johann Christian]: *Okonomisch-kameralistische Schriften, Dritter Teil;* Leipzig 1786. DQ2.

Ökonomisch-kameralistische Schriften, Vierter Teil; Leipzig 1786. DQ1.

Seume, Johann Gottfried: *Spaziergang nach Syrakus im Jahre 1802;* in: *Werke in zwei Bänden* (Hrsg. Jörg Drews), Bd. 1, Frankfurt a. M. 1993. (Erstausgabe 1803.)

Mein Sommer 1805; in: *Werke in zwei Bänden.* (Erstausgabe 1806.)

Mein Leben; in: *Werke in zwei Bänden.* (Erstausgabe posthum 1813, mit Ergänzungen von Göschen und Clodius.)

Shakespeare: *Der Kauffmann von Venedig;* in: *William Shakespeare. Theatralische Werke in 21 Einzelbänden. Übersetzt von Christoph Martin Wieland.* Hrsg. Hans und Johanna Radspieler. Bd. 6, Zürich 1993. (Wielands Übersetzung des Stücks erschien erstmals 1763.)

Soemmering, Samuel Thomas: *Über die Schaedlichkeit der Schnürbrüste;* enthalten in: *Über die Schaedlichkeit der Schnürbrüste. Zwey Preisschriften durch eine von der Erziehungsanstalt zu Schnepfenthal aufgegebene Preisfrage veranlast* [!]; Leipzig 1788.

Stark, Johann Christian: *Hebammenunterricht in Gesprächen, nebst dem Verhalten und Vorschriften für Schwangere, Gebährende, Kindbetterinnen und neugebohrne Kinder;* Jena 1782.

Geschichte eines glücklich vollbrachten Kaiserschnitts bei der Frau von L*** zu Weimar den 18ten Decemb. 1783; in: Starke [!]: *Zweyte Tabellarische Uebersicht des Klinischen Instituts zu Jena […] nebst einer Abhandlung von einer glücklich vollbrachten Kaisergeburt und einigen andern vorzüglichen Krankengeschichten;* Jena 1784. DQ1.

Sterne, Laurence: *Eine empfindsame Reise durch Frankreich und Italien. Von Mr. Yorick;* Berlin 2010. (Englische Originalausgabe 1768, erste deutsche Übersetzung durch Johann Joachim Christian Bode im selben Jahr. Das Adjektiv »empfindsam« für das »sentimental« im englischen Titel geht auf einen Übersetzungsvorschlag Lessings zurück.)

Süßmayer, Franz Xaver: *Der Marktschreyer. Ein komisches Singspiel in einem Aufzuge;* Wien 1799. DQ1.

Svarez, Carl Gottlieb: *Vorträge über Recht und Staat,* herausgegeben von Herman Conrad und Gerd Kleinheyer; Köln, Opladen 1960. (Die Vorträge wurden 1791/92 vor dem Kronprinzen, dem späteren – ab 1797 – Friedrich Wilhelm III., gehalten.)

Thaer, Albrecht: *Grundsätze der rationellen Landwirthschaft;* 4 Bde., Berlin 1809–1812. DQ3.

Geschichte meiner Wirthschaft zu Möglin; Berlin 1818. DQ3.

Thieme, Karl Traugott: *Gutmann oder der Sächsische Kinderfreund. Ein Lesebuch für Bürger- und Land-Schulen;* 2 Teile, Leipzig 1794.

Thümmel, Moritz August von: *Reise in die mittäglichen Provinzen von Frankreich;* in: *Sämmtliche Werke,* 8 Bde., Leipzig 1832–1854. (Die Originalausgabe erschien in 10 Bänden von 1791 bis 1805.) DQ1.

Unger, Friederike Helene: *Der Mondkaiser. Posse in drei Akten;* Hrsg. Anne Fleig, Hannover 2000. (Erstmals 1790.) DQ17.

Varnhagen von Ense, Karl August: *Tageblätter;* in: *Werke in fünf Bänden,* herausgegeben von Konrad Feilchenfeld; Bd. 5, Frankfurt a. M. 1994. (Eine Auswahl der posthum erschienenen Aufzeichnungen Varnhagens, die 19 Bände umfasste, aber ihrerseits nur eine Auswahl bot, und zwar nicht einmal die Hälfte der hinterlassenen Niederschriften.)

Varnhagen, Rahel; **Wiesel,** Pauline (Hrsg. Marlis Gerhardt): *Ein jeder macht seine Frau aus mir wie er sie liebte und verlangte. Ein Briefwechsel;* Darmstadt, Neuwied 1987.

Villaume, Peter: *Über die Unzuchtsünden in der Jugend. Eine gekrönte Preisschrift;* in: Campe: *Allgemeine Revision des gesammten Schul- und Erziehungswesens;* 1787.

Voltaire, François Marie Arouet de: *Kandide oder die beste Welt;* Berlin 1782. (Es handelt sich um die zweite Auflage der von Mylius 1778 publizierten Übersetzung des 1759 von Voltaire anonym veröffentlichten Werks.) DQ19.

Voß, Johann Heinrich: *Luise. Ein laendliches Gedicht in drei Idyllen;* Königsberg 1795. DQ3.

Voß, Julius von: *Ini. Ein Roman aus dem ein und zwanzigsten Jahrhundert;* Berlin 1810. DQ3.

Vulpius, Christian August: *Rinaldo Rinaldini, der Räuber Hauptmann. Eine romantische Geschichte unseres Jahrhunderts in drei Theilen oder neun Büchern;* Leipzig 1799. (Die drei Bände erschienen anonym, auch die im Folgejahr erscheinenden Fortsetzungsbücher über Fernando Fernandini erschienen anonym.) DQ7 und DQ9.

Wagner, Heinrich Leopold: *Die Kindermörderin;* Leipzig 1776. (Zuerst anonym erschienen, dann 1777 unter seinem Namen in stark veränderter Fassung in Berlin aufgeführt.)

Waiblinger, Wilhelm: *Tagebücher 1821–1826. Textkritische und kommentierte Ausgabe in zwei Bänden.* Herausgegeben von Hans Königer; Bd. 1; Stuttgart 1993.

Weber, Carl Julius: *Deutschland oder Briefe eines in Deutschland reisenden Deutschen;* 3 Bde., Stuttgart 1826–28. (Der Titel bezieht sich in polemischer Absicht auf die *Briefe eines reisenden Franzosen* des deutschen Schriftstellers Johann Kaspar Riesbeck.)

Weise, Johann Christoph Gottlob: *Der vollkommene Bier- und Essigbrauer oder theoretisch-praktische Anweisung* [...]; Gotha 1822. (Erstmals 1804.) DQ5. *Die Kunst der Gebäude-, Zimmer- und Straßenerleuchtung durch Oel, Talg, Wachs und Gas: enthaltend die physikalischen Grundsätze der Erleuchtungskunst* [...] *für Alle, denen Erleuchtung aller Art obliegt;* Ilmenau 1829. DQ5. *Der vollkommen Melonen-, Gurken- und Spargelgärtner;* Ilmenau 1830.

Wekhrlin, Wilhelm Ludwig (Hrsg. Jean Mondot): *Anselmus Rabiosus. Reise durch Oberdeutschland;* München 1988. (Erstdruck 1778.)

Wezel, Johann Karl: *Lebensgeschichte Tobias Knauts, des Weisen, sonst der Stammler genannt. Aus den Familiennachrichten gesammlet. Herausgegeben von Anneliese Klingenberg;* Berlin 1990. (Erstmals 1773–76 in vier Bänden, die nur mit W. abgezeichnet erschienen.)
Belphegor oder Die wahrscheinlichste Geschichte unter der Sonne; Textredaktion Günter Jürgensmeier bei DQ14. (Erstausgabe 1776.)
Peter Marks. Eine Ehestandsgeschichte; Leipzig 1779.

Zelter, Karl Friedrich: *Selbstdarstellung. Ausgewählt und herausgegeben von Willi Reich;* Zürich 1955.

Zerrenner, Heinrich Gottlieb: *Dem Andenken des Herrn Domkapitular's Friedrich Eberhard von Rochow, des edeln und unvergeßlichen Schul- und Kinderfreunds;* Berlin, Stettin 1805. (Der Text ist vollständig abgedruckt in Schmitt/Siebrecht: *Wiederentdeckte Kostbarkeiten.*)

Moderne Nachschlagewerke und Handbücher

Biedrzynski, Effi: *Goethes Weimar. Das Lexikon der Personen und Schauplätze;* Düsseldorf, Zürich 1999.

Böning, Holger; **Siegert,** Reinhart: *Volksaufklärung. Biobibliographisches Handbuch zur Popularisierung aufklärerischen Denkens im deutschen Sprachraum von den Anfängen bis 1850;* Bde. 1–4, Stuttgart-Bad Cannstatt 1990–2016.

Hirschberg, Leopold: *Der Taschengoedeke. Bibliographie deutscher Erstausgaben;* München 1990.

Jaeger, Friedrich (Hrsg.): *Enzyklopädie der Neuzeit;* 16 Bde., Stuttgart 2005–2012. DQ = enzyklopaedie-der-neuzeit.de (nur einige Probeartikel).

Kluge, Friedrich: *Etymologisches Wörterbuch der deutschen Sprache;* Berlin, New York 1975.

Langen, August: *Der Wortschatz des 18. Jahrhunderts;* Berlin 1959 (=Deutsche Wortgeschichte Bd. 2).

Sellert/Rüping (Hrsg.): *Studien- und Quellenbuch zur Geschichte der deutschen Strafrechtspflege.* Bd. 1: *Von den Anfängen bis zur Aufklärung;* Aalen 1989.

Stammler, Wolfgang: *Handwörterbuch zur deutschen Rechtsgeschichte;* Berlin 1964.

Wisniewski, Claudia: *Kleines Wörterbuch des Kostüms und der Mode;* Stuttgart 1999.

Witte, Bernd u.a. (Hrsg.): *Goethe Handbuch in vier Bänden;* Stuttgart, Weimar 1998.

Ziechmann, Jürgen (Hrsg.): *Panorama der fridericianischen Zeit. Friedrich der Große und seine Epoche. Ein Handbuch;* Bremen 1985.

Weitere Literatur

Abendroth, Walter: *Arthur Schopenhauer in Selbstzeugnissen und Bilddokumenten;* Reinbek 1967.

Alt, Peter André: *Schiller. Leben – Werk – Zeit. Eine Biographie;* 2 Bde., München 2000.

Aufenanger, Jörg: *Das Lachen der Verzweiflung. Grabbe. Ein Leben;* Frankfurt a. M. 2001.

Barkhoff, Jürgen; **Sagarra,** Eda (Hrsg.): *Anthropologie und Literatur um 1800;* München 1992.

Bauer, Elke; **Berthold,** Helmut (Hrsg.): *»Thue ein Häferl Wein …« – Das Kochbuch der Eva König. Rezepte von Lessings Frau;* Göttingen 2013.

Bayly, Christopher A.: *Die Geburt der modernen Welt. Eine Globalgeschichte 1780–1914;* Frankfurt a. M., New York 2008.

Begemann, Christian: *Furcht und Angst im Prozeß der Aufklärung. Zu Literatur und Bewußtseinsgeschichte des 18. Jahrhunderts;* Frankfurt a. M. 1987.

Bennholdt-Thomsen, Anke; **Guzzoni,** Alfredo: *Der ›Asoziale‹ in der Literatur um 1800;* Frankfurt a. M. 1979.

Bernier, Olivier: *The World in 1800;* New York 2000.

Die Bibel nach der Übersetzung Martin Luthers; Bibeltext in der revidierten Fassung von 1984. Herausgegeben von der Evangelischen Kirche in Deutschland; Stuttgart 1999.

Boehn, Max von: *Die Mode. Menschen und Moden im neunzehnten Jahrhundert. 1790–1817;* München 1905.

Böning, Holger: *»Ist das Zeitungslesen auch dem Landmanne zu verstatten?« Überlegungen zum bäuerlichen Lesen in der deutschen Aufklärung;* DQ17 2004.

Bruford, Walter H.: *Die gesellschaftlichen Grundlagen der Goethezeit;* Frankfurt a. M., Berlin, Wien 1979.

Bruyère, Jean de La: *Die Charaktere;* Frankfurt a. M., Leipzig 2007.

Buch, Hans Christoph: *Die Leiden des jungen Werther. Neu herausgegeben mit Dokumenten und Materialien, Wertheriana und Wertheriaden;* Berlin 1982.

Conrady, Karl Otto: *Goethe. Leben und Werk;* 2 Bde. in einem Buch (die Seitenzählung erfolgt für jeden Band getrennt), Frankfurt a. M. 1987.

Danker, Uwe: *Räuberbanden im Alten Reich um 1700. Ein Beitrag zur Geschichte von Herrschaft und Kriminalität in der Frühen Neuzeit;* 2 Teilbände, Frankfurt a. M. 1988.

Darwin, John: *Der imperiale Traum. Die Globalgeschichte großer Reiche 1400–2000;* Frankfurt a. M., New York 2010.

Dipper, Christof: *Deutsche Geschichte. 1648–1789;* Frankfurt a. M. 1991.

Dörner, Klaus: *Bürger und Irre. Zur Sozialgeschichte und Wissenschaftssoziologie der Psychiatrie;* Frankfurt a. M. 1975.

Dreßen, Wolfgang: *Die pädagogische Maschine. Zur Geschichte des industrialisierten Bewußtseins in Preußen/Deutschland;* Frankfurt a. M., Berlin 1982.

Dülmen, Richard von: *Das Schauspiel des Todes. Hinrichtungsrituale in der frühen Neuzeit;* in: ders./Norbert Schindler (Hrsg.): *Volkskultur. Zur Wieder-*

entdeckung des vergessenen Alltags (16.–20. Jahrhundert); Frankfurt a.M. 1984.

Frauen vor Gericht. Kindsmord in der frühen Neuzeit; Frankfurt a.M. 1991.

Eberhardt, Hans: *Weimar zur Goethezeit. Gesellschafts- und Wirtschaftsstruktur;* Weimar 1988.

Evans, Richard J.: *Rituale der Vergeltung. Die Todesstrafe in der deutschen Geschichte 1532–1987;* Berlin 2001.

Ewers, Hans-Heino (Hrsg.): *Kinder- und Jugendliteratur der Aufklärung. Eine Textsammlung;* Stuttgart 1980.

Flemming, Jens: *»Herrenloß gesinde …« Existenzen am Rande des Minimums;* in: Heide Wunder, Christina Vanja, Karl-Hermann Wegner (Hrsg.): *Kassel im 18. Jahrhundert. Residenz und Stadt;* Kassel 2000.

Föhl, Patrick: *Die Porzellanaffen des Moses Mendelssohn. Nachprüfung einer Legende;* in: Stiftung Schloss Neuhardenberg (Hrsg.): *»Ein Traum, was sonst?« – Preußische Tugenden. Ein Lesebuch;* Göttingen 2002.

Geck, Martin: *Bach. Leben und Werk;* Reinbek 2001.

Grandner, Margarete; **Komlosy,** Andrea (Hrsg.): *Vom Weltgeist beseelt. Globalgeschichte 1700–1815;* Wien 2004.

Grimm, Dieter: *Deutsche Verfassungsgeschichte 1776–1866. Vom Beginn des modernen Verfassungsstaates bis zur Auflösung des Deutschen Bundes;* Frankfurt a.M. 1988.

Günzel, Klaus (Hrsg.): *E.T.A. Hoffmann. Leben und Werk in Briefen, Selbstzeugnissen und Zeitdokumenten;* Berlin 1978.

Harnisch, Hartmut: *Bäuerliche Ökonomie und Mentalität unter den Bedingungen der ostelbischen Gutsherrschaft in den letzten Jahrzehnten vor Beginn der Agrarreformen;* in: Georg G. Iggers (Hrsg.): *Ein anderer historischer Blick. Beispiele ostdeutscher Sozialgeschichte;* Frankfurt a.M. 1991.

Harpprecht, Klaus: *Georg Forster oder Die Liebe zur Welt;* Reinbek 1987.

Hauser, Arnold: *Sozialgeschichte der Kunst und Literatur;* München 1978.

Hausner, Ernst: *Das Pathologisch-Anatomische Bundesmuseum im Narrenturm des Alten Allgemeinen Krankenhauses in Wien;* Wien 1998.

Heilmeyer, Marianne (Hrsg.): *Erdbeeren für Prinzessinnen. Potsdamer Pomologische Geschichten;* Potsdam 2008.

Maulbeeren zwischen Glaube und Hoffnung. Potsdamer Pomologische Geschichten; Potsdam 2010.

Hermsdorf, Klaus: *Literarisches Leben in Berlin. Aufklärer und Romantiker;* Berlin 1987.

Hildesheimer, Wolfgang: *Mozart;* Frankfurt a.M. 1980.

Hörner, Wolfgang: *BierBierBier wie es auch komme. Jean Paul und das Bier. Eine Dokumentation;* Hannover-Laatzen 2006.

Hucke, Karl-Heinz: *Jene »Scheu vor allem Mercantilischen«. Schillers »Arbeits- und Finanzplan«;* Tübingen 1984.

Kantzenbach, Friedrich Wilhelm: *Johann Gottfried Herder mit Selbstzeugnissen und Bilddokumenten;* Reinbek 2002.

Klauss, Jochen: *Alltag im ›klassischen‹ Weimar. 1750–1850;* Weimar 1990.

Klaußmann, A. Oskar: *Abenteuer der Luft in Ballon und Flugmaschine;* Paderborn 2011.

Kleßmann, Eckart: *Universitätsmamsellen. Fünf aufgeklärte Frauen zwischen Rokoko, Revolution und Romantik;* Frankfurt a.M. 2008.

König, Helmut: *Zivilisation und Leidenschaften. Die Masse im bürgerlichen Zeitalter;* Reinbek 1992.

König, Wolfgang: *Geschichte der Konsumgesellschaft;* Stuttgart 2000.

Könneker, Marie Luise (Hrsg.): *Kinderschaukel 1. Ein Lesebuch zur Geschichte der Kindheit in Deutschland 1745–1860;* Darmstadt und Neuwied 1976.

Kohler, Georg (Hrsg. unter Mitarbeit von Alice Villon-Lechner): *Die schöne Kunst der Verschwendung. Fest und Feuerwerk in der europäischen Geschichte;* Zürich und München 1988.

Kuczynski, Jürgen: *Geschichte des Alltags des deutschen Volkes. 1650–1810.* Mit einem Abschnitt »Alltag und Übergangsepoche« von Gerhard Heitz; Berlin 1983.

Kühme, Dorothea: *Bürger und Spiel. Gesellschaftsspiel im deutschen Bürgertum zwischen 1750 und 1850;* Frankfurt a.M., New York 1997.

Kühn, Manfred: *Kant. Eine Biographie;* München 2003.

Leithold, Norbert: *Friedrich II. von Preußen. Ein kulturgeschichtliches und bebildertes Panorama von A bis Z;* Frankfurt a.M. 2011.

Lorenz, Maren: »…*da der anfängliche Schmerz in Liebeshitze übergehen kann …*« *Das Delikt der ›Nothzucht‹ im gerichtsmedizinischen Diskurs des 18. Jahrhunderts;* DQ17.

»*… als ob ihr ein Stein aus dem Leibe kollerte …*« *Schwangerschaftswahrnehmungen und Geburtserfahrungen von Frauen im 18. Jahrhundert;* DQ17.

Lütkehaus, Ludger: *Rumohrs »Geist der Kochkunst« und der Geist der Goethezeit, im Zeitalter der kulinarischen Apokalypse auf die Zunge gelegt;* Marburg 2004.

Marks, Robert B.: *Die Ursprünge der modernen Welt. Eine globale Weltgeschichte;* Stuttgart 2006.

Marx, Karl: *Das Kapital. Kritik der politischen Ökonomie. Erster Band* (= Bd. 23 der MEW); Leipzig 1977.

Meier, Uta: *Zwischen Apotheker und Scharlatan. Zum Laborantengewerbe im westlichen Erzgebirge;* Dresden 1996.

Mittenzwei, Ingrid; **Herzfeld,** Erika: *Brandenburg-Preußen 1648–1789. Das Zeitalter des Absolutismus in Text und Bild;* Köln 1987.

Mooser, Josef: »*Furcht bewahrt das Holz«. Holzdiebstahl und sozialer Konflikt in der ländlichen Gesellschaft 1800–1850 an westfälischen Beispielen;* in: Hans Reif (Hrsg.): *Räuber, Volk und Obrigkeit. Studien zur Geschichte der Kriminalität in Deutschland seit dem 18. Jahrhundert;* Frankfurt a.M. 1984.

Münch, Paul: *Lebensformen in der frühen Neuzeit. 1500–1800;* Frankfurt a.M., Berlin 1992.

Nettelbeck, Uwe: *Karl Philipp Moritz Lesebuch;* Nördlingen 1986.

North, Michael: *Genuss und Glück des Lebens. Kulturkonsum im Zeitalter der Aufklärung;* Köln 2003.

Oellers, Norbert; **Steegers,** Robert: *Weimar. Literatur und Leben zur Zeit Goethes;* Stuttgart 2009.

Pfeifer, Klaus: *Medizin der Goethezeit. Christoph Wilhelm Hufeland und die Heilkunst des 18. Jahrhunderts;* Köln, Weimar, Wien 2000.

Preisendörfer, Bruno: *Staatsbildung als Königskunst. Ästhetik und Herrschaft im preußischen Absolutismus;* Berlin 2000.

Der waghalsige Reisende. Johann Gottfried Seume und das ungeschützte Leben; Berlin 2012.

Prengel, Annedore; **Schmitt,** Hanno (Hrsg.): *Tugend – Treue – Eigenständigkeit. Schloss Reckahn als geselliger Treffpunkt aufgeklärter Frauen;* Reckahn 2010.

Promies, Wolfgang: *Der Bürger und der Narr oder das Risiko der Phantasie. Sechs Kapitel über das Irrationale in der Literatur des Rationalismus;* Frankfurt a. M. 1987.

Reitz, Gerd: *Ärzte zur Goethezeit;* Weimar 2000.

Rutschky, Katharina (Hrsg.): *Schwarze Pädagogik. Quellen zur Naturgeschichte der bürgerlichen Erziehung;* Frankfurt a. M., Berlin 1993.

Safranski, Rüdiger: *Schopenhauer und die wilden Jahre der Philosophie. Eine Biographie;* Reinbek 1994.

Goethe. Kunstwerk des Lebens. Biographie; München 2013.

Schenk, Tobias: *Das ›Judenporzellan‹. Eine kommentierte Tabellenpräsentation zur Rechts- und Sozialgeschichte der Juden im friderizianischen Preußen (1769–1788);* einsehbar auf perspectivia.net (Friedrich300-Quellen).

Schings, Hans-Jürgen: *Goethe – ein Unmensch?;* in: *FAZ* vom 8. Mai 2006.

Schmidt, Susanne: »*Zu Diensten«. Gesinde und Domestiken in der Residenzstadt Kassel;* in: Heide Wunder, Christina Vanja, Karl-Hermann Wegner (Hrsg.): *Kassel im 18. Jahrhundert. Residenz und Stadt;* Kassel 2000.

Schmitt, Hanno; **Siebrecht,** Silke (Hrsg.): *Wiederentdeckte Kostbarkeiten. Der Reckahner Salon im Rochowjahr;* Reckahn 2005 (= Begleitbuch zur Ausstellung im Rochow-Museum Reckahn vom 16. Mai bis 25. September 2005).

Schmitt, Hanno; **Tosch,** Frank (Hrsg.): *Vernunft fürs Volk. Friedrich Eberhard von Rochow im Aufbruch Preußens;* Berlin 2001.

Schödel, Siegfried: *Blumröder?;* (Der knapp 600-seitige Text ist über DQ17 zugänglich und nach Auskunft des Verfassers zwischen 2000 und 2012 entstanden.)

Schultz, Helga: *Berlin 1650–1800. Sozialgeschichte einer Residenz;* Berlin 1987.

Schütte-Bubenik, Andrea: *Eine unerhörte Reise in die Goethezeit. Handbuch für Kulturverdrossene;* Würzburg 2009.

Setzwein, Bernhard (Text); **Thanhäuser,** Christian (Illustrationen): *Jean Paul von Adam bis Zucker. Ein Abecedarium;* Innsbruck, Wien 2013.

Sombart, Werner: *Der moderne Kapitalismus. Historisch-systematische Darstellung des gesamteuropäischen Wirtschaftslebens von seinen Anfängen bis zur Gegenwart. Zweiter Band: Das europäische Wirtschaftsleben im Zeitalter des Frühka-*

pitalismus, vornehmlich im 16., 17. und 18. Jahrhundert; 2 Halbbände, München 1987 (Reprint der 2. Auflage von 1916).

Liebe, Luxus und Kapitalismus. Über die Entstehung der modernen Welt aus dem Geist der Verschwendung; Berlin 1992.

Stock, Ulrich: *Selters oder Selters;* in: *Die Zeit* vom 11. März 2009.

Thomann Tewarson, Heidi: *Rahel Levin Varnhagen mit Selbstzeugnissen und Bilddokumenten;* Reinbek 1988.

Trunz, Erich: *Ein Tag aus Goethes Leben. Acht Studien zu Leben und Werk;* München 1990.

Ulbricht, Otto: *Kindsmord und Aufklärung in Deutschland;* München 1990.

Kindsmörderinnen vor Gericht. Verteidigungsstrategien von Frauen in Norddeutschland 1680–1810; in: Blauert, Andreas; Schwerhoff, Gerd: *Mit den Waffen der Justiz. Zur Kriminalitätsgeschichte des Spätmittelalters und der Frühen Neuzeit;* Frankfurt a. M. 1993.

Wehler, Hans-Ulrich: *Deutsche Gesellschaftsgeschichte. Erster Band. Vom Feudalismus des Alten Reiches bis zur Defensiven Modernisierung der Reformära 1700–1815. Zweiter Band. Von der Reformära bis zur industriellen und politischen ›Deutschen Doppelrevolution‹ 1815–1845/49;* München 1987.

Werner, Michael (Hrsg.): *Begegnungen mit Heine. Berichte der Zeitgenossen;* Bd. 2, Hamburg 1973.

Wilson, Daniel W.: *Das Goethe-Tabu. Protest und Menschenrechte im klassischen Weimar;* München 1999.

Winau, Rolf: *Medizin in Berlin;* Berlin, New York 1987.

Wolff, Eberhard: *Die Einführung der Pockenschutzimpfung in die akademische Medizin. Edward Jenner und die Folgen;* in: Heinz Schott (Hrsg.): *Meilensteine der Medizin;* Dortmund 1996.

»Triumph! Getilget ist des Scheusals lange Wuth«. Die Pocken und der hindernisreiche Weg ihrer Verdrängung durch die Pockenschutzimpung; in: Hans Wilderotter (Hrsg.): *Das große Sterben. Seuchen machen Geschichte;* Berlin 1995.

Zaremba, Michael: *Johann Gottfried Herder. Prediger der Humanität. Eine Biographie;* Köln, Weimar, Wien 2002.

Die Goethezeit in Zahlen

Länder und Leute in Zahlen

Die Daten entstammen modernen Quellen, aber auch zeitgenössischen Lexika und Reiseführern wie Reichards *Passagier* oder Nemnichs *Tagebuch.* Die Angaben weichen teilweise voneinander ab. Außerdem steigen die Bevölkerungszahlen keineswegs kontinuierlich. Es gibt krisenbedingte Einbrüche und lang anhaltende Niedergänge. Die einst so reiche Renaissancestadt Nürnberg etwa verlor im 18. Jahrhundert stetig an Bevölkerung. Der 1798 erschienene *Versuch eines allgemeinen Handlungs- und Fabrik-Adreßbuches* beziffert die Einwohnerzahl der Stadt auf 30 000 und fügt hinzu:»ehedem 60–70 000«.

Ebenso wichtig ist der Hinweis, dass bei den Städten die Zahl der Einwohner nicht mit der Zahl der Bürger identisch ist. So hatte Weimar 1789 recht genau gezählte 6130 Bewohner, von denen nur ein paar Hundert wahlberechtigte Bürger waren.

In den Fürstentümern **Sachsen-Eisenach** und **Sachsen-Weimar** lebten um 1800 etwas über 100 000 Menschen. Die Bevölkerung des 1809 zum Herzogtum vereinten **Sachsen-Weimar-Eisenach** verdoppelte sich 1815 auf dem Wiener Kongress durch die Erhebung zum Großherzogtum und die damit verbundenen Gebietsgewinne. Die Residenzstadt **Weimar** hatte um 1800 rund 7500 Einwohner (**Eisenach** 8000, **Jena** 4500), die Zehntausendermarke wird gegen 1830 erreicht. Die Bevölkerung **Preußens** (einschließlich der eroberten Gebiete) wird um 1800 auf etwa 6,22 Mio. geschätzt, diejenige des Gebietes, das dem **Deutschen Reich** von 1871 entsprach, um 1800 auf 23 Mio. Menschen, die **Österreichs** (mit Böhmen, ohne Ungarn, Siebenbürgen, Bukowina etc.) auf 9 Mio., die **Frankreichs** auf 24 Mio., die von **England und Wales** auf zusammen knapp 10 Mio., die **Schottlands** auf 1,6 Mio. und die **Irlands** auf 4 bis 5 Mio., die Hollands auf 1,9 Mio. Die Schätzungen für **Europa** insgesamt bewegen sich für die Zeit um 1800 zwischen 144 und 180 Mio. Für **Nordamerika** werden 6 Mio. (ohne die indigenen Völker) angenommen, für **China** zwischen 300 und 330 Mio., für **Japan** 28 Mio., für ganz **Asien** bis zu 600 Mio., für **Afrika** zwischen 70 Mio. und 107 Mio. Die Schätzungen der **Weltbevölkerung** bewegen sich für 1800 zwischen 720 Millionen und einer knappen Milliarde.

Die bevölkerungsreichsten europäischen Städte waren **London** (1801: 864 845) und **Paris** (1789: ca. 650 000). Die nach Bevölkerungszahlen größte deutschsprachige und sechstgrößte europäische Stadt war **Wien** (1800 ca. 247 000), die zweitgößte deutsche und neuntgrößte europäische Stadt **Berlin** mit folgender Einwohnerentwicklung: 1750: 89 000; 1774 (nach Büsching): 104 874 (zuzüglich 26 540 Angehörige der Garnison); 1795 (nach Formey): 130 487. Moderne Schätzungen, 1816/19: 198 000; 1831: 246 000. Charlottenburg, das um 1816 etwa 4000 Einwohner hatte, gehörte damals noch nicht zur Stadt. Das gilt auch für andere heutige Berliner Bezirke wie Steglitz, Tempelhof oder Wilmersdorf.

Aachen gegen 1810: 23 000
Augsburg um 1800: 30 000
Bamberg gegen 1810: 18 000
Bonn gegen 1810: zwischen 8000 und 9000
Braunschweig nach einer Zählung von 1810: 27 087
Breslau gegen 1810: 60 000
Dessau gegen 1810: 7000
Dresden um 1800: 61 000 (**Kursachsen** insgesamt 2,1 Mio.)
Düsseldorf gegen 1810: 12 000

Duisburg gegen 1810: 5000
Erfurt 1776: 14064, gegen 1810: 14000
Frankfurt am Main gegen 1810: 42000
Frankfurt an der Oder um 1800: 10000 (ohne Garnison)
Gotha gegen 1810: 11500
Göttingen 1763: 5997
Halberstadt nach einer Zählung von 1810: 13332
Halle nach einer Zählung von 1810: 14576
Hamburg gegen 1800: 150000
Hanau im ersten Jahrzehnt des 19. Jahrhunderts: 12000
Hannover nach einer Zählung von 1810: 19444
Heidelberg gegen 1810: 12000
Iserlohn 1801: 4201
Karlsruhe gegen 1810: 10000
Kassel nach einer Zählung von 1810: 20260
Koblenz gegen 1810: 10000
Köln gegen 1800: 41000
Königsberg gegen 1810: 60000
Krefeld gegen 1810: 10000
Leipzig 1765: 30000; 1785: 29000; gegen 1800: 33000
Limburg im ersten Jahrzehnt des 19. Jahrhunderts: 3000
Lübeck gegen 1810: 30000
Mannheim in den 1780ern: 20000
Magdeburg nach einer Zählung von 1810: 25867
München gegen 1800: 48000 (**Kurpfalz und Bayern** insgesamt 2,2 Mio.)
Münster 1802: 13600
Nürnberg 1798: 30000; 1806: 25000
Paderborn nach einer Zählung von 1810: 5462
Potsdam gegen 1810: 15000
Stuttgart 1787: 22000
Stettin gegen 1810: 23000
Würzburg im ersten Jahrzehnt des 19. Jahrhunderts: 17000

Eltern und Kinder in Zahlen

Das Potpourri veranschaulicht die bestürzende Kindersterblichkeit wie die nicht minder bestürzende Zahl der geborenen Kinder. Die Prominenz der Namen zeigt, dass es sich dabei nicht um ›Unterschichtphänomene‹ handelte.

Klopstock war das älteste, **Lichtenberg** das jüngste Kind von jeweils siebzehn Kindern, **Schubert** das dreizehnte von sechzehn Kindern, von denen zwölf das Erwachsenenalter nicht erreichten. **Goethe**s Mutter bekam nach ihm fünf weitere Kinder, von denen nur die im Jahr nach ihm geborene Schwester **Cornelia** die Kindheit überlebte (sie starb im Alter von sechsundzwanzig Jahren).

Goethes Gefährtin und Frau **Christiane** brachte vier Kinder zur Welt, von denen außer dem ersten, **August,** drei nur wenige Tage am Leben blieben. Sie hatte außerdem eine Totgeburt und etliche Fehlgeburten. **Charlotte Buff,** Vorbild der Lotte in Goethes *Werther,* war das zweite von sechzehn Kindern, zog nach dem Tod der Mutter die meisten davon groß und brachte selbst zwölf Kinder zur Welt. **Bettina** und **Achim von Arnim** hatten sieben, die **Herders** acht, die **Wielands** vierzehn Kinder. **Charlotte von Stein** hatte zehn Geschwister, von denen sechs schon als Kinder starben. Sie selbst brachte in den ersten zehn Jahren ihrer Ehe sieben Kinder zur Welt, von denen vier starben. **Philippine Charlotte,** eine Schwester des Preußenkönigs Friedrich II., brachte dreizehn Kinder zur Welt. Eines davon war **Anna Amalia,** die spätere Herzogin von Sachsen-Weimar-Eisenach, Mutter von zwei Kindern: **Carl August** und **Constantin.** In erster Ehe hatte **Lessings** Frau **Eva** sieben Kinder zur Welt gebracht; sie starb mit zweiundvierzig Jahren nach der Geburt des ersten Kindes aus der Ehe mit Lessing. **Luise Boie,** geborene Mejer, starb im zweiten Jahr ihrer Ehe mit dem Dichter **Heinrich Christian Boie** bei der Geburt ihres ersten Kindes. Ihre Mutter **Sophie Mejer,** geborene Kaiser, war bei der Geburt ihres zehnten Kindes gestorben. Die Publizistin **Therese Huber** (geborene Heyne, geschiedene Forster) brachte zehn Kinder zur Welt, von denen die Hälfte das Säuglingsalter nicht überlebten, ein weiteres starb als Kleinkind. Die Schauspielerin Henriette **Hendel-Schütz** brachte in vier Ehen sechzehn Kinder zur Welt, von denen nur drei die Mutter überlebten. **August von Kotzebue** wiederum wurden in drei Ehen siebzehn Kinder geboren. Sein zweiter Sohn, der dreimalige Weltumsegler **Otto von Kotzebue,** hatte mit seiner Frau **Amalie** neun Kinder. Der Verleger **Georg Andreas Reimer** hatte mit seiner Frau **Wilhelmine** sechzehn Kinder. **Friedrich Nicolai** war das achte Kind seiner Eltern und hatte mit seiner Frau **Elisabeth** selbst acht Kinder, die er alle überlebte. Auch die **Brüder Grimm** waren zu acht, außerdem hatten sie noch eine Schwester. Drei der Jungen starben als Säuglinge. Keine Kinder hatten die Philosophen **Kant** (unverheiratet), **Fichte** (verheiratet) und **Schopenhauer** (unverheiratet). Obwohl Philosophen, hatten **Schelling** und **Hegel** Kinder, der eine sechs, der andere vier, darunter ein unehelicher Sohn.

Maßeinheiten
Die Angaben sind nicht immer übereinstimmenden Quellen entnommen. Zudem gab es erhebliche regionale Unterschiede. Werner Sombart spricht nachsichtig von der »Buntheit der Maße und Gewichte« (*Kapitalismus,* Bd. II-1, S. 205). Weitere Auskünfte bei Carl L.W. Aldefeld: *Die Maße und Gewichte der deutschen Zoll-Vereins-Staaten und vieler anderer Länder und Handelsplätze in ihren gegenseitigen Verhältnissen;* Stuttgart, Tübingen 1838. Als Beispiel einer regionalen Studie sei genannt Wolfgang v. Hippel: *Maß und Gewicht im Gebiet des Großherzogtums Baden am Ende des 18. Jahrhunderts;* Mannheim 1996. Als neueres Nachschlagewerk Helmut Kahnt, Bernd Knorr: *Alte Maße, Münzen und Gewichte. Ein Lexikon;* Mannheim, Wien, Zürich 1986.

Gewichte

- Apothekergewichte können von den ›normalen‹ Gewichten (›Civilgewicht‹) abweichen. In Reichards *Passagier* (Abt. 2, S. 1051) wird z.B.
  ein »Decret vom 30. Jan. 1811« angezeigt, »wonach in Bayern mit dem
  1. Julius 1811 das Apothekergewicht sich zum Civilgewicht verhalten
  soll, wie 9 zu 14«. Und um es noch komplizierter zu machen, wurde
  festgelegt: »6 Loth Civilgewicht = 7 Loth Apothekergewicht, das
  von letztern 24, von erstern 32 Loth aufs Pfund gehen.« In Wien galt
  1 Loth für 17,54 g.
- Gran: 20 Gran = 1,27 g
- Last (Schiffslast): 50 Last = 60 t
- Lot: 15,2 g, 32 Lot = 1 Pfund = 485 g (in Wien 561 g)
- Pfund: 467 g in Brandenburg, 485 g im Norden, 560 g in Süddeutsch-
  land. Ein ›Medizinalpfund‹ (abgekürzt Lbr) hatte in Preußen 350 g, in
  Württemberg 357 g, in Österreich 420 g.
- Quentlein: 3,8 g, 4 Quentlein = 1 Lot
- Unze: in Preußen etwa 14 g
- Zentner: 110 Pfund à 485 g

Volumenmaße

- Eimer: bei Wein 64 Quart
- Faß: bei Wein 5 Eimer
- Haufen: 3 m hohe, 6 m breite Holzstapel aus 1 m langen Scheiten
- Kanne: regional stark schwankend zwischen 0,8 l und 1,79 l. In Sachsen
  0,937 l, also einem ›Maas‹ entsprechend
- Klafter: in Preußen für Holz etwa 3,3 m³
- Last: »Eine Last Salz enthält 60 Scheffel oder 3240 Pfund.« (Krünitz,
  Stichwort »Salzhandel«)
- Malter: Das mag Justus Möser aus Osnabrück erklären: »Das hiesige
  Malter besteht aus 12 Scheffeln oder 11 neubraunschweigischen Him-
  ten, und der Berliner Scheffel verhält sich gegen den hiesigen wie 5 zu 9
  oder wie 40 zu 72.« (*Patriotische Phantasien*, S. 83)
- Maas: 0,94 l, regional schwankend (in Wien z.B. 1,42 l)
- Metze: regional stark schwankend zwischen 2 und 20 l, in Preußen
  3,43 l
- Ößel (auch Nisel, Nößel oder Nösel): zwischen 0,45 und 0,58 l, 2 Ößel =
  1 Quart
- Oxhoft: in Preußen 206,1 Liter, in Hamburg 217,3.
- Quart: in Berlin 1,15 l. Bei Wein: 64 Quart = 1 Eimer, bei Bier 96 Quart
  = 1 Tonne
- Scheffel: 16 Metzen. Bei Kartoffeln rund 49 kg, bei Hafer 24,75 kg, bei
  Gerste 34,35 kg, bei Roggen 40,55 kg. Münchhausen betont aber in sei-
  ner *Hausmutter* (1782, S. 326): »Man nimmt an, dass der Berliner Schef-

fel 80 Pfund Roggen enthalte, obschon in manchen Gegenden Roggen gefunden wird, der an 84–86 Pfund [pro Scheffel] wiegt.«
- Tonne: kein einheitliches Maß. Zum Beispiel gab es bei Salz in Preußen Tonnen von 405, 400, 300, 280 und 200 Pfund (nach Krünitz, Stichwort »Salzhandel«).
- Wispel (auch Winspel): bei Getreide 24 Scheffel = 384 Metzen = 13,19 hl

Längenmaße

- Elle: Brabanter Elle, Maß für Stoffe, als Bezeichnung weitverbreitet, doch von regional verschiedenen Längen. In manchen Regionen variierten die Ellen zusätzlich nach den Stoffen, die mit ihnen gemessen wurden. In Brüssel und Antwerpen hatte eine Brabanter Elle 695 mm, in Frankfurt am Main 699 mm, in Aachen nur 680 mm, in Hamburg (»kleine Hamburger Elle«) 691,5 mm, in Leipzig 685,6 mm, in Preußen 667 mm.
- Faden: 164,2 cm (preußisch); 213,33 cm (russisch)
- Fuß: in Preußen 314 mm
- Lachter: Bergbaumaß, entspricht knapp 2 m
- Linie: in Preußen 2,17 mm
- Meilen – Preußische Meile: 7532,48 m; Brandenburger Meile: 7407,41 m; Schlesische Meile: 6479,24 m; Breslauer Meile: 4319 m; Hannoverische Meile: 7419 m; Badische Meile: 8900 m; Sächsische Postmeile: 7500 m; Englische Seemeile: 1853,18 m. Die Brandenburger Meile in Zeit: »Zwo Stunden geht man gemeiniglich, wenn man sagt, man sey eine Meile Weges gegangen.« (Rochow, *Kinderfreund* von 1776, S. 105.) In Ruthen: »Eine märkische Meile hat eine Länge von 2000 rheinländischen Ruthen, ist also um 31 rheinländische Ruthen grösser, als eine von den sogenannten deutschen Meilen, deren 15 auf einen Grad des Äquators gerechnet werden.« (Büsching, *Beschreibung seiner Reise ...*, S. 68) Reisedistanzen wurden auch in ›Posten‹ angegeben: »Ein Post begreift jederzeit zwey deutsche Meilen in sich«. (Reichard, *Passagier* 2, S. 753)
- Rute: 3,77 m
- Schuh: 28,65 cm
- Zoll: schwankend zwischen 2,5 cm und 3 cm, in Preußen 2,62 cm. In Adelungs Wörterbuch heißt es ohne Zentimeterangabe: »ein Längenmaß, welches ungefähr der Breite eines starken Daumens gleich ist, und den zwölften Theil eines Rheinländischen Fußes ausmacht.« Zu Zoll, Fuß und Elle heißt es unter dem Stichwort ›Schuh‹ in Hübners *Handlungs-Lexicon* (Ausgabe von 1792): »Schuh, 1 Fuß ist der 10te Theil einer Decimal- oder 12te Theil einer rheinländischen Ruthe, und insgemein so groß, als eine halbe Elle, hat aber an verschiedenen Orten, sowol als die Elle, unterschiedliche Größe. [...] Der Pariser Schuh wird in 12 Zoll, der Zoll in 12 Linien, die Linie in 19 Punkte, und also der ganze Schuh in

1440 Theile getheilt.« Berechnet nach »Pariser Fuß, nämlich, wenn dieser 1440 Theile haelt, so hat der Aachner Fuß 1285 solcher Theile«, der Berliner 1373, der Frankfurter 1270, der Gießener 1320, der Leipziger 1275, der Mannheimer 1287, der Nürnberger 1349, der Rostocker 1282, der Ulmer 1281 und der in Muempelgard 1274 – die Liste ist nicht vollständig.

Flächenmaße

- Acker: 300 Ruten = 0,43 ha (regional stark verschieden)
- Morgen: 0,2553 ha
- Quadratrute: in Preußen 14,2 m^2, in Sachsen 18,4 und in Bayern 8,5

Mengenmaße

- Dutzend: 12 Stück
- Mandel: 15 Stück, 15 Garben
- Schocken, auch Schock: Altes Schocken 20 Stück, Neues Schocken 60, Leichtes Schocken 40 Stück
- Stiege: 20 Stück

Spurbreiten

- Kutschen: Berliner Spur: 4 Fuß, 4 Zoll (136,1 cm). Teltowische Spur: 3 Fuß, 3 Zoll (102,1 cm), magdeburgisch-halberstädtische Spur: 4 Fuß, 6 Zoll (141,3 cm)
- Karren hatten oft eine Spurbreite von 5 Zoll.

Seitenformate

- Bogen: eine Grundgröße bei der Papierherstellung, die in Deutschland erst Ende des 19. Jahrhunderts verbindlich normiert wurde. Die Bogengröße und die daraus abgeleiteten Formate schwankten.
- Folio: Bogen einmal gefaltet, 2 Blätter (ca. 45 x 30 cm), 4 Seiten
- Quart: Bogen zweimal gefaltet, 4 Blätter (ca. 30 x 22 cm), 8 Seiten
- Oktav: Bogen dreimal gefaltet, 8 Blätter (ca. 22 x 15 cm), 16 Seiten
- Beim Duodez-Format ergibt ein Bogen 12 Blätter (ca 15 x 11 cm), 24 Seiten.

Währungseinheiten

Papiergeld spielte im wirtschaftlichen Alltagsleben nur eine geringe Rolle, und dann vor allem in der Form des Wechsels. In Preußen wurden Banknoten gegen Ende des 18. Jahrhunderts ausgegeben. Bei den Münzen stand der Nennwert in Relation zu ihrem Materialwert, beim Taler zum Silbergehalt. Diese Relation war in den deutschen Gebieten jedoch uneinheitlich und wurde zudem durch

›Münzverschlechterung‹ verändert. Beispielsweise ließ Friedrich II. 1761, während des Siebenjährigen Krieges, aus 233,9 g Feinsilber nicht 14 Taler prägen wie vor dem Krieg, sondern 40 Taler. Zu den Verhältnissen in Preußen ausführlich Friedrich Freiherr von Schrötter: *Das Preußische Münzwesen im 18. Jahrhundert;* 4 Bde., Frankfurt a. M. 1986/87 (= Neuausgabe von Wilhelm Treue im Rahmen der *Acta Borussica*). Über »Preise und Einkommen in Preußen während der Regierungszeit Friedrichs II.« orientiert ein so überschriebenes Kapitel in Gunther Hahn; Alfred Kernd'l: *Friedrich der Große im Münzbildnis seiner Zeit;* Berlin 1986. Angaben zu Preisen in Deutschland bei Hans-Jürgen Gerhard; Karl Heinrich Kaufhold: *Preise im vor- und frühindustriellen Deutschland. Bd. 2: Nahrungsmittel, Getränke, Gewürze, Rohstoffe und Gewerbeprodukte;* Stuttgart 2001.

Die Währungskurse waren (mitunter recht starken) Schwankungen unterworfen, regional wie zeitlich. Auch die Relation zwischen Geld- und Brotmenge, also der Brotpreis (elementar für die Mehrheit der städtischen Bevölkerung), unterlag zeitweise extremen Schwankungen. Die ›Pfennigbrote‹ folgten mit ihrem Gewicht diesen Schwankungen.

Manchmal bedurften die Zeitgenossen selbst der Belehrung über den Wert einer Geldsendung. Das zeigt ein Brief, den Gottfried August Bürger im Oktober 1792 von seinem Verleger Dieterich, den er »mein scharmantes Geldmännchen« zu titulieren pflegte, erhalten hat: »Hier Schicke ich dir 5. Stück Carolin so du in Sachsen a 6. Reichstaler 4 Groschen, und unter wegens gar mit 8. Groschen auß geben Kanst, so viel sie mir auch Kosten, dir habe ich diese mit 6. Reichstalern Notirt.« Man könnte hinzufügen, dass die Geldverhältnisse ungefähr so unübersichtlich waren wie die Rechtschreibung des Verlegers.

Es gab nicht nur keinen einheitlichen Münzfuß, selbst die zugrunde liegende Gewichtseinheit, die Mark Feinsilber, war unterschiedlich definiert. Hinzu kam, dass »Mark« neben dem Gewicht wiederum eine Münze bezeichnete, das heißt: in verschiedenen Gegenden verschiedene Münzen. Damit sich die Kaufleute zurechtfanden, wurden Taschenbücher mit Tabellen gedruckt. Einen Eindruck von der überwältigenden (oder frustrierenden) Vielfalt gibt der Eintrag »Mark« in der *Oeconomischen Encyklopädie* von Krünitz.

Karl Julius Weber zählt in *Briefe eines in Deutschland reisenden Deutschen* noch 1826 auf: »Carolins, Souverains, Friedrichsd'or, Maxd'or, Carlsd'or, Augustus- und Georgsd'or, Louis, selbst auch Portugaleser, Dukaten, Gulden, Kreuzer, Pfennige und Heller, Thaler, gute Groschen, Mariengroschen, Silbergroschen, Batzen, Dreier, Böhmen, Schockgroschen und Gröschel – Marke und Schillinge, Sechser, Timpfe, Dütchen, Kopfstücke, Stüber, Albus, Füchse, Fettmännchen und Petermännchen; selbst Lire, Soldi und Denari. Es fehlte nichts als die Cauris der Neger, und die Cocosnüsse der Indier!« (Bd. 1, S. 153)

All dies macht Umrechnungen in Währungen der Gegenwart sinnlos, sie würden gewissermaßen an den Relationen der Vergangenheit vorbeizählen. Einen Eindruck von diesen Relationen vermittelt der Abschnitt »Wer verdient womit, wie viel«.

Batzen: 1 Batzen = 4 Kreuzer

Courantmünze: Geldstück, dessen Nominal- und Kurswert in etwa seinem Metallwert (meistens Gold oder Silber, seltener Kupfer) entspricht. Münzen, deren Nominalwert vom Materialwert abwich, wurden als **Scheidemünzen** bezeichnet.

Goldmünzen: Friedrichsdor (5 Taler), bayerischer Carolin (6,5 Taler), sächsischer Louisdor (auch Pistolen genannt, 5 Taler), Dukaten (3,3 Taler)

Groschen: Siehe die Wertrelationen unter Taler.

Gulden (Fl. oder fl. = Abk. für Florenus, lat. für Gulden): gängig besonders in Süddeutschland. Um 1800 entsprechen 1 Taler 1,50 Gulden (Kurse stark schwankend).

Heller: 576 Heller = 1 Reichstaler

Kopfstück: kleine Silbermünze, 20 Kreuzern entsprechend

Kreuzer (kr.): 4 Kreuzer = 1 Groschen, 90 Kreuzer = 1 Reichstaler

Konventiontaler: in Österreich, Süddeutschland und Sachsen zwischen 1750 und 1857 kursierende Münze

Kronthaler: Kronentaler, ursprünglich aus den österreichischen Niederlanden stammende, nach der Lösung der Niederlande von Österreich (1795) in Bayern, Baden und Württemberg weiter kursierende und dort zum Teil auch geprägte Silbermünze

Laubthaler: deutsche Bezeichnung für die französische 6-Livre-Silbermünze, die zwei Lorbeerzweige in der Prägung und etwa die Größe eines Talers hatte

Pfennig: Siehe die Wertrelationen unter Taler.

Rth = Reichsthaler: Siehe Taler.

Stüber: im Nordwesten verbreitete Kleinmünze im Wert von 4 Pfennigen oder 16 Hellern. In Köln entsprechen einem Reichstaler 60 Stüber.

Taler: offizielle Währungseinheit im Reichsgebiet. In Berlin galt 1 Taler zu 24 Groschen, 1 Groschen zu 12 Pfennigen beziehungsweise zu 4 Kreuzern. Es kursierten auch preußische und sächsische Taler, die etwas schwächer waren als der Reichstaler.

Wer verdient womit wie viel

Die Einkünfte aus bestimmten Tätigkeiten und/oder aus bestimmten Quellen sind nicht zu verwechseln mit den jeweiligen Gesamteinkünften. Die Angaben erfolgen (überwiegend) in Talern. Mag der Wert der Münze je nach Ort und Zeit schwanken, so gilt doch überall und jederzeit, was Heine in seiner *Harzreise* (1824) anlässlich des Besuchs einer Klaustaler Münze schrieb: »Mit einem Gefühle, worin gar komisch Ehrfurcht und Rührung gemischt waren, betrachtete ich die neugebornen blanken Taler, nahm einen, der eben vom Prägestocke kam, in die Hand, und sprach zu ihm: Junger Taler! welche Schicksale erwarten dich! wieviel Gutes und wieviel Böses wirst du stiften! wie wirst du das Laster beschützen und die Tugend flicken, wie wirst du geliebt und dann wieder verwünscht werden! wie wirst du schwelgen, kuppeln, lügen und morden helfen!

wie wirst du rastlos umherirren, durch reine und schmutzige Hände, […] bis du endlich, schuldbeladen und sündenmüd, versammelt wirst zu den Deinigen im Schoße Abrahams, der dich einschmelzt und läutert und umbildet zu einem neuen, besseren Sein.«

Carl **Achard:** 1799 vom preußischen König Friedrich Wilhelm III. für den Aufbau einer Zuckerfabrik ein Darlehen von 50 000 Talern.

Regine Susanna **Bach:** Die verarmte jüngste Tochter Johann Sebastian Bachs im Jahr 1800 durch eine von Friedrich Rochlitz in der *Allgemeinen musikalischen Zeitung* initiierte Spendenkampagne 96 Taler und 5 Groschen.

Polizeikommissar **Bärsch:** 1786 für eine Zehnzimmerwohnung in seinem Haus in der Berliner Kronenstraße vom Hofarzt Ernst Ludwig Heim an Miete 300 Taler jährlich.

Heinrich Julius **Bruns:** In den 1770ern als Lehrer an der 1773 neu errichteten Reformschule in Reckahn 180 Taler jährlich, zuzüglich freie Wohnung, Brennholz und 4 Fuder Heu. Das war ungewöhnlich viel. Von den 1760 lutherischen Küstern und Schulmeistern in der Kurmark zum Beispiel erhielten nur 49 über 100 Taler, die meisten verdienten 20 Taler (301) oder 30 Taler (250). 10 Taler und darunter erhielten 295.

Henri de **Catt:** Als Sekretär und Vorleser Friedrichs II. seit 1758 jährlich 1000 Taler.

Martin **Friedel:** 1773 von den Berliner Behörden ein Mietzuschuss von 150 Talern für die Fortführung der 1769 von Madame de Rieux gegründeten Kunstblumenfabrik.

Friedrich II. von Preußen: Nach Angaben in seinem *Politischen Testament* von 1752 als »der erste Diener des Staates«, wie er schreibt, »ein monatliches Gehalt von 10 000 Talern«. Seine getrennt Hof haltende Gattin Elisabeth Christine erhielt jährlich 41 000 Taler.

Johann Wolfgang **Goethe:** 1765–68 als Student in Leipzig vom Vater 1200 Gulden (= 1000 Taler) jährlich. In Weimar verfügten nur 2 Prozent der Bevölkerung über jährlich 1000 Taler und mehr. 1776 bei Dienstantritt als »Geheimder Legations-Rat« 1200 Taler Jahresgehalt; um 1820 als Minister 3100 Taler jährlich. 1787–90 vom Verleger Göschen für eine achtbändige Werkausgabe 2000 Taler; 1792–1800 vom Verleger Unger für eine siebenbändige Werkausgabe 5400 Taler; 1806–08 vom Verleger Cotta für eine zwölfbändige Werkausgabe 10 000 Taler, zusätzlich 2000 Taler für einen Zusatzband mit den *Wahlverwandtschaften;* 1795–1832 Gesamtsumme der Honorare vom Verleger Cotta: 130 839 Taler.

Anton **Graff:** Der Schweizer Maler 1766 als Mitglied (noch nicht Professor) der Akademie der Bildenden Künste in Dresden 400 Taler jährlich und einmalig 100 Taler Reisegeld für die Übersiedlung von Zürich nach Dresden. Schiller bot ihm für das in der zweiten Hälfte der 1780er in Dresden entstandene Porträt mit Schillerkragen 30 Taler. Dafür konnte Graff das Ölgemälde nicht abgeben.

Ernst Ludwig **Heim:** 1796 als Berliner Arzt für Adelige, höhere Beamte und Akademiker:»11 Reichstaler 20 Groschen hat mir jeder Kranke im Durchschnitt eingebracht.« (Zitat nach Schultz, *Berlin,* S. 270)

Heinrich **Heine:** 1823 von seinem Onkel Salomon Heine vierteljährlich 100 Taler.

Prinz **Heinrich** (jüngerer Bruder Friedrichs II.): 1792 an Gesamteinnahmen 75 500 Taler.

Johann Ernst **Heinsius:** In den 70er-Jahren für ein Ölbild 20 bis 60 Taler, je nach Größe und Ausführung, zum Beispiel ob mit oder ohne Hände.

Johann Gottfried **Herder:** Oktober 1776 als Generalsuperintendent in Weimar 1200 Taler jährlich.

Carl August **Hoffmann:** 1799 als Weimarer Apotheker für seine Zustimmung, dass eine »zweyte Apotheke, aber nur in den Vorstädten« eröffnet werden darf, einmalig 500 Taler. (Zitat nach Reitz, *Ärzte zur Goethezeit,* S. 162)

Ernst Theodor Amadeus **Hoffmann:** 1816 als preußischer Kammergerichtsrat in Berlin 1000 Taler jährlich.

Christoph Martin **Hufeland:** Anfang der 1790er als ›Hofmedicus‹ (nicht identisch mit dem höheren Rang des ›Leibmedicus‹) in Weimar 100 Taler jährlich, ab 1793 als Professor der Medizin in Jena 300 Taler, ab 1798 das Doppelte. Ab 1801 als Leibarzt des Königs von Preußen, Direktor des Berliner Collegium medico-chirurgum und ärztlicher Leiter der Charité 1600 Taler jährlich.

Christian **Huschke:** Um 1820 als ›Leibmedicus‹ am Weimarer Hof 2900 Taler jährlich.

August Wilhelm **Iffland:** 1796 als Theaterintendant in Berlin 3000 Taler jährlich.

Immanuel **Kant:** 1766 als Unterbibliothekar an der Schlossbibliothek Königsberg 62 Taler, Mitte der 1790er als Philosophieprofessor in Königsberg 700 Taler jährlich.

Anna Louisa **Karsch,** genannt die Karschin: Das (angebliche) lyrische Naturtalent nach einer Audienz bei Friedrich II. ein »Gnadengeschenk« von 2 Talern. Sie gab und reimte zurück: »Zwei Taler gibt kein großer König, / Ein solch Geschenk vergrößert nicht mein Glück, / Nein, es erniedrigt mich ein wenig, / Drum geb ich es zurück.« (Zitat nach Hermsdorf, *Literarisches Leben,* S. 124)

Gottlieb Martin **Klauer:** 1773 als Weimarer Hofbildhauer 100 Taler jährlich; 1781, nach der Bestellung als Lehrer an der Fürstlichen Zeichenschule in Weimar, 300 Taler jährlich. Für die an ein breiteres Publikum verkauften Büsten der Weimarer Zelebritäten in den 90er-Jahren je 3 Taler.

Karl Friedrich **Klöden:** 1817 als Direktor des neuen Potsdamer Lehrerseminars jährlich 800 Taler bei freier Wohnung und Holz. Ab 1824 als Direktor der neuen Berliner Gewerbeschule jährlich 1500 Taler bei freier Wohnung, zuzüglich eines Anteils an den Examensgebühren.

Kogel (Vorname unbekannt): 1782 zum Kurieren einer bei der herzoglichen

Hirschjagd auf dem Ettersberg erlittenen Verletzung 2 Taler 6 Groschen, und als Entschädigung für eine zwei Wochen dauernde Arbeitsunfähigkeit 1 Taler 15 Groschen.

Johann Friedrich **Laut:** Verdiente 1779 als Verleger, wie die Rohstofflieferanten und Abnehmer der Fertigprodukte in der heimarbeitlich organisierten Textilindustrie genannt wurden, an den (hungernden) Strumpfwirkern von Apolda 5850 Taler. Ein Strumpfwirkermeister verdiente 78 Taler jährlich, ein Geselle 39 Taler (zusätzlich Schlafstelle und Verköstigung), die Wollspinnerin 21 Taler, 16 Groschen.

Caroline Louise **Marquet:** Die Näherin nach einem Gerichtsurteil von 1826 von Arthur Schopenhauer 300 Taler Kurkosten und 60 Taler jährliche Leibrente, »alles bloß, weil ich die Person [...] zur Stubentür hinausgeworfen« (Zitat nach Abendroth, *Schopenhauer*, S. 67).

Karl Philipp **Moritz:** 1778 als Lehrer (noch nicht Professor) am Gymnasium zum Grauen Kloster in Berlin 250 Taler jährlich (davon 120 Taler Festgehalt).

Leopold **Mozart:** Für ein Kinderkonzert mit Wolfgang Amadeus und Nanni Mozart im August 1763 in Frankfurt von Goethes Vater 4 Gulden, 7 Kreuzer.

Carl **Neubert:** 1811 als Botengänger in Weimar 5 Groschen pro Meile.

Johann Christoph **Pickert:** 1807/08 ließ sich Pickert im Bördekreis bei Magdeburg anstelle von Jacob Röper in die Konskriptionsliste der preußischen Armee eintragen. Die Möglichkeit, der Wehrpflicht durch Ersatzstellung zu entgehen, war legal. Pickert vereinbarte mit Röpers Vater für die dreijährige Dienstzeit (zu der es dann nicht kam) 300 Taler in drei Raten, zusätzlich pro Jahr drei neue flächserne Hemden, acht Ellen Leinwand und zwölf Pfund Wolle.

Friedrich Wilhelm **Riemer:** Ab 1812 als Gymnasialprofessor in Weimar 600 Taler jährlich.

Georg Gottfried **Rudolph:** Von 1797 bis 1805 als Diener Schillers 40 Taler jährlich.

Johann Christoph **Sachse:** Der Weimarer Bibliotheksdiener 1821 für seine im Jahr darauf bei Cotta erschienene Autobiografie nach einem Vorschlag, den Goethe dem Verleger machte: »Ich zahlte für Ihre Rechnung zu Weihnachten dem Verfasser hundert Taler und ebensoviel zu Ostern, wobei Sie ihm 24 Frei-Exemplare zugeständen.« (Zitat nach Sachse, *Gil Blas*, S. 270)

Gebrüder **Schickler:** Das Berliner Bankhaus, seinerzeit eines der größten in Deutschland, erzielte 1780 bei einem Umsatz von 2 106 612 Talern einen Gewinn von 95 263 Talern, zehn Jahre später jedoch bei einem Umsatz von 1 966 703 Talern nur noch 19 471 Taler.

Friedrich **Schiller:** Ab Dezember 1780 als frisch bestallter »Regiments-Medicus« in Stuttgart 18 Gulden monatlich. 1799 nach der Übersiedlung von Jena nach Weimar als Hofrat 400 Taler Gehalt jährlich, seit 1804 doppelt so viel. Für die erfolgreichen Berliner Aufführungen der *Jungfrau von Orleans* im November und Dezember 1801 von Iffland 107 Taler, 16 Groschen. Ende Mai 1805, unmittelbar nach Schillers Tod, erhält Charlotte von Schiller von Verleger Cotta 10 000 Gulden für sämtliche Theaterstücke ihres Mannes.

Johann Joseph **Schmeller:** In der zweiten Hälfte der 1820er-Jahre für seine Porträtzeichnungen (Brustbilder in Naturgröße) im Auftrag Goethes 1 Taler pro Blatt, für Ölporträts 34 Taler.

Arthur **Schopenhauer:** Am 17. Mai 1814 aus dem väterlichen Erbe 19 183 Taler, 6 Groschen.

Corona **Schröter:** seit 1776 jährlich 400 Taler als ›Hofsängerin‹ in Weimar.

Johann Carl Christoph **Schwanitz:** Um 1820 als Wirt des Gasthauses »Zum Elephanten« in Weimar 1605 Taler jährlich.

Johann Gottfried **Seume:** Während seines Leipziger Studiums 1780/81 von einem Gönner 5 Taler monatlich.

Carl **Stadelmann:** Um 1820 als Diener Goethes 65 Taler jährlich, zusätzlich Sachleistungen.

Albrecht Daniel **Thaer:** 1818 für Unterricht, Logis und Kost in der Landwirtschaftsschule seines Mustergutes Möglin für den Sommerkurs (Mitte April bis Ende September) 200 Reichstaler, für den Winterkurs (Anfang November bis Ende März) 150 Reichstaler im Voraus. (»Wer jedoch von einem Semester zum andern hier bleibt, hat auch in der Zwischenzeit alles dafür frei.« Thaer, *Geschichte meiner Wirthschaft*, S. 350)

Voltaire: Während seines Aufenthaltes in Potsdam Anfang der 1750er-Jahre von Friedrich 5000 Taler bei freier Kost und Logis.

Christian August **Vulpius:** Der Bruder von Goethes Gefährtin Christiane 1797 als Bibliotheksregistrator 100 Taler jährlich, nach seiner Heirat 1801 auf 200 Taler verdoppelt. 1810 befürwortet Goethe ein Gehalt von 460 Talern. Vulpius' 1798 erschienener Räuberroman *Ronaldo Rinaldini* hatte zwar literarischen Erfolg, aber keinen finanziellen Ertrag beschert.

Christoph Martin **Wieland:** 1772 als Erzieher des Weimarer Erbprinzen Carl August 1000 Taler jährlich, nach dessen Volljährigkeit 600 Taler verpflichtungsfreie Pension, die Carl August nach Regierungsantritt auf 1000 Taler erhöhte.

Karl **Willmanns:** 1803 als Goldschmiedemeister in Berlin ein einmaliges Lehrgeld von 50 Talern für die Aufnahme eines Lehrlings, der nicht in der Wohnung schlief.

Johann Georg **Zimmermann:** 1786, kurz vor König Friedrichs Tod, für eine zweiwöchige Konsultationsreise von Hannover nach Potsdam 2000 Taler.

Weitere Angaben

Lichtenbergs Theorie der **Einkommensklassen:** »Ich theile mir das Publicum so ein, Leute die gar keine Besoldung und auch keine fixe Einnahmen haben, arme Teufel, Leute die unter 5 hundert Thaler Besoldung oder bestimmte Einnahmen haben, Leute die über 5 hundert Thaler haben, Leute die in die tausende kommen.« Zu den Leuten,»die in die tausende kommen«, gehörten zum Beispiel Bertuch in Weimar oder auch Nicolai in Berlin, der 1787 für mehr als 32 000 Taler ein Haus in der Berliner Brüderstraße kaufen konnte. Dem Verleger wurde von Gegnern (der Aufklärung) und Neidern (des Erfolgs) der durchtriebene Vorwurf gemacht, er habe mehr Verdienst an der Aufklärung gehabt als um sie.

Den generellen Zusammenhang zwischen Verdienst (um die Gesellschaft) und Verdienst (an Geld) beschrieb Lichtenberg, der sich zur zweiten seiner Einkommensklassen rechnete, folgendermaßen:»Ich bin aus vielfältiger Erfahrung überzeugt, daß die wichtigsten und schwersten Geschäffte in der Welt, die der Gesellschaft den meisten Vortheil bringen, durch die sie lebt und sich erhält, von Leuten gethan werden, die zwischen dreyhundert und 800 oder 1000 Thaler Besoldung genießen, zu den meisten Stellen, mit denen 20, 30, 50, 100 Thaler oder 2000, 3000, 4000, 5000 Thaler verbunden sind, könnte man nach einem halbjährigen Unterricht jeden Gassenjungen tüchtig machen«. (Lichtenberg, *Aphorismen-Bücher,* S. 76, 291)

Die **Jahresgehälter des Stadtrats von Weimar** 1811, notiert vom Gerichtsdiener Franz David Gesky:»Der Stadtrat bestand aus dem Bürgermeister Brunnquell mit 502 Taler 18 Groschen Besoldung, dem Beisitzer Bergrat Kirst 210 Taler 18 Groschen, dem Stadtschreiber Dr. Schnauß 285 Taler neun Groschen, dem Kämmereiverwalter Steffany 339 Taler 12 Groschen, dem ersten Ratsdiener und Marktmeister 270 Taler 18 Groschen vier Pfennige, dafür werden aber für Logis, Holz und Licht jährlich 56 Taler acht Groschen abgezogen, dem zweiten Ratsdiener 101 Taler 17 Groschen, aber für Holz und Logis 48 Taler Abzug.« (Tagebucheintrag vom 30. Januar 1811. In: Gesky, *Weimar von unten,* S. 29 f.)

Sein eigenes Gehalt als vorübergehend eingestellter Hofbedienter während eines Weimarbesuchs von Zar Alexander im Dezember 1818 beziffert er mit einem Taler täglich.

Die **Jahresgehälter einer preußischen Kriegs- und Domänenkammer** um 1800: Präsident 3000 Taler, Kriegsrat 700, Kanzlist 280, Kopist 50 Taler (nach Kuczynski, *Alltag,* S. 261).

Als **Lehrergehalt an kurmärkischen Dorfschulen** empfiehlt 1775 Anton Friedrich Büsching 120 Taler:»Freylich ist diese Summe zum Wohlleben unzulänglich, zumal wenn noch die Miethe für Wohnung davon bezahlt werden muss: allein es giebt viele Rectorate und Conrectorate in Städten, die nicht einmahl soviel, wenigstens nicht mehr eintragen, und ein zweyter Lieutenant, bey den Königl. Kriegsheeren, hat nach Abzug der Kleidung nicht soviel.« (Büsching, *Beschreibung seiner Reise,* S. 229) Nähere Angaben zur Lehrerbesoldung in Brandenburg ebenfalls nach Büsching (Tabelle S. 300) im obigen Eintrag über den Reckahner Lehrer Bruns. Georg Friedrich Rebmann bemerkt noch 1795 in seinen *Wanderungen und Kreuzzügen durch einen Teil Deutschlands*: »Es gibt Länder, wo der Aufseher über die fürstlichen Jagdhunde und ein halb Dutzend überflüssiger Schranzen jeder so viel Gehalt haben als zwölf Schullehrer zusammengenommen.« (S. 565)

Den **Soldatenlohn der Potsdamer Regimenter** beziffert Büsching zwischen 8 und (für die Leibgarde) 16 Groschen – alle 5 Tage. Das Traktament, der monatliche **Sold eines Rittmeisters,** betrug gegen Ende des 18. Jahrhunderts 92 Taler, hinzu kamen 15 Taler Pferdegeld, 19 Taler Gewehrgeld, 36 Taler Werbegeld und weitere Zusatzgelder. Des Weiteren kamen hinzu die ›kleinen Montierungsgelder‹ für Halsbinden, Zopfbänder usw. von 2 Taler 22 Groschen pro Mann und Jahr. Die Differenz zwischen dieser Einnahme und den Ausgaben für die Montierung floss in die Kasse des Kompaniechefs beziehungsweise Schwadronchefs bei der Kavallerie. Ebenfalls hinzu kam die ›Kostenerstattung‹ für Soldaten, die gar keine Kosten verursachten, weil sie beurlaubt waren. Auch diese Gelder flossen bei der ›Kompaniewirtschaft‹ in die Kassen der Chefs. (Berechnung von Otto Büsch, wiedergegeben bei Kuczynski, *Alltag,* S. 318) In Friedenszeiten war die Zahl der Beurlaubten erheblich: 1777 etwa waren von 27 334 Soldaten der Berliner Garnison 9279 beurlaubt. (Schultz, *Berlin,* S. 216)

Im Berliner ›Lagerhaus‹ erhielt 1783 ein **Wollkämmer** 1 Taler, 12 Groschen in der Woche, ein **Färberknecht** 1 Taler, 18 Groschen, ein **Zeugweber** 1 Taler, 22 Groschen, ein **Damastweber** 2 Taler, 18 Groschen.

Über **Almosen** heißt es beim ›Kreuzzügler‹ Rebmann, es darf »nie so reichlich sein, dass der Arme sich besser beim Müßiggange steht als bei der Arbeit. […] Solchem nach ist das höchste Almosen, was ein einzelner Mensch erlangen kann, 1 gr. 6 pf. täglich oder 10 gr. 6 pf. wöchentlich.« (S. 608) Der 52-jährige Berliner Schneidermeister Latthausen sah das anders – weil er nichts mehr sehen konnte. Der wie viele seiner älteren Berufsgenossen erblindete Schneider ließ das Armendirektorium wissen, dass seine »Frau mit Flickarbeiten nur wöchentlich 9 bis 10 Groschen verdienen kann. Zu unserer höchsten Notdurft brauchen wir wöchentlich Einen Taler ohne Haus-Miete, die wir jetzt jährlich mit 16 Rtl. bezahlen müssen.«

Im Dezember 1774, rechtzeitig vor Weihnachten, stellte die *Berliner Verordnung zur Abstellung des Bettelns auf Straßen und in Häusern* nicht nur das Nehmen, sondern auch das Geben unter **Strafe:** mit 10 Talern.

Die Berliner **Armenkasse** verteilte 1779 an 858 Geldempfänger 2566 Taler, 10 Groschen und an 807 Bedürftige Brot im Wert von 3402 Talern; 1787 waren es fünf Mal so viel Geldempfänger, 4698, die 17 221 Taler, 4 Groschen erhielten, während an 3347 Bedürftige Brot im Wert 21 144 Talern ausgegeben wurde. (Latthausen-Zitat und Zahlen nach Schultz, *Berlin,* S. 314 f.)

Der **Mietgroschen** wird in Zedlers *Universallexicon* im entsprechenden Artikel definiert als Geld,»welches die Herrschafften denen vor einen gewissen Lohn gedungenen oder gemietheten Dienst-Bothe, zu desto gewisserer Festhaltung des zwischen beyderseits Partheyen errichteten Mieth-Contractes, auf die Hand, oder angeben, es sey dasselbe gleich so viel, oder so wenig, als es wolle. Läßt eine Herrschafft ihrem neugemietheten Gesinde den Dienst wieder aufsagen; so ist der darauf gegebene Miet-Groschen verfallen. Saget aber der neugemiethete Knecht oder Magd den Dienst, jedoch zu rechter Zeit, wieder auf; so muß er oder sie solches Geld zurück geben.« Eine **Taxordnung** der Residenz-Stadt Kassel von 1765 legte fest:»1. Ein Knecht bey Pferden bekommt jährlich ohne Mondirung [Livree oder Arbeitskleidung] nebst der Kost 16 bis 18 Rth. 2. Ein Kutscher nebst Mondierung 10 bis 12 Rth. 3. Ein völlig erwachsener Bedienter so seine Kunst versteht nebst der Mondirung 8 bis 10 Rth. 4. Eine Köchin 10 bis 12 Rth. 5. Eine Haus- oder Küchenmagd 7 bis 8 Rth. 6. Eine Kindermagd 5 bis 6 Rth.« (nach Schmidt,»*Zu Diensten*«, S. 314)

Lebensmittelpreise vermerkt immer wieder Gesky, etwa am 7. März 1818;»Es kostete ein Stübchen Bier ein Groschen sechs Pfennige. Getreide kostete: ein Scheffel Weizen dreieinhalb Taler, Korn zwei Taler 33 Groschen, Gerste ein Taler 18 Groschen, ein Pfund Brot acht Groschen, eine große Zwiebel kostete einen Groschen.« (*Weimar von unten*, S. 67) Mehr als ein halbes Jahrhundert früher notierte der Berliner Bäckermeister Johann Friedrich Heyde an **Getreidepreisen:**»Mit Anfang dieses Jahres [1762] galt der Roggen 3 Taler 6 bis 12 Groschen, der Weizen 4 Taler 5 bis 6 Groschen, die Gerste 2 Taler 12 Groschen in Berlin auf dem Markt.« (Heyde in der Edition von Helga Schulz, S. 92) In der zweiten Hälfte der 1760er-Jahre kostete 1 Wispel Roggen (24 Scheffel) in Berlin durchschnittlich 33 Taler, 6 Groschen. Gegen Ende des Jahrhunderts zogen die Preise stark an. In den ersten Jahren nach der Jahrhundertwende kostete der Wispel Roggen in Berlin 71 Taler, 10 Groschen (nach Harnisch, *Bäuerliche Ökonomie*, S. 74).

Jahrestarife für Pachtkühe (8–10 Taler) und **Pachtschafe** (8–10 Groschen) im Dorf Schöneberg bei Berlin (Büsching, *Reise*, S. 67). Zu den **Wollpreisen**, beginnend mit denen für die märkische Wolle:»Wenn der schwere Stein (von 22 Pf.) vier bis fünf Thaler gilt, so können die Landleute dabey bestehen. In diesem Jahr [1775] ist der höchste Preis 6 Thl. 16 Gr. und der geringste 3 Thl. 12 Gr. gewesen. Die mecklenburgische Wolle […] hat 4 Thaler 8 bis 12 Gr. gekostet. Von der schlesischen Wolle kostet der schwere Stein 6 bis 14 Thaler.« (S. 308)

Die **Preise einer Weimarer Speisekarte:**»Bekanntmachung. Speisen-Taxe auf dem Stadthause für eine Person und zwar: II. Abends. 1) Braten oder Fleischwerk 3 gr. 2) Braten und Sallat 4 gr. 3) Braten und Mehlspeise 6 gr. 4) Mehlspeise, Braten und Sallat oder Compot 7 gr. 5) ein Entree, Mehlspeise, Braten 9 gr. 6) dasselbe mit Sallat oder Compot 10 gr. Weimar, den 10. April 1805 Zülch.« (Abgedruckt in Klauss, *Alltag im ›klassischen‹ Weimar;* S. 28) Goethe lässt in den *Wanderjahren* eine Figur sagen,»keine Erfindung des Jahrhunderts verdiene mehr Bewunderung als dass man in Gasthäusern, an besonderen kleinen Tischchen, nach der Karte speisen könne«. (S. 548) Die **Berliner Ausflugslokale In den Zelten** im Tiergarten verlangten 1778 für ein gebratenes Huhn mit Gurkensalat 8 Groschen.

Die von Goethe im April 1791 festgesetzten **Eintrittspreise für das Theater in Weimar: Erstes Parkett 12 Groschen, zweites 8, Galerieloge 4, Galerie 2 Groschen** (Angaben nach Biedrzynski, *Goethes Weimar,* S. 444). Ein **Jahresabonnement für das Leipziger Konzerthaus** mit 24 Konzerten kostete Anfang der 1780er 10 Taler, das kostenfreie Mitbringen einer weiblichen Person inbegriffen.

Immobilienpreise und Mieten: In Goslar Anfang der 1790er:»Ein großes Wohnhaus, mit der Braugerechtsame, wird für 400 Rthl., ohne Braugerechtsame für 150 Rthl. verkauft. Ein Haus mit sechs bis acht Zimmern giebt 20 Rthl. jährliche Miethe.« (Hess, *Durchflüge* Bd. 1, S. 52) In Köln um 1810:»Der Häuserwerth ist sehr gering; ein Gebäude, das in Frankfurt 100 000 Reichsthaler kosten würde, gilt in Köln höchstens 12 000 Reichsthaler.« (Nemnich, *Tagebuch* Bd. 2, S. 248)

Über **Chausseegeld** gibt wieder Gesky Auskunft:»Vom 14. November [1828] an wurde von dem Stadtrat Chausseegeld erhoben. Für ein beladenes Pferd vier Pfennige, ein Ochs oder Kuh drei Pfennige, leeres Vieh vom Stück zwei Pfennige und vom kleinen Vieh ein Pfennig das Stück. Ohne beladen wird die Hälfte bezahlt.« (*Weimar von unten,* S. 164.)

Über die **Portokosten** seines Verlages klagt Nicolai, und zwar weil sie sanken – wegen der zensurbedingten Verlegung seiner wichtigsten Zeitschrift von Berlin nach Kiel 1792:»Bis 1791, da ich noch die Allgemeine Deutsche Bibliothek im Verlag hatte, bezahlte ich jährlich an Porto über 800 Tlr. Im Jahre 1793 habe ich nur 590 Tlr. Porto bezahlt; es verliert also die Postkasse«. 1794 wurde die Zeitschrift in Preußen trotzdem verboten. (Zitat nach Hermsdorf, *Literarisches Leben,* S. 168.)

Von **Spielschulden** erzählt Elisa von der Recke:»Ich gewann [bei einem »ernsthaften Whist«] von der Fürstin achtzehn Taler, sie entschuldigte sich, dass sie kein Geld bei sich hat, und sagte, sie würde morgen bezahlen. Spielt sie, wie man sagt, dass die hiesigen Damen spielen, so wird sie ihre Schuld nicht abtragen, denn das Spiel soll hier [1791 am polnischen Königshof in Warschau] eine Art von sichrem Erwerb sein, weil die Damen sich, wenn sie gewinnen, bezahlen lassen, aber ihre Spielschulden nie tilgen.« (*Tagebücher,* S. 180)

Die **Preise der Königlich Preußischen Porcellanmanufactur** von 1775 werden ausführlich wiedergegeben von Büsching (*Reise,* Tabellen S. 45–55). Ein »vollständiges Caffe-Service« in »ordinaire Porcelaines« und »blau gemalt« kostete in der einfachsten Variante 11 Taler, 18 Groschen. Die Fassung »Relief, imgleichen Neue Zierrathen und goldener Rand. Mit doppelten Partien«, außerdem versehen mit »Figuren, imgleichen Genies, Gold umzogenen Zierrathen, und gold Mosaique« kostete 232 Taler, 4 Groschen. Friedrich II. hatte die Manufaktur 1763 für 225 000 Taler übernommen. Im März 1769 erließ er die Verordnung zum sogenannten ›**Judenporzellan**‹, dass die Juden, »wenn sie die Erlaubniß erhalten ein Hauß zu acquiriren, ein für allemahl ein gewißes mäßiges Quantum Porcellain, und zwar ein Jude, der auf ein General-Privilegium angesetzet wird, oder solches erlanget. Für 500 rtl., ein ordinairer Schutzjude für 300 rtl. [...] zu nehmen [...] gehalten seyn sollen«. Die Verordnung blieb bis Dezember 1787 gültig. Bis dahin hatten die Juden für 276 000 Taler Porzellan gekauft. Die Ablösesumme der preußischen Juden für die Aufhebung der Verordnung belief sich auf 40 000 Taler. (Angaben und Zitat zum ›Judenporzellan‹ nach Föhl, *Porzellanaffen,* S. 59–62) Zahlungen der ›Schutzjuden‹ waren vielerorts üblich. Beispielsweise kann in den 1790er-Jahren »ein Jude gegen jährliche Zahlung von 30 Rthlr. Schutzgeld« in Mühlhausen wohnen (Heß, *Durchflüge,* Bd. 2, S. 59.)

Die **Aktien der Königl. Seehandlungsgesellschaft** (nachmals »Preußische Seehandlung«) kosteten 1772 pro Stück 500 Taler. Von den 2400 Aktien wurden 300 zum Verkauf freigegeben, der Rest blieb in königlicher Hand. (Sombart, *Kapitalismus,* Bd. II-1, S. 176)

An **Steuern** zählt Zedler im entsprechenden Artikel auf: Carossensteuer, Fruchtsteuer, Getreidesteuer, Gewerbesteuer, gewöhnliche Steuer, Giebelsteuer, Grabensteuer, Heeressteuer, Häusel-Groschen, Hausgenossen-Geld, Herdsteuer, Kamin- und Schornsteinsteuer, Heeressteuer, Huldigungssteuer, Kopfsteuer, Kreissteuer, Kriegs- und Schanzsteuer, Laternensteuer, Legationssteuer, Vermögenssteuer.

Zedlers Liste ist hier nicht vollständig wiedergegeben. Außerdem ist sie selbst nicht vollständig. Zur wuchernden Flora der Steuern von Akzise bis Zoll gehörten des Weiteren die Acker-, Garten- und Wiesensteuer, die Chaussee-, Brücken- und Torsteuer, die Pferdesteuer, die »Brandteweintaxe«, die Brottaxe, die Fleischtaxe, das Cavalleriegeld, das Metzkorngeld, die Versteuerung von Bedienten und von Vorderfrontfenstern (Fenstertaxe). Ohne Steuern keine Bürokratie und keine Bürokratie ohne Stempel, daraus ergibt sich die **Stempelsteuer**. Rebmann stöhnt in den *Wanderungen und Kreuzzügen* über die Situation in Leipzig Anfang der 1790er: »Der Kalender z. B., wozu das Papier, die Druckerschwärze und der Druck selbst schon dem Staate verabgabt ist, muß in Leipzig gestempelt und, wenn er in einer andern sächsischen Stadt verkauft wird, wieder gestempelt werden.« (S. 554) Hess nennt Mitte der 1790er für Eisenach an **Immobiliensteuer:** »Ein Haus von 2000 Rthlr. an Werth giebt jährlich dreizehn Steuern, wovon jede mit 3 Rthlr. 11 Gr. 8 pf. bezahlt wird.« Die »**Accise**« **auf Lebensmittel** »ist noch drückender. Ein Pfund Fleisch giebt 1 Pfennig. Die Bouteille Bier 2 Pfennige.« (*Durchflüge,* Bd. 2, S. 121 f.) **Steuerpolitik als Interessenpolitik** veranschaulicht eine Notiz Varnhagens vom Juni 1821: »Großherzogliche Botschaft an die Kammer in Darmstadt, der Großherzog wünsche, sie möchten das Defizit nicht durch eine Gehalts- und Pensionssteuer (welche hohe Staats- und Hofbeamte und selbst Prinzen träfe), sondern durch eine Steuer auf Kaffee etc. decken«. (*Tageblätter,* S. 32) Büsching schreibt über die **königlichen Steuereinnahmen in Potsdam** Mitte der 1770er-Jahre: »Die Salzfactorey hat […] 18143 Th. 14 Gr. 8 Pf., das gestempelte Papier 3843 Thl. 12 Gr. 2 Pf. eingetragen, der Land- und Wasserzoll, das Post- und Tabackswesen haben vermuthlich auch beträchtliche Summen gebracht.« Die »**Contribution**« **in der Kurmark**, erbracht von sämtlichen steuerbaren Höfen, beziffert er mit 270254 Taler, die »**Cavalleriegelder**« auf 124506 Taler (*Reise,* S. 182 f., 308).

Zusammenfassend lässt sich mit Rebmann sagen: »Unnennbar und unzählig sind ja die Erfindungen, alles, die Luft etwa ausgenommen, doppelt und dreifach versteuern und verzollen zu lassen.« (*Wanderungen und Kreuzzüge,* S. 554)

Danksagung

Besonderen Dank schulde ich Sonja (Più) Kautz, der dieses Buch gewidmet ist, und Wolfgang Hörner, dem Anreger und Verleger. Er hat das Vorhaben mit Büchern und Begeisterung unterstützt. Sonja war meine nicht minder begeisterte Zeitreisebegleiterin, oft auch Zeitreiseführerin.

Bildrechtenachweis

Abdruck des kolorierten Stichs der Zuckerrohrmühle (Abb. 1.2) und des Kupferstichs der Anleitung eines Blitzableiters (Abb. 11.2) mit freundlicher Genehmigung des Bildarchivs Preußischer Kulturbesitz (bpk). Abdruck der Fotografie der Kopfkarte des Phrenologen Franz Joseph Gall (Abb. 13.2) mit freundlicher Genehmigung von Fotograf Bene Croy, Josephinum, Sammlungen und Geschichte der Medizin, MedUni Wien.

Personenregister

Die normal gesetzten Seitenzahlen verweisen auf Erwähnungen im Text (ohne Anhang und Literaturverzeichnis). *Kursiv* gesetzte Seitenzahlen verweisen auf zeitgenössische Zitate über die jeweilige Person, **gefettete** auf Zitate von ihr. Hinzugefügt sind die Lebensspannen und biografische Stichworte.

Achard, Franz Carl (1753–1821): Experimentator (u. a. mit Ballons), Chemiker, Zuckerfabrikant: 308

Albrecht, Johann Friedrich Ernst (1752–1814), Arzt, vielschreibender Schriftsteller (angeblich 80 meist anonym veröffentlichte Romane), populärmedizinischer Autor, Rousseau-Übersetzer, 1796 Gründer eines Nationaltheaters im damals dänischen Altona: 31 f., **259, 331, 347,** 419

Alexander I., Pawlowitsch Romanow (1777–1825), seit 1801 Kaiser von Russland, Maria Pawlownas Bruder: 30

Alexis, Willibald (= Georg Wilhelm Häring, 1798–1871), Schriftsteller und Publizist: 52

Allegranti, Maddalena (1754–1829), italienische Sängerin mit europäischer Karriere: *120,* 121

Anna Amalia (1739–1807), Herzogin von Sachsen-Weimar-Eisenach, Mutter von Carl August: 53, 434 f.

Anthus, Antonius (siehe Blumröder, Gustav)

Argand, Aimé (1750–1803), in Genf geborener, lange in Paris lebender und in London gestorbener Erfinder, der sich mit Lampen, Hydraulik und Heißluftballons befasste: 241 f., *243*

Arkwright, Richard (1732–1792), englischer Erfinder der mechanischen Spinnmaschine, Unternehmer: 140 f.

Arnim, Achim von (= Carl Joachim Friedrich Ludwig von Arnim, 1781–1831), Schriftsteller, mit B. von Brentano seit 1811 verheiratet: 52, 103

Arnim, Bettina von (1785–1859), geborene Brentano, Schriftstellerin, Schwester von C. Brentano, seit 1811 mit A. v. Arnim verheiratet: 52

Auch, Jacob (1765–1842), Weimarer Hofmechaniker und Uhrenbauer: 28, 30

Bach, Carl Philipp Emanuel (1714–1788), Sohn aus J. S. Bachs erster Ehe, berühmtester der vier komponierenden Bachsöhne: *122*

Bach, Johann Christoph Friedrich (1732–1795), der ›Bückeburger Bach‹, Sohn aus Bachs zweiter Ehe, zweitjüngster der komponierenden Bachsöhne: **241**

Bach, Johann Sebastian (1685–1750), Komponist: **332,** 333

Basedow, Johann Bernhard (1724–1790), Pädagoge, bis 1776 Leiter des von ihm im Dezember 1774 gegründeten Philanthropinum in Dessau: **157 f.,** 192, **363, 366, 380**

Beccaria, Cesare (1738–1794), Vertreter der Mailänder Aufklärung, Rechtsreformer: 150, *152,* 156

Beethoven, Ludwig van (1770–1827), Komponist: 120

Behrends, Johann Adolph (1740–1811), Frankfurter Stadtarzt und Publizist: **248, 293, 303, 338 f.,** 367

Bertuch, Friedrich Justin (1747–1822), Weimarer Unternehmer, Finanzmann, Verleger, Schriftsteller, Übersetzer des *Don Quijote;* gründet 1782 eine Manufaktur für Kunstblumen, 1791 das seine geschäftlichen Aktivitäten bündelnde Landes-Industrie-Comptoir: 42 f., *50,* 101, 169, **224,** 225, 242, **302,** 304, **306 f.,** 316, **324 f.,** *437*

Bielfeld, Jakob Friedrich Freiherr von (1717–1770), Staatstheoretiker, Kameralist: 116, **245**

Blanchard, Jean-Pierre François (1753–1809), französischer Ballonfahrer, überflog am 7. 1. 1785 zusammen mit John Jeffries in einem Gasballon den Ärmelkanal: 441 f.

Blumröder, Gustav (1802–1853), Arzt, Psychiater, Schriftsteller (auch unter dem Pseudonym Antonius Anthus): 272, **427 f.,** 430

Börne, Carl Ludwig (= Juda Löb Baruch, 1786–1837), jüdischer, deutscher, exilierter Journalist: **63, 71, 161, 165**

Böttger, Rudolf Christian (1806–1881), Chemiker, Schüler von J. W. Döbereiner: 244

Böttiger, Karl August (1760–1835), Altphilologe, Kenner der Antike, Publizist, von 1791–1804 Mitherausgeber des *Neuen Teutschen Merkur:* 30, **45,** 52, **223**

Boie, Heinrich Christian (1744–1806), Dichter, Herausgeber des ersten deutschen Musenalmanachs (1770) und mit C. K. W. Dohm Gründer des *Deutschen Museums* (1775), Gartenbauer, Landvogt im Dithmarschen: **220 ff., 224 f., 246 f., 276, 278 f.,** 281, 286 f., *289,* **291 f.,** 295, 323, **369, 371,** 372, 391, **406**

Brandt, Susanna Margaretha (1746–1772), Frankfurter Magd, wegen Kindsmordes hingerichtet, Vorbild für Gretchen in Goethes *Faust:* 149, 374

Bremer, Johann Immanuel (1745–1816), Berliner Arzt, ab 1802 Leiter des Berliner Schutzblattern-Instituts: **415**

Brentano, Clemens (= Clemens Wenzeslaus Brentano de La Roche, 1778–1842), B. v. Arnims Bruder, Schriftsteller: 103, **433**

Brügelmann, Johann Gottfried (1750–1802), rheinischer Textilunternehmer, Gründer einer Spinnfabrik in Ratingen bei Düsseldorf: 140 f.

Bruns, Heinrich Julius (1746–1794), seit 1773 Lehrer an F. E. von Rochows Reformschule in Reckahn: *191, 193,* 195

Bruyère, Jean de La (1645–1696), französischer ›Moralist‹: 179

Buchholz, Wilhelm Heinrich Sebastian (1734–1798), Weimarer Arzt, Apotheker und Chemiker: *441*

Büchner, Georg (1813–1837), Arzt, Dramatiker, Revolutionär: **182 ff.**
Bürger, Gottfried August (1747–1794), Schriftsteller und Balladendichter: 26, 130, **132, 185 f.**, **328, 371**, 372 f., **380**, *437*
Büsching, Anton Friedrich (1724–1793), Berliner Aufklärer, Statistiker und Geograph: 25, **32 f.**, **64, 91, 93, 98 f.**, **143 ff.**, 167, 180, **181, 184**, 192, **196, 199, 230**, 236, 261, **298, 304, 397**
Burney, Charles (1726–1814), englischer Komponist, Organist, Musiktheoretiker und ›musikalischer Reisender‹: **89, 93, 108, 111, 118, 127, 216**

Cagliostro, Alessandro ›Graf‹ von (= Guiseppe Balsamo, 1743–1795), italienischer Abenteurer, halb Hochstapler, halb von sich selbst verzauberter Okkultist: 21 f.
Campanini, Barbara, genannt Barbarina (1721–1799), italienische Balletttänzerin mit preußischer Karriere, 1789 zur Gräfin erhoben: 118, 121
Campe, Joachim Heinrich (1746–1818), Publizist, Pädagoge, Sprachforscher, Verleger: *58*, 62, **76, 356 f.**, **392**, 393, 397
Carl August (1757–1828), seit 1775 regierender Herzog von Sachsen-Weimar-Eisenach, seit 1815 Großherzog: 40, *102*, 117, 200 f., 255, 375, 386, 434 f., 437
Carl Eugen (1728–1793), Herzog von Württemberg: 241
Casimire Prinzessin von Anhalt-Dessau, Regierende Gräfin zur Lippe (1749–1778): **339**
Catt, Henri Alexandre de (1725–1795), seit 1758 Sekretär und Vorleser Friedrichs II.: 215, *216*
Cervantes Saavedra, Miguel de (1547–1616), spanischer Schriftsteller, Autor des *Don Quijote:* 233
Chamisso, Adelbert von (= Louis-Charles Adelaide de Chamisso, 1781–1838), Schriftsteller, Weltumsegler, Botaniker: 36, **54**, 71, 82, 103, **297, 329, 404, 440**, 441
Chodowiecki, Daniel (1726–1801), Kupferstecher, Buchillustrator; auf ihn gehen viele (Klischee)Bilder Friedrichs II. und viele (Klischee)Bilder der Zeit zurück: 25, 157
Clausewitz, Carl von (1780–1831), preußischer General, Militärtheoretiker: 103
Cook, James (1728–1779), britischer Weltumsegler, während seiner dritten Fahrt auf Tahiti von Eingeborenen getötet: *38*, 134
Cothenius, Christian Andreas (1708–1789), Militärarzt, zeitweise Leibarzt von Friedrich II.: 404
Cotta, Johann Friedrich (1764–1832), Verleger u. a. von Goethe und Schiller: 240, **258**
Cramer, Carl Friedrich (1752–1807), Übersetzer (von Rousseau und Diderot ins Deutsche, von Kotzebue und Schiller ins Französische), Buch- und Zeitschriftenverleger, Musikschriftsteller: 119

Devrient, Therese (1801–1877), geborene Schlesinger, verheiratet mit dem Schauspieler Eduard Devrient, Verfasserin von Jugenderinnerungen: **315 f.**, 318

Diderot, Denis (1713–1784): Schriftsteller, Enzyklopädist, Philosoph: 78, 233

Döbereiner, Johann Wolfgang (1780–1849), ursprünglich Apotheker, als autodidaktischer Chemiker von Carl August zum Professor in Jena ernannt: 244

Dohm, Christian Konrad Wilhelm von (1751–1820), Jurist und Publizist: 164

Dreyfus, Alfred (1859–1935), französisch jüdischer Offizier, dessen ungerechtfertigte Verurteilung wegen Landesverrates zu Protesten von Literaten, allen voran Émile Zola, aber auch zu antijüdischen Publikationen führte (›Dreyfus-Affäre‹): 165

Eckermann, Johann Peter (1792–1854), Goethes philologischer und editorischer Mitarbeiter und Gesprächsprotokollant: 17, **51, 88, 171, 217 f.**, 218, **223**, 234, **374, 437**

Egells, Franz Anton (1788–1854), Industriespion für Preußen in England, Eisengießer und Maschinenbauer in Berlin: 141, 268

Ehlers, Martin (1732–1800), Reformpädagoge, Professor für Philosophie in Kiel: **98 f.**

Ehrmann, Theophil Friedrich (1762–1822), Statistiker, Geograf, Schriftsteller: 29

Eichendorff, Joseph Freiherr von (1788–1857), Lyriker und Novellendichter: 26, **72,** 74, **79 f., 115, 175, 233 f.,** 256

Engels, Friedrich (1820–1895), Publizist, Gesellschaftstheoretiker: **50 f.**

Ephraim, Nathan Veitel Heine (1703–1775), Hoffaktor und Münzpächter Friedrichs II. von Preußen, Erbauer des Ephraim-Palais: 164

Erdmann, Katharine Elisabeth (geboren um 1761), Dienstmagd, 1781 wegen Kindsmordes angeklagt: 373

Falk, Johannes Daniel (1768–1826), Schriftsteller, 1813 in Weimar Gründer der »Gesellschaft der Freunde in der Not«, einer Fürsorgeanstalt für Kinder: **49 f.**, 396

Fernow, Carl Ludwig (1763–1808), Kunstgelehrter, Italienkenner: 30

Feuerbach, Paul Johann Anselm (1775–1833), Rechtsreformer, Vormund von und Verfasser einer Schrift über Caspar Hauser, Vater des Philosophen Ludwig Feuerbach: 152

Fichte, Johann Gottlieb (1762–1814), Philosoph in Jena, Erlangen und Berlin: *26,* 103, 128, **132 f.**

Fintelmann, Carl Julius (1794–1866), seit 1824 Hofgärtner in Potsdam: **292**

Formey, Johann Ludwig (1766–1823), Arzt, Epidemiologe, medizinischer Schriftsteller: **167, 230, 245, 247, 250 f.,** 253, **262, 283, 285, 290 f.,** 294, 296, **303, 331 f.,** 338, 350, 367, **411, 433**

Forster, Georg (1754–1794), Weltreisender, Mainzer Jakobiner, erster Ehemann von Therese Huber, Schriftsteller: **136, 138 f., 181 f.,** 266, 383

Frank, Johann Peter (1745–1821): Arzt und Sozialmediziner, Vorkämpfer der öffentlichen Hygiene: **114,** 410

Franklin, Benjamin (1706–1790), amerikanischer Politiker, Aufklärer, Erfinder: *258,* 260

Fredersdorf, Michael Gabriel (1708–1758): Erst Leibdiener, später Schatullenverwalter bei Friedrich II.: 404

Friedel, Johann (1755–1789), Österreichischer Journalist und Schauspieler: **354, 357 f.**

Friedland, Helene Charlotte von (1754–1803), Landwirtin, Agrarreformerin: 207, *208*

Friedland, Henriette Charlotte von (1772–1848), Helene Charlottes Tochter und landwirtschaftliche Nachfolgerin: 207

Friedrich II. (genannt »der Große«, der »Alte Fritz«, 1712–1786), seit 1740 preußischer König: *20,* 21, 27 f., 31, 38, 62, 73, 75 ff., 91, *94 f.,* 107, *108, 118,* 121, 143, 149 f., 192, 199, **215 f.,** 218, 237 f., 245, 285, 296 f., *298,* 319, 326, *330,* 340, 350 f., 359, 383, 386, **397, 404, 410**

Friedrich Wilhelm I. (1688–1740), der ›Soldatenkönig‹, Vater und Vorgänger Friedrichs II., seit 1713 »König in [!] Preußen«: 245

Friedrich Wilhelm II. (1744–1797), Nachfolger Friedrichs II., seit 1786 preußischer König: 21, *33,* 326

Friedrich Wilhelm III. (1770–1840), seit 1797 preußischer König: 326

Fröhlich, Anna Maria (Geburtsjahr nicht ermittelt -1758), Dienstmagd, als Kindsmörderin hingerichtet: 374

Frommann, Carl Friedrich Ernst (1765–1837), Buchhändler und Verleger in Jena: 293 f.

Galen (= Galenos von Pergamon = Aelius Galenus, um 130 – um 200, möglicherweise erst um 215, genaue Lebensdaten ungesichert), einflussreichster Arzt der Antike: 402

Gall, Franz Joseph (1758–1828): Hirn- und Schädelforscher, Begründer der ›Phrenologie‹: **422 ff.**

Garve, Christian (1742–1798), Popularphilosoph: **315 f., 318**

Gaßner, Johann Joseph (1727–1814), Pfarrer im Bistum Chur, Teufelsaustreiber und Wunderheiler: 23

Geiger, Franz Xaver (1749–1841), katholischer Landpfarrer und Schriftsteller: 23

Georg III. (1738–1828), aus dem Haus Hannover stammender, jedoch in England geborener König des Vereinigten Königreichs (von 1760–1801): 34

Genast, Eduard Franz (1797–1866): Schauspieler, bis 1817 in Weimar aufgewachsen, wohin er 1829 zurückkehrte: **226, 437**

Gesky, Franz David (1769–1839), Soldat, Gerichtsdiener, Hofbediener in Weimar: **67, 108, 125, 156 f., 374, 420, 435, 437**

Germershausen, Christian Friedrich (siehe Münchhausen, Otto von)

Gluck, Christoph Willibald Ritter von (1714–1787), Komponist, Begründer der ›Reformoper‹ zwischen Opera seria und Opera buffa: *122*

Goeckingk, Leopold Friedrich Günther von (1748–1828), Lyriker, Mitglied des Halberstädter Dichterkreises: **74**

Göpferdt (auch Goepfert), Johann Christoph Gottlieb (1755–1814), Jenaer Buchdrucker: **304 f.**

Goethe, August von (1789–1830), Sohn von J. W. und Christiane Vulpius: 57, *114, 223,* 240, 414, *432*

Goethe, Catharina Elisabeth (1731–1808), geborene Textor, J. W. Goethes Mutter: **171**

Goethe, Christiane (siehe Vulpius, Johanna Christiane Sophie)

Goethe, Johann Wolfgang von (1749–1832), als Namensgeber der Epoche omnipräsent, deshalb hier nur Verweise auf Zitate von ihm und über ihn: **17 f.,** **19, 21,** *30 f.,* **44 ff.,** *47, 49 ff., 54,* **57 f.,** *67,* **84, 97 f.,** *102,* **112, 114, 128, 131, 145, 151, 161,** *171,* **204,** *223,* **234,** *235,* **238 ff.,** **246, 257,** *277,* **279 f.,** **320, 325, 337, 370, 384, 389 f.,** **394 f.,** **416,** *432,* **435,** *437,* **441 f.**

Göldin, Anna (1734–1782), im schweizerischen Glarus nach einem Hexenprozess enthauptet: 22

Göschen, Georg Joachim (1752–1828), Verleger u. a. von Klopstock, Goethe, Schiller und Wieland: 48, 84, 252

Goeze (auch Goetze), Johann August Ephraim (1731–1793), Pastor, Zoologe, Autor von Jugendliteratur, Bruder von Pastor Johann Melchior Goeze, Lessings Gegner: **62,** 75

Gräbner, Karl (1786–1845), Verfasser eines Stadtführers über Weimar: 28 f., 42 f., **99, 177, 229, 247, 434**

Grabbe, Christian Dietrich (1801–1836), Dramatiker: 147 f., **149**

Graff, Anton (1736–1813), Maler und Porträtist: 334

Graun, Carl Heinrich (1704–1759), Violinist, Komponist, Kapellmeister Friedrichs II. in Berlin: *122*

Grillparzer, Franz (1791–1872), Wiener Schriftsteller und Dramatiker: 52

Grimm, Gebrüder (Jacob Ludwig Karl 1785–1863, Wilhelm Karl 1786–1859), Märchen-, Sagen- und Wörtersammler: **74, 205, 280**

Guillotin, Joseph-Ignace (1738–1814), Arzt, kämpfte ab 1789 für die Einführung der bald nach ihm benannten Enthauptungsmaschine: 159

Hahnemann, Samuel (1755–1843), Arzt, Begründer der Homöopathie: 402 f., 425

Haindorf, Alexander (1782–1862), Mediziner, gilt als ›erster jüdischer Psychiater Deutschlands‹, Gründer einer Schule für jüdische Lehrer und Handwerker: 428

Haydn, Joseph (1732–1809), Komponist: 120

Hebel, Johann Peter (1760–1826), Schweizer Theologe, Gymnasialdirektor und Schriftsteller: **305, 417**

Hecker, August Friedrich (1763–1811), seit 1790 Professor für Medizin in Erfurt, seit 1805 am Medicinisch-chirurgischen Collegium in Berlin: 416
Hegel, Georg Wilhelm Friedrich (1770–1831), Philosoph: 26, 40, **98,** 133 f., 297, 358, **380,** 390
Heim, Ernst Ludwig (1747–1834), bedeutender und populärer Berliner Arzt: **404,** 414
Heine, Heinrich (1797–1856), jüdischer, deutscher, exilierter Dichter und Journalist: 13, 20, **50 f.,** 78 f., 88, **126,** 129 f., **291, 312, 315,** 317, **329,** 367
Heinrich, Prinz von Preußen (1726–1802), Bruder Friedrichs II.: 411
Hemmer, Johann Jakob (1733–1790), Meteorologe, Physiker, Erfinder eines Blitzableiters: 260
Henke, Hermann Wilhelm Eduard (1783–1869), Strafrechtler: **150**
Herder, Emil Ernst Gottfried von (1783–1855), Sohn von M. C. und J. G. Herder, verheiratet mit Luise, geborene Huber, bayerischer Regierungsbeamter: 383, 388
Herder, Johann Gottfried von (1744–1803), Prediger, Kirchenbeamter, Theologe und Philosoph: **39,** 44, **47,** 48, *50, 100,* 390, 396, 419, *431*
Herder, Maria Caroline (1750–1808): Ehegattin von J. G. Herder: **50,** 105, 227, **431**
Herder, Luise von (siehe Huber, Luise)
Hermes, Johann Timotheus (1738–1821), Schriftsteller: **337**
Herz, Henriette, geborene de Lemos (1764–1847), seit 1779 Gattin von Marcus Herz, hielt in Berlin einen Salon: **26, 102 ff.,** 116, 161, 164, **262, 385 f.,** 388
Herz, Marcus (1747–1803), Gatte von H. Herz, jüdischer Arzt (u. a. von K. Ph. Moritz) und Publizist: *103,* 161, *386,* 414, **417, 424,** 425, 427, 433
Heß, Jonas Ludwig von (1756–1823), Statistiker, Topograf, Reisebeschreiber: **35, 78,** 83, **90, 99, 121 f.,** 142, 162, **169 f.,** 266, 298, 317
Heyde, Johann Friedrich (1703–1790), Berliner Bäckermeister: **311 f., 404,** 419
Himmel, Friedrich Heinrich (1765–1814), Klaviervirtuose, Komponist, Königlicher Kapellmeister am Berliner Hof: 122
Hippel, Theodor Gottlieb von (1741–1796), Onkel und Adoptivvater des gleichnamigen Hippel, Schüler und Freund Kants, Bürgermeister von Königsberg, Schriftsteller: **361, 390 f., 403**
Hippel, Theodor Gottlieb von (1775–1843), Neffe und Adoptivsohn des gleichnamigen Hippel, preußischer Staatsbeamter, mit E. T. A. Hoffmann befreundet: 254
Hirsch, Abraham (um 1769, genaue Lebensdaten unbekannt): Königsberger ›Schutzjude‹: 163
Hirsch, Charlotte Sophie (Lebensdaten nicht ermittelt), 1776 als Kindsmörderin zur Enthauptung verurteilt: 370
Hirschfeld, Christian Cajus Laurenz (1742–1792), Gartentheoretiker: **171**
Hitzig, Julius Eduard (1780–1849), Jurist, Schriftsteller, Freund und Biograf von E. T. A. Hoffmann und A. v. Chamisso: 71, **419, 432**

507

Höhn, Johanna Catharina (1759–1783), Magd, in Weimar hingerichtete Kindsmörderin: 157, 374 f.

Höpner, Johann Christian (Geburtsjahr nicht ermittelt-1786), Hausdiener, in Berlin hingerichteter Brandstifter: *237*

Hoff, August von (Lebensdaten nicht ermittelt), preußischer Beamter, veröffentlichte 1789 eine Schrift *Ueber Gesinde:* **230 ff.**, 236, 239

Hoffmann, Carl August (1756–1853), seit 1799 Inhaber der Weimarer Hofapotheke: 251

Hoffmann, Ernst Theodor Wilhelm/von H. zu Mozarts Ehren umgeändert in Amadeus (1776–1822), Schriftsteller und Komponist, wegen seiner Erzählungen oft als ›Gespensterhoffmann‹ bezeichnet: 26, **71 f.**, 104 f., 117, **122 ff.**, **127**, **185, 254 f.**, **316, 335**, 419, 426, *432*

Hoffmann, Karl Friedrich Vollrath (1796–1842), Geograph, Schriftsteller: 29

Hommel, Karl Ferdinand (1722–1781), Jurist, Rechtsreformer: **156**

Hotho, Heinrich Gustav (1802–1873), Hegel-Herausgeber: **134**

Hoyer, Charlotte (Lebensdaten nicht ermittelt), von 1809 bis zu ihrer Entlassung im März 1811 Köchin bei Goethe: *238 f.*

Huber, Luise (1795–1831), Tochter von T. Huber, verheiratet mit, geschieden von und wiederverheiratet mit E. von Herder: 383, 388

Huber, Therese (1764–1829), geborene Heyne, geschiedene Forster, Schriftstellerin (bis 1811 unter dem Namen ihres Mannes Ludwig Ferdinand Huber und anonym), Redakteurin: **382 f.**, 398

Hüpeden, Christian Constantin Erich Hüpeden (Lebensdaten nicht ermittelt), Rentmeister in St. Goar am Rhein, Mitarbeiter an Schlözers *Staatsanzeiger:* 77

Hufeland, Christoph [nicht Christian, wie Goethe schrieb] Wilhelm (1762–1836), Arzt, Medizinschriftsteller, Begründer der Makrobiotik, 1810 erster Dekan der medizinischen Fakultät der neuen Berliner Universität: **52, 159, 218, 220, 296, 354**, 401, 405, **407 f.**, 411, 413, 415, **418 f.**, **422**, 424, **433**, 434

Humboldt, Alexander von (1769–1859), weltreisender Naturforscher und Schriftsteller: *38, 128*

Iffland, August Wilhelm (1759–1814), Schauspieler, Bühnenautor, Intendant: 113, 117

Jean Paul (= Johann Paul Friedrich Richter, 1763–1825), Schriftsteller: **20**, 23, **36, 46,** *50,* 70, **96, 105, 107, 111, 143,** 148, **166,** 186, 224, 241 f., **260, 293 ff.**, **300**, 329, 331, 334, 340, **384 f.**, **434, 438**, 439

Jenner, Edward (1749–1823), englischer Wundarzt, berühmtester Vorkämpfer der Kuhpocken-Impfung: 414, *415*

Jerusalem, Karl Wilhelm (1747–1772), aufklärerischer Jurist in Wetzlar (Lessing gab posthum seine Schriften heraus), Vorbild von Goethes Werther: 151, 320, *430*, 435

John, Ernst Carl Christian (1788–1856), 1812/13 Goethes Sekretär (nicht zu verwechseln mit Goethes langjährigem Schreiber Johann August Friedrich John), später im preußischen Staatsdienst Aufstieg zum Oberzensor und Geheimen Hofrat: *234*

Jommelli, Niccolò (1714–1774), italienischer Komponist: *121*

Joseph II. (1741–1790), Sohn Maria Theresias, seit 1765 Mitregent und Kaiser des Heiligen Römischen Reichs: 23, 78, *171*, 206, *337*

Justi, Johann Heinrich Gottlob von (1717–1771), Kameralist, Staats- und Verwaltungswissenschaftler: **66, 237, 396**

von **Kalb** (= Carl Alexander von Kalb auf Kalbsrieth, 1712–1792, nicht zu verwechseln mit seinem Sohn Johann August Alexander, Goethes Reisebegleiter), hoher Weimarischer Beamter, in dessen Haus Goethe nach seiner Ankunft unterkam: 25

Kammerer, Jakob Friedrich (1796–1857), Ingenieur und Erfinder, entwickelte ein Phosphorstreichholz: 244

Kant, Immanuel (1724–1804), Philosoph in Königsberg: 20, 26, **120**, *132*, 133 f., 158, **189, 234, 244, 271, 319, 321, 345, 348, 354** f., 361, **380, 390, 392** f.

Karamsin, Nikolai (1766–1826), russischer Schriftsteller, reiste von Mai 1789 bis September 1790 durch Deutschland und Europa: **30** f., **63, 70, 73, 92** ff., 96, **131, 162**

Karl Theodor (auch Carl Philipp Theodor, 1724–1799), Kurfürst von der Pfalz (seit 1742) und von Bayern (seit 1777): 260

Katharina II. (genannt »die Große«, 1729–1796), Prinzessin von Anhalt-Zerbst, seit einem Putsch gegen ihren Gatten Peter III. und dessen Ermordung 1762 Kaiserin ›aller Reußen‹: 32

Kestner, Johann Christian (1741–1800), Freund Goethes und K. W. Jerusalems in Wetzlar, Jurist, Vorbild des Albert im *Werther:* 320, **430** f., 435

Klein, Ernst Ferdinand (1744–1810), preußischer Jurist und Rechtsreformer: 164

Kleist, Heinrich von (1777–1811), Dramatiker, Erzähler, Publizist: 359

Klett, Georg A. E. (1797–1855), Heilbronner Stadtarzt, führte 1828 Bluttransfusionen durch: 417

Klinger, Friedrich Maximilian (1752–1831), Autor, u. a. Verfasser des Stücks *Wirrwarr* (1776), das zu *Sturm und Drang* umgetauft der literarischen ›Jugendbewegung‹ um Herder, Goethe, Lenz, Hamann ihren Namen gab, später Offizier in russischen Diensten: 49

Klischnig, Karl (manchmal auch Christian) Friedrich (1766–Todesjahr ungesichert, vermutlich vor 1825), Freund von K. Ph. Moritz, preußischer Beamter, Übersetzer und Schriftsteller (u. a. unter dem Pseudonym Karlo Jocoso): **82** f., 356, 359, **387** f., 431

Klöden, Karl Friedrich (1786–1856), Graveur, Pädagoge, Topograf, geografischer und historiografischer Publizist, erster Direktor der 1824 gegründeten Berliner Gewerbeschule: **38, 134** f., **168, 217**, 218, **248, 253, 274, 405** f.

Klopstock, Friedrich Gottlieb (1724–1803), Kult-Dichter der ›Empfindsamkeit‹, berühmt für seine Oden und den *Messias:* 84, *170,* **256f.**, *258, 260*

Knigge, Adolph Freiherr von (1752–1796), Verfasser aufklärerischer Romane und des bis heute als ›Benimmbuch‹ missverstandenen *Vom Umgang mit Menschen:* **65, 68f.**, 79, 170, 236, 337, 380f., **383ff.**, 392ff., 397

Knigge, Philippine Auguste Amalie Freiin von (1774–1841): Knigges Tochter, ab 1798 verheiratete von Reden, Schriftstellerin: *65,* 337

Knüppeln, August Friedrich Julius (1757–1840), in Berlin aufgewachsener Publizist, ab 1817 Redakteur des *Hamburger Beobachters:* 91

König, Amalia (1761–1848), Tochter E.C. Königs aus erster Ehe, Stieftochter Lessings: **431**

König, Eva Catharina (siehe Lessing, Eva Catharina)

Körner, Christian Gottfried (1756–1831), Schriftsteller, sächsischer Beamter, Freund Schillers, Herausgeber von dessen erster Gesamtausgabe: 249

Kolumbus, Christoph (= Christoforo Colombo, um 1451–1506), aus Genua stammender Seefahrer in spanischen Diensten, überquerte 1492 den Atlantik und ›entdeckte‹ Amerika, das er für Indien hielt: *40*

Kosmeli, Michael (1773–1844), Kosmopolit, Schriftsteller, Maultrommelvirtuose: 105, **331**

Kotzebue, August Friedrich Ferdinand von (1761–1819), in ganz Europa überaus erfolgreicher Bühnenautor: 52ff., 113, 117, 122

Kotzebue, Otto von (1787–1846), Sohn des Dramatikers A.v. Kotzebue, dreimaliger Weltumsegler: 54, 71

Langen, Johann Georg von (1699–1776), Forstmeister, Kartoffelbauer, Porzellanbrenner: 284

Langhans, Carl Gotthard (1732–1808), autodidaktischer Architekt (u.a. des Brandenburger Tors in Berlin): 117

Langhans, Catharina (Lebensdaten nicht ermittelt), 1776 als Kindsmörderin zur Enthauptung verurteilt: 370

Laukhard, Friedrich Christian (1757 oder 1758–1822), Magister, Soldat, Verfasser einer Lebensbeschreibung: **126f.**, **129, 151, 169, 178, 182, 186f.**, 263, 266, **287,** 290, **346,** 348, **352f.**, **402, 405**

Lavater, Johann Caspar (1741–1801), Züricher reformierter Pfarrer und Physiognomiker: 231, 422

Lenné, Peter Joseph (1789–1866), preußischer Landschaftsarchitekt: 326

Lenz, Jakob Michael Reinhold (1751–1792), Dramatiker: 48f., 112, 334, 370

Lessing, Eva Catharina (1736–1778), geborene Hahn, verwitwete König, seit 1776 mit G.E. Lessing verheiratet: **250, 310f.**

Lessing, Gotthold Ephraim (1729–1781): Dramatiker, Literaturkritiker und unantastbare Hauptfigur der deutschen Aufklärung: **45,** 81, **94,** 162, 231, 250, 310, 363, *431,* 432

Levi, Rahel (siehe Varnhagen, Rahel)

Lichtenberg, Georg Christoph (1742–1799), Physiker und Aphoristiker in Göttingen: 17, 26, 128, 130, 240 f., **282, 328, 421 f., 436 f.**, 440

Lindemann, Johann Christoph (1754–1813), Küster, Lehrer in Reckahn: **181, 191**

Linné, Carl von (1707–1778), schwedischer Naturforscher, Schöpfer des »Systems der Natur«: 332

Loen, Johann Michael von (1694–1776), Schriftsteller, Regierungsbeamter in preußischen Diensten: **180**

Louis, Antoine (1723–1792), Chirurg und Anatom, Mitarbeiter der *Encyclopédie*. Konstrukteur der während der Französischen Revolution eingeführten, gelegentlich als Louisette, meist als Guillotine bezeichneten Enthauptungsmaschine: 159

Louise (auch Luise) **Auguste** (1757–1830), Prinzessin von Hessen-Darmstadt, seit 1774 verheiratet mit Carl August: 40 f., 43

Ludwig XV. (1710–1774), seit 1715 (bis zur Volljährigkeit von einem Regenten vertreten) König von Frankreich: 411

Ludwig XVI. (Louis Capet, 1754–1793), seit 1774 bis zu seiner Hinrichtung König von Frankreich und Navarra: 32, 109, 200, 337 f.

Luetgendorf, Joseph Maximilian Freiherr von (1750–1829), deutscher Ballonfahrer, von der Anziehungskraft der Mutter Erde am Boden gehalten: 441

Macheleid, Georg Heinrich (1723–1801), Erfinder und Fabrikant des thüringischen Porzellans: 278

Mann, Thomas (1875–1955), Schriftsteller: 101

Mara, Gertrud Elisabeth, geb. Schmeeling (1749–1833), deutsche Sängerin mit europäischer Karriere, stärkste Konkurrentin der Todi: *120, 121,* **330**

Marggraf, Andreas Sigismund (1709–1782), Apotheker, Physiker, Chemiker, entdeckte 1747 den Zucker in der Runkelrübe: 308

Maria Pawlowna, auch Paulowna (1786–1859), Tochter von Zar Paul I., Schwester der Zaren Alexander I. und Nikolaus I., Enkelin von Zarin Katharina II., seit 1804 Gattin von Carl Friedrich, Erbprinz von Sachsen-Weimar-Eisenach: 30

Maria Theresia (1717–1780), seit 1740 Erzherzogin von Österreich, Königin von Böhmen und Ungarn, Mutter Josephs II.: 31, *109,* 298, 411, 422

Marie Antoinette (1755–1793), geborene Erzherzogin von Österreich, verheiratet mit Ludwig XVI., wenige Wochen nach ihrem Mann hingerichtet: *109*

Marx, Karl (1818–1883), Geschichtsphilosoph, Hauptdenker der Politischen Ökonomie: 267

Matzdorff, Christiane Friederike (1777–1797), Tochter eines Berliner Buchhändlers, kurzzeitig mit K. Ph. Moritz verheiratet: 388

Meiners, Christoph (1747–1810), Popularphilosoph, Professor in Göttingen: **158 f.**

Mejer, Luise (1746–1786), seit 1785 mit H. C. Boie verheiratet: **220 ff., 281, 286 f., 289,** 291, **295,** 296, **322 f.,** 368 f., **391, 412**

511

Mendelssohn, Moses (1729–1786), jüdischer Philosoph der Aufklärung, Vorbild für Lessings Nathan: *104,* 163 ff.*, 385*

Mesmer, Franz Anton (1734–1815), deutscher Arzt, Erfinder des »animalischen Magnetismus«, Hypnotiseur, Vorläufer der Parapsychologie: 260, 403

Metternich (= Clemens Wenceslaus Nepomuk Lothar Fürst von Metternich-Winneburg zu Beilstein, 1773–1859), österreichischer Staatsmann, Personifizierung der politischen Restauration in Europa nach dem Sturz Napoleons: 18

Milow, Johann (1738–1795), Pastor in Wandsbek, Gatte von M. E. Milow: 379

Milow, Margarethe Elisabeth (1748–1794), geborene Hudtwalcker, Hamburger Kaufmannstochter, Gattin von J. Milow, Verfasserin einer Autobiografie: **219, 379**

Mörike, Eduard (1804–1875), Pfarrer, Dichter, Novellist: **332 f.**

Möser, Justus (1720–1794), Regierungsbeamter in Osnabrück, Publizist: **34,** **37, 111, 139, 142, 146 f., 176 f., 218 f., 382, 392 f., 398**

Montgolfier, Jacques Étienne de (1745–1799) und sein Bruder Joseph Michel de (1740–1810) ließen am 4. Juni 1783 erstmals öffentlich einen Heißluftballon aufsteigen: 440

Moritz, Karl Philipp (1756–1793), Schriftsteller und Publizist: *30,* 34, 81 ff., **89, 96,** 112, **131,** 160, **187, 216,** 218, **234 f., 274 f.,** 315, **335 f.,** 356, 359, *387 f.,* 424, 427, *431*

Mozart, Constanze, geborene Weber (1762–1842), seit 1782 mit Wolfgang Amadeus verheiratet, seit 1809 mit Georg Nikolaus Nissen, dänischer Staatsbeamter und erster Biograf Mozarts: 115, 380

Mozart, Wolfgang Amadeus (1756–1791), Komponist: 116, **380,** 389, 394

Müller, Johann Ludwig Wilhelm (1794–1827), romantischer Lyriker: **81,** 82, **249**

Müller, Johann Valentin (1756–1813), Medizinschriftsteller: 414

Münchhausen, Otto Freiherr von (1716–1774), Botaniker, Publizist (auch unter dem Namen Christian Friedrich Germershausen): 205, **235, 273 f., 284, 288 f.,** 293, 295, 299, 308, **310 f.**

Napoleon (= Napoleone Buonaparte, 1769–1821), französischer Feldherr, Kaiser der Franzosen (1804–1814): 18, *35,* 40 f., 101, 142, 262, 302, 340, 396

Nemnich, Philipp Andreas (1764–1822), Verfasser von Warenlexika und ökonomisch-statistischen Reisebeschreibungen in der Nachfolge Büschings: **37,** **77, 90 f., 136 ff., 147, 206 f., 242, 251, 298, 307**

Neubeck, Valerius Wilhelm (1765–1850), Arzt und Dichter: **252**

Neudecker, Maria Anna, geborene Ertl (Lebensdaten nicht ermittelt), Kochbuchautorin, nach dem Titel ihres 1805 erschienenen ersten Werks »Die baierische Köchin in Böhmen« genannt: 278, 291, **309 ff.**

Neumann, Theresia (Lebensdaten nicht ermittelt), 1776 als Kindsmörderin zur Enthauptung verurteilt: 370

Nicolai, Friedrich (1733–1811), Verleger, Publizist, ›Haupt‹ der Berliner Aufklärung: **30, 152, 245, 287,** 320, **412**

Oest, Johann Friedrich (1755–1815), Pädagoge: **355 f.**
Osiander, Friedrich Benjamin (1759–1822), Göttinger Gynäkologe: 367
Otte, Friedrich Wilhelm (1763–1850, nicht zu verwechseln mit dem gleichnamigen Eckernförder Kaufmann und Reeder), Justizrat im Herzogtum Schleswig, Landwirt, Publizist: **189 f.**
Overbeck, Christian Adolph (1755–1821), Jurist, ab 1814 Bürgermeister von Lübeck: **393**

Paulus, Heinrich Eberhard Gottlob (1761–1851), Theologe, Pädagoge: **193**
Pesne, Antoine (1683–1757), in Paris gebürtiger preußischer Hofmaler des Rokoko: 118
Pestalozzi, Johann Heinrich (1746–1827), Schweizer Pädagoge: **37,** 158, **179, 185,** 192, **231, 371**
Pfeffel, Gottlieb Konrad (1736–1809), Pädagoge, satirischer Dichter: **195**
Pfeiffer, Johann Friedrich von (1718–1787), Finanz-, Polizei- und Verwaltungswissenschaftler (Kameralist): **349 f., 371**
Pflug, Christoph Gottlieb (1747–1825), nicht mit seinem Sohn Christian Carl Gottlob zu verwechseln, Kupferschmied in Jena, mit dem Weimarer Unternehmer Bertuch geschäftlich verbunden: 255, *304*
Pickert, Johann Christoph (1787–1845), preußischer Soldat, Verfasser einer erst 160 Jahre nach seinem Tod veröffentlichten Lebensgeschichte: **297, 436**
Pockels, Carl Friedrich (1757–1814), Schriftsteller, zeitweise Mitherausgeber des *Magazins zur Erfahrungsseelenkunde:* **391**
Posselt, Ernst Ludwig (1763–1804), Gymnasialprofessor, Publizist, Geschichtsschreiber, Anhänger der französischen Revolution: **65**

Rebmann, Georg Friedrich (1768–1824), Jurist, Publizist, ›deutscher Jakobiner‹: **44, 88 f., 90, 94 ff., 106 f.,** 113, **119 f., 122 f., 126 f., 131,** 159, **162, 164, 253,** 330, **351 f., 355**
Recke, Elisa von (1754–1833), baltendeutsche Edelfrau, Schriftstellerin: 21, 22, *105,* **107,** 110 f., 123, 177, **190 ff.,** 233, 252, **256, 259,** 330, 389, 421, **429 f.,** 431
Reichard, Heinrich August Ottokar (1751–1828), entwickelte eine der Vorformen des modernen Reiseführers (*Le Guide Reichard*): **63 f., 95 f., 127**
Reichard, Johanne Wilhelmine Siegmundine (1788–1848), geborene Schmidt, Ballonfahrerin: 442
Reil, Johann Christian (1759–1813), Arzt, Schriftsteller, Mitbegründer der Psychiatrie, Vertreter des ›Vitalismus‹, Nachfolger Hufelands als medizinischer Dekan der Berliner Universität: 423 f., **427,** 428, **430**
Reimarus, Johann Albert Heinrich (1729–1814), Hamburger Arzt, setzte sich für die Pockenimpfung und den Blitzableiter ein: **258 f.,** *260,* 415

Riechmann, Georg Wilhelm (1711–1753), Physiker, starb beim Versuch, die elektrische Energie während eines Gewitters zu messen: 258, *259*

Riemer, Friedrich Wilhelm (1774–1845), langjähriger philologischer Mitarbeiter Goethes, an mehreren Werkausgaben beteiligt: 100 f., **277**

Riesbeck, Johann Kaspar (1754–1786), Publizist, Reiseschriftsteller: **32, 45 f., 62, 76 ff.,** 79, 149, 152, 170 f., 181, 227 f., 261 f., **265, 272, 301, 317 f., 348 ff.**

Rochlitz, Friedrich (1769–1842), Leipziger Musiker und Schriftsteller, 1798–1818 Redakteur der *Allgemeinen musikalischen Zeitung:* 263

Rochow, Christiane Louise, geborene von Bose (1734–1808), Gattin von F. E. von Rochow: **191,** 193, **195, 301, 318,** 339, **420 f.**

Rochow, Friedrich Eberhard von (1734–1805), Rittergutsbesitzer in Reckahn, Domherr in Halberstadt, Vorsitzender einer agrarwissenschaftlichen Gesellschaft in Potsdam, Landschulreformer, Volksaufklärer: 25, 64, **75, 143,** 178, **180,** *181,* **187 f.,** 189, *190 f.,* 192 f., **195,** *196,* 197, **203 ff.,** 209, **210 f., 232 f.,** 256, 259, *301,* **303 f., 406 f., 412 f., 416,** 429

Romanzow, Nikolai Petrowitsch, auch **Rumjanzew** (1754–1826), russischer Graf, Außenpolitiker, Geschäftsmann, schickte O. v. Kotzebue auf eine Weltumseglung: 54

Rousseau, Jean-Jacques (1712–1778), französischer Komponist, Schriftsteller, Philosoph (was er bestritten hätte): 321, 396

Rumford, Graf von (= Benjamin Thompson, 1753–1814), amerikanischer Mechaniker, seit 1784 bayerischer Staatsrat, Kartoffelmissionar, Suppenerfinder, Gartenbauer, 1792 nobilitiert: 144

Rumohr, Karl Friedrich Ludwig Felix von (1785–1843), Kunsthistoriker, Schriftsteller: **273, 280, 308 ff.**

Runge, Friedlieb Ferdinand (1794 oder 1795–1867), Chemiker, ›Entdecker‹ des Koffeins: 305

Sachse, Johann Christoph (1761 oder 1762–1822), seit 1800 Bibliotheksdiener in Weimar, Autor einer von Goethe bei Cotta befür- und bevorworteten Lebensgeschichte: **234,** *240*

Salzmann, Christian Gotthilf (1744–1811), Reformpädagoge: **140, 145 f.,** 337, **356**

Sautier, Heinrich (1746–1810), Jesuit, Gymnasialprofessor, Schriftsteller der katholischen ›Gegenaufklärung‹ und 1800 Gründer einer Freiburger Stiftung zur Ausbildung junger Dienstboten. Sein Roman über die »arme, brave Marie« diente der Werbung für diese Stiftung: 231

Schäffer, Jacob Christian (1718–1790), Theologe, Botaniker, Erfinder einer Waschmaschine: 249

Schelling, Caroline, geborene Michaelis (1763–1809), verwitwete Böhmer, mit August Wilhelm Schlegel und nach der Scheidung 1803 mit Friedrich Schelling verheiratet: 280

Schikaneder, Johann Emanuel (1748–1812), Wiener Theaterdirektor und Librettist, u. a. der *Zauberflöte:* **389, 394 f.**

Schiller, Carl Ludwig (1793–1857), Sohn F. Schillers: 414
Schiller, Friedrich von (1759–1805), Arzt, Historiker, Dichter, Dramatiker: 35, **36 f., 39 f., 49, 99 f.,** 102, 111, 113 f., 117, 134, **160 f.,** 227, 240, **249,** 258, **279,** 280, **292,** 306, 334, 366, **372,** 414
Schinderhannes (= Johannes Bückler, 1779/ungesichert – 1803), Viehdieb, Schutzgelderpresser und Raubmörder im Taunus, in Mainz guillotiniert: 158 ff.
Schlegel, Caroline (siehe Schelling, Caroline)
Schlegel, Dorothea Friederike (1764–1839), geborene Mendelssohn, geschiedene Veit, mit F. Schlegel verheiratet, Romanautorin, Übersetzerin, gilt als Vorbild der Lucinde in F. Schlegels gleichnamigem Roman: *386*
Schlegel, Karl Wilhelm Friedrich von (1772–1829), Schriftsteller und Theoretiker der Frühromantik: *346,* 347 f., *381, 386*
Schlosser, Johann Georg (1739–1799): Jurist, Publizist, mit Goethes Schwester Cornelia verheiratet: 176, **182**
Schmidt, Jean-Tobie (= Johann Tobias Schmidt, 1768–1821), deutscher Klavierbauer in Paris, stellte den Prototyp der Guillotine her: 159
Schnauß, Christian Friedrich (1722–1797), Weimarer Minister: **200**
Schneider, Peter Joseph (1791–1871), Mediziner, Badischer ›Amtsphysicus‹: **425 ff.**
Schopenhauer, Luise Adelaide Lavinia, genannt Adele (1797–1849), Tochter von Johanna, Schwester von Arthur Schopenhauer, Schriftstellerin: 24, 51
Schopenhauer, Arthur (1788–1860), Philosoph: **19,** 100, 103, 134, 358, **379 ff., 391, 396,** 436
Schopenhauer, Johanna Henriette (1766–1838), Danziger Kaufmannsgattin, Hamburger Kaufmannswitwe, Weimarer Salonière, Mutter von Arthur und Adele, Biografin von C. L. Fernow, Schriftstellerin: 51 f., **100,** 101, 103, 246, 391, **396, 413, 431 f., 436**
Schubert, Franz (1797–1828), romantischer Komponist: 82, 249, 293
Schubart, Johann Christian (1734–1787), Reichsritter vom Kleefeld (auch »Edler vom Klee«), Landwirt, Agrarreformer: **206, 208 f.**
Schwegelin, Anna Maria (1729–1781), Dienstmagd, gilt als letzte zum Tode verurteilte (1775, Urteil nicht vollstreckt) Hexe Deutschlands: 22
Scott, Walter (1771–1832), englischer Großmeister des historischen Romans: 35 f.
Seume, Johann Gottfried (1763–1810), Soldat, Verlagslektor, Fußwanderer, Privatlehrer und -gelehrter, Schriftsteller: 28, 48, 69, **73,** 81 f., 127, 252, **262 ff., 276,** 421
Shakespeare, William (1564–1616), elisabethanischer Dramatiker: 162
Soemmerring (manchmal auch Soemering oder Soemmering), Samuel Thomas (1755–1830), Anatom und Anthropologe: 337, **363 f.**
Sommers, Louise (Lebensdaten nicht ermittelt), 1776 als Kindsmörderin zur Enthauptung verurteilt: 370
Spalding, Georg Ludwig (1762–1811), Philologe, Sohn von J. J. Spalding: *26,*

Spalding, Johann Joachim (1714–1804), protestantischer Theologe der Aufklärung, unter Friedrich II. Probst an der Berliner Nikolaikirche: 26, 192

Splitgerber (auch Splittgerber), David (1683–1764), preußischer Waffenfabrikant, Manufakturbesitzer und Mitbegründer des Handelshauses Splitgerber & Daum: 301

Staël, Madame de (= Anne Louise Germaine de Staël-Holstein, geborene Necker, 1766–1817), in Paris erzogene Tochter des Genfer Bankiers Jacques Necker, französischer Finanzminister (1777–1781) und Regierungschef (1788–1790); sie veröffentlichte nach ihren Reisen 1803–04 durch Deutschland 1810 *De l'Allemagne:* 26, **33,** 36, 296

Stark, Johann Christian (1753–1811), Hausarzt Schillers in Jena, Gynäkologe, zur Unterscheidung von seinem Neffen, dem Mediziner Johann Christian Stark (1768–1837) genannt Stark I: 366

Sterne, Laurence (1713–1768), englischer Schriftsteller: 81 f.

Störck, Anton von (1731–1803), Wiener Mediziner und Pharmakologe, Leibarzt Maria Theresias: 422

Süßmayer (auch Süßmayr oder Siessmayr), Franz Xaver (1766–1803), Komponist, Freund, Reisebegleiter und Liebhaber von C. Mozart: 115, 405

Svarez, Carl Gottlieb (1746–1798), preußischer Jurist und Rechtsreformer: 164, **361,** 386 f.

Szamaitat, Margaretha (Lebensdaten nicht ermittelt), 1776 als Kindsmörderin zur Enthauptung verurteilt: 370

Tacitus (etwa 58–etwa 120), römischer Verfasser von *De origine et situ Germanorum liber,* bekannt als *Germania:* 36

Taxis, Lamoral von Taxis (auch Lamoral de Tassis, 1557–1624, nicht zu verwechseln mit seinem Enkel Lamoral von Thurn und Taxis), seit der Ernennung durch Kaiser Rudolf II. 1615 erblicher Generaloberpostmeister: 66

Terenz (erste Hälfte des zweiten Jahrhunderts vor Chr., genaue Lebensdaten ungesichert), lateinischer Komödiendichter: 339

Thaer, Albrecht Daniel (1752–1828), ursprünglich Arzt, Begründer der Agrarwissenschaft in Deutschland: **207 ff.**

Thieme, Karl Traugott (1763–1802): Pädagoge und Schriftsteller: **183, 193**

Thorbecke, Christian Franz (1763–1830), Osnabrücker Tabakimporteur und -fabrikant, zeitweise Bürgermeister: 298

Thümmel, Carl Eduard (1798–Sterbejahr ungesichert), Berliner Arzt und Autor medizinischer Schriften: **92**

Thümmel, Moritz August von (1738–1817), Schriftsteller: **84**

Thurn und Taxis, Karl Alexander Joseph Fürst von (1770–1827), nach dem Tod seines Vaters 1805 bis zum Ende des Heiligen Römischen Reichs 1806 für kurze Zeit Generalerbpostmeister der Kaiserlichen Reichspost, danach privater Postunternehmer: 66 f.

Titus, Flavius Vespasianus (39–81), römischer Kaiser ab 79: 330, 341

Todi, Luísa Rosa de Aguiar (1753–1833), portugiesische Sängerin mit europäischer Karriere, stärkste Konkurrentin der Mara: *120*, 121

Türk, Karl Christian Wilhelm von (1774–1846), Schulreformer, Schulrat im Regierungsbezirk Potsdam: **326 f.**

Unger, Friederike Helene, geborene von Rothenburg (um 1740–1813, nicht zu verwechseln mit der Schauspielerin Friederike Unger, 1780–1827), Bühnen-, Kochbuch- und Romanautorin, Übersetzerin (u. a. von Rousseau), Gattin des Druckers und Verlegers Johann Friedrich Gottlieb Unger und nach dessen Tod im Dezember 1804 seine Geschäftsnachfolgerin: **439 f.**

Varnhagen von Ense, Karl August (1785–1858), Diplomat, Publizist, heiratete 1814 Rahel Levi: **62, 109 f.**, *116*, **128**, 164, **238, 361, 387**

Varnhagen, Rahel, geborene Levi (1771–1833), hielt in Berlin Salon, den ersten unter ihrem Mädchennamen, den zweiten zusammen mit K. A. Varnhagen: 101, **102**, 177, **228, 233**, 240

Vasco da Gama (um 1469–1524), portugiesischer Seefahrer, erreicht 1498 Indien: *40*

Villaume, Peter (1746–1825), Pädagoge, Jugendautor: **193, 353 ff.**

Vogel, Carl (1798–1864), seit 1826 Weimarer Hofmedicus, Hausarzt Goethes: *374,* **432**

Voltaire, François Marie Arouet de (1694–1778), französischer Autor, Historiker, Philosoph: **306**, 330, 341

Voß, Johann Heinrich (1751–1826), Dichter, Homerübersetzer: **283**

Voß, Julius von (1768–1832), Schriftsteller, sein Roman *Ini* gilt als erster deutscher Science-Fiction-Roman: **423**, 440

Voß, Marie Christine Ernestine (1756–1834), Schwester von H. C. Boie, Gattin von J. H. Voß: 412

Vulpius, Christian August (1762–1827), Bruder von Christiane Vulpius, Schriftsteller: 160

Vulpius, Johanna Christiane Sophie (1765–1816), Schwester von Christian Vulpius, seit 1788 mit Goethe verbunden, seit 1806 mit ihm verheiratet: 40, 42, 52, 100, **114**, 160, 234, **291, 345**, 389 f., *431 f.*

Wagner, Heinrich Leopold (1747–1779), Frankfurter Rechtsanwalt und Dramendichter: 370, 373

Waiblinger, Wilhelm (1804–1830), Schriftsteller: **187**

Washington, George (1732–1799), Oberbefehlshaber im Amerikanischen Unabhängigkeitskrieg, erster Präsident der Vereinigten Staaten: 178

Weber, Carl Julius (1767–1832), Satiriker, Reiseschriftsteller: **33 ff.**, **46, 75 f.**, 78, **87 ff.**, **113, 129, 137, 142 f.**, 176, 179, 255, **266 f.**, 287, 293, 301, 303, 434, **441**

Weise, Johann Christoph Gottlob (1762–Todesjahr nicht ermittelt), Weimarer Ingenieur, Geograf und Garteninspektor, Kompilator diverser Handbücher: **243 f.**, 245

Weiße, Christian Felix (1726–1804), aufklärerischer Pädagoge und Übersetzer, Herausgeber der Zeitschrift *Der Kinderfreund* (1775–1782): **148**

Wekhrlin (ursprünglich Wekherlin), Wilhelm Ludwig (1739–1792), Publizist (zeitweise unter dem Pseudonym Anselmus Rabiosus), Herausgeber der Zeitschrift *Das graue Ungeheuer:* 22, **32,** 151

Wells, H. G. (= Herbert George Wells, 1866–1946), englischer Schriftsteller, einer der Begründer der modernen Science-Fiction: 13

Westrumb, Johann Friedrich (1751–1819), Apotheker, Chemiker: **251 f.**

Wezel, Johann Karl (1747–1819), aufklärerischer Schriftsteller: **282, 306, 333,** 365, 385, 425

Wieland, Christoph Martin (1733–1813), u. a. Shakespeare-Übersetzer, Herausgeber des *Teutschen Merkur,* Schriftsteller: 20, *30 f.,* 35, 42, *45,* **48,** 49, *50, 177,* 334, 412, 423, *437,* 442

Wiesel, Pauline (1777–1848), geborene César, ungeschieden getrennt lebende Wiesel, Freundin von Rahel Levi/Varnhagen: **177**

Winckelmann, Johann Joachim (1717–1768), Altertumsforscher, Wegbereiter des deutschen Klassizismus: 82

Wolff, Christian (1679–1754), rationalistischer Philosoph und Aufklärer: 20, 130

Wolzogen (auch Wollzogen), Wilhelm von (1762–1809), Gatte von Schillers Schwägerin Caroline, geborene Lengefeld, hoher Weimarer Beamter: *258*

Woyzeck, Johann Christian (1780–1824), Perückenmacher, Soldat, als Mörder hingerichtet, Vorbild für das gleichnamige Drama G. Büchners: 149

Zedlitz, Carl Abraham von (1731–1793), preußischer Minister, zeitweise zuständig für Kirchen- und Schulangelegenheiten: **189,** 397

Zelter, Carl Friedrich (1758–1832), enger Freund und langjähriger Briefpartner Goethes, Leiter der Berliner Singakademie: 57 f., **68,** 70, 124, **248 f.**

Zelter, Doris (1792–1852), Tochter von C. F. Zelter: 57 f.

Zschokke, Johann Heinrich Daniel (1771–1848), deutscher Schriftsteller und Pädagoge, eingebürgerter Schweizer: **22**

Feridun Zaimoglu. Evangelio. Ein Luther-Roman. Gebunden.
Verfügbar auch als E-Book

4. Mai 1521 bis 1. März 1522: Martin Luther ist auf Geheiß des Kurfürsten von Sachsen auf der Wartburg in Gewahrsam genommen worden. Dort sieht er sich größten Anfechtungen ausgesetzt, vollbringt aber auch sein größtes Werk: In nur zehn Wochen übersetzt er das Neue Testament ins Deutsche. Mit klingender Sprache, erstaunlichem Kenntnisreichtum und dramatischer Zuspitzung erzählt Feridun Zaimoglu von einem großen Deutschen, einer Zeit im Umbruch und der Macht und Ohnmacht des Glaubens.

Kiepenheuer & Witsch

Leseproben und mehr unter www.kiwi-verlag.de

Klaus Modick. Konzert ohne Dichter. Roman. Taschenbuch.
Verfügbar auch als E-Book

Eine Chronique scandaleuse Worpswedes: Die legendäre Künst-
lerkolonie um 1900, erotische Verwicklungen und ein epochales
Gemälde. Dieser Roman erzählt von der dramatischen Entstehung
des berühmtesten Worpsweder Bildes, von der fragilen Freundschaft zwischen dem Maler Heinrich Vogeler und dem Dichter
Rainer Maria Rilke, von den Frauen, der Liebe und der Kunst.

»Dieser Roman öffnet dem Leser die Augen und Ohren für die
Wahrheiten von Kunst und Leben.« *Denis Scheck, Druckfrisch*

Tom Hillenbrand. Der Kaffeedieb. Roman. Gebunden.
Verfügbar auch als E-Book

Wir schreiben das Jahr 1683. Europa befindet sich im Griff einer
neuen Droge. Ihr Name ist Kahve. Sie ist immens begehrt – und
teuer, denn die Osmanen haben das Monopol darauf. Und sie wachen streng darüber. Aber ein junger Engländer hat einen wag-
halsigen Plan: Er will den Türken die Kaffeebohnen abluchsen ...

»Tom Hillenbrand schreibt nicht nur einen spannenden Wirt-
schaftskrimi, sondern auch einen blendend recherchierten, knall-
prallen Historienroman. Ein großes Lesevergnügen.« *Stern*

Kiepenheuer
& Witsch